Kohlhammer

Der Autor

Prof. Dr. phil. habil. Volker Kraft (Dipl.-Päd., Dipl.-Psych./PP), langjährige Tätigkeit in Lehre und Forschung an Hochschulen sowie in Praxis der Beratung und der Psychotherapie.

Volker Kraft

Erziehung, Beratung, Psychotherapie

Eine Einladung zu Unterscheidungen

Verlag W. Kohlhammer

1. Auflage 2021

Alle Rechte vorbehalten
© W. Kohlhammer GmbH, Stuttgart
Gesamtherstellung: W. Kohlhammer GmbH, Stuttgart

Print:
ISBN 978-3-17-040448-9

E-Book-Formate:
pdf: ISBN 978-3-17-040449-6
epub: ISBN 978-3-17-040450-2

Vorwort

»Einladungen« werden gelegentlich von einer gewissen Ambivalenz begleitet. Auf manche freut man sich und kann das Ereignis kaum erwarten, andere hingegen sind mit eher gemischten Gefühlen verbunden. Wenn im Untertitel eines Buches von »Einladung« die Rede ist, dürften vermutlich milde Irritation, leise Zweifel oder vage Vorbehalte sich einstellen. Denn ein Buch kauft man ja oder leiht es aus, liest es aus Interesse und freien Stücken oder blättert es flüchtig durch und legt es beiseite.

Was also hat es mit dieser »Einladung zu Unterscheidungen« für eine Bewandtnis? Zunächst, wenig verwunderlich, gibt es einen biographischen Hintergrund: Als ich mein Studium begann, fiel mir irgendwann ein Buch in die Hände, das mich sogleich fasziniert und seitdem nicht wieder losgelassen hat: Peter L. Berger: Einladung zur Soziologie (München 1977). Wer es kennt, wird meine anhaltende Begeisterung vermutlich nachvollziehen können; wer nicht, sollte es lesen – darüber mehr zu berichten, ist hier nicht der Ort.

In jedem Fall ist das Wort »Einladung« mit der Vorstellung einer gewissen Leichtigkeit und Lockerheit verbunden, freundliches Beisammensein sozusagen, bestimmt von der Aussicht, mit anderen zugleich Anderes, Neues und Ungewohntes kennenzulernen, all das im Duktus höflicher Unverbindlichkeit und mit der entlastenden Gewissheit, jederzeit wieder gehen zu können. Dogmatische Engstirnigkeit mit furchteinflößender Strenge theoretischer Begriffe scheint demnach nicht zu befürchten. Es wird nur die Einladung ausgesprochen, drei Handlungsformen – Erziehung, Beratung und Psychotherapie – einmal vor allem im Hinblick darauf zu betrachten, was sie voneinander unterscheidet und was sie womöglich auch miteinander verbindet. Fröhliche Wissenschaft ist damit nicht gemeint; vielmehr um eine Art von spielerischer Neugier geht es, um methodische Naivität sozusagen, orientiert am Prinzip des Einfachen, das schwer zu machen ist.

Von drei Handlungsformen ist die Rede. Ihnen entsprechen drei mehr oder weniger breit gefächerte Berufsbereiche, zu denen unterschiedliche Ausbildungen führen, in denen wiederum verschiedene wissenschaftliche Disziplinen leitend sind. Eine homogene Leserschaft ist demnach nicht zu erwarten. Umso mehr braucht es einen übergeordneten Gesichtspunkt, von dem ausgegangen werden kann.

Zwar richtet sich das Buch in erster Linie an Studierende, die einen pädagogischen Beruf anstreben, wie auch an Interessierte, die bereits in einem solchen tätig sind, an ein pädagogisches Publikum also. *Gleichermaßen* ist es allerdings aufgrund seiner Anlage, die in der Einleitung näher erläutert wird, für diejenigen von Nutzen, die vor allem an Beratung und an Psychotherapie interessiert sind.

Denn es handelt sich weder um eine Einführung in »die« Erziehungswissenschaft noch in »die« Beratung« oder in »die« Psychotherapie. Vielmehr geht es allein um den Versuch, ausgehend von einer bestimmten Weise, *pädagogisch* zu denken, auch die beiden anderen Handlungsformen *auf gleiche Weise* in den Blick zu nehmen. Indem alle drei Praktiken als spezifische Formen des *Zeigens* verstanden werden, wird das möglich. Denn es gibt eine »*Zeigestruktur der Erziehung*« ebenso wie eine »*Zeigestruktur der Beratung*« und eine »*Zeigestruktur der Psychotherapie*«. Dass hierbei von ›Erziehung‹ ausgegangen wird, hat seinen eigentlichen Grund in der Sache selbst, denn ohne Erziehung keine Beratung und keine Psychotherapie.

Allen drei Gruppen wird also zugemutet, die das eigene Arbeitsfeld bestimmende Zeigestruktur einmal aus der Perspektive der beiden anderen in den Blick zu nehmen. Das vertieft nicht nur das Verständnis für das Andere, sondern schärft eben gerade dadurch den Sinn für das Eigene, für dessen Möglichkeiten wie für dessen Grenzen. Derlei Zumutungen sind zumeist mit einigen Anstrengungen verbunden, was auch hier gelegentlich der Fall sein dürfte. Denn ›einfach‹ ist nicht immer gleichbedeutend mit ›leicht‹. Aber, das zumindest ist die Überzeugung des Autors, die Anstrengung lohnt sich, winkt doch am Ende größere Klarheit. Und Klarheit über das, was man tut, ist eine notwendige Bedingung für professionelles Selbstbewusstsein – eben für ein Bewusstsein des professionellen Selbst, das auf anspruchsvollem Terrain sich wirksam zur Geltung zu bringen bemüht – sei es in der Erziehung, in der Beratung oder in der Psychotherapie. Welche Einsichten dabei im Einzelnen zu gewinnen sind, das zeigt sich natürlich erst dann, wenn man die Einladung annimmt – also zu lesen beginnt.

Bei der Ausarbeitung der vorliegenden Studie habe ich vielfältige Unterstützung erfahren, wofür ich an dieser Stelle ausdrücklich danken möchte:

Wertvolle Einblicke in unveröffentlichte Texte hat mir das Luhmann-Archiv an der Universität Bielefeld (Johannes F. K. Schmidt) ermöglicht.

Jonas Heinzel ist nicht nur für die elektronische Gestaltung der Graphiken zu danken, sondern auch für die mühevolle Transformation des Manuskripts in das Gewand moderner Textverarbeitung, eine Arbeit, die er mit bewundernswerter Kompetenz und großer Sorgfalt auf sich genommen hat.

Zudem gab es »Vor«-Leserinnen und »Vor«-Leser, die frühe Fassungen so wohlwollend, kritisch und konstruktiv kommentiert haben, dass der Text dadurch zweifellos an Verständlichkeit gewonnen hat.

Besonderer Dank gilt Werner Glenewinkel, Ekkehart W. Müller und Klaus Schwerda, die den gesamten Prozess der Arbeit mit freundschaftlichem Zuspruch, fachlicher Expertise und kreativen Änderungsvorschlägen begleitet haben und, wie Joachim Burmeister und Dagmar Kube, auch vor der Durchsicht der Druckvorlage nicht zurückgeschreckt sind.

Herr Dr. Klaus-Peter Burkarth vom Kohlhammer Verlag hat mit großer Geduld an diesem Projekt festgehalten und es schließlich in der nun vorliegenden Form auch möglich werden lassen.

Kiel, im September 2021
Volker Kraft

Inhalt

Einleitung

Wer ein Studium beginnt, hat in der Regel zunächst einige Mühe, sich in dem jeweiligen Fach zu orientieren und zurechtzufinden. Das ist nichts Besonderes. Allerdings: Fächer unterscheiden sich hinsichtlich ihrer Lehrbarkeit wie auch ihrer Lehrgestalt, und sie organisieren das Studium auf unterschiedliche Weise. Die Pädagogik gehört zweifellos zu den »weichen« Fächern. Das hat für Studierende mancherlei Vorteile. Es hat aber auch Nachteile, denn gerade in »weichen Fächern« ist es nicht leicht, sich angesichts der Vielfalt der Themen und Fragestellungen verlässlich zu orientieren. Schaut man einmal in Vorlesungsverzeichnisse pädagogischer Fachbereiche oder Institute, kann man durchaus den Eindruck gewinnen, als hätte sich Jean Paul als Curriculumkonstrukteur nachhaltig in Szene gesetzt, denn in der Vorrede zu seiner 1806 erschienenen Schrift »Levana oder Erziehlehre« heißt es: »Über die Erziehung schreiben, heißt beinahe über alles auf einmal schreiben.« Dieses »irgendwie alles auf einmal« dürfte eine einschneidende Erfahrung vieler Studierender sein, die sich für ein Studium der Pädagogik entschieden haben.

Um nicht missverstanden zu werden: Natürlich hat auch die Pädagogik ihre Ordnungen, die den Gang des Studiums in den unterschiedlichen Ausrichtungen des Faches festlegen und vorschreiben. Und gerade durch jenen Reformprozess, der mit dem Namen einer italienischen Universitätsstadt geschmückt ist, verstärkt sich der Eindruck, als sei nun alles bestens geordnet, in tabellarischen Übersichten und Kombinationstabellen, in Pflicht-, Wahl- oder Wahlpflichtmodulen. Diese äußere Gestalt des Faches soll hier nicht weiter behandelt werden. Gleichwohl lässt sich der Frage nicht ausweichen, in welcher Weise äußere Organisation des Studiums und innere Struktur des Faches miteinander verbunden sind. Nimmt man die innere Struktur in den Blick, kommt zumindest dreierlei zum Vorschein:

Erstens orientiert sich die Lehrgestalt wesentlich an der gegenwärtigen Struktur der Erziehungswissenschaft als Disziplin, nicht aber an Erziehung als einem Phänomen eigener Art und den damit verbundenen Möglichkeiten und Grenzen erzieherischen Handelns, kurzum: die »Reflexion über Erziehung« scheint im Mittelpunkt zu stehen, nicht aber »das Erziehen« selber.[1] *Zweitens* fehlt es an einer Systematik, die es erlaubte, die Vielfalt der Themen und Fragestellungen so aufeinander zu beziehen, dass erkennbar wird, was diese miteinander verbindet,

---

1 Vgl. dazu das »Kerncurriculum Erziehungswissenschaft« (DGfE 2008), das als Grundlage vieler Studienordnungen dient.

voneinander unterscheidet und was sie von den Zugriffsweisen anderer Disziplinen trennt. Es mag zudem gelegentlich der Eindruck entstehen, als wäre das Fach an einem Studienort ein anderes als an einem anderen. *Drittens*, und in unmittelbarem Zusammenhang damit, bleibt offen, wie sich das Studium aufbauen soll, was also die Grundlagen des Faches ausmacht, die zuerst studiert werden müssen, und was dann als Erweiterung oder Ergänzung, als Vertiefung oder Modifikation, danach und darauf aufbauend folgen soll. So gewinnen Studierende vielfach den Eindruck, als müssten sie eben »irgendwie alles auf einmal« studieren, ein Umstand, der durchaus geeignet ist, die Studierlust spürbar zu untergraben und der damit das Fach selbst in den Köpfen schwächt, die sich ihm aufgeschlossen, voller Neugier und mit häufig bewundernswertem Engagement zuwenden.

Natürlich gibt es für diesen Zustand Gründe, die weit in die Geschichte der Pädagogik zurückreichen und sehr eng mit den Besonderheiten ihrer Entwicklung als Disziplin in Zusammenhang stehen (vgl. Keiner 1999; Kraft 2004). Dem wird hier nicht weiter nachgegangen. Man kann aber auch sehen, dass die Pädagogik äußerst einfallsreich ist, ihre systematischen Schwächen zu kompensieren. Auf der Außenseite des Faches geschah dies lange Zeit, immer wieder und geschieht immer noch, durch eine enge Bindung an (Bildungs-) Politik. Das soll hier keine Rolle spielen. Auf der Innenseite des Faches hingegen, und um die geht es hier vor allem, werden systematische Defizite unter anderem durch die fortgesetzte Produktion von immer neuen Enzyklopädien, Lexika, Handbüchern und Einführungen auszugleichen versucht, so, als ahnte man, dass es besonderer Anstrengungen bedürfe, um die Lehrbarkeit der Pädagogik zu sichern.

Auch dieses Buch ist als einführender Text angelegt, wiewohl ihn einige Besonderheiten auszeichnen, die ihn von anderen Einführungen unterscheiden. Denn es geht hier weder um eine Einführung in die Pädagogik insgesamt noch um eine Einführung in eine spezielle Untergliederung des Faches, also z. B. in die Schulpädagogik, die Erwachsenenbildung oder die Sozialpädagogik. Auch geht es nicht um spezifische thematische Zusammenhänge wie z. B. »Erziehung und Geschlecht«, »Pädagogik und Religion« oder »Generation, Erziehung und Bildung«. Vielmehr geht es um die Einführung in eine spezifische Art und Weise, pädagogisch zu denken. Auf den ersten Blick scheint diese Zielbestimmung weder neu noch besonders originell, denn natürlich hat die Geschichte pädagogischen Denkens etliche Schriften dieser Art hervorgebracht. Was soll da noch Neues oder Überraschendes kommen? Warum noch ein weiteres Buch zu diesem Thema, warum noch einmal die alten abgenagten Knochen beschreiben? Wiewohl erst nach der Lektüre zu ermessen ist, ob sie sich denn gelohnt hat, wird im Folgenden der Versuch gemacht, die Leserinnen und Leser dafür zu gewinnen, der hier entfalteten Perspektive des Autors zu folgen.

Erziehung ist ein komplexes Phänomen, und als solches kennt es zunächst weder Fach-, Disziplin- oder Professionsgrenzen. Es ist daher kein Wunder, dass es in verschiedenen Wissenschaften zum Thema wird. Entweder geschieht dies dort in eigenen Gebieten, z. B. in der Pädagogischen Psychologie, der Pädagogischen Soziologie oder der Pädagogischen Anthropologie. Oder Erziehung wird im Zusammenhang zentraler Fragestellungen eines Faches zum Thema, wie z. B. in der

Philosophie; oder sie wird, meist didaktisch gewendet, zu einem speziellen Anwendungsfall und kommt dann, wie in der Theologie, als »Religionspädagogik« wieder zum Vorschein. Jede wissenschaftliche Disziplin bearbeitet einen bestimmten Weltausschnitt nach Maßgabe ihrer jeweils leitenden Grundbegriffe und methodischen Möglichkeiten, die beide ihre jeweiligen Grenzen markieren. Ein Phänomen ist allerdings etwas anderes als der wissenschaftliche Zugriff hierauf. Nur in der Erziehungswissenschaft dient Erziehung als Grundbegriff, nur hier ist er zentral. Das wiederum hat zur Folge, dass der Erziehungswissenschaft die Aufgabe gestellt ist, ihren Begriff von Erziehung so zu schärfen, dass er von der Art und Weise, wie in anderen Disziplinen darüber gehandelt und geforscht wird, deutlich zu unterscheiden ist. Man könnte es auch so sagen: In der Pädagogik muss über Erziehung »irgendwie anders« gedacht und gesprochen werden als in anderen Disziplinen, denn sonst bräuchte es sie nicht zu geben, sie wäre schlicht überflüssig und verzichtbar.

Schon der einfach anmutende Satz »Der Grundbegriff der Erziehungswissenschaft ist Erziehung« ist innerhalb der Disziplin nicht unumstritten und vermag unverzüglich heftige Debatten auszulösen, wie auch die Stellung der Pädagogik zu anderen Wissenschaften aus verschiedenen theoretischen Blickwinkeln betrachtet werden kann. Für die hier verfolgten Zwecke soll er gleichwohl als Ausgangspunkt genommen werden. Denn nur dann lässt sich die Anschlussfrage formulieren: Wie begründet die Erziehungswissenschaft ihren Grundbegriff? Die einfachste Antwort lautet wohl: auf ganz verschiedene Weisen. Man kann, um einige Beispiele zu nennen, Erziehung aus der Evolution der Gattung her begründen, die ohne sie gar nicht denkbar ist; oder aus der Anthropologie, die die Sonderstellung des Menschen zum Thema hat; oder aus der Philosophie, indem man nach den Bedingungen der Möglichkeit von Erziehung überhaupt fragt; oder aus der Ethik, die Werte und Normen in den Mittelpunkt rückt; oder aus der besonderen Funktion der Erziehung für Kultur und Gesellschaft. Diese Aufzählung denkbarer Perspektiven ließe sich noch erweitern, und dass sie alle ihre Berechtigung haben, ist nicht zu bestreiten. Nur: gibt es nicht noch eine einfachere Form der Begründung, eine solche also, die so dicht wie möglich am Phänomen anschließt, ihm gleichsam anhaftet? Die basale Begründung des Erziehungsbegriffs, so lautet die Antwort auf diese rhetorische Frage, findet sich in der Erziehung selbst, genauer gesagt in den Praktiken des Erziehens und in den Formen, in denen diese Gestalt gewinnen. Kurzum: das Erziehen selber liefert die Grundlage für den Begriff der Erziehung.

Für diese Sichtweise gibt es in der Tradition eine gewichtige Unterstützung. Denn es ist Kant, der 1803 in der Einleitung seiner berühmten Schrift »Über Pädagogik« schreibt: »Der Mechanismus in der Erziehungskunst muß in Wissenschaft verwandelt werden, sonst wird sie nie ein zusammenhängendes Bestreben werden« (1978, S. 704). Der Ausdruck »Mechanismus« mag sich für moderne Ohren sehr technisch anhören und Assoziationen an »Mechanik« wecken. Aber natürlich ist Erziehung keine Maschine, und das hat Kant auch nicht gemeint. Er denkt vielmehr an den Zusammenhang zwischen einer Absicht, die sich in einer bestimmten Form des Handelns zur Geltung bringt und auf die dann eine bestimmte Wirkung zu erwarten ist und aller Wahrscheinlichkeit nach auch folgt. In moderner Diktion würde man vermutlich von »soft technology« sprechen, von spezifischen kommunikativen Techniken, die bestimmte Effekte erzeugen. Ein Beispiel mag das veranschaulichen: Wer sich einem anderen empathisch, also einfühlsam, zuwendet, kann nach aller Erfahrung erwarten, dass der andere sich verstanden fühlt. Von dieser Art sind die »Mechanismen«, die Kant vor Augen gehabt haben dürfte. Die Frage ist nun, ob sich in der Erziehung solche »Mechanismen« aufdecken lassen, denn nur dann kommt man der Antwort auf die Frage näher, warum Erziehung funktioniert, warum sie wirkt. Dass sie allerdings nicht immer wie beabsichtigt wirkt, ist dabei kein Einwand, sondern ein Umstand, dem theoretisch Rechnung getragen werden muss. Dass sie aber nicht immer so wirkt, wie gedacht, heißt ja nicht, dass sie überhaupt nicht wirkt. Diesen Tatbestand kann man sich leicht an einem Beispiel aus dem Alltagsleben verdeutlichen: Wenn wir mit anderen sprechen, wollen wir, dass wir verstanden werden. Dass wir nun manchmal nicht verstanden werden, heißt aber nicht, dass Verstehen prinzipiell unmöglich ist. Denn bei einem Missverständnis haben wir die Möglichkeit, es noch einmal, vielleicht mit anderen Worten, zu versuchen. Oft gelingt dann das Verstehen, manchmal allerdings auch nicht. Kommunikative Mechanismen sind also einerseits wirksam, andererseits aber ist ihnen, man könnte sagen: naturgemäß, stets eine Unsicherheit eigen. Genau darin liegt der Unterschied zur Technik, von der wir zu Recht erwarten, dass sie stets verlässlich so funktioniert, wie es ihrer Anlage entspricht: Wenn man das Radio einschaltet, kann man erwarten, dass man etwas hört; man erwartet aber nicht, dass die Kaffeemaschine anspringt. Wenn man einem Kind etwas sagt, erwartet man natürlich auch, dass es dem Gesagten Gehör schenkt, ihm folgt und sich demgemäß verhält – das aber muss, wie jeder weiß, nicht so sein.

Aber hier soll es ja nicht um die Wirkungslosigkeit der Erziehung gehen, sondern in erster Linie um ihre Wirksamkeit. Schon an dieser Stelle ist zu sehen, welche Vorteile es hat, den Begriff der Erziehung aus dem Erziehen selber abzuleiten, ihn gleichsam von unten, von der erzieherischen Interaktion ausgehend, nach oben, zur Reflexion über Erziehung, zu entwerfen. Denn nur so bleibt man gewissermaßen so dicht wie möglich an dem Phänomen, das der Erziehungswissenschaft zu Grunde liegt und das aufzuklären und anzuleiten ihre Aufgabe ist. Eine Besonderheit des folgenden Textes besteht also darin, dass hier ein Erziehungsbegriff verwendet werden soll, der, modern gesprochen, ›bottom-up‹ verfasst ist. Eine solche Sichtweise ist nicht neu, sondern sie hat, als »Operative Pädagogik« gefasst, mittlerweile den Status eines eigenständigen Ansatzes der Allgemeinen Pädagogik gewonnen (vgl. Prange 2005/2012a; Prange/Strobel-Eisele 2006). Dieser Perspektive ist diese Studie verpflichtet, hieran schließt sie an und führt sie weiter.

Wie der Titel anzeigt, geht es im Folgenden nicht nur um *Erziehung*, sondern auch um *Beratung* und *Psychotherapie*. Das scheint auf den ersten Blick nicht zu den bisherigen Ausführungen zu passen, soll es doch primär, so das oben gegebene Versprechen, um die Einführung in eine besondere Form des pädagogischen Denkens gehen. Wieso ist es dann notwendig, sich dazu auf das weite Feld der Beratung zu begeben? Was bringt es, sich in diesem Zusammenhang genauer mit Fragen der psychotherapeutischen Behandlung zu beschäftigen?

Zunächst soll das Gemeinsame dieser drei Begriffe herausgestellt werden. Alle drei stehen für jeweils spezifische Formen kommunikativen Handelns, denn alle drei Begriffe stehen für bestimmte Redeweisen, die ihnen ihre eigentümliche Form verleihen: es wird immer gesprochen (und das natürlich auch dann, wenn geschwiegen wird). In der Tradition ist es die Rhetorik, die über die einzelnen Redegattungen informiert und das diesbezügliche Wissen aufbewahrt. So kennt man das docere als belehren, das consiliare als beraten und die cura animi, die Seelsorge als Vorläufer der Psychotherapie seit altersher. Man könnte also in moderner Diktion sagen, dass das Medium – Kommunikation – gleich ist, während die Formen verschiedene Gestalt annehmen. Gleichwohl wird in allen dreien versucht, darin liegt die Bedeutung des Mediums, mit ausschließlich kommunikativen Mitteln auf Einstellung und Verhalten anderer Menschen Einfluss zu nehmen, aber, wie gesagt, auf jeweils unterschiedliche Weise.

Dieser letztgenannte Gesichtspunkt, die Unterschiedlichkeit der Formen, ist es, der Beratung und Psychotherapie für das pädagogische Denken in systematischer Hinsicht interessant macht. Denn damit eröffnet sich die Möglichkeit, genauer zu beschreiben und durchsichtig zu machen, welche Merkmale die jeweiligen Formen charakterisieren. Man kann also gleichsam durch die Form der Beratung wie auch durch die Form der Psychotherapie verdeutlichen, worin das Besondere der pädagogischen Kommunikation zu sehen ist. Es ist wie mit dem Erlernen einer anderen Sprache: studiert man Latein und die dazugehörige Grammatik, sieht man klarer, was diese vom Deutschen unterscheidet (und deswegen ist das Erlernen einer anderen Sprache gerade für die Ausbildung der eigenen Muttersprache so bedeutsam). Genauso ist es in Hinsicht auf das Verhältnis von Erziehung, Beratung und Psychotherapie: alle drei können als eigene Sprachen oder Sprechweisen verstanden werden, und alle drei haben unterschiedliche Voraussetzungen und demgemäß auch eine eigene Grammatik, die die Regeln enthält, wie jeweils gesprochen werden soll (und natürlich auch: wie nicht).

Nun liegt es in der Eigenart des Mediums (Kommunikation), dass gelegentlich der Eindruck entsteht, als verwischten sich die Unterschiede der Formen, als würde, zumindest in Teilen, sozusagen »gleich« gesprochen. Und weil es den Anschein hat, als würde teilweise gleich gesprochen, ergibt sich der Eindruck, auch die Formen seien offensichtlich gleich. Eben dieser Umstand sorgt dann für Irritation oder Verwirrung. Das ist gegenwärtig in vielen pädagogischen Handlungsfeldern zu beobachten. Das »Unterrichten« wie vor allem auch das »Erziehen« haben keinen besonders guten Ruf (und in Deutschland aufgrund unserer jüngeren Geschichte schon gar nicht), das »Beraten« scheint demgegenüber weitaus besser gestellt zu sein und größere Anerkennung zu genießen, und die Psychotherapie schließlich erscheint als hohe Schule kommunikativer Kompetenz. Anders gewendet: ein mangelndes Verständnis pädagogischer Handlungsformen schwächt das professionelle Selbstbewusstsein des pädagogischen Personals. Genau diesem misslichen Umstand soll hier entgegengewirkt werden, denn jede einzelne Form hat nicht nur ihre besonderen Voraussetzungen, sondern auch ihre jeweils eigene Reichweite. Es kann also, nüchtern betrachtet, gar nicht um ein »besser oder schlechter« gehen, sondern ausschließlich um die Frage: Welche Form für welchen Zweck? Insofern besteht ein Ziel der vorliegenden Studie darin, das pädagogische Selbstbewusstsein zu stärken, und zwar, das ist das Besondere, im Durchgang durch andere, eng verwandte Handlungsformen. Indem man sich mit anderen »Sprachen« beschäftigt, soll das Bewusstsein für die eigene – pädagogische – Sprache verfeinert und gestärkt werden. Insofern stehen Unterschiede und Unterscheidungen im Mittelpunkt, sie bilden das eigentliche Thema dieses Buches.

Dieser Akzent auf Differenzen ist nicht ohne Probleme. Denn einerseits ist *Beratung* mittlerweile ein weit verzweigtes Feld mit einer Vielzahl von theoretischen Ansätzen, Konzepten und Methoden (vgl. Nestmann/Engel/Sickendiek 2004; 2013), wie andererseits gerade auch *Psychotherapie* als Teil der Psychologie und der Medizin ein komplexes eigenständiges Fachgebiet darstellt. Angesichts der damit verbundenen Materialfülle muss daher versucht werden, sie umsichtig so zu reduzieren, dass gleichwohl die Unterschiede und Unterscheidungen sichtbar und prägnant herausgearbeitet werden können. Das soll, wie in der Gliederung des Inhaltsverzeichnisses deutlich wird, in drei Hinsichten versucht werden, die gleichsam drei Ebenen der Unterscheidung repräsentieren.

Im *ersten Kapitel* (▶ Kap. 1) wird es um »Differenzen in operativer Perspektive« gehen, das ist die Ebene der Interaktion, also der spezifischen Form des Sprechens in den drei kommunikativen Praxen. Zunächst einmal müssen die Tatbestände ja phänomenologisch beschrieben und so gesichert werden, dass klar wird, worum es eigentlich geht. Das theoretische Werkzeug, das hierfür vornehmlich verwendet werden soll, ist die »Zeige-Theorie«, da alle drei Formen des kommunikativen Handelns der Sache nach auch als Zeigeformen verstanden werden können. Denn die Zeigestruktur der Beratung ist eine andere als die Zeigestruktur der Psychotherapie, und beide unterscheiden sich von der Zeigestruktur der Erziehung.

Im *zweiten* Kapitel (▶ Kap. 2) wird nachgezeichnet, wie die drei Zeigestrukturen berufsförmige Gestalt gewinnen. Denn alle drei Interaktionsformen brauchen Menschen, die sie leibhaftig vergegenwärtigen und sie verwirklichen. In modernen Gesellschaften gibt es dafür Berufe und Professionen, die eben »professionell« handeln und in aller Regel auch dafür bezahlt werden, »Interaktionsagenten« sozusagen. Dafür wird man ausgebildet, muss studieren und bestimmte Praxiserfahrungen sammeln, bevor man selbständig und in jeweils spezifischen Grenzen autonom tätig werden darf. Die Palette pädagogischer Berufe ist weit gefächert, es gibt eine Vielzahl von Ausbildungsgängen und Handlungsfeldern; der berufliche Korridor der Psychotherapie erscheint demgegenüber sehr viel enger zu sein und genießt, wenn er in eigener Praxis ausgeübt wird, zudem den Status einer Profession. Das professionelle Bild der Beratung zeigt sich hingegen äußerst schillernd, denn einerseits gibt es nur sehr wenige eigenständige Beratungsberufe, andererseits wird Beratung in zunehmendem Maße und in immer mehr Bereichen ausgeübt.

Nun schweben die drei Handlungsformen mit den dazugehörigen Berufen nicht im luftleeren Raum, sondern sie sind kulturell fundiert, sozial institutionalisiert und gesellschaftlich organisiert. Durch diese besondere Art der Rahmung gewinnen sie überhaupt erst eine gewisse Verlässlichkeit und Stabilität, denn so werden die jeweiligen Interaktionen von individuellen Umständen, Motiven und

Zufällen unabhängiger. In moderner Diktion: diese drei Formen von Interaktion sind Teil von spezifischen sozialen Systemen. Deswegen geht es abschließend im *dritten Kapitel* (▶ Kap. 3) um die »Differenzen in systemfunktionaler Perspektive«. Die Erziehung gehört in das Erziehungssystem, während die Psychotherapie Teil des Gesundheitssystems ist. Wie lassen sich diese beiden Systeme theoretisch unterscheiden, und welche Einsichten folgen daraus? Und schließlich: Wo bleibt in dieser Sichtweise die Beratung? Gibt es auch ein eigenes Beratungssystem, oder kommt der Beratung nicht vielmehr eine Sonderstellung zu? Gerade die letzte Frage macht deutlich, dass es durchaus Sinn macht, auch auf systemfunktionaler Ebene den Unterschieden nachzugehen.

Es sind also, zusammengefasst, drei Ebenen, auf denen jeweils Unterschiede und Unterscheidungen zum Thema werden sollen: Operation und Interaktion (Ebene 1), Profession (Ebene 2) und System (Ebene 3); im Vorgriff auf systemtheoretische Einsichten könnte man auch sagen: Interaktion, Organisation und Gesellschaft.

Der Umstand, dass zu jeder der drei genannten Aspekte eine Fülle von Material zur Verfügung steht, kann für die Darstellung nicht ohne Folgen bleiben. Um sich in den komplexen und teilweise auch miteinander verwobenen Sachverhalten nicht zu verlieren, muss also drastisch reduziert und vereinfacht werden. Das ist, wie immer bei Vereinfachungen, nicht ohne Risiko. Denn der Autor läuft Gefahr, sich als »terrible simplificateur« zu erweisen, ein Ausdruck, den Jacob Burckhardt in einem Brief an Preen erstmals 1889 als seitdem häufig verwendeten Lehnbegriff in die deutsche Sprache eingeführt hat, als jemand also, der die Dinge auf grobe und unzulässige Weise vereinfacht, sie dadurch entstellt und ihnen nicht gerecht wird. Allerdings gibt es nicht nur unzulässige, sondern auch zulässige Vereinfachungen. Zulässig sind sie immer dann, wenn mit ihrer Hilfe versucht wird, in komplexe Sachverhalte auf elementare Weise einzuführen (vgl. Benner 2020). Es ist so wie mit dem Erlernen einer neuen Sprache, denn dabei beginnt man ja auch nicht mit grammatikalischen Ausnahmen, Sonderformen, Überschneidungen und semantischen Raffinessen, sondern zunächst mit dem möglichst Einfachen, das dann im Fortgang relativiert, modifiziert und verfeinert wird.

Diesem Prinzip der Darstellung soll hier gefolgt werden. Der Anspruch ist also nicht, mit diesem Text alle Fragen pädagogischen Denkens vollständig und abschließend zu behandeln (und sozusagen en passant auch gleich noch jene der Beratung und Psychotherapie), sondern vielmehr, gleichsam im Sinne einer Minimaldefinition, das herauszuheben und zu sichern, das notwendig gegeben sein muss, wenn pädagogisch gedacht und argumentiert werden soll. Ob das gelingt, lässt sich allerdings erst am Ende beantworten.

Für den Aufbau des Buches und für die Gestaltung der einzelnen Kapitel hat dieses Prinzip (»so-einfach-wie-möglich«) bestimmte Konsequenzen. Es gibt drei Kapitel, die jeweils Differenzen aus drei spezifischen Perspektiven zum Gegenstand haben. Jedes Kapitel beginnt mit einem Abschnitt über »Begriffliche Klärungen und theoretische Werkzeuge«. Hier werden nur die Begriffe eingeführt und erläutert, die für den jeweiligen Abschnitt von grundlegender Bedeutung sind und ohne deren Kenntnis der Gang der Darstellung nicht nachvollziehbar wäre. Danach folgt jeweils der »begriffliche Dreiklang« von »Erziehung – Beratung – Psychotherapie« in Form von drei eigenen kleinen Durchführungen (nur im letzten Kapitel wird aus Gründen einer prägnanteren Darstellung diese Reihenfolge verändert). Am Ende jedes Kapitels findet sich eine Zusammenfassung, in der auch auf Überschneidungen, Grauzonen und theoretische Anschlussmöglichkeiten hingewiesen wird. Es gibt ein umfangreiches Literaturverzeichnis; die Darstellung selbst wird daher von erweiternden Kontexten und theoretischen Hintergründen möglichst frei gehalten.

Das Prinzip der Einfachheit einer Theorie ist ohne Anschauung nicht zu verwirklichen. Begriff und Anschauung sind gleichsam Geschwister des Erkennens, oder, um das berühmte Kant-Zitat nicht zu übergehen: »Gedanken ohne Inhalt sind leer, Anschauungen ohne Begriffe sind blind« (Kr.d.r.Vernunft, B 75, WA III, S. 98). In der Anschauung steckt sozusagen das Phänomen, aber um es angemessen zu erfassen, braucht es den Begriff. Insofern könnte man auch sagen: Nichts ist so praktisch wie eine einfache Theorie. Ob diese Ankündigung eingelöst werden kann, muss der folgende Text zeigen.

1 Differenzen in operativer Perspektive

In diesem Kapitel stehen die Unterschiede der drei Handlungsformen (Erziehung – Beratung – Psychotherapie) auf der Ebene der Operationen im Mittelpunkt. Dazu bedarf es einiger begrifflicher Klärungen und der Erläuterung der theoretischen Werkzeuge, die dabei verwendet werden: Zunächst ist zu klären, was hier mit dem Ausdruck »operativ« gemeint ist (▶ Kap. 1.1.1), dann wird die Zeige-Theorie in ihren Grundannahmen näher erläutert (▶ Kap. 1.1.2). Nach diesen Vorklärungen stehen die drei Handlungsformen selbst im Mittelpunkt, also die jeweiligen Zeigestrukturen von Erziehung (▶ Kap. 1.2), Beratung (▶ Kap. 1.3) und Psychotherapie (▶ Kap. 1.4); als Abschluss dieses Kapitels wird der Ertrag dieser Bemühungen zusammengefasst (▶ Kap. 1.5).

1.1 Begriffliche Klärungen und theoretische Werkzeuge

Wenn man ein Studium der Pädagogik beginnt, hat man zumeist kaum theoretische, sondern zuallererst praktische Ambitionen: man möchte Kinder in ihrer Entwicklung fördern und unterstützen, Schülern etwas beibringen oder mit Jugendlichen arbeiten, und oft sind es gerade die schwierigeren Arbeitsfelder, die einen anziehen, benachteiligte Kinder etwa, verhaltensauffällige Schüler oder besonders problembeladene Jugendliche. Und es gibt den damit verbundenen Wunsch, auf diese – pädagogische – Weise, einen Beitrag zur Veränderung oder Verbesserung gesellschaftlicher Verhältnisse zu leisten. Diese Motive sind ohne Frage aller Ehren wert und nicht nur als emotionale Grundlage für Studium und Beruf unerlässlich und überaus bedeutsam.

Von einer guten Absicht zu einer guten Wirkung führt allerdings kein direkter Weg. Gute Absichten alleine reichen nicht, sondern sie müssen in ein jeweils besonderes Handeln transformiert werden, ein bestimmtes »Können« also, das heute gerne »Kompetenz« genannt wird. In dieser Hinsicht sind pädagogische Berufe überhaupt nicht besonders, sondern allen anderen gleich. Jedoch sind auch »Absicht« und »Können« durch keinen direkten Weg miteinander verbunden, dazwischen liegt das weite Feld von Theorie und Wissen, Einübung, praktischer Erfahrung und kontinuierlicher Reflexion. Wenn es gut geht, verstärken sich diese Elemente wechselseitig und verschmelzen zu dem, was man berufliches Können nennen kann.

Wie in der Einleitung deutlich gemacht worden ist, geht es in diesem Buch darum, sich in Form von Abgrenzungen und Unterscheidungen mit den Problemen pädagogischen Handelns vertraut zu machen. Dieses erste Kapitel soll die Grundlage dafür liefern. Damit ist zunächst eine Zumutung verbunden, denn jenseits aller praktischen Ambitionen bedarf es dafür einer *theoretischen Einstellung*. Sie soll sich, eng umgrenzt, auf einen einzigen Sachverhalt richten: eben das jeweils spezifische Handeln. Es geht im Folgenden also nicht darum, zu beantworten »Was ist Erziehung« oder »Was ist Beratung« oder »Was ist Psychotherapie«? Sondern im Zentrum stehen »Was macht man, wenn man erzieht?« und »Was macht man, wenn man berät?« und schließlich »Was macht man, wenn man psychotherapeutisch handelt?« Es geht demnach, anders gesagt, primär um die professionellen Interventionen, nicht um die Phänomene in ihrer ganzen Komplexität. Diese eben sollen gerade reduziert werden, damit dann einzelne Variablen oder Komponenten umso deutlicher zum Vorschein kommen.

Damit sind natürlich die Kontexte der jeweiligen Handlungsform – historische, soziale, politische, institutionelle, organisatorische oder biographische, um nur einige beispielhaft zu nennen – keineswegs aus der Welt geschafft. Sie werden nur zum Zwecke theoretischer Klarheit erst einmal ausgeklammert und in den Hintergrund verschoben, dort sorgsam aufbewahrt und bei Bedarf an entsprechenden Stellen eingeführt. Genau das ist gemeint, wenn von *theoretischer Einstellung* gesprochen wird. Denn zunächst muss zerlegt und isoliert werden, was in der Praxis selbst miteinander verwoben ist und ineinander läuft.

Unterschiede zeigen sich in verschiedenen Hinsichten und dementsprechend lassen sie sich auch auf unterschiedliche Weisen zum Vorschein bringen. In allen drei Fällen handelt es sich um kommunikative Praxen, d.h. ihr Medium ist die Sprache. Und in allen drei Fällen wird versucht, Einstellungs- und/oder Verhaltensänderungen in den Adressaten zu bewirken oder zumindest zu befördern. Anders gesagt: Es geht in allen drei Fällen im weitesten Sinne um die Initiierung von Lernprozessen. Ungeachtet dieser Gemeinsamkeiten sind die Formen der Kommunikation offensichtlich sehr verschieden: die Aufzeichnung einer psychotherapeutischen Sitzung ergibt ein anderes Bild als die einer Schulstunde oder die eines Gespräches mit dem Steuerberater. Zudem gibt es in allen drei Handlungsfeldern nicht nur jeweils eine spezifische Form der Kommunikation, sondern es finden sich mehrere, die sich wiederum voneinander unterscheiden. Wie soll man sich da orientieren und Klarheit gewinnen? Denn gesucht wird ja im Sinne Max Webers sozusagen nach »Typen« der Kommunikation, wenn möglich sogar nach »Idealtypen« pädagogischen, beratenden oder psychotherapeutischen Handelns.

Ein (in der Wissenschaft häufig gewählter) Ausweg aus diesen Schwierigkeiten besteht darin, dass man die Ebenen wechselt und einen anderen, höheren Abstraktionsgrad wählt. Es wird also ein theoretisches Instrumentarium oder Konzept benötigt, das es erlaubt, sowohl die Gemeinsamkeiten der drei Praxen als auch deren Unterschiede abzubilden. Damit kommt, buchstäblich verstanden, ein anderer Maßstab zum Einsatz. Seine Eigenschaft besteht darin, dass er einerseits die drei Fälle in ihren zentralen Merkmalen angemessen zu erfassen erlaubt, andererseits aber nicht in ihnen aufgeht, sondern über sie hinausweist; eben dafür sorgt der höhere Grad der Abstraktion. Für die Zwecke dieser Darstellung soll die *Zeige-Theorie* als ein solches begriffliches Werkzeug dienen. Das ist im Falle der Erziehung schon unter dem Titel »Operative Pädagogik« erprobt und in Teilen ausgearbeitet.[2] In Bezug auf Beratung und Psychotherapie erscheint ein solches Vorgehen neu und daher ungewohnt, und man wird sehen, ob das auch dort funktioniert und wieweit man damit kommen kann.

Damit sind, wie eingangs angekündigt, die nächsten Schritte festgelegt: zunächst soll in einem kurzen Abschnitt genauer erläutert werden, was gemeint ist, wenn hier und im Fortgang des Buches von »operativ« gesprochen wird (▶ Kap. 1.1.1); dann ist die Zeige-Theorie in ihren wesentlichen Grundzügen vorzuführen (▶ Kap. 1.1.2). Und erst danach geht es zu den Sachen selbst, also zu den typischen Zeigestrukturen von Erziehung (▶ Kap. 1.2), Beratung (▶ Kap. 1.3) und Psychotherapie (▶ Kap. 1.4), bevor am Ende dieses Kapitels Bilanz gezogen werden kann (▶ Kap. 1.5).

1.1.1 Was heißt »operativ«?

Da der Ausdruck »operativ« (und dann auch »Operative Pädagogik«) für den hier verfolgten Ansatz kennzeichnend ist und im Gang der Darstellung häufiger vorkommt, soll er an dieser Stelle genauer erläutert werden.

Das Wort stammt, wie unschwer zu erkennen ist, aus dem Lateinischen und geht auf »opus« zurück, was »Werk, Arbeit, Beschäftigung, Handlung« bedeutet (bzw. auch auf »opera« – »Arbeit, Tätigkeit, Mühe«). Hiervon abgeleitet ist das Verb »operari«, was mit »beschäftigt sein, arbeiten, wirken, verrichten« übersetzt werden kann. Später bildet sich dann die adjektivische Form »operativ« heraus, das »wirkend, tätig eingreifend, eine Operation betreffend« bedeutet (vgl. Pfeifer 1999, S. 951).

Vor diesem semantischen Hintergrund ist es nicht verwunderlich, dass aus diesem Wortfeld stammende Ausdrücke in vielen Lebensbereichen auftauchen. In der Medizin unterscheidet man zwischen »operativer« (wenn etwas durch einen Eingriff entfernt wird) und »konservativer« Behandlung, und man spricht vom Chirurgen als »Operateur« (übrigens der ursprünglich verwendete Ausdruck). In der Musik kennt man die »Oper« und die »Operette« (das »Werkchen«) und in Literatur und Wissenschaft das opus magnum (oder magnum opus). In der Mathematik ist der »Operator« eine formale Vorschrift, die festlegt, was geschehen soll (z. B. das Pluszeichen bei der Addition), und auch in Logik und Informatik ist der Ausdruck in verschiedenen Wendungen gebräuchlich. »Operateure« kennt man nicht nur bei Film und Fernsehen, sondern auch in der

---

2 Spiritus Rector der »Operativen Pädagogik« ist Klaus Prange (†2019), auf dessen Arbeiten zur »Zeigestruktur der Erziehung« (2012a/2012b) die folgenden Ausführungen aufbauen und sie weiterzuführen versuchen; vgl. dazu auch den von Berdelmann/Fuhr herausgegebenen Diskussionsband zur »Operativen Pädagogik«(2009).

Datenverarbeitung oder generell an zentralen Schaltstellen in komplexen technischen Anlagen. In der Betriebswirtschaft spricht man vom »operativen Geschäft« und meint damit dasjenige, das sich ausschließlich auf den eigentlichen Zweck des Unternehmens richtet (Finanzspekulationen von z. B. Automobilkonzernen gehören demnach nicht zum »operativen Geschäft«). Auch Zeithorizonte kommen ins Spiel, wie im Management, wo zwischen »operativer« (kurzfristiger), taktischer (mittelfristiger) und strategischer (langfristiger) Ebene unterschieden wird. Beim Militär ist das anders, dort liegt die operative Ebene zwischen Strategie und Taktik, wiewohl auch dort der Begriff der »Operation« in verschiedenen Zusammensetzungen (z. B. Defensiv- oder Offensivoperation, Operationslinie oder Operationsbasis) verwendet wird, ganz abgesehen davon, dass gerade besondere Aktionen spezieller Einheiten mit diesem Ausdruck verbunden werden (z. B. »Operation Neptune's Spear«, der Name für die Tötung Bin Ladens am 2.5.2011).

Wie man an diesen Beispielen sieht, ist immer dann, wenn von »operativ« gesprochen wird, die unmittelbare Handlung selbst und ihre Zweck-Mittel-Relation gemeint. In der Situation entscheidet sich operativ, was geschieht, und dadurch wird festgelegt oder festzulegen versucht, was darauf folgt oder folgen sollte. Plus ist eben plus und nicht minus, und wie in der Genetik und gemäß dem dort leitenden »Operon-Modell« entscheidet sich durch eine bestimmte Operation, welche Reaktionen sich einstellen, wie es aller Wahrscheinlichkeit nach weitergeht. Der Ausdruck »operativ« bezieht sich also, anders gesagt, auf den unmittelbaren Handlungsvollzug selbst und dessen Verbindung oder Verknüpfung mit anderen zu einer Abfolge zielgerichteter Handlungsketten.

Nun liegt der Einwand nahe, dass dieses zwar für technische Abläufe gelten mag, nicht aber für kommunikative. Macht es überhaupt Sinn, das Erziehungsgeschehen auf diese Weise zu modellieren? Die Antwort lautet schlicht: Ja, es macht Sinn. Denn wir wissen, dass Erziehung funktioniert, und zwar, denkt man in evolutionstheoretischen Dimensionen, schon ziemlich lange. Damit wird nicht bestritten, dass es Unterschiede zur Technik gibt, die sich genauer aufweisen ließen. Gleichwohl: auch die größten, wichtigsten und schönsten Erziehungsziele verwirklichen sich nicht von selbst, sondern müssen durch das enge Nadelöhr pädagogischer Operationen.

Von »pädagogischen Operationen« zu sprechen, mag zwar ungewohnt klingen, ist aber der Sache nach durchaus vernünftig, um damit Handlungsweisen zu kennzeichnen, die sich unmittelbar auf das lernende Bewusstsein der Edukanden richten – manchmal als Eingriff, manchmal vermutlich auch als Angriff, immer aber als Versuch des Zugriffs, der Einflussnahme eben. Wer erzieht, bringt sich als »pädagogischer Operator« zur Geltung, als eine Kraft also, die auf andere Kräfte zu wirken versucht. Insofern, das ist mit dieser Sichtweise notwendig verbunden, sind nicht die Kinder, sondern die Erzieherinnen und Erzieher die *Subjekte der Erziehung*. Wenn also von »Operativer Pädagogik« die Rede ist, sind hier damit stets all jene Theoriebemühungen gemeint, die den unmittelbaren Handlungsvollzug selbst als Ausgangspunkt zu Grunde legen. Erziehung, das ist für manche vermutlich eine arge Zumutung, wird hierbei also aus der Sicht der Erzieher rekonstruiert und konzeptualisiert. Denn es geht, um auf

Kant anzuspielen, um die »Mechanismen in der Erziehungskunst«, sozusagen um pädagogische Technologie und damit zuallererst um die Frage, *wie* man pädagogisch Wirkungen zu erzielen vermag. Das ist, so könnte man sagen, eine theoriekonstitutive Entscheidung, eine Festlegung eben. Dass damit nicht alle pädagogischen Probleme erfasst oder gar gelöst werden können, liegt auf der Hand. Die Frage ist vielmehr, welche Gestalt eine Theorie der Erziehung annimmt, wenn sie auf diese Weise angelegt wird. Demnach könnte das Motto für dieses Kapitel so lauten: Wenn Du pädagogisch denkst, denke zuallererst operativ (und sieh zu, wie weit Du damit kommst, und welche Probleme sich dann im Fortgang einstellen).

1.1.2   Das Zeigen

Auf den ersten Blick scheint »zeigen« ein einfacher, schlichter Ausdruck zu sein, geradezu selbstverständlich. Diese vermeintliche Selbstverständlichkeit rührt daher, dass das Zeigen unseren Alltag auf vielfältige Weise durchzieht, ein erster Hinweis darauf, dass ihm für Kultur und Gesellschaft eine ebenso grundlegende wie vielfach verdeckte Bedeutung zukommt: An einer Kreuzung erscheint eine rote Figur in der Ampel, und wir bleiben stehen. Wir sehen Wahlplakate, und denken uns unseren Teil über den Kandidaten und seine Partei. An der Litfaßsäule sehen wir die Ankündigung eines Konzertes, das unser Interesse erregt, und am Abend gehen wir dorthin. Nach einem Einkauf führen wir stolz die schicke Jacke vor, die wir erworben haben. Wir gehen in ein Museum und werden über die Geschichte des Kieler Hafens belehrt. Bei der Anfertigung eines Referats verwenden wir natürlich »power-point«, und später im Seminarvortrag lenken wir die Aufmerksamkeit des Publikums mit dem Laserpointer auf besonders wichtige Teile der projizierten Graphik. Im Laborpraktikum kommt unter dem Mikroskop plötzlich etwas zum Vorschein, was vorher mit bloßem Auge nicht zu erkennen war. Wir kandidieren für ein Amt im AStA und werden aufgefordert, uns vorzustellen. Wir haben in der Statistikübung eine Regressionsgleichung nicht verstanden und bitten eine Kommilitonin, uns den Zusammenhang genauer zu erklären, so dass auch wir es verstehen und selbst damit weiterarbeiten können. Und wenn beim Segeln im Sturm das eigene Wort nicht mehr zu vernehmen ist, reicht ein Handzeichen, um zu wissen, was zu tun ist.

Die Reihe solcher Beispiele ließe sich leicht fortsetzen. Schaut man sie sich genauer an, dann sieht man, dass das »Zeigen«, so selbstverständlich es uns auch erscheinen mag, so selbstverständlich offenbar nicht ist. Es ist daher nicht verwunderlich, dass das »Zeigen« in verschiedenen Wissenschaftsgebieten verstärkt theoretische Aufmerksamkeit gefunden und empirische Forschungen stimuliert hat. »Zeigen« gilt – gerade in jüngster Zeit unter der Formel »iconic« oder »visual turn« – nicht nur in Evolutionstheorie, Anthropologie und Entwicklungspsychologie, sondern auch in den Bildwissenschaften, in Philosophie und vor allem in der Phänomenologie als ein überaus bedeutsames Thema. Die Erziehungswissenschaft befindet sich also durchaus in guter Gesellschaft. Auf dieses weit verzweigte diskursive Netz von Theorien und Befunden kann an dieser Stelle nicht genauer eingegangen werden.[3] Hier interessiert zunächst nur die Frage, durch welche gemeinsamen Merkmale sich das »Zeigen« näher bestimmen lässt. Wie die Beispiele deutlich machen, deckt der Ausdruck eine ganze Palette von Verhaltensweisen oder Phänomenen, und er wird offensichtlich in sehr verschiedenen Situationen verwendet. Was ist das Gemeinsame, gibt es einen strukturellen Kern des Zeigens?

Zunächst sieht man, dass das »Zeigen« eine Tätigkeit ist, ein Handeln, ein aktiver Vollzug. Wer zeigt, tut etwas. Dieses Handeln ist auf eine prinzipielle, man kann sogar sagen: auf eine buchstäblich radikale Weise sozial: Jemand zeigt jemandem etwas. Es werden also, anders gesagt, Personen durch Orientierung auf eine Sache miteinander verbunden oder zu verbinden versucht. Damit kommen zunächst drei konstitutive Elemente zum Vorschein: ein »Zeiger«, ein Adressat und ein Sachverhalt. Im Sinne der Logik ist »zeigen« demnach ein »mehrstelliges Prädikat«. Denn es enthält sowohl einen Verweis auf Sachverhalte oder Themen (auf nichts lässt sich nicht zeigen) als auch, damit unmittelbar verbunden oder gleichsam verschmolzen, einen Verweis auf Personen. Die Beispiele verdeutlichen zudem, dass das »Zeigen« auf verschiedene Weisen geschehen kann. Es findet sich ohne oder vor der Sprache, in Sprache eingebettet oder als Sprache allein, durch eine schlichte Geste wird ebenso zu zeigen versucht wie beispielsweise durch diesen Text. Der Zeigeakt selbst lässt sich also als ein weiteres (viertes) konstitutives Element herausstellen. Schließlich, und damit steht und fällt die ganze Figur, ist das »Zeigen« ohne Absicht nicht zu denken, es ist, anders gesagt, prinzipiell intentional: Wer immer einem anderen etwas zeigt, verfolgt dabei eine bestimmte Absicht (was spätestens dann – mit befreiendem Lachen, oft allerdings mit Irritation, Verlegenheit oder gar Beschämung – bemerkt wird, wenn man »unbeabsichtigt« etwas zeigt). Über seine Absicht ist ein »Zeiger« nicht nur mit einem bestimmten Sachverhalt verbunden, sondern unmittelbar auch mit dem Adressaten seiner Bemühungen, denn der Andere muss ja, zumindest der Möglichkeit nach, das, was gezeigt wird, auch verstehen können. Dafür sind nicht nur Aufmerksamkeit, Wahrnehmung und kognitive Verarbeitung notwendige Voraussetzungen, sondern auch ein gemeinsamer kultureller Horizont: was bei uns als höfliche Geste aufgefasst wird, kann in anderen Teilen der Erde unverzüglich für Entsetzen sorgen. Durch diese fünf konstitutiven Elemente (Zeiger, Adressat, Sachverhalt, Zeigeakt und kultureller Horizont) wird erkennbar, dass dem »Zeigen« eine Struktur zugrunde liegt oder eingeschrieben ist, die auch aus der Rhetorik bekannt ist (vgl. Landweer 2010). Zeigen ist eben immer auch eine Art gestisch verdichteten Sprechens, und es gibt gute Gründe für die Annahme, dass sich im Prozess der Evolution die Sprache aus dem Zeigen heraus entwickelt hat. Nicht zuletzt in der »Gebärdensprache« kommt eben diese Eigenschaft prägnant zum Vorschein. Der genuine Zusammenhang zwischen Zeigen und Reden macht deutlich, dass es sich offensichtlich um eine anthropologische Universalie handelt, etwas also, das für Menschen typisch ist.

---

3 Vgl. dazu Boehm 2007; Boehm/Egenhofer/Spies 2010; Gfrereis/Lepper 2007; Schmidt/Stock/Volbers 2011; van den Berg/Gumbrecht 2010; Wiesing 2013.

Wer den Umgang mit Haustieren, etwa Hunden oder Katzen, gewohnt ist, weiß, dass das Zeigen im kommunikativen Kontakt mit Tieren nicht auf gewohnte menschliche Weise funktioniert: die geliebten vierbeinigen Gesellen schauen meist beharrlich auf den Arm oder ausgestreckten Finger des Zeigenden, nicht aber oder nur zufällig auf das Gezeigte, denn sie verlängern die Blickachse, die vom Zeiger zum Objekt führt, in aller Regel nicht.

Diese Alltagserfahrung ist mittlerweile durch eine Vielzahl empirischer Studien und daraus entwickelten, differenzierten Theorien wissenschaftlich belegt und bestätigt worden. Die Adresse für dieses Wissenschaftsgebiet ist die »evolutionäre Anthropologie« und seit geraumer Zeit mit dem Namen Michael Tomasello (z. B. 2002; 2009) und einer international weit verzweigten Gruppe von Forscherinnen und Forschern verbunden.[4] Um der Menschheitsgeschichte genauer auf die Spur zu kommen, spielt dabei der Vergleich mit unseren nächsten evolutionären Verwandten, den Menschenaffen, eine besondere Rolle. Wie unterscheiden sich hinsichtlich des Zeigens kleine Affen von kleinen Kindern?

Steht man im Zoo vor einem Affen-Gehege, Schimpansen am besten, sorgt der spontane Eindruck frappierender Ähnlichkeit mit menschlichen Wesen unverzüglich für Verwunderung und freudiges Erstaunen. Der Ausdruck ihrer Gesichter kommt uns ebenso bekannt vor wie etliche Gesten, durch die sich die Tiere untereinander (und manchmal auch mit dem Publikum vor dem Zaun) zu verständigen scheinen. Wir bewundern die Geschicklichkeit ihrer Bewegungen, freuen uns, wie sie miteinander spielen oder sich wechselseitig pflegen oder sich »schlau«, manchmal äußerst geschickt herumliegende Gegenstände als Werkzeug benutzend, ihr Futter verschaffen. Diese Eindrücke von Zoobesuchern lassen sich durch die vielfältigen Befunde der Primatenforschung sehr viel genauer fassen, und damit besteht auch die Möglichkeit, Unterschiede und Gemeinsamkeiten zu erkennen und mittlerweile weitestgehend auch zu erklären. Dabei muss man unterscheiden, ob die Beobachtungen und Befunde von Affen in natürlicher Umgebung gewonnen wurden, oder ob sie von Populationen stammen, die im Kontakt mit Menschen (z. B. in Zoos oder eben auch Forschungseinrichtungen) aufgewachsen sind.[5]

Beide Gruppen unterscheiden sich in einer Hinsicht überhaupt nicht voneinander: Betrachtet man allein die vokale Kommunikation, also das Sich-Verständi-

---

4 Unter dem Ausdruck »Evolutionäre Anthropologie« werden verschiedene Forschungsgebiete zusammengefasst: Am Max-Planck-Institut in Leipzig zum Beispiel Evolutionsgenetik, Evolutionstheorie, Linguistik, Primatenforschung sowie Entwicklungspsychologie und vergleichende Psychologie. Es handelt sich also um ein interdisziplinäres Bemühen, aus verschiedenen Perspektiven die Geschichte der Menschheit zu erforschen. Gerade für Studierende der Pädagogik ist eine nähere Beschäftigung mit diesen vergleichenden Forschungen überaus lohnenswert, weil sie das professionelle pädagogische Selbstbewusstsein nicht schwächt, sondern es nachdrücklich zu verstärken vermag. Auf der Website der entsprechenden Abteilung (http://www.eva.mpg.de/psycho/) finden sich nicht nur die Auflistung einschlägiger Publikationen, sondern auch zahlreiche experimentelle Videostudien.

5 Um den Gang der Darstellung nicht zu überfrachten, referiere ich im Folgenden einige wesentliche Befunde der Primatenforschung, wie Tomasello sie in allen Einzelheiten vorführt (vgl. Tomasello 2009, S. 24 ff.).

gen mit der Stimme, ist der Befund eindeutig: Das diesbezügliche Repertoire der Affen ist fast gänzlich genetisch festgelegt. Lernprozesse spielen dabei kaum eine Rolle, und dementsprechend sind ihre stimmlichen Äußerungen beschränkt, stereotyp und gleichförmig: Das Sprechen oder gar das Singen können Affen niemals lernen.

Was die gestische Kommunikation anbetrifft, treten zwischen diesen beiden Gruppen allerdings deutliche Unterschiede zu Tage, vor allem deshalb, weil hierbei in ungleich stärkerem Maße Lernprozesse beteiligt sind. In ihrer natürlichen Umgebung kommunizieren Primaten mit Hilfe bestimmter Gesten wie Körperhaltungen, Gesichtsausdrücke oder Handbewegungen. Auch sie sind zu einem großen Teil genetisch festgelegt und werden dementsprechend, sozusagen strikt programmgemäß, eingesetzt. Allerdings gibt es einen großen anderen Teil von Gesten, die evolutionär weniger dringliche Bereiche betreffen, z. B. spielen, stillen, betteln oder die Fellpflege. Und diese werden individuell gelernt und flexibel benutzt. Primaten verhalten sich also nicht alle gleich, und sie verwenden ihre Signale auch unterschiedlich und dieselben auch zu unterschiedlichen Zwecken. In dieser Hinsicht, also im absichtlichen und flexiblen Gebrauch erlernter Kommunikationssignale, ist die gestische Kommunikation der Primaten mit der sprachlichen Kommunikation des Menschen durchaus vergleichbar (vgl. Tomasello 2009, S. 32). Zwei Typen von Gesten können eindeutig unterschieden werden, »Aufmerksamkeitsfänger« und »Intentionsbewegungen«. Zur ersten Gruppe gehört zum Beispiel das Auf-den-Boden-Schlagen (häufig um zu spielen) oder den Rücken anzubieten (als Einladung zur Körperpflege); zur zweiten Gruppe zählen beispielsweise das Armheben (um mit einem Spiel zu beginnen), das Betteln mit der Hand (um Futter zu bekommen) oder das Armauflegen als Einleitung gemeinsamen Gehens. Von allen faszinierenden Details abgesehen geht es an dieser Stelle nur um zwei Einsichten: Erstens kommt zum Vorschein, dass schon bei Primaten absichtlich auf andere gerichtete Handlungen beobachtbar sind, so dass diese Gesten als Vorläufer menschlicher Kommunikation anzusehen sind. Zweitens darf man nicht übersehen, dass diesen Gesten keine »Bedeutung« innewohnt, die dann vom Anderen erkannt und »verstanden« würde, der dann dementsprechend handelte. Vielmehr haben diese Gesten den Charakter von einem »display«, sie fungieren gewissermaßen als eine Art von Anzeige für veränderliche Informationen, Reize also, auf die dann wiederum reagiert wird.

Affen hingegen, die im Umgang mit Menschen aufwachsen, sind in der Lage, ihr gestisches Repertoire um eine entscheidende Dimension zu erweitern: sie können zu »zeigen« lernen. Hierfür gibt es zahlreiche experimentelle Befunde: Beispielsweise »zeigen« Affen mit Fingern oder Händen auf außerhalb ihrer Reichweite liegendes Futter, damit ein Mensch es für sie holt. Oder sie machen einen Menschen auf ein vorher verstecktes Werkzeug aufmerksam, das für die Futterbeschaffung nötig ist. Oder sie zeigen nachdrücklich auf eine verschlossene Tür, hinter der sie für sie Interessantes vermuten, damit ein Mensch sie öffnet. Solche »zeigeähnlichen« Verhaltensweisen können als Erweiterung von Aufmerksamkeitsgesten verstanden werden, wobei die Versuchstiere sehr genau beobachten und auch der menschlichen Blickrichtung zu folgen vermögen. Dieses »Zeigeverhalten« findet sich allerdings lediglich in auffordernder Absicht, also als imperative Geste. Gesten, die »nur« ein Interesse an einer Sache signalisieren, de-klarative Gesten also, zeigen sie ebenso wenig wie informative Gesten, die dazu dienen, darüber zu informieren, was für ein anderes Individuum vielleicht inter-essant, brauchbar oder nützlich sein könnte. Zudem, und das dürfte ein entschei-dendes Argument sein, zeigen Affen diese »zeigeähnlichen« Verhaltensweisen ausschließlich Menschen gegenüber, nicht aber gegenüber ihren Artgenossen. Offenbar gibt es eine unüberwindbare Grenze für die ansonsten so verblüffende Lernfähigkeit dieser Tiere. In den berühmten Objektwahl-Experimenten kommt eben diese Grenze eindrucksvoll zum Vorschein: Eine Person versteckt vor den Augen der Affen Futter unter einem von drei Eimern, während eine andere Per-son, ein »Helfer«, dabei zuschaut. In dem weiteren Verlauf dieses Experiments zeigt dann dieser menschliche »Helfer« auf den Eimer, unter dem das Futter ver-steckt wurde. Und obwohl die Affen diese Zeigegeste des menschlichen Helfers auf den richtigen Eimer aufmerksam und hochmotiviert verfolgten, treffen sie ihre Wahl rein zufällig. Anscheinend können sie die Bedeutung dieser Zeigegeste einfach nicht verstehen, also nicht die richtigen Schlüsse daraus ziehen und so-mit nicht nachvollziehen, dass der Mensch ihnen etwas zeigt, damit sie es sich für ihre Zwecke nehmen können. Kleine Kinder bewältigen diese Aufgabe schon im Alter von 14 Monaten und meist vor dem Spracherwerb mit gutem Erfolg.

Dieser eklatante Unterschied macht auf einen entscheidenden qualitativen Sprung in der Evolution der Kommunikation aufmerksam, einen Sprung, der offensichtlich nur dem Menschen möglich ist: Während Affen bei allem, was sie tun, ausschließlich ihre eigenen Zwecke verfolgen (und dabei davon ausgehen, dass andere Lebewesen genau auf dieselbe Weise verfahren), verfolgen Men-schen auch solche Zwecke, die nicht primär ihren eigenen Interessen dienen, sie kommunizieren kooperativ und teilen ihre Absichten mit anderen. Die Kom-munikation von Primaten ist, anders gesagt, durch »individuelle Intentionalität« gekennzeichnet, wohingegen die Kommunikation von Menschen auf »geteilter Intentionalität« aufbaut (vgl. Tomasello 2009, S. 65). Dieser Unterschied mar-kiert den entscheidenden Schritt in der Stammesgeschichte (Phylogenese), und er ist dementsprechend, sozusagen im Kleinformat, auch für die Ontogenese, für die Entwicklung jedes einzelnen Menschen vom Säugling bis zum Erwachse-nen, von grundlegender Bedeutung. Das Zeigen steht dabei im Zentrum des Geschehens, es ist der Dreh- und Angelpunkt des gesamten Entwicklungsprozes-ses, an dessen Ende sich das herausbildet, was Tomasello die »im Artvergleich einzigartige psychologische Infrastruktur geteilter Intentionalität« (a. a. O., S. 70) nennt. Aber wie erwerben Kinder diese so besondere Struktur?

Dass kleine Kinder schon sehr früh Zeigegesten verwenden, ist eine alltägliche Erfahrung. Inzwischen weiß man durch zahlreiche Studien, dass dieses Verhalten in allen Kulturen auftritt, wenn auch mit Modifikationen und in Varianten (mancherorts kommen z. B. Kinn oder Lippen anstelle des Zeigefingers zum Ein-satz). Man weiß allerdings nach wie vor nicht genau, wie dieses Verhalten erwor-ben wird und in welchem Umfang dabei Lernen eine Rolle spielt. Vermutlich wirken verschiedene Prozesse zusammen und verstärken sich wechselseitig: Zum einen führen Orientierungshandlungen, die fortgesetzt wiederholt werden, zu ei-ner Ritualisierung bestimmter Verhaltensweisen. Zum anderen werden Säuglinge nicht nur in warmem Wasser gebadet, sondern auch in Sprache, und durch diese »Protokonversationen« sind Säugling und Bezugspersonen höchst aufmerksam aufeinander bezogen, sie schauen sich dabei an, berühren sich und geben Laute von sich. Diese frühen »Unterhaltungen«, das ist entscheidend, haben eine klare Struktur von Rollenwechseln, es sind sozusagen Sprachspiele vor der Sprache, durch die basale Muster der menschlichen Kommunikation eingeübt werden wie z. B. Frage und Antwort, Rede und Gegenrede oder vor allem auch das gemeinsame Ausdrücken und Teilen von Gefühlen. Im Zuge solcher Protokonversationen gibt es schließlich vielfältige Anlässe und Ansätze für Nachahmung. Schon wenige Wochen nach der Geburt können das Herausstrecken der Zunge, das Öffnen des Mundes oder Kopfbewegungen imitiert werden, wobei schon früh Identifizierungsprozesse eine Rolle spielen dürften. Zu welchen Zeitpunkten diese Prozesse auftreten und wie sie im Einzelnen zusammenwirken, ist, wie gesagt, noch wenig erforscht. Die kleinen Kinder gelangen eben anfangs »irgendwie auf natürliche Weise zum Zeigen« (Tomasello 2009, S. 124). Menschen sind nicht nur, darin den Primaten gleich, soziale Wesen, sondern, so Tomasello an anderer Stelle, schlicht »ultra-sozial« (Tomasello 2002, S. 74). Und das offensichtlich nicht nur, wie einschlägige Studien belegen, wenige Stunden nach der Geburt, sondern bereits im Mutterleib, wo sie sich schon an die Stimme der Mutter zu gewöhnen vermögen.

Obwohl also die ganz frühen Anfänge des Zeigens noch nicht vollständig aufgeklärt sind, weiß man mittlerweile doch sehr genau, wie sich das Zeigen im Fortgang der Entwicklung weiter ausbildet. Der Entwicklungskomplex, der von alles entscheidender Bedeutung ist, kommt, stammesgeschichtlich betrachtet, einer Revolution gleich und wird daher mit guten Gründen als »Neunmonatsrevolution« bezeichnet. Was hat es mit diesem »Umsturz« in der Entwicklung auf sich? Und wie zeigt sich dabei das Zeigen?

Diese »Revolution« beginnt im Alter von etwa 9–12 Monaten, durchläuft verschiedene Stadien und kommt mit etwa 13–15 Monaten zu einem Abschluss. Kleine Kinder beginnen also noch vor dem ernsthaften Spracherwerb damit, Zeigegesten zu verwenden, wobei sich zwei Motive hierfür deutlich voneinander unterscheiden lassen: entweder wollen sie etwas haben und verlangen nach bestimmten Dingen (in diesem Fall spricht man von »imperativen Gesten«); oder sie wollen Erfahrungen und Gefühle zum Ausdruck bringen, also »mit – teilen«, was sie bewegt (in diesem Fall spricht man von »deklarativen Gesten«).

Das Besondere dieser »Revolution« liegt in dem entwicklungslogischen Zusammenhang ihrer drei Stadien, die nacheinander auftauchen und gemeistert werden müssen. Die folgende Abbildung zeigt das Geschehen in graphischer Vereinfachung:

Im ersten Stadium (9–12 Monate) geht es zuallererst um das »Prüfen der Aufmerksamkeit« (also versprachlicht etwa: »Schaust Du auf das, auf das ich schaue«); danach, im zweiten Stadium, steht das »Verfolgen der Aufmerksamkeit« im Vordergrund (»Ich schaue auf das Objekt, auf das Du auch schaust«); und im dritten Stadium schließlich wird die Aufmerksamkeit der erwachsenen Bezugsperson zu lenken versucht (»Schau auf das, auf das ich schaue«). Diese drei Stadien bilden einen zusammenhängenden Entwicklungskomplex, der als

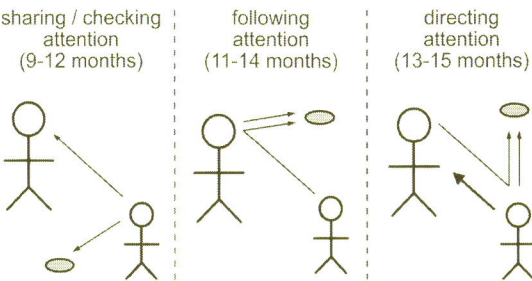

Abb. 1: Joint attention (vgl. Tomasello 2002, S. 81)

»joint attention« (geteilte Aufmerksamkeit) bezeichnet wird. Hierdurch erfährt die Kommunikation eine grundlegende Umstellung: sie operiert nun nicht länger nur »dyadisch« (Person-Person oder Person-Objekt), sondern sie wird jetzt triadisch, verbindet also zwei verschiedene Personen, eine große und eine kleine, mit einem Objekt. Es entsteht also ein kommunikatives Dreieck. Dass sich dadurch die Lernmöglichkeiten des kleinen Kindes exponentiell erweitern, liegt auf der Hand, und es ist kein Wunder, dass es von jetzt an mit dem Spracherwerb rasch vorangeht.

In diesem Abschnitt der Entwicklung lernen also kleine Kinder, dass Erwachsene in Bezug auf einen Gegenstand eine bestimmte Absicht verfolgen, sie verstehen sie als »intentionale Akteure«. Um das zu können, müssen sie allerdings zuvor auch sich selbst als »intentionale Akteure« zu begreifen begonnen haben (aus diesem Grund findet sich dieser joint-attention-Komplex nicht schon zu früheren Zeitpunkten der Entwicklung). Damit ist die elementare Voraussetzung für kommunikative Kooperation gegeben, denn der kleine Akteur kann nunmehr in Bezug auf einen Gegenstand die Perspektive des großen Akteurs simulierend übernehmen und daraus seine Schlüsse ziehen (»Aha, wenn der Große dort draufdrückt, geht die Schachtel auf – wenn ich also auch auf diese Stelle drücke, dann kann auch ich die Schachtel öffnen«). Entscheidend ist demnach die Möglichkeit, eine andere Perspektive einzunehmen und sodann aus dieser (erwachsen-anderen) Sicht die Welt in Augenschein zu nehmen. Anders als kleine Affen sind kleine Kinder daher sehr an der »Inneren Welt« der sie umgebenden Erwachsenen interessiert, und zwar ungeachtet der neugierigen Faszination für all die unbekannten Gegenstände um sie herum. Aus diesem Grund unternehmen die kleinen Zeiger große Anstrengungen, die Absichten der Erwachsenen »richtig« zu verstehen und sich dessen fortwährend zu vergewissern. Auch dafür gibt es zahlreiche experimentelle Befunde: Zum Beispiel können kleine Kinder zuverlässig unterscheiden, ob die Geste eines Erwachsenen nur beiläufig zeigenden Charakter hatte, oder ob sie wirklich als eine für sie bestimmte kommunikative Botschaft aufzufassen ist. Sie korrigieren daher auch »Missverständnisse« der Erwachsenen, die ihnen anscheinend nur »zufällig« das geben, auf das sie vorher gezeigt hatten, denn sie wollen offenbar, dass ihre Absicht »richtig« verstanden wird.

Die Zeigegeste ist also die erste und ursprüngliche Form menschlicher Kommunikation, und sie erweist sich als im Kern kooperativ.[6] Im Zeigen *muss* »gemeinsam operiert« werden, in welcher Form auch immer, sei es im Auffordern, im Informieren oder im Mit-teilen. Und Kooperation funktioniert nur mit Identifikation, mit eben dem Sich-Hineinversetzen-Können in eine andere Konstellation zur Welt. Kein noch so langes Training kann Primaten dazu verhelfen. Und es ist aufschlussreich, dass viele Schwierigkeiten, die autistische Kinder haben, mit dieser mangelnden Fähigkeit zur Perspektivenübernahme in engem Zusammenhang gesehen werden (vgl. Tomasello 2002, S. 95). Die Zeigegeste ist sozusagen das Minimalprogramm menschlicher Kommunikation, sie ist Sprache vor der Sprache (und deswegen greifen wir in fremden Ländern mit unbekannten Sprachen gerade darauf zurück, wenn wir uns verständigen wollen). Sie bildet, geht die Neunmonatsrevolution erfolgreich ihren Weg, die Grundlage für alle weiteren Entwicklungsschritte, die jetzt folgen, vor allem, wenn über das Gebärdenspiel die Sprachentwicklung nun rasch voranschreitet und durch Worte sich das Zeigen von der unmittelbaren Wahrnehmung lösen kann und symbolisch wird. Dann bekommen Dinge eine Bezeichnung und werden Worte zu Zeichen, auf die gezeigt werden kann. Neben die bis hierhin bestimmenden deiktischen Gesten treten, so der gängige Sprachgebrauch, ikonische (symbolische) Gesten, wodurch sich die Möglichkeiten des Lernens exponentiell erweitern. Das genauer nachzuzeichnen, sozusagen die ontogenetische Geschichte des Zeigens zu erzählen, ist für die Zwecke dieser Darstellung nicht erforderlich und muss anderen Arbeiten überlassen bleiben.

Zum Abschluss dieses Abschnittes soll die Aufmerksamkeit vielmehr auf etwas anderes gelenkt werden (man sieht also auch hier: »joint-attention«): Bisher wurde das Zeigen, phylogenetisch wie ontogenetisch, vorwiegend aus der Perspektive des Lernens betrachtet. Die Neunmonatsrevolution weist aber weit darüber hinaus, denn sie führt auch zum Lehren. Anders gesagt: Warum gibt es bei Affen keine Schulen (und daher auch keine PISA-Studien)? Die Antwort auf diese rhetorische Frage kann nach den bisherigen Ausführungen nicht verwundern, denn, auch das weiß man inzwischen recht genau, erwachsene Affen tun wenig, um ihrem Nachwuchs hilfreiche Informationen bereitzustellen, sie überlassen ihn weitgehend sich selbst und zeigen keinerlei Interesse daran, dass die kleinen Affen bestimmte Fähigkeiten oder Fertigkeiten erlernen. Das ist bei Menschen, wie jeder Leser aus (manchmal schmerzhaft erinnerter) eigener Erfahrung weiß, in der Regel anders, werden kleine Menschen doch üblicherweise »erzogen« und das schon seit ziemlich langer Zeit. Somit erweist sich die Erziehung, die für menschliche Kulturen und Gesellschaften kennzeichnend ist, auch als Ausdruck und Folge einer Revolution, keiner politischen zwar, aber einer stammesgeschichtlichen wie ontogenetischen. Der Mechanismus des Zeigens steht dabei im Mittelpunkt, nicht zuletzt deshalb, weil Menschen auf die Idee gekommen sind, ihn von Zufällen unabhängiger zu machen und auf Dauer zu stellen, ihn schließlich zu organisieren

---

6 Das ist, nebenbei bemerkt, kein Anlass für idealistische Interpretationen, sondern im Ursprung zunächst schlicht ein evolutionäres Erfordernis, denn ohne kooperierende Erwachsene kein Überleben der Nachwachsenden, ohne Kooperation keine Reproduktion.

und zu institutionalisieren. So betrachtet sieht man: Familien wie Schulen lassen sich im Kern durchaus als institutionalisierte Zeigegesten verstehen. Und pädagogische Berufe demgemäß als Zeigeberufe. Und Erziehung nur als Kooperation.

Wie das im Einzelnen zu denken ist, wird der nächste Abschnitt zeigen.

1.2 Die Zeigestruktur der Erziehung

Die Darstellung der Zeigestruktur der Erziehung erfolgt in fünf Schritten:
Im ersten Schritt wird genauer erläutert, wie man überhaupt von der Entwicklungspsychologie in die Pädagogik kommen kann. Dabei ist die (kaum zu überschätzende) Einsicht zu gewinnen, dass das »didaktische Dreieck« der Pädagogik der Form nach eben jenem Muster der Kommunikation entspricht, das sich im Zuge der Neunmonatsrevolution herausgebildet hat (▶ Kap. 1.2.1). Der zweite Schritt baut hierauf auf und zeigt, dass das Zeigen allein durch einen spezifischen Bezug auf das Lernen zum *pädagogischen Zeigen* wird. Dadurch ergibt sich eine Grundform, die aus zwei getrennten Operationen besteht, die wiederum durch einen Mechanismus eigener Art miteinander verbunden werden müssen (▶ Kap. 1.2.2). Die unterschiedlichen Funktionen, die der Erziehung zukommen, führen demgemäß zu verschiedenen Varianten pädagogischen Zeigens, die im dritten Schritt dargestellt werden (▶ Kap. 1.2.3). In welcher Weise hierbei Emotion und Affekt eine besondere Rolle übernehmen, wird im Rückgriff auf Theoreme der psychoanalytischen Selbstpsychologie im vierten Schritt vorgeführt (▶ Kap. 1.2.4). Mit dem fünften und letzten Schritt dieses Abschnittes schließt sich der Kreis insofern, als zum Vorschein gebracht wird, was für pädagogisches Zeigen wesentlich ist: Es muss, durch *ostensive* Kommunikation, wiederum selbst gezeigt werden, ist doch das Zeigen des Zeigens gleichsam der Schlüssel, der die Tür in die Werkstatt der Erziehung allein zu öffnen vermag (▶ Kap. 1.2.5).

1.2.1 Die entwicklungspsychologische Fundierung der pädagogischen Situation: Von ›joint-attention‹ zum ›didaktischen Dreieck‹

Im vorherigen Abschnitt ist deutlich geworden, dass das Zeigen nicht nur in phylogenetischer Hinsicht, also mit Blick auf die menschliche Gattung, sondern auch in ontogenetischer Hinsicht, also mit Blick auf die Entwicklung jedes einzelnen Menschen, von grundlegender Bedeutung ist. Im Verlauf und erfolgreichen Abschluss der »Neunmonatsrevolution« konvergieren beide Dimensionen insofern, als die Umstellung von dyadischer auf triadische Kommunikation im Modus geteilter Intentionalität nicht nur als Voraussetzung der kulturellen Entwicklung, sondern auch als Voraussetzung aller individuellen Entwicklungsprozesse anzusehen ist. Der evolutionäre Mechanismus, der diese beiden Funktionen übernimmt, ist die Erziehung. Das Besondere dabei liegt darin, dass beide Funktionen in einer Operation, eben der pädagogischen Bemühung um das Lernen des Nachwuchses, verschmolzen sind: der kulturelle Bestand wird tradiert, indem die Kinder sich ihn aneignen. Insofern ist alle Erziehung im Kern zunächst konservativ (und, wer weiß, vielleicht sind auch viele Erzieherinnen und Erzieher »eigentlich« konservativer, als sie es sich selbst einzugestehen bereit oder in der Lage sind). Aber im Prozess der Aneignung ist immer auch die Bedingung der Möglichkeit für Veränderung und Weiterentwicklung enthalten, dafür sorgt das lernende Bewusstsein. Anders gesagt: Erziehung hat prinzipiell zwei Seiten: conservation *and* change. Dieser Gedanke kann hier nicht weiterverfolgt werden. Vielmehr geht es jetzt um eine Einsicht, die auch unmittelbar aus der Betrachtung der »Neunmonatsrevolution« gewonnen werden kann: Es lässt sich nämlich zeigen, dass das Grundmuster früher triadischer Kommunikation gleichsam als Prototyp einer pädagogischen Situation aufgefasst werden kann. Wie muss man sich das vorstellen?

Der als »joint-attention« bezeichnete Entwicklungskomplex besteht, wie oben erläutert, aus drei Stadien. Mit der dritten und letzten dieser Phasen (dem »Lenken der Aufmerksamkeit«) wird der Wechsel von dyadischer zu triadischer Kommunikation vollzogen, und es ergibt sich ein frühes kommunikatives Dreieck (kleine Person – große Person – Ding/Gegenstand). Die implizite Annahme hierbei ist, dass Personen Dinge auf unterschiedliche Weise wahrnehmen und dementsprechend auch von unterschiedlichen Intentionen geleitet werden. Damit sich Kooperation überhaupt ergeben kann, müssen eben diese (unterschiedlichen) Absichten geteilt werden können.

Der englische Entwicklungsforscher und Psychoanalytiker Peter Hobson (2003) hat sich, anders als Tomasello, vor allem mit der inneren Dynamik dieses frühen Dreiecks beschäftigt. Für pädagogische Zwecke sind seine Arbeiten von Bedeutung, weil er den Lernprozessen, die durch und in dieser frühen Konstellation möglich werden, besondere Aufmerksamkeit gewidmet hat (vgl. Kraft 2007). In graphischer Vereinfachung (und an einer Stelle leicht verändert) hat die Struktur, die er beschreibt, die folgende Gestalt:

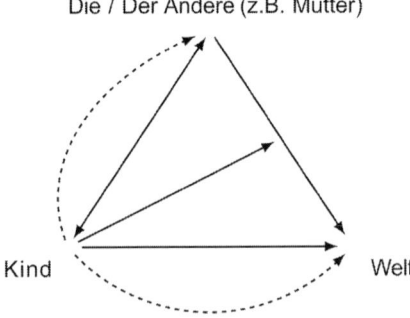

Die / Der Andere (z.B. Mutter)

Kind   Welt

Abb. 2: Das Entwicklungspsychologische Dreieck (nach Hobson 2003, S. 114)

Was sieht man? Im Modus geteilter Aufmerksamkeit (joint attention) steht das Kind mit drei Aspekten in unmittelbarer Verbindung: Es selbst (1) beschäftigt sich mit einem Objekt in der »Welt« (2) und ist dabei emotional mit einer anderen Person (3) verbunden, die sich ebenfalls mit diesem Objekt beschäftigt, sagen wir der Einfachheit halber, diese Person sei die Mutter. Man kann sich irgendeinen neuen Gegenstand, zum Beispiel ein Spielzeug, vorstellen; das Kind ängstigt sich vielleicht zunächst, ist scheu und zurückhaltend und traut sich nicht, dieses ungewohnte Ding näher in Augenschein zu nehmen oder gar anzufassen (graphisch wird diese Haltung durch die durchgezogene Linie zwischen Kind und Objekt repräsentiert). Aber es schaut fortwährend zur Mutter hin und beobachtet sie genau; und es sieht dabei, dass die Mutter offensichtlich keine Angst zeigt, sie lächelt vielmehr amüsiert, fasst diesen Gegenstand sogar an, zieht dann ihre Hand spielerisch-neckisch wieder zurück und wendet ihren Blick – vielleicht zunächst auch scheinbar verängstigt – dann jedoch freundlich, erwartungsvoll und aufmunternd dem Kind zu. Das Kind realisiert also, dass die Mutter eine andere Haltung zu diesem Objekt einnimmt als es selbst (das mag durch die lotrechte Linie, die das Dreieck teilt, symbolisiert werden). Es wird also wahrgenommen, dass zwei Personen einen unterschiedlichen Bezug zu einem Gegenstand einnehmen, mit dem allerdings alle beide im Modus geteilter Aufmerksamkeit verbunden sind. Nun, und das eben ist anders als bei Menschenaffen, kommt Identifikation ins Spiel dieser kleinen Szene (graphisch als gestrichelte Linie in einem Bogen zwischen Anderem und Kind). Das Kind übernimmt gewissermaßen die *innere* Haltung der Mutter, es nimmt deren Perspektive auf das Objekt ein, übernimmt sie schließlich und kann dann seinen Bezug zum Objekt, sozusagen aus der Position des anderen heraus, in veränderter Form selbst wieder aufnehmen und nun anders als vorher gestalten (dieser Effekt wird durch die gestrichelte Linie zwischen Kind und Objekt symbolisiert, sie verdeutlicht sozusagen den durch Identifikation möglich gewordenen Lernzuwachs). In der Metaphorik der fiktiven Szene gesprochen: Das Kind wendet sich nun diesem neuen Spielzeug zu, überwindet seine Scheu, fasst es an, beginnt eine eingehende Exploration, und womöglich freuen sich am Ende beide über das, was sich ereignet hat, lachen und lächeln sich zufrieden und entspannt an. »Das entscheidende Element dieser Form von Identifizierung ist«, so Hobson, »dass Gefühle und Haltungen beteiligt sind. Nicht nur das Handeln ändert sich dabei, sondern auch die subjektive Erfahrung der Welt. Das Kind vollzieht eine Bewegung hin zu einer anderen Haltung gegenüber den Dingen. Es wird sozusagen aus seiner auf sich selbst zentrierten Sichtweise herausgelockt … Der Vorgang der Identifizierung erzeugt dabei jedes Mal einen Sog hin zur Position des anderen. Das Kind bemerkt jedes Mal, wie sich infolge des Sogs seine Erfahrung verändert« (2003, S. 113 ff.). Das Kind lernt hierbei allerdings nicht nur etwas über ein bestimmtes Objekt, sondern gleichzeitig immer auch etwas über die Mutter. Erkundung eines fremden Objektes und Erkundung eines fremden Bewusstseins gehen Hand in Hand. Und noch etwas kann man sehen: das frühe Dreieck ist auf Gegenseitigkeit angelegt. Denn den Kindern wird ja nicht nur etwas gezeigt, sondern »natürlich« zeigen sie selbst auch, denn meist versuchen sie unermüdlich und mit erstaunlicher Energie, die Aufmerksamkeit einer großen Person zu gewinnen und diese in ihre

Weise der Welterkundung hineinzuziehen. Man könnte es auch so sagen: Kleine Kinder haben offensichtlich von Natur aus den Impuls, sich sozusagen auf eine archaische Weise genau die Hilfen selbst zu organisieren, die sie für ihr Lernen brauchen.

Wie kommt man nun vom Fußboden eines Kinderzimmers in den Klassenraum einer Schule? Der Weg erscheint lang, ist aber nur kurz, denn das Schema dieses frühen entwicklungspsychologischen Dreiecks kehrt in einer zentralen Figur der modernen Unterrichtstheorie wieder und wird dort als »didaktisches Dreieck« bezeichnet. Es soll hier in Anlehnung an Wolfgang Sünkel vorgeführt werden und hat folgende Gestalt:

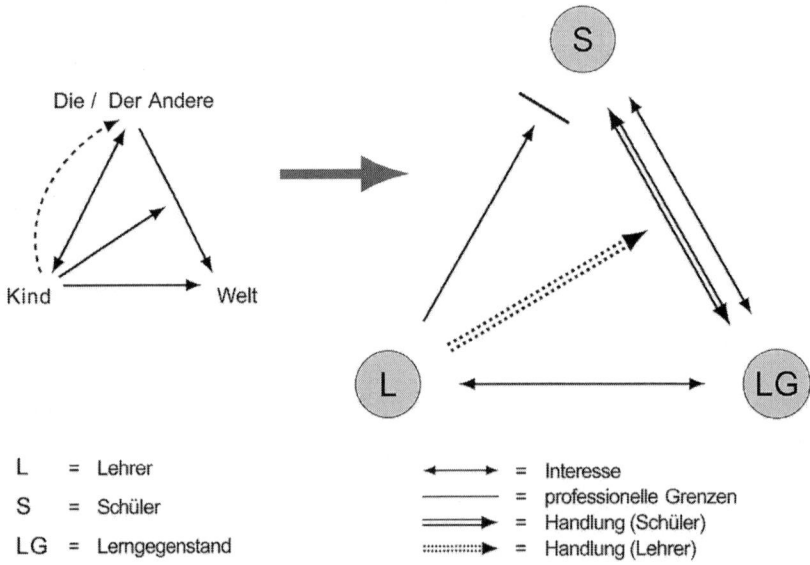

Abb. 3: Das Didaktische Dreieck (nach Sünkel 1996, S. 64)

Auch hier gibt es drei Größen: eine lehrende Person, eine lernende Person und einen Lerngegenstand, kurzum: Lehrer-Schüler-Thema, also eine klassische Unterrichtssituation in idealtypischer Form (d. h. ohne motivationale und institutionelle Kontexte und jenseits aller möglichen Störungen, die jeder aus eigener Erfahrung kennt). Das Interesse von Schüler und Lehrer richtet sich im Modus geteilter Aufmerksamkeit (joint attention) auf denselben Lerngegenstand. Das unterrichtliche Handeln des Lehrers zielt auf die Beziehung zwischen Lerngegenstand und Schüler, es wird also, anders gesagt, versucht, auf diese Weise dem Lernenden Aspekte des Lerngegenstandes zu zeigen, die er allein womöglich nicht, noch nicht oder nicht so zu erkennen vermag.

Man muss demnach das »Entwicklungspsychologische Dreieck« nur ein klein wenig drehen und zwei Positionen austauschen (Kind ↔ Anderer ≙ Lehrer ↔ Schüler), um in die Fundamentalstruktur des Unterrichts zu gelangen. In beiden

Dreiecken führt dabei die Lotrechte jeweils auf die Beziehung zwischen Lernendem und Lerngegenstand. Ist diese Lotrechte, wie auf der linken Seite, durch eine einfache Linie markiert, handelt es sich um eine eher intuitiv, gleichsam mitgängig sich herstellende Lehr-Lern-Beziehung; ist die Lotrechte hingegen, wie im »Didaktischen Dreieck« verdoppelt, wird dadurch kenntlich gemacht, dass eine professionelle Instruktionsbemühung vorliegt. Dazu gehört wesentlich der kleine Querstrich, der dem Interesse des Lehrenden am Lernenden eine deutliche Grenze setzt, die nicht überschritten werden darf. Denn im Falle professioneller Erziehungsbemühungen geht es primär um die Beziehung zweier Rollen, nicht um die Beziehung zweier Personen als Personen. Wird diese Grenze überschritten, z. B. dann, wenn ein Lehrer sich in eine Schülerin oder einen Schüler verliebt oder eine Sozialpädagogin in einen Klienten, zerbricht die professionelle Konstellation (was zumeist mit fatalen Folgen für alle Beteiligten verbunden ist).

Die strukturelle Ähnlichkeit beider Dreiecke, die Tatsache, dass dem späteren gleichsam das frühere unterlegt ist und es auf diese Weise fundiert, ermöglicht eine kaum zu überschätzende Einsicht: Wenn wir Kindern etwas beibringen wollen, machen wir im Grunde genommen genau das, was sie selbst auf einer entscheidenden Durchgangsstufe ihrer kognitiven Entwicklung in rudimentärer Weise mit ihren erwachsenen Bezugspersonen gemacht haben: der pädagogischen Form ist somit eine frühe, vorsprachliche Entwicklungserfahrung gleichsam eingeschrieben. Vermutlich ist uns aus diesem Grund jede »Unterrichts-Situation« intuitiv vertraut, sozusagen unreflektiert bekannt. Anders gesagt: das Belehrt-Werden müssen wir offensichtlich nicht später erst lernen, denn es folgt der Form nach genau jenem Schema, mit dem wir uns als kleine Kinder selbst, unterstützt und gefördert durch andere, die Welt in sich sukzessive erweiternden Kreisen schon früh zu zeigen begonnen haben. Pädagogisches Handeln ist demnach als die Entfaltung dieser frühen intuitiven Zeigestruktur zu verstehen. Und die Erzieher sind dazu da, genau diese formale Komponente des Lernprozesses zum Vorschein zu bringen und sich ihrer zu bedienen, um möglichst verlässliche Wirkungen zu erzielen. Pointiert gesprochen: Kinder bedürfen nicht der Erziehung, Kinder haben ein Bedürfnis nach Erziehung. Das kann man, den Ertrag dieses Abschnittes zusammenfassend, auch klassisch ausdrücken, mit Blick auf Hegel zum Beispiel, der das »eigene Streben der Kinder nach Erziehung« als das »immanente Moment aller Erziehung« bezeichnet hat (Hegel 1830/1965, S. 101).[7]

1.2.2 Pädagogisches Zeigen: die Grundform

Das Zeigen ist, das dürfte deutlich geworden sein, zuallererst eine anthropologische Universalie und begründet als solche die Bedingung der Möglichkeit von

---

7 Dieser Gedanke findet sich in der »Philosophie des Geistes« und lautet wörtlich so: »Während das Gefühl der unmittelbaren Einheit mit den Eltern die geistige Muttermilch ist, durch deren Einsaugung die Kinder gedeihen, zieht das eigene Bedürfnis der letzteren, groß zu werden, dieselben groß. Dieß eigene Streben der Kinder nach Erziehung ist das immanente Moment aller Erziehung.«

Erziehung. Das bedeutet aber auch: das Zeigen ist nicht per se, also nicht nur oder nicht ausschließlich pädagogisch. Um es als pädagogische Kategorie spezifisch zu fassen, muss noch etwas hinzugedacht werden und hinzukommen. Aber was? Einige Beispiele mögen das Problem veranschaulichen und die Beantwortung dieser zentralen Frage vorbereiten:

Nehmen wir die Werbung für ein bestimmtes Produkt. Keine Frage, dass es uns »gezeigt« wird, natürlich von seinen besten Seiten, Aufmerksamkeit, Interesse und durch die besondere Form der Präsentation kognitive Dissonanz erregend. Hierbei dient das Zeigen nur einem einzigen Zweck: wir sollen das Produkt kaufen. Oder nehmen wir, ein anderes Beispiel, das Plakat einer politischen Partei: Wir sehen eine Kandidatin, sicherlich von ihrer vermeintlich besten Seite, gleichermaßen Sympathie wie Kompetenz vermittelnd, dazu vielleicht noch einen Slogan, ein Schlagwort oder eine Botschaft. Auch hier ist der Zweck eindeutig: wir sollen sie wählen und später in der Wahlkabine unser Kreuz an der richtigen Stelle machen. Und nun vielleicht ein Beispiel aus dem Mathematikunterricht: Es wird eine neue Formel eingeführt, die wir bisher noch nie gesehen hatten und demzufolge erst einmal überhaupt nicht verstehen. Dann wird sie in ihre einzelnen Komponenten zerlegt, in Beispiele eingebettet, und es dämmert uns, dass sie womöglich an etwas anschließt, was wir schon aus früheren Stunden kennen. (Oder auch nicht.) Schrittweise beginnen wir, mit dieser neuen Formel, den Anweisungen des Lehrers folgend, zu arbeiten, machen dabei Fehler, werden korrigiert, und schließlich, wenn es gut geht, enthüllt sich die ihr inhärente Logik, und wir können nun mit Hilfe eben dieser neuen Formel auf elegante Weise Probleme lösen, denen wir vorher nur mit Unverständnis begegnet sind. Es kann sein, dass unser Tischnachbar die Sache auch nach längerer Zeit immer noch nicht verstanden hat, dann setzen wir uns außerhalb des Unterrichts zusammen und zeigen ihm, wie es geht.

Wie an dem letzten Beispiel zu sehen ist, müssen zwei Bedingungen gegeben sein, damit das Zeigen spezifisch pädagogisch bestimmt werden kann. Die *erste (notwendige) Bedingung*, die das pädagogische Zeigen von anderen Zeigeformen unterscheidet, ist der Bezug aufs *Lernen*. Der Sinn der Formel soll sich uns ja erschließen, wir sollen ihn verstehen, damit wir dann, wenn wir sie richtig »gelernt« haben, damit auch etwas anfangen können. In vielen Fällen reicht dafür das Gezeigte allein, denn oft erschließt sich uns ein Sachverhalt unmittelbar, und wir begreifen sofort, worum es geht und »lernen« es gleichsam wie von selbst. In dem Beispiel aus dem Mathematikunterricht war es leider nicht so einfach: die Formel war uns zunächst völlig unbekannt, noch nie gesehen, absolut keine Ahnung. Und doch konnten wir am Ende damit rechnen, ja waren sogar in der Lage, sie einem anderen so zu zeigen, dass auch er es am Ende selbst konnte. Ermöglicht wurde dies dadurch, dass sich etwas zwischen die Formel und unsere Lernbemühungen geschoben hatte: in diesem Fall das unterrichtliche Handeln eines kundigen Lehrers. Was hatte er gemacht? Zunächst wurde die Formel in ihre einzelnen Komponenten zerlegt, dann verdeutlicht, wie diese miteinander zusammenhängen, Anwendungen vorgeführt, dann an zunächst einfachen Beispielen veranschaulicht, schließlich in größere Zusammenhänge eingebettet, dabei eingeübt und Fehler aufgedeckt und besprochen. Damit das Zeigen als pädagogisches gefasst werden kann, muss also noch eine *zweite (hinreichende) Bedingung* hinzukommen: der Gegenstand (das Zu-Zeigende) muss auf besondere Weise behandelt und für das lernende Bewusstsein sozusagen »zugerichtet«, ihm angepasst und so gleichsam passend gemacht werden. Der Fachausdruck hierfür lautet: *Artikulation*. Wesentlich für pädagogisches Zeigen sind demnach der Bezug auf Lernen und die jeweils besondere Form der Artikulation dessen, was gelernt werden soll.

Der Ausdruck Artikulation hat eine doppelte Bedeutung, er macht auf *zwei* verschiedene Sachverhalte aufmerksam, die in *einer* Operation verbunden sind: zum einen bezieht er sich darauf, dass ein Lerngegenstand in seine Teile zerlegt, also zergliedert wird; und zum anderen bringt er die Zeit ins Spiel, die dafür notwendig ist. Die Sprache selbst zeigt die Verbindung dieser beiden Sachverhalte, zum Beispiel dann, wenn von einer »Reihenfolge« die Rede ist: *erst* dies, *dann* das, *danach* jenes und *zuletzt* das Ganze. Anders gesagt: Artikulation (ver-) braucht Zeit.

Die pädagogische Operation, so ließe sich das Gesagte abstrakter zusammenfassen, vermittelt also in Gestalt der Artikulation zwischen dem Zu-Zeigendem und dem Lernen. Und im Zeigen sind sowohl der Lerngegenstand als auch die dafür notwendige prozessuale Form enthalten. Das mag sich komplizierter anhören als es ist und bringt noch einmal eine Eigenschaft des Zeigens zum Vorschein, auf die früher schon aufmerksam gemacht wurde: Das Zeigen selbst lässt sich nicht zeigen, denn gezeigt werden kann immer nur »etwas«, das Zeigen verlangt, anders gesagt, notwendig nach einem Gegenstand. Insofern kann man sagen, dass die Grundform einer pädagogischen Operation aus zwei voneinander getrennten Prozessen besteht: »Etwas-Zeigen« und »Etwas-Lernen«. Im Etwas-Zeigen verbinden sich Präsentation (also Objekt/Sachverhalt/Problem/Thema/Lerngegenstand/Zeichen) mit Artikulation (also die jeweils besonderen Formen der pädagogischen Inszenierung in den dafür notwendigen Zeiträumen). Das ist sozusagen die Zeige-Seite der pädagogischen Operation (schlicht gesagt und am Beispiel aus der Schule veranschaulicht: das, was der Lehrer macht). Zur pädagogischen Operation gehört aber notwendig ein Gegenüber, jemand, dem etwas gezeigt wird, ein Kind, ein Schüler, ein Lernender. Dieses Gegenüber soll als »Rezeptions-Seite« der pädagogischen Operation bezeichnet werden, denn hier geht es um etwas anderes, nämlich um Wahrnehmung, Aufnahme in und Verarbeitung durch ein lernendes Bewusstsein. Schon hier sieht man nicht nur, dass eine pädagogische Operation gleichsam als »Zwei-Seiten-Form« begriffen werden muss, sondern auch, dass diese beiden Seiten sehr verschieden sind, denn auf der Zeige-Seite geht es kognitiv anders zu als auf der Rezeptions-Seite. Und man kann auch schon sehen, dass die große Kunst offenbar darin besteht, beide Seiten produktiv miteinander in Verbindung zu bringen, sie aufeinander einzustellen, am besten, sie zu synchronisieren, damit Zeigen und Lernen, wie zwei Zahnräder, ineinandergreifen. Man könnte dies als »pädagogisches Tuning« bezeichnen, das Aufeinandereinstellen und Aufeinanderabstimmen dieser beiden Vorgänge.

Nun ergibt sich allerdings ein Problem: Im vorhergehenden Abschnitt wurde das »Didaktische Dreieck« als basale Figur des Unterrichts verdeutlicht. Jetzt aber ist die Rede von der pädagogischen Operation als einer »Zwei-Seiten-Form«. Einmal drei, einmal zwei, das scheint nicht recht zusammenzupassen, und es stellt sich demnach die Frage, ob beide Modelle überhaupt denselben Sachverhalt behandeln und miteinander kompatibel sind? Dieser Widerspruch ist nur scheinbar und lässt sich leicht auflösen, und zwar so: Im »Didaktischen Dreieck«, das ja mit zwei personalen Rollen (Lehrer-Schüler) und deren Bezug auf einen Lerngegenstand arbeitet, richtet sich das unterrichtliche Handeln des Lehrenden auf die Beziehung zwischen Lernendem und Lerngegenstand. Um aus dieser *statischen* Betrachtungsweise einzelner Strukturelemente in die formale Grundstruktur einer pädagogischen Operation zu gelangen, muss man in der graphischen Darstellung den Lehrer gewissermaßen auf den sein unterrichtliches Handeln symbolisierenden Doppelpfeil *zwischen* Schüler und Lerngegenstand schieben, das Dreieck also gleichsam stauchen. Dadurch verwandelt es sich zunächst in eine längliche – und wenn man deren Enden verbindet – schließlich in eine kreisförmige Form, es kann dann sozusagen in Bewegung geraten, wird also *dynamisch*, und die Struktur einer pädagogischen Situation wird so als ein prozesshaftes Geschehen erkennbar. Damit zeigt sich das grundlegende Schema einer Handlung, eben einer pädagogischen Operation, die auch aus drei Elementen besteht, die miteinander in Wechselwirkung verbunden sind: Präsentation (Etwas-Zeigen) – Artikulation (Formen und Zeiten des Zeigens) und Rezeption (Etwas-Lernen). In der folgenden Graphik wird diese Transformation schematisch und zusammenfassend folgendermaßen verdeutlicht.

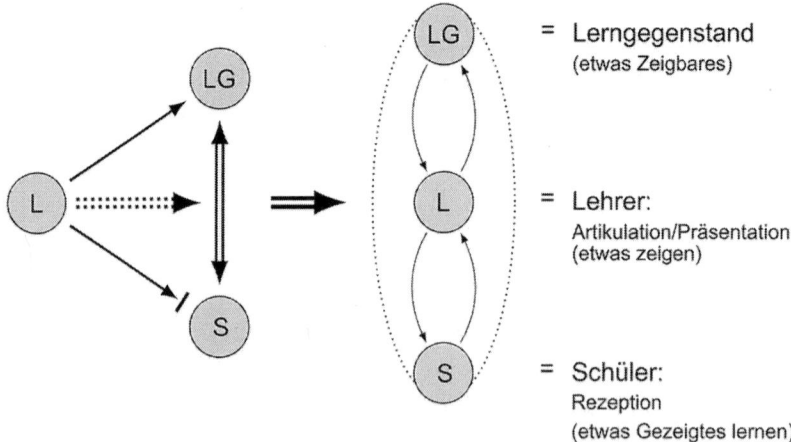

Abb. 4: Vom Didaktischen Dreieck zur Pädagogischen Operation

Eine pädagogische Operation besteht im Kern also, wie zu sehen ist, aus zwei voneinander getrennten, aber aufeinander bezogenen Prozessen, sie erweist sich demnach, abstrakter formuliert, als die Einheit einer Differenz. Um diesen Sachverhalt, für den Klaus Prange den Ausdruck »Pädagogische Differenz« eingeführt hat, noch deutlicher hervortreten zu lassen, bietet es sich an, die zwei Seiten einer pädagogischen Zeige-Operation einmal getrennt, jeweils für sich also, zu betrachten. Denn dann versteht man noch besser, warum das Erziehen so schwierig sein kann. Auf der »Zeige-Seite« ergibt sich die folgende Handlungskette: Etwas-Zeigen → Etwas-Artikulieren → Etwas-Gezeigtes-Prüfen. Auf der Rezeptionsseite steht dem eine andere Handlungskette gegenüber, die folgende Gestalt hat: Etwas-Gezeigt-Bekommen → Etwas-Lernen (wahrnehmen, verarbeiten, verstehen, einüben) → Etwas-Gezeigtes-Selbst-Zeigen-Können. Denkt man sich diese beiden verschiedenförmigen Vorgänge wie die zwei Scheiben einer Kupplung, ergibt sich in graphischer Vereinfachung das folgende Bild:

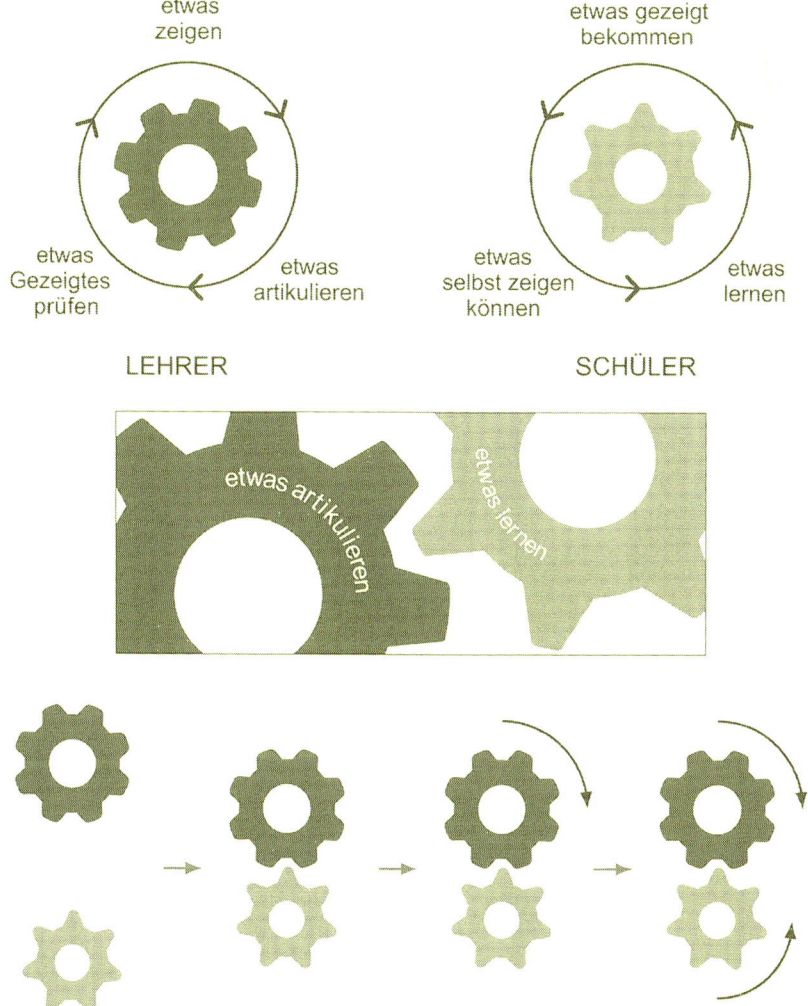

Abb. 5: Der pädagogische »Mechanismus«

Mit diesem schlicht anmutenden Bild ist die Behauptung verbunden, dass immer dann, wenn eine Situation als »pädagogische« gekennzeichnet wird oder werden soll, dieser operative Kern erkennbar sein muss oder zum Vorschein gebracht werden kann. Ist das nicht der Fall, gelingt das nicht, dann ergibt sich als Konsequenz, dass es sich um eine andere Handlungsform handeln muss. Zudem ergibt sich eine weitere, weitreichende Schlussfolgerung: Es ist eben diese Grundform, die alle Bereiche der Erziehung miteinander verbindet, gleichgültig ob es sich um Familie, Kindergarten oder Schule, um sozial- oder heilpädagogische Bemühungen oder auch um die Erwachsenenbildung handelt. Die Rede von der »Grundform« bedeutet allerdings keineswegs, die Sache wäre überall gleich. »Grundform« bedeutet vielmehr, dass es Variationen und Modifikationen geben muss, die sich aus den jeweils unterschiedlichen Aufgaben, Zeiten und Räumen der Erziehung ergeben. Davon handelt der nächste Abschnitt.

1.2.3   Varianten pädagogischen Zeigens

»Ostendam tibi omnia«, ich will Dir alles zeigen, so heißt es in der Einleitung der wohl berühmtesten, 1658 erstmals in Nürnberg erschienenen Schrift des Johann Amos Comenius »Orbis sensualium pictus« (Die sichtbare Welt). Alles zeigen, alle Menschen alles lehren, das ist seitdem, modern formuliert, die Kontingenzformel der neuzeitlichen Pädagogik. Keine leichte Aufgabe. Wie soll das zu bewerkstelligen sein, zumal dann, wenn man bedenkt, dass sie sich, der geistesgeschichtlichen Tradition gemäß, auf drei Bereiche bezieht, auf »Wissen«, »Wollen« und »Können« (scire – velle – posse)? Für unseren Zusammenhang bedeutet das, dass das Zeigen als pädagogische Operation offensichtlich verschiedene Formen annehmen muss, damit Kinder nicht nur auf die Welt kommen, sondern auch lernend in sie hinein und sich darin dann später als handelnde Subjekte selbständig bewegen und bewähren können. Die Grundform des Zeigens bedarf also der Differenzierung und Modifikation, damit sie in den jeweiligen Zeiten und Räumen der Erziehung zur Geltung kommen kann.

In der Theorie-Werkstatt der Operativen Pädagogik ist dieses Problem in den letzten Jahren bereits eingehend bearbeitet worden (vgl. Prange/Strobel-Eisele 2006, S. 48 ff.). Für den hier verfolgten Gedankengang ist es daher ausreichend, an dieser Stelle die elementaren Formen pädagogischen Zeigens kurz darzustellen. Die Grundform von Zeigen und Lernen lässt sich zunächst in vier weitere Form-Varianten ausdifferenzieren: das *ostensive*, das *repräsentative*, das *direktive* und das *reaktive* Zeigen.

Die erste Form, das *ostensive* Zeigen, ist leiblich fundiert und handlungsbezogen. Sie steht, wie leicht zu sehen ist, auch am Anfang der Erziehung, denn Mutter und Säugling müssen sich ja zunächst einmal als Körper aufeinander einstellen: die Brust der Mutter wird dargeboten, und der Säugling muss sie finden, bevor der Saugreflex wirksam werden kann und sich diese Interaktion übend verfestigt und sich dann zur Gewohnheit auszubilden vermag. Die Stationen des *ostensiven* Zeigens laufen daher über »darbieten – wahrnehmen – aufnehmen – einüben – darbieten« und ergeben somit eine kreisförmige Bewegung eigener Art.

Der Körper mit seinen vielfältigen Ausdrucksformen fungiert hierbei gleichsam als Medium des Zeigens. *Ostensives* Zeigen ist, so könnte man vielleicht auch sagen, seinem Wesen nach ein Zeigen mit dem Körper, das sozusagen auf die Bedürfnisse eines Lernens mit dem Körper antwortet, denkt man an die Beherrschung von einfachen Verhaltensweisen oder auch an die Ausbildung von komplexeren Handlungsvollzügen. Und es muss ja viel gelernt werden, bis man aufrecht stehen und gehen, sich anziehen, die Schuhe zubinden und mit Messer und Gabel essen kann. Dass diese Form die frühe Kindheit dominiert, ist unmittelbar evident, aber sie ist, nomen est omen, »beileibe« nicht auf das frühe Lernen beschränkt. Skateboardfahren, Hochsprung oder Tango-Tanzen lernt man nicht durch Lesen, ebenso wenig wie krankengymnastische Übungen, sondern stets mittels ostensiven Zeigens, eines gezielten, auf je besondere Weise artikulierten Vormachens, auf das ein Nachmachen antwortet, das allerdings nur durch fortgesetztes Üben und begleitende Korrekturen gesichert werden kann. Manche Dinge lernen wir anscheinend wie von selbst, bei anderen reicht ein kurzes Vormachen, häufig aber gibt es eben ohne fortwährende Übungen keinen Meister. Allerdings: so sehr in pädagogischer Einstellung auch die bewusste didaktische Intention einer oder eines Zeigenden im Vordergrund steht, so sollte nicht übersehen werden, dass ostensives Zeigen nicht nur intentional, sondern zuallererst funktional zur Geltung kommt, also sich mitgängig oder beiläufig ergibt. Denn wenn wir »etwas« zeigen, zeigen wir unvermeidlich immer auch uns selbst. Kinder »gucken sich etwas ab« oder »gewöhnen sich etwas an«, und die Erwachsenen wundern sich dann, woher sie das haben (und am meisten wundern sie sich, wenn es sich um eigene Verhaltensweisen handelt, die eigentlich gerade nicht »gezeigt« werden sollten). Anders gesagt: ostensives Zeigen gibt es funktional, und es gibt es intentional. In einer pädagogischen Operation tritt die intentionale Dimension in den Vordergrund und wird oft auch explizit gemacht, indem also etwas Bestimmtes auf eine bestimmte Weise gezeigt wird, wird das Lernen eng zu führen versucht. Damit ist keine Wirkungsgarantie verbunden, die Lernseite muss ihren Teil dazu beitragen, sonst läuft dieses Zeigen ins Leere.

Während das ostensive Zeigen sich auf unmittelbar Gegebenes bezieht, richtet sich die zweite Form, das *repräsentative* Zeigen, auf die Vergegenwärtigung von Abwesendem. In dem Maße, wie die kognitive Entwicklung der Kinder voranschreitet und sie sich in den Gebrauch von Zeichen, Symbol und Sprache einüben, wird es eben dadurch möglich, auf etwas zu zeigen, das nicht unmittelbar sinnlich wahrnehmbar, sondern kognitiv repräsentiert ist, also vorgestellt und gedacht werden muss. Dadurch werden die Erzieher gleichsam zu »Lesepaten« der kindlichen Welterfahrung. Und über Zuhören und Lesen kann man Dinge über die Welt erfahren, die man selbst noch gar nicht gesehen, gehört und kennengelernt hat. Das *repräsentative* Zeigen richtet sich also auf Vorstellungen von der Welt und versucht, eben diese zu lenken. Und lenken bedeutet: empathisch entemotionalisieren, sukzessive rationalisieren und dadurch schließlich objektivieren. Das ist ein langer Weg, der erzählend-narrativ beginnt (wie im Märchen von dem Fuchs, der die Hühner raubt) und der erklärend-explanativ endet (wie im Biologieunterricht bei der Beantwortung der Frage, warum manche Hühnereier braun sind und andere weiß). Das Medium des *repräsentativen* Zeigens ist demnach die Sprache und die Welt der Zeichen; es verwirklicht sich über mehrere Stationen in einem Prozess, der vom Erzählen und Beschreiben über das Erklären und Begründen bis zum Beweisen reicht; und sein Ziel ist der Erwerb des Wissens, das man braucht, um in der Welt selbständig handeln zu können. *Repräsentatives* Zeigen ist somit auch eine notwendige Bedingung von Mündigkeit, denn wer weiß, kann fragen, nachfragen und kritisieren, nicht zuletzt das Repräsentierte selbst wie auch die Formen, in denen es präsentiert wird. Natürlich wird auch in familiären Konstellationen nicht nur ostensiv, sondern auch *repräsentativ* gezeigt, dort allerdings meist beiläufig und, durch vielfältige Anlässe stimuliert, in Alltagskontexte eingebettet wie z. B. in den ebenso witzigen wie instruktiven Dialogen nach dem Muster »Papa, Charly hat gesagt, sein Vater hat gesagt, dass...«, kleine Lehrgespräche eigener Art zu welchen Themen auch immer. Seine typische Gestalt aber gewinnt das *repräsentative* Zeigen vornehmlich in der Schule, dort wird es institutionalisiert, als Unterricht organisiert, durch Curricula und Lehrpläne inhaltlich bestimmt und durch Gesetze und rechtliche Vorgaben gerahmt.

Die dritte Form ist das *direktive* Zeigen. Es ist als eine eigene Form erkennbar, wiewohl es nicht unabhängig von den beiden anderen zu denken ist, sondern auf sie angewiesen bleibt und mit ihnen einhergeht. Das entscheidende Merkmal besteht darin, dass das *direktive* Zeigen den Selbstbezug des Lernenden in den Mittelpunkt rückt, die Selbstreferenz in moderner Diktion. Denn es zielt darauf ab, wie der Lernende das Gezeigte in seiner Person strukturell verankert, es zielt also auf seine Motive und Absichten. Während das ostensive und repräsentative Zeigen den jeweils für sie bestimmenden Sachbezug in den Mittelpunkt rückten, steht beim *direktiven* Zeigen der personale Bezug im Mittelpunkt der Aufmerksamkeit. Man könnte auch sagen, im direktiven Zeigen zeigen sich die Erwartungen der Erzieher an die Zu-Erziehenden besonders deutlich, unverhüllt, als Forderungen wie als Aufforderungen. »Ich möchte, dass Du Dich bedankst, wenn Du etwas geschenkt bekommst«, dieser Satz (dem altersgemäße Spielarten sicherlich vorangegangen sein dürften) mag einmal als Beispiel dienen. Denn hier wird deutlich, dass es sich nicht um ein kognitives Defizit handelt (Dank? Was ist das?) und auch nicht um ein Könnens-Problem (Wie bedankt man sich?), sondern gewissermaßen um ein Willensproblem. Und hierin kommt zugleich ein weiteres Merkmal dieser Zeige-Form ins Spiel, der Zukunftsbezug. Denn in dieser Aufforderung kommt die pädagogische Sorge zum Ausdruck, was später wohl aus einem wird, der sich nicht bedanken kann, womöglich als »unhöflich« gilt, keine Manieren hat, dadurch unbeliebt wird und es dann schwer haben wird im Leben. Diese Besorgniskaskaden mögen oft übertrieben sein, aber sie machen deutlich, worum es hierbei eigentlich geht. Das *direktive* Zeigen hat aber nicht nur diese eine gleichsam moralisch gefärbte Seite, wie sie in sprachlichen Ausdrücken wie dem Ermahnen und Erinnern, dem Bitten und Appellieren erkennbar wird. Es hat noch eine zweite Seite, die sich auf andere Weise an den Lernenden richtet, in dem es seine Potentiale und Möglichkeiten in den Blick rückt, das, was er aus Sicht der Erzieher eigentlich schon kann oder können könnte, aber, aus welchen Gründen auch immer, sich noch nicht zutraut oder ängstlich davor zurückschreckt. Dann bedarf es des Zutrauens, der Anregung, des Ermunterns und Ermutigens, also Aufforderungen, die als positive Herausforderungen wirken, wie z. B. »Du wirst das schon schaffen« oder »Das kannst Du schon« oder auch »Vielleicht möchtest Du lieber Klavier spielen anstatt Geige?«. In beiden Varianten ist der Fokus des *direktiven* Zeigens strikt darauf ausgerichtet, »wie die Lernenden sich auf sich beziehen« (Prange/Strobel-Eisele, 2006, S. 75). Hierin symbolisiert sich der hohe, auf die ganze Person gerichtete Anspruch der Erziehung ebenso wie ihre Grenze und Beschränktheit, denn ob die Lernenden den (vermutlich meist gut gemeinten) »Direktiven« folgen oder auch nicht – das liegt allein in ihrem Ermessen und ist Ausdruck ihrer Freiheit.

Die vierte und letzte Form schließlich ist das *reaktive* Zeigen. Es teilt mit dem direktiven die Abhängigkeit von den beiden anderen Formen, allerdings mit einem entscheidenden Unterschied: es richtet sich nicht auf das zukünftige, sondern auf das vergangene Lernen. Wie das direktive ist auch das *reaktive* Zeigen strikt auf die Person der Lernenden ausgerichtet, nicht im Sinne der Vorsorge, sondern im Sinne der Rückmeldung, denn es wird das zum Gegenstand, was schon gelernt worden ist. Die Erzieher zeigen also darauf, wie das Gezeigte sich in den Lernenden wieder zeigt und daher wird hierbei vor allem evaluiert, geprüft, beurteilt und bewertet, also zurückgemeldet. Es geht, anders gesagt, um pädagogische Resonanz. Die Rückmeldung ist zunächst ein elementarer Bestandteil jeder Lehr-Lern-Interaktion, schließlich müssen wir erfahren und wissen, ob das, was wir zeigen, dem Gezeigten entspricht oder nicht oder noch nicht oder nicht in dieser oder jener Hinsicht. Das gilt sowohl für leib- und handlungsgebundene Sachverhalte (wie etwa beim Tennis, wenn wir unseren Aufschlag zu verbessern versuchen) als auch für alle kognitiven Tatbestände (etwa bei einem Referat, in dem uns wichtige Sachverhalte entgangen sind). Anders gesagt: Jede Übung braucht Korrektur, und das gilt für alltägliche Lernsituationen ebenso wie für formalisierte, in denen es, ganz offiziell, eine »Note« oder eine »Prüfung« gibt. So sachlich geboten und vernünftig die Notwendigkeit von Rückmeldungen auch sein mag, so ist mit jedem reaktiven Zeigen immer auch ein eigentümliches Risiko verbunden. Wenn wir uns nämlich etwas lernend angeeignet haben, ist es zu einem Teil von uns geworden, ein Teil unseres Selbst sozusagen. Aus eben diesem Grund berührt jede Rückmeldung immer auch die Person selbst, es kann also heikel werden. Nimmt das reaktive Zeigen sachlich-thematisches Lernen in den Blick, geht es also um Lob und Kritik. Schon das ist, und zwar für beide Seiten, meist schwer genug. Aber, darin dem direktiven Zeigen gleich, zielt das reaktive Zeigen darüber hinaus auch auf die ganze Person, nicht nur auf ein bestimmtes Können oder Wissen. Wenn zum Beispiel gesagt wird »Wenn Du so weiter machst wie bisher, wirst Du die Prüfung nicht schaffen« oder, ein anderes Beispiel, »Wenn Du keinen Entzug machst und mit den Drogen aufhörst, riskierst Du Dein ganzes Leben«, dann eben steht die Person selbst auf dem Spiel. Dann geht es nicht mehr um Lob und Kritik, sondern um Anerkennung oder eben um Nicht-Anerkennung, dann wird es wirklich ernst, kurzum: existentiell. Reaktives Zeigen hat aber nicht nur bei drohendem Misslingen, sondern gerade auch bei gelingenden Lernprozessen eine wichtige Funktion, denn es bestärkt die Lernenden in ihren Motiven, sei es als professionell mildes Wohlwollen ausgedrückt oder auch als elterliche Freude und Begeisterung angesichts dessen, was Lernende aus sich zu machen vermögen.

Es ist bereits an mehreren Stellen deutlich geworden, dass diese vier pädagogischen Zeigeformen zwar in theoretischer Einstellung auseinandergezogen und isoliert voneinander betrachtet werden können, in der Praxis des Erziehens jedoch erscheinen sie meist als miteinander verbunden. Das gilt nicht nur für das direktive und reaktive Zeigen, die auf die beiden anderen notwendig angewiesen sind, wären sie doch anderenfalls ohne Gegenstand. Es gilt aber auch für das ostensive und repräsentative Zeigen in dem Sinne, dass natürlich auch dann in den allermeisten Fällen gesprochen wird und Wissensbestände ins Spiel kommen, wenn es primär um leib- und handlungsgebundenes Lernen geht. Die Formen hängen also miteinander zusammen, sind aber nicht identisch, denn jede einzelne der Zeigeformen richtet sich auf etwas anderes im Lernprozess und setzt jeweils eigene Akzente. Zum besseren Verständnis dieses Sachverhalts mag ein Beispiel aus der Musik hilfreich sein: Man könnte die Zeigestruktur der Erziehung vielleicht am besten mit einer mehrstimmigen Fuge vergleichen. Jeweils an bestimmten Stellen oder Passagen tritt eine der Stimmen (also eine der Zeigeformen) für eine gewisse Zeit in den Vordergrund und bestimmt das Geschehen, während die anderen in den Hintergrund treten, aber doch nicht aufhören, sondern weiter mitspielen und vernehmbar bleiben. Hörte man hingegen nur einzelne Stimmen, dann ergäbe sich der Klang einer Fuge nicht. Auch in der Erziehung braucht es offensichtlich für einen guten Klang das möglichst kunstvoll arrangierte und flexibel gehandhabte Wechselspiel der unterschiedlichen Zeigeformen. Würde die eine oder andere über Gebühr dominant und träte in den Vordergrund, dürften Missklang und Disharmonie die Folge sein.

In der bisherigen Darstellung wurde das pädagogische Zeigen weitgehend ohne Berücksichtigung von Affekten und Emotionen behandelt. Gleichwohl spielen gerade sie, wie jeder weiß, eine große Rolle. Das ist Gegenstand des folgenden Abschnitts.

1.2.4 Zeigestruktur und Emotion

Wissen und Können stärken das Selbstgefühl, Nicht-Wissen und Nicht-Können schwächen es. Zeige-Interaktionen sind nie ein nur kognitiv bestimmtes Geschehen, sondern sie sind, wie alle pädagogischen Bemühungen, stets und dem Stand der Entwicklung gemäß situativ in einen emotional-affektiv fundierten Kontext eingebettet. An dieser Stelle geht es jedoch nicht um die emotionale Komplexität des »Pädagogischen Bezuges« generell, sondern ausschließlich um die Frage, auf welche Weise sich durch das Zeigen selbst eine ganz besondere emotionale Konstellation herstellt und mit ihm gleichsam genuin verbunden zu sein scheint? Diese Frage lässt sich aus meiner Sicht am besten mit Hilfe der psychoanalytischen Selbstpsychologie beantworten, was an anderer Stelle ausführlicher geschehen ist (vgl. Kraft 2004b), so dass hier darauf zurückgegriffen werden kann und eine kurze Darstellung genügen dürfte.[8]

Wie jeder aus eigener Erfahrung weiß, sind wir nicht immer freudig erregt und begeistert, wenn uns jemand etwas zeigt, das wir nicht kennen, nicht wissen oder nicht können. Das geht gerade kleineren Kindern auch so, und das kann von jedem Leser leicht empirisch überprüft werden, zum Beispiel dann, wenn man sich mit einem »Überraschungsei« in eine kleine Zeige-Operation verwickeln lässt. Der Vollmilchschokoladen-Hohlkörper dieses in hoher Stückzahl gefertigten (und zum Leidwesen des pädagogischen Begleitpersonals in der Regel an den Kassen der Supermärkte platzierten) Produktes ist meist mit einigen kleinen Teilen, ähnlich einem Puzzle, gefüllt, die, werden sie richtig zusammengefügt, irgendeine Figur ergeben. Je nachdem, wie die Bedingungen eines solchen kleinen Zeige-Experimentes variiert werden, lassen sich zumindest drei Fälle beobachten: Im ersten Fall will ein Erwachsener, vielleicht im guten Glauben, dass das Kind es noch nicht alleine kann, die Figur zusammensetzen; dann schaut das kleine Kind zunächst neugierig und aufmerksam zu, kommentiert vielleicht die erwachsenen Zusammenbauversuche, kann dieses Zusehen jedoch kaum aushalten und versucht, einzugreifen, nimmt dieses Teil und dann jenes und will es offensichtlich selbst machen. In einem zweiten Fall, oft wohl der häufigste, reißen Kinder zunächst die Verpackung auf und wenden sich sogleich der »Lernaufgabe«, den Einzelteilen des Puzzles, zu; und wenn sie die Figur erfolgreich zusammengebaut haben, belohnen sie sich hinterher – stolz und zufrieden – mit dem Genuss der Schokolade. In einem dritten Fall kann es sein, dass die Aufgabe zu schwierig ist und sich die Lösung dem Kind hartnäckig verweigert; dann schieben sie – enttäuscht, ärgerlich und frustriert – meist anderen die Sache zu und versuchen, diese nachdrücklich zum Zusammenbau zu motivieren; die Schokolade bekommt dann eine andere Funktion, sie ist nicht mehr Belohnung, sondern soll die erlittene Kränkung versüßen und so erträglich machen.

Vom kleinen Alltags-Experiment nun zur Theorie: Wer einem anderen etwas zeigt, was dieser noch nicht kennt oder noch nicht kann, berührt damit zwangsläufig dessen Selbstwertgefühl. Daher sind Zeige-Handlungen geradezu zwangsläufig und unvermeidbar überaus selbstwert-sensible Interaktionen, und zwar, wie noch zu sehen sein wird, für alle Beteiligten. Wird uns z. B. etwas mit dem Gestus demonstrativer Überlegenheit gezeigt, sind wir in der Regel, ohne großes Nachdenken, unmittelbar verstimmt, da wir, ob wir nun wollen oder nicht, direkt auf die das Zeigen begleitende Emotion reagieren. Denn diese mitgängige emotionale Botschaft steht für den impliziten, unausgesprochenen Text: Das kannst Du noch nicht! Eine solche Botschaft kränkt. Denn am liebsten würden

---

8 Es gibt mittlerweile zwei didaktisch gut aufbereitete Darstellungen der psychoanalytischen Selbstpsychologie, die dem Verständnis der vielfach als schwierig eingestuften Texte Kohuts dienlich sein dürften: die »Einführung in die Selbstpsychologie« von A. M. Siegel (2000) und das »Lehrbuch der Selbstpsychologie« von W. Milch (2001); kürzer und prägnant vgl. auch Hartmann (2014; 2021). Wie sich phänomenologische und psychoanalytische Befunde in dezidiert *pädagogischer* Absicht zusammenführen lassen, zeigt Kämpfer (2006).

wir natürlich alles (von) »selbst« lernen und können. Dieser Wunsch ist ein später Abkömmling dessen, was in der Theorie der Selbstpsychologie als »Größenselbst« bezeichnet wird. Das ist eine zunächst archaische Struktur, die den einen Pol des frühen, etwa im zweiten Lebensjahr sich ausbildenden »Kern-Selbst« kennzeichnet. Der andere Pol ist die so genannte »Idealisierte Eltern-Imago«, und beide zusammen ergeben das, was als »bipolares Selbst« gefasst wird. Das »Größen-Selbst« bildet sich durch die Erfahrung des »Gespiegelt-Werdens« in einer responsiven empathischen Umgebung und beinhaltet das vitale Bedürfnis, als eigenes Wesen geachtet zu werden, groß und stark zu sein und hierin Bestätigung zu erfahren. Von hier aus erwerben wir unsere grundlegenden Ambitionen und die Gefühle von Selbstvertrauen, Erfolg und Selbst-Wirksamkeit. In der »Idealisierten Eltern-Imago« hingegen sind, sozusagen nach dem unausgesprochenen Motto: »Du bist groß, aber ich bin doch ein Teil von Dir«, die Bedürfnisse nach Geborgenheit, Ruhe und Schutz vor äußeren Reizen aufgehoben, Bedürfnisse, die im späteren Leben als existentieller Wunsch nach Werten und Idealen spürbar werden. Auf dem Spannungsbogen, der die beiden Pole miteinander verbindet, sind die Talente, Begabungen und Fähigkeiten aufgereiht, die sich in uns nach und nach zu Kompetenzen entwickeln und die wir als Erwachsene schließlich in den Dienst der Produktivität und Kreativität unseres reifen Selbst stellen werden.

Am Beginn der Entwicklung sind diese beiden Pole zunächst archaische, grobe Strukturen; nach und nach werden sie durch jenen Vorgang, den man als umwandelnde Verinnerlichung (transmuting internalization) bezeichnet, gezähmt und umgeformt. Dieser Prozess hat zur Voraussetzung, dass 1. auf die Spiegelungs- und Idealisierungsbedürfnisse des Kindes in ausreichendem Maße reagiert wurde; dass 2. geringfügige, nicht traumatisierende Mängel in den Reaktionen der spiegelnden und idealisierten Selbstobjekte auftreten (man spricht dann von optimaler Frustration); und dass 3. durch diese unvermeidlichen Unzulänglichkeiten allmählich die Funktionen der Selbstobjekte internalisiert werden, so dass an die Stelle der Selbstobjekte und ihrer Funktionen das Selbst und seine Funktionen treten kann (vgl. Milch 2001, S. 93 ff.). Anders gesagt: Das Selbst wird in einem entscheidenden Maße durch unsere frühen Interaktionserfahrungen bestimmt, die auf dem Wege umwandelnder Verinnerlichung gespeichert werden und sich so gleichsam zu einer (mehr oder weniger stabilen) Struktur verfestigen. In der Theorie Kohuts werden diese Interaktionserfahrungen als »Selbstobjekterfahrungen« bezeichnet. Selbstobjekte sind zuallererst andere Personen, die wir – buchstäblich wie selbstverständlich – als Teile unseres Selbst erleben, weil sie etwas leisten, was wir selbst noch nicht oder noch nicht richtig können, ermöglichen sie uns doch etwas, wozu wir alleine noch nicht imstande sind. Ein Beispiel: Ein Erwachsener steht, mit einem kleinen Kind an der Hand, vor einem Fenster und schaut dort hinein, kann also sehen, was sich drinnen ereignet. Das Kind, noch zu klein, kann es nicht, bleibt also gleichsam »außen vor«, ausgeschlossen sozusagen. Das ist keine angenehme Lage, eine Kränkung. Der Wunsch aber ist, auch in das Fenster hineinschauen zu können, so, wie der »große« Erwachsene. Was tun? Vielleicht sprechen und bitten (wenn man schon sprechen kann) oder ersatzweise auch quengeln, dann vielleicht, wenn quengeln nicht zum Erfolg führt, weinen, schreien oder sich auf den Boden werfen. Reagiert der Erwachsene empathisch und responsiv, nimmt er das kleine Kind hoch, so dass es auch mit in das Fenster schauen kann. Das wäre dann, theoretisch gesprochen, eine positive Selbstobjekterfahrung. Es kann allerdings sein, dass der Erwachsene den Wunsch des kleinen Kindes gar nicht bemerkt oder, auch das ist ja denkbar, absichtsvoll missachtet und das Kind maßregelt (»Hör auf zu heulen, nimm Dich zusammen«). Das Kind bleibt unten stehen, der Erwachsene schaut oben hinein. Das wäre dann, theoretisch gesprochen, eine negative Selbstobjekterfahrung. Aus solchen kleinen Szenen setzt sich das zusammen, was Kohut eine Selbstobjektmatrix nennt, gewissermaßen das Muster, das durch fortwährende Wiederholung zu einer Struktur gerinnt. Es dürfte nicht schwer sein, sich vorzustellen, dass sich das Selbstwertgefühl, über das wir später als Erwachsene verfügen, wesentlich der Struktur und Geschichte der gemachten Selbstobjekterfahrungen verdankt. Was lässt sich nun aus dieser ungewohnt erscheinenden Perspektive über die emotionale Dimension pädagogischen Zeigens erkennen?

Zeigesituationen sind Lernsituationen, und als solche sind sie zunächst einmal emotional ambivalent, unentschieden oder offen, denn es winkt einerseits Erfolg (ich könnte etwas können oder wissen, was ich bisher noch nicht konnte oder wusste), oder es droht Misserfolg. Diese verunsichernde Ausgangslage kommt kognitiv als Dissonanz zur Geltung und wird emotional als Gefühl diffuser Spannung spürbar. Entscheidend ist, wie es nun weiter geht: Manchmal verstehen wir etwas Gezeigtes unmittelbar und ohne größere Anstrengungen; rasch verfliegt dann das unangenehme Gefühl. Manchmal allerdings strengen wir uns an, und dennoch lässt sich das Gezeigte nicht wieder selbst zeigen, die Lösung einer Aufgabe scheint sich hartnäckig zu verweigern, und schon stellen sich andere – negative – Gefühle ein, man wird unwillig, ärgerlich, mutlos gar oder resigniert am Ende vielleicht. Man kann hieran sehen, dass Zeige-Situationen unser Größen-Selbst herausfordern, sie können die Kohäsion des lernenden Selbst bedrohen, sie können uns, einfach gesagt, kränken. Zur Zeigestruktur gehört also, theoretisch gesprochen, ein spezifischer emotionaler Subtext. Lerngefühle sind nie nur durch die Struktur einer bestimmten Aufgabe bestimmt, sondern werden zuallererst durch die Struktur des lernenden Selbst entscheidend mit beeinflusst.

In einer pädagogischen Situation gibt es einen Dritten, eine »Zeigerin« oder einen »Zeiger« sozusagen, andere Personen, die sich lehrend dem Lernprozess zur Verfügung stellen, sich ihm gleichsam dienstbar zu machen versuchen. In der Zeigehandlung werden demnach zwei Ebenen situativ verbunden: einerseits übernimmt der »Zeiger« die Funktion der Artikulation, versucht also, uns die Sache kognitiv leichter zu machen; andererseits aber, und das wird häufig übersehen und lässt sich jetzt aus selbstpsychologischer Perspektive genauer beschreiben, übernimmt der »Zeiger« zugleich eine andere, für den Lernprozess überaus wichtige Funktion, er fungiert nämlich als Selbstobjekt des Lernenden. Sofort dürfte klar werden, dass Lerngefühle und Lernerfahrungen nun maßgeblich davon abhängen dürften, wie diese »Dritten« sich zu unserem Lernprozess positionieren. Denn sie können uns zum Beispiel beruhigen und ermuntern, durch einen Witz entspannen oder ablenken, uns etwas vormachen oder auf besondere Probleme und Punkte aufmerksam machen, die für den Lernerfolg wichtig sind.

Verhalten sie sich in dieser Weise, werden die »Zeiger« für uns zu positiven Selbstobjekten. Denn wir benutzen diese Dritten gleichsam als passagere emotionale oder kognitive Stützen unseres Lernprozesses, dessen Kränkungspotential sich aufgrund dieser stützenden Begleitung zu verringern vermag. Anders gesagt: Positive Selbstobjekterfahrungen mildern die harten und schmerzhaften Stöße einer möglicherweise drohenden Fragmentierung. Während das Lernen die Kohäsion des Selbst potentiell bedroht, wirken positive Selbstobjekterfahrungen diesem Prozess entgegen und helfen damit dem lernenden Selbst über die Klippe drohender Kränkung hinweg. Aber, wie jeder aus eigener Erfahrung vermutlich wissen dürfte, können sich diese »Dritten« auch anders verhalten. Denn sie verfügen offensichtlich über ein ganzes Arsenal von Möglichkeiten, um das lernbedingte Kränkungspotential zu verstärken, indem sie uns zum Beispiel die notwendige Unterstützung versagen, uns lächerlich machen, als dumm darstellen, etwas sehnlichst Erwünschtes verbieten oder gar mit Strafe drohen. Dann machen wir im Lernen eine negative Selbstobjekterfahrung und sind dieser Situation hilflos ausgeliefert mit der sehr wahrscheinlichen Folge, dass uns nichts mehr einfällt, wir ständig Fehler machen und selbst das, was vorher mühelos gelang, nun gar nicht mehr zur Verfügung steht. Wir fühlen uns blockiert, werden rot, schämen uns, weinen vielleicht oder geraten in andere Formen der Verzweiflung.

In etwas nüchternerer Sprache lässt sich das Gesagte so zusammenfassen: In jedem Lernprozess ist ein Kränkungspotential enthalten. Ob und in welcher Form dieses wirksam wird, hängt primär von der Struktur des lernenden Selbst, sekundär aber maßgeblich auch von den Selbstobjekterfahrungen ab, in die das Lernen kontextuell eingebunden ist. Positive Selbstobjekterfahrungen reduzieren das Kränkungspotential, ihr Fehlen oder Versagen hingegen vergrößert es und führt dazu, dass die Kränkung ihre selbstwertmindernden Wirkungen ungehindert entfalten kann (vgl. Kraft 2004b).

Was für die Lernseite gilt, gilt andererseits auch für die Zeige-Seite, denn in einer Situation pädagogischen Zeigens sitzen beide Interaktionspartner in emotionaler Hinsicht gleichsam in einem Boot. Denn auch das Zeigen selbst kann von Kränkung bedroht sein, etwa dann, wenn, denkt man an den Schulunterricht, Schüler nicht hinreichend gut lernen, also das Gezeigte nicht verstehen oder sich ihm verweigern. Damit schwächen sie potentiell das Größen-Selbst des Lehrers, weil sie ihm z. B. ein Gefühl beruflicher Unzulänglichkeit vermitteln. Denn Schüler können als Selbstobjekte des Lehrers verstanden werden, und sie können, wie jeder aus der Erfahrung der eigenen Schulzeit weiß, für nachhaltig wirksame negative Selbstobjekterfahrungen des pädagogischen Personals sorgen.

Diese wenigen Hinweise dürften ausreichen, um zu zeigen, dass der Zeigestruktur, gewissermaßen einem Bindegewebe ähnlich, ein Geflecht wechselseitiger Selbstobjektbeziehungen eingelegt ist. Auf beiden Seiten ist die Kohäsion des Selbst, des Lernenden wie das des Lehrenden, potentiell bedroht. Subjekt und Objekt des Zeigens teilen also, selbstpsychologisch gesehen, in emotionaler Hinsicht eine ähnliche Lage. Gerade pädagogische Situationen können demnach von beiden Seiten mit narzisstischer Dynamik aufgeladen sein oder in ihrem Verlauf aufgeladen werden. Deshalb ist die pädagogische Atmosphäre vielfach so spannungsvoll verdichtet, ein leicht entzündbares Gemisch, das sowohl zu eindrucksvollen Explosionen führen kann als auch Implosionen zu erzeugen vermag.

Die folgende kleine Skizze soll das Gesagte noch einmal auf andere Weise veranschaulichen.

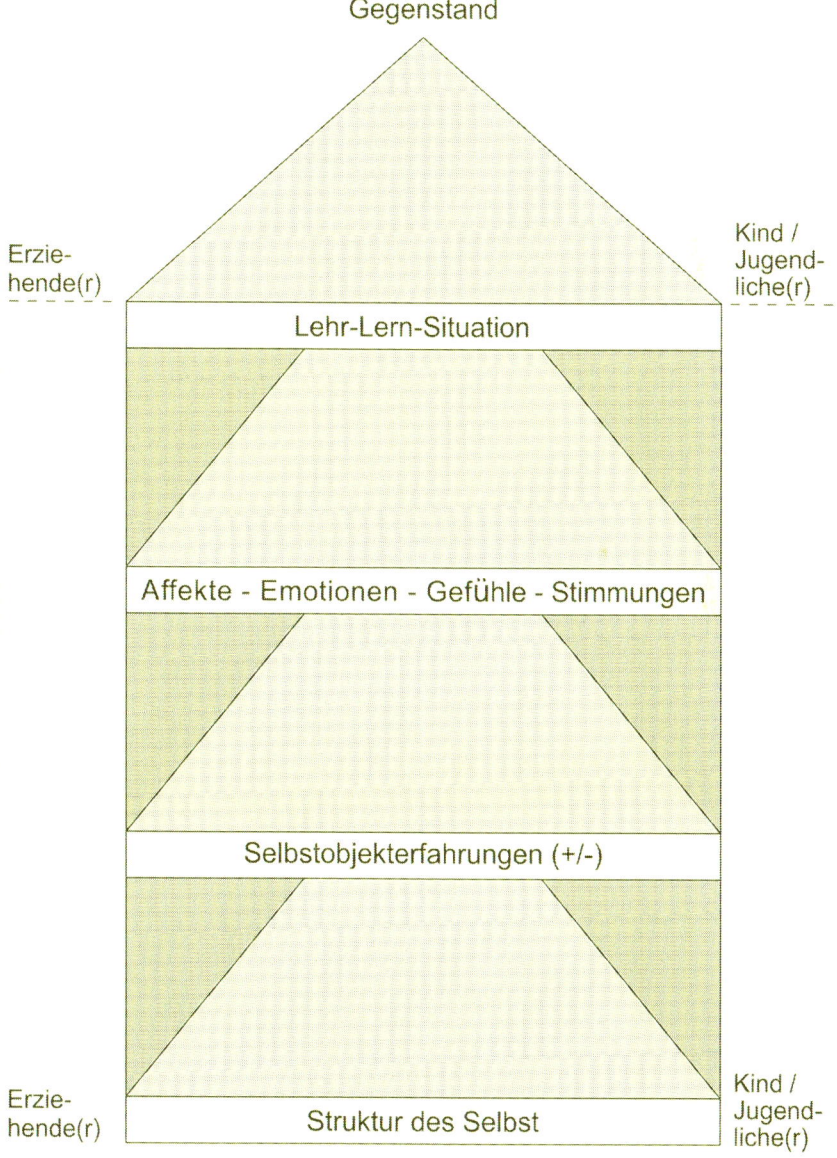

Abb. 6: Die psychodynamische Schichtung des Didaktischen Dreiecks

49

Mit Hilfe der eingeführten selbstpsychologischen Begriffe lässt sich das, was üblicherweise als Beziehungsaspekt pädagogischer Kommunikation bezeichnet wird, erheblich differenzierter erfassen. Das manifeste Geschehen einer jeden pädagogischen Zeige-Situation ruht, emotional gesehen, auf drei unterscheidbaren, in der Regel nicht erkennbaren, also latenten Schichten: Die unterste, erste Schicht verweist auf die Selbststrukturen der Akteure, also die der Adressaten und die der Zeigenden. Und Selbststrukturen sind, vereinfacht gesagt, Produkte biographischer Erfahrungen. Hierüber legt sich als zweite Schicht die der Selbstobjekterfahrungen, die die Beteiligten wechselseitig füreinander im Rahmen der Zeigeinteraktion zu realisieren vermögen. In Abhängigkeit davon, ob diese Selbstobjekterfahrungen eher eine positive oder eher eine negative Gestalt annehmen, ergibt sich dann als dritte Schicht diejenige der aktuell zum Ausdruck kommenden Affekte, Emotionen, Gefühle und Stimmungen, die Lehr-Lern-Situationen kontextuell begleiten. In Zeige-Situationen, so ist an anderer Stelle gesagt worden, zeigt ein Zeiger unvermeidbar immer auch sich selbst, sein Selbst sozusagen. Und damit kommen, nolens volens, Emotionen und Affekte mit ins Spiel und bestimmen maßgeblich den Akt des Zeigens mit. Das ist beileibe keine neue Einsicht, denn in der Geschichte der Erziehung weiß man das seit altersher. Und man weiß auch, wie dieser Unvermeidbarkeit am besten zu begegnen ist, mit Zurückhaltung und Takt nämlich. Dass dies allerdings nicht immer leicht zu realisieren ist, steht auf einem anderen Blatt und berührt ein anderes Thema.

1.2.5 Das Zeigen des Zeigens: ›Natural Pedagogy‹

Zu Beginn der Ausführungen zur Zeigestruktur der Erziehung (▶ Kap. 1.2.1) ist dargestellt worden, wie der Wechsel von dyadischer zu triadischer Kommunikation, der für die Neunmonatsrevolution kennzeichnend ist, unmittelbar zur Grundform pädagogischen Zeigens führt. Dieser Sachverhalt soll nun noch einmal aufgenommen und auf andere Weise in den Mittelpunkt gerückt werden. Denn die Frage ist ja, wie dieser frühe Zeige-Mechanismus erklärt werden kann? Welche Umstände sind es genau, die dafür sorgen, dass die kleinen Kinder so viel mehr und so viel schneller lernen können als kleine Affen?

In der modernen experimentellen Entwicklungsforschung gibt es dazu unterschiedliche Erklärungen: Für Tomasello ist es, wie dargestellt, die Perspektivenübernahme im Kontext »geteilter Intentionalität«, die das frühe kulturelle Lernen in Gang setzt und es im Fortgang der Entwicklung so exponentiell zu beschleunigen vermag. Für andere Forscher (Meltzoff) beruht das frühe Imitationslernen auf einer angeborenen Prädisposition zur Identifikation, wodurch die kleinen Kinder sozusagen zu ›Generalisten der Nachahmung‹ (imitative generalists) werden, was zu den beeindruckenden Lernleistungen führt. Und aus neurowissenschaftlicher Sicht (Rizzolatti) ist es das System der Spiegelneuronen, das gewissermaßen »automatisch« für Resonanz des Gezeigten im Bewusstsein der kleinen Lerner sorgt.

Seit geraumer Zeit gibt es nun einen weiteren Erklärungsansatz, der etliche der mittlerweile klassisch gewordenen experimentellen Befunde besonders gut zu erklären vermag, dem also, anders gesagt, offensichtlich eine hohe prognostische Valenz zukommt. Dieser (andere Einsichten integrierende) Ansatz wird als »*natural pedagogy*« bezeichnet und ist maßgeblich von den ungarischen Entwicklungsforschern György Gergely und Gergely Csibra (2005; 2006; 2007a; 2007b; 2011a; 2011b; 2013) entwickelt und in zahlreichen Experimenten getestet worden. Das Konzept der Operativen Pädagogik erfährt hierdurch eine entwicklungspsychologische Fundierung und weitere Bestätigung (vgl. Kraft 2018). Daher soll diese Theorie als Abschluss hier zumindest im referierenden Überblick in ihren wesentlichen Grundannahmen vorgeführt und erläutert werden.[9]

Die Theorie der »natural pedagogy« beruht auf folgender »Entdeckung«: Viele Situationen, in denen es den Anschein hat, als würden die kleinen Kinder schlicht das Verhalten erwachsener Artgenossen imitieren, zeigen bei genauerem Hinsehen (z. B. unter experimentellen Bedingungen) eine eigentümliche, typische Struktur der Interaktion, die immer wieder zu beobachten ist, also mit hoher Konstanz auftritt. Große Menschen und kleine Lerner sind nämlich durch eine ganz besondere Weise miteinander verbunden, die bei Primaten nicht zu finden ist: Erwachsene stellen ihrem Nachwuchs ihr Wissen ausschließlich mit der Absicht zur Verfügung, dass die kleinen Kinder es übernehmen können und es auch übernehmen. Hierbei handelt es sich um eine frühe Lehr-Lern-Situation, in der ein Großer die Rolle des »teacher« und die oder der Kleine dementsprechend komplementär die Rolle des »learner« einnehmen. Man kann also mit guten Gründen von einem elementaren pädagogischen Mechanismus sprechen, »natural pedagogy« eben. Denn es gibt zwei deutlich voneinander unterschiedene und sich wechselseitig ergänzende Rollen (›teacher‹–›learner‹), und es gibt zugleich eine von beiden geteilte Situationsprämisse, eine gemeinsame Einstellung sozusagen, die als ›pedagogical stance‹ bezeichnet wird (vgl. Gergely/Csibra 2005, S. 465). Diese für beide Interaktionspartner leitende pädagogische Einstellung sorgt dafür, dass beide wissen, dass es sich um eine Situation eigener Art handelt, eine besondere Situation, in der es Besonderes auf besondere Weise zu lernen gibt. Nun wissen wenige Monate alte Kinder und lange vor der Sprache natürlich nichts von Situationsprämissen und pädagogischen Einstellungen. Sie müssen dies also irgendwie »merken«. Aber wie geschieht das? Wie kommt diese besondere pädagogische Einstellung auf der Ebene des beobachtbaren Verhaltens zum Vorschein, erlangt Geltung und bestimmt das Geschehen?

Die Antwort lautet: *zuerst* durch *ostensive* Kommunikation, durch ostensives Zeigen. Damit eine Situation zu diesem frühen Zeitpunkt der Entwicklung als eine »pädagogische« verstanden werden kann, muss sie zuallererst als eine solche erkennbar sein, also eindeutig markiert werden, kurzum: das Zeigen muss gezeigt werden! Dies geschieht dadurch, dass Erwachsene als »teacher« besondere Verhaltensweisen an den Tag legen: sie nehmen direkten Blickkontakt auf, sie ziehen die Augenbrauen hoch, sie sagen pointiert den Namen des Kindes und verwickeln sich mit ihm in wechselseitige Aufmerksamkeit, und sie verändern

---

9 Erste Hinweise auf diese Forschungen verdanke ich Denis Engemann (INRIA/Paris).

ihre Sprechweise zum typischen »babytalk« (auch ›motherese‹ genannt), sie sprechen also besonders langsam und überdeutlich artikuliert, meist mit veränderter
höherer Tonlage, eigentümlicher Betonung und mit mehrfachen Wiederholungen wichtiger Wörter. Zahlreiche Studien haben nun erwiesen, dass kleine Kinder gerade für diese ostensiven Reize besonders empfänglich sind und hierauf
mit hoher Sensitivität reagieren, so, als merkten sie, »aha, jemand will mir etwas
zeigen«. Der *zweite* Schritt, der notwendig folgen muss, ist die eindeutige Bestimmung dessen, *was* gezeigt und gelernt werden soll, die *Referenz*, so der Fachausdruck, muss gesichert werden und eindeutig sein, das also, worum es gehen soll.
Daher lenken die erwachsenen ›teacher‹ die gewonnene Aufmerksamkeit auf den
jeweiligen Gegenstand, um den es geht, z. B. durch Veränderung der Blickrichtung, durch Kopfbewegungen, durch direktes hinweisendes Zeigen (›pointing‹)
oder weitere den Gegenstand explorierende Gesten. Der *dritte* Schritt schließlich
bringt die *Relevanz* des Gezeigten ins Spiel, die Frage also, was an dem Gezeigten
neu und brauchbar, universell gültig und generalisierbar ist und daher gelernt
werden soll. Ostension depersonalisiert gleichsam das Gezeigte und lässt es als etwas Allgemeines erscheinen, das das kleine Kind dann in seine kognitive Struktur einbauen kann. Frühes Lernen ist, so könnte man sagen, hoch selektiv, weil
es nur bestimmte Aspekte des Gegenstandes in das Zentrum der Aufmerksamkeit
rückt, nur diejenigen, die aus der Sicht des ›teacher‹ gerade jetzt für den Lernprozess des »learner« bedeutsam sind. Es wird also nicht alles gezeigt, sondern nur
einzelne Elemente oder Facetten, die der »learner« gerade jetzt, zu diesem Zeitpunkt der Entwicklung, benötigt, um sein eigenes Wissen zu erweitern. Eben
diese Reduktion erlaubt es dem »learner«, besonders schnell zu lernen (›fast map-
ping‹), gerade weil nicht alles zugleich gelernt werden muss. Der operative Mechanismus der ›natural pedagogy‹ besteht demnach aus drei verschiedenen, voneinander deutlich unterscheidbaren, aber miteinander aufs Engste verflochtenen
und sich kreisförmig verschränkenden Prozessen: Ostension, Referenz und Rele-
vanz (vgl. Csibra/Gergely 2006, S. 258-261).

Erziehung beruht auf Kooperation und Gegenseitigkeit. Das wird bereits, oder
besser gesagt: gerade in diesen frühen Stadien der Entwicklung offensichtlich,
denn »natürlich« zeigen nicht nur die Erwachsenen, sondern auch die kleinen
Kinder, indem sie durch entsprechende Gesten die Aufmerksamkeit kulturell
Kundiger zu gewinnen versuchen. Anders gesagt: Kleine Kinder sind fortwährend auf der Suche nach möglichen »teachers«. Gleichheit gibt es allerdings nur
kommunikativ, im Hinblick auf Ostension und Referenz. Hinsichtlich der Rele-
vanz eines Lerngegenstandes sind die erwachsenen Artgenossen gefordert, weil
nur sie bereits über das Wissen verfügen, das Kinder sich erst aneignen und erwerben müssen. Denn nur was man bereits kennt und durchschaut hat, kann
man auch in einer pädagogischen Situation »zeigen«.

In diesem Zusammenhang führt Gergely (2013, S. 127) den Begriff des »opa-
ken Wissens« (cognitive opacity) ein. Für ein kleines Kind sind viele, wenn nicht
die meisten Elemente eines Gegenstandes zunächst verborgen und nicht durchschaubar. Es lernt aber nicht erst dann, wenn es alles darüber weiß. Vielmehr
verhilft die »pädagogische Einstellung« dazu, den Direktiven des erwachsenen
Zeigers unmittelbar, also auch ohne Einsicht, folgen zu können. Dadurch kann

eben schneller und ohne Umwege effektiv gelernt werden.[10] Das Kind verlässt sich »unausgesprochen« sozusagen darauf, dass der Erwachsene schon weiß, wie sich etwas am besten und einfachsten aneignen lässt, so dass sich die Lernwege verkürzen, es muss also, anders gesagt, nicht alles noch einmal ganz auf sich gestellt sich anzueignen versuchen. Möglich ist dies allerdings nur dann, wenn der kleine ›learner‹ dem erwachsenen ›teacher‹ bedingungslos vertrauen kann, also über etwas verfügt, was man »*epistemisches Urvertrauen*« (vgl. Gergely/Unoka 2011b, S. 885) nennen könnte. Nur dann kann sich das kleine Kind gleichsam vorbehaltlos dem Lernen des Gezeigten hingeben. Und nur unter dieser Annahme, das kommt hinzu, wird das zu erwerbende Wissen auch als universell und allgemein gültig erkannt (und nicht etwa nur als eine Episode verstanden, die der momentanen Laune oder Befindlichkeit eines Erwachsenen zuzuschreiben wäre).

Der Mechanismus der ›natural pedagogy‹ ist aber nicht nur für das kognitive, sondern gerade auch (und wohl zuallererst) für das emotionale Lernen und die damit unmittelbar verbundene Entwicklung der kindlichen Selbststruktur von buchstäblich grundlegender Bedeutung (vgl. dazu insbesondere Csibra/Gergely 2011a). Denn Säuglinge müssen ja nicht nur sorgsam in die gegenständliche Welt eingeführt und mit ihr vertraut gemacht werden, sondern vor allem auch in ihre eigene innere Welt, in ihre Affekte und Emotionen, in ihr Selbst. Wie aber lernen sie, was eine »Erregung« eigentlich bedeutet? Wie lernen sie, was »Wut« ist oder »Furcht«, was »Freude« von »Traurigkeit« unterscheidet, was »Ekel« bedeutet oder »Interesse«? Wie erfahren sie, was »das« ist, was sich in ihnen regt, wie erwerben sie also Einblick in ihre eigenen inneren Vorgänge, wie lernt man »Introspektion«? Denn die Fähigkeit zur Introspektion ist die Voraussetzung dafür, auch das Innere von anderen zu verstehen, das also auszubilden, was in der modernen Entwicklungsforschung als »theory of mind« oder »Mentalisierung« bezeichnet wird, nämlich die mentalen Zustände anderer zu verstehen, sich in sie einzufühlen, damit deren Handlungen zu deuten, vorherzusehen oder auch manipulieren zu können. Introspektives Wissen ist somit die grundlegende Voraussetzung dafür, das eigene Selbst überhaupt affektiv kontrollieren und steuern zu können. Mittlerweile gibt es hierzu eine kaum mehr überschaubare Vielzahl von eindrucksvollen Forschungen, differenzierten theoretischen Konzepten und faszinierenden experimentellen Befunden, die hier nicht behandelt werden können (vgl. dazu Fonagy et al. 2011). Aber zumindest ein Aspekt soll hier näher betrachtet werden, weil er die Bedeutung der ›natural pedagogy‹ gerade

---

10 Eben darin liegt ein wesentlicher evolutionärer Vorteil, der durch ›natural pedagogy‹ möglich wird und der die menschliche Entwicklung von der der Primaten unterscheidet. Gergely sieht in evolutionstheoretischer Hinsicht das entscheidende Motiv für die Herausbildung der ›natural pedagogy« vor allem in der Entwicklung des Werkzeuggebrauchs. Denn je komplizierter die »tools« werden, desto weniger reicht schlichte Nachahmung (blind imitation), um sie zu beherrschen. Und Werkzeuge sind gleichsam materialisierte Intentionen, und eben diese verändern sich über »simple teleology« über »inverse teleology« zu »recursive teleology«. Um das zu erlernen, reicht Versuch-und-Irrtum nicht mehr aus, es braucht Belehrung, also ›natural pedagogy‹ (vgl. dazu insbesondere Csibra/Gergely, 2006, S. 253-254).

auch für das Lernen von Emotionen (und damit für die Selbstentwicklung) eindrücklich zum Vorschein bringt. Wie »lernt« man »Gefühle«?

Säuglinge brauchen auf sie eingestimmte, einfühlsame Pflegepersonen, die auf ihre affektiven Äußerungen spiegelnd reagieren. Das weiß man. Man weiß auch, dass sie anfangs in erster Linie nach außen orientiert sind und auf dementsprechende Reize äußerst sensibel reagieren, während ihre introspektive Aufmerksamkeit zunächst kaum ausgeprägt ist. Sie müssen also lernen, was »das« ist, was sich in ihnen regt. Dabei kommt nun auch hier das operative Inventar der ›natural pedagogy‹ zur Geltung, und zwar auf ganz ähnliche Weise wie beim gegenständlichen Lernen: Zunächst bedarf es der besonderen ostensiven »Markierung«, damit das, worum es jetzt geht, also ein Affekt oder ein Gefühl, sich deutlich von dem normalen Interaktionsgeschehen abheben und als »Lernaufgabe« erkennbar werden kann. Daher spiegeln Pflegepersonen in der Regel Affekte auf eine ganz typische Weise: sie zeigen ein übertriebenes oder extrem verlangsamtes Verhalten, schematisieren oder verkürzen die Emotionsäußerung oder führen sie nur teilweise aus oder mischen die Darbietung mit Äußerungen anderer Emotionen, wobei fortwährend ostensive Signale gegeben werden, also ein besonders intensiver Blickkontakt, ein Hochziehen der Augenbrauen, ein leichtes Neigen des Kopfes oder ein Weiten der Augen. Dadurch wird etwas Entscheidendes möglich: der gezeigte Affekt wird von der Pflegeperson gleichsam »entkoppelt«, erscheint also als nicht zu ihr gehörig und steht damit, so könnte man sagen, als »Lerngegenstand« im Raum. Wo aber gehört das Gezeigte hin, wie lässt sich diese neue Information zuordnen? Das Baby muss also nach dem »Referenten« suchen. Während dieser »Suche« richten sich die referenziellen Orientierungssignale der großen »Zeiger«, von typischem »baby-talk« begleitet, weiter fortwährend auf das kleine Kind, auf sein Gesicht und seinen Körper, wobei die »lernende Einstellung« über innere Prozesse dafür sorgt, dass die entkoppelte Emotionsäußerung wohl offensichtlich eben am Ende auch genau dort hin gelangt, also in das Selbst des Kindes. Eine solche Interaktion ist ja keine einmalige Erfahrung, sondern wird wieder und wieder in unterschiedlichen Situationen wiederholt. Dieser »Emotionsunterricht« gibt sukzessive dem Aufmerksamkeitssystem des kleinen Kindes eine zunehmend introspektive Ausrichtung und sorgt, wenn alles gut geht, am Ende dafür, dass sich ein introspektiv wahrnehmbares subjektives Selbst herauszubilden vermag. Man kann sich leicht vorstellen, welche dramatischen Folgen es haben kann, wenn ein kleines Kind über lange Zeiträume hinweg Pflegepersonen ausgeliefert ist, die, aus welchen Gründen auch immer, dazu nicht in der Lage sind.

Man kann also sagen: ostensive Kommunikation öffnet die Tür zur Pädagogik, sie markiert Referenz und Relevanz eines Sachverhaltes oder Gegenstandes, sie begleitet diese besondere Form einer sozialen Interaktion und sorgt so für schnelles und effektives Lernen kulturell notwendigen Wissens. Kleine Kinder sind offensichtlich von Natur aus auf »teaching« vorbereitet und dazu disponiert, hierauf mit »learning« zu reagieren. Und Pädagogik gibt es bei Affen nicht, denn »natural pedagogy«, um Gergely einmal wörtlich zu zitieren, »is a specialized human-specific cognitive adaptation, a relevance-guided social communicative learning device of mutual design that has evolved to ensure the fast and efficient intergenerational transfer of relevant cultural knowledge from knowledgeable to ignorant conspecifics« (2007b, S. 173). Der pädagogische Mechanismus ist aber nicht nur Ergebnis der Evolution, sondern zugleich auch deren Motor, wird doch auf diese Weise fortwährend immer auch die Bedingung für neues Wissen geschaffen. Damit wird allerdings nicht behauptet, dass Kinder »nur« auf diese Weise, also »nur« pädagogisch lernten. ›Natural Pedagogy‹ aber ist ein besonderer und besonders wirksamer Teil kindlichen Lernens, der die angeborene Fähigkeit zur Nachahmung auf besondere Weise hervorruft und zu lenken vermag und damit Dinge zu lernen erlaubt, die ohne diesen pädagogischen ›support‹ äußerst schwierig, wenn nicht gar unmöglich zu lernen wären. Insofern erscheint auch die Annahme begründet, dass die Fähigkeit, zu belehren und vom Belehrt-Werden lernen zu können, eine ursprüngliche Anpassungsleistung ist, die sogar unabhängig von und noch vor der Sprachentwicklung wirksam wird. Dass später Sprache und wachsende Kompetenzen die Wirksamkeit weiter steigern, versteht sich von selbst. Zuerst jedoch muss die pädagogische Form der Interaktion gelernt werden, dann ist sie später offen für Inhalte aller Art. ›Natural Pedagogy‹ ist, so könnte man mit einem modernen Bild zusammenfassen, gewissermaßen das kognitive Betriebssystem kulturellen Lernens, und wenn es einmal erworben ist und funktioniert, dann lassen sich verschiedene Programme damit zum Laufen bringen, dann folgt auf die »natürliche« die »künstliche Pädagogik«, ›artificial (professionalized) pedagogy‹ sozusagen, kein neues Betriebssystem allerdings, sondern nur ein »update«, angepasst an den jeweils neuesten Stand der kulturellen Entwicklung.

1.3　Die Zeigestruktur der Beratung

Die Erziehung beginnt mit der Geburt und sogar – wenn man die diesem Einschnitt vorausgehenden elterlichen Lebensumstände, Verhaltensweisen und Einstellungen mit einbezieht – schon vorher. Sie findet ihren Abschluss zu jeweils bestimmten Mündigkeitsterminen (z. B. Volljährigkeit), die kulturell fundiert, in sozialen Konventionen gefasst und rechtlich kodifiziert sind. Dann setzt sie sich einerseits als »Selbsterziehung« fort. Andererseits kommt Erziehung weiterhin als »Habitus« zur Geltung, als »Erzogenheit«, und das ein ganzes Leben lang. Als »flexible response« der Evolution ist sie, anders gesagt, auf Langfristigkeit angelegt, auf langfristige Einflussnahme ebenso wie auf langfristige Wirkungen.

Im Falle der Beratung ist dies, wie sofort und leicht zu erkennen ist, grundlegend anders: Keiner von uns wird ein ganzes Leben lang kontinuierlich beraten, und dementsprechend gibt es auch keine Institutionen, die zu besuchen wir für etliche Jahre zum Zwecke des Beraten-Werdens verpflichtet wären. Vielmehr hat Beratung offensichtlich eine komplementäre Funktion, sie ist zumeist an bestimmte Situationen gebunden und bleibt auf sie begrenzt. In der Tradition unseres Faches wurde Beratung daher als »unstetige Form« aufgefasst, durch die die

»Stetigkeitspädagogik« an bestimmten Stellen des Lebenslaufes ergänzt wird (vgl. Bollnow 1984, S. 18 ff.).

Dem hier verfolgten Plan entsprechend geht es im Folgenden allein darum, Beratung als eine spezifische Form der Kommunikation in erster Linie aus operativer Perspektive zu betrachten.[11] Das soll in fünf Schritten geschehen:

Beratung ist ein komplexer, vielfältig schillernder Begriff, der zahlreiche Kontexte berührt und daher mittlerweile keineswegs einheitlich verwendet wird. Insofern ist es notwendig, diese Komplexität zunächst aufscheinen zu lassen und sie dann für die Zwecke dieser Darstellung auf angemessene Weise zu reduzieren. Das ist die Aufgabe des *ersten* Abschnittes (▶ Kap. 1.3.1). Im *zweiten* Schritt geht es sodann, von allem semantischen Ballast befreit, ausschließlich um die Situation der Beratung selbst; sie wird mit phänomenologischen Mitteln genau zu beschreiben versucht, damit der Tatbestand, um den es geht, möglichst prägnant zum Vorschein gebracht werden kann (▶ Kap. 1.3.2). Nach diesen Vorbereitungen wird dann im *dritten* Schritt der Blick auf die spezifische Zeigestruktur der Beratung möglich (▶ Kap. 1.3.3). Da Affekt und Emotion in der Situation der Beratung eine gewichtige Rolle spielen, sollen die damit verbundenen Probleme in einem eigenen *vierten* Abschnitt behandelt werden (▶ Kap. 1.3.4). Im *fünften* und letzten Schritt schließlich wird die oben schon beiläufig aufgeworfene Frage, ob – und wenn ja, in welchen Hinsichten – Beratung und Erziehung in einem genuinen Zusammenhang stehen, beantwortet werden (▶ Kap. 1.3.5).

1.3.1 Beratung als ›umbrella term‹: Komplexität und Möglichkeiten der Reduktion

Ein »umbrella term«, ein »Regenschirmbegriff«, ist ein Wort, das viele verschiedene Facetten eines Sachverhaltes zusammenfasst; der Begriff der Beratung gehört ohne Zweifel in diese Kategorie. Das lässt sich leicht prüfen, zum Beispiel dadurch, dass man, ganz zeitgemäß, das Wort in eine der bekannten Suchmaschinen, die das Internet bis in die letzten Winkel durchforsten, eingibt: in Bruchteilen von Sekunden wird man mit Millionen von Einträgen konfrontiert. Um sich angesichts einer solchen Flut von Hinweisen zu orientieren, sind zunächst fünf ebenso einfache wie grundlegende Unterscheidungen hilfreich.

Erstens wird der Begriff der Beratung in Zusammenhang mit spezifischen *Themen, Problemen und Lebenslagen* verwendet: Trennungs-, Scheidungs- und Schuldnerberatung tauchen hier ebenso auf wie Energie- und Vermögensberatung, und Erziehungs-, Studien- und Berufsberatung finden sich neben der Beratung von Kriegsdienstverweigerern oder der Stil-, Mode- und Typberatung, die lückenlos an die Beratung von Jugendlichen, Senioren, Schwulen, Lesben und Politik- und Managementberatung anschließt. Mit anderen Worten: Es hat den Anschein, als könnte in jüngster Zeit jedes Problem, jedes Thema oder jede Lebenslage mit Beratungsansprüchen verbunden werden.

---

11 Dieser Abschnitt baut auf früheren Arbeiten des Verfassers zu diesem Thema auf und führt sie weiter; vgl. dazu vor allem Kraft 2009a (S. 181 ff.) wie auch Kraft 2011.

Zweitens lässt sich die Vielfalt von Beratungsofferten dahingehend unterscheiden, welche *Medien der Kommunikation* verwendet werden. Als Grundform gilt seit alters her und nach wie vor das leibhaftige Gespräch zwischen zwei Menschen. Beratung kann zudem schriftlich erfolgen, denkt man an spezifische Rubriken, wie sie aus Zeitschriften vertraut sind. Aber auch fernmündlich ist Beratung möglich, also am Telefon, wie z. B. im Rahmen der Telefonseelsorge oder bei Angeboten, wie sie der Kinderschutz bereithält; selbst im Radio gibt es Beratung (in Form von Hörersprechstunden, aus denen dann ausgewählte Gespräche übertragen werden) und seit geraumer Zeit in verschiedenen Formaten auch im Fernsehen. Schließlich hat sich in den letzten Jahren das Internet als Forum beratender Kommunikation in den Vordergrund geschoben, wobei hier wiederum zwischen Mailberatung, Einzelchatberatung, moderierten Gruppenchats, Themenchats und »helplines« zu differenzieren ist und berücksichtigt werden muss, wie sie erfolgen (»online« oder »offline«).

Drittens kann man angesichts der Vielfalt von Angeboten hinsichtlich der *Adressaten* unterscheiden; denn nicht nur einzelne Menschen können offensichtlich beraten werden, sondern auch Paare, Familien, Gruppen und sogar Organisationen, Netzwerke und Gemeinwesen.

Viertens rücken die *Anbieter* in den Vordergrund, diejenigen also, die beraten und damit auch der jeweilige *professionelle, institutionelle und organisatorische Kontext*, in den diese Aktivitäten eingebettet sind. Denkt man an alltägliche Situationen, mögen zunächst Familienangehörige, Freunde, Bekannte oder Nachbarn in den Sinn kommen; hier ist Beratung eine freiwillig erbrachte kostenlose Leistung im Modus zwischenmenschlicher Beziehungen und wechselseitiger Hilfe. Aber Beratung wird auch von freien Trägern, Verbänden und Organisationen angeboten, zudem von staatlichen Institutionen und von mehr oder weniger großen Firmen oder Unternehmen; Beratung ist dann eine Leistung, die im Rahmen beruflicher Tätigkeiten erbracht wird und finanziert werden muss.

Fünftens schließlich zeigt sich das Beratungsproblem moderner Gesellschaften auch in den reflexiven Bemühungen verschiedener *wissenschaftlicher Disziplinen*, in denen wiederum eine Fülle von Ansätzen, Konzepten und mehr oder weniger umfassend ausgearbeiteten Theorien zu finden sind. Mit anderen Worten: Wer immer sich mit Beratung beschäftigt, begibt sich auf semantisch, professionell und disziplinär mehrfach besetztes Terrain.

Dieser erste Ordnungsversuch soll nun durch einen zweiten ergänzt werden, der weitere Gesichtspunkte enthält und in dem ein höherer Grad der Abstraktion verwendet wird. Das folgende Schaubild zeigt jetzt acht verschiedene Perspektiven, die jeweils bestimmte Aspekte des Problems der Beratung zum Vorschein bringen. Diese Sichtweisen können in diesem Rahmen natürlich nicht ausführlich behandelt, sondern in heuristischer Absicht nur knapp skizziert werden, um deutlich zu machen, wie überhaupt über Beratung gesprochen, nachgedacht und geforscht werden könnte.

Aus der *ersten* Perspektive rückt der *Alltag (1)* in den Mittelpunkt:
Beratung ist eine Grundform der Kommunikation und durchzieht demzufolge seit alters her auf vielfältige Weise alle Bereiche des menschlichen Zusammenlebens (vgl. zum folgenden hinsichtlich detaillierter Nachweise auch Kraft 2009a,

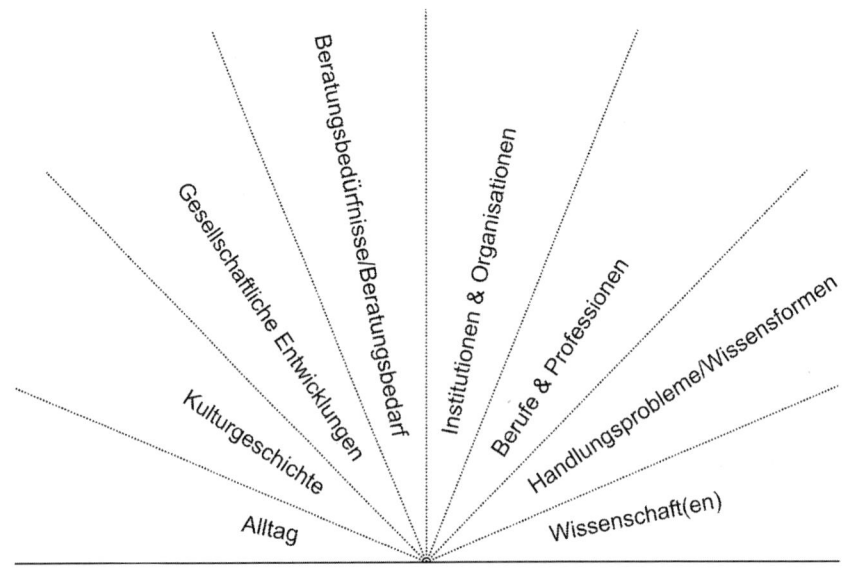

BERATUNG

Abb. 7: Der »Beratungsfächer«

S. 195 ff.). Das zeigt sich zuallererst am Sprachgebrauch: Das Wort »Rat« bezeichnet ursprünglich alles, was für Ernährung und Erhaltung eines Haushalts notwendig ist (z.B. Haus-rat, Ge-rät, auch Hei-rat), was man für schlechte Zeiten braucht (Vor-rat), aber auch das, was man nicht mehr braucht (Un-rat) oder was, wiewohl schmückend, doch überflüssig ist (Zier-rat). Hiervon ausgehend bilden sich bereits früh die übertragenen Bedeutungen wie »Ausweg, Hilfe, Abhilfe«, aber auch »gutgemeinter Vorschlag, Empfehlung, Unterweisung« heraus. Und schon im Althochdeutschen steht »rat« auch für »Beratung«, zu der man sich im Kreis versammelt (vgl. Rat-schlag; einen Kreis/ein Rad schlagen), was dann zu institutionalisierten Formen (z.B. Rats-versammlung), dafür eigens eingerichteten Orten (z.B. Rat-haus) und entsprechenden Amts- oder Berufsbezeichnungen (z.B. Stadtrat, Schul-rat) führt. Auch im Verb »raten« tritt die enge Verbindung von elementaren praktischen Lebensnotwendigkeiten mit davon abgeleiteten kommunikativen Derivaten deutlich hervor: »Raten« bedeutet ursprünglich nicht nur »Vorsorge treffen, für etwas sorgen«, sondern früh schon »überlegen, aussinnen«, dann »vorschlagen, empfehlen« und schließlich »deuten, erraten« (wobei es über das Altenglische »rædan/ to read« einen deutlichen Bezug zu »lesen« gibt). Dies gilt gleichermaßen für »beraten«, was zunächst »anfüllen, mit Vorrat versehen, versorgen und ausrüsten« meint, bevor es dann später die Bedeutung von »etwas gemeinsam besprechen, beratschlagen oder jemanden einen Rat erteilen« erhält.

Im Englischen gibt es im Wesentlichen zwei Ausdrücke, die beide, wiewohl auf unterschiedlichen Wegen, auf römische Ursprünge verweisen: Ein Strang leitet sich ab vom lateinischen Wort »consilium« (Ratsversammlung, Rat) und den dazugehörigen Verbformen »consulere« und »consiliari« (beratschlagen, Rat erteilen); diese Linie führt einerseits zu dem alle institutionalisierten Konfigurationen bezeichnenden Ausdruck »council«, andererseits, wiewohl etymologisch nicht direkt verbunden, zur Verbform »to counsel«, die sowohl transitiv (jemanden beraten) als auch intransitiv (sich beraten) verwendet wird. Beide Worte, sowohl das Substantiv als auch das Verb, haben dabei vielfältige Formen und Bedeutungen angenommen und tauchen dementsprechend in mannigfachen Kontexten und Zusammensetzungen auf. Eine andere Linie verweist ebenfalls auf römische Ursprünge, ist aber über das Französische als Substantiv »advice« oder in der dazugehörigen Verbform »to advise« in die englische Sprache gelangt. Dahinter verbirgt sich das französische Wort »avis« (Ansicht, Meinung), das wiederum auf den lateinischen Ausdruck für sehen/ansehen (videre, ad visum) hindeutet und zum Vorschein bringt, dass »Rat/Beratung« immer auch eine bestimmte Sicht auf einen Sachverhalt oder ein Problem oder, modern gesprochen, unterschiedliche Perspektiven der Wahrnehmung zur Grundlage hat.

Dass Beratung zuallererst ein Alltagsphänomen ist, zeigen nicht nur die Worte selbst, sondern vor allem ihr Gebrauch in leibhaftigen Situationen. Wie der Autor sind auch alle Leser mit dem Rat-geben und dem Beraten-Werden aus dem eigenen Leben vertraut. Wir kennen diese Redeform und benutzen sie, meist allerdings wohl, ohne uns darüber groß Gedanken zu machen, denn sie erscheint uns gleichsam selbstverständlich. Was jedoch im Alltag selbstverständlich erscheint, ist es unter wissenschaftlichen Vorzeichen keineswegs. Es ist daher nicht verwunderlich, dass dieses Phänomen in zunehmendem Maße auch die Aufmerksamkeit der Sprachwissenschaftler auf sich gezogen hat, die Beratung als einen spezifischen »Sprechakt« bezeichnen und mit ihren Mitteln in allen Einzelheiten erforschen (vgl. dazu Niehaus/Peters 2014). Ein »Sprech-akt« ist, wie das Wort zeigt, eine »Sprech-Handlung«. In der dazugehörigen Sprechakttheorie (prominent von Austin und Searle vertreten) geht es demnach darum, genau zu untersuchen und zu erklären, wie mit Hilfe von Worten auf Wirklichkeit – und das heißt auch: auf Einstellungen und Verhaltensweisen anderer Menschen – Einfluss gewonnen werden kann. Deswegen gehören Sprechakte in den Bereich der linguistischen Pragmatik. Denkt man zum Beispiel an einen Befehl, eine Namensgebung (was hat Ihre Eltern veranlasst, Ihnen gerade diesen Namen zu geben oder haben Sie vielleicht einen Spitznamen, und wenn ja, wer hat Ihnen diesen zugesprochen und aus welchen Gründen wohl?), an einen Eid (z. B. vor Gericht, um den Zeugen unter Androhung von Strafe zu einer wahrheitsgemäßen Aussage zu verpflichten), eine Warnung (»Betreten des Eises verboten!«) oder auch an eine Beleidigung (die im Gegenüber aus bestimmten Gründen eine kränkende Wirkung hervorrufen soll), wird unmittelbar verständlich, welche Bedeutung Sprechakten zukommt. Und man sieht sofort, warum auch der »Rat« oder die »Beratung« unter dieser Kategorie gefasst werden können. Denn das, was wir einem anderen sagen, soll ja zur Lösung seines Problems beitragen, ihn zu einer Entscheidung befähigen oder auch zu einem bestimmten Verhalten führen. Denn eine Beratung ist ihrem Zweck gemäß alles andere als ein »small talk«, soll doch etwas ganz Bestimmtes, dem besondere Bedeutung zukommt, erreicht werden.

Beratung ist also zuallererst eine im Alltagsleben tief verankerte Redeform. Wir kennen sie, und wir benutzen sie, weil wir sie vielfach erfahren haben und daher wissen, dass sie wirksam ist. Und das heißt auch: Gewinnt Beratung eine bestimmte professionelle Gestalt, dann handelt es sich um eine Steigerung dieser Alltagsfertigkeit. Oder anders gesagt: Jedes (noch so subtil ausgearbeitete) Beratungskonzept muss zwangsläufig der inhärenten Logik eines solchen Sprechaktes (zumindest teilweise) entsprechen. Damit ist zugleich die Möglichkeit einer Überprüfung gegeben, denn: ist die Logik der Beratung als eine spezifische Form der Rede nicht erkennbar, dann muss es sich aller Wahrscheinlichkeit um etwas anderes handeln. Man kann also schon allein aus dieser Perspektive sehen: nicht überall, wo Beratung ›draufsteht‹, muss auch Beratung ›drin‹ sein.

Die *zweite* Perspektive führt in die Tradition, wie sie in der *Geistes- und Kulturgeschichte* überliefert ist:

In der griechischen Antike (vgl. Ritter/Gründer 1992, Sp. 29 ff.) meint βουλή (boulē) ursprünglich den Rat, den man selbst hegt, bezieht sich also primär auf die Notwendigkeit, angesichts von Entscheidungen »mit sich zu Rate zu gehen«; auch in der Sophistik wird die Wichtigkeit betont, einen »rationalen Blick« auf die Dinge zu gewinnen, und Aristoteles bestimmt das »zu Rate gehen« als ein »überlegenes Suchen des Zuträglichen für menschliche Praxis ... und dessen Ausrichtung auf die leitende Hinsicht eben dieses Handelns.« Die Kirchengeschichte wiederum kennt von Beginn an die Unterscheidung zwischen »praecepta«, den göttlichen Geboten, dem also, was man unbedingt tun muss, und den »consilia«, dem also, was zu tun angeraten wird; diese Differenz hat für die Ausbildung theologischer Konzeptionen weitreichende Bedeutung erlangt.

Über Philosophie, Ethik, Religion und Kirchengeschichte hinaus nimmt »Rat/Beratung« auch in Politik und Rhetorik eine herausgehobene Stellung ein. In der durch Aristoteles kanonisierten Unterscheidung der drei Redegattungen steht neben der Gerichtsrede (genus iudiciale) und der Lobrede (genus demonstrativum) die *Beratungsrede* (genus deliberativum), deren Funktion darin besteht, Urteile im Blick auf *Zukunft* zu fällen, wohingegen die Gerichtsrede vergangenheitsorientiert ist und die Lobrede sich auf die Gegenwart bezieht. Auch in modernen Konzeptionen der Rhetorik wird auf die aristotelische Unterscheidung verschiedener Denkweisen – dem philosophischen Denken (sophía), dem wissenschaftlichen Denken (epistémē) und dem prudentiellen Denken (phrónēsis) – zurückgegriffen, um zu betonen, dass praxisorientierte, also prudentielle Sprachen als religiöse, ethische, politische und juristische Sprachen dieselbe Struktur haben wie Umgangssprachen (vgl. Ueding 1992, Sp. 1447 ff.). Im Blick auf Beratung bedeutet dies, dass »das Medium der Verständigung (...) nicht Wahrheit (ist); ihr Ziel ist nicht das Verstehen von Wahrheiten im Sinne ihrer Erkenntnis, sondern Koordination von Meinungen und der sie Äußernden. Meinungen erscheinen somit als soziale Instrumente, als Werkzeuge sozialer Lenkung«. Demnach ist die »Rationalität prudentiellen Denkens ... durch Aussagerationalität abgestützt, d. h. durch assoziative Argumentation, die einen Konsens stützen, jedoch nicht autoritativ festigen kann«. Der Beeinflussungserfolg dieser Art von Kommunikation basiert nicht auf Macht, Herrschaft, Gewalt oder Drohung, sondern auf »Zustimmungsbereitschaft«: »Auf diese nicht auf Gehorsam beruhende Zustimmungsbereitschaft kommt es bei dem dialogischen Charakter an, allerdings nicht idealiter, sondern in Wirklichkeit, sofern die Wirklichkeit der Rede nicht fremdbestimmt ist oder unter Einschränkung der Freiheit steht« (ebd., Sp. 1452 f.).

Mit der *dritten* Perspektive rücken *gesellschaftliche Bedingungen* der Beratung in den Mittelpunkt:

Als eine Grundform der Kommunikation ist Beratung maßgeblich abhängig von der jeweils gegebenen Struktur des Verhältnisses von Individuum und Gesellschaft und unterliegt dementsprechend deren Entwicklungen und Veränderungen. Durch gesellschaftliche Modernisierungsprozesse erhöhen sich einerseits die Freiheitsgrade für Individuen, andererseits nehmen eben dadurch zwangsläufig Orientierungsprobleme zu. Dies gilt nicht nur hinsichtlich des Beratungsbedarfs, der sich kollektiv und individuell ergibt, also gleichsam quantitativ, sondern auch qualitativ hinsichtlich des dafür verfügbaren Wissens sowie in Bezug auf die Formen, zu denen Beratung jeweils sozial kondensiert und so ihre spezifische Gestalt gewinnt. Mit Blick auf moderne Lebensverhältnisse hat Beck in seiner Studie über die »Risikogesellschaft« für den kategorialen Wandel im Verhältnis von Individuum und Gesellschaft den Begriff »Individualisierung« wieder aufgenommen; und Individualisierung bedeutet »Herauslösung aus traditionalen Lebenszusammenhängen« (1986, S. 213). Klasse und Schicht, Familie, Alters-, Geschlechts- und Berufsrollen verlieren ihren prägenden Charakter und »*der oder die einzelne selbst wird zur lebensweltlichen Reproduktionseinheit des Sozialen*« (ebd., S. 209, H.i.O.). Durch diese Entwicklungen werden auch die Lebensläufe aus vorgegebenen Fixierungen gelöst, sie werden offener, damit abhängiger von individuellen Entscheidungen und so gleichsam als Aufgabe in das Handeln jedes einzelnen gelegt. Die sozial vorgegebene wird in eine selbst hergestellte und herzustellende Biographie verwandelt, und die Individuen müssen lernen, sich als Gestalter ihrer Lebensläufe zu begreifen (vgl. ebd., S. 216). Dies gilt auch angesichts gesellschaftlicher Widersprüche (z. B. zwischen Ausbildung und Beschäftigung), die gleichsam in den Individuen stecken bleiben und nun dort biographisch bearbeitet werden müssen (vgl. ebd., S. 218 f.). Damit wächst allerdings auch die belastende Einsicht, dass schwierige Lebenslagen und Krisen nicht mehr vornehmlich als unabänderliche Schicksalsschläge, sondern vor allem auch als Folge falscher oder unterlassener Entscheidungen erfahren werden. Insofern macht es durchaus Sinn, die moderne Gesellschaft als »Beratungsgesellschaft« (vgl. Fuchs/Pankoke 1994; Schützeichel/Brüsemeister 2004) zu charakterisieren.

Die *vierte* Perspektive bezieht sich auf das Verhältnis von *Beratungsbedürfnissen und Beratungsbedarf*:

Diese schlicht anmutende Unterscheidung ist vor allem für die empirische Beratungsforschung von Bedeutung. Der Ausdruck »Beratungsbedürfnis« bezieht sich auf eine individuelle Disposition, da in vielen Fällen unklar ist, ob ein Bedürfnis nach Beratung sich auch durchsetzen kann, angemessen wahrgenommen und am Ende vielleicht auch befriedigt werden wird, anders gesagt: ob wir zum Klienten werden, hängt von zahlreichen Faktoren ab. Demgegenüber bezieht sich der Ausdruck »Beratungsbedarf« auf eine gesellschaftlich erkannte und anerkannte Lage, auf die dementsprechend durch Bereitstellung von Ressourcen reagiert wird (z. B. die Erziehungsberatung). Manchmal dauert es sehr lange, bis sich Beratungsbedürfnisse zu einem Beratungsbedarf verdichten. Und selbst dann bleibt offen, ob für eine ganz bestimmte Frage in einer besonderen sozialen Umgebung (z. B. im ländlichen Raum) überhaupt eine entsprechende Hilfestellung verfügbar ist oder gemacht werden kann. Dass das Internet gerade vor diesem Hintergrund eine ständig wachsende Bedeutung erlangt hat, wird leicht verständlich, werden auf diesem Wege doch Beratungsbedürfnisse öffentlich, an die man in etlichen Fällen kaum je gedacht haben dürfte.

Die *fünfte* Perspektive bezieht sich auf den *institutionellen und organisatorischen Rahmen* einer Beratungssituation:

Manchmal, zum Beispiel unterwegs im Zug, wird aus einem Gespräch zwischen einander unbekannten Reisenden ein Beratungsgespräch. Aber wenn der eine aussteigt, ist diese durch Zufall entstandene Interaktion wieder zu Ende. Institutionen und Organisationen hingegen stellen bestimmte Leistungen auf Dauer und sorgen im sozialen Verkehr primär für Verlässlichkeit und Konstanz. Sie folgen dabei eigenen Regeln und färben bestimmte Beratungssituationen auch dem jeweiligen Zweck der Organisation entsprechend ein (bei der Schwangerschaftskonfliktberatung beispielsweise spielen weltanschauliche Orientierungen eine gewichtige Rolle). Institutionen und Organisationen rahmen mithin solche Situationen und gewinnen dabei – eben als »Rahmen« – eine Bedeutung, die nicht negiert werden kann. Und manchmal (z. B. bei einigen Angeboten der Bundesagentur für Arbeit) kann es dazu kommen, dass der Zweck der Organisation den eigentlichen Beratungsbedürfnissen gar nicht oder kaum entspricht; dann wird Beratung zu einem ideologischen Begriff, dessen Verwendung dementsprechend eine ideologiekritische Analyse verlangt.

Mit der *sechsten* Perspektive werden diejenigen Probleme in den Blick genommen, die dadurch entstehen, dass sich aus einem alltäglichen Sprechakt ein *Beruf* oder gar eine *Profession* entwickeln kann:

Im Alltagsleben ist Beratung ein mitgängiges Phänomen der Kommunikation, dessen wir uns gelegentlich bedienen, wenn eine bestimmte Situation diese Form der Rede erforderlich macht. Insofern kommt Beratung immer dann zur Geltung, wenn im Bekannten- oder Freundeskreis Menschen Lösungen für Probleme oder schwierige Entscheidungen suchen, wir raten dann so gut wir können.

Zudem gibt es eine Reihe von Berufen, in deren Handlungsspektrum zunächst Beratung gleichsam als eine Teilfunktion genuin enthalten ist (z. B. bei Rechtsanwälten, Ärzten, Psychologen, Geistlichen, Pädagogen). Hier wird *auch* beraten, aber der Zweck des Berufes ist nicht allein Beratung. Es kann allerdings sein, dass diese Teilfunktion zur Hauptaufgabe wird, etwa dann, wenn ein Lehrer ausschließlich als Beratungslehrer tätig wird, oder ein Geistlicher ausschließlich in einem kirchlichen Beratungszentrum arbeitet, oder ein Arzt nur für die Beratung bei einem bestimmten medizinischen Problem zuständig ist, oder eine Sozialarbeiterin in einer Erziehungsberatungsstelle arbeitet. Dann wird Beratung zum Beruf, zu einer hauptamtlichen Tätigkeit. Schließlich gibt es Berufe, die »nur« der Beratung in einer bestimmten Hinsicht dienen, z. B. im Falle der Steuerberatung. Die mit der Verberuflichung der Beratung verbundenen Probleme sind äußerst vielschichtig; sie werden daher in einem eigenen Kapitel behandelt (▶ Kap. 2.4).

Durch die *siebte* Perspektive rücken die *Handlungsprobleme und Wissensformen* in den Vordergrund:

Wird nun nach den Handlungsproblemen und Wissensformen der Beratung gefragt, dann rückt damit das operative Problem der Beratung in den Mittelpunkt, also die Rolle des Beraters. Wenn wir für so zahlreiche und verschiedene Sachverhalte denselben Ausdruck verwenden, dann stellt sich in systematischer Hinsicht die Frage, worin die Gemeinsamkeiten des beratenden Handelns eigentlich bestehen. Was muss man können, um wirksam zu beraten, und was muss man dafür wissen? Gibt es in theoretischer Einstellung einen Idealtyp des Beratens, sozusagen eine eigene Grammatik der Beratung, in der die Regeln dieser kommunikativen Form festgelegt sind und denen alle mehr oder weniger folgen, die sich dieser Form bedienen? Lässt sich also, anders formuliert, zumindest in Umrissen eine allgemeine Theorie der Beratung formulieren? Es ist dieser Gesichtspunkt, der die nachfolgenden Abschnitte bestimmt.

Die *achte* und letzte Perspektive bringt die *Wissenschaften* ins Spiel:

Eine eigenständige Beratungswissenschaft gibt es noch nicht, und ob es sie je geben wird, ist eine offene Frage. Zwar finden sich gerade in jüngster Zeit Bemühungen, die in diese Richtung weisen. Wissenschaftliche Disziplinen sind jedoch kein Verein, den man einfach gründen und beim Amtsgericht ins Vereinsregister eintragen lassen kann. Vielmehr handelt es sich um (meist lange Zeiträume umfassende) Entwicklungen im Wissenschaftssystem. Gleichwohl stellt sich die Frage, wo und in welchen Formen über Beratung mit wissenschaftlichen Mitteln reflektiert und geforscht wird. Folgt man einem einschlägigen Handbuch (vgl. Nestmann/Engel/Sickendiek 2004), so werden dort vor allem Psychologie, Pädagogik und Erziehungswissenschaft, Sozialarbeit und Sozialpädagogik, Soziologie, Philosophie, Theologie, Gesundheitswissenschaften und Medizin sowie die Rechts- und Wirtschaftswissenschaften als *Beratungsdiziplinen* aufgeführt. Darüber hinaus unterscheiden die Herausgeber dreizehn eigene *Beratungsansätze*, nämlich psychoanalytische, kognitiv-behavioristische, klientenzentrierte, systemische, integrative, konstruktivistische, kooperative, lebensweltorientierte, gemeindepsychologische, ressourcenorientierte, lösungsorientierte, narrative und feministische. Ob man nun dieser Sichtweise zu folgen bereit ist oder nicht: Zu klären bleibt, auf welche Weise das Phänomen der Beratung im Wissenschaftssystem für Resonanz sorgt, eine Frage, die an einer späteren Stelle ausführlicher behandelt werden wird (▶ Kap. 3.4.3).

Die hier zum Vorschein gebrachte Komplexität soll in den folgenden Abschnitten schrittweise und den hier verfolgten operativen Intentionen gemäß reduziert werden. Dafür ist es erforderlich, zunächst die Situation der Beratung zu beschreiben.

1.3.2 Die Beratungssituation

Wenn man versucht, die Situation der Beratung idealtypisch zu erfassen, also in größtmöglicher Allgemeinheit und ohne die mannigfach denkbaren Variationen und Modifikationen, zeigt sich folgendes:

Damit eine gegebene Situation überhaupt als Beratung aufgefasst und verstanden werden kann, sind zunächst drei Komponenten erforderlich: mindestens zwei Personen, die jeweils komplementäre (also wechselseitig ineinander verschränkte) Rollen einnehmen (Ratsuchender – Ratgeber/Berater – Klient) und ein Problem, für dessen Lösung der Ratsuchende derzeit realiter, d. h. aktional, auf der Handlungsebene also, keine Alternative zur Verfügung hat: er weiß nicht, was er tun soll. Das ist die Ausgangslage, die nun allein mit kommunikativen Mitteln zu bearbeiten versucht wird, im Medium der Sprache: Zwei Personen sprechen über »etwas«. Wie jede Kommunikation ist auch die Beratung demnach triadisch strukturiert, wobei die dritte Komponente, das »Etwas«, das Problem markiert: ohne Problem keine Beratung. Insofern liegt es nahe, den Kern der Beratung im Sinne des Pragmatismus mit dem Schema einer *problemlösenden Handlung* zu erfassen (vgl. dazu Schmitz/Bude/Otto 1989, S. 139 f.). Dieses pragmatische Schema hat folgende Gestalt: Der *Handlungsfluss* eines Akteurs wird unterbrochen, wodurch es zu einer *Handlungshemmung* kommt; sie zwingt den Betroffenen dazu, aus der Einstellung *natürlicher Selbstverständlichkeit* in die Einstellung der *Reflexion* zu wechseln. Als Folge davon ergibt sich ein spezifischer Prozess, der mehrere Stadien durchläuft: Zunächst werden im Rahmen einer *Datensammlung* die bedeutsam erscheinenden Aspekte des Problems erhoben, die sodann einer *Interpretation* unterzogen werden; danach sind in kreativer Variation *Handlungsentwürfe* zu suchen; aus ihnen wird einer ausgewählt, was vom Ratsuchenden eine *definitive Stellungnahme* verlangt, also eine Entscheidung, eben bestimmtes zu tun und anderes zu unterlassen. Dieser Schritt bildet die Voraussetzung dafür, dass es zu einer *Reorganisation des Handlungsflusses* kommen und wieder in die Einstellung *natürlicher Selbstverständlichkeit* zurückgekehrt werden kann. Das folgende Schaubild zeigt diesen Prozess in verdichteter Form.

Aus dieser graphischen Darstellung lassen sich zwei weitere Einsichten gewinnen.

Zum einen kommt in aller Deutlichkeit zum Vorschein, dass als Kern der Beratung ein gleichsam auf mehrere Schultern verteilter, gewissermaßen verdoppelter Reflexionsprozess bestimmt werden kann, der externalisiert wird (die Beteiligten sprechen ja und denken laut über das nach, was ihnen zu dem Problem alles in den Sinn kommt) und somit in Form eines typischen Gesprächsmusters Gestalt gewinnt. Man kann diesen Sachverhalt, wenn man will, in die folgende Formel fassen: **B** (Beratung) = **R** (Reflexion) **x 2** (Personen).

Zum anderen wird noch etwas erkennbar: Dem Schema der Problemlösung ist eine zeitliche Abfolge eingeschrieben. Das kommt zum Vorschein, wenn man den mittleren Teil der Graphik, also die Stufen des Reflexionsprozesses, einmal um 90º dreht und auf einer Zeitachse abbildet. Dann zeigt sich: *Erst* kommt die Sammlung der Daten (all die Gesichtspunkte und Überlegungen, die bei der Lösung eine Rolle spielen könnten), *dann* müssen eben diese in der Interpretation verstanden und gewichtet werden, *bevor* man sich überlegen kann, was konkret zu tun wäre, also Handlungsentwürfe entwickelt; und *schließlich* muss man verbindlich Stellung beziehen, also sich für etwas Bestimmtes entscheiden (und das dann auch wirklich tun). Ob diese Stadien in jedem Fall in dieser Abfolge durchlaufen werden, ist eine andere Frage. In der Praxis der Beratung gibt es natürlich

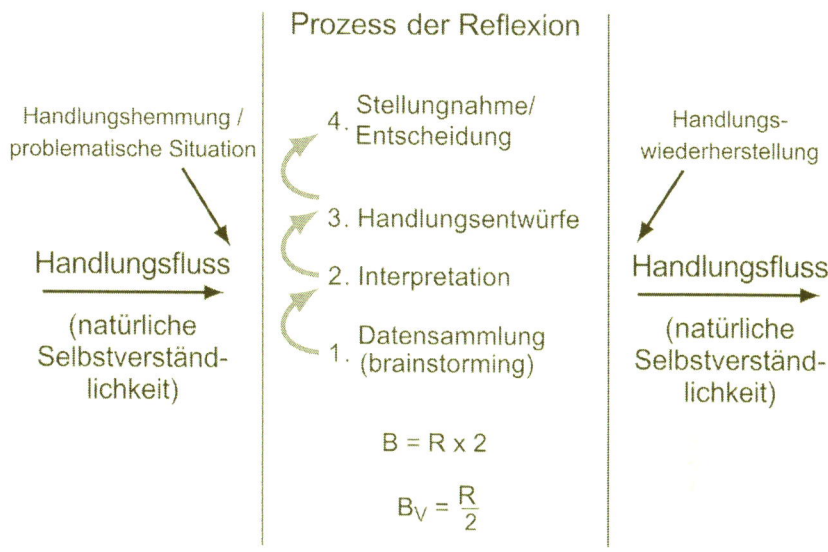

Abb. 8: Beratung als »problemlösende Handlung«

Sprünge und Wiederholungen. Gleichwohl wird dieses basale Schema stets zu erkennen sein. Und das ist der Grund dafür, dass in allen Beratungsansätzen, so unterschiedlich sie auch sein mögen, immer (mehr oder weniger deutlich und mit unterschiedlichen Begriffen belegt) ein Phasenmodell enthalten ist.

Die jeder Beratungssituation eingeschriebene eigentümliche Form der Kommunikation lässt sich präziser bestimmen, indem die beteiligten Akteure und der Dialog, der sich zwischen ihnen entwickelt, betrachtet werden. Aus der komplementären Rollenverteilung (einer ist von Ratlosigkeit betroffen, der andere nicht) ergibt sich als weiteres wesentliches Merkmal eine spezifische *Asymmetrie der Kommunikation.* Denn wie jede soziale Situation folgt auch die Beratung, handlungstheoretisch formuliert, einem verdecktem Skript, einer Art von Drehbuch also, das festlegt und aus dem sich ergibt, wie gesprochen wird (vgl. Schmitz/Bude/Otto 1989, S. 125 ff.). Der Ratsuchende hat hinsichtlich seines Problems ein prinzipielles *Darstellungsrecht,* ja mehr noch, ein *Darstellungsmonopol;* dem entspricht auf der anderen Seite eine Pflicht zum aktiven, empathisch-verstehenden *Zuhören,* aber auch ein die Beraterrolle kennzeichnendes *Frage-und Dialogsteuerungsrecht,* dem wiederum eine eigentümliche Art von *Antwortpflicht* des Klienten gegenübersteht. Das Wechselspiel von Darstellung, Fragen und Nachfragen, Antworten und Erläuterungen führt schließlich zu punktuellen Analysen oder bilanzierenden Zusammenfassungen, Einschätzungen oder Beurteilungen des Beraters, in denen sein *Deutungsmonopol* zur Geltung kommt; dem wiederum entspricht ein prinzipielles *Entscheidungsmonopol* des Klienten: Was er letztlich tun oder wofür er sich am Ende entscheiden wird, das ist allein seine Sache!

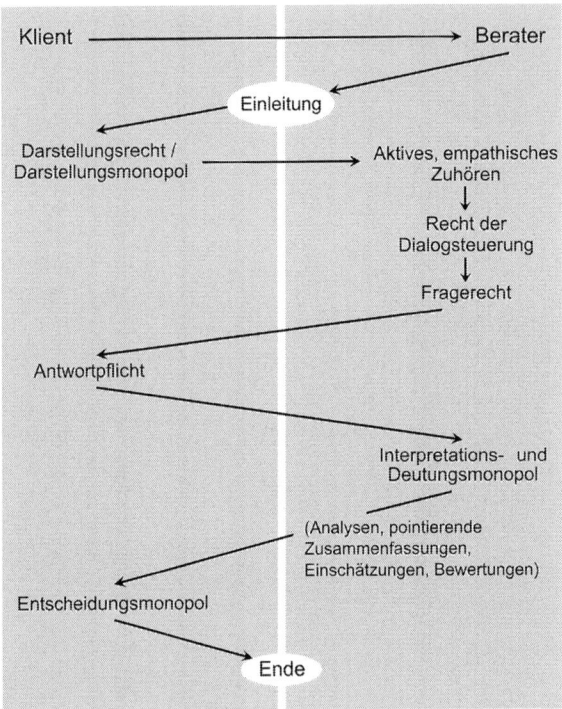

Abb. 9: Das implizite Skript der Beratung

Beide Akteure, Ratsuchender wie Ratgeber, handeln als autonome Subjekte. Die Autonomie des Ratsuchenden ist allerdings, durch das Problem bedingt, situativ partiell eingeschränkt; sie stellt sich jedoch am Ende, dann also, wenn entschieden und gehandelt werden muss, wieder vollständig her. Insofern liegt »das entscheidende Problem für die Inszenierung der Beratung … in dem Umgang mit der lebenspraktischen Autonomie des Ratsuchenden« (ebd., S. 124). Dieser Gesichtspunkt weist zudem darauf hin, dass Klient nur sein kann, wer prinzipiell als uneingeschränkt handlungsfähig gilt, also autonom über das verfügen kann, was sich am Ende einer Beratung als Lösung oder Entscheidung ergibt. Das *Autonomiegebot* der Beratung verlangt darüber hinaus, dass Klienten sich ohne jeden Zwang, also ohne Einschränkung ihrer Freiheit, in eine Beratungssituation begeben (und sie auch zu jedem Zeitpunkt aus freien Stücken sanktionsfrei wieder verlassen können). Anders gesagt: Zur Beratung kann man keinen zwingen. Allenfalls kann man ihn verpflichten, eine solche besondere Situation aufzusuchen. Was dann allerdings geschieht, lässt sich durch Zwang nicht bestimmen (die Praxis der Schwangerschaftskonfliktberatung wäre hierfür ein instruktives Beispiel). Deswegen kann es zwar Beratung in Zwangskontexten geben, zum Beispiel im Gefängnis, nie aber erzwungene Beratung. Denn Klienten müssen *beratbar* sein, also prinzipiell zustimmungsbereit. Und sie müssen schließlich über das für diese Form der Kommunikation notwendige Sprach- und Reflexionsvermögen verfügen (was zum Beispiel die Beratungsarbeit mit Migranten häufig sehr erschwert oder unmöglich macht).

Der Beratbarkeit eines möglichen Klienten steht die Beratungswilligkeit und Beratungsfähigkeit des Beraters gegenüber. Wie immer man seine Kompetenzen auch im Einzelnen beschreiben mag, das wesentliche Merkmal dieser besonderen Rolle ist *Nicht-Betroffenheit*; der Berater darf nicht Teil des Problems sein, um das es geht, sonst kann er nicht zu einem Element der Lösung werden. Nur so ist es möglich, dass er sein Potential ungehindert entfalten, es dem gemeinsamen Reflexionsprozess zur Verfügung stellen und damit dem Ratsuchenden nützlich sein kann.

1.3.3 Problemtypen und Formen des Zeigens

Was gibt es nicht alles für Probleme! Schon zu Beginn dieses Abschnittes ist darauf hingewiesen worden, dass angesichts des Orientierungsbedarfs in modernen Gesellschaften fast alles zu einem Problem werden kann. Allein ein Blick auf die zahlreichen Beratungsangebote jeder größeren Stadt veranschaulicht dies. Damit stellt sich nun die Frage, wie diese schillernde Vielfalt systematisch zu erfassen ist? Wenn Beratung wirklich eine Grundform der Kommunikation darstellt, dann kann sie sich ja nicht mit jedem Thema oder jedem Problem völlig verändern, sondern muss, als Grundform eben, erkennbar bleiben.

Beratung ist eine kommunikative Praxis und als solche kann in ihr ausschließlich all das zu einem Problem werden, was allein mit *kommunikativen Mitteln* in diesem sozialen Inszenierungsformat vernünftig bearbeitet und einer Lösung nähergebracht werden kann. Diese Eingrenzung ist zum Beispiel für den Bereich der »Sozialen Arbeit« von besonderer Bedeutung, gibt es dort doch auch vielfältige Hilfeformen, die direkt in die Lebenswelt von Klienten eingreifen, also Probleme auf nicht-kommunikative Weise zu lösen versuchen. Einerseits liegt in der Beschränkung auf Kommunikation eine deutliche Grenze der Beratung. Andererseits ist damit gleichwohl eine Vielfältigkeit gegeben, die weiter reduziert werden muss.

Probleme können, davon soll hier ausgegangen werden, in zwei Kategorien eingeteilt werden:

Die *erste* Gruppe soll mit dem Ausdruck »*Sachprobleme*« bezeichnet werden. Dieser Typ von Problemen beruht vor allem auf falschen oder fehlenden Informationen und unzureichendem Wissen. Für diese Probleme ist aber *objektives Wissen* vorhanden. Es kommt demnach darauf an, dieses Wissen dem Ratsuchenden verfügbar zu machen. Werden diese (Wissens-) Defizite durch eine bessere Sachkenntnis des Beraters dadurch ausgeglichen, dass mehrere Möglichkeiten vorgeführt und so gegeneinander abgewogen werden, dass sich im Ratsuchenden eine Einsicht in die für eine Empfehlung sprechenden Gründe ergibt, dann kann in der Regel danach entschieden und gehandelt werden. Zwei einfache Beispiele mögen diesen Typus veranschaulichen:

Vielleicht haben Sie ein neues schickes Smartphone erworben, verstehen aber viele Funktionen nicht und können bestimmte Anwendungen daher nicht ausführen. Dann fragen Sie in Ihrem Freundeskreis jemanden, der sich damit gut auskennt, einen echten ›handy-freak‹ vielleicht. Der setzt sich mit Ihnen zusammen, nimmt das Gerät in die Hand (möglicherweise liegt die schwer verständliche Gebrauchsanweisung daneben) und *zeigt* Ihnen, was Sie bisher nicht verstanden hatten und daher nicht ausführen konnten. Nachdem er das ausführlich erläutert hat, fordert er Sie auf, es nun selbst einmal zu versuchen, und siehe da, es funktioniert, Sie können jetzt das, was sie vorher nicht konnten. Oder, ein anderes Beispiel, Sie haben ein Problem mit Ihren Zähnen. Der Zahnarzt untersucht die Sache, stellt fest, was das Problem ist und erläutert und *zeigt* Ihnen dann, was man tun könnte: Zahn ziehen oder neu füllen oder vielleicht eine Krone oder Brücke einbauen oder auch gleich einen neuen Zahn implantieren. Neben dem Behandlungsstuhl liegen vielleicht kleine Modelle, an denen ersichtlich ist, was genau gemacht werden könnte; es gibt aufwendige Lösungen oder weniger aufwendige, verschiedene Materialien, unterschiedlich eingefärbt (wegen des kosmetischen Eindrucks) oder auch unterschiedlich haltbar, sicherlich auch unterschiedlich teuer. Nachdem Sie sich alle Möglichkeiten angeschaut und in Ruhe überlegt haben, was für Sie vermutlich das Beste sein dürfte, entscheiden Sie sich, und der Arzt schreitet zur Tat.

Wie hieran zu sehen ist, kommt das Zeigen bei dieser Form der Beratung auf ganz bestimmte Weise zum Vorschein und zur Geltung. *Sachprobleme*, so war gesagt worden, beruhen zumeist auf fehlenden oder falschen Informationen oder unzureichendem Wissen. Daher müssen dem Ratsuchenden objektive Sachverhalte so gezeigt werden, dass er sich entscheiden und das Problem lösen kann. Es ist also etwas unmittelbar nicht Gegebenes so vor Augen zu führen, dass buchstäblich »Ein-sicht« gewonnen werden kann, d.h. dass ein Sachverhalt in seinen sachlich-logischen Verknüpfungen transparent, erklärbar und damit begründbar erscheint. Im Hinblick auf Sachprobleme richtet sich in Beratungen das Zeigen dem signifikanten Lernen im Modus der *Darstellung*, also repräsentativ, entgegen, wobei das, worum es geht, wiederum auf verschiedene Weisen artikuliert werden kann (z.B. narrativ, indem erzählt wird, oder bildhaft, indem eine Graphik oder ein Video erläuternd betrachtet wird usw.). Kurz gesagt: Der Ratsuchende *lässt sich* gleichsam *unterrichten*. Anders aber als in der Schule geht es hier nicht darum, in allgemeiner Weise (reproduzierbare) Kenntnisse zu erwerben, sondern die Darstellung bleibt stets auf die spezifische biographische Situation und die anstehende Entscheidung bezogen. Kurzum: Im Hinblick auf *Sachprobleme* wird in Beratungen also *repräsentativ-entscheidungszentriert* gezeigt.

Die *zweite* Gruppe soll mit dem Ausdruck »*Lebensprobleme*« bezeichnet werden. Hierbei gibt es, unabhängig von deren möglicher Vielfalt, ihrer Schwere und der existentiellen Intensität und Dramatik, die sie annehmen können, ein gemeinsames Merkmal: für sie gibt es keine objektivierbar-sachgebundenen Lösungen, sondern nur solche, die in jedem Einzelfall individuell selbstreflexiv errungen werden müssen (z.B. im Falle eines Trennungskonfliktes, bei Problemen der Berufswahl oder der Entscheidung für ein bestimmtes Hobby). Für diesen Typus von Problemen ist weder objektives Wissen verfügbar noch gibt es hierfür eine allgemeingültige Lösung. Allein im *subjektiven Wissen* liegt in einem solchen Fall die Möglichkeit, das Problem zu lösen. Aber was macht beispielsweise im Falle eines Trennungskonfliktes ein professioneller Berater mit seiner Klientin oder seinem Klienten, was »zeigt« er, oder, anders gesagt, wie zeigt sich das Zeigen in einem solchen Fall? Es gibt ja keine »Enzyklopädie der Trennungskonflikte«, in der alle möglichen Fälle tabellarisch aufgeführt wären, so dass man nur bestimmte Daten des Klienten einzugeben bräuchte, um dann zu sehen, welche Lösung dabei herauskommt und die man dann mitteilte. Die Lösung lässt sich allein, dem Autonomiegebot entsprechend, im Klienten selbst finden. Beratung wird in diesem Fall zu einer Komponente der Selbst-Findung. Demnach muss hier anderes und anders gezeigt werden, nämlich Aspekte des Problems und der Person, die dem Ratsuchenden selbst momentan nicht zugänglich sind oder denen gemäß, wären sie erkannt, er sich nicht zu verhalten vermag. Sind also *Lebensprobleme* Gegenstand der Beratung, kommt dem signifikanten Lernen das *Zeigen als Reflexion, also primär spiegelnd*, entgegen. Das Selbst des Ratsuchenden zeigt sich durch die Spiegelung des Beraters und vergegenwärtigt sich in ihr; so können die gespiegelten Selbstanteile Gegenstand des gemeinsamen Reflexionsprozesses und damit dann auf andere und zumeist neue Weise in das Selbstbild des Ratsuchenden integriert werden. Denn da das Selbst sich selbst nie vollständig zu sehen vermag, ist es auf die Spiegelerfahrung durch andere angewiesen, um sich zum Vorschein bringen zu können. Nur durch andere, in der leibhaftigen Beziehung mit ihnen, kommt es vollständig zur Geltung. Durch reflexives Zeigen aber kann Unsichtbares sichtbar werden und der Aufweis von Möglichkeiten ohne Verpflichtungscharakter erfolgen. Signifikantes Lernen ist daher ohne spiegelndes Alter Ego unmöglich, da dem Selbst wesentliche Aspekte seiner Struktur, die für die Lösung oder Bewältigung eines Lebensproblems unbedingt notwendig sind, sonst verborgen bleiben würden.

Das folgende Schaubild zeigt den hier vorgeführten Gedankengang noch einmal auf andere Weise.

Wie aus dem Schema ersichtlich wird, bestimmt der Typ des Problems die Form des Zeigens. Und es ist nicht verwunderlich, dass bei Sachproblemen Beratung eine Form des Unterrichts, genauer gesagt, eine Form des Unterrichtet-Werdens, annimmt. Man kann sich das leicht mit dem bereits mehrfach verwendeten Schema des »Didaktischen Dreiecks« klarmachen, das in diesem Fall gewissermaßen voll entfaltet ist. Gleichwohl wird damit Beratung nicht zum Schulunterricht. Der entscheidende Unterschied hierzu liegt in der auf besondere Weise biographisch bestimmten Situation, was im übernächsten Abschnitt genauer erläutert werden wird (▶ Kap. 1.3.5).

Bei Lebensproblemen hingegen, auf die reflexiv-zeigend Einfluss zu gewinnen versucht wird, sieht es anders aus, weil eben das Problem näher an die Person des Klienten heranrückt und sogar teilweise Besitz von ihm ergreift. In diesem Fall wird das Didaktische Dreieck sozusagen gestaucht und gewinnt eine gleichsam spitzwinklige Gestalt. Als reflexives Zeigen richtet sich das Beraten hierbei vor allem auf die Art und Weise, wie ein Klient über dieses Problem nachdenkt. Dadurch gerät diese Form der Beratung zumindest dem Anschein nach zwangsläufig in die Nähe psychotherapeutischen Handelns, aber sie wird dadurch

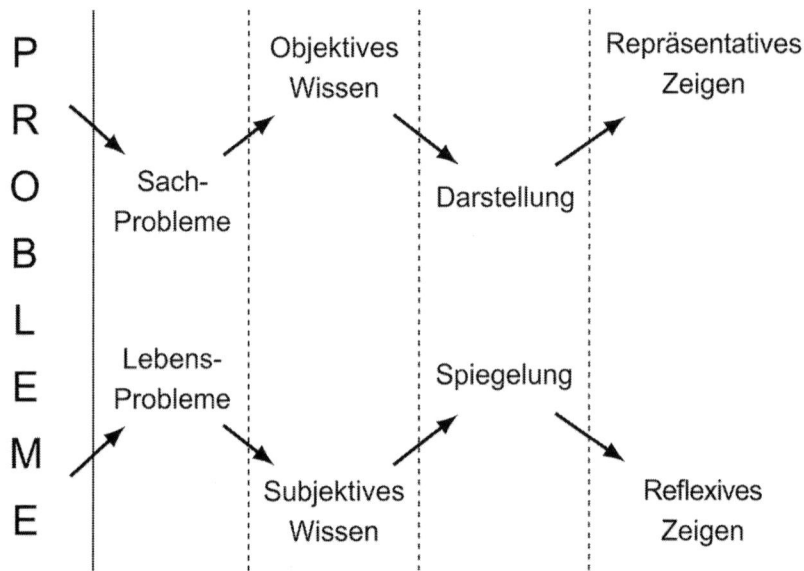

Abb. 10: Problemtypen und Formen des Zeigens

(noch) nicht zur Psychotherapie. Denn nur dann, wenn bei Lebensproblemen die Handlungsfähigkeit von Klienten nicht über Gebühr beeinträchtigt ist, sind sie beratbar. Wie diese Zusammenhänge im Einzelnen zu denken und zu erklären sind, wird im nächsten Abschnitt dargestellt (▶ Kap. 1.4.4).

In der Praxis werden sich viele Fälle diesen beiden Kategorien eindeutig zuordnen lassen. Aber es gibt natürlich auch (den gar nicht so seltenen) Fall, dass Lebensproblem und Sachproblem miteinander verbunden, vielleicht sogar verquickt und womöglich unentwirrbar ineinander verschlungen zu sein scheinen, denkt man nur an das Problem von Unterhalt und Besuchsregelungen im Falle von Scheidungen. Hierbei oszilliert das Beraten dann gewissermaßen zwischen dem repräsentativen und dem reflexiven Zeigen und wandert gleichsam solange zwischen beiden Polen hin und her, bis eine Lösung gefunden ist.[12] Die folgende Abbildung stellt die beiden Zeigeformen noch einmal auf andere Weise einander gegenüber:

Wie jede Kommunikation ist auch Beratung in Affekte und Emotionen eingebettet. Dieser Gesichtspunkt, der bisher ausgeklammert worden ist, steht im folgenden Abschnitt im Mittelpunkt.

---

[12] In dieser Oszillierung zwischen den beiden Zeigeformen liegt vermutlich das entscheidende Merkmal von *Mediation*, die durchaus als eine Sub-Form der Beratung verstanden werden kann (vgl. dazu Glenewinkel/Kraft 2017).

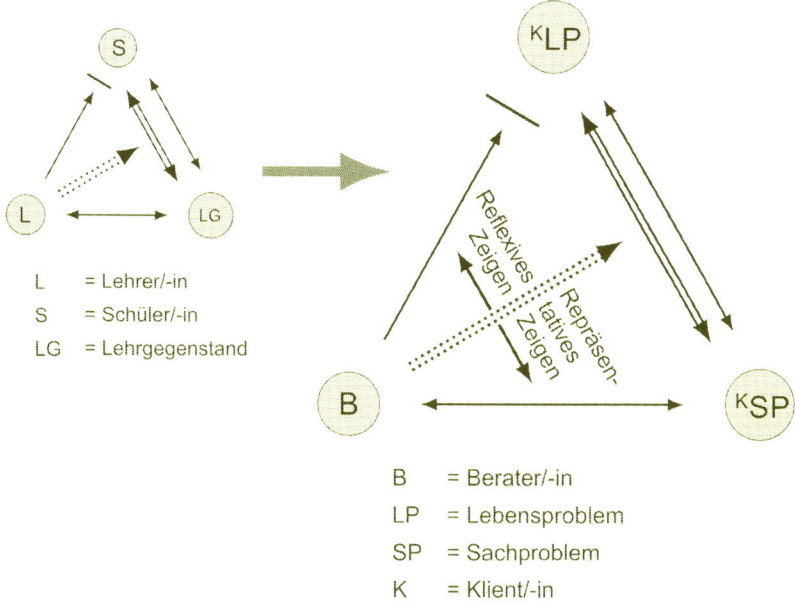

L = Lehrer/-in
S = Schüler/-in
LG = Lehrgegenstand

B = Berater/-in
LP = Lebensproblem
SP = Sachproblem
K = Klient/-in

Abb. 11: Die Zeigestruktur der Beratung

1.3.4 Beratung und Emotion

Ratlosigkeit ist, wie jeder weiß, kein angenehmer Zustand. Wenn in einem bestimmten Lebensbereich oder in Hinsicht auf ein besonderes Problem »natürliche Selbstverständlichkeit« nicht mehr gegeben ist, macht sich Verunsicherung breit: man ist irritiert, die Gedanken kreisen immer wieder um dieselbe Frage, man sucht nach Lösungen, erwägt jenen Schritt und verwirft einen anderen, spielt mögliche Szenen durch, überlegt, wer einem helfen oder wen man fragen könnte, schiebt Gedanken oder Befürchtungen, die sich aufdrängen, beiseite oder versucht es zumindest, phantasiert sich in angenehmere Zustände, und in der Regel dauert es eine Weile, bis andere von diesen inneren Prozessen erfahren oder in sie eingeweiht werden. Kurzum: das Rat suchende weil ratlose Selbst ist von Gefühlen der Verunsicherung bestimmt. Je nach dem, worum es geht, können diese Gefühle mehr oder weniger stark sein, sie variieren, anders gesagt, mit dem Typ des Problems. Es macht einen Unterschied, ob man sich damit beschäftigt, ein neues Handy oder ein neues Fahrrad zu erwerben, ob man wirklich mit dieser Gruppe in die Ferien fahren möchte, ob es nicht besser wäre, das Studienfach zu wechseln, ob diese langjährig durchgehaltene Beziehung wirklich auf Dauer tragfähig ist und den eigenen Bedürfnissen entspricht oder auch was man tun sollte, wenn sich diese unheilvolle medizinische Diagnose, von der unlängst die Rede war, wirklich erhärtete. Emotionen haben die Funktion, unmittelbar, ohne großes Nachdenken, in der Realität zu orientieren, und deswegen ist es kein Wunder, dass ihnen gerade in Beratungen ein besonderer Stellenwert zukommt.

Aus diesem Grund wird in allen theoretischen Konzepten gerade dem umsichtigen Umgang mit der emotionalen Dimension des Beratungsgeschehens besondere Beachtung geschenkt (vgl. z. B. Fuhr 2003). Hierfür lassen sich zwei Gründe anführen: Zum einen, denkt man an die oben eingeführte Kategorie der *Sachprobleme*, erzeugen problematische Situationen mit der damit einhergehenden (faktisch gegebenen und/oder innerpsychisch erlebten) Einschränkung der Handlungsfreiheit kognitive Dissonanz, verunsichern dadurch in emotionaler Hinsicht das von Ratlosigkeit heimgesuchte Selbst und können so seine Kohärenz mehr oder weniger stark bedrohen. Aus diesem Grund sind akzeptierende, empathisch-verstehende und unterstützend-beruhigende Formen der beraterischen Intervention notwendige Bedingungen dafür, dass der Beratungsprozess überhaupt voranschreiten kann und sich produktiv zu entwickeln vermag. Denn nur dann, wenn Ratsuchende ein Gefühl der Sicherheit erleben, können sie ihre Denkfähigkeiten ungehindert entfalten und für den Reflexionsprozess nutzbar machen.

Zum anderen, und das gilt vor allem für die Kategorie der *Lebensprobleme*, sind problematische Situationen häufig durch emotionale Schwierigkeiten, durch bestimmte Gefühle also, verursacht. Gefühle und starke Affekte können die kognitiven Fähigkeiten auf spezifische Weise beeinflussen, sie gleichsam »einfärben«: Trauer, Wut, Hass, Ärger, Freude oder Liebe hinterlassen im Denkprozess selbst eigentümliche Spuren und können ihn auf je spezifische Weise verzerren. Luc Ciompi hat hierfür den Begriff der *Affektlogik* geprägt und diese Phänomene in zahlreichen Studien untersucht (vgl. z. B. Ciompi 1997). Solange diese Affekte verschlossen oder eingekapselt bleiben, behindern sie den Reflexionsprozess und erschweren damit die Problemlösung. Das Denken hiervon zu befreien oder gleichsam zu reinigen, ist der Sinn *kathartischer* Interventionen, von denen John Heron (2001) spricht.

Vermutlich sind es gerade diese emotionalen Aspekte der Beratung, die dazu führen, die Unterschiede zwischen therapeutischen und beraterischen Handlungsformen zu verwischen, so dass der Eindruck entsteht, es handele sich eigentlich um dieselbe Sache. Und vielfach wird ja sogar von »Beratung« als »kleiner Psychotherapie« gesprochen, wie ohnehin zahlreiche Beratungskonzepte als Anwendungen psychotherapeutischer Modelle verstanden werden (denkt man z. B. an das Konzept der »Personenzentrierten Beratung«, das unmittelbar auf Annahmen der »Klientenzentrierten Gesprächspsychotherapie« aufbaut). Dass es Grauzonen und Übergangsbereiche gibt, soll hier nicht bestritten werden. Wenn man sich aber primär für die Differenz der Handlungsformen interessiert und diese in idealtypischer Weise zum Vorschein zu bringen versucht, dann erweist sich nicht zuletzt die emotionale Dimension der Beratung als ein zentrales Kriterium der Unterscheidung (die hiermit verbundenen Fragen werden an späterer Stelle ausführlicher behandelt (▶ Kap. 1.4.4).

Dem hier zugrunde gelegten Modell entsprechend ist für jede Beratungssituation ein rationaler Kern wesentlich, in dem sich das Problem einer möglichen Entscheidung verdichtet: was soll man tun? Und die Beratungsinteraktion hat den Zweck, dazu beizutragen, genau diese Frage so zu beantworten, dass neu entschieden und anders gehandelt werden kann als vorher. Damit dies mit Aussicht auf einigen Erfolg vernünftig bearbeitet werden kann, darf die Handlungsfähigkeit des Klienten nur maßvoll und nicht über Gebühr beeinträchtigt sein. Nur dann kann die Beratung alle drei Ebenen des Lernens mit einbeziehen, nämlich das rational-kognitive, das emotionale und das aktionale Lernen (vgl. Dietrich 1983, S. 80 ff.), weil alle drei sowohl für die Entstehung eines Problems als auch für dessen Bearbeitung von Bedeutung sind oder, zumindest der Möglichkeit nach, sein können: Man weiß z. B. sehr genau, was zu tun wäre (rational-kognitiv), aber man tut es nicht (aktional), vielleicht weil man sich irgendwie unsicher fühlt (emotional). Auf allen drei Ebenen nach Spielräumen zu suchen, ist ein wesentliches Merkmal der Beratung. Die emotionalen Aspekte eines Problems stehen also aus dieser Perspektive nicht als solche im Mittelpunkt, sondern nur jeweils dann für eine gewisse Zeit im Vordergrund der Beratungsinteraktion, wenn sie die Suche nach Lösungen auf den anderen beiden Ebenen nachhaltig einengen, sie behindern und blockieren. Lassen sich diese emotional bedingten Blockaden mit beraterischen Mitteln nicht auflösen, dann, so der schlichte Schluss, ist vermutlich eine andere Handlungsform angezeigt, buchstäblich gesprochen also not-wendig.

1.3.5 Beratung und Erziehung

Als »flexible response« der Evolution ist Erziehung der kulturell fundierte und sozial eingebettete institutionalisierte Mechanismus, um langfristig und stetig auf das Lernen der Heranwachsenden Einfluss zu nehmen. Der Mechanismus der Beratung hingegen ist situativ bedingt, damit auf vergleichsweise kurzfristige Einflussnahme ausgerichtet und somit eher eine unstetige Handlungsform. Während Erziehung auf die Entwicklung und Herausbildung von Autonomie abzielt, setzt Beratung die Autonomie des Handelnden voraus. Trotz der offensichtlichen Unterschiedlichkeit stehen beide Mechanismen in einem Zusammenhang, der erst bei genauerem Hinsehen zum Vorschein kommt.

Als *erstes* fällt auf, dass Beratungssituationen gleichsam als »*Umkehrung*« typischer Erziehungssituationen verstanden werden können. Denn sie haben in dem Sinne Ernstcharakter, als nicht Fähigkeiten, Kenntnisse oder Wissensbestände erworben werden, die irgendwann einmal (oder auch gar nicht) von Nutzen sind, sondern weil in ihnen etwas gelernt werden *muss*, das für den eigenen Lebensentwurf oder die eigene Lebensgestaltung *unmittelbar* gebraucht wird oder notwendig ist: es muss *jetzt* etwas ganz Bestimmtes auf lernende Weise bewältigt werden. Deswegen sind Beratungssituationen im Sinne des Lebensweltkonzeptes von Schütz/Luckmann in besonderer Weise »autobiographisch bestimmt« (1979, S.86). Daher ist dieses Lernen, graduell abgestuft, von existentieller Bedeutung. Carl Rogers hat hierfür den Begriff des »signifikanten Lernens« geprägt: »Es beinhaltet eine persönliche Beteiligung – die Gesamtperson ist mit ihren Empfindungen und kognitiven Aspekten Teil des Lernerlebnisses. Es ist selbstinitiiert ... (und) allumfassend. Es beeinflusst das Verhalten, die Einstellung, unter Umständen sogar die Persönlichkeit des Lernenden ... Er weiß, ob es seinen Bedürfnissen entspricht, ob es das bringt, was er wissen möchte. Der Ort der Bewertung ... liegt eindeutig im Lernenden« (1984, S. 22 f.). Signifikantes Lernen ist demnach ein biographisch hoch verdichtetes Lernen, das durch spezifische Fragen oder Probleme situativ motiviert wird. Auch aus diesem Grund sind, abgesehen von knapper Zeit und unmittelbarem Handlungsdruck, viele Formen, die z.B. dem familialen und schulischen Lernen zur Verfügung stehen, in Beratungssituationen gar nicht denkbar: die Bewältigung eines Schwangerschaftskonfliktes, der Umgang mit einer Trennungssituation oder dem Tod eines nahen Angehörigen, die Entscheidung für eine bestimmte Ausbildung, der Wechsel des Wohnortes, der Verlust des Arbeitsplatzes oder die Bewältigung von schweren Erkrankungen lassen sich weder vorher angemessen darstellen und üben noch spielerisch wiederholen oder gar zensieren. Kurzum: In der Situation der Beratung ist das Lernen eines Ratsuchenden prinzipiell selbstbestimmt, die Lernaufgabe im ursprünglichen Sinne curricular, also für den eigenen Lebenslauf von direkter Bedeutung (vgl. Loch 1979a, S. 15).

Zweitens ist zu erkennen, dass diese eigentümliche »Umkehrung« auch hinsichtlich des Zeigens zur Geltung kommt. Denn der Zeigestruktur der Beratung ist die Zeigestruktur der Erziehung mit gleichsam umgekehrten Vorzeichen eingeschrieben und kommt daher mit vertauschten Rollen in ihr zur Geltung: Der Ratsuchende wählt nämlich die für sein (jetzt: signifikantes) Lernen als hilfreich erachteten Berater selbst aus, er bestimmt die Themen, den Zeitpunkt, den Verlauf, die Dauer und bewertet das Ergebnis. Andererseits aber bleibt sie in der schon bekannten Form bestehen. Nur der Rahmen der Situation wird dabei um seine Achse gedreht, so dass es den Anschein hat, als stünde nun die Erziehung als Form gleichsam auf dem Kopf. Dieser Eindruck trügt nicht, sondern ist durchaus zutreffend: Denn, um im Bild zu bleiben, es ist der Kopf des Ratsuchenden, der nun darüber entscheidet, was geschehen soll. Insofern ist Beratung ein Modus der Selbsterziehung. Deswegen setzt »sich-beraten-lassen-können« im Grunde genommen »erzogen-sein« voraus. Beratbar ist nur, wer erzogen ist, denn die Formen des Zeigens müssen im kontinuierlichen Prozess der Erziehung zuvor gelernt und internalisiert worden sein, damit man sich derer dann für die Vertretung seiner eigenen Belange, bei der Bewältigung von Sach- und Lebensproblemen, autonom bedienen kann. »Beratbarkeit« bedeutet in diesem Sinne also auch, in bestimmten Situationen, die selbständig nicht zu bewältigen sind, sich etwas zeigen lassen zu können.[13]

---

13 Die Art und Weise, wie Berater mit ihren Klienten sprechen und auf deren Einstellungen und Handeln Einfluss zu gewinnen versuchen, ist nicht völlig neu und von gänzlich unbekannter Art, sondern knüpft, wie in einer Reprise, an pädagogische Formen der Kommunikation an, die aus vergangenen Lebensaltern der Erziehungsbedürftigkeit bereits, mehr oder weniger erkennbar, bekannt und vertraut sind. Dieser elementare Zusammenhang von Beratung und Erziehung kommt, wie ich an anderer Stelle (vgl. Kraft 2008b). vorgeführt habe, auch in solchen Interventionskonzepten zum Vorschein, die sich nicht der Zeigetheorie bedienen, sondern eher psychologische Theoreme verwenden, wie z.B. John Heron (2001) in seinem Buch »Helping the client«.

Diese Fähigkeit aber, das wäre ein *dritter* Aspekt, muss zuvor erlernt werden. Denn als eine Grundform der Kommunikation muss Beratung im Prozess der Sozialisation und in Erziehungsprozessen eingeübt worden sein, damit man dann, wenn man ihrer bedarf, darauf zurückgreifen kann. Deswegen kommt Beratung im Kontext der Erziehung als ein transitorisches Phänomen zur Geltung. Es tritt in dem Maße in den Vordergrund des Geschehens, wie Zuerziehende in ihrer Entwicklung Fähigkeiten ausbilden, die es ihnen ermöglichen, als Ratsuchende aufzutreten, weil sie lernen sollen, über das, worum es geht, im Zuge wachsender Handlungsspielräume selbständig zu entscheiden. Das geschieht in unzähligen kleinen Szenen des Alltags der Erziehung, z. B. »Ich weiss nicht, was ich spielen soll?« Solch eine Frage, ein altersgemäß »kleines« Lebensproblem also, kann als ein »proto-konsultatives« Phänomen verstanden werden, eine Situation »wie eine Beratung«, in der spielerisch, wiewohl von kindlichem Ernst motiviert, in eben diese Grundform eingeführt wird. Die zunächst eingeräumte Freiheit der kleinen Ratsuchenden kommt allerdings unverzüglich dann an eine Grenze, wenn Erziehungspersonen mit dem Ergebnis solcher »protokonsultativen« Prozesse, aus welchen Gründen auch immer, nicht einverstanden sein können. Dann entscheiden die Erwachsenen, greifen ein oder bestimmen, was getan werden soll. Daran sieht man: das eben ist Erziehung, keine Beratung. Demnach gibt es zwar Beratungsprozesse mit Kindern (z. B. auch am »Sorgentelefon«), nicht aber Kinder-Beratung. Der alltägliche Sprachgebrauch bringt schließlich den spezifischen Übergangscharakter der Beratung insofern deutlich zum Vorschein, als Heranwachsenden zunächst sukzessive eingeräumt wird, über etwas eigenständig entscheiden zu *dürfen*, bevor sie es nach Erreichen der Mündigkeitsgrenze tatsächlich eigenverantwortlich können und/oder müssen. Vornehmlich ist es das Jugendalter, das durch Übergänge dieser Art gekennzeichnet ist, eine Zeit, die das Ende der Erziehung ebenso einläutet wie sie die Formen der Beratung in den Vordergrund rückt.

Viertens schließlich zeigt sich in gesellschaftlicher Hinsicht, dass Erziehung und Beratung, stetige wie unstetige Formen, gleichsam wie kommunizierende Röhren miteinander verbunden sind. In der Fähigkeit, sich beraten zu lassen, kommt, so war gesagt worden, die Erziehung, die man genossen hat, in ihrem habituellen Modus (als »Erzogenheit«) zur Geltung. Gerade diese Fähigkeit ist in modernen Gesellschaften von besonderer Bedeutung, weil in ihnen der Mündigkeitstermin nicht mehr eindeutig bestimmt wird und festgelegt ist, sondern sich in eine Vielzahl rollenspezifischer Mündigkeitstermine ausdifferenziert (vgl. Loch, a. a. O., S. 30). Dieser Umstand konfrontiert den »homo discens« in der Moderne mit zahlreichen widersprüchlichen Erfahrungen, spezifischen Spannungen, Konflikten und Orientierungsproblemen, die in Gestalt von Lernzwängen zu bewältigen ihm zugemutet wird. Anders gesagt: das, was im Rahmen von Erziehung gelernt wurde, reicht vielfach nicht mehr für die gesamte Lebensspanne aus, es muss ständig neu-, um- und dazugelernt werden. Je früher die Erziehung heute an ein wie auch immer geartetes Ende gelangt – also je unsteter die stetigen Formen der Erziehung werden –, desto mehr sind wir auf Beratung angewiesen und desto umfangreicher all jene Themen und Fragen, die in spezifischen Beratungen bearbeitet werden. Dem entspricht als gleichsam disziplinärer Reflex eine Erziehungswissenschaft, deren Ausdifferenzierung in vielfältige Pädagogiken sich über die gesamte Lebensspanne erstreckt und fast alle Bereiche des sozialen Lebens erfasst. Und deswegen ist es nicht verwunderlich, sondern macht Sinn, dass Beratung als einer Form pädagogischen Handelns in vielen pädagogischen Praxisfeldern gegenwärtig eine herausragende Bedeutung zukommt.

1.4 Die Zeigestruktur der Psychotherapie

Nachdem in den vorangegangenen Abschnitten die Zeigestrukturen von »Erziehung« und »Beratung« aufgewiesen worden sind, steht nun die »Psychotherapie« als Handlungsform im Mittelpunkt. Damit wird zugleich eine definitorische Grenze überschritten, denn »Therapie« ist »Krankenbehandlung« (▶ Kap. 1.4.1). Um angesichts der Vielzahl hierzu vorliegender Theorien, Modelle und Ansätze den Überblick nicht zu verlieren, soll für die Zwecke dieser Darstellung einer allgemein akzeptierten Unterscheidung gefolgt werden. Denn die Vielzahl psychotherapeutischer Behandlungsansätze lässt sich in zwei große Gruppen unterteilen: der *behavioralen* Grundorientierung (▶ Kap. 1.4.2) einerseits, und der *tiefenpsychologisch-psychodynamischen* Grundorientierung (▶ Kap. 1.4.3) andererseits. Die Darstellung folgt dabei dem gleichen Muster: Zunächst geht es darum, in einem ersten Schritt die jeweilige Grundorientierung in ihren wesentlichen Annahmen darzustellen, bevor die dafür typischen Zeigestrukturen zum Vorschein gebracht werden können (▶ Kap. 1.4.2.1 und (▶ Kap. 1.4.3.1). Auf dieser Grundlage lassen sich danach in vergleichender Perspektive Bezüge zu den beiden anderen Handlungsformen herstellen: zunächst geht es um »Psychotherapie und Beratung« (▶ Kap. 1.4.4), dann um »Psychotherapie und Erziehung« (▶ Kap. 1.4.5).

1.4.1 Psychotherapie als »Behandlung«

Fast alle Menschen werden erzogen, fast alle können im alltäglichen Umgang einen Rat geben und auf einen Rat hören, viele Menschen nehmen professionelle Beratungsangebote auf allen nur erdenklichen Gebieten und in mannigfachen Formen in Anspruch, aber nur vergleichsweise wenige erfahren eine psychotherapeutische Behandlung. Anders gesagt: Kommt Psychotherapie ins Spiel, wird eine Grenze überschritten, die Grenze zwischen »gesund« und »krank«.[14] Schon

---

14 Epidemiologischen Studien zufolge liegt die Häufigkeit psychischer Erkrankungen in Deutschland bei 27,8 % der Bevölkerung (»Jahresprävalenz«), wobei große Unterschiede je nach Alter, Geschlecht und sozialem Status zu verzeichnen sind. Dabei gelten psychische Störungen als besonders beeinträchtigend. Weniger als die Hälfte der Betroffenen berichtet, aktuell wegen psychischer Probleme in Behandlung zu stehen (vgl. Jacobi et al 2014).

das Wort »Therapie« macht darauf aufmerksam. Es stammt aus dem Griechischen (therapeia) und bedeutet »Dienst, Pflege, Heilung«. Mit dem Ausdruck werden also Maßnahmen bezeichnet, die auf die »Behandlung« von Krankheiten, Verletzungen oder Behinderungen ausgerichtet sind. Das geschieht in der Regel auf der Basis einer »Diagnose« und hat zum Ziel, mit möglichst geringen Nebenwirkungen eine Heilung zu beschleunigen oder überhaupt erst zu ermöglichen, Symptome zu lindern oder zu beseitigen, so dass am Ende, wenn alles gut geht, körperliche und psychische Funktionen wieder vollständig hergestellt sind. Insofern ist »Therapie« zuallererst ein Begriff der Medizin. Jede Therapie beruht auf einer Einwirkung eines Therapeuten auf einen Patienten, und diese Einwirkung kann »direkt« oder »indirekt« erfolgen: ein operativer Eingriff, z. B. die Entfernung eines entzündeten Blinddarms, ist ein Beispiel für eine direkte Einwirkung; die Verabreichung eines Medikaments hingegen veranschaulicht eine indirekte Einwirkung.

Die Psychotherapie dient der Behandlung von Leidenszuständen, Krankheiten oder Verhaltensstörungen, die im weitesten Sinne »psychisch bedingt« sind. Das Medium dieser Behandlung besteht in Formen verbaler und non-verbaler Kommunikation, die Art der Einwirkung ist also indirekt. Bei einem operativen Eingriff wird die Mitwirkung des Patienten lokal, regional oder total durch Anästhesie ausgeschaltet (und ist erst später wieder gefragt, postoperativ also). Bei der Verabreichung eines Medikaments sind es gleichsam die körpereigenen Systeme des Patienten, die mitwirken müssen und so die therapeutische Maßnahme unterstützen (der Patient allerdings muss die Tabletten auch einnehmen und sich ggf. an bestimmte Vorschriften halten). Demgegenüber ist eine psychotherapeutische Behandlung ohne Mitwirkung des Patienten unmöglich. Er muss nicht nur zur »Behandlung« kommen, sondern an und in ihr auch aktiv mitwirken. Denn Kommunikation beruht prinzipiell auf Gegenseitigkeit. In diesem Sacherhalt liegt zugleich eine Grenze der Psychotherapie. Wer, aus welchen Gründen auch immer, an dieser Art von Kommunikation nicht mitwirken kann, der ist psychotherapeutisch auch nicht behandelbar.

Es ist also, wie in der Einleitung bereits ausgeführt, das Medium – Kommunikation –, das alle drei hier untersuchten Handlungsformen als gemeinsames Merkmal aufweisen und sie in dieser Hinsicht verbindet. Und nur deswegen ist es möglich, sie auch in vergleichender Perspektive hinsichtlich der je spezifischen Formen einander gegenüberzustellen. Immer wird gesprochen, kommuniziert, aber doch auf verschiedene Weise. Und auch die zentralen Motive der Adressaten sind verschieden: Bindung, Neugier und Erwachsenwerden-Wollen im Falle der Erziehung, Ratlosigkeit im Falle der Beratung und psychisch-psychosomatisches Leiden mit zuerkanntem Krankheitswert im Falle der Psychotherapie.

Die Erscheinungsformen psychischer Störungen sind vielfältig. Immer aber geht es, allgemein gesprochen, um krankhafte Beeinträchtigungen der Wahrnehmung, des Denkens und Fühlens, des Verhaltens, der Erlebnisverarbeitung und der sozialen Beziehungen. Die hiermit verbundene Komplexität systematisch zu erfassen, also die jeweiligen Störungen angemessen zu bestimmen und sie voneinander zu unterscheiden und abzugrenzen, ist die Aufgabe der Diagnostik. In den einschlägigen Disziplinen (Psychiatrie, Psychosomatik, klinische Psychologie und Psychotherapie) werden gegenwärtig zwei international gebräuchliche Diagnose-Systeme verwendet: die »International Classifications of Diseases« der WHO (ICD-10) sowie seit geraumer Zeit das »Diagnostic and Statistical Manual of Mental Disorders (DSM V)«. In diesen Handbüchern werden mit Hilfe standardisierter diagnostischer Instrumente die jeweiligen Symptom-, Verhaltens-, Leidensmerkmale und psychosoziale Faktoren genau beschrieben und erfasst, die zwingend gegeben sein müssen, um eine bestimmte Diagnose zu rechtfertigen.

Wie diese wenigen Hinweise bereits deutlich machen, führt das Phänomen der »psychischen Störung« weit über die Grenzen der Erziehungswissenschaft hinaus und verweist auf andere Disziplinen, deren Wissensbestände, Theorien und Forschungsbemühungen. Damit ergibt sich für die hier verfolgte Zielsetzung, nämlich drei spezifische Handlungsformen in operativer Hinsicht einander gegenüberzustellen, eine besondere Schwierigkeit: Einerseits müssen die disziplinären Grenzen sorgsam beachtet und gewahrt, andererseits müssen sie auch an bestimmten Stellen überschritten werden, lässt sich doch ohne psychotherapeutisches Wissen nichts über das psychotherapeutische Handeln sagen. Wie lässt sich das auflösen?

Wie immer in solchen im Alltag der Wissenschaft nicht ungewöhnlichen Fällen geschieht das am besten dadurch, dass das Problem auf eine andere Ebene verlagert, also ein höherer Grad der Abstraktion gewählt wird. In unserem Fall heißt das: Es bedarf einer Definition von »psychischer Störung«, die einerseits den disziplinär einschlägigen Wissensbeständen nicht widerspricht und mit ihnen kompatibel ist, die es aber andererseits zugleich ermöglicht, das Problem in größerer Allgemeinheit, abstrakter eben, zu behandeln. Unter Verwendung systemtheoretischer Einsichten und in Anlehnung an Überlegungen von Niklas Luhmann sollen im Folgenden »psychische Störungen« als »Probleme« aufgefasst werden, die das Bewusstsein sozusagen mit sich selber hat (vgl. Kraft 2004, 2006; Luhmann 1983b, 1990). Eine solche Sichtweise deckt sich mit der Einsicht, dass »psychische Störungen« der bewussten willentlichen Einflussnahme der davon Betroffenen nicht mehr oder zumindest nur in Teilen zugänglich sind. Anders gesagt: das Wissen um und die Einsicht in einen Sachverhalt, seine rationale Betrachtung, bringt eine solche Störung nicht zum Verschwinden und alle Formen der Selbsthilfe versagen. Einige Beispiele mögen das veranschaulichen:

Wiewohl ein Patient sehr wohl weiß und keinerlei Zweifel daran hat, dass ein Fahrstuhl in aller Regel funktioniert und demnach kein lebensgefährlicher Ort ist, kann er ihn nicht betreten und benutzen. Allein der Gedanke daran löst starke Angst und Panikgefühle aus. So sorgt er, vielleicht wenn er ein Hotel bucht, vorher dafür, dass das Zimmer sich möglichst in den unteren Etagen befindet, damit er nicht auch noch so weit laufen muss, weil er nur die Treppen benutzen kann. Oder, ein anderes Beispiel, kleine Insekten sind in aller Regel harmlos; gleichwohl erzeugt deren Anblick bei manchen Menschen unmittelbar Gefühle starker Angst, die mit entsprechenden körperlichen Begleiterscheinungen verbunden sind. Andere Patienten wiederum wissen und sind überzeugt davon, dass ihnen »eigentlich« nichts fehlt, und dennoch können sie sich zu nichts aufraffen, fühlen sich mutlos und niedergeschlagen und ziehen sich von allen sozialen Kontakten zurück. Oder, ein letztes Beispiel, was bringt einen Menschen dazu, sich selbst schwerste Verletzungen zuzufügen, weiß er doch, dass ihm eben dies mit Sicherheit nicht gut tut. Die Auffassung, dass in diesen Fällen das Bewusstsein ein Problem mit sich selber hat, ist also unmittelbar evident und mag daher der folgenden Darstellung als hinreichende Grundlage dienen.

Auch im Fall der Psychotherapie kann die Zeige-Theorie verwendet werden. Psychotherapeutische Interventionen müssen dazu aus ihrem unmittelbaren klinischen Kontext herausgelöst und als Formen des Zeigens erkennbar und verständlich gemacht werden. So lautet die diesen Abschnitt leitende Frage: Wie zeigt sich das Zeigen im psychotherapeutischen Handeln?

Angesichts der Vielfalt psychotherapeutischer Schulen, Richtungen und Konzepte kann diese Beantwortung hier nicht umfassend, sondern nur exemplarisch erfolgen. Zwei für die Entwicklung der Psychotherapie grundlegende Ansätze sollen als Beispiele im Mittelpunkt der folgenden Darstellung stehen: die Verhaltenstherapie und die Psychoanalyse. Allerdings ist diese Formulierung nicht nur ungenau, sondern sie entspricht auch nicht dem gegenwärtigen Stand von Theorie, Forschung und Praxis auf dem Gebiet der Psychotherapie. Denn *erstens* gibt es »die« Verhaltenstherapie ebenso wenig wie »die« Psychoanalyse. Beide Schulen oder Richtungen haben sich im Laufe ihrer Geschichte vielfältig ausdifferenziert und weisen in ihren modernen Varianten in zunehmendem Maße sogar etliche Berührungspunkte auf. Und *zweitens* hat die Forschung mittlerweile zahlreiche gute theoretische Gründe dafür erbracht, die systematische Ausarbeitung der Theorie einer »Allgemeinen Psychotherapie« (vgl. Grawe 1998) in Angriff zu nehmen.

Solange eine solche Theorie noch nicht umfassend formuliert ist, empfiehlt es sich für den hier verfolgten Gedankengang, schlicht von »psychotherapeutischen Grundorientierungen« (vgl. Margraf/Schneider 2009) zu sprechen und hierbei dann für die Zwecke dieser Darstellung zwei deutlich voneinander zu unterscheiden: eine *behaviorale* Grundorientierung und eine *tiefenpsychologisch-psychodynamische* Grundorientierung. Das Zeigen und eine jeweils eigentümliche Zeigestruktur allerdings gibt es, wie die nächsten Abschnitte deutlich machen, in beiden Richtungen.

1.4.2 Die behaviorale Grundorientierung der Psychotherapie

Aufgabe dieses Abschnittes ist es, über die wesentlichen Merkmale der behavioralen Grundorientierung der Psychotherapie (aus Gründen der sprachlichen Vereinfachung wird hierfür im Folgenden zumeist der Ausdruck »Verhaltenstherapie« verwendet) zu informieren. Das soll in zwei Schritten geschehen: Zunächst empfiehlt sich ein knapper Rückblick in die Geschichte dieses Ansatzes, dann werden seine zentralen Merkmale und Grundprinzipien erläutert.[15]

---

15 Einen sehr guten Überblick eröffnet das von Margraf/Schneider herausgegebene, mehrbändige »Lehrbuch der Verhaltenstherapie« (2009); zu Hintergründen und Entwicklung vgl. insbesondere den Artikel von Margraf im ersten Band (2009, S. 3-45). Für einen instruktiven, biographisch getönten Blick auf die Verhaltenstherapie vgl. Fiedler (2010).

In historischer Perspektive zeigt sich, dass Theorie und Praxis der Verhaltensthe-rapie aufs Engste mit der Entwicklung der Psychologie als empirisch forschender Disziplin, als klinische Anwendung experimenteller Befunde, verbunden waren und bis heute auch geblieben sind. Insofern geht es hierbei nicht um die (z. B. an eine bestimmte Person oder bestimmte Personen gebundene) Entwicklung ei-ner »Schule« der Psychotherapie, sondern um praktische Anwendung psychologi-scher Forschung, kurzum: um angewandte Wissenschaft. Aus dem vielfach und vielerorts (Südafrika, England und Amerika) verzweigten Strom von experimen-teller Grundlagenforschung, psychologischer Theoriebildung und klinischer Pra-xis bildet sich seit Mitte der 1950er Jahre eine eigenständige behaviorale Grund-orientierung der Psychotherapie heraus. An diesem Entwicklungsprozess sind unterschiedliche Forschergruppen mit unterschiedlichen theoretischen und klini-schen Orientierungen beteiligt.[16] In grober Einstellung lassen sich drei For-schungsverbünde, die sich im Laufe der Zeit mehrfach verzweigten und ver-mischten, unterscheiden: Zum einen die Gruppe (mit Stanley Rachman und Arnold Lazarus) um Joseph Wolpe in Südafrika, der sich vor allem mit dem Prinzip der »reziproken Hemmung« bei der Therapie von Ängsten beschäftigte; zum anderen gab es die Gruppe um Hans-Jürgen Eysenck in London, der die herkömmliche Psychotherapie, insbesondere die Psychoanalyse, bezüglich ihrer Wirksamkeit und empirischen Fundierung einer radikalen Kritik unterzog, die Entwicklung der Verhaltenstherapie durch zahlreiche experimentelle Studien maßgeblich beeinflusste und wohl auch als erster den Terminus in einem öffent-lichen Vortrag (»Learning Theory and Behaviour Therapy«) verwendet haben dürfte; als dritte Gruppierung ist schließlich die prinzipiell lerntheoretisch for-schende Gruppe um Skinner in Amerika zu nennen, durch die die Bedeutung operanter Verfahren in den Vordergrund rückte, wobei die anderen (vor Inter-net und Email) erst relativ spät, Mitte der 1960er Jahre, auf die klinische Rele-vanz der amerikanischen Lerntheoretiker aufmerksam wurden. Wissenschaftsor-ganisatorisch konsolidierten sich diese Entwicklungen 1966 in der Gründung der »Association for the Advancement of Behavioral Therapies« (AABT) in New York, 1971 kam dann die europäische Variante hinzu (EABT/»European Associa-tion of Behaviour Therapy«). Wenige Jahre vorher (1968) war in Deutschland die »Gesellschaft zur Förderung der Verhaltenstherapie«/GVT) gegründet wor-den, die schließlich seit 1976, nach dem Zusammenschluss mit dem Berufsver-band der Verhaltenstherapeuten, als »Deutsche Gesellschaft für Verhaltensthera-pie« (DGVT) firmiert.

Heutzutage wird die Entwicklung der Verhaltenstherapie als ein Prozess be-schrieben, der sich in drei Abschnitte unterteilen lässt. In der *ersten*, *»behavioral«* *genannten Phase* stand die Anwendung der experimentellen Lernforschung (klas-

---

16 Wie bei jeder Geschichte gibt es natürlich hierzu auch eine mehrfach verzweigte Vorge-schichte; so gilt z. B. Mary Cover Jones durch ihre berühmt gewordene, 1924 publizier-te Studie über die Therapie des kleinen Peter, den sie durch Gegenkonditionierung von seiner Angst vor Pelztieren befreite und durch die sie durch ihren Lehrer Watson ange-regt worden war, gemeinhin als »Mutter der Verhaltenstherapie« (vgl. Margraf/Schnei-der, Band 1, 2009, S. 12).

sische und operante Konditionierung) auf klinische Phänomene im Vordergrund.

Eine solche radikal behavioristische Betrachtungsweise mit der damit verbundenen Konzentration auf die Veränderung des offen beobachtbaren Verhaltens stieß nicht nur auf die massive Kritik anderer psychotherapeutischer Richtungen (z. B. der Psychoanalyse), sondern regte auch innerhalb der Verhaltenstherapie zu Veränderungen und Weiterentwicklungen an. So erweiterte beispielsweise Arnold Lazarus die engen behavioralen Vorstellungen um andere Faktoren (im Ausdruck »BASIC-ID« zusammengefasst, also *Behavior, Affective* responses, *Sensory* reactions, *Images, Cognitions, Interpersonal* Relationships sowie *Drugs* and other biological interventions) und entwarf auf dieser Grundlage das Konzept der sogenannten »Multi-Modalen-Therapie«. Überhaupt wurde zunehmend anerkannt, dass kognitive Faktoren, also innere Interpretations- und Bewertungsprozesse, bei der Entstehung wie vor allem auch bei der Aufrechterhaltung von psychischen Störungen eine entscheidende Rolle spielen. Insbesondere die »Rational-Emotive-Therapie« von Ellis ist hier zu nennen wie auch die einflussreichen Studien von Beck, der sich vornehmlich mit den kognitiven Schemata depressiver Störungen beschäftigte. Nicht zuletzt hatte zudem die sozial-kognitive Lerntheorie von Bandura einen nachhaltigen Einfluss. In welchem weit reichenden Maße negative Gedanken in den Selbstgesprächen von Klienten klinisch bedeutsam sind, zeigt sich schließlich prägnant im »Selbstinstruktionstraining« von Meichenbaum, wobei diese Selbstverbalisationen gleichsam als verdecktes operantes Verhalten (sogenannte »coverants«) verstanden wurde.

Mit diesen genannten Ansätzen wird die etwa Mitte der *1960er Jahre* einsetzende *zweite Phase* der Verhaltenstherapie verbunden, die üblicherweise als sogenannte »*kognitive Wende*« bezeichnet wird. Allerdings dauerte es noch geraume Zeit, bis diese beiden lange als getrennte »Schulen« (»behavioral therapies« versus »cognitive therapies«) aufgefassten Richtungen zusammenfanden und seitdem als gleichberechtigte Bestandteile der modernen behavioralen Grundorientierung der Psychotherapie gelten.

Die jüngste, etwa *Mitte der 1990er Jahre* einsetzende Entwicklung wird gegenwärtig zumeist als »*dritte Welle*« der Verhaltenstherapie (vgl. Heidenreich/Michalak 2013) bezeichnet, wobei diese Zuschreibung, wie häufig bei derartigen kategorialen Ordnungsversuchen, nicht unumstritten ist (vgl. Fiedler 2010, S. 341 ff.). In dieser vorläufig letzten Phase entstehen weitere neue Ansätze und Techniken, durch die die Bedeutung von Emotion und Affekt, von Achtsamkeit und Akzeptanz, von frühen Bewältigungsmustern und vor allem die therapeutische Beziehung weitaus stärker als zuvor Berücksichtigung finden. Als Beispiele seien die »Dialektisch-Behaviorale-Therapie (DBT)« von Marsha Linehan, die »Achtsamkeitsbasierte Kognitive Therapie (MBCT)« von Segal oder auch die »Schematherapie« von Young genannt.

Gegenwärtig umfasst die behaviorale Grundorientierung der Psychotherapie ein äußerst differenziertes Arsenal unterschiedlicher therapeutischer Techniken und Methoden, in denen jeweils spezifische Aspekte klinischer Störungen im Vordergrund stehen. Die zahlreichen Verfahren können damit für eine nachweislich wirksame psychotherapeutische Behandlung nutzbar gemacht werden.

Nach diesem kurzen Blick zurück sollen nun zentrale Merkmale der gegenwärtigen Verhaltenstherapie zusammengefasst werden:

Wie jede Psychotherapie, so beruht auch die Verhaltenstherapie auf einem spezifischen Wissen über psychische Störungen und auf einem Wissen über die Möglichkeiten, diese Störungen zu verändern. An diese beiden Wissenstypen (*Störungs- und Veränderungswissen*) werden allerdings besondere Ansprüche gestellt, denn die darin enthaltenen Aussagen sollen auf eine Weise gewonnen worden sein, die dem heute in der Psychologie weithin geltendem Prinzip des »methodologischen Behaviorismus« entsprechen. Und das heißt: Dieses Wissen soll nicht auf Zufall oder unprüfbaren Annahmen beruhen, sondern so weit wie möglich auf Gesetzmäßigkeiten, die mit Hilfe wissenschaftlicher Verfahren erkannt worden sind. Insofern sollen diese störungs- und änderungsspezifischen Annahmen, die sich auf bestimmte Ereignisse oder Phänomene beziehen, beobachtbar, operationalisierbar, empirisch testbar und (quasi-)experimentell prüfbar sein (vgl. Margraf, a. a. O., S. 8 f.). Kurzum: Der Wissensvorrat der Verhaltenstherapie soll auf wissenschaftliche Weise, also mit Hilfe bestimmter methodologischer Prinzipien, Standards und Verfahren, gewonnen worden sein.[17]

Dieser theoretische Hintergrund kommt hinsichtlich des verhaltenstherapeutischen Handelns selbst wiederum auf besondere Weise zur Geltung. Jede Therapie beruht, wie gesagt, auf Annahmen über die Ursachen psychischer Störungen. In der Verhaltenstherapie wird dieses »ätiologische Grundverständnis« nicht *monokausal*, sondern vielmehr *konditional* bestimmt. Und das heißt: Es wird zwischen verschiedenen Bedingungen unterschieden, und zwar zwischen »Prädispositionen« (welche Merkmale machen das Auftreten einer Störung wahrscheinlicher?), »*auslösenden Bedingungen*« (wodurch kommt es zum Ausbruch oder zum erstmaligen Auftreten einer Störung?) und »*aufrechterhaltenden Bedingungen*« (welche Umstände sorgen dafür, dass eine Störung anhält?). Zu diesen drei Bedingungen tritt eine vierte Gruppe hinzu, die auf alle drei anderen einen Einfluss hat oder potentiell haben könnte, nämlich die schützenden oder gesundheitsfördernden Bedingungen, die auch »*salutogene Faktoren*« genannt und heute vielfach zusammenfassend als »Resilienz« bezeichnet werden.

Von diesem »ätiologischen Grundverständnis« führt ein direkter Weg zu der Einsicht, dass es »*die*« Verhaltenstherapie als »*eine*« Methode gar nicht geben kann. Vielmehr beinhaltet diese Grundorientierung, einem Werkzeugkasten gleich, ein ganzes Ensemble verschiedener Techniken, Methoden und Maßnahmen, die dann, auf den jeweiligen Einzelfall bezogen, allein oder in Kombination und zu unterschiedlichen Zeitpunkten der Behandlung eingesetzt werden. Dieser »Werkzeugkasten« verhaltenstherapeutischer Kompetenzen hat sozusagen drei Fächer: In einem *ersten* Fach befinden sich *therapeutische Basiskompetenzen*, die sich auf die Gesprächsführung, die Beziehungsgestaltung und die Motivationsarbeit beziehen; in einem *zweiten* Fach befinden sich *störungsübergreifende* Techniken

---

17 Die Verhaltenstherapie beruht demnach auf einem *bestimmten* Verständnis von Wissenschaft. Natürlich gibt es in der Wissenschaftstheorie auch andere Auffassungen. Die hierdurch angedeuteten Probleme können an dieser Stelle jedoch nicht behandelt werden.

und Methoden (Konfrontationsverfahren, Entspannungsverfahren, operante und kognitive Methoden, sowie Trainingsmethoden für soziale Kompetenz, Kommunikation, Problemlösung und Selbstkontrolle); das *dritte* Fach schließlich enthält *störungsspezifische* Therapieprogramme, die, meist in Form von Manualen, auf ganz besondere klinische Störungsbilder (z. B. Ängste, Depressionen) zugeschnitten sind. Der Einsatz dieser Techniken und Methoden erfolgt jedoch nicht zufällig oder willkürlich, sondern folgt wiederum einer Reihe von übergreifenden, orientierenden Gesichtspunkten.

Das *erste* Prinzip ist eine strikte *Problemorientierung*. Ansatzpunkt der therapeutischen Arbeit ist eine für einen Patienten aktuell im Vordergrund stehende Problematik (z. B. eine den Alltag stark einengende Angst vor Spinnen). Das hierfür zur Verfügung stehende Störungs- und Änderungswissen mit den dafür entwickelten Methoden kommt dann in individualisierter Form, also so genau wie möglich auf den jeweiligen Fall zugeschnitten, zur Anwendung. Durch eine solche Problembezogenheit ist auch das Ziel der Therapie präzise definiert, denn wenn das Problem gelöst oder nachhaltig positiv verändert werden konnte, ist die Therapie beendet.

Das *zweite* übergreifende Prinzip kann als *Handlungsorientierung* bestimmt werden. Der Patient muss selbst aktiv tätig werden, er wird nicht passiv »be-handelt«, sondern muss fortwährend selbst mitwirken, selbst »handeln«, und das auch außerhalb des therapeutischen Settings (z. B. durch kleine, problembezogene Hausaufgaben, Experimentieren im alltäglichen Lebensvollzug oder Selbstbeobachtungen). Diesem Prinzip liegt die Annahme zugrunde, dass Einsicht allein ein als problematisch erlebtes Verhalten meistens nicht oder nur kaum und allenfalls teilweise zu verändern vermag.

Transparenz ist das *dritte* Prinzip. In der Verhaltenstherapie bleibt das professionelle Wissen über psychische Störungen und Verhaltensänderungen nicht verborgen, sondern wird dem Patienten in größtmöglicher Klarheit, sozusagen als »Aufklärung an einem Fall«, entgegengebracht. Zur therapeutischen Intervention gehört die Vermittlung dieses Wissens genuin dazu, der Patient soll über sein Problem all das wissen, was man darüber wissen kann und was zum Verständnis notwendig ist. Deswegen wird immer wieder erklärt und erläutert, und die Erfahrungen, die der Patient im Laufe der Therapie macht, werden fortwährend auf dieses Wissen bezogen. Anders gesagt: In der Verhaltenstherapie spielt der Therapeut mit offenen Karten. In transaktionsanalytischer Diktion könnte man sagen, die Therapie richtet sich auf das »Erwachsenen-Ich« eines Patienten, also an einen mündigen, gleichberechtigten Partner. Daher wird auch das Vorgehen, der Therapieplan, gemeinsam besprochen und festgelegt und manchmal sogar durch einen »Vertrag« fixiert.

Insgesamt zielt die Verhaltenstherapie auf eine nachhaltig wirksame »Hilfe zur Selbsthilfe«, eben darauf, die allgemeine Problemlösefähigkeit eines Patienten über die Therapie hinaus so zu verbessern, dass er sich bei Rückschlägen oder auch in anderen für ihn problematischen Situationen selbst zu helfen vermag.

1.4.2.1 »Erlernte Probleme« und Formen des Zeigens

Ihrem ätiologischen Grundverständnis entsprechend werden in der Verhaltenstherapie psychische Störungen als »erlernte Probleme« aufgefasst. Die Therapie kann demnach als Lerntheorie im therapeutischen Modus verstanden werden. Denn was »gelernt« worden ist, kann auch wieder »verlernt«, also durch Lernen verändert werden. Es geht also darum, etwas, das als problematisch erkannt und analysiert worden ist, zu verlernen, es gleichsam zu »löschen«, dann etwas anderes, das als erwünschter Zustand angestrebt wird, neu zu lernen und dieses schließlich durch Übung, Training und Anwendung im Alltag zu festigen. Die diesen Abschnitt leitende Frage lautet demzufolge, wie gezeigt werden muss, damit Patienten ein von ihnen als dysfunktional erkanntes Problem durch Lernen zu bewältigen vermögen, anders gesagt: welche Formen des Zeigens kommen in Gestalt therapeutischer Interventionen zum Einsatz?

Es liegt auf der Hand, dass es angesichts der Vielfalt psychischer Störungen wie auch der darauf bezogenen Differenziertheit verhaltenstherapeutischer Techniken und Methoden unterschiedliche Formen des Zeigens geben muss. Im Verlauf einer Behandlung wird also nicht nur auf *eine* bestimmte Weise gezeigt, sondern es gibt verschiedene, von einander deutlich unterscheidbare Zeigeformen. Erst zusammen ergeben sie das, was, einem Gewebe gleich, die »Zeigestruktur der Verhaltenstherapie« ergibt. Diese Struktur in ihren einzelnen Teilen zum Vorschein zu bringen und sie durchsichtig zu machen, ist die Aufgabe der folgenden Ausführungen. Im praktischen Vollzug selbst ist diese Struktur allerdings weitgehend verdeckt und bleibt im Hintergrund, die Zeigeformen mischen und überlappen sich und laufen vielfach gleichsam ineinander. Daher braucht es die Distanz einer theoretischen Einstellung, denn nur so können die einzelnen Komponenten zum Vorschein gebracht, jeweils für sich betrachtet und ihr Zusammenspiel verdeutlicht werden.

Unter den verschiedenen Formen, die zusammen die Zeigestruktur der Verhaltenstherapie ausmachen, gibt es eine, der in mehrfacher Hinsicht eine besondere Bedeutung zukommt. Sie soll daher als erste behandelt werden. Ich bezeichne sie als das *»therapeutisch-personale Zeigen«*. Was hat es damit auf sich?

In jeder menschlichen Interaktion zeigen sich die beteiligten Akteure unvermeidlich immer auch als Personen. Das ist in der Psychotherapie nicht anders, denn auch Therapeuten haben ein Geschlecht und ein Alter, eine Stimme und einen Gesichtsausdruck und eine Vielzahl von weiteren Eigenschaften, die sie als besondere Personen unverwechselbar machen. Der Ausdruck *»therapeutisch-personales Zeigen«* macht darauf aufmerksam, dass es hierbei um etwas geht, das weit über diesen alltäglichen Rahmen hinausweist. Denn als »Therapeuten« nehmen diese Personen eine bestimmte Rolle ein, sie verhalten sich in ihrem beruflichen Kontext eben »therapeutisch«. Durch dieses rollenspezifische Verhalten nehmen sie Einfluss auf die Interaktion, die dann als »therapeutische Beziehung« ihre spezifische Gestalt gewinnt. Man kann durchaus sagen, diese Art der Beziehung ist bereits ein äußerst wichtiger Teil des professionellen Handelns und ein bedeutsames Element der Behandlung selbst. Dieser Umstand kann gleichsam als ein Alleinstellungsmerkmal der psychotherapeutischen Handlungsform betrachtet werden. Denkt man z. B. an einen Besuch beim Zahnarzt, wird das Besondere dieses Sachverhaltes unmittelbar deutlich: Natürlich ist auch ein Zahnarzt zuallererst Person. Und wenn uns diese Person sympathisch ist, uns freundlich und beruhigend gegenübertritt, dann sind wir vielleicht weniger ängstlich und sehen der Behandlung einigermaßen gefasst und mit einiger Zuversicht entgegen. Aber: Wenn der Zahnarzt zu arbeiten beginnt, mit seinen Instrumenten unsere Zähne untersucht, spritzt, bohrt, schleift und Löcher mit Füllungen versieht oder Zähne mit Kronen, spätestens dann wird erkennbar, dass der Vollzug seines professionellen Handelns mit seiner Person und unserer Beziehung zu ihm nur mehr mittelbar verbunden ist, das Spezifische des zahnärztlichen Handelns liegt primär in seinen diesbezüglichen Kompetenzen, nicht in seiner Person oder gar in unserer Beziehung zu ihm. Und eben das ist in der Psychotherapie prinzipiell anders.

Denn der Kern und das Eigentümliche psychotherapeutischen Handelns sind direkt mit der Person des Therapeuten verbunden wie auch mit der besonderen Form der Kommunikation, die sich in dieser Art von Interaktion eben dadurch zu entfalten und zu entwickeln vermag. Mit den durch Studium, darauf folgender Aus- und Weiterbildung und Selbsterfahrung erlangten professionellen Fähigkeiten zur Interaktionsgestaltung ist die Person des Therapeuten unabdingbar wesentlicher Teil der Behandlung, die Person gleichsam immer auch schon Intervention. Über diesen Sachverhalt dürfte über alle Schulen und Richtungen der Psychotherapie hinweg Einigkeit bestehen. Allerdings zeigt sich das therapeutisch-personale Zeigen nicht überall in gleicher Weise, die Konzepte der Psychotherapie unterscheiden sich auch in dieser Hinsicht.

Lange Zeit wurde in Forschung, Theorie und Ausbildung der Verhaltenstherapie der Bedeutung der Person des Therapeuten und der therapeutischen Beziehung wenig Beachtung geschenkt. Das hat sich mittlerweile geändert, und es gibt inzwischen eine ganze Reihe von empirischen Studien, die sich dieser Fragen angenommen haben (z. B. Margraf/Brengelmann 1992). Dass der therapeutischen Beziehung auch für den Erfolg einer Verhaltenstherapie eine wesentliche Bedeutung zukommt, steht mittlerweile außer Frage. Gleichwohl unterscheiden sich einzelne verhaltenstherapeutische Ansätze in dieser Hinsicht sehr deutlich voneinander. So steht der Beziehungsaspekt zum Beispiel in dem Konzept der »Interaktionellen Verhaltenstherapie« von Grawe im Mittelpunkt, während ihm in anderen Ansätzen weniger Bedeutung zugemessen wird. Erst in Zukunft wird sich erweisen, wie sich die Verhaltenstherapie in dieser Hinsicht weiterentwickelt und ob es gelingt, auch in dieser Frage zu einer empirisch fundierten und über alle konzeptionellen Differenzen hinweg geteilten Sichtweise zu gelangen. Dem kann hier nicht weiter nachgegangen werden. Vielmehr soll es jetzt darum gehen, das »*verhaltenstherapeutisch-personale Zeigen*«(a) genauer zu bestimmen.

Damit ein Patient sich seinen psychischen Problemen stellen und sie produktiv bearbeiten kann, müssen Verhaltenstherapeuten sich auf eine ganz bestimmte Weise *zeigen*, eben sich »therapeutisch« verhalten. In der einschlägigen Literatur wird dieses Problem üblicherweise unter dem Stichwort »Therapeutenvariablen« behandelt. Der Sinn dieses spezifischen Verhaltensmusters besteht darin, die Motivation und die Lernbereitschaft der Patienten zu erhöhen, ihre Ängste vor der therapeutischen Arbeit und vor der Konfrontation mit ihren Problemen möglichst zu verringern sowie ihr Selbstwerterleben zu verbessern. Und eben dafür ist es wichtig, dass die Therapeuten ihren Patienten auf eine besondere Weise begegnen. In diesem Zusammenhang sind nach wie vor die von Carl Rogers entwickelten Prinzipien von grundlegender Bedeutung, also Wertschätzung/Akzeptanz, Empathie und Echtheit. Schulte (1996) hat diese Trias um weitere Variablen ergänzt, nämlich Professionalität, Expertenstatus, Vertrauenswürdigkeit, Konsens-Bemühen, ein Autonomie gewährendes Verhalten und Bestätigung. Dabei, und das ist ein wichtiger Befund der empirischen Studien, kommt es vor allem darauf an, wie Patienten ihre Therapeuten erleben, wahrnehmen und einschätzen, und weniger darauf, wie Therapeuten sich selbst in diesen Hinsichten sehen und beurteilen.

Die genannten Variablen beschreiben das, was man die therapeutische Grundhaltung nennen könnte. Sie bildet die Basis einer jeden Behandlung, auf der dann die verschiedenen Formen des Zeigens aufbauen oder gleichsam in sie eingebettet sind. Denn die Grundhaltung allein reicht nicht aus, sie ist, anders gesagt, nur mehr Medium der therapeutischen Operationen. Im Unterschied zu anderen Formen der Psychotherapie kommt dem »*verhaltenstherapeutisch-personalen Zeigen*« gerade zu Beginn einer Behandlung eine besondere Bedeutung zu. Aus der Grundhaltung heraus gewinnt es in vier Hinsichten konkret Gestalt:

In *emotionaler* (1) Hinsicht sorgt diese Zeigeform dafür, dass Patienten ein besonderes empathisches Verständnis für ihre Probleme erfahren, was für emotionale Entlastung sorgt, sie beruhigt, ihre Ängste und Befürchtungen mildert und darüber hinaus auch Zuversicht und Hoffnung auf Besserung vermittelt. In *relationaler* (2) Hinsicht wird die Erfahrung eines außergewöhnlichen, nicht alltäglichen Beziehungsmusters möglich. Denn mit der therapeutischen Beziehung eröffnet sich ein abgeschirmter, angstfreier Raum, in dem Probleme ohne Unterstellungen, Schuldvorwürfe, Strafandrohungen oder Beschämungen in einer vertrauensvollen Atmosphäre zu klären versucht werden. Verhaltenstherapeuten zeigen sich einerseits als fachlich kompetent, damit überzeugend und glaubwürdig, denn sie gehen flexibel auf die Bedürfnisse der Patienten ein und ermuntern zu Rückfragen und Kritik. Dabei vermeiden sie andererseits jede Form einer »ritualisierten Abschirmung« oder »Geheimnistuerei«, sie legen sozusagen ihre professionellen Karten offen auf den Tisch und präsentieren sich als gleichberechtigte Personen, die nur in einer Hinsicht, in Bezug auf psychische Probleme und Techniken der Behandlung, über ein besonderes Wissen verfügen. In *problemspezifischer* (3) Hinsicht geht es primär darum, die Schwierigkeiten der Patienten so genau wie möglich zu erfassen und sie dadurch gleichsam zu »entpathologisieren«. Nicht das Etikett einer fachlichen Diagnose ist hier entscheidend, sondern die präzise Beschreibung eines Problems, das im Mittelpunkt steht und bearbeitet werden soll und, mit spezifischen Methoden, auch bearbeitet werden kann. Hierbei geht es nicht zuletzt immer auch um eine Relativierung von überhöhten, unrealistischen Erwartungen, und es muss klar und durchsichtig werden, was geht und was nicht geht. Wenn Patienten auf solche Weise erfahren, dass ihre Schwierigkeiten so außergewöhnlich nicht sind, dass diese verstanden und mit Hilfe wissenschaftlichen Wissens sogar auch erklärt werden können, wird die Bereitschaft, sich auf die therapeutische Arbeit einzulassen, nachhaltig bestärkt. In *informativer* (4) Hinsicht schließlich geht es einerseits um die äußeren Bedingungen der Behandlung, um ihre Organisation, ihre zeitliche Gestaltung (z. B. Frequenz, Dauer der Behandlung), aber auch um Fragen der Finanzierung. Andererseits sorgen Verhaltenstherapeuten zudem dafür, dass Patienten eine möglichst genaue Vorstellung von dieser Art der Therapie erhalten, sie sollen wissen, was auf sie zukommt und wie eine Verhaltenstherapie funktioniert. Dass die Patienten dabei aktiv und selbstverantwortlich mitwirken müssen, dass sie also selbst etwas tun müssen, ist eine wesentliche Einsicht, die hierbei vermittelt wird. Denn nur dann, wenn Patienten über die Möglichkeiten dieser Art der Behandlung hinreichend Bescheid wissen, wenn sie absehen können, was auf sie zukommt, sind sie in der Lage, sich »informiert zu entscheiden«, also eine solche Behandlung zu beginnen oder eben auch nicht.

Wie alle Formen des Zeigens hat auch das *»verhaltenstherapeutisch-personale Zeigen«* eine körpersprachliche Komponente, ist also prinzipiell leibgebunden. Dieser Aspekt wird üblicherweise unter dem Stichwort »nonverbale Kommunikation« behandelt. Dazu gehören beispielsweise ein bestimmter Abstand zwischen Therapeut und Patient, eine dem Patienten zugewandte offene Körperhaltung, moderate Arm- und Beinbewegungen, Blickkontakt und das Sprechen begleitende Gesten oder auch ein aufmunterndes Lächeln und bekräftigendes Nicken des Kopfes, wobei diese Signale nie aufgesetzt und künstlich, sondern authentisch sein müssen.

Das *»verhaltenstherapeutisch-personale Zeigen«*(a) kann man durchaus als »Grundform« bezeichnen, denn sie ist gleichsam als notwendige Bedingung für die anderen zu verstehen, die ohne diese gar nicht gedacht werden können. Im Folgenden sollen nun sechs weitere Formen beschrieben werden: das *»problemanalytisch-diagnostische Zeigen«* (b), das *»kasuistisch-repräsentative Zeigen«* (c), das *»methodisch-ostensive Zeigen«* (d), das *»direktive Zeigen«* (e), das *»rollenspezifische Zeigen«* (f) und das *»reaktive Zeigen«* (g). Alle zusammen ergeben in der Figur eines Heptagons die Zeigestruktur der Verhaltenstherapie. Sie werden jetzt der Reihe nach erläutert und am Ende in einem Schaubild dargestellt.

Ohne Diagnose keine Therapie. Das gilt gleichermaßen für die somatische Medizin wie für die Psychotherapie, wiewohl die jeweiligen Wege und Verfahren der Diagnostik sich deutlich unterscheiden. Während im Falle einer körperlichen Erkrankung eine Vielzahl von apparativen Möglichkeiten zur Verfügung steht (z. B. Laboruntersuchungen, bildgebende Verfahren, Messungen etc.), basiert die Diagnostik im Falle eines psychischen Problems vorwiegend auf einem spezifischen (und nur zum Teil standardisierbaren) *kommunikativen* Prozess. Die Form, in der dieser Prozess in der Verhaltenstherapie Gestalt gewinnt, ist das *»problemanalytisch-diagnostische Zeigen«* (b). Ein Klient muss ja zuallererst verstanden haben, worin sein Problem eigentlich besteht (denn das geschilderte muss nicht unbedingt das ursächliche sein), welche Umstände es auslösen und welche Bedingungen es aufrechterhalten und wie sich seine Schwierigkeiten mit Hilfe wissenschaftlichen Wissens erklären lassen, um sich aktiv der Bearbeitung seines Problems widmen zu können. Und nur dann wird er auch nachvollziehen können, welche Methoden und Techniken der Therapeut für eine produktive Problemlösung vorschlägt. Das Ziel »*problemanalytisch-diagnostischen Zeigens*« besteht also darin, die jeweilige Störung so genau wie möglich zu erfassen, dafür ein wissenschaftlich fundiertes Erklärungsmodell anzubieten, so dass vor diesem Hintergrund das Therapieziel formuliert werden kann (was genau soll bearbeitet werden?) und die dafür geeigneten Methoden ausgewählt werden können. Verhaltenstherapeutische Diagnostik ist demnach ein kooperativer (ko-konstruktiver) Prozess, der als Voraussetzung für die therapeutische Arbeit unabdingbar ist. Therapeut und Klient versichern sich hierdurch gleichsam der Grundlagen ihrer gemeinsamen Bemühungen. Wissen (Therapeut) und Einsicht (Klient) müssen an einem so genau wie möglich identifizierten Problempunkt zusammenfinden, damit der Klient hinreichend motiviert ist und sich mit Aussicht auf Erfolg auf den Prozess des Verlernens, Umlernens, Neulernens, Übens und Anwendens einlassen kann.

Das *problemanalytisch-diagnostische Zeigen* ist kein einmaliger Vorgang, sondern ein fortlaufender Prozess, der sich über den gesamten Verlauf einer Verhaltenstherapie erstreckt (man unterscheidet daher üblicherweise auch zwischen Eingangs- und Verlaufsdiagnostik). Dabei steht für jeden Teilschritt ein reichhaltiges Arsenal unterschiedlicher Verfahren und Techniken zur Verfügung, mit deren Hilfe die verschiedenen Ebenen einer Störung (Verhalten, Emotion, Kognition und Körper) einer genauen Analyse zugänglich gemacht werden können.

Ausgangspunkt ist stets eine umfassende biographische Anamnese mit der genauen Exploration der aktuellen Lebenssituation. Hierbei sind frühere Bewältigungsversuche und -strategien (einschließlich etwaiger früherer Behandlungserfahrungen) ebenso von Bedeutung wie der Blick auf Ressourcen und Möglichkeiten der sozialen Unterstützung. In der psychologischen Diagnostik gibt es zahlreiche Test- und Interviewverfahren, die störungsspezifisch strukturiert sein können und verschiedene Standardisierungsgrade aufweisen. Einerseits wird dadurch die kategoriale Einordnung einer Störung in die gängigen Diagnose-Systeme möglich, andererseits wird auf diese Weise eine Vielzahl therapiebezogener Daten zu Tage gefördert. Von gleicher Bedeutung sind all jene Daten und Informationen, die in Form von Selbstbeobachtungen primär die subjektive Sicht eines Patienten zum Vorschein bringen, etwa durch Protokolle, Beobachtungsbögen, Rating-Skalen oder Tagebuchaufzeichnungen.

Ein besonderes Merkmal des *problemanalytisch-diagnostischen Zeigens* ist, wie der Ausdruck nahelegt, die genaue Analyse des Problems eines Patienten. Hierbei geht es darum, so konkret und differenziert wie möglich, die Struktur dieses Problems zu erfassen und zu erkennen, wie es sich möglicherweise in bearbeitbare Teilprobleme untergliedern lässt. In unmittelbarer Verbindung hiermit steht die Analyse der auslösenden und aufrechterhaltenden Bedingungen. Wenn schließlich auch die motivationalen Voraussetzungen deutlicher geworden sind, wird es möglich, sich über konkrete Therapieziele oder zumindest über Teilziele zu verständigen, die dann mit Hilfe spezifischer therapeutischer Methoden bearbeitet werden sollen.

Das Wissen, das am Ende auf diese Weise erzeugt wird, ist prinzipiell sozial, konsensuell geteiltes Wissen sozusagen und damit vollkommen transparent, beiden Beteiligten, Patient wie Therapeut, ohne jede Einschränkung zugänglich.

Das *problemanalytisch-diagnostische Zeigen* dient also nicht dazu, dem Behandler auf verdeckt und weithin verborgen bleibende Weise gleichsam einen geheimnisvollen Wissensvorsprung zu verschaffen. Im Gegenteil: Es erlangt seine Bedeutung für den nachfolgenden therapeutischen Prozess gerade dadurch, dass es vorbehaltlos geteiltes Wissen ist.

Die dritte Form, das *kasuistisch-repräsentative Zeigen* (c), ist eng mit der vorhergehenden verbunden und begleitet wie diese, mal mehr, mal weniger explizit, den gesamten Verlauf der Therapie. Hierbei geht es darum, den Patienten mit dem für seine Störung relevanten wissenschaftlichen Erklärungsmodell (oder Modellen) vertraut zu machen, ihm also zu zeigen, wie sein Problem theoretisch erklärt werden kann. Er wird auf diese Weise gleichsam darüber unterrichtet, was die Wissenschaft über sein Problem, dessen Bedingungen, Kontexte und Lösungsmöglichkeiten weiß, damit er dieses Wissen für seine Zwecke nutzbar machen und immer wieder darauf zurückgreifen kann, wenn es diesbezügliche Situationen zu bewältigen gilt.[18]

So weiß man beispielsweise, dass bestimmte Gedanken Angst auslösen oder verstärken können. Wenn ein Patient über diesen Zusammenhang von Kognition und Angstreaktion hinreichend gut instruiert ist, wird er nicht nur seine eigenen Erlebnisse und Erfahrungen im Spiegel wissenschaftlichen Wissens wiedererkennen und einordnen können, sondern es dürfte ihm auch leichter fallen, durch entsprechende Übungen seine Aufmerksamkeit in bestimmten problematischen Situationen (z. B. vor einer Prüfung) mehr auf seine inneren Prozesse, seine Gedanken und Selbstgespräche, zu lenken als auf die Angstreaktion selber. Und er wird vermutlich auch die Erfahrung machen können, dass er immer dann, wenn er anders zu denken und seine Gedanken auf bestimmte Weise zu lenken vermag, auch seine Angstreaktion besser handhaben und möglicherweise sogar vollständig bewältigen kann.

Nun ist eine Psychotherapie kein Seminarunterricht. Daher wird das zur Verfügung stehende Wissen auch nicht in akademischer Weise, sozusagen dozierend, repräsentiert, sondern vielmehr in der Form eines »geleiteten Entdeckens« auf den konkreten Fall des Patienten bezogen, kasuistisch eben. Dabei kann eine kleine aus der Hand entwickelte Skizze ebenso hilfreich sein wie bspw. ein kurzes Video oder ein spontan entworfenes Schema. Das wissenschaftliche Wissen wird hierbei ohne Rationalitätseinbußen in ein von den Interaktionspartnern geteiltes Behandlungswissen transformiert. Für viele Patienten bedeutet bereits die Erkenntnis, dass ihre Probleme dem wissenschaftlichen Wissen bekannt und vielfältig erforscht sind, eine spürbare Entlastung und stärkt nachhaltig die Motivation, sich auf den ja oft schmerzhaften und schwierigen therapeutischen Prozess einzulassen.

Noch etwas kommt hinzu: Durch das *kasuistisch-repräsentative Zeigen* wird etwas, das zunächst außerhalb der therapeutischen Beziehung verortet ist – eben das störungsspezifische wissenschaftliche Wissen – in die therapeutische Bezie-

---

18 In der einschlägigen Literatur wird dieser Sachverhalt auch mit dem Ausdruck »Psychoedukation« bezeichnet; vgl. dazu das einschlägige Handbuch von Behrendt/Schaub (2005).

hung hineingenommen und dort auf besondere Weise vergegenwärtigt. Und beide, Patient wie Therapeut, können hierauf immer wieder zurückgreifen und sich so ihrer gemeinsamen Bemühungen versichern. Das wissenschaftliche Wissen wirkt so gleichsam als »Rationalitätsanker«, der immer dann festen Halt zu geben vermag, wenn irrationale Annahmen und Impulse den Fortschritt der Therapie zu behindern oder gar zu gefährden drohen. Anders gesagt: Durch *kasuistisch-repräsentatives Zeigen* wird das knowing-that wissenschaftlichen Wissens sozusagen zum knowing-how im therapeutischen Prozess. Das zeigt sich nicht zuletzt bei der Anwendung der einzelnen verhaltenstherapeutischen Standardmethoden. Denn bevor ein bestimmtes Verfahren angewendet und eingeübt wird, gibt es in der Regel eine »Unterrichtsphase«, in der das klinische Störungs- und Veränderungswissen an dem konkreten Fall, kasuistisch eben, noch einmal in größtmöglicher Klarheit dargestellt und vermittelt wird. Anders gesagt: der Patient soll nachvollziehen können, verstehen und wissen, aus welchen theoretischen Gründen er jetzt das zu tun versuchen soll, was der Therapeut ihm zu tun nahelegt.

Die vierte Form – sie spielt in Verhaltenstherapien die zentrale Rolle – ist das »*methodisch-ostensive Zeigen*« (d). Nach Diagnostik und eingehender Problem- und Störungsanalyse werden gemeinsam die Therapieziele vereinbart und mit den ausgewählten Methoden in einem Therapieplan festgelegt. Aus diesem »Behandlungsrational« geht hervor, welche Verfahren in welcher Reihenfolge (oder auch in welcher Kombination) zunächst (denn das kann sich im Verlauf der Therapie ändern) angewendet werden sollen. Im Mittelpunkt steht dabei, wie bereits mehrfach angedeutet, zunächst das Verlernen dysfunktionaler Einstellungen und Verhaltensweisen und in Verbindung damit sodann das Erlernen, Einüben und Festigen neuer Verhaltensweisen und Einstellungen und deren Transfer in die Lebenswelt des Patienten. Denn das Ziel einer Verhaltenstherapie besteht ja nicht nur in der »Beseitigung« einer Störung und der Verminderung psychischen Leidens, sondern vor allem auch in der Vermittlung von Fertigkeiten und Strategien, die der Patient gerade außerhalb der Therapiesituation und nach Abschluss einer Therapie selbstständig und dauerhaft einsetzen und anwenden können soll. Für diese Zwecke steht über die Standardmethoden hinaus eine Vielzahl einzelner Verfahren und Techniken (vgl. Fliegel 1998; Linden/ Hautzinger 2011) zur Verfügung: Operante Methoden, Techniken der Entspannung und Selbststeuerung, Trainingskonzepte für Problemlösung, Angstbewältigung und soziale Kompetenz, klassische Verfahren der Systematischen Desensibilisierung und der Reizkonfrontation, das therapeutische Rollenspiel in all seinen Varianten, Strategien der Stressbewältigung und last but not least das gesamte Repertoire kognitiver Methoden. Mit ihrer Hilfe werden auf jeweils unterschiedliche Weise alle therapierelevanten Ebenen (Verhalten, Emotion, Kognition und Körper) erreicht. Ihre Anwendung kann zudem in verschiedener Dosierung erfolgen. Und es können damit nicht nur Vorstellungen von Problemsituationen bearbeitet werden (in-sensu), sondern sie lassen sich auch in den wirklichen realen Problemsituationen selbst (in-vivo) einsetzen: eine Tunnelangst beispielsweise lässt sich zunächst in der geschützten therapeutischen Situation in der Vorstellung bearbeiten; am Ende aber steht möglicherweise das

Durchschreiten eines Tunnels, vielleicht erst gemeinsam mit dem Therapeuten und zuletzt dann ganz allein.

Es nützt allerdings nichts, wenn der Patient über diese Techniken nur verbal informiert wird, darüber liest oder davon hört: Er selbst muss sie sich leibhaftig aneignen, sie erlernen, sich in sie einüben und das so Gelernte auch außerhalb der Therapie anwenden. Eine solche Lernleistung ist schlicht unvertretbar, der Patient selbst muss sie erbringen. Der Therapeut wird, anders gesagt, hierbei unterstützend als Coach oder Trainer aktiv, der instruiert, manchmal auch etwas modellhaft demonstriert oder in einer Szene mitmacht, den Lernenden genau beobachtet, bei auftretenden Schwierigkeiten Erklärungen anbietet, Hilfestellungen gibt und so Zug um Zug dafür sorgt, dass das »Richtige« auch auf »richtige Weise« erworben werden kann, also immer wieder zu zeigen versucht, wie es geht. »Ostensiv« wird diese Form des Zeigens genannt, weil das Zu-Zeigende unmittelbar leibhaftig gegeben ist und vor Augen steht (ein Patient steht vor der Brüstung der Dachterrasse eines Hochhauses und traut sich nicht, hinunter zu blicken); und »methodisch« ist es, weil dieses Zeigen nicht spontan, zufällig oder willkürlich erfolgt, sondern in allen einzelnen Schritten einem genauen Plan oder einem bestimmten Schema folgt.

Diese »Problemlösungslehre« beginnt zunächst in der Therapiestunde (oder, je nach Verfahren, in längeren, auch mehrstündigen Blöcken). Sie reicht jedoch weit darüber hinaus, etwa dadurch, dass Patienten zwischen den einzelnen Sitzungen bestimmte »Hausaufgaben« erledigen und ihre dabei gemachten Erfahrungen protokollieren, die dann wiederum in der Therapie gemeinsam ausgewertet und besprochen werden. Der Therapeut zieht sich schließlich aus diesem Lernprozess des Patienten im Fortgang der Therapie sukzessive zurück, etwa dadurch, dass die Frequenz der einzelnen Sitzungen verändert wird, die Abstände also zunehmen, bis er dann vielleicht nur noch als Telefonnummer, die für Notfälle zur Verfügung steht, im Notizbuch eines Patienten präsent ist.

In unmittelbarem Zusammenhang mit dem »methodisch-ostensiven« steht als fünfte Form das *direktive Zeigen* (e). Man könnte durchaus sagen: Keine Instruktion ohne Direktion. Der Sinn dieser Zeigeform besteht, ganz allgemein gesprochen, darin, einen Lernenden, oft mehrfach wiederholend, auf etwas aufmerksam zu machen oder auf etwas hinzuweisen, was er ohne diese direktiven Äußerungen nicht, nicht hinlänglich oder nicht in der erforderlichen Weise selbst zu bemerken oder wahrzunehmen imstande ist. Wenn wir z. B. im Tennis eine neue Vorhand-Technik lernen wollen, brauchen wir einen Kundigen, der unsere Handlungsvollzüge genau beobachtet und uns auf die entscheidenden Punkte hinweist, sie wiederholt erklärt, manchmal auch etwas vormacht und uns so zu vermitteln versucht, wie es »richtig« zu machen ist.

Auch in der Verhaltenstherapie gibt es, wie deutlich geworden ist, zahlreiche Techniken, Verfahren und Übungen, in denen das Lernen der Patienten zunächst gelenkt werden muss, bevor sie es dann selbst können und beherrschen. Wer z. B. noch nie eine Entspannungsübung gemacht hat, ist auf ein solches *direktives Zeigen* notwendig angewiesen, um sich mit einem bestimmten Verfahren vertraut zu machen und sich darin einzuüben.

Das *direktive Zeigen* kommt allerdings auch in anderer (und Außenstehende oft irritierender) Weise zur Geltung, etwa bei Techniken der Reizkonfrontation. Denn es mag dann so erscheinen, als richtete sich dieses Zeigen vermeintlich gegen die Interessen eines Patienten. Als Beispiel soll die verhaltenstherapeutische Bearbeitung einer Höhenangst dienen: Nach entsprechender längerer Vorbereitung sind Patient und Therapeut vielleicht übereingekommen, es jetzt einmal mit einer realen Situation zu versuchen, also z. B. die Dachterrasse eines Hochhauses gemeinsam aufzusuchen und von dort oben dann über die Brüstung in die Tiefe zu schauen. Die Anweisungen des Therapeuten haben das alleinige Ziel, den Patienten so lange wie möglich und vertretbar in dieser Situation zu halten, damit das (Angst auslösende und es verstärkende) Vermeiden vermieden wird. Auch wenn der Patient sich zunächst weigert, hinunter zu schauen, von starker Angst berichtet und die Situation unverzüglich verlassen möchte, sollen die Direktiven des Therapeuten dafür sorgen, dem gerade nicht nachzugeben, sondern die Angst kommen zu lassen, sie zu ertragen und dann durch die Erfahrung, dass sie sich schließlich abschwächt, verringert und vielleicht sogar vollständig auflöst, ein nachhaltig wirkendes, starkes Erfolgserlebnis zu erfahren. In solchen Fällen wird das *direktive Zeigen* üblicherweise durch einen vorher abgeschlossenen »Vertrag« oder eine Vereinbarung zwischen beiden Beteiligten abgesichert, damit es dem Therapeuten möglich wird, den Fluchtimpulsen des Patienten so lange wie möglich zu widerstehen.

Abgesehen von solch dramatisch anmutenden Situationen gibt es das direktive Zeigen noch in anderer Gestalt, gleichsam in der Art der Kommunikation verborgen, nämlich als Lenkung eines therapeutischen Gesprächs. Es kann sich hierbei, folgt man beispielsweise Schulte (1996), entweder auf die Inhalte und Themen beziehen, über die gesprochen werden soll (Steuerung der Inhalte) oder auf die Art und Weise, wie, genauer gesagt: wie tiefgehend, diese Themen behandelt werden sollen (Steuerung der Bearbeitung). Da Patienten bestimmten Themen oder Zusammenhängen »gerne« aus dem Weg zu gehen versuchen, sie also zu vermeiden trachten, oder aber eine tiefergehende Erörterung scheuen, ist diese (sozusagen indirekte) Variante *direktiven Zeigens* für die Fortschritte in einer Therapie unverzichtbar. Dabei, so könnte man sagen, oszilliert es gleichsam zwischen zwei ausgeprägten Gesprächsstilen, der Bearbeitungsweite einerseits und der Bearbeitungstiefe andererseits. Wie aus empirischen Studien hervorgeht, sind diese Varianten auf unterschiedliche Weise mit einem möglichen Therapieerfolg verbunden und scheinen zudem abhängig davon zu sein, in welcher Phase einer Therapie sie vornehmlich zum Einsatz kommen und verwendet werden.

Die Verhaltenstherapie gilt gemeinhin eher als eine direktive therapeutische Methode. Insofern ist es nicht verwunderlich, dass Verhaltenstherapeuten, wie man aus vergleichenden Untersuchungen weiß, sich in der Tat aktiver und direktiver verhalten als Therapeuten mit einer anderen theoretischen Ausrichtung (vgl. Schulte ebd., S. 186). Man weiß allerdings auch, dass reine verbale Direktivität, wie sie etwa in Anweisungen, Ratschlägen oder direkten geschlossenen Fragen zum Vorschein kommt, für den Erfolg einer Behandlung eher ungünstig einzuschätzen ist, weil sie die Lernbereitschaft eines Patienten hemmt und seinen Widerstand erhöht.

Das *direktive Zeigen* ist demnach eine Form der Intervention, die, je nach Situation, mit großer Um- und Vorsicht, Empathie und Feingefühl eingesetzt werden und so genau wie möglich auf die jeweiligen Lernbedürfnisse eines Patienten abgestimmt sein muss, damit sie als Erfolg versprechende Lernhilfe ihre positiven Wirkungen zu entfalten vermag.

In den bisher dargestellten Zeigeformen war stets deutlich erkennbar, was jeweils gezeigt werden soll: eine besondere Beziehungserfahrung (a), die genaue diagnostische Struktur eines zu bearbeitenden Problems (b), wissenschaftliche Erklärungsmodelle für eine Störung (c), der genaue Ablauf einer Übung (d) oder eine bestimmte, therapierelevante Form des Verhaltens (e). Es gibt allerdings darüber hinaus auch in der Verhaltenstherapie Methoden, in denen das Zu-Zeigende nicht vorher bekannt ist, sondern in der Interaktion zwischen Therapeut und Patient erst entstehen muss, bevor es aus ihr heraus dann Kontur und deutliche Gestalt gewinnen kann. Anders gesagt: Erst im Zeigen selbst zeigt sich das Zu-Zeigende. Diese sechste Form soll als *rollenspezifisches Zeigen* (f) bezeichnet werden.

Wie der Ausdruck nahelegt, ist es vornehmlich die Methode des Rollenspiels, die in verschiedenen verhaltenstherapeutischen Verfahren eingesetzt wird. Denken wir an einen ängstlichen, selbstunsicheren Patienten, der sich nicht traut, seine Vorgesetzte wegen einer Gehaltserhöhung anzusprechen. Trotz entsprechender Vorbereitung und eingehender Exploration ist es vielfach so, dass erst in der Spielsituation selbst genauer zum Vorschein kommt, worin die Hemmungen des Patienten tatsächlich bestehen, in welchen Zusammenhängen sie zu sehen sind und was dafür als ursächlich anzunehmen ist. Was vor dem Rollenspiel möglicherweise als große Angst erschien, zeigt sich im Spiel womöglich als Wut oder Enttäuschung, Emotionen also, die ein rational verhandelndes Verhalten des Patienten immer wieder blockierten. Und womöglich wird in der Nachbesprechung der Spielsituation auch deutlich, dass der Patient mit seinen Gedanken gar nicht bei seiner Vorgesetzten, in der realen Situation also, war, sondern fortgesetzt von Erinnerungen an frühe Erziehungserfahrungen heimgesucht wurde. Der Therapeut mag an solche Zusammenhänge vielleicht gedacht oder sie erahnt haben, aber er wusste davon bis zu dieser Spielsituation nichts und konnte es daher auch nicht zeigen. Denn das Zu-Zeigende musste erst interaktional erzeugt werden.

Über diesen im engeren Sinne spezifisch methodischen Einsatz hinaus ist das *rollenspezifische Zeigen* immer dann von besonderer Bedeutung, wenn es um die therapeutische Bearbeitung von Interaktionsmustern der Patienten geht. Denn in diesen Fällen dient die therapeutische Beziehung selbst gleichsam als Medium, in dem das zu bearbeitende Problem überhaupt erst erkennbar und damit dann einer weiteren Bearbeitung auch zugänglich wird. Der Ansatz von Young ist ein Beispiel für ein solches verhaltenstherapeutisches Verfahren, das die Veränderung von auf frühen Lebenserfahrungen basierenden (»maldadaptiven«) Schemata zum Ziel hat (vgl. Roediger/Zarbrock 2013).

Wann immer wir etwas lernen, sind wir auf Rückmeldungen zu unseren Bemühungen, seien es Fortschritte, kleine Ungenauigkeiten oder »Fehler«, angewiesen, damit wir es besser machen können. Genau diese Leistung wird durch das

»reaktive Zeigen« (g) als letzte und siebente Form erbracht. Denn ohne Rückmeldungen keine Lernfortschritte. Damit das *reaktive Zeigen* seine produktive, das Lernen führende Bedeutung gewinnen kann, muss es allerdings bestimmten Regeln folgen.

Ohnehin ist jede psychotherapeutische Behandlung durch eine konstante Responsivität des Therapeuten gekennzeichnet. Für die Verhaltenstherapie gilt dies in besonderem Maße und auf eine besondere Weise. Denn hier sollte das *reaktive Zeigen* stets möglichst unmittelbar oder zeitnah erfolgen, immer deskriptiv und verstärkend angelegt sein, nie kritisierend und den Selbstwert eines Patienten herabsetzend. Das gilt selbst – genauer gesagt: gerade – dann, wenn das *reaktive Zeigen* eine konfrontative Tönung annehmen muss, um ein bestimmtes Problem auflösen zu können. Um ein Beispiel zu nennen: Ein Patient kommt über einen längeren Zeitraum stets verspätet zu seiner Stunde. Eine ärgerliche Ermahnung oder Zurechtweisung hilft hierbei nicht; vielmehr wird ein Therapeut versuchen, die Aufmerksamkeit auf das Problem zu lenken, das womöglich, gleichsam situativ maskiert, im notorischen Zuspätkommen zum Vorschein kommt und sich so seinen Ausdruck verschafft. Und dann kann es sein, dass sich etwas anderes »zeigt«, vielleicht ein Motivationsproblem, eine Enttäuschung über die nur geringen Fortschritte oder auch ein Widerstand gegen die Therapie insgesamt. Wird eine solche Situation durch moralisierende Kommunikation verplombt, kämen solche Sachverhalte überhaupt nicht ans Tageslicht und wären damit einer konstruktiven Bearbeitung entzogen. Wie das Beispiel zeigt, bleibt gerade in derartigen Situationen das *reaktive Zeigen* allein dem Lernen des Patienten verpflichtet und muss daher so angelegt sein, dass der Patient daraus für sich immer einen Lerngewinn zu ziehen vermag (vgl. Heron 2001).

Das *reaktive Zeigen* gibt es einerseits in der Form direkter verbaler Äußerungen, die sich, mehr oder weniger spontan, aus der therapeutischen Beziehung heraus bei vielfältigen Gelegenheiten ergeben. Andererseits lässt es sich auf verschiedene Weisen schematisieren (z. B. durch Stundenprotokolle, Rating-Skalen oder Fragebögen), damit auch standardisieren und statistisch aufbereiten und so am Ende sogar durch entsprechende Graphiken illustrieren. Insofern steht diese Zeigeform nicht nur dem Therapeuten zur Verfügung, sondern prinzipiell immer auch dem Patienten, also der therapeutischen Dyade insgesamt. Das zeigt sich nicht zuletzt am Ende einer Therapie, wenn mit Blick auf Fortschritte wie auch auf ungelöste Probleme Bilanz gezogen wird.

Als Zusammenfassung dieser Erläuterungen mag die folgende Graphik hilfreich sein.

Mit dem hier entwickelten und in verdichteter Form dargestelltem Heptagon der Verhaltenstherapie dürfte die Zeigestruktur der behavioralen Grundorientierung der Psychotherapie – zumindest für die Zwecke dieser Abhandlung – hinreichend genau erfasst und beschrieben sein. Ob das mit der notwendigen Trennschärfe gelungen ist, wird sich in dem folgenden Abschnitt erweisen, in dem es um die Zeigestruktur der tiefenpsychologischen Grundorientierung der Psychotherapie gehen wird.

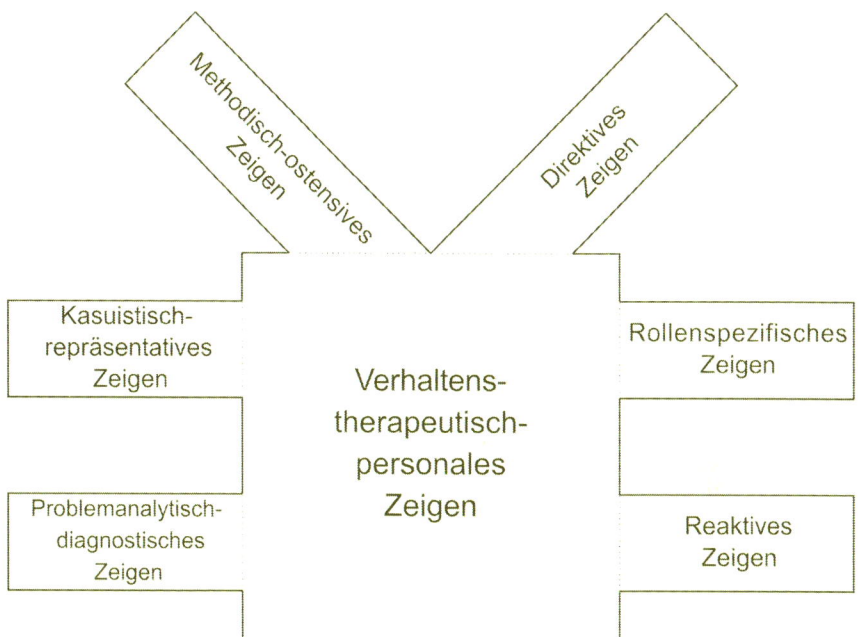

Abb. 12: Die Zeigestruktur der Verhaltenstherapie

1.4.3 Die psychoanalytische Grundorientierung der Psychotherapie

Eine knappe Darstellung der psychoanalytischen Grundorientierung der Psychotherapie ist zweifellos mit größeren Risiken behaftet als der Blick auf die Verhaltenstherapie. Denn während die behaviorale Grundorientierung einen relativ homogenen Wissenscorpus aufweist, ist dies bei der Psychoanalyse nicht der Fall. Das kann jeder Leser leicht selbst prüfen, wenn z. B. nach diesen Termini (Verhaltenstherapie – Psychoanalyse) im Schlagwortverzeichnis einer Universitätsbibliothek gesucht wird, oder wenn, ganz zeitgemäß, diese beiden Begriffe in eine der gängigen Internet-Suchmaschinen eingegeben werden. Anzahl und aufgefundene Kontexte dieser Begriffe unterscheiden sich deutlich. Dafür gibt es verschiedene Gründe: Zum einen haben sich im Laufe der Entwicklung zahlreiche eigenständige Schulen und Richtungen der Psychoanalyse herausgebildet (vgl. Mertens 1990/2005). Zum anderen, das dürfte der Hauptgrund hierfür sein, wurde die Psychoanalyse – schon bei ihrem Begründer Sigmund Freud – nie nur als Theorie einer Behandlungsform für psychische Störungen verstanden, sondern im weitesten Sinne immer auch als Kultur- und Sozialtheorie.

Für die Zwecke dieser Abhandlung und insbesondere für das in diesem Kapitel verfolgte Ziel, mit Hilfe der Zeigetheorie Differenzen von Handlungsformen aufzuweisen und durchsichtig zu machen, spielen diese prinzipiellen Unterschiede der beiden Theoriegebäude allerdings keine entscheidende Rolle und können daher vernachlässigt werden. Vielmehr soll hier die in der aktuellen »Psychothe-rapie-Richtlinie« gegebene Definition als Ausgangspunkt dienen. Dort (§ 16) werden »Psychoanalytisch begründete Verfahren« folgendermaßen bestimmt: »Diese Verfahren stellen Formen einer ätiologisch orientierten Psychotherapie dar, welche die unbewusste Psychodynamik neurotischer Störungen mit psychi-scher oder somatischer Symptomatik zum Gegenstand der Behandlung machen« (Psychotherapie-Richtlinie Stand 21.12.2018, S. 12).[19]

Demzufolge steht im Zentrum dieser Richtung der Psychotherapie (und dies ist für ihr Verständnis grundlegend) das Theorem der *unbewussten Psychodyna-mik*. Damit ist zum einen das Problem des »Unbewussten« angesprochen. Und zum anderen wird hiermit zugleich die Annahme verbunden, dass eben dieses »Unbewusste« als eine dynamische Größe verstanden werden muss, die auf viel-fältige Weise nachhaltig wirksamen Einfluss auf die Struktur einer Person, auf ihre Einstellungen, ihr Verhalten und ihre Beziehungskonstellationen zu gewin-nen und auszuüben vermag. Die leitende Unterscheidung der psychoanalytischen Grundrichtung der Psychotherapie ist, anders gesagt, die zwischen »bewusst« und »unbewusst«. Hiervon hängt alles ab, anthropologische Voraussetzungen und konzeptionelle Differenzierungen ebenso wie die theoretischen Annahmen über Erscheinungsformen psychischer Störungen und die Ursachen ihrer Entstehung sowie die Möglichkeiten, Formen und Techniken der Behandlung.

Die Vorstellung, dass etwas in uns wirkt, über das wir nichts vermögen, hat seit jeher das Denken über den Menschen herausgefordert und daher eine eige-ne, weit verzweigte geistesgeschichtliche Tradition (vgl. Gödde 2009). Der Be-ginn der Geschichte der professionellen Psychotherapie wird allerdings in dem Werk Sigmund Freuds (1856–1939) gesehen und zumeist mit dem Erscheinen seiner großen Studie »Die Traumdeutung« (1899) verbunden, liegt also am Ende des 19. Jahrhunderts. Die Bedeutung Freuds ist kaum zu überschätzen, denn sein als »Psychoanalyse« bezeichneter Behandlungsansatz galt nicht nur für lange Zeit gleichsam als Synonym für Psychotherapie, sondern hat darüber hinaus bis heute die psychotherapeutische Theorieentwicklung immer wieder stimuliert und her-ausgefordert. Dies gilt ungeachtet der Tatsache, dass sich unser Wissen über das »Unbewusste« durch moderne neurowissenschaftliche Forschungen exponentiell erweitert, verfeinert und verändert hat, wissen wir doch heute mehr über die Funktionsweisen des Gehirns als Freud zu seiner Zeit wissen konnte.[20]

---

19 Diese Richtlinie wird vom »Wissenschaftlichen Beirat Psychotherapie«, einem von Bun-desärztekammer und Bundespsychotherapeutenkammer auf der Grundlage des Psycho-therapeutengesetzes gemeinsam eingesetzten Gremium, erarbeitet und fortlaufend ak-tualisiert; die endgültige Beschlussfassung erfolgt dann durch den »Gemeinsamen Bundesausschuss«, dem obersten Beschlussgremium der gemeinsamen Selbstverwaltung der Ärzte, Zahnärzte, Psychotherapeuten, Krankenhäuser und Krankenkassen in Deutschland auf der Grundlage des Fünften Sozialgesetzbuches (SGB V).

20 In seinem Buch »Grundkonzepte der Psychotherapie« hat Jürgen Kriz (2007) ein äu-ßerst instruktives Schema entwickelt (S. 15), das die für die Entwicklung der Psychothe-rapie bedeutsamen Beziehungen in einer Synopse darstellt. Und daran kann man sehen: Ohne das Werk Freuds ist die bis in die Gegenwart reichende Geschichte der Psycho-therapie nicht zu schreiben. – Für interessierte Leser verweise ich zudem auf das drei-

Die vielfältigen Befunde zur Theorie des Unbewussten können hier nicht nachgezeichnet werden. Gleichwohl soll der wesentliche Wechsel, den die Entwicklung in der Betrachtungsweise des Unbewussten hervorgebracht hat, deutlich herausgestellt werden. Denn die früher lange vorherrschende *vertikale* Vorstellung ist seit geraumer Zeit um eine *horizontale* Auffassung erweitert worden. Wie ist das gemeint?

Wenn wir das Wort »vertikal« benutzen, denken wir an eine Senkrechte – und damit gibt es »oben« und »unten«. Eine vertikale Vorstellung sieht das Unbewusste also »unten«, in der »Tiefe« einer Person (daher eben »Tiefen«-psychologie). »Oben«, gleichsam an der Oberfläche, findet sich das klare, von Logik und Rationalität bestimmte Bewusstsein. »Unten« ist demgegenüber all das Dunkle, Abgründige und Archaisch-Triebhafte, das Verdrängte, konflikthaft Problematische und Irrationale versammelt. Dieser Bereich ist uns gewöhnlich nicht zugänglich, inneres Ausland, ein dunkler Kontinent, er gehört zu uns, und bleibt uns üblicherweise doch verschlossen. Wiewohl abgesperrt, ist das Unbewusste indes nicht passiv, sondern höchst aktiv, greift ständig in das Bewusstsein ein, spricht mit und bestimmt maßgeblich unsere Handlungen. So stehen nach Freud beide Teile in einem eigentümlich hierarchischen Verhältnis. Auch sein mittlerweile weithin zum Alltagswissen gehörendes Schichtenmodell der Person (die sogenannte ›zweite Topik‹) von Es-Ich-Überich ist vertikal strukturiert, wobei das Verhältnis von Es und Ich oft in der Metapher von *Herr und Knecht* oder *Reiter und Pferd* veranschaulicht wird: »Wie dem Reiter, will er sich nicht vom Pferd trennen, oft nichts anderes übrig bleibt, als es dahin zu führen, wohin es gehen will, so pflegt auch das Ich den Willen des Es in Handlung umzusetzen, als ob es der eigene wäre« (Freud, GW XIII, S. 253). Der Weg von einer solchen Vorstellung zum Verständnis einer psychischen Erkrankung ist nicht mehr weit. Wenn beispielsweise eine starke Angst, die unser Leben einengt oder gar einschnürt, eigentlich auf einem unbewussten Konflikt beruht (von dem wir nichts wissen können) und hierin ihre Ursache hat, dann müsste sie sich dann auflösen und »heilen« lassen, wenn dieser Konflikt verstanden und dem Bewusstsein zugänglich geworden ist. Die Voraussetzung hierfür ist allerdings, dass es überhaupt eine Möglichkeit gibt, Zugang zum Unbewussten zu gewinnen. Und eben diesen hat Freud mit seiner besonderen Behandlungstechnik der Psychoanalyse entdeckt.

Wenn wir nun das Wort »horizontal« benutzen, denken wir an eine Waagerechte. Dinge befinden sich dann, wie man auch sagen könnte, auf einer Ebene. Und damit ist eine bestimmte Ordnungsvorstellung verbunden, denn auf einer Fläche können Dinge nebeneinander oder einander gegenüberstehen, nie aber über- oder untereinander. Anders gesagt: Mit einer »horizontalen« Vorstellung vom Unbewussten ist die Annahme einer hierarchischen Ordnung ausgeschlossen.

Die moderne neurobiologische Forschung hat durch eine Vielzahl faszinierender Untersuchungen eindrucksvoll nachweisen können, dass das Gehirn als ein

---

bändige Werk von Buchholz/Gödde (2006), in dem der Forschungsstand aus verschiedenen Perspektiven eingehend beleuchtet wird.

nicht-lineares dynamisches System verstanden werden muss, das nicht hierarchisch, sondern mannigfach dezentral verschaltet ist. Ein über alles bestimmendes Steuerzentrum gibt es nicht. »Steuerung« ergibt sich vielmehr aus den wechselseitigen Begrenzungen, die die einzelnen Subsysteme auf den unterschiedlichen Ebenen aufeinander ausüben. Und das, was wir als waches Bewusstsein kennen, ist nur ein kleiner Teil dessen, was sich fortwährend in uns abspielt. Ob wir nun wach sind oder schlafen, unablässig ist das Gehirn damit beschäftigt, verschiedenste Informationen zu verarbeiten. Und der größte Teil dieser Informationsverarbeitung vollzieht sich im Hintergrund, sozusagen unterbewusst oder autonom.

Das gilt zum einen für die Aufrechterhaltung der vitalen Funktionen des Organismus, also der Regelung all der Parameter (Herzschlag, Atmung, Verdauung, Stoffwechsel), die wir zum Leben brauchen. Zwar können wir zum Beispiel unsere Aufmerksamkeit auf unseren Herzschlag konzentrieren, ihn unter Umständen sogar durch entsprechendes (autogenes) Training auch in Maßen zu beeinflussen versuchen, zum Stillstand allerdings lässt sich der Herzschlag durch willentliche Entscheidung nicht bringen. Wir wissen aber auch, dass unser Puls schneller schlägt, wenn wir bestimmte Erfahrungen machen, wenn wir vor einer Prüfung aufgeregt sind oder frisch verliebt oder in Angst geraten. So »autonom« das vegetative Nervensystem auch ist, so reagiert es zugleich doch höchst sensibel auf das, was sich um uns herum oder in uns (z. B. bei bestimmten Gedanken oder Phantasien) ereignet, ist also in hohem Maße durchlässig für Informationen aus seiner Umwelt.

Zum anderen ist das Bild von Vordergrund und Hintergrund auch hilfreich, um Arbeitsweise und Funktion des Gedächtnisses zu verstehen. Denn das Gehirn muss die Masse an Informationen, die tagtäglich auf uns einströmt, irgendwie bewältigen. Wir müssen, anders gesagt, fortwährend vergessen und verdrängen, damit wir leben können. Könnten wir das nicht, wären wir vollständig handlungsunfähig, absolut desorientiert und durch die Flut an Informationen gleichsam gelähmt.

Das menschliche Gedächtnis besteht, wie man vielleicht noch aus dem Schulunterricht erinnert (!), aus verschiedenen Teilen, die jeweils unterschiedliche Funktionen übernehmen, anatomisch an verschiedenen Stellen des Gehirns liegen und auf mehrfache Weise neuronal miteinander verbunden sind. Üblicherweise wird zwischen *Kurzzeit-* und *Langzeit*gedächtnis unterschieden, wobei letzteres wiederum aus zwei funktionalen Einheiten besteht, die als *deklarativ (explizit)* und *prozedural (implizit)* bezeichnet werden. Die Art der gespeicherten Inhalte führt zu einer weiteren Differenzierung, denn das *deklarative Langzeitgedächtnis* verfügt zum einen über einen *episodischen* Speicher, zum anderen über einen *semantischen*. Im episodischen Speicher finden sich jene Erinnerungen und Begebenheiten, die unmittelbar mit dem Ich oder dem Selbst, also der eigenen Person, verbunden sind; daher wird dieser Bereich gelegentlich auch als *autobiographisches Gedächtnis* bezeichnet. In der *semantischen* Abteilung wird unser gesamtes *Weltwissen* abgelegt, das kontextfreie Faktenwissen (wir wissen, dass ein Apfel ein Apfel ist, nicht aber, wann und wo wir dieses Wissen zum ersten Mal erworben hatten). *Automatisierte Handlungsabläufe*, die wir beherrschen, ohne sie uns jedes Mal bewusst machen zu müssen (z. B. Radfahren), finden sich im *impli-*

ziten Bereich des Langzeitgedächtnisses. Wenn sich die Aufmerksamkeit direkt darauf richtet (z. B. weil man eine bestimmte Bewegung, etwa beim Training im Sport, optimieren möchte), kommt man mit diesem Bereich des Gedächtnisses näher in Berührung (und merkt dann, wie schwer es manchmal ist, bestimmte Bewegungsmuster zu verändern). Darüber hinaus verfügt das *implizite Langzeitge-dächtnis* über einen *perzeptuellen* Teil, in dem die unbewussten Wahrnehmungen der Sinnesorgane verarbeitet werden, eine Aktivität, von der wir nichts merken und auch nichts merken können.

Die faszinierende Architektur des Gedächtnisses, die sich im Laufe der Evolution herausgebildet hat, dient also, grob gesprochen, zwei Funktionen: Orientierung und Entlastung. Einerseits wäre ohne Gedächtnis eine Orientierung der Person in Raum und Zeit, in Lebenswelt und Lebenslauf, unmöglich. Andererseits dient die Struktur des Gedächtnisses dazu, das wache Bewusstsein zu entlasten, denn die Verarbeitungskapazität des Gehirns ist begrenzt, es muss also fortwährend sortiert und nach ›wichtig-unwichtig‹ unterschieden werden. Insofern ergibt sich: Orientierung und Entlastung durch Selektion.

Was im Gedächtnis abgelegt und gespeichert wurde, bleibt aber in uns, geht also nicht verloren und kann erinnert werden. Allerdings darf das Gedächtnis nicht mit der Festplatte eines Computers verglichen werden, auf der die Daten ruhen, bis sie wieder aufgerufen werden und uns dann unverändert in der exakt ursprünglichen Form zur Verfügung stehen. Denn auch das Erinnern geschieht in einer jeweils bestimmten Gegenwart und wird daher eben dadurch maßgeblich mitbestimmt. Die gespeicherten Informationen vermischen sich mit anderen, manchmal gibt es nur Bruchstücke oder szenische Fetzen oder auch nur einen bestimmten Sinneseindruck. Anders gesagt: Erinnerung gleicht vielfach zu einem großen Teil einem Rekonstruktionsprozess, in dem wir einzelne Elemente interpretierend, einem Puzzle gleich, solange hin- und herschieben, bis sich ein für uns vermeintlich stringentes, stimmiges Bild ergibt. Und ungeachtet unserer Überzeugung, dass es so war, stellen wir manchmal fest, so war es doch nicht – etwas ist »vergessen« worden.

Wie jeder weiß, kann man dem Gedächtnis »auf die Sprünge« helfen, z. B. durch gezieltes Training, durch fortwährende Introspektion (vielleicht durch das Schreiben eines Tagebuches unterstützt), dem Lesen alter Briefe oder Dokumente (das erste Zeugnis aus der Grundschule) oder auch dem Betrachten von Fotos (ich im Kinderwagen) oder Filmen (der Familienurlaub in Dänemark). Wiewohl sich die Erinnerungsleistung dadurch steigern lässt, bleibt der Zugang zu Vergangenem, allen Anstrengungen zuwider, nicht nur mühevoll, sondern in aller Regel unsicher und unvollständig. Und je länger die Dinge zurückliegen, desto schwieriger wird es. Man kennt das beispielsweise von Familienfeiern, wenn in alten Alben auf einmal Aufnahmen aus unserer Kinderzeit die Anwesenden zu faszinieren beginnen: Während Eltern, Großeltern, ältere Geschwister, Onkel und Tanten sich im Modus gegenseitiger Anregungen munter Geschichten und Begebenheiten über uns erzählen (»Ich weiß noch, wie Du zum ersten Mal über den Flur gelaufen bist ...«), sitzen wir als Gegenstand der Aufnahmen wie unbeteiligt dabei, schauen auf die alten Fotos von dem kleinen Mädchen oder Jungen, die wir waren, und können uns beim besten Willen doch nicht an all das erinnern, was die Älteren über uns zu berichten wissen. Das ist kein Wunder, denn Erinnerungen an die ersten drei bis vier Lebensjahre liegen in einem undurchdringlichen Dunkel, sind für uns schlichtweg »inneres Ausland«, in das wir nicht oder allenfalls in Bruchstücken Einblick gewinnen können.

Neurologisch ist eine Erinnerung ein gespeichertes Verknüpfungsmuster von Nervenzellen, und die Wahrscheinlichkeit, dass etwas ins Langzeitgedächtnis übergeht, wächst mit der Häufigkeit der Aktivierung dieser neuronalen Verbindungen. Es ist jedoch nicht nur die Häufigkeit an sich, die die Möglichkeit des Erinnerns erhöht. Vor allem dann, wenn starke Gefühle oder Affekte im Spiel sind, wird das Erinnern leichter möglich (was u. a. daran liegt, dass Emotionen und Affekte uns primär, vor aller Sprache und allem Denken, in der Wirklichkeit orientieren). Schließlich wächst die Fähigkeit, sich zu erinnern, in dem Maße, als Sprache beteiligt ist, die jeweiligen Inhalte also sprachlich repräsentiert sind.[21]

Aber wie verhält es sich mit der Valenz dessen, was vergessen wird? Denn wie jeder weiß, vergisst man manchmal sehr Wichtiges, während uns Unwichtiges im Gedächtnis haften bleibt. Und bei bestimmten Erfahrungen sind wir froh, wenn sie endlich aus dem Bewusstsein verschwinden und uns nicht länger »bedrängen«. Von Extremerfahrungen (Gewalt, Missbrauch, Unfälle und Katastrophen) weiß die Trauma-Forschung, dass diese vielfach mit einer vollständigen Amnesie verbunden sein können, manchmal aber, wenn überhaupt, nach Jahrzehnten plötzlich und vermeintlich unvermittelt wieder auftauchen können (bei genauerer Analyse zeigen sich dann häufig Kleinigkeiten oder beiläufige Reize, die gleichsam an die Erinnerung erinnern, ohne dass sofort klar wäre, warum dies so ist und worum es sich seinerzeit eigentlich gehandelt hatte). Zudem kann man zwar nicht bewusst vergessen wollen, und doch kann etwas Unangenehmes »verdrängt« werden. Ohnehin lässt sich über die entscheidende Schnittstelle zwischen »vergessen« und »verdrängen« kaum etwas Genaues sagen, wir wissen letztlich nicht, welche Faktoren im Einzelfall die permanente Selektionsfunktion des Gedächtnisses steuern und bestimmen. Wir wissen aber, dass gerade das für klinische Phänomene bedeutsame autobiographische Gedächtnis nicht nur Selbstbewusstsein, sondern auch Selbstreflexivität zur Voraussetzung hat, denn gäbe es ein solches sich seiner Identität bewusstes Ich oder Selbst nicht, dann stünde die Vielzahl biographischer Erfahrungen gleichsam unverbunden nebeneinander. Wir verfügen zwar von Beginn an über Bewusstsein, Selbst-Bewusstsein hingegen ist vielmehr Ergebnis von Entwicklung und bildet sich erst im Laufe der ersten Lebensjahre allmählich heraus. Und mit der Entfaltung von Selbstbewusstsein geht die Unterscheidung von ›Innerer Welt‹ und ›Äußerer Realität‹ (Kernberg) einher, genauer gesagt die Unterscheidung von intrapsychischer Erlebniswelt, intersubjektiver Kommunikationswelt und objektiver Realität, sozusagen drei Welten, in denen sich das Selbst auf jeweils spezifische Weise zur Geltung bringt, Wirkungen erzeugt, sich aber auch behaupten muss.

---

21 Nicht vergessen werden darf, dass auch der Körper Erfahrungen zu speichern vermag, z. B. in muskulären Mustern, die sich zu einer bestimmten »Haltung« verfestigen können; daher spricht man auch von einem »Körpergedächtnis«. Dementsprechend gibt es Ansätze einer eigenen Körpertherapie, z. B. die von Alexander Lowen entwickelte »Bioenergetik« (1976).

Diese knappen, die komplizierten Verhältnisse stark vereinfachende Skizze dürfte ausreichen, um immerhin einen Eindruck davon zu vermitteln, wie sehr sich unser Wissen über die Funktionsweise des Gehirns erweitert und verändert hat – und infolgedessen damit auch die Vorstellungen und Annahmen vom Unbewussten. Insofern verweist die Rede vom »*horizontalen Unbewussten*« nicht nur auf die neuronale Struktur des Gehirns, sondern macht darüber hinaus auf eine folgenreiche Veränderung in der psychoanalytischen Betrachtung der menschlichen Entwicklung und des Verständnisses psychischer Störungen aufmerksam, nämlich auf die grundlegende Bedeutung, die (frühen) Interaktionserfahrungen für die Persönlichkeitsentwicklung zukommt: »intersubjektive Wende« oder »relational turn« sind die dazugehörigen Begriffe.[22] Was ist damit gemeint?

Den Grundgedanken formuliere ich in Anlehnung an Martin Altmeyer (2005, S. 650 ff.) folgendermaßen: Mentale Strukturen bilden sich nicht von innen nach außen, sondern vielmehr umgekehrt, von außen nach innen. Seelische Entwicklung lässt sich nicht nur als Ausdruck eines angeborenen Reifeschemas, eines genetischen Programms und als Abfolge festgelegter Phasen verstehen, sondern von Geburt an (und sogar schon intrauterin) ist Entwicklung sozial vermittelt und kommt durch und im lebendigen interaktiven Austausch mit Anderen zur Entfaltung. Die Bildung des Subjekts ist, anders gesagt, primär sozial determiniert, gleichsam eingebettet in die und abhängig von den kommunikativen Strukturen, in die wir hineingeboren werden. Wie andere auf uns reagieren, entscheidet maßgeblich darüber, wer und wie wir werden. Das Geflecht der realen sozialen Beziehungen, die wir vorfinden, wenn wir auf die Welt kommen, wird damit zum entscheidenden Faktor der Entwicklung. Und soziale Beziehungen sind stets potentiell konflikthaft, sie können befriedigend oder unbefriedigend sein, Interaktionen können gelingen oder misslingen, sind lustvoll oder von Unlust bestimmt, sind also hochempfindlich, stets störbar und können pathologisch entgleisen. Vergegenwärtigt man sich z. B. das Bild einer frühen gelingenden Mutter-Kind-Interaktion mit dem dazugehörigen wechselseitigen Aufeinanderbezogensein (der Säugling schaut auf das Gesicht der Mutter, sie lächelt, und er lächelt zurück) bekommt man eine Ahnung von den Feinheiten dieses Prozesses, den man durchaus als ›interaktives tuning‹ bezeichnen könnte. Denn was, wenn das erwartete Lächeln jetzt ausbleibt, verspätet kommt oder gar nie erwidert wird? Interaktionsverläufe dieser Art, die sich durch ihre fortwährende Wiederholung zu einem Muster oder einer Matrix ausbilden und verfestigen, sind und bleiben unbewusst. Insofern wird nachvollziehbar, warum seit geraumer Zeit in der psychoanalytischen Forschung das Unbewusste »als der virtuelle Andere« verstanden und konzeptualisiert wird (vgl. Altmeyer 2005/2006).

Dass (frühe) Kindheits-Erfahrungen die Struktur einer Person (und damit auch Formen und Ursachen psychischer Störungen) maßgeblich bestimmen, war von

---

22 Dieses »intersubjektive Paradigma« ist keine exklusive Entdeckung der Psychoanalyse; vielmehr nimmt die Psychoanalyse mit einiger Verspätung hiermit etwas auf, was in anderen Wissenschaftsgebieten (Philosophie, Sozialwissenschaften, Säuglingsforschung, Neurobiologie, Kognitionswissenschaften und Bindungstheorie) schon seit längerem die Forschungen bestimmt hatte (vgl. dazu auch Weiss 1988).

Beginn an eine der basalen Annahmen psychoanalytischer Theorie und ihrer therapeutischen Praxis. Dabei hat sich das Verständnis frühkindlicher Entwicklung im Laufe der letzten 100 Jahre ständig erweitert, verfeinert und schulenspezifisch ausdifferenziert (vgl. Mertens 2005, S. 57 ff.). Heutzutage wird sogar mit guten Gründen von einigen Autoren von einer eigenständigen »Psychoanalytischen Entwicklungswissenschaft« gesprochen, die durch produktive Integration der Befunde anderer Wissenschaftsgebiete (z. B. experimentelle Säuglingsforschung, Neurobiologie, Bindungstheorie, Kognitionspsychologie) zu einem genuin psychoanalytischen Verständnis der die gesamte Lebensspanne umgreifenden menschlichen Entwicklung gelangt ist (vgl. Poscheschnik/Traxel 2016).

Die Struktur einer Person ergibt sich demnach aus einer fortwährenden wechselseitigen Beeinflussung von angeborenen Dispositionen und spezifischen interaktionalen Erfahrungen. Wesentlich sind dabei diejenigen Mechanismen, durch die diese Interaktionserfahrungen über Varianten der Identifikation transformiert und verinnerlicht werden und später dann als *System der internalisierten Objektbeziehungen* der Struktur einer Person ihr unverwechselbares individuelles Gepräge verleihen. Anders gesagt: Äußere Erfahrungen werden zu inneren Strukturen, wer wir später sind, wie wir fühlen, denken und handeln, verdankt sich also wesentlich der Umwelt, in die wir hineingeboren wurden und aufgewachsen sind, kurzum: Lebensgeschichte kann immer auch zu einem entscheidenden Teil als Interaktionsgeschichte begriffen werden.

Mit fortschreitender Entwicklung vom Säugling zum Erwachsenen muss das sich herausbildende Selbst einerseits biologisch fundierte und sozial institutionalisierte Reifungskrisen bewältigen, deren produktive Auflösung gleichsam als Motor der Entwicklung wirkt und sie weiter auf das Ziel erwachsener Autonomie vorantreibt: »ego growth through crisis resolution« ist eine Grundeinsicht der Sozialisationstheorie. Andererseits ergeben sich Krisen auch aus äußeren Ereignissen in der kindlichen Lebenswelt (z. B. durch den Verlust eines signifikanten Objektes wie Vater oder Mutter, körperliche Beeinträchtigungen oder auch durch Erfahrungen von Gewalt und Missbrauch). In beiden Fällen aber gilt, dass die Bewältigung der mit diesen krisenhaften Zuspitzungen unvermeidlich verbundenen Konflikte stets in Abhängigkeit von der bis zu diesem Zeitpunkt jeweils bereits erlangten psychischen Struktur erfolgt und verstanden werden muss. Ohnehin muss das Selbst (insbesondere natürlich in konflikthaften Konstellationen) seine motivationalen Systeme (vgl. Lichtenberg et al. 2000) fortwährend in einem befriedigenden Gleichgewicht zu halten versuchen, also einen Ausgleich zwischen selbsterhaltenden (regulativen) und objektbezogenen (bindungs-suchenden) Bedürfnissen herstellen und dabei solche nach Selbstbehauptung, Aversion sowie jene nach sinnlichem Genuss und sexueller Erregung nicht vernachlässigen oder gar aus dem Auge verlieren, ganz abgesehen davon, dass gerade in Krisen die Grenzen dieser motivationalen Systeme sich vielfach auflösen oder gar auf dramatische Weise in sich zusammenfallen können.

Von der Annahme ausgehend, dass unbewusste Prozesse einen Großteil der Person ausmachen und ihr Fühlen, Denken und Handeln entscheidend mitbestimmen, hat die Psychoanalyse eine eigene Psychopathologie entwickelt, also Theorien darüber, wie bestimmte psychische Störungen aus psychoanalytischer

Sicht zu verstehen sind und wie sie sich demgemäß therapeutisch behandeln lassen. Daher wird in der oben zitierten »Psychotherapie-Richtlinie« von diesen Verfahren als »Formen einer *ätiologisch orientierten Psychotherapie*« (Hervorhbg. d. Verf.) gesprochen, solchen also, die ausgehend von Theorien über *Ursachen der Entstehung* psychischer Erkrankungen darauf aufbauende, in sich geschlossene Behandlungskonzepte entwickelt haben.[23]

Es liegt auf der Hand, dass angesichts der mehr als hundert Jahre währenden Geschichte psychoanalytischer Forschung und Theoriebildung und angesichts des damit einhergehenden Ausmaßes an Ausdifferenzierung in unterschiedliche Schulen und Ansätze sich die behandlungstechnischen Vorstellungen stark verändert haben und demzufolge heute ein äußerst heterogenes Bild ergeben. In dieser Entwicklung spiegelt sich auch ein verändertes und vertieftes Verständnis der Psychopathologie. Anders gesagt: Psychoanalytiker haben fortwährend von ihren Patienten gelernt und ihre Behandlungskonzepte den Nöten und Heilungsbedürfnissen ihrer Patienten anzupassen versucht. Während in der ersten Hälfte des 20. Jahrhunderts Psychoanalyse vorwiegend eine weitgehend standardisierte Behandlungstechnik für Neurosen war, werden heute auch Krankheitsbilder (die so genannten »frühen Störungen«) psychotherapeutisch bearbeitet, die früher lange Zeit als »nicht-behandelbar« galten. Die Techniken der Behandlung sind also, abhängig von der jeweiligen Störung, sehr viel flexibler geworden. Man spricht daher auch von »adaptiver Indikation«, womit gemeint ist, dass sich die therapeutische Technik den Bedürfnissen des Patienten soweit wie nur möglich anzupassen versucht (statt den Patienten einer Behandlungstechnik auszusetzen, die ihm womöglich nicht nur nicht oder wenig hilft, sondern seine Schwierigkeiten sogar noch zu verstärken vermag).

Es ist angesichts dieser Entwicklungen und komplizierten Sachverhalte nicht ohne Probleme, schlicht von »der« oder »den« psychoanalytischen Behandlungstechniken zu reden. Eine weitere Schwierigkeit kommt hinzu: Psychoanalytisch orientierte Verfahren gibt es in unterschiedlichen Formen oder Formaten, die wiederum eine unterschiedliche Verwendung der Behandlungstechniken bedingen, anders gesagt: die Technik folgt der Form, das so genannte »setting« ist entscheidend. Für eine grobe Orientierung (und auf Deutschland begrenzt) reicht es aus, drei Formen zu unterscheiden: das *psychoanalytische Standardverfahren* (die so genannte ›große Psychoanalyse‹), die *Analytische Psychotherapie (AT)* sowie die *Tiefenpsychologisch fundierte Psychotherapie (TP)* mit einigen Sonderformen (Kurztherapie, Fokaltherapie, Dynamische Psychotherapie).[24] Am Ende dieses Abschnittes wird diese Unterscheidung noch einmal näher betrachtet.

---

23 Dies ist, nebenbei bemerkt, ein zentrales Kriterium für die Bewertung eines therapeutischen Verfahrens als »wissenschaftlich« – und damit auch Voraussetzung für die kassenrechtliche Anerkennung.

24 Die ›große Psychoanalyse‹ erstreckt sich in der Regel über einen Zeitraum von 4–5 Jahren (und länger) und findet im Liegen mit einer wöchentlichen Stundenfrequenz von 4–5 Stunden statt. Die *Analytische Psychotherapie* erstreckt sich in der Regel über einen Zeitraum von 2–3 Jahren (und länger) mit einer wöchentlichen Stundenfrequenz von 2–3 Sitzungen. Und die *Tiefenpsychologisch fundierte Psychotherapie* dauert in der Regel mit einer wöchentlichen Frequenz von 1–2 Stunden 1–2 Jahre und findet im Sitzen statt. Welches

Es stellt sich für die Zwecke dieser Abhandlung mithin die Frage nach dem »common ground« dieser Therapieformate, nach dem also, was ihnen allen gemeinsam ist und was sich dann, je nach Art der psychischen Störung, Form der Therapie und theoretischem Konzept, als Variation zur Geltung bringt. Es geht sozusagen um den kleinsten behandlungstechnischen Nenner, um das, was immer gegeben sein muss, wenn der Ausdruck »psychoanalytisch« einen Sinn haben soll, also als Merkmal für eine Unterscheidung (zum Beispiel mit Blick auf die Verhaltenstherapie) steht.

Dass alle psychoanalytisch orientierten Verfahren »Unbewusstes« (vgl. Gödde /Buchholz 2011) für die Entstehung und Therapie psychischer Störungen als wesentlich ansehen, dürfte bereits hinlänglich deutlich geworden sein. Es war nun die Entdeckung Freuds, dass es einen (wenn auch nie vollständigen) Zugang zum Unbewussten gibt, der therapeutisch nutzbar gemacht werden kann. Dieser Zugang eröffnet sich im Medium einer besonders gestalteten Beziehung, in der Analysand und Analytiker, Patient und Therapeut, auf eine spezifische Weise interagieren und kommunizieren. Das ist das Grundaxiom aller psychoanalytisch sich nennenden Behandlungen, und es hat bis heute nichts von seiner Gültigkeit eingebüßt. Wie nun diese »besondere Beziehung« jeweils verstanden wird und dadurch ihre eigentümliche Gestalt gewinnt, das allerdings hat sich im Laufe der Entwicklung fortwährend verändert.

Nach klassischer Vorstellung wird diese »besondere Beziehung« durch eine komplementäre Regel in Gang gesetzt und gesteuert: Der Patient wird aufgefordert, seinen auftauchenden Gedanken freien Lauf zu lassen, nichts zurückzuhalten und alles zu äußern, was ihm einfällt (Prinzip der *»freien Assoziation«*). Der Analytiker hingegen, dem Patienten ebenso wohlwollend, interessiert und einfühlend zugetan wie um Abstinenz und Neutralität bemüht, hält sich dabei weitgehend zurück und begleitet den Analysanden bei diesem Prozess nach dem Prinzip *»gleichschwebender Aufmerksamkeit«*. Die Erwartung bei diesem Arrangement besteht darin, dass auf eine solche Weise sukzessive Material aus dem Unbewussten auftaucht, Bruchstücke oder Szenen früherer konflikthafter Kindheits-Erfahrungen ebenso wie unterdrückte Gefühle oder Phantasien, die sich auf den Analytiker richten. Die Verdichtung dieses kommunikativen Geschehens wird als *»Übertragung«* bezeichnet.[25]

»setting« für welchen Patienten zur Anwendung kommt, ist nicht zuletzt eine Frage des Geldes. Denn als 1967 die Psychotherapie in den Leistungskatalog der Krankenkassen aufgenommen wurde, war dies mit einer Begrenzung der Kostenübernahme verbunden und führte für die psychoanalytisch orientierten Verfahren zu der heute gängigen Unterscheidung in AT und TP; nach einem entsprechenden Antrags- und Gutachtenverfahren übernehmen die Kassen dafür die Kosten mit einer in den Psychotherapie-Richtlinien festgelegten Begrenzung (AT 160-300 Std.; TP 60-100 Std.). Behandlungen, die über diesen zeitlichen Rahmen hinausgehen, und Langzeitbehandlungen im Sinne der ›großen Psychoanalyse‹ werden von den Kassen nicht übernommen und müssen privat finanziert werden.

25 Instruktiv die Definition von Mertens (1990, Band 2, S. 186): »Übertragung wird im allgemeinen definiert als das Erleben von Gefühlen, Phantasien und Abwehrhaltungen und letztlich von Beziehungsrepräsentanzen, in die der mehr oder weniger phantasmatische Verarbeitung früherer traumatisierend und konflikthaft erlebter Interaktionsprozes-

Anders gesagt: Die frühe Welt der mit bestimmten Konflikten, Emotionen und Affekten verbundenen Interaktionen des Kindes, das der Analysand war, wird mit Hilfe dieser »besonderen Situation« gleichsam »nach oben« gehoben; und damit wird sie jetzt, in der aktuellen analytischen Situation, selbst zur Gegenwart, also buchstäblich vergegenwärtigt. Der neurotische Konflikt, der das Erwachsenen-Leben des Analysanden eingeengt und ihn an der Entfaltung seines autonomen Potentials bislang schmerzhaft und leidvoll gehindert hatte, wird durch die gemeinsame *Erinnerungsarbeit* zunächst auf seine lebensgeschichtlichen Ursprünge zurückverfolgt und in der Übertragung wiederbelebt. Durch eine solche Vergegenwärtigung des Vergangenen kommt es zunächst zu einer Transformation des Konfliktes in eine »*Übertragungsneurose*«, der frühere Konflikt wird dadurch umgeformt und verwandelt sich. Auf diese Weise wird es möglich, die Muster des früheren Geschehens mit den damals einhergehenden Gefühlen und Affekten jetzt auf einer anderen Ebene gleichsam zu »*wiederholen*«. So kommt der Analysand mehr und mehr mit der emotionalen Welt des Kindes, das er war, in Berührung und erlebt sich emotional zunehmend wie als Kind. Dieser Prozess einer eigentümlichen »Verkindlichung«, der für den Fortgang des therapeutischen Prozesses notwendig und für eine Heilung wesentlich ist, wird als »*Regression*« bezeichnet, also als Rückkehr auf frühere Entwicklungsstufen des subjektiven Erlebens. Gefühle wie Liebe, Hass, Wut, Ärger, Ohnmacht, Trauer oder Enttäuschung, die früher, als kleines Kind, nicht wahrgenommen werden konnten oder durften und unbewusst geworden waren, kommen nun an die Oberfläche, indem sie sich als Übertragung auf den Analytiker richten.

Der Analytiker ist aber nicht der Interaktionspartner von früher, also zum Beispiel nicht der abwesende oder gewalttätige Vater oder die aus Überforderung abweisende Mutter, nicht der stets den seinerzeit kleinen fortwährend kränkende große Bruder oder die ehedem idealisierend glorifizierte große Schwester und auch nicht irgendeine andere signifikante Gestalt aus der kindlichen Lebenswelt – sondern eben jetzt der Analytiker. Die therapeutische Situation ist gleichsam eine »*Als-Ob-Situation*«, also für die Zwecke der Therapie auf produktive Weise aufgespalten. Denn auch der auf eine frühere Entwicklungsstufe regredierende Analysand ist ja außerhalb der Therapie, vor und nach Ende jeder Sitzung, eine erwachsene Frau oder ein erwachsener Mann, der für die Zwecke der Analyse nur mehr ein »*Arbeitsbündnis*« eingegangen ist (und, nicht zuletzt daran kommt diese Situationsdefinition zur Geltung, für die Arbeit des Analytikers bezahlt).

---

se mit wichtigen Bezugspersonen des Kindes eingegangen ist. Dieses Erleben, das die Wahrnehmung, die Aufmerksamkeit, das Erinnern, die Art und Weise zu sprechen, aber auch die Körpersprache des Patienten beeinflusst, tritt in der jetzigen Therapiesituation gegenüber dem Therapeuten (freilich auch – vielleicht mit etwas mehr Freiheitsgraden – in der nur vorgestellten Interaktion mit ihm außerhalb der Therapiesitzungen), der, anders als im alltäglichen Interaktionssituationen, idealiter einen analytischen Raum für dieses Erleben bereitstellt.« Der korrespondierende Begriff zur Übertragung ist die *Gegenübertragung*; hiermit wird nach heutigem Verständnis die Gesamtheit aller (bewussten wie unbewussten) Einstellungen des Analytikers dem Analysanden gegenüber verstanden; demgemäß ist die Gegenübertragung unvermeidlich und ihre sorgfältige Analyse unverzichtbarer Bestandteil der therapeutischen Arbeit.

Durch dieses therapeutische Arrangement ergibt sich nun die Möglichkeit, all das, was früher so schmerzhaft gewesen war, Schritt für Schritt »durchzuarbeiten«, also in die innere Welt des erwachsenen Selbst zu integrieren und es so von den emotionalen Lasten der Vergangenheit zu befreien. Dieses »integrierende Durcharbeiten« ist ein mühsamer Prozess, weil der Analysand ihm *Widerstand* entgegenzusetzen pflegt, der in vielfältigen Erscheinungsformen beobachtbar wird und mit *Abwehrvorgängen* eng zusammenhängt. Diese haben sich im Zuge der Bewältigung früher Konflikte herausgebildet und im Sinne einer Kompromisslösung lange Jahre das Selbst vor den schmerzhaften Einsichten bewahrt und beschützt und sind so Teil der Persönlichkeitsstruktur geworden. Die sorgfältige Analyse von Widerstand und Abwehr bildet daher einen wesentlichen Teil der Behandlung. In dem Maße allerdings, wie sich die Abwehr lockert und Widerstände verringert werden und sich die Übertragungsneurose allmählich auflöst, löst sich auch der aktuelle neurotische Konflikt mit seinen Symptomen sukzessive auf oder wird zumindest in seinen Auswirkungen spürbar gemindert und gemildert: die innerpsychische Struktur des Analysanden verändert ihre Form. Dass eine solche Strukturveränderung viel Zeit braucht, die »*große Psychoanalyse*« sich also über etliche Jahre erstrecken kann, dürfte vor diesem Hintergrund leichter zu verstehen sein.

Diese sehr grobe, idealtypisch verdichtete Beschreibung der analytischen Situation erlaubt es immerhin, auch leichter nachzuvollziehen, wie sich im Zuge der Theorie-Entwicklungen die Sichtweisen verändert haben. Zumindest auf einige Punkte soll im Folgenden aufmerksam gemacht werden.

Auf der Grundlage eines »vertikalen Verständnisses des Unbewussten« war lange Zeit die Annahme bestimmend, der Analytiker verfüge über eine quasi »objektive« Wahrnehmung, wohingegen die Wahrnehmungen der Analysanden als »neurotisch verzerrt« galten. Daher wurde der Rolle des Analytikers sozusagen ein »Deutungsmonopol« zugesprochen, so, als sei er im Besitz der objektiven Wahrheit des subjektiven Erlebens des Analysanden. Vor diesem Hintergrund galt die auf das erinnerte Material in der Übertragung passgenau abgestimmte »richtige« Deutung als Königsweg zur »richtigen« Einsicht des Analysanden, der mit dieser Hilfe im Prozess des Durcharbeitens seine Widerstände überwinden und seine neurotische Einstellung aufgeben konnte – und auf Grundlage der so gewonnenen Einsichten dann in der Lage war, sein Verhalten zu ändern.

In dem Maße, wie sich die Auffassung vom Unbewussten in Richtung »horizontal«, also im weitesten Sinne in Richtung eines interaktionistischen Verständnisses, verändert, erscheinen auch Rolle und Funktion des Analytikers in einem anderen Licht: Der Analytiker ist nicht länger der allein »Wissende«, sondern wird zu einem gleichberechtigten Teil bei der Suche nach unbewussten Sinnzusammenhängen, die beiden Interaktionspartnern gleichermaßen verborgen waren und deren Entdeckung oder Aufdeckung als Ergebnis einer gemeinsamen kooperativen Bemühung zu sehen ist. Deutungen werden demnach als Ergebnis eines gemeinsamen Rekonstruktionsprozesses verstanden, als »Ko-Konstruktion«, wie heute in Anlehnung an systemtheoretische Diktion gerne gesagt wird. Das »Wissen« des Analytikers ist also weniger ein »Tatbestandswissen«, sondern wird vielmehr in wachsendem Maße als ein spezifisches »Suchwissen« aufgefasst, als ein »prozedurales Handlungswissen« sozusagen; nicht das vorher vermeintlich feststehende »Wissen« um das »Gesuchte« ist primär entscheidend, sondern das Wissen darum, *wie* man nach unbewussten Sinnzusammenhängen suchen muss, um sie mit einiger Aussicht auf Erfolg finden und verstehen zu können, so dass auf dieser Grundlage am Ende Veränderungen des Verhaltens möglich werden.

Dieser grundlegende Wechsel der Sichtweise (der in vielen Darstellungen auch als Wechsel von einer ›Ein-Person-Psychologie‹ zu einer ›Zwei-Personen-Psychologie‹ beschrieben wird) hat auch die Auffassung von den therapeutisch wirksamen Faktoren entscheidend verändert. Während nach klassischer Vorstellung in erster Linie die durch die psychoanalytische Arbeit vermittelte *Einsicht* (mit dem darauf aufbauenden Prozess des *Durcharbeitens*) als Bedingung der erfolgreichen Behandlung einer neurotischen Störung angesehen wurde, wird heute darüber hinaus die psychoanalytische Situation selbst als der zentrale kurative Faktor verstanden. Anders gesagt: die psychoanalytische Arbeit vermag nicht nur unbewusste dysfunktionale Interaktionsmuster zum Vorschein zu bringen (also Einsicht in verborgene Sinnzusammenhänge zu vermitteln), sondern mit dieser spezifischen Interaktion selbst ist die Möglichkeit neuer, korrigierender und damit ›heilender‹ Beziehungserfahrungen gegeben. Kurzum: das *Durcharbeiten* einer einmal erkannten Einsicht hat sich in das fortwährende *Bearbeiten* schädigender Beziehungsmuster und in das äußerst mühevolle *Einarbeiten* in neue, befriedigendere Muster verwandelt.

Daher können heute nicht nur klassische Neurosen, sondern auch die so genannten »frühen Störungen« psychoanalytisch behandelt werden. In dieser Erweiterung des Behandlungsspektrums zeigt sich zudem die Bedeutung der psychoanalytischen Praxis als Motor und Medium psychoanalytischer Forschung, die eben nicht »armchair-research« ist, sondern buchstäblich »Praxis- oder Handlungsforschung«, ein für das Selbstverständnis der Psychoanalyse unverzichtbares Junktim. Denn es wurde zunehmend erkannt, dass Patienten mit bestimmten (narzisstischen) Störungen gar nicht in der Lage waren, die für das klassische Setting notwendige »Als-Ob-Einstellung« einzunehmen, sie durchzuhalten und davon auch zu profitieren. Sie brauchten den Analytiker nicht primär als »Reflexionshilfe«, sondern vielmehr als »direkte Interaktionshilfe«, um sich von ihren sie existentiell bedrohenden verinnerlichten Objektbeziehungen befreien zu können. Denn frühe Störungen haben ihre Ursachen eben in sehr frühen, präverbalen Phasen der psychischen Entwicklung, liegen also, technisch gesprochen, auf einem anderen Entwicklungsniveau als Neurosen.

Dass sich damit auch die Auffassungen von Rolle, Funktion und Intervention des Analytikers verändern mussten, liegt auf der Hand. Vereinfacht gesagt ist es die für jede Heilung unverzichtbare Bedeutung der *Empathie*, der als Dreh- und Angelpunkt der analytischen Behandlungstechnik nunmehr eine herausragende Bedeutung beigemessen wird. Diese theoretische Weiterentwicklung ist vor allem den Forschungen von Heinz Kohut und der von ihm begründeten psychoanalytischen Selbstpsychologie (vgl. Milch 2001) zu verdanken, durch die sich zudem produktive Verbindungen zu anderen Forschungszweigen (z.B. Säuglings- und Kleinkinderforschung) ergeben haben, eine Entwicklung, die maßgeblich zu einer »Modernisierung der Psychoanalyse« insgesamt beigetragen hat (vgl. dazu auch Kraft 2008a).

Vor dem Hintergrund der bisher gegebenen Erläuterungen dürfte es am Ende dieses Abschnittes nun leichter möglich sein, die in den Psychotherapie-Richtlinien erwähnte Unterscheidung zwischen »Tiefenpsychologisch fundierter Psychotherapie« (TP) und »Analytischer Psychotherapie (AP) zu verstehen und nachzuvollziehen. Demnach gehören zur AP Formen der Therapie, »die zusammen mit der neurotischen Symptomatik den neurotischen Konfliktstoff und die *zugrunde liegende neurotische Struktur* der Patientin oder des Patienten behandeln und dabei das therapeutische Geschehen mit Hilfe der Übertragungs-, Gegenübertragungs- und Widerstandsanalyse *unter Nutzung regressiver Prozesse* in Gang setzen und fördern« (S. 13). Demgegenüber bezieht sich die TP auf solche Formen der Therapie, »mit welchen die unbewusste Psychodynamik *aktuell wirksamer neurotischer Konflikte und struktureller Störungen* unter Beachtung von Übertragung, Gegenübertragung und Widerstand behandelt werden. Eine Konzentration des therapeutischen Prozesses wird durch *Begrenzung des Behandlungsziels*, durch ein vorwiegend *konfliktzentriertes Vorgehen* und durch *Einschränkung regressiver Prozesse* angestrebt« (S. 12, H.d.V). Im Falle der AP ist das Behandlungsziel weiter gefasst, zielt auch auf Strukturveränderungen und nutzt dafür regressive Prozesse, braucht also mehr Zeit. Im Falle der TP ist das Behandlungsziel begrenzt, das Vorgehen richtet sich primär auf die Bearbeitung aktueller Konflikte, regressive Prozesse müssen daher eingedämmt werden, wodurch insgesamt eine kürzere Behandlungsdauer möglich wird.

Wie sich nun die Interventionen der psychoanalytisch begründeten Verfahren der Psychotherapie als Formen des Zeigens verstehen und darstellen lassen, das ist das Thema des folgenden Abschnittes.

1.4.3.1 Unbewusste Konflikte und Formen des Zeigens

Der Versuch, die Behandlungstechniken oder Interventionsformen der psychoanalytisch-orientierten Therapieverfahren als Formen des Zeigens erkennbar werden zu lassen, bringt zunächst einen vermeintlichen Widerspruch zum Vorschein. Einerseits gilt: Wenn etwas unbewusst ist, ist es per definitionem dem Bewusstsein nicht zugänglich; und was dem Bewusstsein nicht zugänglich ist, kann auch nicht gezeigt werden! Andererseits gilt aber auch: Alle psychoanalytisch-orientierten Verfahren zielen darauf ab, dem Patienten eine *affektiv fundierte Einsicht* in seine als problematisch oder konflikthaft erlebten, vornehmlich unbewussten Lebenszusammenhänge zu vermitteln; denn, das ist die theoretische Prämisse, gerade in einer solchen Einsicht liegt die Bedingung der Möglichkeit für Verhaltensänderungen begründet. Wie lässt sich das auflösen?

Wenn dem Zeigen der direkte Weg zum unbewussten Konflikt versperrt ist, gibt es keine andere Möglichkeit, als zunächst dafür zu sorgen, dass das Zu-Zeigende sich überhaupt zeigen kann, es muss, anders gesagt, erst einmal zum Vorschein gebracht werden. Und in dem Maße, wie dies geschieht, wird es dann auch zeigbar. Dabei gilt die Grenze des Unbewussten absolut, also für beide Beteiligten gleichermaßen, denn auch der Analytiker weiß nicht, was sich im Laufe der Therapie zeigen wird. Gleichwohl sind nicht beide gleich blind. Denn der Analytiker verfügt, anders als der Patient, über zwei Formen des Wissens, die diese gemeinsame Unternehmung nicht von vornherein vergeblich erscheinen lassen: Einerseits ein theoretisch fundiertes klinisches Störungswissen, das die psychoanalytische Krankheitslehre ihm zur Verfügung stellt und hypothetische Aussagen darüber ermöglicht, wonach zu suchen sein könnte; und andererseits ein darauf aufbauendes praktisches Handlungswissen, das in der direkten Interaktion mit dem Patienten Gestalt gewinnt, dort kommunikativ wirksam wird und mit einiger Wahrscheinlichkeit dazu führen kann, die theoretisch erzeugten Hypothesen für diesen besonderen Fall zu bestätigen, zu modifizieren oder zu widerlegen.

Der Analytiker wird demnach versuchen, den Analysanden sukzessive auf diese besondere Weise psychoanalytischen Suchens einzustimmen und ihn daraufhin zu orientieren. Der Analysand soll also lernen, seine Problematik mit psychoanalytischen Augen (sozusagen mit den Augen des Analytikers) zu sehen und zu verstehen. Und der Analytiker zeigt ihm, wie man das machen kann, er zeigt sozusagen eine andere Perspektive, aus der die Schwierigkeiten, Störungen und Konflikte dann eben auch in einem anderen Licht erscheinen und so einer Einsicht den Weg bereiten, die vorher nicht möglich war. Im Mittelpunkt psychoanalytisch orientierter Therapien steht somit der Prozess emotionalen Umlernens und Neulernens, es geht, genauer gesagt, um emotionales Interaktionslernen, durch dessen behutsamen Vollzug nach und nach ehedem Unbewusstes allmählich dem Bewusstsein zugänglich zu werden vermag. Pointiert formuliert: Es ist vor allem die psychoanalytische Interaktion selbst, die dem therapeutischen Prozess buchstäblich als Medium dient, also als Vermittlung zwischen dem Unbewussten und dem Bewusstsein des Patienten. Vornehmlich zwei Formen des Zeigens sind dafür von grundlegender Bedeutung: das *psychoanalytisch-personale Zeigen* (a) und das *interaktional-genetische Zeigen* (b); sie sollen nun näher erläutert werden.

Dass in jeder Form der Psychotherapie dem therapeutisch-personalen Zeigen eine besondere Bedeutung zukommt, ist an früherer Stelle schon dargestellt und erläutert worden (▶ Kap. 1.4.2.1). Und dass diese Form des Zeigens je nach theoretischer Ausrichtung eine spezifische Gestalt annimmt, hat der Blick auf die Verhaltenstherapie bereits deutlich werden lassen. Vor diesem Hintergrund stellt sich jetzt die Aufgabe, das *psychoanalytisch-personale Zeigen* genauer zu beschreiben und in seinen Eigenarten verständlich zu machen. Wie also muss sich ein analytischer Therapeut in dieser besonderen Rolle »zeigen«, um dem Patienten mit einiger Aussicht auf Erfolg Einblick in und Verständnis für seine unbewussten Konflikte zu ermöglichen?

Das *psychoanalytisch-personale Zeigen* kommt im Wesentlichen als eine besondere *Haltung* zum Vorschein, die der Analytiker gleichsam mit seiner Person verkörpern muss, um ihr lebendigen Ausdruck zu verschaffen. Auf der Grundlage dieser Haltung bildet sich überhaupt erst eine »analytische Situation« und kann eine »analytische Atmosphäre« entstehen. Wie lässt sich diese so besondere Haltung näher bestimmen?

Sie besteht vornehmlich aus zwei im Grunde gegensätzlichen Komponenten: Anerkennung eines psychischen Leidens und therapeutisches Engagement, Wertschätzung, Interesse, Neugier und absolutes Bemühen um möglichst umfassende Einfühlung und Verständnis auf der einen Seite – und Distanz, Neutralität, kontrollierte Beobachtung, wohlwollende Skepsis, theoretische Bewertung, große Zurückhaltung und gleichsam chirurgisch anmutende kommunikative Interventionen auf der anderen Seite. Diese beiden unterschiedlichen Komponenten müssen im Therapeuten zu einer Einheit zusammenfinden und verschmolzen werden, so dass diese analytische Haltung als Einheit einer Differenz verstanden werden kann. Erst auf dieser Basis kann dann eine spezielle Technik eingesetzt werden, die seit Freud »*gleichschwebende Aufmerksamkeit*« genannt wird (vgl. Freud 1973 [1943], GW Band VIII, S. 377 ff.). Dieses Prinzip steht der Grundregel, die dem Analysanden auferlegt wird, die »*freie Assoziation*«, als korrespondierende Größe gegenüber.

»Gleich« heißt dabei, dass schlichtweg *alles* von Bedeutung sein kann – das, was der Patient sagt und wie er es sagt, seine Gedanken, Gefühle, Vorstellungen, Ängste, Wünsche und Träume ebenso wie das, was er zu vermeiden oder zu verschweigen versucht, aber auch das, was er tut oder wie er etwas tut, ebenso wie alles, was sich im analytischen Gegenüber als Reaktion darauf einstellt. Und »schwebend« bedeutet, dass diese Form der Aufmerksamkeit gewissermaßen absolut, um nicht zu sagen: total sein soll, reine unverfälschte Aufmerksamkeit sozusagen, Aufmerksamkeit an sich. Sie ist nicht nur auf die äußere Realität der konkreten therapeutischen Interaktion gerichtet, sondern vor allem auch auf die Innere Welt des Analytikers, auf seine innerpsychischen Vorgänge, seine Einfälle, Phantasien, Stimmungen, Vorstellungen und Gedanken, kurzum: auf alles, was sich in ihm regt und Resonanz erzeugt. Die Erwartung ist, dass auf diese Weise Unbewusstes (des Patienten) mit Unbewusstem (des Analytikers) in Beziehung kommt und später dann sukzessive dem Bewusstsein zugänglich gemacht werden kann. Der Analytiker dient so als Projektionsfläche, er wird, um eine traditionelle Metapher zu verwenden, zu einem Spiegel, in dem die unbewussten Konflikte des Patienten nach und nach Gestalt gewinnen können, erst nur schemenhaft und in vagen Umrissen, im Verlauf der Therapie dann mit zunehmend klareren Konturen.

Dieses eigentümliche Doppelgesicht der analytischen Haltung mit ihrem fortwährenden Oszillieren zwischen einer außergewöhnlichen Intimität der Einfühlung und einer theoretisch distanzierten Reflexion, die dann zu einem immer genauer werdenden Verstehen der Inneren Welt des Patienten führt, bestimmt den gesamten Verlauf einer Therapie. Die Fähigkeit zur Einfühlung ist dabei das wichtigste Element des *psychoanalytisch-personalen Zeigens*, sie ist sozusagen die notwendige Bedingung, die als affektiv-emotionales Fundament erst gegeben sein muss, um einer später folgenden rationalen Einsicht den Boden zu bereiten. Und je früher in der Entwicklung eine Störung aufgetreten ist, desto größere Bedeutung kommt der Einfühlung zu. Oftmals reicht aber selbst optimale Einfühlung nicht, dann kommt es auf Intuition an, also auf die Fähigkeit, in sich Vorstellungen zu erzeugen, mit deren Hilfe sich Zugänge zum Unbewussten eröffnen lassen.[26]

---

26 Dass psychotherapeutische Intuition letztlich auf die aus der qualitativen Sozialforschung bekannte Methode der *Abduktion* im Sinne von Peirce hinausläuft, habe ich in

Empathie ist allerdings kein Selbstzweck, sondern Mittel zum Zweck, das entscheidende Mittel, um Verständnis zu gewinnen. Daher werden dem Patienten immer wieder Positionswechsel zugemutet, die Einfühlung wird also stets auch begrenzt, um den Lernprozess des Patienten weiter voranzubringen. Der Analytiker zeigt also nicht nur Anteilnahme, sondern legt auch Entbehrungen auf, eine heikle und höchst empfindliche Gratwanderung, die, in klassischer Diktion formuliert, durch das *Prinzip der Abstinenz* zu regulieren versucht wird. Die analytische Therapie ist ja nicht das Leben selbst, sondern nur ein Teil der Lebenswelt des Patienten, der sich daher in der wohligen Wärme optimaler Einfühlung nicht auf Dauer einrichten soll, sondern vielmehr behandelt wird, um seine Unabhängigkeit und Autonomie wieder zu gewinnen und außerhalb der Therapie uneingeschränkt zur Entfaltung bringen zu können. Insofern ist, wie meist bei Behandlungen, die Dosierung entscheidend, also das rechte Maß.

Nach dem Konzept der analytischen Therapieformen reicht aber empathischer Kontakt (so schwer er in vielen Fällen schon für sich genommen zu erreichen sein mag) nicht aus. Denn die wichtigste Fähigkeit, über die ein analytischer Therapeut verfügen muss, besteht darin, »die bewußten Gedanken, Gefühle, Phantasien, Impulse und Verhaltensweisen des Patienten in ihre unbewußten Vorläufer zu *übersetzen*« (Greenson 1973, S. 374; Hervorhbg. d. Verf.). Die analytische Arbeit ist, so gesehen, vornehmlich eine *Übersetzungsleistung*, motiviert durch das Bestreben, eine Sprache für das zu finden, was bislang nicht in die Sprache zu kommen vermochte (sondern sich zum Beispiel in einem klinischen Symptom oder problematischen Verhaltensweisen Ausdruck verschafft hat). Kein Wunder also, dass Psychoanalyse häufig als »talking cure« bezeichnet wird.

Die wichtigste Voraussetzung für eine solche Arbeit als Übersetzer des Unbewussten ist die eigene Analyse oder zumindest die mehr oder minder ausgedehnte analytische Selbsterfahrung. »Denn die Vorgänge in seiner eigenen Seele«, so Greenson, »sind das wertvollste Mittel des Psychoanalytikers, um Einsicht in die Seele eines anderen Menschen zu bekommen« (1973, S. 373). Sie dient dazu, »seinem bewussten Ich die wichtigsten unbewußten Antriebe, Abwehrmechanismen, Phantasien und Konflikte seines eigenen Kinderlebens und ihrer späteren Abkömmlinge verfügbar zu machen. Einige dieser Konflikte werden gelöst, einige werden in angepaßtere Formen umgewandelt, manche bleiben unverändert, aber zugänglich« (ebd.). In dieser sich häufig über viele Jahre der Ausbildung erstreckenden eigenen Erfahrung als Analysand liegt vermutlich auch der eigentliche Grund dafür, später in der beruflichen Praxis sich den Patienten gegenüber nicht überlegen zu fühlen, sondern auf elementare Weise gleich, menschlich eben. Denn die langen Lehrjahre auf der Couch führen doch im besten Fall dazu, »um mit Demut die Vorstellung akzeptieren zu können, dass er (der Analytiker, V.K.) selber wahrscheinlich die gleichen Seltsamkeiten aufweist wie der Patient« (Greenson, a. a. O., S. 390).

---

einer früheren Arbeit über »Lernen und Logik psychotherapeutischer Kompetenz« zu zeigen versucht (vgl. Kraft 2013).

Von der Einfühlung des Analytikers zur Einsicht des Patienten führt allerdings kein direkter Weg. Das missing-link zwischen Empathie und Einsicht ist die Entfaltung der Übertragung, verbunden mit der dadurch möglich werdenden Deutung. Dafür ist eine andere Form des Zeigens notwendig, die jetzt beschrieben werden soll: das *interaktional-genetische Zeigen*. Was hat es damit auf sich?

Der Ausdruck »*interaktional-genetisches Zeigen*« verweist auf mehrere Sachverhalte: »*Interaktional*« wird diese Form des Zeigens genannt, weil es, wie schon mehrfach verdeutlicht, die psychoanalytische Interaktion selbst ist, die überhaupt erst die Möglichkeit eröffnet, unbewussten Konflikten und Persönlichkeitsanteilen auf die Spur zu kommen. Das Zu-Zeigende entsteht also erst zum überwiegenden Teil in ihr oder geht aus ihr hervor und kann auch nur auf diese Weise, *interaktional* eben, therapeutisch behandelt werden. Und »*genetisch*« meint, dass nur so die Entstehung oder der Ursprung einer psychischen Störung sukzessive Gestalt zu gewinnen vermag. Die aktuelle Interaktion verweist demnach auf frühere, vergangene und oft schicksalhafte oder traumatisierende Interaktionsverläufe. Aber keiner der Beteiligten weiß im Vorhinein, was sich zeigen wird. Der Analytiker verfügt allerdings über ein spezifisches »Suchwissen«, auch er weiß zwar nicht, was sich zeigen wird, aber er weiß immerhin, wie mit einiger Aussicht auf Erfolg danach gesucht werden kann. Insofern stehen beide vor einem Problem, das beiden nicht bekannt und von beiden noch nicht verstanden ist, sie sind also, anders gesagt, beide gleichermaßen dem Prinzip genetischen Lernens unterworfen.[27]

In einem früheren Abschnitt (▶ Kap. 1.2.2) ist bereits erläutert worden, dass das Zu-Zeigende auf bestimmte Weise »zugerichtet« werden muss, damit der Adressat überhaupt dadurch lernen kann. Diese Verknüpfung von »Zeigen« und »Lernen« wurde *Artikulation* genannt. Und das gilt grundsätzlich für alle »Zeige-Lern-Situationen«, also auch für die psychoanalytische Therapie. Aber wie soll das funktionieren, wenn das Zu-Zeigende noch gar nicht bekannt, ja sogar unbewusst ist? Denn als solche zeigt die therapeutische Interaktion zunächst einmal ja gar nichts. Anders gesagt: Das *interaktional-genetische Zeigen* muss auf eine besondere Weise *artikuliert* werden, damit der Analysand/Patient lernen kann. Wie geschieht das?

---

27 Hier zeigt sich ein elementarer Unterschied zur Pädagogik: Vor allem in der Didaktik ist das Prinzip genetischen Lernens durch die Arbeiten von Martin Wagenschein bekannt. Der Lehrer muss hiernach im Unterricht den Schüler in eine Lage versetzen, in der das noch unverstandene Problem so vor ihm steht, wie es vor der Menschheit stand, als es noch nicht gelöst war (vgl. Wagenschein 1968, S. 14). In der Didaktik *tut der Lehrer also so*, als wäre das Problem noch nie gelöst, obwohl es natürlich gelöst ist und der Lehrer dies auch weiß. In der psychoanalytischen Therapie aber hat auch der Lehrer/Analytiker das Problem noch nicht verstanden, er kennt es nicht, weiß auch die Lösung nicht, sondern muss gemeinsam mit dem Schüler/Analysanden ihm mühsam auf die Spur zu kommen versuchen. Zudem: Selbst wenn der Analytiker nach geraumer Zeit das Problem sicher erkannt zu haben meint, unterliegt doch die Mitteilung dieses Verstehens einer eigenen Zeitordnung, die wiederum von der Entwicklung des Patienten abhängt, denn die Mitteilung allein erzeugt im Patienten noch lange keine Einsicht.

Die Antwort lautet: durch sukzessive Thematisierung von Übertragungsphänomenen. Denn in dem Maße, wie sich, häufig über lange Zeit, eine Übertragung herausbildet, sich entwickelt und gleichsam aufblüht und der Analysand sich zunehmend emotional mit dem Analytiker verwickelt, eröffnet sich für den Therapeuten die Möglichkeit, eben hierauf behutsam aufmerksam zu machen und dadurch das sichtbar zu machen, also genau das zu »zeigen«, was vorher nicht zu sehen war. Der Analytiker geht gewissermaßen zeigend einen Schritt voran, häufig mit der Folge, dass der Analysand einen Schritt zurückgeht, also zunächst auf das Gezeigte mit *Widerstand* oder *Abwehr* reagiert. Aus diesem Wechselspiel von »vor« und »zurück« ergibt sich mit der Zeit, um es metaphorisch zu sagen, zunächst nicht mehr als das Teil eines Puzzles.[28]

Aber je mehr Teile eines solchen interaktionalen Puzzles im Laufe der Therapie durch die gemeinsame Arbeit kommunikativ hergestellt werden, desto mehr lassen sich diese einzelnen Teile aneinanderreihen und zusammenfügen, zunächst mit großen freien Flächen, Stücken, die sich nicht aneinander fügen lassen, wieder weggenommen und an andere Stellen platziert werden, bis sich nach und nach ein Bild abzuzeichnen beginnt, das die frühen Interaktionsmuster und die damit verbundenen Konflikte zum Vorschein bringt. Und sobald dieses Bild oder Teile davon einen Sinn ergeben, mag dann eine *Deutung* durch den Analytiker als versprachlichende Beschreibung diese geleistete Arbeit fürs Erste zusammenzufassen und sie als gemeinsam gewonnene Einsicht zu sichern. Die Puzzle-Metapher ist auch hilfreich, um den kontinuierlichen Prozess des *Durcharbeitens* zu veranschaulichen. Denn das einmal gewonnene Bild wird durch neue Einfälle oder Ereignisse immer wieder verändert, es lässt sich fortwährend auflösen und sich sodann aufs Neue und oft auch auf andere Weise wieder zusammenfügen. Anders gesagt: Eine innerpsychische Struktur verändert sich und gewinnt im Laufe der Therapie eine bislang unbekannte andere Gestalt.

Es ist ein unverwechselbares Kennzeichen der analytischen Tätigkeit, dass die Artikulation des *interaktional-genetischen Zeigens* nicht linear oder systematisch einem vorher festgelegtem Plan gemäß erfolgt, sondern vielmehr situativ oder punktuell, also immer dann, wenn sich eine Gelegenheit dazu eröffnet. Die durch eine solche punktuelle Artikulation zum Vorschein gekommenen einzelnen Elemente verdichten sich dann nach und nach, bis sie zunehmend verstehbar geworden sind und am Ende von beiden Beteiligten verstanden werden können. Und damit ist dann ein Konflikt, der ehedem unbewusst und damit unzugänglich gewesen ist, dem Bewusstsein zugänglich gemacht worden.

Die hier vorgeführte zeigetheoretische Modellierung der analytischen Arbeit ist keine neue Entdeckung von bisher Unbekanntem, sondern sie zeigt Bekann-

---

28 Diese Metapher ist hier durchaus angebracht, denn das Puzzle wurde ursprünglich (1767) von einem Engländer (John Spilsbury) erfunden, der eine Landkarte von Großbritannien auf ein Holzbrett klebte und dann entlang der Grenzlinien die einzelnen Stücke der verschiedenen Grafschaften aussägte (daher jigsaw puzzle); die Spieler mussten dann versuchen, die Karte mit den Holzteilen wieder zusammenzusetzen, kurzum: am Anfang gab es ein vollständiges Bild. Auch die Bedeutung des Wortes selbst entspricht dem, worum es hier geht: to puzzle heißt verwirren, in Verlegenheit bringen, sich den Kopf zerbrechen.

tes auf andere Weise, genauer gesagt: auf einer anderen Ebene der Darstellung. Denn was hier als spezifische Artikulationsleistung beschrieben wird, entspricht im Grunde genommen und der Sache nach genau dem, was in subtiler Auflösung des kommunikativen Geschehens in der einschlägigen Literatur zur Technik der Psychoanalyse als »Handhabung der Übertragung« bezeichnet wird. Eben nur das, was man »handhaben« kann, kann man auch zeigen.[29]

Im vorhergehenden Abschnitt (▶ Kap. 1.4.3) ist bereits erläutert worden, dass es psychoanalytische Therapie in unterschiedlichen Formaten gibt (das Standardverfahren oder die ›große Psychoanalyse‹, die Analytische Psychotherapie/AP sowie die tiefenpsychologisch fundierte Psychotherapie/TP), durch die wiederum die Techniken der Behandlung bestimmt werden. So steht das *interaktional-genetische Zeigen* vornehmlich bei der ›großen Psychoanalyse‹ sowie bei der Analytischen Psychotherapie im Mittelpunkt. Denn Patienten müssen bestimmte Voraussetzungen erfüllen (z. B. Motivation, Reflexionsniveau, Reife der innerpsychischen Struktur), um in diesen Formaten überhaupt mit Gewinn behandelt werden zu können, ganz abgesehen davon, dass akute Krisen und psychiatrische Notfälle auf eine solche Weise therapeutisch nicht bearbeitet werden können.

Das ist bei der tiefenpsychologisch fundierten Psychotherapie anders. Daher kommen hierbei vor allem drei Zeigeformen zur Anwendung, die zwar im *interaktional-genetischen Zeigen* als notwendige Bestandteile auch enthalten sind, nun aber, in diesem Format, gewissermaßen aus diesem Kontext herausgelöst und gleichsam als eigenständige Zeigeformen explizit gemacht werden und damit in den Vordergrund rücken: das *klarifizierende*, das *konfrontative* und das *psychoanalytisch-explikative* Zeigen. Dem entspricht, dass definitionsgemäß in der tiefenpsychologisch fundierten Psychotherapie Übertragungsphänomene zwar Beachtung finden sollen, deren Bearbeitung aber nicht im Mittelpunkt steht und regressive Prozesse daher eingeschränkt werden. Denn in diesem Format ist das Ziel in erster Linie die Bearbeitung *aktuell* wirksamer neurotischer Konflikte.

Die Funktion des *klarifizierenden Zeigens* besteht darin, alle Äußerungen des Patienten in größtmöglicher Klarheit zu erfassen und sie so für die therapeutische Arbeit konsensuell zu sichern. Es zielt daher auf ein umfassendes empathisches Verstehen. Denn Erzählungen, Berichte oder Einlassungen von Patienten sind vielfach nicht kohärent, also oft lückenhaft und unvollständig, ungeordnet,

---

29 In seinem Buch »Technik und Praxis der Psychoanalyse« hat z. B. Greenson unter der Überschrift »Übertragung« eine solche »Artikulationstheorie« umfänglich ausgearbeitet und in allen Einzelheiten vorgeführt, *woran* man eine Übertragung klinisch erkennt, *wie* man Übertragungsreaktionen unterscheiden kann, *welche* spezifischen Übertragungswiderstände es gibt, *wann* Übertragungen analysiert werden sollten, *wie* dies technisch in einzelnen, voneinander abgegrenzten Schritten (demonstrieren, klären, deuten, durcharbeiten) getan werden sollte und *welche Fehler* dabei gemacht werden können (vgl. Greenson 1973, S. 163-366; dazu auch Mertens 1990, S. 165 ff.). Zeigetheoretisch betrachtet ergäbe sich insofern durchaus auch die Möglichkeit, die vielfältigen Unterschiede der einzelnen psychoanalytischen Ansätze, Konzepte oder Schulen von dieser Warte aus zu rekonstruieren, eben als Differenzen der Artikulation. Dieser Gesichtspunkt führt allerdings über die Grenzen dieser Abhandlung hinaus und kann daher hier nicht vertieft werden.

widersprüchlich oder verwirrend. Zudem ist es wichtig, auch die subjektiven Theorien, die Patienten über ihre Störungen oder Konflikte entwickeln, durchsichtig und nachvollziehbar zu rekonstruieren. Dazu gehört die genaue Klärung von situativen Umständen mit den sie begleitenden Emotionen und Kognitionen ebenso wie die Präzisierung dessen, was mit den verwendeten Begriffen »eigentlich« gemeint war und ausgedrückt werden sollte. Das *klarifizierende Zeigen* (vgl. auch Wöller/Kruse 2015, S. 182 ff.) wird dabei über verschiedene Redeformen artikuliert, wie die folgenden Beispiele verdeutlichen: Der Therapeut bittet um Präzisierung von Angaben; er fragt prüfend nach, ob er das Gesagte so verstanden hat, wie es gemeint war; er fasst längere Schilderungen verdichtet zusammen und bittet um eine Bestätigung; er erkundet die bestimmte Szenen oder Situationen begleitenden Gefühle, Impulse, Gedanken, Vorstellungen oder Phantasien, oder er bittet um weitere Einzelheiten oder Ergänzungen, um etwas »richtig« verstehen zu können. Der Therapeut verhält sich hierbei gewissermaßen methodisch naiv, hält also seine eigenen Ideen und Annahmen vollständig zurück und öffnet sich für Überraschendes, indem er sich gleichsam auf wohlwollende Weise »dumm« stellt (vgl. Wöller/Kruse, ebd., S. 184). Damit das *klarifizierende Zeigen* mit dem dafür notwendigen Bemühen um hartnäckige Genauigkeit nicht als unbotmäßiger Übergriff oder Grenzverletzung erlebt wird, sondern als eine unverzichtbare, gemeinsame, kooperative Anstrengung, muss seine Einbettung in eine wohlwollende, ruhige und jede Bewertung vermeidende Atmosphäre gegeben sein.

Nun zum *konfrontativen Zeigen*: Dessen Funktion (vgl. Heron 2001; Wöller/Kruse, ebd., S. 185 ff.) besteht darin, den Patienten auf widersprüchliche Aspekte seiner Äußerungen hinzuweisen, also auf Facetten seines Erlebens, Denkens und Verhaltens, die seiner bewussten Aufmerksamkeit zwar entzogen sind (so genannte »blinde Flecken«), die er aber durchaus zu sehen vermag, wenn seine Wahrnehmung auf behutsame Weise darauf gelenkt wird. Das kann auf verschiedene Weise artikuliert werden, z. B. durch Hinweise auf nonverbales Verhalten und auf körpersprachliche Eigenarten oder durch die Markierung von Dissonanzen zwischen Erleben und Verhalten. Dabei ist gerade für das konfrontative Zeigen eine größtmögliche empathische Fundierung notwendig, es darf also nicht den Anschein von Anklage, Fehler oder Vorwurf erwecken. Vielmehr kommt es hierbei entscheidend auf Takt, das richtige Timing und die angemessene Tiefe oder Intensität an. Denn es zielt ja nicht darauf ab, den Patienten gleichsam zu »überführen«, sondern ihn zu etwas hinzuführen, das er aus aufklärbaren und verständlichen inneren Gründen nicht oder nur äußerst ungern wahrzunehmen bereit ist (vgl. dazu auch Kraft 2009a, S. 227 f.).

Die dritte Form in dieser methodischen Trias ist das *psychoanalytisch-explikative Zeigen*. Diese Variante wird in der einschlägigen Fachliteratur üblicherweise als »*deuten*« bezeichnet. Wie der hier gewählte Ausdruck deutlich macht, geht es darum, Äußerungen des Patienten, geschilderte Situationen, Szenen oder Verhaltensweisen vor dem Hintergrund der *psychoanalytischen* Theorie, also mit Bezug auf das Unbewusste, dem Patienten zu *erklären* (daher *explikativ*). Im Sinne Greensons geht es demnach um eine Form der Übersetzung, darum nämlich, »manifestes Erleben und Verhalten mit unbewussten Motiven, Wünschen und

Gefühlen in Zusammenhang zu bringen« (Wöller/Kruse, ebd., S. 188). Der Inhalt des *psychoanalytisch-explikativen Zeigens* hat den Status einer Hypothese, enthält also Annahmen über unbewusste Determinanten, die das Erleben und Verhalten eines Patienten in seinen relevanten Objektbeziehungen entscheidend beeinflussen oder mitbestimmen (vgl. Wöller/Kruse, ebd.). Entsprechend der psychoanalytischen Technik wird diese Form des Zeigens auf vier verschiedene Weisen artikuliert, kann also auf jeweils deutlich voneinander unterscheidbare Arten zum Vorschein gebracht werden, nämlich als Erklärung einer *Abwehr*, als Erklärung eines lebensgeschichtlichen Hintergrundes (*genetisch*), als Erklärung für ein bestimmtes Verhalten in einer konkreten therapeutischen Situation (*Widerstand*) oder als eine Erklärung, die sich auf die *Übertragung* bezieht, also auf die aktuelle emotionale Beziehung zum Therapeuten, in der sich Wünsche oder Affekte, die ursprünglich anderen signifikanten Bezugspersonen galten, jetzt zum Ausdruck bringen. Auf welche Weise auch immer das *psychoanalytisch-explikative Zeigen* artikuliert wird – stets handelt es sich um ein (Lern-) Angebot, das der Patient annehmen, ablehnen oder modifizieren kann. Daher ist seine grammatikalische Form in der Regel der Konjunktiv. Die große Bedeutung, die der Möglichkeitsform hierbei zukommt, unterstreicht, dass diese Form des Zeigens so empathisch wie möglich erfolgen sollte, also auf die momentane Empfänglichkeit des Patienten optimal abgestimmt sein muss, um als Lernanreiz eine produktive Wirkung entfalten zu können.

Einsicht allein, so »tiefgründig« sie auch sein mag, ist in der Regel nicht ausreichend, um den Erfolg einer Psychotherapie dauerhaft zu sichern. Vielmehr geht es auch in den psychoanalytisch orientierten Verfahren darum, dass Patienten lernen, sich in ihrer alltäglichen Lebenswelt außerhalb der Therapiesituation den neu gewonnenen Einsichten gemäß zu verhalten. Anders gesagt: Es muss geübt werden, da zunächst immer etwas *ein*geübt werden muss, bevor es *aus*geübt werden kann. Für diese Form des umlernenden Übens ist in der einschlägigen Fachliteratur seit Freud der Ausdruck »*durcharbeiten*« gebräuchlich. Es geht, anders und in der hier verwendeten Diktion gesagt, um *ostensives Zeigen* (vgl. dazu auch Prange/Strobel-Eisele 2006, S. 48 ff.). Dessen wesentliches Moment besteht in der Wiederholung. »Durcharbeiten«, so Wöller und Kruse in ihrem treffend »Mühsames Umlernen« überschriebenen Kapitel, »hat das Ziel, Einsichten und Erfahrungen im konkreten Verhalten des Patienten in seiner Alltagswelt wirksam werden zu lassen. Durcharbeiten heißt, über weite Strecken Klärungen, Konfrontationen und Deutungen geduldig in unterschiedlichen Varianten so lange zu *wiederholen*, bis der Patient diese Vorgänge selbstständig durchführen kann ... Es bedeutet aber auch, die aus den wiederholt durchgearbeiteten Einsichten resultierenden Verhaltensmuster einzuüben« (2015; S. 290). Einerseits geschieht das als wiederholte Deutungs- und Widerstandsarbeit in der therapeutischen Situation selbst, andererseits verlangt gerade dieses *ostensive Zeigen* danach, darüber hinausgehend auch Alltagssituationen einzubeziehen, entweder im antizipierenden Vorgriff oder im analysierenden Rückgriff. Das ist, so Freud in seiner berühmten Studie über »Erinnern, Wiederholen und Durcharbeiten«, für den Patienten eine »beschwerliche Aufgabe« und für den Therapeuten eine »Geduldsprobe«, aber jenes »Stück der Arbeit, welches die größte verändernde Einwirkung auf den Patienten hat und das die analytische Behandlung von jeder Suggestionsbeeinflussung unterscheidet« (1946, Band X, S. 136). Die folgende Graphik zeigt das Gesagte im zusammenfassenden Überblick.

Abb. 13: Die Zeigestruktur der Tiefenpsychologie

Mit der Darstellung dieser sechs Zeigeformen dürfte die Zeigestruktur der psychoanalytischen Grundorientierung der Psychotherapie hinreichend trennscharf erfasst sein. Natürlich böte sich nun die Möglichkeit, sie der behavioralen Grundorientierung mit Blick auf Unterschiede und Gemeinsamkeiten gegenüberzustellen. Da es hier aber nicht um therapietheoretische Fragen geht, sondern »nur« um die Prägnanz der Unterscheidung verschiedener Handlungsformen, soll dieser Gedanke hier nicht weiter vertieft werden.[30]

In den bisherigen Ausführungen ist bereits mehrfach angeklungen, dass Psychotherapie, Beratung und Erziehung eng miteinander verbunden sind. Dieser Zusammenhang soll nun als Abschluss dieses Kapitels ausdrücklich in den Mittelpunkt gerückt werden; zunächst mit Blick auf Beratung (▶ Kap. 1.4.4), dann auf Erziehung (▶ Kap. 1.4.5).

---

30 So könnte zum Beispiel der Eindruck entstanden sein, als würde in den psychoanalytisch orientierten Therapien gar keine Diagnostik betrieben, denn davon war hier nicht die Rede. Das stimmt natürlich nicht, selbstredend wird auch vor Beginn jeder psychoanalytischen Behandlung eine eingehende Psychodiagnostik durchgeführt. Im Unterschied zu behavioralen Konzepten werden in psychoanalytischen Therapien aber in der Regel diagnostische Befunde nicht explizit »gezeigt«, also nicht ausdrücklich aufbereitet und inszeniert, damit Patienten hierauf mit Lernen reagieren können.

1.4.4 Psychotherapie und Beratung

Anlass und Bezugspunkt von Beratungen sind, so war gesagt worden (▶ Kap. 1.3.3), besondere Problemkonstellationen, die der Einfachheit halber in Sach- und Lebensprobleme unterteilt wurden. Man kann nun am Ende dieses Abschnittes leicht sehen, dass Anlass und Bezugspunkt für Psychotherapie eine davon deutlich unterschiedene, prinzipiell andere Problemkonstellation ist. Denn im Kern der Therapie geht es weder um Sach- noch um Lebensprobleme, sondern um »*psychische Probleme*«, solche also, die das Bewusstsein sozusagen mit sich selber hat. Und wenn das der Fall ist, sind unsere Möglichkeiten, uns selbst mit eigenen Mitteln zu helfen, über Gebühr eingeschränkt oder gar vollständig verstellt. Anders gesagt: Vernünftige Gründe und rationale Einsichten, auf die wir üblicherweise zurückgreifen, bleiben in solchen Fällen auf meist äußerst quälende und leidvolle Weise ohne Wirkung und Einfluss auf die Steuerung unseres Verhaltens.

»*Psychischen Problemen*« liegen in aller Regel »*internalisierte Konfliktkonstellationen*« zugrunde, die, wie es in § 2 der Psychotherapierichtlinie heißt, »*der willentlichen Steuerung … nicht mehr oder nur zum Teil zugänglich sind*«. Im Unterschied dazu lässt sich demgemäß formulieren: Beratungen liegen *externalisierte oder externalisierbare Problemkonstellationen* zugrunde, die der willentlichen Steuerung prinzipiell zugänglich sind und daher durch kommunikative Interventionen eigener Art zumindest in Teilen soweit zugänglich gemacht werden können, dass Ratsuchenden Entscheidungen (wieder) möglich sind. Anders ausgedrückt: Beratungen haben stets mit voll entfalteten *triadischen* Strukturen zu tun (Ratsuchender – Problem – Berater). In der Therapie steht demgegenüber primär eine *dyadische* Struktur im Vordergrund des Geschehens. Der jeweilige Typ des Problems verlangt eine jeweils darauf bezogene eigene Form kommunikativen Handelns, und diese Differenz der Handlungsformen korrespondiert mit einer Differenz der operativen Logiken. Das folgende Schaubild soll diese Besonderheit der psychotherapeutischen Situation noch einmal auf andere Weise verdeutlichen.

Für den Umstand, dass die Differenz zwischen Therapie und Beratung immer wieder für Schwierigkeiten sorgt, häufig verschwimmt oder sich gelegentlich sogar aufzulösen scheint, sollen abschließend drei Gründe hervorgehoben werden:

Erstens liegt es in der Eigenart von Unterscheidungen, dass sie, trotz aller Bemühungen um Trennschärfe, stets mit Übergängen oder Grauzonen verbunden sind. Das gilt auch für die Unterscheidung zwischen Beratung und Therapie. Es gibt immer wieder Fälle, wo zunächst unklar und schwer zu sehen ist, wo sie eigentlich hingehören. Das dürfte vornehmlich damit zusammenhängen, dass Lebensproblem und psychisches Problem vielfach konfundiert zu sein scheinen, beide können sich, anders gesagt, wechselseitig verdecken und maskieren und dadurch das Unterscheiden erschweren.

Zweitens gibt es Beratungsansätze, die sich direkt aus psychotherapeutischen Konzepten ableiten: Hierbei könnte man an die »Personzentrierte Beratung« (z. B. Sander/Ziebertz 2010). denken, deren Abstammung von der non-direktiven Gesprächspsychotherapie unmittelbar evident ist, auch an das von Hermann Ar-

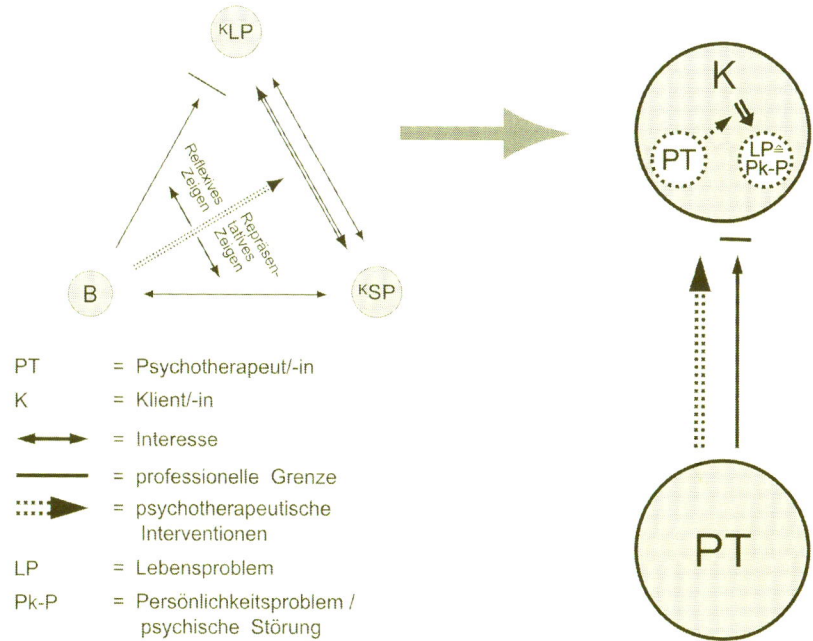

PT   = Psychotherapeut/-in

K   = Klient/-in

◄——► = Interesse

——— = professionelle Grenze

::::► = psychotherapeutische
             Interventionen

LP   = Lebensproblem

Pk-P = Persönlichkeitsproblem /
            psychische Störung

Abb. 14: Die psychotherapeutische Situation

gelander entwickelte Konzept einer spezifisch »psychoanalytischen Beratung« (1982; 1985) oder an systemische Ansätze, etwa Fritz Simons »Systemtheorie der Beratung« (2019). In allen solchen Fällen liegt es nahe, dass von »Beratung« dann als »kleiner Psychotherapie« gesprochen wird, was allerdings mit nachhaltigen systematischen Kosten verbunden ist.

Drittens schließlich soll ein Sachverhalt betont werden, der vielleicht den größten Anteil an den Unterscheidungsproblemen haben dürfte: Beide Handlungsformen haben nicht nur vergleichbare, partiell sogar identische *Grundhaltungen* zur Voraussetzung, sondern es gibt auch eine ganze Reihe von *kommunikativen Techniken*, die in beiden Formaten zur Anwendung kommen. So mag leicht der Eindruck entstehen, es handele sich daher auch um dieselbe Sache. Das aber ist ein Fehlschluss der besonderen Art, denn Haltungen wie Techniken können ganz unterschiedlichen Zwecken dienen, oder, um es in der Metaphorik des Handwerks zu sagen, sie können in sehr verschiedenen »Gewerken« eingesetzt werden: Dass in vielen Bereichen dieselben Werkzeuge (Hammer, Zangen, Bohrer, Schraubenzieher) zum Einsatz kommen, heißt ja nicht, dass damit auch dasselbe gemacht wird.

Die genannten Gründe mögen zwar das Unterscheiden erschweren, sie lösen aber die Unterscheidung an sich nicht auf. Das sieht man spätestens dann, wenn man die Perspektive wechselt und die Gesellschaft als Ganzes in den Blick nimmt. Folgt man einer systemtheoretischen Sichtweise, dann wird rasch deutlich, dass »Therapie« nur im Gesundheitssystem vorkommt. »Beratung« hingegen

119

findet sich in allen Systemen, denn sie dient gleichsam überall als »kommunikativer Libero oder Ausputzer«, um zwischen Interaktion und Organisation zu vermitteln (▶ Kap. 3). »Beratung« ist demnach ein allgemeiner operativer Mechanismus; Therapie hingegen ist spezifisch, sie dient allein ganz besonderen Zwecken. Alle anderen Unterschiede verdanken sich dieser prinzipiellen Differenz.

Beide Handlungsformen haben ein gemeinsames Medium: Kommunikation. Und das heißt: ihre Wirkungen bleiben strukturell abhängig von der Rezeption ihrer Adressaten. Über den Erfolg einer Beratung wie einer Therapie entscheiden am Ende nie Berater und Therapeuten, sondern stets die Klienten oder Patienten. Diese Unabänderlichkeit teilen beide mit all jenen anderen Handlungsformen, in denen versucht wird, mit ausschließlich kommunikativen Mitteln auf Einstellung und Verhalten anderer Menschen orientierenden Einfluss zu gewinnen.

1.4.5 Psychotherapie und Erziehung

Psychotherapie und Erziehung stehen in einer systematischen Beziehung zueinander. Ihr Zusammenhang ist also nicht zufällig oder nur punktuell, sondern prinzipiell in der Sache selbst begründet. Daher lässt sich die Bedeutung dieser Verbindung von beiden Seiten her betrachten, von der Seite der Erziehung ebenso wie von der Seite der Psychotherapie.

Um mit der Pädagogik zu beginnen: Aus erziehungstheoretischer Sicht kann man den Lebenslauf grob in zwei Abschnitte unterteilen: in Lebensalter der Erziehungsbedürftigkeit einerseits und in Zeitalter der Erzogenheit andererseits; darin besteht die basale Taxonomie der Erziehung (vgl. Loch 1979a, S. 29). Diese Grenze wird durch die soziale Konvention des Mündigkeitstermins markiert und bestimmt. Erziehung gibt es demnach einerseits als Prozess, andererseits aber auch als Ergebnis dieses Prozesses, als Erzogenheit, also als Habitus, den der Erziehungsprozess hervorgebracht hat und der die Möglichkeiten des Erwachsenen im Verlauf seines weiteren Lebens maßgeblich mitbestimmt. Und nur das, so Loch, »was von der Erziehung, die man genossen hat, habituell geworden ist, hat die Chance, im Lebenslauf zu dauern, sich als förderlich oder hemmend, fruchtbar oder unfruchtbar zu erweisen: als eines jener Verhängnisse, die einem Menschen Glück oder Unglück bringen« (ebd. S. 41). Insofern gehört die Erziehung zu den lebensgeschichtlichen Faktoren, die darüber entscheiden, »wie man seinem künftigen Lebenslauf entgegensieht: mit Mut oder Angst, Zuversicht oder Furcht, Hoffnung oder Verzweiflung« (ebd. S. 43). Denn im Prozess der Erziehung werden nicht nur Aussichten und Chancen eröffnet und zu bestärken versucht, sondern deren Verwirklichung auch erschwert, unterdrückt oder sogar gänzlich verschlossen. Als gleichsam zur Struktur geronnene Erziehung zeigen sich im Habitus des Erwachsenen daher auch stets jene Schwierigkeiten, Probleme und Konflikte, die das Kind mit seinen bedeutungsvollen Anderen gehabt hat: »Denn das Bewußtsein des Kindes ist das Unbewußte des Erwachsenen« (Loch 1989, S. 435).

Wird nun die Seite gewechselt und die Perspektive der Psychotherapie eingenommen, wird folgendes erkennbar: Die Rückseite von Erziehungsprozessen wird als Habitus gleichsam zum Horizont der Psychotherapie und rückt dadurch – mehr oder weniger ausdrücklich – in deren Vordergrund. So schreibt Freud: »Die Erziehung will dafür sorgen, dass aus gewissen Anlagen und Neigungen des Kindes nichts dem einzelnen wie der Gesellschaft Schädliches hervorgehe. Die Therapie tritt in Wirksamkeit, wenn dieselben Anlagen bereits das unerwünschte Ergebnis der Krankheitssymptome geliefert haben« (1946/1973, Band X, S. 449). Daher wird die psychoanalytische Behandlung »zu einer Nacherziehung des Erwachsenen, einer Korrektur der Erziehung des Kindes« (1948/1972, Band XIV, S. 305).[31]

Wiewohl sich die psychoanalytische Therapie als Korrektur auf Erziehung bezieht, ist sie nicht Erziehung, sondern kommt danach, ist eben »Nach-Erziehung«. In seinem Geleitwort zu Aichhorns Buch »Verwahrloste Jugend« hat Freud diese Unterscheidung noch einmal nachdrücklich unterstrichen und betont, dass die Erziehungsarbeit etwas »sui generis« sei, daher nicht mit psychoanalytischer Beeinflussung verwechselt werden darf und schon gar nicht durch sie ersetzt werden kann: »Ein Kind«, so schreibt er, »auch ein entgleistes und verwahrlostes Kind, ist eben noch kein Neurotiker und Nacherziehung etwas ganz anderes als Erziehung des Unfertigen« (Band XIV, S. 566). Trotz aller Unterschiedlichkeit der Handlungsformen teilen Therapie und Erziehung, auch darin kommt ihr enger Zusammenhang zur Geltung, eine schmerzliche Begrenzung ihrer jeweiligen Möglichkeiten: Wer nicht erziehbar und dementsprechend einen »unerzogenen« Habitus auszubilden gezwungen war, der wird auch von einer psychotherapeutischen Behandlung kaum profitieren können. Denn Nach-Erziehung setzt Erziehung voraus. Auf genau dieser Grenze zwischen Erziehung und Psychotherapie als Nach-Erziehung haben sich im Zuge professioneller und disziplinärer Ausdifferenzierung daher eigenständige Spezialgebiete herausgebildet, die Entwicklungspsychiatrie und die Kinder- und Jugendlichen-Psychotherapie (vgl. Herpertz-Dahlmann/Resch/Schulte-Markwort/Warnke 2008; Schulte-Markwort 2020).

Vor allem an dem für alle psychoanalytisch orientierten Therapieformen zentralen Phänomen der *Übertragung* kommen, wie im vorhergehenden Abschnitt deutlich geworden ist, Spuren und Folgen früher Beziehungserfahrungen zum Vorschein, gleichsam als Widerschein erlebter Erziehung. Denn die Gefühlsbeziehungen, die sich in einer Übertragung dem Therapeuten gegenüber herstellen, sind nicht in der realen Situation begründet, sondern stammen, so Freud, »aus der Elternbeziehung (...) der Patienten« (XIV, S. 305). Es ist vermutlich genau dieser Umstand, der in der Geschichte der Psychoanalyse schon früh (etwa bei Ferenczi) und anhaltend (z. B. in der psychoanalytischen Selbstpsychologie) für Debatten und Auseinandersetzungen darüber gesorgt hat, ob die in der therapeutischen Situation direkt mögliche »korrigierende emotionale Erfahrung« nicht für den Heilungserfolg bedeutsamer einzuschätzen ist als die durch den analytischen Prozess und seine Deutung zu gewinnenden Einsichten allein.

---

31 Michael Balint spricht bezeichnenderweise von der Therapie als »Ich-Pädagogik«; es ist übrigens eine der wenigen psychoanalytischen Arbeiten, in denen ausdrücklich auch vom »Lernen« die Rede ist, denn der Titel des Aufsatzes lautet »Ich-Stärke, Ich-Pädagogik und Lernen« (1938/1969, S. 202).

Die systematische »Verzahnung« von Erziehung und Psychotherapie zeigt sich nicht zuletzt auch daran, dass die große Bedeutung elterlicher Interaktionsmuster nicht nur in der Psychoanalyse eine zentrale Rolle spielt, sondern auch in anderen Therapieformen, z. B. in der Gestalttherapie als Integrativer Therapie (vgl. Petzold 1993), der Transaktionsanalyse und auch in der Verhaltenstherapie. Nur die Begrifflichkeiten sind andere, das Phänomen jedoch ist dasselbe. So gewinnt in der Schematherapie (vgl. Young et al. 2005) das Konzept des »(limited) reparenting« als Bestandteil der therapeutischen Beziehung gerade bei der Behandlung bestimmter Störungsbilder eine herausragende Bedeutung. Der englische Ausdruck »Reparenting« bedeutet »Nach-, Neu- oder Wiederbeelterung«, und in der Therapie soll damit eben das an elterlicher Fürsorge und Zuwendung nachgeholt werden, was im Leben der Patienten gefehlt hatte. Indem Therapeuten sich störungsspezifisch, also optimal eingefühlt und sozusagen passgenau, wie »gute Eltern«, verhalten, können Patienten ihre aus unzulänglichen, defizitären, gewaltsamen oder missbräuchlichen Elternbeziehungen stammenden »maladaptiven Schemata« sukzessive verändern und auf diese Weise Erfahrungen korrigieren und das nachholen, was ihnen früher mit ihren eigenen elterlichen Bezugspersonen nicht möglich war.

Vielleicht kann man es in Anlehnung an systemtheoretische Denkfiguren so zusammenfassen: Psychotherapie ist nicht Erziehung und daher davon deutlich unterschieden. Aber Erziehung bleibt als Unterschiedenes nicht aus der Psychotherapie ausgeschlossen, sondern wird auf einer anderen Ebene, mit anderen Zielen und anderen Handlungsformen wieder in sie eingeführt und kommt dann so in ihr auf andere Weise zur Geltung, als pädagogisches »re-entry« sozusagen.

1.5 Resümee

Es ist in diesem Kapitel sichtbar geworden, dass es nicht nur möglich, sondern in mehrfacher Hinsicht auch gewinnbringend ist, die Differenzen zwischen den drei Handlungsformen *Erziehung*, *Beratung* und *Psychotherapie* mit Hilfe der Zeigetheorie herauszuarbeiten und gerade dadurch zu schärfen. Erziehung ist nicht Beratung, und beide sind etwas anderes als Psychotherapie. Das Ziel war dabei nicht, diese Handlungsformen umfassend darzustellen, sondern es sollte allein ihre Unterschiedlichkeit auf der Ebene der Operationen in größtmöglicher Klarheit zum Vorschein gebracht werden.

In allen drei Fällen wird gezeigt. Es liegt in der Natur des Zeigens selbst, dass sich bestimmte Zeigestrukturen in allen drei Handlungsformen finden; auch daran sieht man, dass Erziehung, Beratung und Psychotherapie miteinander zusammenhängen. Es kommen zudem weitere Formen hinzu. Die Unterschiedlichkeit der drei Handlungsformen ergibt sich dadurch, dass die einzelnen Formen des Zeigens dem jeweiligen Zweck entsprechend variiert werden, sich damit zu einer spezifischen Gestalt verdichten und verbinden und so dann eine für das jeweilige

Handlungsfeld *typische Zeigestruktur* ausbilden. Kurz gesagt: Einzelne Formen des Zeigens, wenn auch nicht alle, ähneln sich – die Zeige*strukturen* hingegen sind verschieden.

Vor diesem Hintergrund lässt sich als These formulieren: Die Form des Zeigens folgt dem Wissen, das gezeigt werden soll. Und das bedeutet: Weltwissen im Falle der Erziehung, Entscheidungswissen im Falle der Beratung und Ich-Wissen im Falle der Psychotherapie. Der Erziehung kommt dabei buchstäblich die grundlegende Bedeutung zu, denn ohne Erziehung keine Beratung und keine Psychotherapie. Die Beratung ist, wie verdeutlicht wurde, gleichsam als »Umkehrung« der Erziehung zu verstehen, denn letztlich entscheidet der Ratsuchende, was er lernen muss oder lernen will, es handelt sich, anders gesagt, um eine Form der »Selbsterziehung«. Demgegenüber ist die Psychotherapie nicht als Umkehrung der Erziehung zu verstehen, sondern vielmehr als eine Reprise der Erziehung, als ihre habituelle Wiederaufnahme, durch andere Umstände motiviert, auf einer anderen Ebene, mit anderen Zielen und in anderer Gestalt, eben »Psycho-Edukation« im Sinne der Verhaltenstherapie oder »Nach-Erziehung« im Sinne der Psychoanalyse.

Man könnte diesen Zusammenhang auch in Form eines Gradienten darstellen, der in der Erziehung seinen Ursprung hat und über die Beratung zur Psychotherapie führt: *Erziehung → Beratung → Psychotherapie/Verhaltenstherapie → Psychotherapie/Psychoanalyse.* Oder anders gewendet: Die Erziehung eröffnet die für den Lebenslauf bedeutsamen Aussichten. In dem Maße, wie die Handlungsspielräume des Individuums, durch welche Umstände auch immer, sich verengen, wird das zu deren Erweiterung notwendige Wissen immer spezifischer, was sich in den Zeigestrukturen der drei Handlungsformen widerspiegelt. Im Falle der Beratung geht es »nur« um ein besonderes, konkret-eingrenzbares Problem; im Falle der Verhaltenstherapie geht es um eine psychische Störung, die dadurch aufzulösen versucht wird, dass objektiv-klinisches Störungs- und Änderungswissen gleichsam auf den Einzelfall bezogen »gezeigt« wird; und im Falle der Psychoanalyse liegt psychischen Störungen ein verdecktes, unbewusstes Konfliktwissen zugrunde, das erst mühsam (und vor allem mit seinen affektiven Anteilen) wieder zum Vorschein gebracht werden muss, bevor es mit Aussicht auf Erfolg bearbeitet werden kann. Es ist insofern nicht verwunderlich und mutet womöglich sogar paradox an, dass die Kommunikation in den psychoanalytisch-orientierten Therapieformen einerseits am weitesten von einem pädagogischen Handlungsmuster entfernt ist und sie andererseits der Erziehung in bestimmten Hinsichten auch wieder am nächsten kommt.

Im folgenden Kapitel wird das »operativ-interaktionale Mikroskop« beiseite gestellt und die Perspektive verändert, damit der Blick darauf gerichtet werden kann, wie Zeigestrukturen im Kontext gesellschaftlicher Bedingungen gleichsam »berufsförmig kondensieren«, also professionelle Gestalt annehmen.

2 Differenzen in professioneller Perspektive

2.1 Begriffliche Klärungen und theoretische Werkzeuge

Erziehung, Beratung und Psychotherapie können nicht nur als voneinander deutlich abgegrenzte Handlungsformen mit jeweils spezifischen Zeigestrukturen verstanden werden, sondern auch als Felder eigenständiger beruflicher Tätigkeit. Anders gesagt: Werden diese Zeigestrukturen als Reaktion auf soziale Erfordernisse im Prozess gesellschaftlicher Entwicklung auf Dauer gestellt, werden sie also institutionalisiert und organisiert, wird für sie in bestimmten dafür vorgesehenen Ausbildungsgängen qualifiziert, werden ihre Leistungen, Befugnisse und Pflichten rechtlich kodifiziert und werden sie letztlich auch finanziert, dann kondensieren sie sozusagen berufsförmig und bilden schließlich eigenständige Berufe heraus. Und so, wie sich die Zeigestrukturen voneinander abgrenzen lassen, so gewinnen auch die Berufe, die auf eben diesen aufbauen und aus ihnen hervorgehen, eine jeweils andere Gestalt. Die Frage, wie sich nun die Berufe in diesen drei Bereichen unterscheiden lassen, steht im Mittelpunkt dieses Kapitels.

Um hierauf Antworten geben zu können, ist ein Wechsel der Perspektive unabdingbar: Während im Kapitel 1 die *handlungslogische Innenseite* der Zeigestrukturen im Mittelpunkt stand, geht es jetzt in erster Linie um deren *organisatorische Außenseite*, wie sie in der Form bestimmter Berufe zur Geltung kommt. Um aber überhaupt auf dieser Ebene Unterschiede zum Vorschein bringen zu können, bedarf es anderer theoretischer Werkzeuge, also anderer Begriffe und anderer Konzepte. Wie die Überschrift bereits andeutet, ist es, allgemein und im weitesten Sinne gesprochen, die »Theorie der Profession«, mit deren Instrumenten in diesem Kapitel vornehmlich gearbeitet werden wird. Daher dienen drei Begriffe als Orientierung: *Profession* (▶ Kap. 2.1.1), *Professionalisierung* (▶ Kap. 2.1.2) und *Professionalität* (▶ Kap. 2.1.3); sie sind nicht nur für die systematische Analyse von Nutzen, sondern sie spiegeln zugleich auch entscheidende Phasen der Theorieentwicklung. Um die Praxis der Verberuflichung in den Blick zu nehmen, reicht Professionstheorie allein nicht aus. Denn Arbeit und Beruf werden nicht nur durch staatliche Organe verwaltet und reguliert, sondern auch kontinuierlich beobachtet; Grundlage für diese Beobachtung ist eine umfangreiche *Klassifikation der Berufe*, die darüber informiert, welche Berufe es überhaupt gibt und wie sie unterschieden werden (▶ Kap. 2.1.4).

Nach diesem theoretischen Vorspiel werden die drei Handlungsbereiche genauer untersucht, allerdings aus Gründen einer besseren Darstellung und Nachvollziehbarkeit in einer anderen Reihenfolge als im Kapitel 1: Zunächst geht es um Erziehung als Beruf (▶ Kap. 2.2), dann steht die Psychotherapie im Mittelpunkt (▶ Kap. 2.3), schließlich die Beratung (▶ Kap. 2.4). Da der leitende Gesichtspunkt auch hierbei darin besteht, vor allem Unterschiede zum Vorschein zu bringen, müssen weitergehende disziplinspezifische Professionsfragen und -probleme daher im Hintergrund verbleiben und können nur am Rande berührt werden. Ein Resümee beschließt dieses Kapitel (▶ Kap. 2.5).

2.1.1 Profession und Semi-Profession

Das Wort »Profession« verweist auf das Lateinische »professio« und hat ursprünglich bereits verschiedene Bedeutungen, die erste Hinweise darauf geben, worum es im Folgenden gehen wird:

»*Professio*« meint nicht nur »öffentliche Erklärung/Äußerung«, sondern auch »öffentliche Anmeldung/Angabe« (eines Namens oder Vermögens) und dann auch »öffentlich angemeldetes Gewerbe, Geschäft«, eben auch die »öffentliche Anmeldung oder Angabe eines Berufs« (wozu auch das vermeintlich älteste Gewerbe der Welt, die Prostitution, gehört, die metonymisch verschämt als »professio flagitii« bezeichnet wird). Das dazugehörige Verb »profiteri« bedeutet »offen bekennen, öffentlich erklären«, und »professio« meint daher auch »Bekenntnis, Gelübde«, enthält also Hinweise auf eine normative Verpflichtung (z. B. im religiösen Kontext als Mönchsgelübde). Eine solche Bindung an bestimmte Werte, für die man öffentlich einzutreten bereit ist, zeigt sich auch in der Etymologie des Wortes »Professor« (vgl. Goetze 1929). Diese Bezeichnung (ursprünglich eigentlich »öffentlicher Lehrer«) taucht seit etwa 1400 zuerst an den theologischen Fakultäten auf, deren Lehrer als *sacrae theologiae professores* bezeichnet werden (wobei die Verbindung von profiteri/bekennen und dem kirchenlateinischen Ausdruck »confessor« als Bekenner des christlichen Glaubens eine Rolle gespielt haben mag). Im 16. Jahrhundert setzt sich »Professor« dann als Berufsbezeichnung für Hochschullehrer aller Fakultäten durch, wohl nicht zuletzt durch den Umstand bedingt, dass der alte Doktor- und Magistertitel durch die zunehmende Verleihung an Außenstehende seine die soziale Position besonders hervorhebende Bedeutung verlor. Ein »Professor« ist seitdem jemand, der sich öffentlich und berufsmäßig zu einer wissenschaftlichen Tätigkeit bekennt.

Von der Etymologie nun zur Theorie: Professionen können nach einhelliger Auffassung als besondere Berufe beschrieben werden, die durch bestimmte Merkmale gekennzeichnet sind. Klassische Beispiele sind Ärzte oder Anwälte. Zunächst einmal sind Professionen am Gemeinwohl orientiert, und ihre Tätigkeiten sind genuin auf einen gesellschaftlichen Zentralwert (z. B. Gesundheit, Gerechtigkeit) bezogen. Denn Gesellschaften müssen schon aus Gründen ihrer Selbsterhaltung ein elementares Interesse daran haben, dass ihre Mitglieder gesund sind und gesund bleiben, und dass es im sozialen Verkehr, zumindest der Möglichkeit nach, gerecht zugeht. In dieser spezifischen *Wertbindung* der Professionen kommt also ein allgemein anerkanntes Bedürfnis nach Problemlösung in diesen Bereichen zur Geltung. Für die Aufgabe dieser zentralwertbezogenen Problemlösungen steht, eine weitere wichtige Voraussetzung, ein besonderes Wissen zur Verfügung, *systematisches wissenschaftliches Wissen*, das in Form einer institutionalisierten *universitären Ausbildung* vermittelt wird. Dieses vom Alltagswissen scharf unterschiedene wissenschaftliche Wissen ermöglicht nicht nur die Erklärung bestimmter Probleme (z. B. im Falle der Medizin die einer besonderen Erkrankung), sondern auch deren Lösung mit Hilfe einer eigenen Logik des professionellen Handelns (also einer besonderen Behandlung). Eben hierin liegt der Expertenstatus der Professionen begründet – und damit auch die vergleichsweise große *Autonomie*, die dieser besonderen Gruppe von Berufen hinsichtlich ihrer Arbeitsbedingungen zuerkannt wird. Professionen verwalten sich weitgehend selbst, wie sie auch selbst die Regeln der Berufsausübung weitgehend selbst bestimmen und diese kontrollieren. Zur *Selbstverwaltung* und *Selbstkontrolle* kommt die *Selbstorganisation* in eigenen fachlichen Vereinigungen hinzu; sie vertreten nicht nur die besonderen Interessen einer Profession nach außen, sondern legen auch nach innen verbindliche *ethische Standards* für die professionelle Tätigkeit fest (*Berufsethik*).[32]

Nun gibt es eine Reihe von Berufen, die zwar durchaus einige Merkmale von Professionen aufweisen, andere jedoch nicht. Diese buchstäblich »halb-professionellen« Berufe werden seit einer von Etzioni maßgeblich initiierten und von ihm 1969 herausgegebenen Studie als »*Semi-Professionen*« bezeichnet. Lehrer, Krankenschwestern und Sozialarbeiter sind die klassischen Beispiele, mit denen dieses Konzept en détail erforscht und begründet wurde. Folgende Merkmale charakterisieren diese Gruppe: die Ausbildung ist kürzer, ihr formalrechtlicher Status ist schwächer (z. B. in Fragen der Schweigepflicht), die Wissensbasis für diese Tätigkeiten ist allgemeiner und weniger spezialisiert und schon aus diesem Grund verfügen sie über ein geringeres Maß an beruflicher Autonomie; da der größte Teil dieser Tätigkeiten nicht in freier Praxis, sondern in Organisationen verrichtet wird, sind sie zudem dementsprechend mehr und enger in Hierarchien eingebunden und werden daher auch stärker kontrolliert.

In der Geschichte der Professionsforschung hat der Begriff der Semi-Professionen zweifellos den Rang eines terminologischen Klassikers erlangt, in der gegenwärtigen Professionstheorie wird ihm jedoch weithin keine besondere Bedeutung mehr zugemessen. Da das Konzept dessen ungeachtet für die Zwecke dieses Kapitels, nämlich die Aufmerksamkeit vornehmlich auf Unterschiede zwischen Berufen zu richten, äußerst hilfreich und erhellend ist, soll hier daran festgehal-

---

32 Auf die im engeren Sinne soziologischen Fragen, wann, wie und warum es im Zuge der gesellschaftlichen Entwicklung zur Herausbildung von Professionen kommt, und wie diese im Kontext einer Gesellschaftstheorie genauer zu verstehen sind, hält die einschlägige Professionstheorie eine Fülle von (natürlich immer auch kontroversen) Antworten bereit; darauf kann hier nicht weiter eingegangen werden (vgl. dazu Stichweh 1994). Instruktive Übersichten zur Geschichte und zum aktuellen Stand der Professionstheorie finden sich, mit zahlreichen weiteren Verweisen, in den einschlägigen Kapiteln von Kloke (2014, S. 107-164) sowie von Vollmer (2017, S. 21-49). Auf Literatur zu speziellen Fragen der Berufe in den drei Bereichen Erziehung, Beratung und Psychotherapie wird später in den weiteren Abschnitten dieses Kapitels aufmerksam gemacht.

ten werden. Dies ist auch dadurch gerechtfertigt, dass sich Teile der Kritik, die es bis heute erfährt, bereits durch eine genaue Lektüre relativieren lassen.[33]

So wurde zum Beispiel kritisiert, dass der Begriff »Semi-Profession« aufgrund seiner Abgrenzung zu den voll entwickelten »reinen« Professionen abwertenden Charakter habe: Semi-Professionen seien eben keine »richtigen« Professionen, erscheinen demgegenüber also als defizitär und unvollkommen, eine Zuschreibung, die den Leistungen gerade dieser Gruppe nicht angemessen ist und ihnen daher auch nicht gerecht wird. Etzioni selbst schreibt aber: »We use the term semi-professions without any derogatory implications. Other terms which have been suggested are either more derogatory in their connotations (e. g. sub-professions or pseudo-professions) or much less established and communicative« (1969, S. V). Anders gesagt: Der Ausdruck »semi-professions« wird rein deskriptiv benutzt, nicht bewertend. Denn das vordringliche Interesse der Forschergruppe bestand darin, typische (Identitäts-) Probleme, die semiprofessionelle Berufe gerade durch ihre besondere Stellung in bürokratischen Organisationen haben, aufzuklären und aufzulösen, so dass »the semi-professions will be able to be themselves« (ebd. S. VII). Denn es mache keinen Sinn und sorge nur für anhaltende berufliche Unzufriedenheit mit allen damit verbundenen Belastungen, nach einem Status zu streben, der ohnehin nicht zu erreichen ist. Der eigentliche Grund für diese Sichtweise ist ebenso einfach wie folgenreich: »Even in the best of all worlds there will still be differences resulting from the division of labor between those with no professional knowledge, those with highly specialized knowledge, and those who are in between« (ebd.).

In unmittelbarem Zusammenhang damit steht als weiteres Problem die Geschlechterfrage. In Semi-Professionen finden sich weitaus mehr Frauen als Männer. Auf diesen Sachverhalt hat gerade die Etzioni-Gruppe früh und empirisch fundiert aufmerksam gemacht (vgl. Simpson/Harper Simpson 1969, S. 196 ff.). Dabei ist die Argumentation der Autoren, die aus Sicht einer feministischen Professionstheorie (vgl. Vollmer 2017, S. 32 ff.) heute durchaus kritikwürdig erscheinen mag, schon seinerzeit äußerst differenziert. Denn der entscheidende Gesichtspunkt für die Struktur semiprofessioneller Berufe ist das (im Vergleich zu den reinen Professionen) weniger spezialisierte Wissen, nicht das Geschlecht; selbst wenn in allen Semi-Professionen nur Männer tätig wären, würde sich daran nichts ändern. Gleichwohl spielen natürlich Geschlechtsrollen (z. B. mit dem

---

33 Das gilt nur für den Begriff, nicht aber für das damit erfasste Phänomen: So nimmt Stichweh (1994) in seiner grundlegenden Studie über »Professionen und Disziplinen: Formen der Differenzierung zweier Systeme beruflichen Handelns« diese Unterscheidung Etzionis (allerdings ohne ihn zu nennen) wieder auf, verwendet aber dann anstelle von »Semiprofessionen« den Ausdruck »vermittelnde Professionen« (z. B. Sozialarbeiter/Krankenschwester/Lehrer); deren »spezifisches Charakteristikum« besteht offenkundig darin, »daß es ihnen nicht gelingt, den professionellen Handlungsvollzug in das Zentrum der Selbstwahrnehmung und Selbstdarstellung der ganzen Profession zu rücken« (1994, S. 320 ff., hier S. 323). – Gerade für die Erziehungswissenschaft ist dieser Punkt von Interesse, da mit diesen Besonderheiten der Profession auch Prozesse der so genannten »sekundären Disziplinbildung« eng verbunden sind (vgl. dazu Kraft 2012).

Problem der Vereinbarkeit von Familie und Beruf) gerade in semiprofessionellen Tätigkeitsfeldern eine nicht zu unterschätzende Rolle: »So long as our family system and the prevailing attitudes of men and women about feminine sex roles remain essentially as they are now, the basic situation seems unlikely to change« (Simpson/Harper Simpson 1969, S. 247). Genderfragen werden heute zweifellos und mit guten Gründen anders gesehen und behandelt als vor fünfzig Jahren und zahlreiche Kontextbedingungen haben sich daraufhin auch verändert – im Kern allerdings bleiben Aufgabenbereiche und Tätigkeitsstrukturen semiprofessioneller Berufe davon weitgehend unberührt.

Es gibt noch einen weiteren Gesichtspunkt, der dafür spricht, das Konzept der Semiprofessionen nicht vorschnell als überaltert anzusehen. Denn gerade in der neueren soziologischen Professionsforschung (vgl. Kloke 2014, S. 133 f.) verschiebt sich das Interesse zunehmend von »Profession« in Richtung »Organisation«, rückt also das Problem in den Vordergrund, in welcher Weise und in welchem Ausmaß die Strukturen einer Organisation die berufliche Identität und die Tätigkeitsstrukturen von Professionen beeinflussen oder gar nachhaltig bestimmen. Gerade dieses Problem war aber bereits, liest man genau, der Ausgangspunkt für die Theorie der Semiprofessionen. Anders gesagt: diesem Konzept lag bereits eine primär organisationstheoretische Sichtweise zugrunde. Insofern ist es auch nicht veraltet, sondern auf überraschende Weise höchst aktuell.[34] Typische Beispiele für semiprofessionelle Organisationen sind die Schule und die Einrichtungen der Sozialarbeit (vgl. Etzioni 1969, S. XIV). Gerade in ihnen zeigt sich die Differenz zwischen professionellen Prinzipien und organisatorischen Notwendigkeiten und Zwängen als der zentrale Konflikt, denn »the authority of knowledge and the authority of administrative hierarchy are basically incompatible« (ebd., S. VIII). Dieser hier nur angedeutete prinzipielle Zusammenhang wird später noch genauer zu behandeln sein.

Dass der Begriff der »Professionalisierung« über das klassische Verständnis hinaus weitere Bedeutungshorizonte zu eröffnen vermag, wird der folgende Abschnitt zeigen.

---

34 Grundlage der 1969 erschienenen, viel zitierten Studie »The semi-professions and their organization« war nämlich ein Arbeitspapier, das Etzioni teilweise aus seinem 1964 publizierten Buch über »Modern Organizations« (die deutsche Übersetzung erschien 1973 unter dem Titel »Soziologie der Organisation«) entnommen und an seine Mit-Autoren versendet hatte (vgl. Etzioni 1969, S. X ff.). Vor allem der darin enthaltene Abschnitt über »The semi-professional organization« dürfte für die Ausarbeitung des Konzeptes der Semiprofession bestimmend gewesen sein. Dass dieses Konzept von unverändert aktueller Bedeutung ist, wird, wiewohl anders als hier begründet, zumindest in Teilen der deutschsprachigen erziehungswissenschaftlichen Professionsforschung (vgl. Dewe/Stüwe 2016, S. 93 ff.) durchaus gesehen. Die Lebensgeschichte von Etzioni, der 1929 in Köln als Werner Falk geboren wurde, mit seinen Eltern 1936 vor den Nationalsozialisten nach Palästina floh, sich dort als Mitglied der Palmach dem Kampf gegen die britische Mandatsregierung anschloss, später nach Amerika auswanderte und eine herausragende Figur der amerikanischen Soziologie wurde, ist sicherlich für das Verständnis seiner soziologischen Theorien erhellend; vgl. dazu seine Autobiographie »My Brother's Keeper. A Memoir And A Message« (2003).

2.1.2 Professionalisierung

Mit dem Ausdruck »Professionalisierung« wird zum einen der Prozess verstanden, im Laufe dessen es zur Herausbildung von »reinen Professionen« kommt. Zum anderen und in einem viel weiteren Sinne meint der Ausdruck ganz allgemein die Entwicklung von Berufen, also den Prozess der »Verberuflichung«, für den wiederum einige Merkmale von reinen Professionen (z. B. spezifische Wissensbasis und Handlungslogik, die Akademisierung von Ausbildungen oder auch das Streben nach größerer Autonomie) im Sinne einer sukzessiven Annäherung als Orientierung dienen. Insofern enthält der Ausdruck »Professionalisierung« die Vorstellung eines Kontinuums.

In seinem grundlegenden Aufsatz mit dem bezeichnenden Titel »Arbeit, Beruf, Profession« hat Heinz Hartmann (1968) diesen Sachverhalt in großer Klarheit durchsichtig gemacht und systematisch gefasst. Dabei unterscheidet er zwei Dimensionen, nämlich *Wissen* und *Soziale Orientierung*. Beide Dimensionen verändern sich im Prozess der gesellschaftlichen Entwicklung: Das verfügbare *Wissen* wird zunehmend differenziert, kombiniert und bis hin zur Verwissenschaftlichung systematisiert, und die zunächst auf das Wirtschaftssystem ausgerichtete *soziale Orientierung* entwickelt sich weiter in Richtung einer Ausrichtung auf die Gesamtgesellschaft. Damit eröffnet sich sozialgeschichtlich eben der Blick auf ein Kontinuum, das von Arbeit über Beruf bis hin zur Profession führt.

Ein besonderer Vorzug dieser theoretischen Modellierung besteht darin, dass mit Hilfe der beiden Dimensionen (Wissen und Soziale Orientierung) auch Umkehrungen dieses Prozesses zum Vorschein gebracht werden können, denn Berufe lösen sich auch wieder auf oder führen zu neuen, wie auch Professionen ihren einmal erreichten Status dann wieder verlieren können, wenn es, sei es im Bereich des Wissens oder im Bereich der Sozialen Orientierung, zu Veränderungen kommt, die letztlich bis zu einer Deprofessionalisierung führen können. Der Ausdruck *Deprofessionalisierung* bezeichnet den Sachverhalt, dass es in zentralen Merkmalsbereichen, die für reine Professionen grundlegend sind, zu einschneidenden Veränderungen kommt, die die professionelle Autonomie nachhaltig einengen: das können durch technische Innovationen bedingte Veränderungen der Handlungsvollzüge sein, Phänomene einer zunehmenden Verrechtlichung in einem Bereich, ein bestimmender Einfluss der Organisation auf die professionellen Tätigkeiten selbst oder auch ein anwachsendes Wissen auf Seiten der »Laien« (Internet), wodurch der Expertenstatus der Professionen relativiert wird (vgl. dazu am Beispiel der Ärzte Bollinger/Hohl 1981).

Professionalisierung ist demnach als ein dynamisches Geschehen zu verstehen, in dem nicht nur, gleichsam naturwüchsig und unabänderlich, gesellschaftliche Notwendigkeiten zum Vorschein kommen und Geltung erlangen, sondern in das die beteiligten Akteure auch selbst eingreifen können und um Einfluss ringen, also Macht ausüben. Professionalisierung kann nicht nur gefördert und unterstützt, sondern auch gehemmt, gebremst oder gar verhindert werden. Es kann Stillstand, Rückschritt, gar Auflösung oder auch Weiterentwicklungen und Neuerfindungen geben. Es ist daher nicht verwunderlich, dass »*Professionsentwicklung*« seit kurzem als eigenständiges Forschungs- und Praxisfeld auftaucht (vgl.

Dick/Marotzki/Mieg 2016). Diese Prozesse können sowohl bottom-up, also von unten, aus den Berufen selbst heraus, ihre Dynamik entfalten als auch top-down, sozusagen von oben nach unten, also von staatlichen Initiativen und Eingriffen bestimmt sein. Schließlich gibt es eine weitere Variante, die als *sekundäre Professionalisierung* (vgl. Stichweh 1994, S. 324 ff.) bezeichnet wird und den Sachverhalt beschreibt, dass bestimmte Berufe von wissenschaftlichen Disziplinen gleichsam »erfunden« werden, also aus ihnen heraus entstehen, ein Phänomen, das vor allem für die thematisch breit gefächerte Erziehungswissenschaft von Bedeutung ist. Bei alledem spielen nationale Besonderheiten eine gewichtige Rolle (z. B. die Unterscheidung zwischen einem angloamerikanischen und einem kontinentaleuropäischen, und in einigen Bereichen wohl auch skandinavischen, Muster der Professionalisierung).[35]

Neben gesellschaftlichen Veränderungen, die zu neuen Berufen führen können (z.B . Umwelt- und Klimaschutz, Internet und Informationstechnologien), und abgesehen von berufsspezifischen Interessen erweist sich letztlich die jeweilige Wissensbasis mit den dazugehörigen Ausbildungsformen als die zentrale Variable von Prozessen der Verberuflichung. Professionalisierung ist, anders gesagt, immer auch ein Kampf um gesellschaftliche Akzeptanz und Anerkennung, in dem zahlreiche Akteure ihre Interessen durchzusetzen versuchen. Daher können die jeweiligen Bemühungen unterschiedlich weit reichen und unterschiedlich erfolgreich sein. Zur Veranschaulichung dazu ein Beispiel:

Viele Menschen in Deutschland praktizieren Yoga oder möchten diese in fernöstlicher Philosophie fundierten Techniken erlernen. So gibt es eine entsprechende Nachfrage, der ein breites und vielfältiges Angebot gegenübersteht. Die Bezeichnung »Yogalehrer« ist aber nicht gesetzlich geschützt, jeder kann diesen Titel führen. Das ist sowohl für Yoga-Interessierte als auch für Yoga-Lehrende ein unbefriedigender Zustand: Erstere können nicht sicher sein, ob das Angebot, für das sie sich ggf. entscheiden, überhaupt hinreichend qualifiziert ist; und letztere sehen sich mit einer Konkurrenz konfrontiert, die u. U. Yoga gar nicht kompetent beherrscht und vermitteln kann. In einer solchen geradezu klassischen Ausgangssituation einer Professionalisierungsbemühung kommt es in der Regel zur Gründung von fachlichen Vereinigungen, in deren verbandspolitischer Ausrichtung sich auch unterschiedliche Ansätze und Richtungen des Yoga spiegeln. So gibt es in Deutschland zahlreiche Berufsverbände, die sich teilweise wiederum zu größeren Verbänden zusammengeschlossen haben (z. B. der BDY/Berufsverband der Yogalehrenden in Deutschland e. V., der DYV/Deutscher Yoga Dachverband oder der BDfY/Berufsverband der freien Yogalehrer und Yogatherapeuten e. V.). Diese Organisationen konkurrieren natürlich um Mitglieder, in dem sie berufsständische Interessenvertretung, Versicherungsschutz oder Beratung of-

---

35 Ein Beispiel für die Bedeutung nationaler Faktoren ist die Physiotherapie. Während die Ausbildung in vielen Ländern voll akademisiert ist, zeigt sich in Deutschland ein anderes Bild: erst im Zuge der Bologna-Reform ist es auch hierzulande vermehrt zur Einrichtung von Hochschulstudiengängen gekommen, allerdings nicht flächendeckend und verbindlich, sondern meist in Form von Kooperationen mit den bestehenden staatlich anerkannten »Schulen für Physiotherapie« (näheres dazu bei Scherfer 2004).

ferieren, sich vornehmlich aber der Aus- und Weiterbildung widmen, also qualifizierte Ausbildungsgänge anbieten und dementsprechende Qualitätsstandards festlegen und zu sichern versuchen. Das Curriculum des BdfY bspw. umfasst 500 Unterrichtseinheiten, die sich auf sechs Bereiche verteilen (Hatha-Yoga 200 UE, Unterrichtsgestaltung 110 UE, Psychologie 30 UE, medizinische Grundlagen 90 UE, Geschichte und Philosophie des Yoga 60 UE und Berufsorientierung 10 UE). Die in der Regel berufsbegleitende zweijährige Ausbildung wird mit einer dreiteiligen Prüfung abgeschlossen (einer vierstündigen Klausur zu den Ausbildungsinhalten, einer Lehrprobe mit anschließendem Prüfungsgespräch von 45 Minuten und einem 15-minütigen Vortrag zu einem Yoga-spezifischen Thema). Die Zahl von 500 Unterrichtseinheiten wird in den allermeisten Ausbildungsgängen als Minimum festgelegt. Das hat einen einfachen Grund: Yoga-Lehrende können Kurse zur Gesundheitsprävention anbieten (z. B. in eigener Praxis, im Rahmen der Volkshochschulen oder anderenorts), deren Kosten unter bestimmten Voraussetzungen auf der Grundlage gesetzlicher Regelungen (SGBV§ 20) von den Krankenkassen übernommen werden können. Und eine dieser Voraussetzungen ist die Ausbildung der Anbieter solcher Kurse im Umfang von mindestens 500 Unterrichtsstunden. Dass Professionalisierungsbemühungen sich an Merkmalen der reinen Professionen orientieren, sieht man, abgesehen von Wissensbasis und Ausbildung, auch daran, dass diese fachlichen Vereinigungen »berufsethische Regeln« festlegen und ihre Mitglieder darauf verpflichten. So heißt es bspw. in dem letzten der zehn Leitsätze des BdfY: »Wir möchten die durch Yogapraxis erworbene spirituelle Entwicklung mit der gesellschaftlichen und sozialen Verantwortung verbinden«, ein anschauliches Beispiel dafür, was Hartmann »soziale Orientierung« nennt und in der Professionstheorie als »Bezug auf Zentralwerte« bezeichnet wird (https://www.bdfy.de/berufsverband/berufsethische-regeln; Zugriff vom 10.4.2018).

Man sieht schon an diesem kleinen Beispiel, in welches Geflecht verbandspolitischer, administrativer und rechtlicher Regelungen Professionalisierungsbemühungen zwangsläufig geraten, von den Schwierigkeiten, Wissensbestände mit Blick auf eine spezifische Handlungslogik schlüssig zu kombinieren und hierfür auszubilden, ganz abgesehen. Und noch etwas wird erkennbar: der Begriff der Professionalisierung löst sich zunehmend von dem klassischen Verständnis der »reinen« Profession. Dass sich diese Tendenz noch auf andere Weise weiter fortsetzt, ist Gegenstand des nächsten Abschnittes.

2.1.3 Professionalität (professionalism)

Wenn in Nachrichten über kriminelle Handlungen berichtet wird, taucht gelegentlich die Wendung auf, die Täter seien »äußerst professionell« vorgegangen. Schulen sehen sich seit geraumer Zeit mit der Erwartung konfrontiert, sie müssten »professionell gemanagt« werden. Auch Ehrenamtlichen, die in einer Tafel Lebensmittel an Bedürftige ausgeben, wird manchmal attestiert, sie würden ihre so verdienstvolle Arbeit »hochprofessionell« organisieren. Wie an diesen Beispielen zu erkennen ist, löst sich offensichtlich der Begriff »Professionalität« zunehmend von seinem ursprünglich engen Bezug auf »Profession« oder auf die Prozesse einer beruflichen »Professionalisierung«, und allein der besondere Vollzug einer bestimmten Handlungskette – die Zweckrationalität – rückt in den Mittelpunkt des Interesses.

In dem veränderten Sprachgebrauch spiegeln sich veränderte soziale Verhältnisse. Dementsprechend kommen diese Veränderungen auch reflexiv in den Theorien der Professionsforschung zur Geltung. Spätestens seit der 2001 erschienenen Studie von Freidson mit dem Titel »Professionalism, The Third Logic. On the Practice Of Knowledge« ist diese Wendung offensichtlich geworden. Er versteht »professionalism« im Kontext der politischen Ökonomie neben »consumerism«, der Logik des Marktes, und »bureaucracy«, der Logik hierarchischen Verwaltens, als eine dritte Logik der sozialen Organisation. In idealtypischer Einstellung sollen damit Tätigkeiten bezeichnet werden, die spezialisiertes Wissen für gesellschaftlich bedeutsame Dienstleistungen bereitstellen, wobei die »neuen Professionellen« ihre Arbeit selbst organisieren und kontrollieren, ohne Markteinflüssen oder Management-Direktiven unterworfen zu sein.

Diese Sichtweise lässt sich durch Überlegungen der englischen Professionssoziologin Julia Evetts (»The Sociological Analysis of Professionalism. Occupational Change in the Modern World«, 2003) weiter differenzieren. Ihrer Auffassung zufolge (vgl. 2003, S. 399) entfaltet sich das Konzept der Professionalität in zwei Dimensionen: zum einen als ein normatives Wertsystem und zum anderen als Ideologie. Diese beiden Dimensionen kommen wiederum auf drei Ebenen auf unterschiedliche Weise zur Geltung: auf der Makro-Ebene (gesellschaftlich, staatlich), auf der Meso-Ebene (Organisationen und Institutionen) und auf der Mikro-Ebene (Gruppen und Akteure).

Die *normative* Dimension, die Evetts in Anlehnung an Freidson beschreibt, entspricht weitgehend den Merkmalen, die für »reine Professionen« als typisch gelten: die exklusive Verfügung über Wissen und Sachverstand in einem speziellen Bereich mit der Macht, in diesem Sektor die Art der Probleme zu definieren als auch allein über die Zugänge für mögliche Lösungen zu verfügen; ein kollegiales, auf wechselseitige Hilfe und Unterstützung basierendes, nicht-hierarchisches Verhältnis der Arbeitsbeziehungen; die Autonomie von Entscheidungen; Sicherstellung der Diskretion bei allen notwendigen Interventionen (Schweigepflicht) sowie eine weitgehende Selbstbestimmung über die Tätigkeit selbst.

Die *ideologische* Dimension von »Professionalität« kommt spätestens dann zum Vorschein, wenn diese Merkmale den realen Gegebenheiten in vielen dienstleistungs- und wissensbasierten Beschäftigungsverhältnissen kritisch gegenübergestellt werden. Denn auch außerhalb des Wirtschaftssystems, z. B. in Krankenhäusern oder Pflegeeinrichtungen, aber auch in Schulen oder in der Jugendhilfe, kommt es vor dem Hintergrund sich verknappender Ressourcen vielfach zu einer gleichsam »systemfremden« Dominanz betriebswirtschaftlicher Rationalität, wodurch die Autonomie professionellen Handelns nachhaltig geschwächt wird. Was ehedem professionell entschieden wurde, unterliegt nun den Direktiven, Richt- und Leitlinien der Organisation. Professionelle Leistungen werden sozusagen »taylorisiert«, also in kleine und kleinste mess- und zählbare Einhei-

ten zerlegt und auf betriebswirtschaftliche Weise legitimations- und rechen-
schaftspflichtig. Die Adressaten professioneller Dienstleistungen, die früher
»Klienten« genannt wurden, werden nun zu »Kunden« – Schüler und Studierende ebenso wie Kranke oder pflegebedürftige Senioren, Arbeitslose oder Sozialhil-
feempfänger. Professionelle Autonomie wird dem Controlling der Organisation
unterworfen, kurzum: an die Stelle von »occupational« ist vielfach »organisatio-
nal professionalism« getreten (zu dieser idealtypischen Gegenüberstellung vgl.
auch Evetts 2008, S. 102). Im Zuge dieses Wandels tauchen neue Berufsrollen
auf, die sogenannten »managerial professionals«. Sie orientieren ihr Handeln ausschließlich an den jeweiligen Zielen einer Organisation, ihr Bezugsrahmen sind
nicht die »peers«, sondern die Hierarchien der Organisation, ihr Wissen ist nicht
abstrakt, sondern konkret und passgenau (situated knowledge). Anders gesagt: In
der Rolle der »managerial professionals« verschwimmt nicht nur die klassische
Differenz von »Profession« und »Organisation«, sie löst sich vielmehr vollständig
auf. Der Begriff der »Professionalität« degeneriert damit auch zu einer Reputa-
tionsressource – denn wer möchte sich schon nachsagen lassen, »unprofessionell«
zu handeln?

Der nächste Abschnitt führt nun von der Professionstheorie in die Praxis der
Verberuflichung, genauer gesagt in das System der staatlichen Verwaltung von
Arbeit und Beruf.

2.1.4 Die Klassifikation der Berufe (KldB 2010)

Die Angabe des Berufes ist, wie jeder weiß, ein wichtiges Merkmal jeder Person.
Aber nicht nur das, auch für die Gesellschaft insgesamt ist sie von höchstem Interesse, denkt man nur an die Entwicklung und Steuerung des Arbeitsmarktes, an
die Aufgaben der Vermittlung und Beratung, an Aus- und Weiterbildung, von
Versicherungsfragen (Krankheit, Rente), Steuer und weiteren rechtlichen Bezügen ganz zu schweigen. Insofern ist der Beruf eine zentrale Kategorie, in der sich
individuelle, soziale und politische Bedingungen überschneiden und miteinander
verschränken.

Die Beobachtung des Arbeitsmarktes kann sinnvoll nur auf der Grundlage
von Daten und Informationen erfolgen, die in Form zahlreicher verschiedener
Statistiken kontinuierlich erhoben werden. Dazu gehört nicht zuletzt die Beantwortung der Frage, welche Berufe es überhaupt gibt und wie sie zu unterscheiden sind. Dies geschieht vornehmlich auf der Grundlage von sogenannten »Berufsklassifikationen«. Sie gibt es nicht nur in nationalen Varianten,
sondern auch im internationalen Format (*ISCO/International Standard Classifi-
cation of Occupation*). Da der Arbeitsmarkt fortwährender Veränderung unterliegt, müssen diese Klassifikationen kontinuierlich den jeweils gegebenen Verhältnissen angepasst werden, um eine halbwegs verlässliche Datengrundlage zu
erhalten.

In Deutschland waren fast 20 Jahre lang zwei unterschiedliche Berufsklassifikationen (eine von der Bundesagentur für Arbeit, die andere vom Statistischen
Bundesamt) in Gebrauch, die, abgesehen von Problemen der Vereinheitlichung,

beide nicht mehr aktuell waren. Da aufgrund der Besonderheiten des deutschen Arbeitsmarktes die internationale Klassifikation nicht einfach übernommen werden konnte, wurde eine umfangreiche Neubearbeitung nötig. Mit der Fassung der »Klassifikation der Berufe 2010« steht seitdem eine zweibändige, mehr als 2500 Seiten umfassende Buchpublikation allen Interessierten zur Verfügung (Bundesagentur für Arbeit 2011). Die theoretischen Prämissen und methodischen Fragen der Entwicklung der »KldB 2010« werden in den einschlägigen Kapiteln der genannten Publikation ausführlich dargestellt. An dieser Stelle soll es nur darum gehen, einen Einblick in die Struktur dieses umfangreichen Schemas zu geben, damit diesbezügliche Anmerkungen in den nachfolgenden Abschnitten leichter nachzuvollziehen sind.

Die Entwicklung des Klassifikationsschemas beruht auf der Verbindung von zwei Dimensionen: der *Berufsfachlichkeit* einerseits und dem *Anforderungsniveau* andererseits. Dabei wird unter Berufsfachlichkeit das Gesamt der für die Ausübung einer bestimmten Tätigkeit notwendigen *Fachkompetenzen* verstanden, solche also, die für einen bestimmten Beruf als »strukturgebend« anzusehen sind. Grundlage hierfür sind verschiedene Kompetenzkataloge, die mit Hilfe mehrstufiger statistischer Verfahren (Clusteranalyse) so bearbeitet wurden, dass am Ende ein jeweils für einen bestimmten Beruf typisches »Kompetenzprofil« (berufsfachliches Cluster) herausgefiltert werden konnte.

Während »Berufsfachlichkeit« die horizontale Dimension des Klassifikationsschemas darstellt, ist die zweite Dimension, das Anforderungsniveau, vertikal ausgerichtet. Damit wird dem Umstand Rechnung getragen, dass ein bestimmter Beruf auf jeweils unterschiedlichen Kenntnis- und Fertigkeitsniveaus ausgeübt werden kann. Hierbei spielen die Dauer der Ausbildung und die Art der Abschlüsse eine wesentliche Rolle. Das Anforderungsniveau ist ausschließlich auf die Tätigkeit selbst bezogen, also unabhängig von der Qualifikation einer Person, die diese Tätigkeit ausübt (wenn also z. B. ein Akademiker als Taxifahrer arbeitet, ist das Anforderungsniveau für das Fahren eines Taxis nicht ein akademischer Abschluss). Vier verschiedene Niveaustufen, die jeweils einen unterschiedlichen Grad an beruflicher Anforderung abbilden, werden dabei unterschieden (Helfer- und Anlerntätigkeiten; fachlich ausgerichtete Tätigkeiten; komplexe Spezialistentätigkeiten; hoch komplexe Tätigkeiten).

Durch die Kombination der beiden Dimensionen und auf der Basis der in die Analyse eingegangenen Berufsbezeichnungen wurden am Ende anhand von Berufsfeldanalysen zehn verschiedene *Berufsbereiche* gebildet: Land-, Forst- und Tierwirtschaft und Gartenbau (1); Rohstoffgewinnung, Produktion und Fertigung (2); Bau, Architektur, Vermessung und Gebäudetechnik (3); Naturwissenschaft, Geografie und Informatik (4); Verkehr, Logistik, Schutz und Sicherheit (5); kaufmännische Dienstleistungen, Warenhandel, Vertrieb, Hotel und Tourismus (6); Unternehmensorganisation, Buchhaltung, Recht und Verwaltung (7); Gesundheit, Soziales, Lehre und Erziehung (8); Sprach-, Literatur-, Geistes-, Gesellschafts- und Wirtschaftswissenschaften, Medien, Kunst, Kultur und Gestaltung (9) und Militär (0). Diese Berufsbereiche werden wiederum in Berufshauptgruppen, Berufsgruppen, Berufsuntergruppen und Berufsgattungen unterteilt, so dass am Ende jede berufliche Tätigkeit mit einer mehrstelligen Kennziffer genau erfasst werden kann.[36]

Diese wenigen Hinweise dürften ausreichen, um nachzuvollziehen, dass dieses Klassifikationsschema auf mehrfache Weise empirisch fundiert ist, also die Realität der Berufsstruktur zumindest annäherungsweise abzubilden erlaubt. Ob es auch für unsere Zwecke, Unterschiede in den beruflichen Ausprägungen von Erziehung, Beratung und Psychotherapie deutlich zu machen und abzubilden geeignet ist, wird sich in den folgenden Abschnitten zeigen.

2.2   Erziehung als Beruf

Gegenstand dieses Abschnittes ist die Frage, welche beruflichen Formen sich aus der Zeigestruktur der Erziehung unter den gegebenen gesellschaftlichen Bedingungen ergeben. Daher werden die Erziehungsberufe zunächst im Spiegel ihrer amtlichen Klassifikationen betrachtet (▶ Kap. 2.2.1). Auf dieser Grundlage stehen dann die berufsspezifischen rechtlichen Kontexte im Mittelpunkt (▶ Kap. 2.2.2), was aufgrund der Vielfältigkeit der Erziehung jeweils genauere Einstellungen verlangt, denn die berufsrechtlichen Bedingungen sind in der Schule (▶ Kap. 2.2.2.1) andere als im Bereich der Jugendhilfe und Sozialen Arbeit (▶ Kap. 2.2.2.2) und der Vorschulischen Erziehung (▶ Kap. 2.2.2.3). Der Ertrag dieser Bemühungen wird am Ende professionstheoretisch gebündelt: Erziehungsberufe lassen sich als Semi-Professionen beschreiben (▶ Kap. 2.2.3). Um es mit der abgeklärten Gelehrsamkeit von Klaus Prange anders zu sagen: »Es bedarf keiner ausgedehnten Suche und empirischer Projekte, um festzustellen, dass das Erziehen unter die Professionen geraten ist« (2010, S. 103).

2.2.1   Erziehungsberufe im Spiegel amtlicher Klassifikation

Im Bereich 8 des Klassifikationsrahmens (KldB 2010) werden einerseits die *medizinischen Gesundheitsberufe (81)* und die *nicht-medizinischen Gesundheitsberufe (82)* – darunter fallen Altenpflege, Ernährungs- und Gesundheitsberatung, Wellness, Körperpflege, Bestattungswesen, Medizin-, Orthopädie- und Rehatechnik – zusammengefasst. Andererseits werden in dieser Gruppe *Erziehungsberufe, sozial- und hauswirtschaftliche Berufe sowie solche aus Theologie und Gemeindearbeit (83)* sowie *lehrende und ausbildende Berufe (84)* geführt; *Lehre und Ausbildung* sowie *Erziehung* werden demnach auseinandergehalten und als gesonderte Untergruppen behandelt. Somit verlaufen die Unterscheidungslinien, mit etlichen unvermeidli-

---

36 Nachweise, soweit sie sich auf die Klassifikation der Berufe beziehen, werden in den folgenden Abschnitten der Einfachheit halber nicht mit Seitenzahlen, sondern mit den jeweiligen »Berufskennziffern« angegeben.

chen Überschneidungen, zwischen den Bereichen *Gesundheit, Soziales, Lehre und Erziehung* (8).

Geht man den pädagogischen Berufen in diesem Schema weiter nach, muss man sich also in das sich verfeinernde Raster der Untergruppen 83 und 84 vertiefen. Die Vielfalt der Erziehungsberufe lässt sich dabei, grob gesprochen, nach zwei Gesichtspunkten ordnen: Einerseits, legt man ein raum-zeitliches Raster zugrunde, finden sie sich *vor* der Schule, *in* der Schule sowie *nach* und *außerhalb* der Schule; andererseits lassen sie sich aus der Perspektive von *Normalität und Abweichung* betrachten. Was zeigt sich dabei im Einzelnen?

Vor der Schule, um damit zu beginnen, finden sich erwartungsgemäß jene pädagogischen Berufe, die sich der Betreuung und Erziehung von Kindern widmen. Das ist die Gruppe 8311, deren Angehörige »erziehen, betreuen und die soziale, körperliche und geistige Entwicklung von Kindern fördern« (vgl. KldB 2010, S. 1343). Sie gibt es auf zwei verschiedenen Anforderungsniveaus: einmal als »Helfer-/Anlerntätigkeiten« (83111), z. B. Kinderbetreuer oder Kindergartenhelfer; und zum anderen als »fachlich ausgerichtete Tätigkeiten«, deren höheres Anforderungsniveau und größere Verantwortung auch eine umfangreichere Ausbildung widerspiegeln (z. B. Erzieher).

In der Schule findet sich die Gruppe der Lehrer, die »allgemeinbildenden Unterricht in allen Altersstufen und Schularten« (vgl. ebd. S. 1376) erteilen und auch die Lehrerausbildung (8414) und Schulleitungsaufgaben (8419) einschließt. Diese große Gruppe (841) wird wiederum unterteilt für Lehrkräfte in der Primarstufe, in der Sekundarstufe und gilt zudem für solche, die an Förderschulen tätig sind (8411-8413). Für besondere, außerunterrichtliche Aufgaben an Schulen gibt es eine eigene Gruppe (8418), die nicht nur »Hausaufgabenbetreuer, Lernbetreuer und Pädagogische Assistenten«, sondern auch »Fachleiter« und »Beratungslehrer« enthält (84184). Neben dem allgemeinbildenden Unterricht gibt es Lehrtätigkeiten für berufskundliche Fächer, für den gesamten Bereich der betrieblichen Ausbildung und der Betriebspädagogik, die alle in einer eigenen Gruppe (842) geführt werden. Auch die Lehr- und Forschungstätigkeit an Hochschulen, die ja ebenfalls »Schulen« sind, gehört als eigene Gruppe dazu (843).

Gelehrt und unterrichtet wird aber nicht nur an Schulen, sondern auch an *außerschulischen* Bildungseinrichtungen (844). Hier finden sich Berufe in der Erwachsenenbildung (8440), in der Museumspädagogik (8441), in der Religionspädagogik (8442), in der Kunst- und Theaterpädagogik (8443), im IT-Bereich (8444) sowie für die Fremdsprachen (8445). Aber auch »Erste-Hilfe« will gelernt sein, braucht also eigene lehrende Tätigkeiten, ebenso wie die Eurythmie ((84483). Aber damit nicht genug: Sportarten wollen erlernt und müssen daher gelehrt (8450) und unter kundiger Anleitung trainiert werden (8455); zum Autofahren benötigt man einen Führerschein und muss dafür in die Fahrschule (84513), wer Flugzeuge oder Hubschrauber (und bald wohl auch Drohnen) fliegen will, braucht Fluglehrer (8452) wie auch Tanz und Ballett ohne Unterricht kaum erfolgreich auszuüben sein dürften (8453). Und nicht nur Bergsteigen oder Skifahren verlangen unterrichtliche Vorbereitung, auch das Reiten von Pferden (84583).

Während die bisher genannten Berufe gewissermaßen auf »normale« Lernaufgaben antworten, muss es zudem pädagogische Tätigkeiten für Menschen geben, deren Lernfähigkeiten aufgrund verschiedener Umstände eingeschränkt sind und daher spezielle Lernhilfen erforderlich machen. Vornehmlich drei Berufsbereiche sind hierfür zuständig:

Zum einen gibt es den Bereich »Heilerziehungspflege und Sonderpädagogik« (8313). Angehörige dieser Berufe befassen sich »mit der Betreuung, Pflege, Förderung, Erziehung, Bildung, beruflichen und sozialen Rehabilitation und Integration von Menschen mit körperlicher, geistiger und seelischer Behinderung« (KldB 2010, S. 1348). Je nach Ausbildung und Art der Tätigkeit werden vier Anforderungsstufen unterschieden. So gibt es z. B. »Reisehelfer für Menschen mit Behinderung« (83131), es gibt sonderpädagogisch qualifizierte Erzieher (83132), Fachkräfte für die Arbeits- und Berufsförderung oder auch Facherzieher für verhaltensauffällige Kinder und Jugendliche (83133) sowie Rehabilitationspädagogen (83134). Zum anderen finden sich in einer gesonderten Untergruppe Berufe für die »Haus- und Familienpflege« (8314); deren Angehörige »versorgen und betreuen Familien und Einzelpersonen in Notsituationen und pflegen kranke oder hilfsbedürftige Menschen in privaten Haushalten und unterstützen sie bei den täglich anfallenden Arbeiten« (ebd., S. 1352). Der dritte Bereich schließlich, deren Berufe auf besondere Weise auf »Abweichung« reagieren, ist die »Sozialarbeit und Sozialpädagogik« (8312). Die hier Arbeitenden »übernehmen unterstützende, fördernde, beratende und helfende Aufgaben in Einrichtungen des Sozialwesens. Sie beraten und betreuen Einzelne, Familien oder Personengruppen in sozialen und persönlichen Problemsituationen und helfen ihnen, diese zu bewältigen« (ebd., S. 1346). Diese anspruchsvolle Aufgabe verlangt vor dem Hintergrund der individuellen lebensgeschichtlichen Umstände nicht nur die möglichst genaue Feststellung des jeweiligen Hilfebedarfs, sondern auch umfassende Kenntnisse über die Einrichtungen des Sozialwesens, um die Klienten auf verschiedenen Wegen nachhaltig unterstützen zu können.

2.2.2 Berufsspezifische rechtliche Kontexte

Im Folgenden geht es darum, die rechtliche Rahmung der pädagogischen Berufe zumindest insoweit zu markieren, dass deutlich werden kann, welche Unterschiede sich mit Blick auf beratende und psychotherapeutische Berufe ergeben. Dabei können die Einzelheiten juristischer Begründungen und Argumentationen allenfalls angedeutet werden. Die exemplarische Darstellung beschränkt sich auf drei Handlungsfelder: Schule, Soziale Arbeit und vorschulische Erziehung.

2.2.2.1 Schule

In allen grundsätzlichen Fragen des Erziehungs- und Schulrechts kommen stets drei Bereiche miteinander in Berührung: die Rechte und Pflichten der Eltern, die Rechte und Pflichten des Staates und die Rechte und Pflichten der Kinder-

und Jugendlichen als »Minderjährige«. Nach Art. 6 Abs. 2 des Grundgesetzes (GG) sind »*Pflege und Erziehung (…) das natürliche Recht der Eltern und die zuvörderst ihnen obliegende Pflicht*«. Es wird durch die Grundsätze der »elterlichen Sorge« in § 1626 des Bürgerlichen Gesetzbuches (BGB) näher bestimmt: »*Die Eltern haben die Pflicht und das Recht, für das minderjährige Kind zu sorgen (elterliche Sorge). Die elterliche Sorge erfasst die Sorge für die Person des Kindes (Personensorge) und das Vermögen des Kindes (Vermögenssorge)*«. Das Erziehungsrecht der Eltern ist allerdings kein gewöhnliches Freiheitsrecht mit dem damit verbundenen Anspruch auf Selbstbestimmung, sondern, wie die Juristen sagen, ein so genanntes »fiduziarisches Recht« (vgl. Rux/Niehues 2013, S. 22). Und das lateinische Wort ›fiduciarius‹ heißt: auf Treu und Glauben anvertraut. Anders gesagt: Das elterliche Erziehungsrecht wird nicht um seiner selbst willen ausgeübt, sondern im Interesse und zum Schutz des Kindes. Die Eltern können also mit dem Kind nicht machen, was sie wollen. Vielmehr stehen sie bei der Ausübung ihres Erziehungsrechtes sozusagen unter staatlicher Beobachtung, denn »*über ihre Betätigung wacht die staatliche Gemeinschaft*« (Art. 6 Abs. 2 Satz 2 GG).

Da dieser »fiduziarische« Charakter des elterlichen Erziehungsrechtes von prinzipieller Bedeutung ist, soll er an einem vergleichsweise einfachen Beispiel veranschaulicht werden. Das Recht der Eltern, ihrem Kind einen Vornamen zu geben, ist als Ausdruck für die Sorge der Person des Kindes unbestritten, so dass die Eltern bei der Wahl des Vornamens grundsätzlich frei sind. Denn das Kind kann sich einerseits ja nicht selbst einen Namen geben, andererseits bringt der Vorname die Individualität der Person zum Ausdruck, bezeichnet sie und macht sie von anderen unterscheidbar. In dem Fall, um den es hier geht, wollten die Eltern ihrem Sohn den Vornamen »Waldmeister« geben. Dies lehnte der Standesbeamte mit Verweis auf ein eigens eingeholtes Gutachten ab. Gegen diesen Bescheid legten die Eltern Widerspruch ein, der Fall kam vor das Amtsgericht. Das Gericht lehnte das Ansinnen der Eltern mit der Begründung ab, hierdurch würde das Kind der Lächerlichkeit preisgegeben und das Kindeswohl gefährdet. Die Eltern legten wiederum Widerspruch ein, und der Fall kam schließlich vor das Oberlandesgericht (OLG). Auch dort wurde die Beschwerde der Eltern in der Sache zurückgewiesen, und zwar mit folgender Begründung: Dem Recht der Eltern zur Vornamenswahl seien Grenzen gesetzt; denn nach Art. 6 Abs. 2 Satz 2 des GG sei der Staat berechtigt und verpflichtet, eine verantwortungslose Namenswahl durch die Eltern zu unterbinden, da sie das Kindeswohl zu gefährden droht. Und verantwortungslos sei eine Namenswahl dann, wenn ein Vorname die nahe liegende Gefahr begründet, dass er Befremden oder Anstoß erregen und den Namensträger der Lächerlichkeit preisgeben würde und ihn damit in der freien Entfaltung seiner Persönlichkeit hindert. Üblicherweise seien Namen leicht von Bezeichnungen für Gegenstände, Pflanzen, Krankheiten usw. zu unterscheiden. Das Wort »Waldmeister« hingegen werde im deutschen Sprachraum unter anderem mit einer Bezeichnung für Speiseeis, einer Geschmacksrichtung für Erfrischungsgetränke, einem Beruf und vor allem mit einer Pflanze assoziiert. Deswegen könne die Verwendung des Wortes »Waldmeister« als Vorname als lächerlich empfunden werden und sei daher geeignet, seinen mit ihm verbundenen Träger auch lächerlich zu machen. Dabei sei es unerheblich, ob »Waldmeister« oder sein englisches Äquivalent in den Vereinigten Staaten von Amerika (hierauf hatten die Kläger sich u. a. bezogen) als Vorname bereits Verwendung gefunden habe. Die Beschwerde wurde also abgewiesen, denn im vorliegenden Fall sei nicht zu erkennen, dass die Eltern das treuhänderische Recht der Namenswahl im wohlverstandenen Interesse ihres Sohnes durch die Wahl des Vornamens »Waldmeister« verantwortungsvoll ausgeübt haben. Denn das Kind trage den ihm von den Eltern gegebenen Namen grundsätzlich zeitlebens, könne ihn nicht selbstbestimmt ablegen, sondern müsse vielmehr auch die Folgen, die dadurch seiner Entwicklung drohen, tragen (vgl. OLG Bremen, Beschluss vom 20.06.2014 -1 W 19/14, Fundstelle openJur 2014, 13199).[37]

Der Gedanke, dass im Erziehungsrecht der Eltern sozusagen das Selbstbestimmungsrecht des Kindes enthalten ist, Kinder also keine Sachen sind, über die man verfügen kann, sondern Personen, deren Rechte unbedingt zu achten sind, findet sich schon in der Rechtslehre Kants. Seine Begründung soll hier angeführt werden, weil sie in großer Klarheit zur Geltung bringt, wie man die elterliche Sorge, die wir üblicherweise psychologisch zu begründen pflegen, normativ begründen kann. Für Kant ist es eine »notwendige Idee, den Akt der Zeugung als einen solchen anzusehen, wodurch wir eine Person ohne ihre Einwilligung auf die Welt gesetzt, und eigenmächtig in sie herüber gebracht haben; für welche Tat auf den Eltern nun auch eine Verbindlichkeit haftet, sie, so viel in ihren Kräften ist, mit diesem ihrem Zustande zufrieden zu machen«. Indem die Eltern sich um ihre Kinder kümmern und für sie sorgen, heilen sie gewissermaßen nachträglich den Umstand, über sie im Akt der Zeugung verfügt und damit ihr Selbstbestimmungsrecht verletzt zu haben. Eltern haben nach Kant also zuallererst eine Pflicht zur Erziehung. Aus dieser Pflicht ergibt sich für ihn dann das Recht »zur Handhabung und Bildung des Kindes«, und das bedeutet »außer der Ernährung und Pflege es zu erziehen, und sowohl pragmatisch, damit es künftig sich selbst erhalten und fortbringen könne, als auch moralisch, weil sonst die Schuld ihrer Verwahrlosung auf die Eltern fallen würde, – es zu bilden; alles bis zur Zeit der Entlassung (emancipatio)« (Werkausgabe VIII, S. 394 f.).[38]

Nun ließe sich einwenden, dass es in diesem Abschnitt ja um pädagogische Berufe geht, zunächst um Lehrer, und sich daher die Frage stellt, warum, wenn man über Schule sprechen will, das elterliche Erziehungsrecht überhaupt von Bedeutung sein soll? Die Antwort ist ebenso einfach wie folgenreich: Nicht nur die Eltern haben Rechte und Pflichten zur Erziehung, sondern auch der Staat hat einen eigenständigen Bildungs- und Erziehungsanspruch. Es gibt also weder auf

---

37 Es gibt natürlich auch Fälle (z. B. bei Kindesmissbrauch und sexueller Gewalt), in denen der Staat bei der Ausübung seines »Wächteramtes« versagt oder gravierende Fehler macht, und Kinder daher schutzlos der elterlichen Verfügungsgewalt ausgeliefert sind, mit für die Betroffenen fürchterlichen Folgen. Auch vor diesem Hintergrund sind die Initiativen zu verstehen, Kinderrechte im Grundgesetz ausdrücklich zu verankern.

38 Die Ausführungen finden sich im ersten Teil der Rechtslehre, die unter dem Titel »Die Metaphysik der Sitten« in der zweiten Auflage 1798 erschienen ist (Kant, Werkausgabe, Band VIII, S. 393 f.). In welcher Weise »Die »Ethik der Pädagogik« auf dieser Grundlage systematisch gefasst werden kann, zeigt Klaus Prange in seinem gleichnamigen Buch (2010, S. 56 ff.).

der einen noch auf der anderen Seite ein Erziehungsmonopol. Vielmehr muss nach den Grundsätzen der Verfassung die Erziehungsaufgabe gemeinsam wahrgenommen werden, in einem »sinnvoll aufeinander bezogenen Zusammenwirken von Eltern und Schule« (Rux/Niehues, a. a. O., S. 47). Wieso aber »darf« der Staat überhaupt erziehen, wie begründet sich sein eigenständiger Bildungs- und Erziehungsauftrag, und wodurch kommt er zum Ausdruck und erlangt Geltung?

Zuallererst zeigt sich der staatliche Bildungs- und Erziehungsanspruch an der Verpflichtung zum Schulbesuch. Kinder müssen zunächst die Grundschule und eine der hierauf aufbauenden weiterführenden Schulen besuchen. Das wird als sogenannte »Vollzeitschulpflicht« bezeichnet, die im Regelfall mit sechs Jahren beginnt und nach neun Pflichtschuljahren endet. Für Schüler, die keine weiterführende Schule besuchen, beginnt danach die in der Regel dreijährige Berufsschulpflicht im »dualen System«, also als Begleitung eines Berufsausbildungsverhältnisses. Und die Schulpflicht kann »zwangsweise« durchgesetzt werden und das nicht nur gegenüber dem Schüler, sondern auch gegenüber den Eltern (vgl. Rux/Niehues, a. a. O., S. 104 f.).

Mit dieser allgemeinen Schulpflicht greift der Staat also sehr weitreichend in das Grundrecht auf freie Persönlichkeitsentfaltung ein, und ein solcher Eingriff bedarf daher der besonderen Legitimation. Üblicherweise wird er dadurch begründet, dass der Staat zum Schutz der Grundrechte verpflichtet ist und demnach auch dafür sorgen muss, dass seine Bürger überhaupt in die Lage versetzt werden, diese Rechte auch wahrnehmen und ausüben zu können. Erziehung und Ausbildung sind eben dafür notwendige Bedingungen, weil ohne sie eine Verwirklichung des Grundrechts auf freie Entfaltung der Persönlichkeit gar nicht verwirklicht werden kann. Hinzu kommt das Grundrecht auf Berufsfreiheit, das in Art. 12 GG verbrieft ist (»*Alle Deutschen haben das Recht, Beruf, Arbeitsplatz und Ausbildungsstätte frei zu wählen.*«); ein erfolgreicher Schulabschluss ist aber Voraussetzung, um überhaupt eine Berufsausbildung aufnehmen zu können.

Der Staat muss aber nicht nur dafür Sorge tragen, dass seine Bürger ihre Grundrechte wahrzunehmen imstande sind. Vielmehr muss er in seinem eigenen Interesse auch dafür sorgen, dass das staatliche Gemeinwesen erhalten wird. Dazu braucht er Bürger, die für die Funktionsfähigkeit der demokratischen Institutionen auch Verantwortung übernehmen können, also z. B. bei Wahlen und Abstimmungen sachgerecht zu entscheiden vermögen oder auch sich selbst zur Wahl zu stellen und entsprechende Aufgaben zu übernehmen. All das setzt Kenntnisse, Wissen, Beurteilungsfähigkeit und dementsprechende Verhaltenskompetenzen voraus. Zu dieser notwendigen staatlichen »Selbsterhaltung« gehört es zudem, jungen Menschen die Grundwerte nahezubringen und zu vermitteln, auf denen die Verfassungsordnung beruht (Menschenwürde, Demokratie, Sozialität, Gleichberechtigung, Toleranz, Gewaltverzicht). Daher steht nach Art. 7 Abs. 1 GG »*das gesamte Schulwesen unter der Aufsicht des Staates*«.

Nicht nur Eltern und Staat haben Erziehungs- und Bildungsansprüche, auch die Kinder und Jugendlichen selbst haben einen Anspruch auf Erziehung und Bildung. Das ist, auch wenn es im Grundgesetz nicht ausdrücklich in einem besonderen Artikel festgeschrieben ist, unbestritten. Denn ein solches Recht ist, abgesehen von völkerrechtlichen Regelungen in fast allen Länderverfassungen verbrieft. So heißt es bspw. in § 10 Abs. 3 der Landesverfassung Schleswig-Holstein: *»Kinder und Jugendliche sind Träger von Rechten. Sie haben ein Recht auf gewaltfreie Erziehung, auf Bildung, auf soziale Sicherheit und auf die Förderung ihrer Entwicklung zu eigenverantwortlichen und gemeinschaftsfähigen Persönlichkeiten.«* Zudem ergibt sich dieser Anspruch aus dem von der BRD ratifizierten 1. Zusatzprotokoll der Europäischen Menschenrechtskonvention (EMRK): *»Niemand darf das Recht auf Bildung verwehrt werden«* (Art. 2 Satz 1). Das ist, unabhängig von den Länderverfassungen, insofern von weitreichender Bedeutung, weil dieses Recht auf Bildung unabhängig von der Schulpflicht ist. So haben ausländische und staatenlose Kinder (Stichwort Migration) demnach durchaus ein Recht auf Schulbesuch, auch wenn sie aufgrund eines fehlenden Aufenthaltstitels (noch) nicht der Schulpflicht unterliegen.

Da der Bund für das allgemeine Schulwesen keine Gesetzgebungsbefugnis hat, sind die Länder für die Schulorganisation, Unterrichtsinhalte und Abschlüsse zuständig (vgl. Art. 30 GG: *»Die Ausübung der staatlichen Befugnisse und die Erfüllung der staatlichen Aufgaben ist Sache der Länder, soweit dieses Grundgesetz keine andere Regelung trifft oder zulässt.«*). Allerdings können auch die Länder nicht machen, was sie wollen, sondern sind durch den Grundsatz der Bundestreue in ihren Gesetzgebungen zu gegenseitiger Rücksichtnahme verpflichtet, müssen also bei der Organisation des Schulwesens für Vergleichbarkeit der Schulabschlüsse und für die Möglichkeit von Übergängen Sorge tragen. Diese Harmonisierung geschieht wesentlich durch die Vereinbarungen der Ständigen Konferenz der Kultusminister (KMK), die allerdings in vielen Fällen erst von den Länderparlamenten in Form von Staatsverträgen oder bi- und multinationalen Abkommen Gesetzeskraft erlangen (Parlamentsvorbehalt). Diese Abstimmung zwischen den Ländern ist äußerst schwierig und sorgt immer wieder für entsprechende Konflikte und Auseinandersetzungen.

Der staatliche Erziehungs- und Bildungsauftrag muss also von den einzelnen Bundesländern umgesetzt und konkretisiert werden. Das geschieht durch die Festlegung von Bildungs- und Erziehungszielen zunächst in eher allgemeiner Form in den Landesverfassungen und wird dann in den Schulgesetzen der einzelnen Länder genauer gefasst. Stellt man all diese Ziele einmal in einer Übersicht (vgl. Reuter 2003, S. 34 ff.) zusammen, ergibt sich eine eindrucksvolle Aufstellung, die folgende Themenbereiche umfasst: allgemeine Persönlichkeitskompetenzen; Ehe, Familie, Partnerschaft und Sexualität; Religion und Weltanschauung; Ethik, Politik, Staat, Nation und Heimat; Kultur und Geschichte; Natur und Umwelt; Europa; Weltgemeinschaft. Obwohl sich in den einzelnen Schulgesetzen auch deutliche Unterschiede und Akzentsetzungen finden, stimmen sie in vielen Punkten überein. Die Synopse von Reuter (a. a. O., S. 36–41) ergibt am Ende eine Liste von 94 Zielen in 11 verschiedenen Bereichen. »Diese Ziele«, so Reuter, »enthalten kognitive, affektive und Verhaltensaspekte; ihr Spektrum reicht von der Fähigkeit zur Aneignung politischer, gesellschaftlicher, kultureller und historischer Kenntnisse, der Fähigkeit zur Artikulation von Interessen, zu Kritik und Konflikt, über Alltagstugenden, die Erfüllung von Pflichten und Bindungen an Normen und Werte bis zur Übernahme von Aufgaben in Gemeinschaften, Gesellschaft und Politik« (S. 34).

Ziele allein, so erstrebenswert sie auch sein mögen, reichen nicht; sie bedürfen weiterer Konkretisierung. Das ist die Aufgabe der Bildungs- oder (Rahmen-)Lehrpläne. Sie machen die Ziele in der Weise verbindlich, dass sie in fachliche oder fachübergreifende Stoffkataloge umgesetzt und damit für den Unterricht (was, zu welchem Zeitpunkt, in welchem Maß und mit welchem anzustrebenden Ergebnis) obligatorisch werden. Diese Aufgabe liegt in der Verantwortung der Kultusministerien und wird durch Verordnungen oder Verwaltungsvorschriften in Kraft gesetzt.

Selbst wenn es Ziele und Lehrpläne gibt, gibt es damit noch lange keine Schule. Denn hierfür braucht es geeignete Gebäude, eine entsprechende Ausstattung und Personal, das all dies erhält. Die Errichtung und Erhaltung von Schulen ist Aufgabe der Kommunen, also von Städten, Gemeinden, Kreisen und kommunalen Zweckverbänden. Gebäude, die Anschaffung von Lern- und Lehrmitteln, die Beförderung der Schüler sowie die Anstellung des Verwaltungspersonals gehören zum Kernbereich der kommunalen Selbstverwaltung.

Für das pädagogische Personal ist der Staat zuständig, der in fast allen Ländern Dienstherr der Lehrkräfte an öffentlichen Schulen ist und daher auch die Personalkosten dafür tragen muss. Aufgrund seines Erziehungs- und Bildungsauftrages muss er für deren Aus- und Weiterbildung Sorge tragen und ist zudem für die Schulaufsicht verantwortlich. Die oberste Schulaufsichtsbehörde ist daher in fast allen Ländern das Schul- oder Kultusministerium und damit für die Fach-, Rechts- und Dienstaufsicht zuständig.

Denkt man sich nun eine einzelne Schule, wird rasch einsichtig, dass Rolle und Funktion der Schulleitung gleichsam als Scharnier zwischen Recht, Verwaltung und Pädagogik zu verstehen ist. Schulleiter vertreten die Schule nach außen und unterliegen damit wiederum selbst der Schulaufsicht. Zugleich sind sie dienst- und arbeitsrechtlich Vorgesetzte und haben Weisungsbefugnis gegenüber den Lehrkräften und dem übrigen Personal der Schule. Schließlich müssen sie die Entscheidungen der Organe der Schule auf ihre Recht- und Zweckmäßigkeit prüfen. Denn dem Demokratieprinzip der Verfassung gemäß muss es an öffentlichen Schulen entsprechende Mitwirkungsrechte der einzelnen Gruppen geben, die jeweils in eigenen Gremien wahrgenommen werden: Die Schülervertretung (SMV), der Elternbeirat (auf verschiedenen Ebenen), die Gesamtkonferenz der Lehrkräfte sowie die Schulkonferenz als ein gemischtes Gremium, von der dienstrechtlichen Personalvertretung ganz zu schweigen.

Der Kern der Schule aber ist der Unterricht und die pädagogische Interaktion zwischen Lehrkräften und Schülern als Form institutionalisierten Zeigens. Obwohl es nicht bestritten wird, dass dieser »Kern« der Schule durch die Besonderheiten der Aufgabe im Wesentlichen auf einer persönlichen Beziehung zwischen Lehrkräften und Schülern beruht und schon allein von daher einen gewissen Freiraum benötigt, handelt es sich doch nicht um einen gleichsam »rechtsfreien« Raum, sondern immer auch um ein Rechtsverhältnis eigener Art. Erziehung und Unterricht lassen sich zwar »naturgemäß« nicht detailliert regeln, sind also, juristisch gesehen, nicht durchgängig und exakt normierbar. Das bedeutet aber nicht, dass sämtliche Entscheidungen und Handlungen von Lehrkräften und der Schule keinerlei gerichtlicher Kontrolle in tatsächlicher und rechtlicher Hinsicht unterliegen würden, was sich aus der Rechtsschutzgarantie des Grundgesetzes ergibt (Art. 19 Abs. 4 lautet: *»Wird jemand durch die öffentliche Gewalt in seinen Rechten verletzt, so steht ihm der Rechtsweg offen. Soweit eine andere Zuständigkeit nicht begründet ist, ist der ordentliche Rechtsweg gegeben.«).* Allerdings sind der gerichtlichen Kontrolldichte im Schulverhältnis aus verschiedenen Gründen deutliche Grenzen gesetzt: Zum einen sind die Lehrkräfte in der Regel im Unterricht mit ihren Schülern allein in der Klasse, und der Verlauf des Unterrichts wird, wenn überhaupt, nur durch sie dokumentiert. Und zum anderen ist, wie es in einem einschlägigen Lehrbuch heißt, die Pädagogik keine exakte Wissenschaft; daher können die Gerichte die pädagogische Wertung, die einer Entscheidung zugrunde liegt, zwangsläufig auch nur eingeschränkt prüfen (vgl. Rux/Niehues, a. a. O., S. 20). In der Pädagogik ist es eben anders als z. B. in der Medizin, wo Kunstfehler bei Operationen durch Gutachter festgestellt werden können. Pädagogische »Kunstfehler« hingegen lassen sich nicht auf vergleichbare Weise ermitteln (vgl. dazu Schwarz/Prange 1997).

Wie stellt sich nun in rechtlicher Hinsicht das Problem der (vielfach zum Sprichwort gewordenen) »Pädagogischen Freiheit« bei genauerer Betrachtung dar? Zunächst ist zu beachten, dass Lehrkräfte wegen der Bedeutung des staatlichen Erziehungs- und Bildungsauftrages in den meisten Ländern in der Regel im Beamtenverhältnis stehen, demnach also den Regelungen und Vorschriften des Beamtenrechts unterliegen, wodurch sich bereits zahlreiche verhaltensrelevante Festlegungen ergeben. Ob Lehrkräfte wirklich hoheitliche Aufgaben übernehmen und daher zwingend nur im Beamtenverhältnis beschäftigt werden sollten, wird immer wieder diskutiert, ganz abgesehen davon, dass manche Länder schon aus fiskalischen Gründen Lehrer im Angestelltenverhältnis beschäftigen. Ungeachtet dessen unterliegen Lehrkräfte an öffentlichen Schulen der Weisungsbefugnis ihrer Vorgesetzten und den einschlägigen Bestimmungen des Öffentlichen Dienstes. Für die eigentliche Unterrichtstätigkeit selbst ist dieser Umstand allerdings nicht von Bedeutung.

Denn Lehrkräfte entscheiden grundsätzlich selbstständig, wie die vorgegebenen Lehrziele erreicht werden sollen. Die »pädagogische Freiheit« ist insofern vor allem eine Freiheit in der Wahl der Methoden und in der Art der Gestaltung des Unterrichts. Während der Lehrplan die Ziele vorgibt, verantworten die Lehrkräfte dessen unterrichtliche Umsetzung (wobei sie allerdings an die kollegial getroffenen Konferenzbeschlüsse gebunden bleiben). Anders gesagt: »Pädagogische Freiheit« ist kein Grundrecht, denn Schulunterricht, selbst in der Sekundarstufe II, gilt im Sinne des Grundgesetzes nicht als »wissenschaftliche Lehre« (Art. 5 Abs. 3 Satz 1 GG lautet: *»Kunst und Wissenschaft, Forschung und Lehre sind frei.«).* An diesem Punkt zeigt sich ein gravierender Unterschied zwischen Schule und Hochschule. Zugespitzt könnte man es vielleicht so sagen: *Was* gezeigt werden soll, entscheidet der Lehrplan, *wie* gezeigt wird, liegt in der pädagogischen Verantwortung der Lehrkräfte. Der pädagogische Freiraum der Lehrkräfte ergibt sich aber nicht nur aus den besonderen Eigentümlichkeiten des Unterrichtens, also nicht nur aus der Logik des Unterrichts selbst, sondern auch aus verfassungsrechtlichen Erwägungen. Denn eine Erziehung zu selbständigen mündigen Bürgern setzt voraus, dass auch die Lehrkräfte über entsprechende Gestaltungsspielräume verfügen müssen, um den Grundsätzen der Verfassung entsprechend ihre pädagogische Arbeit leisten zu können. Ohne pädagogische Freiheit kann es keine Erziehung zu mündigen Bürgern in einer freiheitlich-demokratischen Grundordnung geben.

Diese grobe Skizze muss hier genügen, um den schul- und erziehungsrechtlichen Rahmen des Lehrerberufs zu markieren, wenn auch zahlreiche weitere Probleme (z. B. die Stellung von Privat- oder Ergänzungsschulen, Besonderheiten einzelner Fächer wie Religion oder Biologie oder die Leistungsbewertung) hier nicht behandelt werden können (vgl. dazu u. a. Hoegg 2010 und 2016).

Dass sich pädagogische Berufe auch außerhalb der Schule nicht in einem rechtsfreien Raum befinden, wird der Blick in den Bereich der Sozialen Arbeit zeigen.

2.2.2.2 Jugendhilfe und Soziale Arbeit

Bei aller Diversität und Differenziertheit des gegenwärtigen Bildungssystems – die Schule darf als ein vergleichsweise homogenes Arbeitsfeld gelten. Schulszenen sind zumeist rasch und eindeutig identifizierbar und haben einen hohen Wiedererkennungswert, nicht zuletzt aufgrund der Tatsache, dass so gut wie alle über diesbezügliche Erfahrungen verfügen: fast jeder weiß, was Schule ist. Dafür sorgen nicht nur Tradition und der Grad der Institutionalisierung, nicht nur der staatliche Erziehungsauftrag, Organisation und Verwaltung, sondern vor allem die Eigenlogik des Unterrichts mit der im Zeigen zentrierten Beziehung zwischen Lehrern und Schülern. Diese Homogenität spiegelt sich nicht zuletzt auch in juristischer Hinsicht, denn es gibt ein eigenes Rechtsgebiet, das Schulrecht.

Das ist im Bereich der Sozialen Arbeit grundlegend anders, handelt es sich hierbei doch um ein äußerst heterogenes Feld beruflichen Handelns. So gibt es weder »die eine« typische Institution noch »die eine« typische Form der Organisation und daher auch nicht »die eine« typische Form professioneller Interaktion. Der Grund hierfür liegt darin, dass sehr verschiedene Lebenslagen zum Gegenstand sozialpädagogischer Interventionen im System der Sozialen Hilfe werden können, und zwar über die gesamte Spanne des Lebenslaufes hinweg. Es ist daher nicht verwunderlich, dass die Tätigkeit sozialer Berufe von zahlreichen, unterschiedlichen Rechtsgebieten nicht nur berührt, sondern vielfach maßgeblich mitbestimmt wird. Der folgende Blick auf das Kinder- und Jugendhilfegesetz (KJHG), das auf Bundesebene im achten Buch des Sozialrechts (SGB VIII) geregelt ist, soll hiervon zumindest einen Eindruck vermitteln (die folgende kurze Darstellung stützt sich im Wesentlichen auf Trenczek/Tammen/Behlert 2008, S. 363 ff.).

Wie alle Gesetze hat auch das KJHG eine eigene, gesellschaftliche Entwicklungen spiegelnde Geschichte: Sie beginnt in der ersten Hälfte des 19. Jahrhunderts, setzt sich mit der 1922 erfolgten Verabschiedung des Reichsjugendwohlfahrtsgesetzes (RJWG) fort, führt für den Bereich der BRD 1961 zum Jugendwohlfahrtsgesetz (JWG) und findet schließlich 1991 mit dem »Gesetz zur Neuordnung des

Kinder- und Jugendhilferechts« als »Kinder- und Jugendhilfegesetz« (KJHG/ SGBVIII) ihren vorläufigen Abschluss.[39] Die Entwicklung geht allerdings weiter, wie sich am 1.10.2005 in Kraft getretenen »Kinder- und Jugendhilfeweiterentwicklungsgesetz« (KICK) oder auch am »Bundeskinderschutzgesetz« (1.1.2012) zeigt, das als ein sogenanntes »Artikelgesetz« die Anliegen des Kinderschutzes durch Veränderungen in verschiedenen Rechtsgebieten absichern soll.

Im Zuge dieser Entwicklung hat sich mit der Begrifflichkeit auch die inhaltliche Ausrichtung verändert. Denn nicht zuletzt unter dem Einfluss gesellschaftlicher Reformprozesse hat das KJHG insgesamt eine gleichsam »sozialpädagogische Ausrichtung« erfahren: Nicht mehr der repressiv getönte staatliche Eingriff steht im Vordergrund, sondern das Bemühen um Unterstützung und Förderung aller Kinder und Jugendlichen auf der Basis von Partizipation und Akzeptanz, der Ausgleich von sozialstrukturell bedingten Benachteiligungen sowie das Eröffnen von Entwicklungs- und Bildungschancen mit einer starken Akzentuierung der präventiven Funktionen. Diese Ziele kommen im § 1 in aller Deutlichkeit zum Ausdruck: «*(1) Jeder junge Mensch hat ein Recht auf Förderung seiner Entwicklung und auf Erziehung zu einer eigenverantwortlichen und gemeinschaftsfähigen Persönlichkeit … (3) Jugendhilfe soll zur Verwirklichung des Rechts nach Absatz 1 insbesondere 1. junge Menschen in ihrer individuellen und sozialen Entwicklung fördern und dazu beitragen, Benachteiligungen zu vermeiden oder abzubauen, 2. Eltern und andere Erziehungsberechtigte bei der Erziehung beraten und unterstützen, 3. Kinder und Jugendliche vor Gefahren für ihr Wohl schützen, 4. dazu beitragen, positive Lebensbedingungen für junge Menschen und ihre Familien sowie eine kinder- und familienfreundliche Umwelt zu erhalten oder zu schaffen*« (KJHG).

Wie immer, wenn es um Erziehung geht, ist, wie auch im Bereich der Schule, das Elternrecht von besonderer Bedeutung. Diese (in der einschlägigen Fachdiskussion nicht unumstrittene) pointierte Familienorientierung zeigt sich im Bereich der Jugendhilfe nicht nur daran, dass der entsprechende Grundgesetzartikel (Art. 6 Abs. 2 GG) wörtlich (vgl. § 1 Abs. 2 KJHG) übernommen wurde, sondern vor allem an der Tatsache, dass vornehmlich die Eltern und Erziehungsberechtigten die Adressaten der gesetzlichen Leistungen sind. Gleichwohl enthält das Gesetz auch Ansprüche der Minderjährigen selbst. So können sich Kinder und Jugendliche zum Beispiel »*in allen Angelegenheiten der Erziehung und Entwicklung an das Jugendamt wenden*« (§ 8 Abs. 2) und zudem auch »*ohne Kenntnis der Personensorgeberechtigten beraten werden, wenn die Beratung aufgrund einer Not- und Konfliktlage erforderlich ist*« (§ 8 Abs. 3). Im Grundsatz aber ist das Gesetz darauf ausgerichtet, Kinder und Jugendliche mittelbar, also vor allem durch entsprechende Hilfen für die Eltern oder Erziehungsberechtigten zu unterstützen, es sei denn, dass eine Gefährdung des Kindeswohls vorliegt, wobei dann ein eingreifendes Handeln durch das »staatliche Wächteramt« legitimiert wird.

---

39 Gemäß § 15 KJHG haben die Länder zudem die Möglichkeit für eigene landesrechtliche Regelungen (in Schleswig-Holstein gibt es z. B. das im Februar 1992 verabschiedete Jugendförderungsgesetz/JuFöG als »Erstes Gesetz zur Ausführung des Kinder- und Jugendhilfegesetzes«).

Abgesehen von zahlreichen allgemeinen Vorschriften besteht das KJHG aus zwei großen inhaltlichen Abschnitten: den »Leistungen« der Jugendhilfe (§§ 1–41) und den so genannten »anderen Aufgaben« (§§ 42–60).

Dabei beschreiben die »Leistungen« ein weit gefächertes und mehrfach abgestuftes Angebot an sozialpädagogischen Dienstleistungen, die alle jungen Menschen bzw. Familien oder Eltern freiwillig in Anspruch nehmen können; sie untergliedern sich in vier Bereiche: a) Jugendarbeit, Jugendsozialarbeit, erzieherischer Kinder- und Jugendschutz (§§ 11–15); b) Angebote zur Förderung der Erziehung in der Familie (§§ 16–21); c) die Förderung von Kindern in Tageseinrichtungen und in der Tagespflege (§§ 22–26) sowie d) die Hilfen zur Erziehung, Eingliederungshilfe und Volljährigenhilfe (§§ 27–41).

Demgegenüber beschreiben die sogenannten »anderen Aufgaben« hoheitliche Pflichten des Jugendamtes zum Schutz von Minderjährigen, und zwar in dreierlei Hinsicht: a) die »Inobhutnahme« (§ 42) in akuten Krisensituationen sowie der Schutz von Minderjährigen in Pflegefamilien und Heimen (§§ 43–49); b) die »Mitwirkung in gerichtlichen Verfahren« in Familien- und Vormundschafts- sowie in Strafsachen (§§ 50–52) und schließlich c) Aufgaben als Beistand, Vormund, Pfleger und Beurkundungsbehörde (§§ 52a–60).

Für die Erfüllung dieser vielfältigen Aufgaben sind die »Träger« der Jugendhilfe zuständig. Es wird hierbei zwischen »öffentlichen« und »freien« Trägern unterschieden (wobei sich die »freien« wiederum in »anerkannte« und »sonstige, nicht anerkannte« unterteilen). »Öffentliche« Träger sind die Landkreise, kreisfreien Städte oder überörtliche Zusammenschlüsse. Sie bilden die staatlichen Organisationseinheiten und sind für die Umsetzung des KJHG zuständig, bei ihnen liegen also die Gesamtverantwortung und die Planungsverantwortung (§ 79), sie haben daher die »sachliche Zuständigkeit« (§ 85). Gemäß § 69 errichtet *jeder öffentliche Träger ein Jugendamt, jeder überörtliche ein Landesjugendamt*. Das sind die »Sozialpädagogischen Fachbehörden«, eine Bezeichnung, die deren Sonderstellung gegenüber der allgemeinen Verwaltung und ihre besondere Aufgabenzuweisung deutlich hervorhebt.

Die Jugendämter haben, eine weitere Besonderheit, eine zweigliedrige Struktur, denn gemäß § 70 werden die Aufgaben des Jugendamtes *durch den Jugendhilfeausschuss und durch die Verwaltung des Jugendamtes wahrgenommen*. Die Mitglieder des Jugendhilfeausschusses kommen einerseits aus dem Bereich der öffentlichen Träger (3/5), andererseits aus dem Bereich der freien Träger (2/5). Der Jugendhilfeausschuss befasst sich gemäß § 71 Abs. 2 *»mit allen Angelegenheiten der Jugendhilfe, insbesondere mit 1. der Erörterung aktueller Problemlagen junger Menschen und ihrer Familien sowie mit Anregungen und Vorschlägen für die Weiterentwicklung der Jugendhilfe, 2. der Jugendhilfeplanung und 3. der Förderung der freien Jugendhilfe«.* Er besitzt dafür Anhörungsrecht und Anhörungspflicht, er hat Antragsrecht und Beschlussrecht, wodurch seine Vorrangstellung gegenüber der Verwaltung des Jugendamtes zur Geltung kommt.

Im Unterschied zur Schule ist die Jugendhilfe *»durch die Vielfalt von Trägern unterschiedlicher Wertorientierungen und die Vielfalt von Inhalten, Methoden und Arbeitsformen«* (§ 3 Abs. 1) gekennzeichnet. Diese Pluralität der Trägerschaften gilt als ein besonderes Strukturprinzip der Kinder- und Jugendhilfe, und in vielen

Teilbereichen erbringen die freien Träger den überwiegenden Teil der Leistungen (fast zwei Drittel aller in der Jugendhilfe tätigen Personen sind bei freien Trägern beschäftigt). Beide Trägergruppen sind gemäß § 4 verpflichtet, »*zum Wohl junger Menschen und ihrer Familien partnerschaftlich zusammenzuarbeiten*«, wobei die öffentliche Jugendhilfe von eigenen Maßnahmen dann absehen soll, wenn »*geeignete Einrichtungen, Dienste und Veranstaltungen von anerkannten Trägern der freien Jugendhilfe betrieben werden oder rechtzeitig geschaffen werden können*« (ebd.). Das diesen Trägerdualismus bestimmende Prinzip der Subsidiarität hat eine eigene lange Geschichte, verliert allerdings im Zuge neuerer Entwicklungen zunehmend an Bedeutung. Unabhängig davon aber ist unbestritten, dass nur die öffentlichen Träger zur Leistung verpflichtet sind, etwaige Rechtsansprüche der Bürger richten sich demnach ausschließlich an sie.

Was ist nun der für die Kinder- und Jugendhilfe typische (pädagogische) Beruf? Während im Bereich der Schule die Sache eindeutig ist und der juristische Ausdruck »*Lehrkräfte*« den Kern der Tätigkeit genau bezeichnet, wird im KJHG, wenn es um die berufsförmige Umsetzung der Leistungen geht, der allgemeine Begriff »*Fachkräfte*« verwendet: »*Die Träger der öffentlichen Jugendhilfe sollen bei den Jugendämtern und Landesjugendämtern hauptberuflich nur Personen beschäftigen, die sich für die jeweilige Aufgabe nach ihrer Persönlichkeit eignen und eine dieser Aufgabe entsprechende Ausbildung erhalten haben (Fachkräfte) oder aufgrund besonderer Erfahrungen in der sozialen Arbeit in der Lage sind, die Aufgabe zu erfüllen. Soweit die jeweilige Aufgabe dies erfordert, sind mit ihrer Wahrnehmung nur Fachkräfte oder Fachkräfte mit entsprechender Zusatzausbildung zu betrauen. Fachkräfte verschiedener Fachrichtungen sollen zusammenwirken, soweit die jeweilige Aufgabe dies erfordert*« (§ 72 Abs. 1). Was aber ist im Sinne des Gesetzes unter einer »Fachkraft« zu verstehen?

Offensichtlich sind zwei Kriterien ausschlaggebend: Ausbildung und persönliche Eignung. Zunächst zur Ausbildung: Sie muss formal abgeschlossen sein, anderenfalls handelt es sich um eine begründungspflichtige Ausnahme. Um welche Art der Ausbildung es sich handeln soll, wird im Gesetz nicht direkt gesagt, sondern muss mittelbar erschlossen werden, z. B. über den § 79, der den Jugendämtern das Handeln als eine »Sozialpädagogische Fachbehörde« ermöglichen soll. Insofern gelten als »Fachkräfte« grundsätzlich alle Personen, die über eine formal abgeschlossene Berufsausbildung in sozialen/sozialpädagogischen/sozialarbeiterischen Ausbildungsgängen verfügen, und zwar unabhängig von der Niveaustufe dieser Ausbildung (Berufsfachschule, Fachschule, Fachhochschule, Gesamthochschule oder Universität). Als »hinreichend« gelten Abschlüsse als Erzieher (FS), als Diplomsozialarbeiter (FH) und als Diplom-Pädagoge (Universität mit der Fachrichtung Sozialpädagogik) bzw. entsprechende BA-/MA-Abschlüsse, wobei sich weitere Festlegungen aus den Tarif- und Arbeitsverträgen ergeben. Bei allen anderen beruflichen Qualifikationen ist eine besondere aufgabenbezogene Begründung erforderlich. Dabei kann es sich um andere Berufe aus dem sozialen Bereich handeln (z. B. Psychologen in der Erziehungsberatung oder Soziologen in der Jugendarbeit), um Qualifikationen aus dem allgemeinen nicht-technischen Verwaltungsdienst (z. B. Juristen, Volks- oder Betriebswirte), aber auch um handwerkliche Befähigungsnachweise (z. B. Tischler in der Drogenarbeit). Ausdrücklich sind zudem Kombinationen anderer Qualifikationen in Verbindung mit spezifischen Fort- und Weiterbildungsangeboten oder Zusatzqualifikationen möglich. Man sieht also, dass der Vielfalt der Aufgaben eine Vielfalt beruflicher Qualifikationen gegenübersteht. Und man kann auch sehen, dass dieses »Fachkräftegebot« ein wesentlicher Faktor ist, um die Qualität der Jugendhilfe insgesamt im Sinne einer progressiven Professionalisierung nachhaltig zu befördern.

Das Kriterium der »persönlichen Eignung« ist für die Juristen eine nicht leicht auszulegende Vorschrift, deren Details hier nicht behandelt werden können. Der vor allem vor dem Hintergrund des Schutzes vor sexuellem Missbrauch durch das KICK in das KJHG neu eingeführte § 72a sorgt hier für etwas mehr Klarheit, denn in Abs. 1 heißt es: »*Die Träger der öffentlichen Jugendhilfe dürfen für die Wahrnehmung der Aufgaben in der Kinder- und Jugendhilfe keine Person beschäftigen oder vermitteln, die rechtskräftig wegen einer Straftat nach den §§ 171, 174 bis 174c, 176 bis 180a, 181a, 182 bis 184g, 184i, 201a Absatz 3, den §§ 225, 232 bis 233a, 234, 235 oder 236 des Strafgesetzbuchs verurteilt worden ist. Zu diesem Zweck sollen sie sich bei der Einstellung oder Vermittlung und in regelmäßigen Abständen von den betroffenen Personen ein Führungszeugnis nach § 30 Absatz 5 und § 30a Absatz 1 des Bundeszentralregistergesetzes vorlegen lassen.*« Und das gilt, wie die weiteren Absätze ausführen, für alle Personen, die im Rahmen der Kinder- und Jugendhilfe hauptberuflich, neben- oder ehrenamtlich tätig sind.

Das »*Fachkräftegebot*« kommt allerdings nicht nur bei der Auswahl und Einstellung von Mitarbeitern zur Geltung, sondern es ist als »*Prinzip der Fachlichkeit*« oder im Gewand »*fachlicher Standards*« auch für das direkte Handeln selbst von großer Bedeutung. Denn es gibt in der Kinder- und Jugendhilfe, anders als in der Schule, keine Fächer, keine Lehrpläne und auch keine Didaktik, sondern eine schillernde Vielfalt sozialer Problem- und Konfliktlagen, für die jeweils im Einzelfall die entsprechende Maßnahme gefunden werden muss.

Das Adjektiv »fachlich« verweist auf das »Fach«. Im Falle der Kinder- und Jugendhilfe ist das vornehmlich die Sozialpädagogik und Sozialarbeit in ihrer disziplinären (Wissenschaft) und professionellen (Berufspraxis) Gestalt. An diesem Punkt werden einige Probleme erkennbar: Zum einen hat es die Kinder- und Jugendhilfe mit einer Vielfalt von Einzelschicksalen zu tun, die schon allein als »Fälle« nicht leicht zu vereinheitlichen sind. Auch für den einzelnen Fall selbst gibt es daher in der Sozialen Arbeit kein eindeutiges, wissenschaftlich fundiertes und allgemein anerkanntes Regelwissen, aus dem klar ableitbar wäre, was genau zu tun ist. In der Chirurgie zum Beispiel ist das anders, dort gibt es nicht nur den festen Ablauf von Diagnostik, Indikationsstellung und Therapie, sondern auch ein allgemein anerkanntes Lehrbuch-Wissen auf der Grundlage von umfangreichen empirischen Forschungen, Leitlinien für die Behandlung bestimmter Fälle und operative Standards.

Demgegenüber eröffnet sich in der Theorie der Sozialen Arbeit »Der Zugang zum Fall« (vgl. Michel-Schwartze 2016) aus ganz unterschiedlichen Perspektiven. Anders gesagt: Was unter »fachlichen Standards« im Einzelnen zu verstehen ist, darüber besteht im »Fach« kein Konsens. Dies hat zur Folge, dass im Bereich der Kinder- und Jugendhilfe zu einem großen Teil vom Rechtssystem festgelegt wird, was unter »fachlichen Standards« genau zu verstehen ist (vgl. hierzu Frankfurter Kommentar, S. 1123 ff.). Das jeweilige Handlungsproblem liegt also im Schnittpunkt von Fach und Recht, wobei die Lücke, die das Fach lässt (und aufgrund objektiver Gegebenheiten vielfach auch lassen muss), vom Recht geschlossen wird. Wenn schon nicht klar ist, ob immer das Richtige getan wird, muss das, was getan wird, zumindest hinreichend begründet sein und in seinem Ablauf, als Verfahren also, bestimmten Regeln folgen. Aus diesem Grund erlangt das Recht in der Kinder- und Jugendhilfe seine starke Stellung und seine große Bedeutung.

Die »Lücke«, die die Theorie lässt, wird allerdings in vielen Fällen von der Berufspraxis, von den öffentlichen und freien Trägern oder überörtlichen Zusammenschlüssen (zum Beispiel der Arbeitsgemeinschaft der Landesjugendämter) mit Blick auf spezifische Handlungsprobleme der Sozialen Arbeit zu verkleinern versucht. Das vom Deutschen Jugendinstitut herausgegebene »Handbuch Kindeswohlgefährdung nach § 1666 BGB und Allgemeiner Sozialer Dienst (ASD)« (Kindler et al. 2006) ist dafür ein ausgezeichnetes Beispiel wie auch die »Empfehlungen zur Festlegung fachlicher Verfahrensstandards in den Jugendämtern bei Gefährdung des Kindeswohls« der »Bundesvereinigung der kommunalen Spitzenverbände« oder, ein weiteres Beispiel, die »Empfehlungen des Deutschen Vereins für öffentliche und private Fürsorge (DV) zur Umsetzung des § 8a SGBVIII« aus dem Jahre 2006. Auch andere freie Träger und viele Einrichtungen entwickeln derartige Empfehlungen oder Richtlinien, oft auch auf der Ebene und in Form von Dienstanweisungen.

2.2.2.3 Vorschulische Erziehung

Der Bereich der vorschulischen Erziehung hat in den letzten Jahrzehnten eine bemerkenswerte Ausweitung erfahren (vgl. dazu Autorengruppe Bildungsberichterstattung 2018, S. 77 ff.). Laut amtlicher Statistik (die aktuellen Informationen des Statistischen Bundesamtes sind im Internet unter www.destatis.de leicht auffindbar) befanden sich 2018 3,73 Millionen Kinder in einer Tagesbetreuung; 724.000 Personen waren in den entsprechenden Einrichtungen beschäftigt; und allein für die Tageseinrichtungen für Kinder beliefen sich die Gesamtkosten 2016 auf 27,3 Milliarden Euro, was ca. 65 % der Gesamtausgaben der Öffentlichen Jugendhilfe entspricht. Rein quantitativ ist die Förderung von Kindern in den unterschiedlichen Einrichtungsformen also der bedeutsamste Teil der Kinder- und Jugendhilfe.

Für diese Ausweitung der vorschulischen Erziehung gibt es verschiedene Gründe:
Angesichts der demographischen Entwicklung erwartet man von einer gut ausgebauten Kinderbetreuung Anreize für steigende Geburtenziffern. Wirtschaftspolitisch geht es vor allem darum, die Möglichkeiten für die Erwerbstätigkeit von Frauen wirksam zu fördern und zu erweitern. In familienpolitischer Hinsicht ist die bessere Vereinbarkeit von Familie und Beruf sowie die Unterstützung der wachsenden Zahl Alleinerziehender ein wichtiges Motiv. Bildungs- und sozialpolitisch schließlich steht eine bessere Vorbereitung auf die Schule im Vorder-

grund, was aufs Engste mit der Kompensation von Defiziten der familialen Sozialisation sowie Funktionen der Integration und Prävention in Zusammenhang steht.

Diese Gemengelage verschiedener Interessen und Motive spiegelt sich nicht zuletzt im Rechtssystem. Seit dem 1.1.1999 gibt es einen bundesweit geltenden Rechtsanspruch auf den Besuch eines Kindergartens; seit dem 1.3. 2013 haben alle Kinder ab dem ersten Lebensjahr einen Anspruch auf Förderung in einer Tagesbetreuung; und mit Beginn des Jahres 2019 ist das »Gesetz zur Weiterentwicklung der Qualität in der Kindertagesbetreuung« (Gute KiTa-Gesetz) in Kraft getreten, was mit Investitionen in Höhe von 5,5 Milliarden Euro (bis 2022) verbunden ist. Unter dem Begriff »*Kindertagesstätten*« (KiTa) werden verschiedene Formen von Einrichtungen zusammengefasst: »*Kinderkrippen/Krabbelstuben*« sind für Kinder bis zum vollendeten 3. Lebensjahr gedacht; »*Kindergärten*« sind Einrichtungen vom vollendeten 3. Lebensjahr bis zum Schuleintritt; »*Horte*« dienen der außerschulischen Betreuung von Kindern überwiegend im Grundschulalter, teilweise aber auch darüber hinaus bis zum 14. Lebensjahr; dem gegenüber steht die »*Kindertagespflege*«, die entweder im Haushalt der Erziehungsberechtigten selbst oder im Haushalt einer dafür besonders geeigneten Person (Tagesmutter) geleistet wird. Diese Unterscheidungen, die hier nicht näher behandelt werden können, sind wichtig, weil sie zum Teil besondere rechtliche Voraussetzungen haben, was wiederum für die Finanzierungsformen von Bedeutung ist.

Die Förderung von Kindern in Tageseinrichtungen und in Kindertagespflege ist in den §§ 22–26 des SGBVIII geregelt, die 2004 durch die Einfügung des Tagesbetreuungsausbaugesetzes (TAG) entscheidende Veränderungen und Erweiterungen erfahren haben. Gemäß § 22 Abs. 2 sollen die Tageseinrichtungen für Kinder und Kindertagespflege »*1. die Entwicklung des Kindes zu einer eigenverantwortlichen und gemeinschaftsfähigen Persönlichkeit fördern, 2. die Erziehung und Bildung in der Familie unterstützen und ergänzen* (und) *3. den Eltern dabei helfen, Erwerbstätigkeit und Kindererziehung besser miteinander vereinbaren zu können.*« Im folgenden Absatz wird sodann der Förderauftrag genauer bestimmt. Er umfasst »*Erziehung, Bildung und Betreuung des Kindes und bezieht sich auf die soziale, emotionale, körperliche und geistige Entwicklung des Kindes* (und) *schließt die Vermittlung orientierender Werte und Regeln ein. Die Förderung soll sich am Alter und Entwicklungsstand, den sprachlichen und sonstigen Fähigkeiten, der Lebenssituation sowie den Interessen und Bedürfnissen des einzelnen Kindes orientieren und seine ethnische Herkunft berücksichtigen.*« (§ 22 Abs. 3).

Mit dem TAG wurde neu § 22a eingeführt, der die öffentlichen Träger der Jugendhilfe dazu verpflichtet, »*die Qualität der Förderung in ihren Einrichtungen durch geeignete Maßnahmen sicher(zu)stellen und weiter(zu)entwickeln*«. Vor allem die »*Entwicklung und der Einsatz einer pädagogischen Konzeption als Grundlage für die Erfüllung des Förderauftrages sowie der Einsatz von Instrumenten und Verfahren zur Evaluation der Arbeit in den Einrichtungen*« werden offensichtlich als wichtige Instrumente der Qualitätsverbesserung erachtet. Auch das Gebot der Kooperation wurde durch den § 22a genauer gefasst und bestimmt. Denn die Fachkräfte in den jeweiligen Einrichtungen sollen nicht nur »*mit den Erziehungsberechtigten und Tagespflegepersonen zum Wohl der Kinder und zur Sicherung der Kontinuität des*

Erziehungsprozesses« zusammenarbeiten, sondern auch *»mit anderen kinder- und familienbezogenen Institutionen und Initiativen im Gemeinwesen, insbesondere solchen der Familienbildung und -beratung* (sowie) *mit den Schulen, um den Kindern einen guten Übergang in die Schule zu sichern und um die Arbeit mit Schulkindern in Horten und altersgemischten Gruppen zu unterstützen«*; und nicht zuletzt sind bei alledem die *»Erziehungsberechtigten an den Entscheidungen in wesentlichen Angelegenheiten der Erziehung, Bildung und Betreuung zu beteiligen«* (§ 22a Abs. 2). Der folgende Absatz verpflichtet zudem die öffentlichen Träger der Jugendhilfe dazu, *»das Angebot … pädagogisch und organisatorisch an den Bedürfnissen der Kinder und ihrer Familien* (zu) *orientieren«* (Abs. 3), also z. B. auch eine Betreuung während der Ferienzeiten sicherzustellen. Und der letzte Absatz dieses neu eingefügten Paragraphen formuliert schließlich das Inklusionsgebot: *»Kinder mit und ohne Behinderung sollen, sofern der Hilfebedarf dies zulässt, in Gruppen gemeinsam gefördert werden«* (§ 22a Abs. 4).

Diese bundesrechtlichen Vorgaben stehen gemäß § 26 SBGVIII unter dem so genannten *»Landesrechtsvorbehalt«*, d. h. die einzelnen Bundesländer regeln *»das Nähere über Inhalt und Umfang der in diesem Abschnitt geregelten Aufgaben und Leistungen«* (ebd.) in eigenen Ausführungsgesetzen, in denen sich jeweils länderspezifische nähere Festlegungen gerade zur pädagogischen und organisatorischen Ausgestaltung des Leistungsangebots finden.

So werden z. B. in § 4 des Kindertagesstättengesetzes (KiTaG) von Schleswig-Holstein (in der Fassung vom 22.6.2016) als Ziele auch folgende *»Bildungsbereiche«* genannt: *»1. Körper, Gesundheit und Bewegung, insbesondere die Teilbereiche Wahrnehmung und Grob- und Feinmotorik, 2. Sprache(n), unter angemessener Berücksichtigung der durch die Landesverfassung und die Europäische Charta der Regional- oder Minderheitensprachen geschützten Sprachen, Zeichen/Schrift und Kommunikation, insbesondere zur Teilhabe an Bildungsvorgängen und zur Vorbereitung auf den Schuleintritt. 3. Mathematik, Naturwissenschaft und Technik, 4. Kultur, Gesellschaft und Politik, einschließlich des Umgangs mit Regeln des sozialen Verhaltens, 5. Ethik, Religion und Philosophie, 6. musisch-ästhetische Bildung und Medien.«* Dieser Katalog soll auch für *»kindergartenähnliche Einrichtungen und Tagespflegestellen«* als Orientierung dienen (ebd. Satz 5).

Auch der folgende § 5 (KiTaG SH) enthält unter dem Titel »Grundsätze« aufschlussreiche nähere Festlegungen: So wird ausdrücklich das Prinzip der *»Ganzheitlichkeit«* hervorgehoben, an dem Betreuung, Erziehung und Bildung auszurichten sind. Demnach soll *»bei den Bildungsvorgängen (…) zunächst von den Interessen und Fragestellungen der Kinder ausgegangen werden. Deswegen sollen die Kinder aktiv an ihren Bildungsprozessen mitwirken und eigene Lernstrategien entwickeln können. Dabei sind ihre kulturellen Erfahrungen und Lebensbedingungen sowie die unterschiedlichen Lern- und Verhaltensweisen von Mädchen und Jungen in den verschiedenen Bildungsbereichen zu beachten und in die pädagogische Arbeit einzubeziehen«* (vgl. § 5 Abs. 1 u. 2).[40]

---

40 Die Trias der Begriffe »Betreuung, Erziehung, Bildung« scheint im Bereich der vorschulischen Erziehung weitgehende Übereinstimmung zu genießen, denn sie wird, mal in dieser Reihenfolge, mal in einer anderen, in fast allen einschlägigen Texten verwendet,

Zu den pädagogischen Aufgaben gehören zudem die »*Öffnung und der Kontakt zur Lebenswelt außerhalb der Kindertageseinrichtungen und Tagespflegestellen*« (ebd. Abs. 5) sowie eine enge Zusammenarbeit mit der Schule. Denn »*Kindertageseinrichtungen (sollen) mit den Schulen in ihrem Einzugsgebiet verbindliche Vereinbarungen über die Verfahren und Inhalte der Zusammenarbeit abschließen, insbesondere zur Vorbereitung des Schuleintritts* (und) *mit den Grundschulen über den Entwicklungsstand der einzelnen Kinder Informationen austauschen und Gespräche führen, um eine individuelle Förderung der Kinder zu ermöglichen*« (ebd. Abs. 6). Schließlich soll durch die pädagogische Arbeit die »*Gleichberechtigung von Mädchen und Jungen, von Kindern mit unterschiedlichen Fähigkeiten und von unterschiedlicher sozialer Herkunft sowie das Zusammenleben von Kindern unterschiedlicher nationaler und kultureller Herkunft*« (ebd. Abs.8) gefördert werden, wobei generell das Inklusionsgebot (vgl. ebd. Abs.9) gilt. Diese näheren Festlegungen sind insofern von weit reichender Bedeutung, als Satz 3 ausdrücklich dazu verpflichtet, dass »*die Umsetzung des Bildungsauftrages als Teil des Gesamtauftrages in der pädagogischen Konzeption jeder Kindertageseinrichtung dargestellt und durch geeignete Verfahren unter Einbeziehung der Erziehungsberechtigten evaluiert*« werden soll.

Diese anspruchsvollen Ziele und rechtlichen Vorgaben brauchen zu ihrer Verwirklichung Organisation und Personal. Wie in der Jugendhilfe gilt auch im Bereich der Kinderbetreuung das Subsidiaritätsprinzip, aus dem sich wiederum die Vielfalt der Träger ableitet. Im Jahr 2018 befanden sich von den insgesamt 55.933 Kindertageseinrichtungen 18.394 in öffentlicher Trägerschaft (33 %) und 37.539 in freier Trägerschaft (67 %), wobei hiervon auf die beiden großen Konfessionen der größte Anteil entfällt.

Hinsichtlich der Qualifikation des Personals ist, wie in der Jugendhilfe, auch im Bereich der Kindertageseinrichtungen das *Fachkräftegebot* (vgl. § 22 Abs. 3 Satz 1) entscheidend. Was in diesem Bereich unter »Fachkräften« zu verstehen ist, wird allerdings dort nicht geregelt (ein deutlicher Unterschied zu § 72 im Bereich der Jugendhilfe). Genauere Festlegungen der erforderlichen Qualifikationen finden sich teilweise dann in den jeweiligen Gesetzen, Verordnungen oder Erlassen der einzelnen Bundesländer.

Im Falle Schleswig-Holsteins, um ein Beispiel zu nennen, heißt es im KiTaG in § 15 (Pädagogisches Personal): »*(1) Die Kinder in Kindertageseinrichtungen sind durch pädagogisch ausgebildete und geeignete Kräfte zu betreuen, zu erziehen und zu bilden. (2) In Kindertageseinrichtungen müssen 1. als Leiterin oder Leiter Fachkräfte, 2. für die Gruppenleitung Fachkräfte sowie 3. weitere Kräfte, die sich aufgrund der Qualifikation oder Berufserfahrung von den Fachkräften unterscheiden können, beschäftigt werden. (3) Nicht ausgebildete Kräfte können nur als zusätzliche Kräfte außerhalb der personellen Mindestanforderungen im Erziehungsdienst eingesetzt werden.*«

---

wobei der Begriff der Bildung in den letzten Jahren offensichtlich an die erste Stelle gerückt ist (so lautet die Überschrift des entsprechenden Kapitels im Bildungsmonitor 2018 z.B. »Frühe Bildung, Betreuung und Erziehung«; vgl. Autorengruppe Bildungsberichterstattung 2018, S. III). Hier soll nur darauf aufmerksam gemacht werden, dass sich hinter dieser terminologischen »Dreieinigkeit« ein *systematisches Problem der Erziehungswissenschaft* verbirgt, das eine genaue Analyse dieser Begriffe erfordert.

Die »pädagogischen Kräfte« sind allerdings gemäß § 19 KiTaG zur *Fort- und Weiterbildung* und zur *Fachberatung* verpflichtet.

In der für eine Betriebserlaubnis entscheidenden »Landesverordnung über Mindestanforderungen für den Betrieb von Kindertageseinrichtungen und für die Leistungen der Kindertagespflege« (KiTaVO) finden sich nähere Bestimmungen. So heißt es dort in § 2 KiTaVO: *Pädagogisch ausgebildete und geeignete Kräfte nach § 15 Abs. 2 des Kindertagesstättengesetzes müssen folgende Qualifikationen besitzen: 1. Fachkräfte in der Leitung der Einrichtung und in der Gruppenleitung müssen a) staatlich anerkannte Kindheitspädagoginnen oder Kindheitspädagogen, Sozialpädagoginnen oder Sozialpädagogen oder Absolventinnen oder Absolventen vergleichbarer Studiengänge, b) staatlich anerkannte Erzieherinnen oder Erzieher, c) staatlich anerkannte Heilpädagoginnen oder Heilpädagogen oder d) staatlich anerkannte Heilerziehungspflegerinnen oder Heilerziehungspfleger sein. 2. Weitere Kräfte in der Gruppe sind pädagogisch ausgebildete Personen, insbesondere sozialpädagogische Assistentinnen oder Assistenten und Kinderpflegerinnen oder Kinderpfleger«.*

Seit Dezember 2017 gibt es schließlich einen »Erlass über die Qualifikation von pädagogischen Fachkräften in Kindertagesstätten nach § 2 KiTaVO«, in dem sich weitere Bestimmungen finden. Hinsichtlich der Qualifikationen wird dabei zwischen »*Fachkräften zur Leitung der Einrichtung oder Gruppe (Leitungskräfte)*« und »Zweitkräften« oder »weiteren pädagogischen ausgebildeten Kräften« unterschieden. Zusätzlich zu den in der KiTaVO genannten Qualifikationen für Leitungskräfte werden hier zunächst – und darin spiegelt sich die in den letzten Jahren im Zuge des Bologna-Prozesses veränderte Studienstruktur an den Hochschulen – »*staatlich anerkannte Kindheitspädagoginnen oder Kindheitspädagogen*« genannt. Nach näherer Prüfung können für »Leitungskräfte« auch folgende Ausbildungsgänge anerkannt werden: »*Diplompädagoginnen und Diplompädagogen, Diplompsychologinnen und Diplompsychologen bzw. den entsprechenden B.A. und M.A. in Pädagogik oder B.A./B.Sc. und B.A./M.Sc. in Psychologie oder in der Erziehungswissenschaft mit Schwerpunktsetzung im frühkindlichen Bereich; Lehrkräfte mit der Befähigung zum Lehramt für Grundschulen sowie Lehrkräfte mit der Befähigung zum Lehramt für Sonderpädagogik (mit Zweitem Staatsexamen); Absolventen eines mit dem Master of Education (Masterabschluss) abgeschlossenen Studiums für das Lehramt an Grundschulen oder das Lehramt für Sonderpädagogik, soweit sie zusätzlich eine mindestens eineinhalbjährige berufliche Tätigkeit in einem frühpädagogischen Arbeitsbereich nachweisen können.*« Über immer mögliche Ausnahmen wird nach »pflichtgemäßem Ermessen« entschieden, wobei »*weitere Aspekte wie beispielsweise die Bewerberlage berücksichtigt oder Nebenbestimmungen festgelegt werden*«. Auch für die Gruppe der »Zweitkräfte« werden weitere spezifizierende Festlegungen en détail ausgeführt.

Bildungspolitische Ziele und rechtliche Vorgaben sind das Eine, empirische Gegebenheiten sind das Andere. Folgt man den neuesten Zahlen, sind 70 % des pädagogischen Personals in Kindertagesstätten ausgebildete Erzieherinnen und Erzieher (Fachschule), 13% verfügen über einen Abschluss als Kinderpflegerin oder Kinderpfleger (Berufsfachschule) und nur 5% sind einschlägig akademisch qualifiziert (Fachhochschule/Universität) (vgl. Autorengruppe Bildungsberichterstattung 2018, S. 78). Bei der Bewertung dieser Zahlen ist zu berücksichtigen, dass trotz des starken Ausbaus des frühkindlichen Bildungsbereiches (seit Mitte der 1990er Jahre hat sich das Personal in der Kindertagesbetreuung mehr als verdoppelt) das bisherige Qualifikationsniveau zumindest gehalten werden konnte. Der aktuelle Bildungsbericht weist weitere relevante Indikatoren für diesen Bereich aus wie die Altersstruktur des Personals, den Beschäftigungsumfang, den Personalschlüssel, die Qualifikationsstruktur im Bereich der Kindertagespflege, die alle zum Teil erhebliche Unterschiede zwischen den einzelnen Bundesländern zum Vorschein bringen. Diese weiterführenden Fragestellungen können hier nicht behandelt werden.

Im Kontext dieses Kapitels steht vielmehr die Frage im Vordergrund, was und wie im Bereich der vorschulischen Erziehung eigentlich »gezeigt« wird (vgl. Konrad/Schultheis 2008). Dieses Problem entscheidet sich letztlich auf der Ebene der »pädagogischen Konzeption« jeder einzelnen Einrichtung (vgl. § 22a, SGBVIII) und in den verschiedenen Formen der methodischen Umsetzung, wie sie beispielsweise auch in Stellenbeschreibungen und Dienstanweisungen (vgl. Ihlenfeld/Klaus 2017) verbindlich festgelegt sind. Denn einen »Lehrplan« gibt es nur in der Schule.

2.2.3 Erziehung als Semi-Profession

Nach dem Einblick in die rechtlichen Kontexte von drei ausgewählten pädagogischen Berufsbereichen werden die zu Beginn dieses Kapitels eingeführten theoretischen Unterscheidungen wieder aufgenommen. Dabei nimmt die Überschrift dieses Abschnittes das Ergebnis der folgenden Überlegungen vorweg: Pädagogische Berufe sind als Semi-Professionen zu verstehen. Die Gründe für diese Zuschreibung sollen im Folgenden näher erläutert werden.

Klassische oder »reine« Professionen bilden, so war gesagt worden, eine besondere Gruppe von Berufen, für die bestimmte Merkmale charakteristisch sind: Ihr Handeln zielt auf die Lösung oder Bewältigung von zentralwertbezogenen Problemen (z. B. Recht, Gesundheit); sie verfügen dafür über ein spezifisches Wissen und spezifische Methoden, die im Zuge längerer akademischer Ausbildungen erworben wurden; sie werden von Klienten frei gewählt und für ihre Leistungen (meist direkt) bezahlt; ihre berufliche Autonomie ist vergleichsweise hoch; und demgemäß organisieren, verwalten und kontrollieren sie sich als Gruppe weitgehend selbst.

Demgegenüber bedeutet Semiprofessionalität, um es einmal mit Nina Toren zu sagen, »that the profession does not rest on a firm theoretical knowledge base; the period of training involved is relatively short; members cannot claim monopoly of exclusive skills; and the special area of their competence, i. e. their function, is less well-defined as compared with the full-fledged established professions« (1969, S. 153). Es kommt hinzu, dass diese Gruppe anderen Formen der sozialen Kontrolle unterliegt, in ihrem professionellen Handeln also an eindeutige rechtliche Vorgaben und administrative Regeln in Organisationshierarchien gebunden ist. Um die Zuschreibung pädagogischer Berufe als Semi-Profession nachvollziehbar und plausibel zu begründen, sind drei Merkmalsbereiche von besonderer Bedeutung: das Geflecht äußerer Abhängigkeiten (1), spezifisches Wissen und spezifische Methoden (2) und der Klientenbezug (3).

Die Darstellung der rechtlichen Kontexte pädagogischer Berufe im vorangegangenen Abschnitt hat das Geflecht *äußerer Abhängigkeiten* (1) bereits hinreichend deutlich werden lassen, so dass hier auf eine Wiederholung verzichtet werden kann.

Nun zum Problem des *Wissens und der Methoden* (2):

Erziehung ist, wie es im Grundgesetz heißt, »das natürliche Recht der Eltern«. Damit wird auf den anthropologischen Sachverhalt verwiesen, dass Erziehung die Antwort der Evolution auf das Problem der Reproduktion der Gattung ist. Erziehung gibt es seit alters her und in allen Kulturen und Gesellschaften. Menschen können erziehen, und zwar ohne Lehre, Studium und Zertifikate, denn sie erlernen es im Zuge des Erzogen-Werdens und durch die Erfahrung des Erzogen-Worden-Seins. Kurzum: Wer erzogen wurde, »kann« erziehen, und insofern handelt es sich um eine gleichsam »naturgegebene«, mitgängig erworbene Kompetenz.

Es kommt hinzu, dass es beim Erziehen zuallererst um den Erwerb von »Weltwissen« geht, das in alltägliche Lebensvollzüge eingebettet, um nicht zu sagen: mit ihnen geradezu verschmolzen ist. Keine Mutter und kein Vater würden wohl je sagen »Heute um 16:00 Uhr habe ich Zeit, da werde ich Dich erziehen.« Man sieht an diesem befremdlich anmutenden Satz, dass das Erziehen ein »Klassenbegriff« ist, der durch »Gegenstandsbegriffe« definiert wird: Zum Ernähren und Pflegen, Ermutigen und Ermahnen, zum Anerkennen, Loben und Strafen, zum Darstellen und Erklären, Unterrichten, Aufklären und Verbergen kommt das Erziehen nicht noch als etwas Eigenes oder gar als eine spezifische Handlungsform hinzu (vgl. Prange 1999, S. 10 f.).

Alle pädagogischen Berufe sind von diesem anthropologischen Faktum eingefärbt und bleiben dadurch maßgeblich mitbestimmt. Anders gesagt: Ausbildung, Lehre und Studium steigern Fähigkeiten, über die – der Sache nach und buchstäblich prinzipiell – alle in Form rudimentärer Form verfügen. »Jeder hat irgend etwas von Erziehung gesehen und erfahren, wenigstens an sich selbst«, heißt es schon bei Herbart (Pädagogische Schriften, Band III, S. 70). Gegenüber dieser primär emotional fundierten Alltäglichkeit des Erziehens als einer Umgangserfahrung für Abstand zu sorgen und theoretische Distanz aufzubauen – eben darin besteht eine der besonderen Herausforderungen für die Pädagogik als Wissenschaft, als wissenschaftlich fundierte Lehre und Ausbildung und last but not least als berufliche Praxis.

Pädagogische Berufe sind aber nicht nur von eigenen Erziehungserfahrungen nachhaltig bestimmt, sondern der Kern ihres beruflichen Handelns steht, wie aus der Betrachtung der rechtlichen Kontexte deutlich geworden sein dürfte, unter dem Kooperationsgebot, an dem das Recht der Eltern oder der Erziehungsberechtigten zur Geltung kommt. Schon allein dadurch erscheint die Zuständigkeit geteilt und kann sich nur auf eine Hälfte der zu leistenden Aufgabe beziehen – »Semi«- Profession eben. Überspitzt an einem Beispiel gesagt: Es ist schlicht ebenso undenkbar wie unmöglich, dass Eltern an der Blinddarmoperation ihres Kindes gleichberechtigt beteiligt wären.

Pädagogisches Handeln besteht, in grober Vereinfachung, aus drei Komponenten: Inhalt, Didaktik und Beziehung. Diese Trias bestimmt alle pädagogischen Handlungsfelder, wenn auch auf unterschiedliche Weise und dem Stand der jeweiligen Entwicklung der Adressaten gemäß. Je jünger die Kinder sind, desto mehr sind diese drei Aspekte miteinander verwoben, und je älter sie werden, desto mehr treten sie auseinander. Dieser Sachverhalt wird unmittelbar evident, wenn man den Weg vom Kindergarten über die Grundschule bis hinein in die höheren Schulen betrachtet. Dabei sind die Inhalte ja stets solche, die die meisten Erwachsenen bereits kennen (Kindergarten, Grundschule) oder zumindest der Sache nach kennen könnten (höhere Schulen). Zudem sind die Inhalte in aller Regel nicht von unmittelbarer existentieller Bedeutung: eine falsche grammatikalische Form mag als Fehler gewertet werden und vielleicht für eine schlechte Note sorgen – sterben wird ein Schüler daran aber nicht. Spezifisch pädagogisch sind allein die didaktischen Inszenierungen und die eben dafür notwendigen besonderen Formen der Beziehungsgestaltung. In aller Deutlichkeit kommt dies im Bereich der sonderpädagogischen Arbeitsfelder zum Vorschein, denkt man z. B. an das Unterrichten von Schülern, die durch körperliche Beeinträchtigungen in ihren Lernfähigkeiten eingeschränkt sind.

Aber selbst diese Besonderheit wird dadurch abgeschwächt, dass jeder einem anderen »irgendwie« etwas zeigen oder beibringen kann, ein Umstand, den Lortie einmal als »the largely intuitive nature of teaching« beschrieben hat (1969, S. 9). Insofern ist es auch nicht verwunderlich, dass ein ausgewiesenes fachsprachliches Vokabular kaum verwendet wird. Und nur aus diesem Grund ist es möglich, dass in pädagogischen Berufen, wenn qualifizierte Fachkräfte fehlen, »Quereinsteiger« ohne pädagogische Ausbildung eingesetzt werden können, etwas, das bspw. im Bereich des Rechts oder der Architektur undenkbar wäre (vgl. für aktuelle Zahlen Autorengruppe Bildungsberichterstattung 2018, S. 101 f.).

Während Vorschule und Schule institutionell fundiert, organisatorisch engmaschig strukturiert und rechtlich auf mannigfache Weise legitimiert sind, zeigt sich im Bereich der Sozialen Arbeit die phänomenologisch fundierte, strukturelle Allgemeinheit des Erziehens noch deutlicher. Denn hier gibt es keinen Lehrplan, sondern die Komplexität vielfältiger, individueller Problemlagen, wobei die helfende sozialarbeiterische Beziehung nur in geringem Maße auf ein ausgewiesenes Spezialwissen zurückgreifen und das »professionelle setting« kaum geschlossen werden kann, sondern den Einflüssen der betreffenden »Lebenswelt« gegenüber gerade geöffnet und ihr gegenüber auch offen gehalten werden muss.

Schließlich darf ein weiterer Gesichtspunkt nicht unerwähnt bleiben: »Klassische« Professionen erfahren durch den engen Bezug auf die ihnen korrespondierenden Wissenschaften für die Bearbeitung ihrer Handlungsprobleme kontinuierliche Unterstützung und dadurch eine nachhaltige Stärkung. Bei der Lösung schwieriger Rechtsfragen kann z. B. ein Anwalt auf zahlreiche rechtswissenschaftliche Kommentare zurückgreifen, und wenn in der Medizin neue Medikamente, Techniken und Verfahrensweisen entwickelt werden, gelangen diese vergleichsweise rasch und relativ zuverlässig (etwa durch standardisierte Leitlinien) in die ärztliche Praxis. Kurzum: Disziplinäres Wissen und professionelles Handeln sind dort eng miteinander verbunden.

Das ist im Falle pädagogischer Berufe anders. Dafür gibt es verschiedene Gründe. Zum einen liegen sie in der Eigenlogik der Sache selbst, also in dem, was hier als die »strukturelle Allgemeinheit des Erziehens« bezeichnet wurde. Zum anderen aber lässt sich beobachten, dass sich Teile der Erziehungswissenschaft für die Handlungsprobleme der ihr zugehörigen Berufe nicht vorrangig zu interessieren scheinen, sondern sich in erster Linie der Produktion von Reflexionswissen widmen. Insofern ergibt sich dadurch in der pädagogischen Praxis vielfach eine Leerstelle, die anderweitig besetzt und auszufüllen versucht wird, etwa durch Konzepte der Psychologie, Rechtsvorschriften oder mannigfache Formen biographisch getönten Alltagswissens. Auch Gliederung und Aufbau pädagogischer Studiengänge spiegeln diesen Umstand wider, denkt man, um nur einen im Zuge des Bologna-Prozesses äußerst wichtig gewordenen objektiven Indikator zu erwähnen, an die im Vergleich mit anderen Fächern relativ niedrigen »Curricularen Normwerte« (CNW), von denen die Personalausstattung der Studiengänge maßgeblich abhängt. Oder, ein anderes Beispiel, wenn es im Zuge pädagogischer Entscheidungen, etwa bei Empfehlungen für weiterführende Schulen, zum Rechtsstreit kommt, werden in der Regel *psychologische* Gutachten, nicht erziehungswissenschaftliche, zu Rate gezogen.

Ungeachtet dieser kritisch getönten Bemerkungen steht allerdings außer Zweifel, dass sich das disziplinäre Wissen in allen pädagogischen Handlungsfeldern in den letzten fünfzig Jahren im Zuge der Entwicklung der Erziehungswissenschaft zu einer sozialwissenschaftlich orientierten und empirisch forschenden Disziplin erweitert und verfeinert hat. Das gilt gerade auch für den Bereich von Schule, Unterricht und die darauf bezogenen Variablen des professionellen Lehrerhandelns, vornehmlich befördert durch breit angelegte Vergleichsstudien (PISA/ TIMSS/DESI/IGLU) wie auch durch die Entwicklung neuerer Forschungsmethoden (z. B. Video-Analysen von Unterricht). So gibt es mittlerweile (international wie national) zahlreiche Kataloge, die professionelle Standards des Lehrerhandelns – bis in einzelne, kleinste Lehr-Lern-Situationen hinein operationalisiert – sehr präzise zu beschreiben und festzulegen erlauben.[41]

Als Beispiel sei hier auf das vielfältig nutzbare und aus zwölf Gruppen bestehende Modell hingewiesen, das Fritz Oser (2001) entwickelt hat. Es umfasst folgende Bereiche: Lehrer-Schüler-Beziehungen und fördernde Rückmeldung (1); Schülerunterstützendes Handeln und Diagnose (2); Bewältigung von Disziplin-

---

41 Ein Überblick über diese »Professionsstandards« findet sich z. B. bei Helmke 2017, S. 141 ff.: Zu den weltweit bekanntesten zählen die zehn Kategorien der INTASC (Interstate New Teachers Assessment and Support Consortium): Content Pedagogy; Student Development; Diverse Learners; Mutiple Instructional Strategies; Motivation and Management; Communication and Technology; Planning; Assessment; Reflective Practice; School and Community Involvement. In enger Anlehnung hieran wurden auch für die Schweiz vergleichbare Professionsstandards (zusammen mit dazugehörigen Beobachtungsinstrumenten und um Untergruppen mit einem vierstufigen Kompetenzraster erweitert) entwickelt und für die Ausbildung verbindlich gemacht. Für Deutschland ist auf die von der KMK 2004 beschlossenen »Standards für die Lehrerbildung« hinzuweisen, die sich auf vier Bereiche beziehen (Unterrichten; Erziehen; Beurteilen; Innovieren), die dann weiter im Hinblick auf theoretische und praktische Ausbildungsabschnitte differenziert werden.

problemen und Schülerrisiken (3); Aufbau und Förderung von sozialem Verhalten (4); Lernstrategien vermitteln und Lernprozesse begleiten (5); Gestaltung und Methoden des Unterrichts (6); Leistungsmessung (7); Medien (8); Zusammenarbeit in der Schule (9); Schule und Öffentlichkeit (10); Selbstorganisationskompetenz der Lehrkraft (11); Allgemeine und fachdidaktische Standards (12). Jede dieser zwölf Gruppen wird dann wiederum in weitere einzelne Kompetenzstandards ausdifferenziert (Beispiele hierzu finden sich bei Helmke, a.a.O., S. 153 ff.). Dass das zentrale Problem in diesem Bereich augenscheinlich nicht in einem Mangel an hierzu vorliegendem wissenschaftlichen Wissen begründet ist, sondern andere Ursachen haben dürfte, zeigt eine äußerst aufschlussreiche Studie (vgl. Oser/Oelkers 2001), in der Absolventen zu zwei Zeitpunkten (kurz nach dem Examen und nach fünf Jahren Berufstätigkeit) zu diesen Standards befragt wurden. Das Ergebnis war ernüchternd, denn, so der abschließende Befund der Autoren: »… die Intensität der Ausbildung (ist) für die Erreichung der Standards, nicht einmal der wichtigsten, ungenügend« (zit. n. Helmke 2017, S. 156).

Dass und auf welche Weise erziehungswissenschaftliche Forschung und Theoriebildung im Zuge der disziplinären Entwicklung von einer Professionstheorie zu profitieren vermochte, zeigt sich nicht nur im Bereich von Schule und Unterricht, sondern auch in anderen Teildisziplinen. In der Sozialpädagogik/Sozialarbeit dürfte das 1973 von Otto/Utermann herausgegebene Buch mit dem Titel »Sozialarbeit als Beruf. Auf dem Weg zur Professionalisierung?« den Anfang markieren. Im Laufe der Jahre ist das Fragezeichen allerdings verschwunden: 1992 geben Bernd Dewe, Wilfried Ferchhoff und Frank-Olaf Radtke ihrer Studie »Zur Logik professionellen Handelns in pädagogischen Feldern« schon selbstbewusst den Titel »Erziehen als Profession«. Und 1996 erhält der von Arno Combe und Werner Helsper herausgegebene, knapp 1000 Seiten umfassende und den vorläufigen Höhepunkt dieser Entwicklung dokumentierende Sammelband über »Untersuchungen zum Typus pädagogischen Handelns« den schlichten Titel »Pädagogische Professionalität«.

Mit der Einführung zahlreicher neuer pädagogischer Studiengänge im Zuge der Bologna-Reform scheint eine eigentümliche Aufspaltung der Professionalisierungsdebatte in der Erziehungswissenschaft verbunden zu sein: Einerseits gibt es in verschiedenen Subdisziplinen gleichsam einen ersichtlichen Nachholbedarf an Professionalisierung, was sich bspw. im Bereich der Frühpädagogik deutlich zeigt (vgl. Wildgruber/Becker-Stoll 2011, S. 60 ff.). Andererseits ist eine gewisse Ratlosigkeit hinsichtlich der grundlagentheoretischen Probleme zu beobachten; so kommen etwa Helsper/Tippelt in ihrer Zwischenbilanz 2011 zu dem eher ernüchternden Befund mit der Frage, »ob sich in den diversifizierten und hybriden pädagogischen Handlungsfeldern angesichts der Differenz der Tätigkeiten und Anforderungen noch eine Gemeinsamkeit bzw. ein grundlegender Typus pädagogisch-professionellen Handelns bestimmen lässt« (S. 284)? Aus Sicht der Operativen Pädagogik lässt sich diese Frage allerdings recht klar beantworten: Als Kern eines pädagogischen Berufes muss das Verhältnis von Zeigen und Lernen gelten, kurzum: das, was hier als »Zeigestruktur der Erziehung« terminologisch gefasst wird, muss auf erkennbare (oder zum Vorschein zu bringende Weise) eindeutig gegeben sein.

Insofern liefert auch die jüngere Professionsdebatte in der Erziehungswissenschaft kein wirklich überzeugendes Argument dafür, auf die klassische Etzioni-Unterscheidung gänzlich zu verzichten. Denn die Differenzierung zwischen Professionen und Semi-Professionen ist für unseren Zusammenhang nicht zuletzt deshalb von besonderem Nutzen, weil sie dazu zwingt, sich die Eigenlogik der jeweiligen Handlungsformen vergleichend zu vergegenwärtigen. Und dann sieht man: Klassische, reine oder voll entwickelte Professionen setzen gewissermaßen autonome Klienten als notwendige Bedingung voraus. Denn sie werden von Klienten beauftragt, um für sie stellvertretend Leistungen zu erbringen, die diese selbst nicht erbringen können. So entstehen durch die freiwillige Übertragung von Vollmachten Mandatsverhältnisse: Man beauftragt einen Anwalt mit der Wahrnehmung der eigenen Interessen in einem Rechtsstreit. Oder man lässt sich operieren und ein künstliches Gelenk einsetzen. Das den klassischen Professionen inhärente Muster ist demnach: Jemand löst (gegen Bezahlung) für einen anderen dessen zentralwertbezogenes Problem. Im professionellen Handlungsvollzug selbst allerdings ist die Mitwirkung des Klienten nur in geringem Maße erforderlich: Der Anwalt verfasst seine Schriftsätze, der Klient erhält sie in Kopie und wird so darüber informiert, gelegentlich gibt es kurze Abstimmungen und Beratungen über das weitere Vorgehen, und am Ende gibt es ein Ergebnis oder ein Urteil und schließlich eine Rechnung.

Das ist in pädagogischen Verhältnissen grundlegend anders. Denn auch als Beruf bleibt das Erziehen prinzipiell und unaufhebbar abhängig vom Lernen der »Klienten«. Denn das Lernen kann nicht delegiert und einem anderen gleichsam stellvertretend übertragen werden. Keiner kann, wie die Sprache deutlich zeigt, »für sich lernen lassen«, das Lernen ist unvertretbar individuell. Auch durch noch so hohe Honorare lässt sich diese Grenze nicht überwinden, lernen muss am Ende jeder selbst. »Das Erziehen«, so Klaus Prange, »ist kein Machen nach Art des mechanisch-technischen Hervorbringens, ist nicht Konditionierung oder eine kausalanaloge Einwirkung, sondern eine spezifische Form des Umgangs, in der der Wille des ›Objekts‹ als selbständiges Moment nicht nur zu achten ist (…), sondern sich in Hinsicht auf die Wirkung auf keine Weise ausklammern und neutralisieren lässt. Das Ergebnis der Erziehung hängt notwendig und der Sache nach von der Zustimmung der Lernenden ab, von ihrer Einsicht und ihrem Wollen … Kurz gefasst: Das Erziehen ist dem Lernen ausgeliefert« (1991, S. 90).

Eine derartige Abhängigkeit vom Lernen der Klienten gibt es in den klassischen Professionen nicht. In den Erziehungsberufen als Semiprofessionen hingegen sorgt gerade diese strukturelle Gegebenheit für besondere Schwierigkeiten, die man als »Attributionsprobleme« (vgl. Kraft 1999b, S. 84 ff.) beschreiben kann. Denn der Anteil des spezifischen beruflichen pädagogischen Handelns am »Erfolg« der Zu-Erziehenden lässt sich in der Regel nicht eindeutig zuschreiben, sondern allenfalls vermuten. Wenn ein Schüler etwas gelernt hat und jetzt beherrscht, was er vorher nicht konnte, dann hat er es gelernt, nicht der Lehrer. Kurz gefasst: Die beruflichen Leistungen der Pädagogen verschwinden gleichsam in den Leistungen ihrer Klientel. Während ein Chirurg seinen Anteil am Heilungserfolg relativ zuverlässig abschätzen kann, und während ein Anwalt (zumindest am Ende) weiß, ob er in einem Verfahren etwas Wichtiges übersehen oder nicht angemessen berücksichtigt hat, steht pädagogischen Berufen ein solches Wissen in der Regel nicht zur Verfügung.

Schließlich der *Klientenbezug* (3):

Im Falle der klassischen Professionen ergibt sich der Bezug zu ihren Klienten durch deren eigene freie Entscheidung: Man kann den Arzt frei wählen (und auch zu einem anderen wechseln), man sucht sich einen geeignet erscheinenden Anwalt oder einen kundigen Architekten. Die so entstehende Beziehung hat Vertragscharakter, kann von beiden Seiten aufgekündigt werden und die Leistung ist zu bezahlen. In pädagogischen Berufen ergibt sich der Klientenbezug hingegen auf andere Weise, nämlich in aller Regel nicht direkt und durch eigene freie Entscheidung, sondern indirekt und meist durch vielfältige Rechtsvorschriften vermittelt. Und so, wie man sich seine Eltern nicht aussuchen kann, so kann man sich in der Regel auch seine Lehrer und Erzieher nicht selbst aussuchen. Und das gilt zudem auch umgekehrt. Wie daran zu erkennen ist, beruht der Klientenbezug in klassischen Professionen auf dem Prinzip autonomer Gegenseitigkeit, während er sich im Falle der Semiprofessionen auf nicht direkt vermittelten und mehrfach verschachtelten Abhängigkeiten gründet. Dies kommt besonders dann zum Vorschein, wenn man sich die Frage stellt, wer denn für die Angehörigen pädagogischer Berufe eigentlich »Klient« ist? Für klassische Professionen gilt: Klient ist, wer bezahlt. Bei Semiprofessionen sieht die Sache anders aus, denn in der überwiegenden Mehrzahl werden sie vom Staat (oder von Organisationen, die wesentlich von staatlichen Leistungen abhängen) bezahlt. Aber sind die Klienten pädagogischer Berufe nicht eigentlich die Kinder, die Schüler und Jugendlichen? Oder die Eltern? Oder gar die Gesellschaft?

2.3 Psychotherapie als Beruf

Die Psychotherapie gehört zu den medizinischen Gesundheitsberufen, sie ist also im Gesundheitssystem verortet. Da es sie in zwei Formen gibt, als »ärztliche« und als »nicht-ärztliche«, müssen die Berufsklassifikationen in engem Zusammenhang mit den jeweiligen Ausbildungswegen (▶ Kap. 2.3.1) beschrieben werden, denn in die Psychotherapie kommt man entweder über die Medizin (▶ Kap. 2.3.1.1) oder über die Psychologie (▶ Kap. 2.3.1.2). Diese Unterteilung kommt auch im Hinblick auf die besonderen berufsrechtlichen Bedingungen zur Geltung (▶ Kap. 2.3.2). In professionstheoretischer Einstellung hingegen spielt diese Unterteilung keine Rolle mehr: Psychotherapie lässt sich als Profession beschreiben (▶ Kap. 2.3.3).

2.3.1 Berufsklassifikationen und Ausbildungswege

Im Schema der Berufsklassifikation (KldB 2010, (▶ Kap. 2.1.4) ist die Stellung der Psychotherapie rasch aufzufinden und eindeutig markiert. Die ihr zugehörigen Berufe werden im Bereich der »*Medizinischen Gesundheitsberufe*« (81) zusammengefasst und finden sich dort in zwei deutlich voneinander unterschiedenen Gruppen. Denn Psychotherapie gibt es zum einen als *ärztliche* Psychotherapie in der entsprechenden Facharztgruppe 8164, in der Fachärzte und -ärztinnen in der Neurologie, Psychiatrie, Psychotherapie und Psychosomatischen Medizin geführt werden. Angehörige dieser Berufe »diagnostizieren und behandeln psychische und psychosomatische Störungen sowie Erkrankungen der Muskulatur, des zentralen, peripheren und vegetativen Nervensystems« (KldB 2010, S. 1246). Zum anderen gibt es die *nicht-ärztliche* Psychotherapie in der Gruppe 8163; deren Angehörige, so lautet die inhaltliche Beschreibung, »diagnostizieren und behandeln psychische und psychosomatische Störungen bei Menschen und setzen dabei wissenschaftlich anerkannte psychotherapeutische Verfahren (Psychoanalyse, tiefenpsychologisch fundierte Psychotherapie und die Verhaltenstherapie) ein« (ebd., S. 1264). Als Beispiel für diese Zuordnung finden sich sodann in der Untergruppe 81634 Verhaltenstherapeuten, Psychologische Psychotherapeuten, Psychoanalytiker sowie die Kinder- und Jugendlichenpsychotherapeuten.

Ungeachtet einiger Unstimmigkeiten der Zuordnung ergibt sich aus dem Schema der Berufsklassifikation cin eindeutiger Befund: Die Psychotherapie gehört in den Bereich der medizinischen Behandlung. Die Unterscheidung in ärztliche und nicht-ärztliche Psychotherapie verweist dabei in erster Linie auf unterschiedliche Ausbildungswege, im Kern der psychotherapeutischen Behandlung selbst kommt ihr keine besondere Bedeutung zu, wiewohl ärztliche Psychotherapeuten über bestimmte Befugnisse verfügen (z. B. Krankschreibung, Medikation, Konsiliarbericht), die sich unmittelbar aus der berufsrechtlichen Stellung als Ärztin oder Arzt ergeben.

Während die berufsklassifikatorische Zuordnung eindeutig ist und keine Schwierigkeiten aufwirft, sind die Ausbildungswege in die Psychotherapie nicht so leicht darzustellen. Um dabei die Übersicht nicht zu verlieren, soll das in zwei Schritten erfolgen.

2.3.1.1 Von der Medizin in die Psychotherapie

Nach einem Medizinstudium *und* der Approbation eröffnen sich verschiedene Wege in die Psychotherapie. Die hierfür geltenden Regelungen werden von den Landesärztekammern erlassen, denen der Bund diese Aufgaben – als »Körperschaften des Öffentlichen Rechts« – im »Heilberufekammergesetz« (HBKG) übertragen hat. Auf der Basis der Beschlüsse des Deutschen Ärztetages hat die Bundesärztekammer eine »Muster-Weiterbildungsordnung« verabschiedet, die wiederum den Landesärztekammern als Orientierung dient und so für bundeseinheitliche Anforderungen sorgt. Formalrechtlich zuständig für alle Angelegenheiten der ärztlichen Weiterbildung sind die Landesärztekammern in den jeweiligen Bundesländern; demgemäß erlassen sie dann die jeweils rechtsverbindlich geltenden Weiterbildungsordnungen, ergänzt durch entsprechende Richtlinien.[42]

Seit einer Reform im Jahre 1994 ist die Psychotherapie Bestandteil der fachärztlichen Weiterbildung in den folgenden drei Gebieten: »Psychiatrie und Psychotherapie«; »Psychosomatische Medizin und Psychotherapie« sowie »Kinder- und Jugendpsychiatrie und -psychotherapie«. In allen drei Gebieten beträgt die Weiterbildungszeit insgesamt mindestens 60 Monate, die unter der Aufsicht eines Weiterbildungsbefugten an einer anerkannten Weiterbildungsstätte (in der Regel also an einer entsprechenden Klinik, für eine begrenzte Zahl von Monaten möglicherweise auch im ambulanten Bereich) abgeleistet werden. Je nach Gebietsbezeichnung variieren die vorgeschriebenen Weiterbildungsinhalte, und auch die jeweils geforderten Psychotherapieanteile sind unterschiedlich umfangreich.

Die inhaltliche Struktur dieser Weiterbildungen ist in drei verschiedene Bereiche unterteilt: Zum einen gibt es die *allgemeinen Inhalte*, die für alle drei Gruppen gleich sind (z. B. »ethische, wissenschaftliche und rechtliche Grundlagen ärztlichen Handelns« oder »Strukturen des Gesundheitswesens«); zum anderen finden sich die jeweils *gebietsspezifischen Inhalte* und schließlich der *spezielle Psychotherapie-Teil*. In den beiden psychiatrischen Gruppen sind diese (speziellen) Psychotherapieanteile gleich, während sie in der Weiterbildung zum Facharzt für »Psychosomatische Medizin und Psychotherapie« einen erheblich größeren Umfang einnehmen.

In allen drei Weiterbildungsgängen steht die Ausbildung in einem der anerkannten Therapieverfahren im Mittelpunkt, derzeit also *entweder* in Tiefenpsychologie (TP) *oder* in Verhaltenstherapie (VT). Die Ausbildung ist in verschiedene curriculare Bereiche untergliedert: Theoretische Grundlagen, Selbsterfahrung (z. T. auch in Gruppen), eigene Behandlungen unter Supervision (die nach jeder vierten Therapiestunde erfolgen soll) sowie die Teilnahme an einer Balint-Gruppe (TP) oder einer interaktionsbezogenen Fallarbeitsgruppe (IFA/VT). Für jeden dieser Bereiche sind bestimmte Mindestanforderungen vorgeschrieben, die an einer »zugelassenen Weiterbildungsstätte« absolviert werden müssen. Im Gebiet *»Psychosomatische Medizin und Psychotherapie«* gelten beispielsweise folgende Anforderungen: Theorievermittlung: 240 Stunden; Diagnostik: 100 dokumentierte und supervidierte Erstuntersuchungen; Selbsterfahrung in TP: 150 Stunden einzeln sowie 70 Doppelstunden in einer Gruppe, Selbsterfahrung in VT: 70 Doppelstunden einzeln oder in der Gruppe sowie 35 Doppelstunden Balintgruppenarbeit (TP) oder Interaktionsbezogene Fallarbeit (VT); Behandlung: 1500 Therapiestunden in verschiedenen Settings mit Supervision nach jeder vierten Stunde sowie unabhängig von der gewählten Grundorientierung 16 Doppelstunden autogenes Training, progressive Muskelentspannung oder Hypnose. Alle diese einzelnen Teile müssen in einem »Weiterbildungslogbuch« detailliert belegt und von den Weiterbildungsbefugten bestätigt werden; zudem ist einmal jährlich ein »Weiterbildungsge-

---

42 Alle entsprechenden Ordnungen und Richtlinien sind im Internet leicht aufzufinden und einzusehen; die in diesem Abschnitt verwendeten Angaben basieren zumeist auf der aktuellen Weiterbildungsordnung (WBO) der Landesärztekammer Schleswig-Holstein (LÄK-SH).

spräch« vorgeschrieben und am Ende über die gesamte Weiterbildung ein Zeugnis auszustellen. Die Weiterbildung wird schließlich durch eine Prüfung (30 Minuten) vor der Ärztekammer abgeschlossen.

Neben den genannten drei Weiterbildungen gibt es noch zwei weitere Varianten, die für psychotherapeutische Behandlung qualifizieren: die »Zusatz-Weiterbildung Psychoanalyse« und die »Zusatz-Weiterbildung Psychotherapie-fachgebunden«. Beide Zusatz-Formate setzen ebenfalls eine Anerkennung als Facharzt in einem Gebiet der unmittelbaren Patientenversorgung voraus.[43]

Der Begriff »fachgebunden« bedeutet, dass es hierbei ausschließlich um eine »psychotherapeutische indikationsbezogene Behandlung von Erkrankungen des jeweiligen Gebietes (geht), die durch psychosoziale Faktoren und Belastungsreaktionen mit bedingt sind« (LÄK SH, WBO 2011, H.d.V.). Es wird damit also dem Umstand Rechnung getragen, dass viele somatische Erkrankungen in einem bestimmten Gebiet durch psychische Faktoren mit bedingt sind, beeinflusst und aufrechterhalten werden. Auf genau diesen Anteil zielt diese Zusatz-Weiterbildung ab. »Fachgebunden« heißt also: allein auf das jeweilige Gebiet bezogen; und diese Gebietsgrenzen werden durch diese Weiterbildung auch nicht erweitert. Zum Beispiel wird eine Fachärztin für Allgemeinmedizin nach erfolgreichem Abschluss der Zusatz-Weiterbildung in »fachgebundener Psychotherapie« damit nicht zu einer Fachärztin für Psychotherapie. Insofern ist es nachvollziehbar, dass für diese Zusatz-Weiterbildung auch geringere Anforderungen gelten, die zudem für beide therapeutischen Grundorientierungen (TP/VT) gleiche Umfänge vorschreiben: Theoretische Grundlagen: 120 Std.; Entspannungsverfahren: 16 Doppelstd.; Balintgruppe/IFA: 15 Doppelstd.; Behandlung unter Supervision: 120 Stunden, davon drei abgeschlossene Fälle und Fallseminar: 15 Std. sowie Selbsterfahrung: 100 Std., einzeln oder in einer Gruppe. Auch die »Zusatz-Weiterbildung Psychotherapie fachgebunden« unterliegt in formaler Hinsicht (Nachweise, Zeugnisse, Prüfung) den hierfür üblichen Verfahren.

Schließlich besteht die Möglichkeit, nach der Anerkennung als Facharzt in einem Gebiet der unmittelbaren Patientenversorgung eine »Zusatz-Weiterbildung Psychoanalyse« zu absolvieren. Hierbei geht es nur um eine der beiden Grundorientierungen, also um die »Erkennung und psychoanalytische Behandlung von Krankheiten und Störungen, denen unbewusste Konflikte zugrunde liegen« (WBO-LÄK SH). Lehranalyse, theoretische Kenntnisse sowie eigene Untersuchungen und Behandlungen sind die einzelnen, aufeinander bezogenen Teile dieser Weiterbildung. Dabei soll sich die Lehranalyse über die gesamte Zeit der Weiterbildung erstrecken; sie umfasst mindestens 250 Stunden mit jeweils drei Sitzungen in der Woche. Es kommen 240 Stunden für die theoretischen Kenntnisse in Seminarform hinzu (Fallseminare eingeschlossen), zudem 20 supervidierte und doku-

---

43 Hierzu gehören folgende Gebiete: Allgemeinmedizin, Anästhesiologie, Augenheilkunde, Chirurgie, Frauenheilkunde und Geburtshilfe, Hals-Nasen-Ohrenheilkunde, Haut- und Geschlechtskrankheiten, Humangenetik, Innere Medizin, Kinder- und Jugendmedizin, Mund-Kiefer-Gesichtschirurgie, Neurochirurgie, Neurologie, Physikalische und Rehabilitative Medizin, Strahlentherapie, Urologie. In der Weiterbildung der bereits genannten drei Facharztgruppen ist die »fachgebundene Psychotherapie« als »integraler Bestandteil« enthalten (vgl. LÄK SH, WBO 2011, § 2a).

mentierte psychoanalytische Erstuntersuchungen sowie 600 Stunden dokumentierte psychoanalytische Behandlungen, wovon mindestens zwei von 250 Stunden Dauer sein müssen, mit Supervision nach jeder vierten Sitzung. Auch die »Zusatz-Weiterbildung Psychoanalyse« muss mit entsprechenden Belegen detailliert nachgewiesen werden, bevor sie mit einer Prüfung abgeschlossen werden kann.

Wie dieser kurze Überblick verdeutlicht hat, sind die ärztlichen Wege in die Psychotherapie in inhaltlicher, curricularer und didaktischer Hinsicht äußerst anspruchsvoll, in rechtlicher und organisatorischer Hinsicht mehrfach abgesichert und daher auch dementsprechend langwierig und kostenintensiv.

Allerdings: Selbst wenn alle Weiterbildungshürden genommen sind, ist damit noch nicht die Berechtigung verbunden, an der vertragsärztlichen Versorgung teilzunehmen, also Kassenpatienten zu behandeln. Dies wird erst nach Erteilung der Genehmigung durch die zuständige *Kassenärztliche Vereinigung (KV)* möglich. Die KV ist als Teil der ärztlichen Selbstverwaltung eine »Körperschaft öffentlichen Rechts«. Sie stellt die von den Krankenkassen nach § 73 SGB V zu gewährende vertragsärztliche Versorgung sicher und übernimmt den Krankenkassen und ihren Verbänden gegenüber die Gewähr dafür, dass die vertragsärztliche Versorgung den gesetzlichen und vertraglichen Erfordernissen entspricht (vgl. Satzung der KVSH, § 2). In Form von Verträgen vereinbart die KV mit den Krankenkassen die Honorare für die Ärzte und Psychotherapeuten, verteilt die von den Krankenkassen zu zahlende Gesamtvergütung, prüft die Abrechnungen, wickelt sie mit den Kassen ab und entscheidet gemeinsam mit den Krankenkassen, ob sich ein Arzt oder Psychotherapeut niederlassen und zu Lasten der Krankenkassen abrechnen darf.

Grundlage aller die Psychotherapie als Kassenleistung betreffenden Fragen ist die so genannte »*Psychotherapierichtlinie*« (einschließlich der dazu gehörigen »*Psychotherapie-Vereinbarung*«), die vom Gemeinsamen Bundesausschuss verabschiedet worden ist. Denn eine Leistung der Gesetzlichen Krankenversicherung (GKV) ist Psychotherapie nur dann, wenn sie dazu dient, »eine Krankheit zu erkennen, zu heilen, ihre Verschlimmerung zu verhüten oder Krankheitsbeschwerden zu lindern« (Psychotherapierichtlinie § 1 Abs. 5). Daher sind Psychotherapien prinzipiell, je nach Form und Dauer, antrags- und ggf. gutachterpflichtig, da *vor Therapiebeginn* geprüft werden muss, ob die in Aussicht genommene Form der Behandlung den Grundprinzipien der vertragsärztlichen Versorgung entspricht, also »ausreichend, zweckmäßig und wirtschaftlich« (vgl. ebd.) ist. Demnach gibt es – je nach Dauer (Kurzzeit- oder Langzeittherapie), therapeutischer Grundorientierung (VT, TP, AP) und je nach dem, ob es sich bei den Patienten um Erwachsene oder Kinder und Jugendliche handelt – unterschiedliche und auch Verlängerungen ermöglichende Stundenkontingente und Bestimmungen hinsichtlich der Antrags- bzw. Gutachterpflicht. So sind beispielsweise Kurzzeittherapien (in zwei Schritten bis zu 24 Stunden) nur antragspflichtig, alle Langzeittherapien verlangen darüber hinaus für den ersten Behandlungsabschnitt die Genehmigung durch einen Gutachter des Medizinischen Dienstes der Krankenkassen (MDK), während bei einem Antrag auf Verlängerung nach Ermessen der Krankenkasse darauf verzichtet werden kann (vgl. KBV, Strukturreform der Psychotherapie-Richtlinie, Änderungen ab 4/2017).

Diese Regelungen, deren Details hier nicht vertieft werden können, gelten nicht nur für ärztliche, sondern auch für Psychologische Psychotherapeuten. Welchen Vorgaben deren Ausbildungswege in die Psychotherapie unterliegen, wird im folgenden Abschnitt dargestellt.

2.3.1.2 Von der Psychologie in die Psychotherapie

Die einzelnen Abschnitte der langen und aufwendigen medizinischen Ausbildung sind in Deutschland in der »Approbationsordnung für Ärzte (ÄAppO)« geregelt. Den Beruf des Arztes auch ausüben zu können, hat als letzten Schritt die Erteilung der *Approbation* zur Voraussetzung (vgl. Bundesärzteordnung/BÄO, § 2). Nur sie berechtigt zur eigenverantwortlichen und selbständigen Ausübung der »Heilkunde« und zum Führen der Berufsbezeichnung als »Arzt« oder Ärztin« (vgl. BÄO § 2a). Wenn alle Prüfungen bestanden sind, wird die Approbation von der zuständigen Landesbehörde auf Antrag erteilt.

Das war im Falle der Psychologie lange Jahre grundlegend anders. Denn ein abgeschlossenes Psychologiestudium (Diplom oder Master) berechtigte keineswegs zur »Ausübung der Heilkunde«, also auch nicht zur Psychotherapie. Lange Zeit gab es für psychotherapeutisch tätige Psychologen gar kein Berufsrecht, sondern, gleichsam als juristischen Notbehelf, nur zwei Möglichkeiten: erstens eine »Erlaubnis« gemäß § 1 des Heilpraktikergesetzes und zweitens eine Teilnahme am Delegationsverfahren (Überweisung der Patienten durch Ärzte) und die Kostenerstattung nach den Regeln des Sozialgesetzbuches (SGB V, § 13). Erst mit dem »Gesetz über die Berufe des Psychologischen Psychotherapeuten und des Kinder- und Jugendlichenpsychotherapeuten« (PsychThG), das am 1.1.1999 in Kraft trat, wurde die Gesetzeslücke geschlossen und die Tätigkeit der Psychologischen Psychotherapeuten durch ein eigenes Berufsrecht bundeseinheitlich geregelt.

Aufgrund der Erfahrungen der letzten zwanzig Jahre und im Zuge von Entwicklungen im Hochschulbereich (Bologna-Reform) stand auch das Psychotherapeutengesetz seit geraumer Zeit zur Reform an. Der im Januar 2019 vorgelegte ministerielle Referentenentwurf wurde vom Deutschen Bundestag im Mai 2019 in erster Lesung beraten und am 15.11.2019 als »Gesetz zur Reform der Psychotherapeutenausbildung« im Bundesgesetzblatt veröffentlicht. Es trat mit Wirkung vom 1. September 2020 in Kraft, nachdem am 14. Februar 2020 der Bundesrat unter Maßgabe etlicher Änderungen und Entschließungen der »Approbationsordnung zum neuen Direktstudium (PsychThApprO)« seine Zustimmung erteilt hatte. Da durch diese Reform auch die Hochschulen entsprechende Studiengänge ändern bzw. neu konzipieren müssen (einschließlich der Bologna-induzierten Akkreditierungen), wird diese Ausbildung für eine Übergangszeit (bis 2032, in Ausnahmefällen auch bis 2035) durch verschiedene Wege bestimmt bleiben.[44]

---

44 Für Kandidaten ist es nicht leicht, im Dickicht der zahlreichen Bestimmungen den Überblick zu behalten und ihre Ausbildung klug zu planen. Daher sei hier auf das instruktive Buch von Birgit Lindel »Survivalguide PiA. Die Psychotherapie-Ausbildung meistern« aufmerksam gemacht (Berlin/Heidelberg 2016), dem vermutlich bald eine Neuauflage folgen dürfte.

Angesichts einer solchen Übergangsphase von gut zehn Jahren erscheint es sinnvoll und gerechtfertigt, zunächst die »alte« (wiewohl eben noch geraume Zeit geltende) Struktur der psychotherapeutischen *Aus*bildung für Psychologen an dieser Stelle wenigstens mit groben Strichen zu skizzieren, bevor im Anschluss die neue Ordnung kurz dargestellt wird.

Das »Auslaufmodell« hat folgende Gestalt:
Die bundesgesetzlichen Vorgaben sind im Psychotherapeutengesetz (PsychThG) und in der dazugehörigen »Ausbildungs- und Prüfungsordnung für Psychologische Psychotherapeuten (PsychTh-APrV)« bzw. der »Ausbildungs- und Prüfungsverordnung für Kinder- und Jugendlichenpsychotherapeuten (KJPsychTH-APrV)« detailliert beschrieben und festgelegt. Zugang zu dieser Ausbildung kann nur erhalten, wer eine »im Inland an einer Universität oder gleichstehenden Hochschule bestandene Abschlussprüfung im Studiengang Psychologie, die das Fach klinische Psychologie einschließt«, nachweist (PsychThG § 5). Speziell für den Beruf des »Kinder- und Jugendlichenpsychotherapeuten« wird zudem auch »die im Inland an einer staatlichen oder staatlich anerkannten Hochschule bestandene Abschlussprüfung in den Studiengängen Pädagogik oder Sozialpädagogik« ausdrücklich als weitere mögliche Voraussetzung für diese Ausbildung genannt (vgl. ebd., Abs. 2). In Vollzeitform dauert sie mindestens drei Jahre, in Teilzeitform mindestens fünf Jahre (vgl. ebd.). Den gesetzlichen Vorgaben gemäß besteht die Ausbildung aus vier Teilen, denen jeweils unterschiedliche zeitliche Vorgaben und/oder Stundenkontingente (insgesamt mindestens 4200 Stunden) zugeordnet sind:

Die *Theoretische Ausbildung* (1) soll mindestens 600 Std. umfassen, von denen 200 Std. auf die Vermittlung von Grundkenntnissen entfallen und 400 Std. für den Erwerb und die Vertiefung von Spezialkenntnissen in einem wissenschaftlich anerkannten Psychotherapieverfahren zu verwenden sind. Über die Anerkennung dieser Verfahren entscheidet aufgrund umfänglicher Gutachten der Wiss. Beirat Psychotherapie, der institutionell der Bundesärztekammer angegliedert ist (www.wbpsychotherapie.de). Wie an früherer Stelle bereits erwähnt, muss hierbei stets die Unterscheidung zwischen »wissenschaftlich anerkannt« und »kassenrechtlich zugelassen« beachtet werden.

Die *Praktische Tätigkeit* (2) stellt einen weiteren Ausbildungsabschnitt dar und umfasst insgesamt mindestens 1800 Stunden, die auch in einzelnen, jeweils aber mindestens drei Monate dauernden Teilen erbracht werden können. Von dem Gesamtkontingent sollen dabei mindestens 1200 Std. in einer psychiatrischen klinischen Einrichtung absolviert werden; die restlichen 600 Std. sind an einer »vom Sozialversicherungsträger anerkannten« Einrichtung der psychotherapeutischen oder psychosomatischen Versorgung, in der Praxis eines Arztes mit einer ärztlichen Weiterbildung in der Psychotherapie oder eines Psychologischen Psychotherapeuten« (vgl. § 2 PsychThG-APrV) zu absolvieren. Unter Eingeweihten wird der erste Abschnitt üblicherweise als »Psychiatriejahr« bezeichnet, der zweite Abschnitt gelegentlich »Psychosomatikhalbjahr« genannt. Beide Teile haben zum Ziel, vor allem »praktische Erfahrungen in der Behandlung von Störungen mit Krankheitswert« zu erwerben, wobei die Kandidaten »über einen längeren Zeitraum an der Diagnostik und der Behandlung von mindestens 30 Patienten«

beteiligt sein und dies auch »fallbezogen und unter Angabe von Umfang und Dauer dokumentieren« sollen (vgl. ebd.).

Mit der *Praktischen Ausbildung* (3) rückt die selbständige Behandlung in einem der Schwerpunktverfahren in den Mittelpunkt, also vor allem die praktisch-psychotherapeutischen Kompetenzen mit Blick auf das gesamte Spektrum psychischer Störungen. Dafür sind mindestens 600 Behandlungsstunden vorgeschrieben, auf die wiederum die verlangten 150 Supervisionsstunden angemessen zu verteilen sind. Aus diesem Behandlungspool müssen schließlich mindestens sechs abgeschlossene Fälle mit jeweils eigenständigen, umfangreichen Falldarstellungen dokumentiert werden.

Gegenstand der Ausbildung ist zudem die *Selbsterfahrung* (4) in dem Verfahren, das in der Praktischen Ausbildung auch im Zentrum steht; mindestens 120 Stunden sind hierfür nachzuweisen.

Mit diesen vier Ausbildungsteilen werden insgesamt 3270 Stunden abgedeckt, so dass bis zum Erreichen der gesetzlich geforderten Mindeststundenzahl (4200) noch ein »Rest« von 930 Ausbildungsstunden übrig bleibt. Wie dieses (oft als »Freie Spitze« bezeichnetes) Stundenkontingent, sozusagen ein Wahlpflichtangebot, genau ausgefüllt werden soll, ist gesetzlich nicht festgelegt und bleibt den jeweiligen Ausbildungsstätten überlassen.

Am Ende, wenn alle vier Schritte absolviert sind, steht schließlich die staatliche Prüfung; sie besteht aus einem schriftlichen und einem mündlichen Teil. Die *schriftliche* Prüfung findet bundeseinheitlich zweimal jährlich statt, basiert auf einem alle Gebiete der Ausbildung umfassenden »Gegenstandskatalog« und wird zentral vom »Institut für Medizinische und Pharmazeutische Prüfungsfragen (IMPP)« organisiert und durchgeführt. Die *mündliche* Prüfung besteht aus einer fallbezogenen 30-minütigen Einzelprüfung und einer Gruppenprüfung (mit bis zu vier Kandidaten) von 120 Minuten Dauer; dabei wird die Gesamtnote aus dem schriftlichen (1/3) und dem mündlichen Teil (2/3) gebildet. Erst nach erfolgreichem Bestehen kann der Antrag auf Approbation bei der zuständigen Landesbehörde gestellt werden, die nach Prüfung aller Unterlagen dann die Approbationsurkunde ausstellt und aushändigt.

Während die psychotherapeutische *Weiter*bildung der Ärzte von den Ärztekammern verantwortet wird, sind für die psychotherapeutische *Aus*bildung der Psychologischen Psychotherapeuten nicht die Psychotherapeutenkammern zuständig, sondern die jeweiligen Landesgesundheitsbehörden. Sie sorgen für die Umsetzung und Einhaltung der bundesgesetzlichen Vorschriften, aber sie bilden nicht selbst aus. Träger der Ausbildung sind gemäß § 6 PsychThG die so genannten »*Ausbildungsstätten*«. Sie allerdings müssen als solche staatlich anerkannt sein, wofür wiederum die Landesgesundheitsbehörden zuständig sind.

»Ausbildungsstätten« können im Sinne des Gesetzes »Hochschulen oder andere Einrichtungen« sein, wenn sie bestimmte Voraussetzungen erfüllen: Patienten mit krankheitswertigen psychischen Störungen müssen dort stationär oder ambulant behandelt werden (1); es müssen nach Zahl und Art genügend für die Ausbildung geeignete Patienten zur Verfügung stehen (2); eine für die Zwecke der Ausbildung erforderliche Infrastruktur (z. B. Technik, Bibliothek) muss vorhanden sein (3); zudem das erforderliche Personal (Psychologische Psychotherapeuten und Ärzte) (4); die Ausbildung muss nach Ausbildungsplänen erfolgen, die den Vorgaben des Gesetzes entsprechen (5); und die Ausbildungteilnehmer müssen angeleitet und beaufsichtigt werden (6). Ausbildungsstätten können allerdings mit anderen Einrichtungen kooperieren, wenn sie alleine nicht in der Lage sind, die Ausbildung vollständig durchzuführen.

Wer also eine Ausbildung zum Psychologischen Psychotherapeuten machen möchte, muss sich ein entsprechendes Ausbildungsinstitut suchen und sich dort bewerben. Dann unterliegt er den an dem jeweiligen Institut geltenden »Ausbildungsrichtlinien«. Die Institute können ihre Bewerber frei auswählen (d. h. gemäß den dort jeweils geltenden »Zugangsvoraussetzungen«), einen Anspruch auf Zulassung zur Ausbildung an einem bestimmten Institut gibt es nicht. Die Ausbildungsstätten lassen sich sowohl hinsichtlich ihrer Struktur unterscheiden (universitäre, private, klinikangelagerte) als auch hinsichtlich der in ihnen vermittelten Therapieverfahren. Insofern hat die Entscheidung für ein bestimmtes Ausbildungsinstitut eine ganze Reihe von Umständen zu berücksichtigen und will gut überlegt sein (vgl. dazu Lindel, a. a. O., S. 29 ff.).

Hierzu gehört auch die Entscheidung, ob man nur Kinder und Jugendliche behandeln möchte, also allein die Approbation als Kinder- und Jugendlichenpsychotherapeut anstrebt. Die Ausbildung ist zwar weitgehend analog aufgebaut, allerdings ausschließlich auf die Behandlung von Kindern und Jugendlichen (bis zur Vollendung des 21. Lebensjahres) ausgerichtet, was sich in den einzelnen Ausbildungsteilen dementsprechend auch zum Ausdruck bringt. Nach erfolgter Approbation kann dann jedoch nur diese spezifische Patientengruppe behandelt werden, also keine erwachsenen Patienten. Demgegenüber gibt es für Psychologische Psychotherapeuten später die Möglichkeit, durch eine Zusatzqualifikation auch die Berechtigung zu erwerben, Behandlungen mit Kindern und Jugendlichen kassenrechtlich durchzuführen. Eine Zusatzqualifikation ist auch dann erforderlich, wenn ein Psychologischer Psychotherapeut Gruppentherapien kassenrechtlich durchführen möchte.

Im Rückblick ist die Einführung des Psychotherapeutengesetzes ohne Zweifel in mehrfacher Hinsicht als Fortschritt zu sehen. Das Gesetz hatte allerdings etliche strukturelle Schwächen und Probleme, die vor allem für die Ausbildungskandidaten teilweise unklare Statusverhältnisse und große persönliche (nicht zuletzt finanzielle) Belastungen mit sich bringen. Da sich in den letzten zwanzig Jahren nicht nur der Hochschulbereich (Stichwort »Bologna-Reform«) nachhaltig verändert, sondern sich auch die Psychotherapie weiterentwickelt hat, gab es gute Gründe, den gesamten Bereich neu zu ordnen. Insofern wird sich die hier grob skizzierte Struktur der Ausbildung für Psychologische Psychotherapeuten mit dem im September 2020 verabschiedeten »Psychotherapeutenausbildungsreformgesetz (PsychThAusbRefG)« grundlegend verändern.

Zum »*neuen*« Modell:

Das zentrale Merkmal des neuen Gesetzes besteht darin, den Weg von der Psychologie in die Psychotherapie nach dem Vorbild der ärztlichen Ausbildung zu gestalten, und das bedeutet: Grundlage soll ein dreijähriger BA-Studiengang »Psychotherapie« sein, an den ein dementsprechendes zweijähriges MA-Studium anschließt. Es wird mit Staatsexamen und Approbation beendet, also mit der berufsrechtlichen Anerkennung und der Erlaubnis zur selbständigen Heilbehandlung. Im Anschluss daran erfolgt eine fünfjährige »Weiterbildung«, und zwar getrennt nach den späteren Tätigkeitsbereichen, also entweder mit dem Ziel des Abschlusses als »Fachpsychotherapeut für Kinder und Jugendliche« oder als »Fachpsychotherapeut für Erwachsene«; damit verbunden ist die Entscheidung für eines der (wissenschaftlich anerkannten und kassenrechtlich zugelassenen) Therapieverfahren. Die folgende Übersicht zeigt das »alte« und das »neue« Modell in einer Gegenüberstellung.

Während die erste Phase der neuen Ausbildung (Studium/Approbation) nunmehr gesetzlich geregelt ist, befindet sich die Ausgestaltung der zweiten Phase, die »Weiterbildung«, noch im Diskussionsprozess. Zuständig für die Weiterbildungsordnung ist die Landespsychotherapeutenkammer des jeweiligen Bundeslandes; eine »Musterweiterbildungsordnung« der Bundespsychotherapeutenkammer wird gegenwärtig (Stand 4/2020) erarbeitet.[45]

Angesichts der Tatsache, dass diese Reform der Psychotherapeutenausbildung in viele Bereiche des Hochschul- und Gesundheitssystems eingreift, unterschiedliche Interessen berührt und dementsprechend zahlreiche Klärungsprozesse und rechtliche Anpassungen erforderlich macht, wird es sicherlich noch geraume Zeit dauern, bis sich überhaupt absehen lässt, welche Gewinne und welche Verluste mit dem neuen Modell verbunden sein werden.

Für den hier verfolgten Gedankengang, vor allem Unterschiede zwischen Handlungsformen in professioneller Hinsicht zum Vorschein zu bringen, sind diese Fragen allerdings ohne größere Bedeutung und werden daher an dieser Stelle nicht weiter vertieft.

2.3.2 Berufsspezifische rechtliche Kontexte

Psychotherapeuten gehören, wie Ärzte und Apotheker, zur Gruppe der *Heilberufe*. Deren Angelegenheiten sind zwar der Sache nach staatliche Aufgaben. Da sie aber eigenverantwortlich geregelt und selbst verwaltet werden sollen, sind sie aus der staatlichen Verwaltungshierarchie ausgegliedert und werden eigenen rechtsfähigen Organisationen übertragen: Das sind die jeweiligen »*Kammern*« als »*Körperschaften des öffentlichen Rechts*«, kurzum: Selbstverwaltung unter staatlicher Rechtsaufsicht lautet das Prinzip. Diese Form der rechtlichen Organisation gibt es nicht nur bei den Heilberufen, sondern auch bei Ingenieuren, Architekten, Rechtsanwälten und Steuerberatern.

In dem »Gesetz über die Kammern und die Berufsgerichtsbarkeit für die Heilberufe (Heilberufekammergesetz/HBKG)« ist diese Übertragung von staatlicher Gewalt auf die einzelnen Kammern (jeweils eigene für Ärzte, Apotheker, Psycho-

---

45 Einen Eindruck von den vielfältigen Problemen, die im Zuge einer solchen Reform anfallen, vermittelt eine kleine Anfrage der FDP-Fraktion im Deutschen Bundestag aus dem Jahr 2020 (vgl. »Drucksache 19/20968 v. 10.07.2020«) und die darauf erfolgte Antwort der Bundesregierung (vgl. »Drucksache 19/21270 v. 27.07.2020«); zu speziellen juristischen Fragen vgl. weiterhin Frederichs/Lang (2021).

Aus- bzw. Weiterbildung vor und nach der Psychotherapiereform 2020

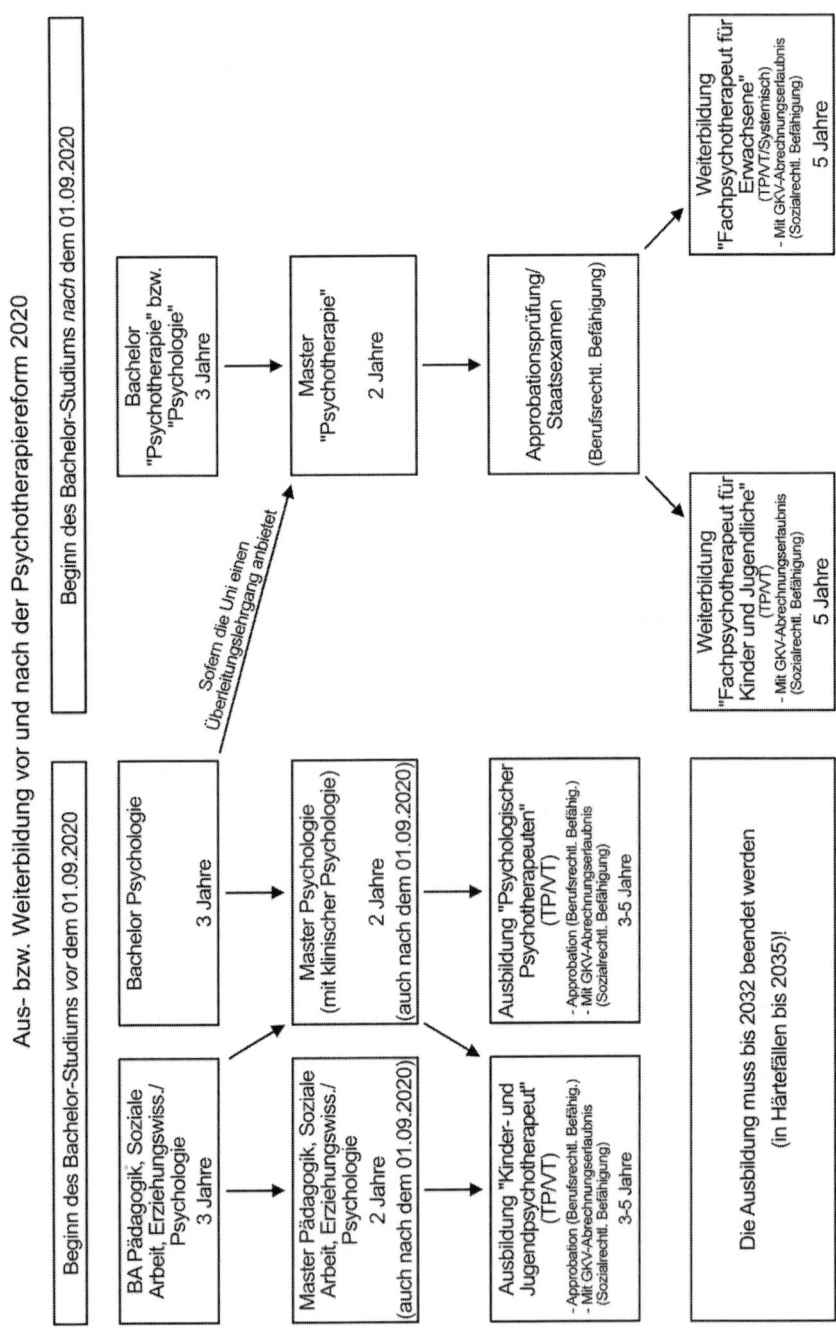

Abb. 15: Synopse der Aus- und Weiterbildung in der Psychotherapie

therapeuten, Tierärzte und Zahnärzte) genau geregelt. Dass es sich hierbei nicht um eine privatrechtliche, sondern um eine öffentlich-rechtliche Angelegenheit handelt, zeigt sich nicht zuletzt daran, dass die Kammern befugt sind, das »kleine Landessiegel« zu führen. Wird ein entsprechender Beruf ausgeübt, ist die Mitgliedschaft daher auch keine freiwillige Entscheidung, sondern Pflicht.

Das Heilberufekammergesetz besteht aus zwei Teilen: In seinem Ersten Teil werden Aufgaben, Aufbau und Organisation der Kammern näher bestimmt sowie Fragen der Berufsausübung und der Weiterbildung. Der Zweite Teil ist der »Berufsgerichtsbarkeit« gewidmet, denn »Kammermitglieder, die schuldhaft ihre Berufspflichten verletzten (Berufsvergehen), unterliegen der Berufsgerichtsbarkeit und müssen ggf. mit entsprechenden berufsgerichtlichen Maßnahmen (Verweis, Geldbuße bis zu 50.000 Euro, Aberkennung des passiven Berufswahlrechts) rechnen (vgl. HBKG, § 55, 58). Sollte es im Zusammenhang mit einem Berufsvergehen zu einer öffentlichen Klage kommen, hat diese allerdings stets Vorrang vor dem berufsgerichtlichen Verfahren.

Eine Kammer besteht aus der Kammerversammlung (die von den wahlberechtigten Mitgliedern gewählt wird) und dem Vorstand (der von der Kammerversammlung gewählt wird). Sie ist für alle beruflichen Belange zuständig und hat demgemäß vielfältige Aufgaben: berufliche Fort- und Weiterbildung, Qualitätssicherung sowie eigene Versorgungseinrichtungen ebenso wie die Einrichtung von Ethikkommissionen und die Aufgabe der Schlichtung bei Konflikten, »die sich aus der Berufsausübung zwischen Kammermitgliedern oder zwischen Kammermitgliedern und Dritten ergeben« (vgl. HBKG, §§ 3–7). Hinsichtlich der Berufsausübung gilt als Grundsatz die Verpflichtung der Kammermitglieder, »ihren Beruf gewissenhaft auszuüben und dem ihnen im Zusammenhang mit dem Beruf entgegengebrachten Vertrauen zu entsprechen« (HBKG § 29). In der Regel ist die Ausübung des Berufes dabei »an die Niederlassung in Praxen gebunden«, wobei allerdings auch andere Formen (z. B. die Tätigkeit in einer Klinik oder einer Beratungsstelle) möglich sind (ebd.). Zu den Berufspflichten (vgl. § 30) gehören insbesondere die »Pflicht, sich beruflich fortzubilden und sich dabei über die für ihre Berufsausübung geltenden Rechtsvorschriften zu unterrichten«, die Beratung der Ethikkommissionen in Anspruch zu nehmen sowie die Dokumentationspflicht, also »über in Ausübung ihres Berufes gemachte wesentliche Feststellungen und getroffene Maßnahmen Aufzeichnungen zu fertigen« (ebd.); hinzu kommen Melde- und Auskunftspflichten und schließlich der Abschluss einer Berufshaftpflichtversicherung. Um diese einzelnen Berufspflichten genauer zu regeln, geben sich die Kammern gemäß § 31 HBKG durch Satzung eine jeweils eigene *Berufsordnung*.

Üblicherweise wird auf der Bundesebene der Kammern eine »Muster-Berufsordnung« erstellt, auf deren Grundlage dann in den einzelnen Bundesländern die dort jeweils geltenden Berufsordnungen in Form einer Satzung rechtsverbindlich erlassen werden. Da Ärzte und Psychologische Psychotherapeuten jeweils eigene Kammern haben, gibt es dementsprechend auch zwei Berufsordnungen. Sie unterscheiden sich allerdings in den relevanten Punkten kaum. Daher dürfte es hier genügen, als Beispiel einmal die aktuelle Version (Stand 2019) der

»Berufsordnung (Satzung) der Psychotherapeutenkammer Schleswig-Holstein« in groben Umrissen zu skizzieren (im Folgenden abgekürzt als BO-SH).

Diese Berufsordnung besteht, abgesehen von einer Präambel, aus zwei Teilen: Im Ersten Teil (§§ 1–4) geht es um berufsspezifische Grundsätze, der Zweite Teil (§§ 5–29) enthält genauere Regelungen zur Ausübung des Berufs.

In der *Präambel* werden zunächst Sinn und ethische Bedeutung einer solchen Ordnung herausgestellt. Denn sie soll dem Ziel dienen, »den Beruf gewissenhaft, sorgsam und verantwortungsvoll auszuüben«, das Vertrauen zwischen Patienten und Therapeuten erhalten und fördern und verpflichtet die Kammermitglieder, »die Freiheit und das Ansehen des Berufsstandes zu wahren, den Standesfrieden zu erhalten und die Qualität der psychotherapeutischen Tätigkeit sicherzustellen und zu fördern« (vgl. BO-SH).[46]

Diese allgemeinen Maximen werden in dem dann folgenden *Ersten Teil* genauer bestimmt: Dazu gehört zuallererst das »Wesen des Berufs« als »freier Beruf« (der eben kein »Gewerbe« ist). Es folgt eine Beschreibung der »beruflichen Aufgaben« (§ 2), deren Kern »in der Anwendung psychotherapeutischer Verfahren in den Bereichen Diagnostik und Therapie sowie Prävention und Rehabilitation« besteht, wobei psychotherapeutische Kenntnisse auch in anderen Bereichen (Beratung, Aus-, Fort- und Weiterbildung, Lehre und Forschung, öffentlichen Vorträgen, Medienbereich und Gestaltung des Gesundheitswesens) zur Anwendung kommen. Nach den Bestimmungen der zulässigen Berufsbezeichnungen (§ 3) werden in § 4 zehn »Grundsätzliche Berufspflichten« aufgeführt: Zwar wird der Beruf »in eigener Verantwortung, frei und selbstbestimmt« ausgeübt, bleibt dabei aber an Recht und Gesetz, an die Berufsordnung und die damit verbundenen Vorschriften gebunden. Ausdrücklich wird die Pflicht genannt, den »Beruf gewissenhaft auszuüben und sich des im Zusammenhang mit dem Beruf entgegengebrachten Vertrauens würdig zu erweisen« sowie »die Würde des Menschen zu achten, unabhängig insbesondere von Religion, Nationalität, Geschlecht, sexueller Orientierung, Parteizugehörigkeit oder sozialer Stellung«.

Im *Zweiten Teil* werden sodann zentrale Gesichtspunkte für die »Ausübung des Berufes« behandelt:
Dazu gehört das »*Öffentliche Auftreten*« (§ 5), wobei alles zu unterlassen ist, »was dem Ansehen des Berufsstandes schadet«; öffentliche fachliche Äußerungen müssen »sachlich informierend und wissenschaftlich fundiert sein«; »irreführende Heilungsversprechen« und »unlautere Vergleiche« mit anderen Therapeuten sind untersagt. Zudem besteht eine Verpflichtung zur »*Fortbildung*« und »*Qualitätssicherung*«, die beide in einer eigenen Ordnung genauer geregelt werden. Auch der Umgang untereinander (§ 8) und die Beschäftigung anderer Therapeuten als Mitarbeiter (§ 9) wird näher bestimmt.

Es folgt eine Reihe von Bestimmungen, die sich direkt auf die Therapie beziehen. So werden in § 10 »*Behandlungsmaßstäbe und Sorgfaltspflichten*« thematisiert.

---

46 In den ärztlichen Berufsordnungen ist der Präambel noch »Das ärztliche Gelöbnis« vorangestellt, sozusagen eine modernisierte Form des hippokratischen Eids; es geht auf die 1948 vom Weltärztebund verabschiedete »Genfer Erklärung« zurück; die letzte Revision wurde im Oktober 2017 in Chicago verabschiedet.

Grundsätzlich gilt, dass »jede psychotherapeutische Behandlung unter Wahrung der Rechte der Patientinnen und Patienten, insbesondere des Selbstbestimmungsrechts, zu erfolgen (hat). Weder das Vertrauen, die Unwissenheit, Leichtgläubigkeit, wirtschaftliche Notlage oder Hilflosigkeit … dürfen ausgenutzt, noch unangemessene Versprechungen in Bezug auf das Behandlungsergebnis gemacht werden«. Das berufliche Handeln muss stets die möglichen Folgen für die Patienten und deren Umfeld berücksichtigen, damit Schaden vermieden wird; daher müssen Behandlungen von Personen, die dem Patienten nahestehen, mit besonderer Sorgfalt geprüft werden. Voraussetzung jeder Behandlung ist ein *besonderes Vertrauensverhältnis* zwischen Patient und Therapeut; und wenn es fehlt oder nicht mehr gegeben ist, kann eine Behandlung auch abgelehnt oder abgebrochen werden. Jede Psychotherapie bedarf der Einwilligung des Patienten, die eine entsprechende Aufklärung (§ 11) über sämtliche hierfür wesentliche Umstände voraussetzt; jeder Therapeut ist dazu verpflichtet. Diese *Aufklärungspflicht* ist weit gefasst (Notwendigkeit, Dringlichkeit, Eignung, Erfolgsaussichten, mögliche Folgen und Risiken, aber auch Honorar- und Vergütungsabsprachen sowie der Hinweis auf alternative Maßnahmen) und ihr muss rechtzeitig vor Beginn einer Behandlung Folge geleistet werden. Alle Behandlungen sind sorgfältig zu *dokumentieren* (§ 12), und alle Aufzeichnungen (»Patientenakte«) müssen mindestens zehn Jahre *aufbewahrt* werden, wobei Patienten auch nach Abschluss einer Behandlung »auf ihr Verlangen hin ohne schuldhaftes Zögern *Einsicht*« zu gewähren ist (§ 12a).

Es gibt zwei wesentliche Voraussetzungen für das für jede Therapie notwendige besondere Vertrauensverhältnis: die *Schweigepflicht* (§ 13) und das *Abstinenzgebot* (§ 14). Die Schweigepflicht bezieht sich auf alle im Zusammenhang einer Behandlung zur Sprache gekommenen Umstände und Tatsachen aus dem Leben eines Patienten und gilt über dessen Tod hinaus; zur Offenbarung befugt sind Therapeuten nur dann und insoweit, wie sie von dieser Pflicht durch den Patienten entbunden sind oder »soweit die Offenbarung zum Schutze eines höherwertigen Rechtsguts erforderlich ist«. Das Abstinenzgebot verpflichtet die Therapeuten, die »Vertrauensbeziehung zur Patientin oder zum Patienten nicht zur Befriedigung eigener Bedürfnisse oder Interessen aus(zu)nutzen oder (zu) versuchen, aus den Kontakten persönliche oder wirtschaftliche Vorteile zu ziehen«. Alle außertherapeutischen Kontakte, die die Beziehung stören könnten oder dazu angetan sind, die Unabhängigkeit des Therapeuten zu beeinträchtigen, müssen gemieden werden; insofern erstreckt sich das Abstinenzgebot auch auf dem Patienten nahestehende Personen. Insbesondere sexuelle Kontakte zwischen Therapeuten und Patienten verbietet die Berufsordnung ausdrücklich. Dabei gilt die Abstinenzverpflichtung »auch für die Zeit nach Beendigung der Therapie, solange noch eine Behandlungsnotwendigkeit oder eine Abhängigkeitsbeziehung« gegeben ist.

Die selbständige Ausübung des Berufs in eigener Praxis ist an den Ort der Niederlassung gebunden (§ 18), eine psychotherapeutische Tätigkeit im »Umherziehen« ist berufswidrig. Selbstverständlich braucht es geeignete Räumlichkeiten (»bedarfsgerecht ausgestattet«), einer entsprechenden Kennzeichnung durch ein Praxisschild und bei Bedarf einer Form der Werbung (§ 21), die sich auf »sachgerechte und angemessene Information« beschränkt. Natürlich können sich auch Psychotherapeuten »in allen rechtlich möglichen Formen« mit anderen zu einer »Berufsausübungsgemeinschaft« (§ 22) zusammenschließen, wobei die freie Wahl eines Therapeuten gewährleistet sein muss. Schließlich kann der Beruf auch in einem »privatrechtlichen Beschäftigungsverhältnis« oder einem »öffentlich-rechtlichen Dienstverhältnis« oder in Kombination eines solchen mit eigener Praxis ausgeübt werden (§§ 23,24). Auch für diejenigen Psychotherapeuten, die in »Lehre, Aus-, Fort- und Weiterbildung, Supervision und Selbsterfahrung« tätig sind, gelten die entsprechenden »berufsethischen Standards« (§ 25); gleiches gilt auch für Tätigkeiten in der Forschung und in der Funktion bei Begutachtungen (§ 27). Schließlich können »schuldhafte, d. h. vorsätzliche oder fahrlässige Verstöße gegen die Bestimmungen dieser Berufsordnung … berufsrechtliche Verfahren nach dem Heilberufekammergesetz nach sich ziehen« (§ 28), also demgemäß geahndet werden.

Wie aus dieser knappen Skizze hervorgeht, wird im HBKG und in den entsprechenden Berufsordnungen die Psychotherapie vornehmlich aus Sicht der Behandler dargestellt; insofern stehen dabei deren berufsbezogene Pflichten im Vordergrund. Eine therapeutische Situation wird aber nicht nur durch die Pflichten der Therapeuten bestimmt, sondern gleichermaßen auch durch die Rechte der Patienten.

Daher muss in diesem Zusammenhang auch auf das im Februar 2013 in Kraft getretene »*Gesetz zur Verbesserung der Rechte von Patientinnen und Patienten*« (*Patientenrechtegesetz*) hingewiesen werden. Es ist ein so genanntes »Artikelgesetz« und führt daher zu Änderungen in verschiedenen anderen Gesetzen. Im Mittelpunkt steht die Einführung eines neuen Untertitels »Behandlungsvertrag« im Bürgerlichen Gesetzbuch (BGB); der Artikel 2 im Patientenrechtegesetz enthält darüber hinaus eine Reihe von Änderungen im SGB V sowie in weiteren Gesetzen. Die zahlreichen juristischen Verzweigungen können hier vernachlässigt werden. Gleichwohl dürfte zumindest ein kurzer Blick in das Patientenrechtegesetz angebracht sein, weil so deutlich werden kann, dass die »Pflichten« der Behandler nunmehr eigentlich auf »Rechte« der Patienten antworten.

Von zentraler Bedeutung ist, wie gesagt, der in § 630a formulierte »Behandlungsvertrag«, der folgenden Wortlaut hat: »Durch den Behandlungsvertrag wird derjenige, welcher die medizinische Behandlung eines Patienten zusagt (Behandelnder), zur Leistung der versprochenen Behandlung, der andere Teil (Patient) zur Gewährung der vereinbarten Vergütung verpflichtet, soweit nicht ein Dritter zur Zahlung verpflichtet ist.« Der zweite Absatz schreibt dann vor, wie diese vertraglich vereinbarte Behandlung zu erfolgen hat, nämlich »nach den zum Zeitpunkt der Behandlung bestehenden, allgemein anerkannten fachlichen Standards«.

Da »Behandelnder und Patient … zur Durchführung der Behandlung zusammenwirken (sollen)« (§ 630c Abs. 1), müssen, damit sie das überhaupt können, bestimmte Voraussetzungen erfüllt sein. Denn ein Patient muss ja wissen, was auf ihn zukommt und worauf er sich einlässt, bevor er einer Behandlung zustimmen kann. Daher obliegen den Behandlern umfassende »Informations- und Aufklärungspflichten« (§§ 630c und e), sie müssen den Patienten »über sämtliche für die Einwilligung wesentlichen Umstände« aufklären. Und erst unter dieser Voraussetzung greift die Pflicht, die »Einwilligung des Patienten einzuholen« (§ 630e), die zudem »jederzeit und ohne Angabe von Gründen formlos widerrufen« werden kann. Dabei muss die Aufklärung mündlich und rechtzeitig erfolgen und muss verständlich sein. Auch die Dokumentationspflicht (§ 630 f.) ergibt sich aus dem Vertragscharakter. Denn es kann ja sein, dass eine Behandlung unterbrochen oder abgebrochen und zu einem späteren Zeitpunkt wieder aufgenommen wird; und dann muss ja gewusst werden können, was zuvor gemacht, also wie behandelt worden ist. Information, Aufklärung, Einwilligung und Dokumentation erlangen nicht zuletzt gerade dann besondere Bedeutung, wenn es zu »Behandlungsfehlern« kommen sollte (vgl. § 630h). So geht das Gesetz beispielsweise schlicht von der Annahme aus, dass eine Maßnahme, die nicht in der Patientenakte dokumentiert ist, auch nicht stattgefunden hat.

Diese Betrachtung der berufsspezifischen rechtlichen Kontexte ergibt zusammenfassend folgendes Bild:

Jede psychotherapeutische Behandlung ist berufsspezifisch durch drei ineinander greifende rechtliche Rahmungen bestimmt: *Erstens* durch das Heilberufekammergesetz, das den Berufsstand insgesamt zum Gegenstand hat; *zweitens* durch die jeweils länderspezifisch geltenden Berufsordnungen, in denen vornehmlich die Pflichten der Behandler formuliert sind; und *drittens* schließlich durch das Patientenrechtegesetz, das die Interessen der Patienten in der Form des Behandlungsvertrages gewährleistet. Nimmt man mit Blick auf kassenrechtliche Zusammenhänge noch die »Psychotherapierichtlinie« hinzu, ergibt sich am Ende ein Quadrat spezifischer rechtlicher Bestimmungen, das die Psychotherapie als eine besondere »soziale Situation« deutlich werden lässt.

2.3.3   Psychotherapie als Profession

Nachdem die Darstellung von Berufsklassifikation, Ausbildung und rechtlicher Rahmung für die nötige Anschauung gesorgt hat, sollen die zu Beginn des Kapitels eingeführten allgemeinen professionstheoretischen Unterscheidungen wieder aufgenommen werden. Sie lassen sich nun im Hinblick auf die Besonderheiten der Psychotherapie konkretisieren. Dass sich die Psychotherapie mit guten Gründen als Profession kennzeichnen und beschreiben lässt, wird leicht nachvollziehbar, wenn die für eine solche Zuschreibung relevanten theoretischen Kriterien überprüft werden. Anhand von sechs klassisch zu nennenden Indikatoren soll das jetzt in zusammenfassender Kürze geschehen: »Zentralwertbindung« (1), Wissensbasis und Ausbildung (2), Autonomie (3), Selbstverwaltung (4), Berufsethik (5) und Klientenbezug (6).

Der *zentrale Wert (1)*, an den sich die Psychotherapie, sich selbst verpflichtend, bindet, ist die *Gesundheit* aller Mitglieder der Gesellschaft als Bürger des Staates. »Die Gesundheit und das Wohlergehen meiner Patientin oder meines Patienten werden mein oberstes Anliegen sein«, und »ich werde mein Wissen zum Wohle der Patientin oder des Patienten und zur Verbesserung der Gesundheitsversorgung teilen«, heißt es beispielsweise im »ärztlichen Gelöbnis«, das der Berufsordnung der Ärztekammern vorangestellt ist. Ähnliches findet sich in der Musterberufsordnung der Psychologen, die sich »im Einklang mit berufsethischen Traditionen von akademischen Heilberufen auf nationaler und internationaler Ebene (sieht) und sich auf die ethischen Wertentscheidungen, wie sie in den Grundrechten des Grundgesetzes der Bundesrepublik Deutschland verankert sind, (bezieht); sie dient unter anderem dem Ziel, »die Qualität der psychotherapeutischen Tätigkeit im Interesse der Gesundheit der Bevölkerung sicherzustellen« (vgl. Musterberufsordnung der Bundespsychotherapeutenkammer 2007). Das »berufswürdige Verhalten« bezieht sich ausdrücklich nicht nur auf die Patienten, sondern auf das Allgemeinwohl insgesamt, denn es soll darauf abzielen, Schaden von den Menschen, die sich Psychotherapeuten anvertrauen, aber auch von deren Angehörigen »und der Gesellschaft abzuwenden« (vgl. BO der Psychotherapeutenkammer SH).

Auch im Hinblick auf *Wissensbasis und Ausbildung* (2) ist die Zuschreibung eindeutig. Denn Psychotherapie basiert auf Wissenschaft. Ihre Handlungsgrundlage ist wissenschaftliches Wissen, und die Verfahren, die zur Feststellung, Heilung oder Linderung einer Störung mit Krankheitswert eingesetzt werden, müssen *wissenschaftlich anerkannt* sein. Eben das wird vom »Wissenschaftlichen Beirat Psychotherapie«, der eigens für diesen Zweck vom Gesetzgeber eingerichtet worden ist, auf der Grundlage der Befunde der *Psychotherapieforschung* fortlaufend überprüft. Daher kann das psychotherapeutische Wissen als Expertenwissen bezeichnet werden und ist insoweit vom alltäglichen Denken und Handeln deutlich unterschieden. Diese Wissenschaftlichkeitsbedingung gilt umfassend, nicht nur für ein *Psychotherapie-Verfahren* insgesamt, sondern auch für einzelne *Psychotherapie-Methoden* und demgemäß auch für die Anerkennung der *psychotherapeutischen Ausbildungsstätten*. Der Erwerb psychotherapeutischen Wissens und die Befähigung zur eigenständigen Ausübung der Psychotherapie erfolgt in zwei Stufen. Als notwendige Voraussetzung ist zunächst ein akademisches Studium zu absolvieren (Medizin, Psychologie oder für den Bereich der Kinder- und Jugendlichenpsychotherapie auch (Sozial-)Pädagogik), danach dann ist die mehrjährige wissenschaftliche Weiterbildung zu absolvieren. Die Ausbildung zum Psychotherapeuten ist dementsprechend aufwendig und dauert, je nach Ausgangsstudium, Schwerpunkt und im Vergleich mit anderen, lange (auf dem Weg über die Medizin ca. 12 Jahre).

Der Beruf des Psychotherapeuten wird als *freier Beruf* bezeichnet, da er aufgrund der erworbenen Fachkenntnisse *eigenverantwortlich* ausgeübt wird, *autonom* (3) sozusagen. Die Tätigkeit, ein entscheidendes Kriterium für Autonomie, erfolgt also *nicht weisungsgebunden*, ein Arzt zum Beispiel darf, wie es in der Berufsordnung heißt, »hinsichtlich seiner ärztlichen Entscheidungen keine Weisungen von Dritten entgegennehmen« (BO-LÄK SH, § 2). Das gilt vergleichbar für Psychologische Psychotherapeuten, die »ihren Beruf in eigener Verantwortung, frei und selbstbestimmt aus(üben), soweit Gesetz und Berufsordnung sie nicht im Besonderen verpflichten oder einschränken«; auch sie »haben Forderungen und Weisungen zurückzuweisen, die dieser Berufsordnung widersprechen« (BO-PKSH, § 4). Das gilt auch dann, wenn Psychotherapeuten nicht in eigener Praxis arbeiten, sondern z. B. in einer Klinik oder Beratungsstelle, also in privatrechtlichen oder öffentlich-rechtlichen Dienstverhältnissen. Die Berufsordnung »schützt« sie gleichsam vor Weisungen von vorgesetzten Personen, die, sollten sie mit der Berufsordnung nicht vereinbar sein, nicht befolgt werden dürfen (vgl. ebd., § 23). Zur Autonomie gehört zudem das Vertragsverhältnis der therapeutischen Beziehung (Behandlungsvertrag): es wird eine Leistung angeboten (die therapeutische Behandlung), die von der anderen Seite vergütet werden muss (das hat auch steuerrechtliche Konsequenzen, denn als »selbständige Arbeit« ist Psychotherapie einkommensteuerpflichtig). Zum Vertrag gehört aber auch, dass beide Seiten ihn aufkündigen können, auch der Behandelnde, und zwar dann, wenn das für professionelles Behandeln notwendige Vertrauensverhältnis fehlt oder nicht mehr gegeben ist (vgl. BO-PKSH, § 10). Eine solche Möglichkeit besteht aber in abhängigen Beschäftigungsverhältnissen meist nicht oder allenfalls in geringem Maße.

Selbstorganisation und Selbstverwaltung (4) sind, so könnte man vielleicht sagen, gleichsam die kollektive Seite der Autonomie dieses Berufes. Denn die jeweiligen Kammern (Ärztekammer und Psychotherapeutenkammer) sind Körperschaften des öffentlichen Rechts, nehmen also für die Allgemeinheit wichtige Aufgaben selbständig wahr, unterliegen dabei allerdings letztlich der staatlichen Aufsicht. Der Staat delegiert sozusagen das Problem der psychischen Gesundheit der Bevölkerung an eine professionelle Gruppe, er gibt dabei durch Gesetze den Rahmen vor, dessen Ausfüllung aber der Profession überlassen bleibt, die selbst dann das Weitere in Satzungen und Ordnungen regelt: Ausbildung, Fort- und Weiterbildung ebenso wie Qualitätssicherung, ethische Fragen und Versorgungseinrichtungen bis hin zur Berufsgerichtsbarkeit.

Dem einer Gruppe eingeräumten Privileg, einen zentralen Bereich von allgemeinem Interesse weitgehend selbstständig zu regeln, steht eine besondere normative Verpflichtung ihrer Mitglieder gegenüber, sich dieser Aufgabe auch »würdig« zu erweisen, sich also einer eigenen *Berufsethik (5)* zu unterwerfen. Die kollektive Absicherung durch das Recht (Heilberufekammergesetz) wird gleichsam moralisch auf das Verhalten der einzelnen Mitglieder ausgedehnt (Berufsordnung). »Die Festlegung von berufsethischen Grundsätzen und Berufspflichten«, so heißt es bei den Psychologischen Psychotherapeuten, »dient dem Ziel, den Beruf gewissenhaft, sorgsam und verantwortungsvoll auszuüben« (BO-PKSH, Präambel). Ähnlich bei den Ärztlichen Psychotherapeuten: »Der Arzt übt seinen Beruf nach seinem Gewissen, den Geboten der ärztlichen Ethik und der Menschlichkeit aus. Er darf keine Grundsätze anerkennen und keine Vorschriften oder Anweisungen beachten, die mit seiner Aufgabe nicht vereinbar sind oder deren Befolgung er nicht verantworten kann« (BO-LÄKSH, § 2). Berufsethische Vorgaben dienen also dem Zweck, Spielräume oder Freiheitsgrade des professionellen Verhaltens, die rechtlich nicht eindeutig festzulegen sind, mit einem orientierenden moralischen Rahmen zu versehen und sie auf diese Weise, so weit es eben möglich ist, gleichwohl normativen Vorgaben zu unterwerfen. Daher werden sie am Ende, dann also, wenn es zu Verstößen kommt, auch wieder ans Recht gebunden, also der eigenen »Berufsgerichtsbarkeit« unterworfen: »Kammermitglieder, die schuldhaft ihre Berufspflichten (Berufsvergehen) verletzen, unterliegen der Berufsgerichtsbarkeit« (HBKG, § 55).

Schließlich der *Klientenbezug (6)*: Psychotherapie basiert prinzipiell auf Freiwilligkeit, erzwungene Psychotherapien gibt es nicht. So ist auch der Zugang von Patienten zur Psychotherapie auf Freiwilligkeit gegründet, wenn er auch durch psychisches Leiden »notgedrungen« erfolgt. Zwar setzt eine therapeutische Behandlungsbeziehung einerseits »funktionale Asymmetrie« voraus; andererseits aber sind Patienten und Therapeuten als Vertragspartner gleich, und ihre Beziehung ist auf dieser Ebene uneingeschränkt symmetrisch: Es wird eine Leistung nachgefragt, die bezahlt werden muss. Und Verträge werden auf Zeit unter bestimmten Bedingungen geschlossen und können jederzeit von beiden Seiten aufgekündigt werden.

Wie aus dieser Zusammenschau hervorgeht, sind im Falle der Psychotherapie alle Kriterien erfüllt, die für die Zuschreibung eines Berufs als Profession üblicherweise vorausgesetzt werden. Allerdings ist »Profession« keine statische, sondern eine dynamische Größe und unterliegt als solche dem Wandel gesellschaftlicher Bedingungen. Dieser Sachverhalt zeigt sich in aller Deutlichkeit an der Rolle der Ärzte im Gesundheitssystem. Denn schon seit längerem ist eine Entwicklung beobachtbar, die gerade den Ärzte-Stand in wachsendem Maße einem Prozess der »Deprofessionalisierung« ausgesetzt sieht (vgl. schon Bollinger/Hohl 1981). Diese Entwicklung, durch die die ärztliche Profession zu einem Beruf »wie jeder andere« zu werden scheint (vgl. ebd., S. 443), hat vielfältige Ursachen und Erscheinungsformen. Und sie erfährt gerade in jüngster Zeit durch das, was als »Ökonomisierung des Gesundheitswesens« bezeichnet wird, eine zusätzliche Dynamik (vgl. Kälble 2014). Denn die Ärzteschaft gerät dabei »zunehmend in ein Spannungsfeld zwischen immer besseren diagnostischen und therapeutischen Möglichkeiten einerseits und begrenzten Ressourcen andererseits«, was »die autonome Entscheidungsbefugnis der Ärzteschaft ... und den patientenorientierten beruflichen Handlungsspielraum zunehmend ein(schränkt)« (ebd., S. 22). Dadurch nehmen Konflikte »zwischen medizinischer Autonomie und ökonomischer Orientierung ... hinsichtlich der Interpretations- und Definitionsmacht im Gesundheitswesen« (ebd.) ständig zu. Es stellt sich also die Frage, ob dieser Prozess einer »Deprofessionalisierung« nicht auch die Zuschreibung der Psychotherapie als Profession berührt und sie als problematisch oder gar als nicht mehr zeitgemäß erscheinen lässt?

Die Antwort lautet schlicht: »nein«. Denn »Deprofessionalisierung« kommt vor allem im Bereich der somatisch orientierten Medizin zur Geltung und entfaltet dort nachhaltige Wirkungen. Die »sprechende Medizin« hingegen unterliegt zwar auch ökonomischen Zwängen, bleibt in ihrem Kern jedoch von diesem Prozess weitgehend unberührt. Das liegt vornehmlich daran, dass psychotherapeutische Behandlungsleistungen durch Technik nicht zu ersetzen sind und damit den Erfolg betriebswirtschaftlicher Rationalisierungsbemühungen begrenzen.[47] Es ist ge-

---

47 Dies ist spätestens seit 1966 offenkundig, als Joseph Weizenbaum, Professor am Massachusetts Institute of Technology, das Computerprogramm ELIZA entwickelte, dessen Variante *Doctor* die psychotherapeutische Kommunikation (am Beispiel der klientenzentrierten Psychotherapie von Carl Rogers) zu simulieren versuchte. Dass dies nicht funktioniert, kann jeder Leser im Internet selbst leicht nachprüfen, wenn er sich mit ELI-

nau dieser Umstand, der die Sonderstellung der Psychotherapie im Gesundheitssystem begründet (vgl. dazu Kraft 2004a). Psychotherapie darf daher weiterhin
und mit guten Gründen uneingeschränkt als Profession bezeichnet werden.

2.4 Beratung als Beruf

Es ist nicht verwunderlich, dass die Zeigestruktur der Beratung im Vergleich mit
den beiden anderen die größte Spannbreite an beruflichen Formen hervorbringt,
was sich im Schema der Berufsklassifikationen deutlich spiegelt (▶ Kap. 2.4.1).
Insofern sind auch die jeweiligen Ausbildungswege äußerst vielfältig (▶ Kap.
2.4.2). Diese Besonderheit zeigt sich nicht zuletzt auch in berufsrechtlicher Hinsicht (▶ Kap. 2.4.3). In professionstheoretischer Hinsicht kann daher das Ergebnis nicht überraschen: Beratungsberufe lassen sich, wie die Erziehungsberufe
auch, als Semi-Professionen beschreiben (▶ Kap. 2.4.4).

2.4.1 Beratung im Spiegel der Berufsklassifikationen

Dass Beratung eine Handlungsform ist, die in allen Lebensbereichen vorkommt,
ist bereits an früherer Stelle ausgeführt worden (▶ Kap. 1.3.1). So hatte O.F. Bollnow schon früh die Wendung von der »Lebensfunktion der Beratung« geprägt
(vgl. Bollnow 1984, S. 78). Der folgende Blick in das Schema der Berufsklassifikationen bringt diesen Sachverhalt nun auch in professioneller Hinsicht zum Vorschein.[48]

Es sollen zunächst drei übergreifende Befunde herausgestellt werden, die sich
aus der eingehenden Analyse dieses immerhin gut 1600 Seiten umfassenden Klassifikationsrahmens ergeben.

Erstens findet sich »Beratung« als Tätigkeitsmerkmal oder Aufgabenbeschrei-
bung *in allen* Berufsbereichen (selbst beim Militär, wo es im Sanitätsdienst u. a.

ZAs Nachfolgern in einen »Dialog« zu begeben versucht. – Gleichwohl können natürlich auch in der Psychotherapie für bestimmte Fragestellungen und Aufgaben Digitali-
sierungspotentiale produktiv genutzt werden wie bspw. bei einem den Therapieverlauf
begleitenden digitalisierten Feedback (vgl. dazu Schiepek et al. 2019). Ein Beispiel für
die Sonderrolle der »sprechenden Medizin« im Gesundheitssystem ist auch die Finanzierung der stationären Psychiatrie und Psychosomatik: Die 2003 für den somatischen
Bereich eingeführte Finanzierung nach Fallpauschalen (DRG) kann hier aufgrund der
Besonderheiten psychiatrisch-psychosomatischer Behandlungsformen nicht funktionieren. Dieser Bereich muss daher nach anderen Gesichtspunkten finanziert werden. So
wurde hierfür eigens ein »Pauschalierendes Entgeltsystem Psychiatrie und Psychosomatik« (PEPP-System)« entwickelt.

48 Die Nachweise in diesem Abschnitt werden, soweit sie sich auf die Klassifikation der
Berufe beziehen, der Einfachheit halber nicht mit Seitenzahlen, sondern mit den jeweiligen »Berufskennziffern« angegeben.

darum geht, Soldatinnen und Soldaten »über Prophylaxe (zu) beraten«; vgl. KldB 2010/0130).

Zweitens wird erkennbar, dass sich *in sehr vielen* Berufsbereichen spezifische Tätigkeitsmerkmale zu eigenständigen Beratungs-Berufsbezeichnungen verdichten, dann allerdings stets in unmittelbarer Verbindung mit einer ganz bestimmten beruflichen Aufgabe oder einem besonderen Handlungsfeld.

Und *drittens* schließlich zeigt sich, dass »Beratung« als allgemeine und eigenständige Berufsbezeichnung *allein in keinem* der zehn Bereiche zu finden ist, kurzum: ohne einen bestimmten Gegenstand, auf den sich die Handlung richtet, gibt es »Beratung« in beruflichen Formen nicht.

Um von der Vielfalt berufsförmiger Beratung einen anschaulichen Eindruck zu gewinnen, bietet es sich an, einzelne Berufsbereiche etwas genauer zu betrachten.

So gibt es im Bereich der Landwirtschaft auf der Ebene komplexer Spezialistentätigkeiten den Typ des »Fachberaters«, der Betriebe bei bestimmten Fragen berät (z. B. der »Anbauberater«, der »Fachberater für Geflügelzucht«, den »Bienenzuchtberater« in der Imkerei oder auch Fachberater für »Obstbau« oder »Saatgut«).

In Berufen hingegen, die unmittelbar mit Rohstoffgewinnung, Produktion und Fertigung zu tun haben (Berufsbereich 2), spielt, was nicht verwundert, Beratung keine Rolle. Hier taucht sie nur dann auf, wenn sich im Betriebsablauf hierfür ein besonderer Bedarf ergibt, etwa wenn es darum geht, »Vertriebsmitarbeiter/innen über die speziellen Eigenschaften der Produkte zu beraten« (ebd., 22184), auch das dann auf der Ebene »hoch komplexer Tätigkeiten«.

Wenn berufliche Leistungen auf den direkten Kontakt mit Auftraggebern angewiesen sind und sich daher ein kommunikativer Bedarf ergibt, ohne den die berufliche Arbeit gar nicht erbracht werden kann, wird »Beratung« bedeutsam. Das zeigt sich bspw. bei Architekten, zu deren Tätigkeitsmerkmalen es gehört, »Auftraggeber in allen mit der Bauplanung und Bauausführung in Zusammenhang stehenden Aspekten (zu) beraten, (zu) betreuen und (zu) vertreten« (ebd., 311).

Gerade im Bereich des Umweltschutzes fällt der Beratung mittlerweile eine besondere Rolle zu, geht es doch u. a. darum, »Privatpersonen und Betriebe in allen Fragen des Umweltschutzes (zu) beraten, z. B. über sparsamen Energieverbrauch oder umweltgerechte Betriebsführung« (ebd., 4231). Hier ist »Beratung« stets eng mit »Information« verknüpft, was in eigenständigen Berufen wie »Abfallberater« oder »Energieberater« (ebd., 42313) geleistet wird.

Auch auf dem weiten Feld der Informationstechnologie gibt es zahlreiche eigenständige spezielle Beratungsberufe, wie »IT-Anwendungsberater« oder den »geprüften IT-Berater« (ebd., 43224). Auch das sind hoch komplexe Tätigkeiten, die Spezialkenntnisse und spezielle Fertigkeiten verlangen, um Anwender in allen Fragen von IT-Projekten und IT-Produkten kompetent beraten zu können (ebd., 43223).

Im Berufsbereich 5 (Verkehr/Logistik, Schutz und Sicherheit) findet sich berufsförmige Beratung auf ganz verschiedenen Tätigkeitsebenen. Wie jeder weiß, gibt es bei der Deutschen Bahn »Reiseberater«, aber auch im Flugverkehr und auf dem Wasser sorgen die »Servicekräfte im Personenverkehr« für eine »Beratung« der Reisenden bei allen möglichen Fragen, selbst im Bordrestaurant, wenn es darum geht, »über Gerichte, die Speisefolge und passende Getränke (zu) beraten« (ebd., 5143). Dass auch Verkehrsleistungen als Produkte anzusehen sind, die verkauft werden, zeigen die Tätigkeiten der »Verkehrskaufleute«, zu deren Aufgaben es auch gehört, »Kundinnen und Kunden über Dienst- und Transportleistungen zu beraten« (ebd., 516). Es mag überraschen, dass auch »Detektive« beraten (vgl. 5315), nicht aber, dass es zu den Aufgaben der Polizei gehört, »Bürgerinnen und Bürger über mögliche Maßnahmen der präventiven Verbrechensbekämpfung zu beraten« (ebd., 5321), also z. B. die richtige Schließanlage für die Haustür auszuwählen. Selbst bei den Gerichtsvollziehern spielt Beratung eine Rolle, denn diese komplexe Spezialistentätigkeit verlangt auch, »Schuldnerinnen und Schuldnern beratende Hilfestellung« (ebd., 53233) zukommen zu lassen. Und bei der »Gewerbeaufsicht« wird nicht nur beaufsichtigt und kontrolliert, sondern es werden auch »Programme und Richtlinien zum Arbeits-, Umwelt- und Verbraucherschutz entwickelt und gefördert«, womit einhergeht, auch die entsprechenden »Informationen sowie Training und Beratung zu deren Umsetzung bereitzustellen« (vgl. ebd., 53314). Auch die Gesundheitsaufsicht kontrolliert nicht nur, sondern führt auch Beratungen durch, z. B. indem »örtliche zuständige Organe oder die Bevölkerung in Fragen der Seuchenhygiene und der Umweltmedizin« beraten werden (ebd., 53322). Bei all diesen primär kontrollierenden öffentlichen Aufgaben ist, vor allem mit Blick auf Prävention, »Beratung« stets Teil der beruflichen Tätigkeit.

Ein Sachverhalt, der schon mehrfach angeklungen ist, rückt im Berufsbereich 6 (Kaufmännische Dienstleistungen, Warenhandel, Vertrieb) in den Vordergrund: Ohne Beraten kein Verkaufen. Denn in allen Vertriebs- und Verkaufsberufen (6112, 6210) gehört die »Beratung« von Kunden zu den zentralen Tätigkeitsmerkmalen. So gibt es nicht nur »Fachberater-Vertrieb« (61124), »Verkaufsberater« und »Produktberater« (62102), sondern auch ausgewiesene »Kundendienstberater« (62183).

Immer dann, wenn in einer wirtschaftlichen Interaktion die direkte Kommunikation mit Kunden für den Verkaufserfolg an ausschlaggebender Bedeutung gewinnt, wird »Beratung« unverzichtbar. So gibt es im Berufsbereich 7 (Unternehmensorganisation, Buchhaltung, Recht und Verwaltung) nicht nur zahlreiche Berufe in der »Unternehmensberatung«, die »Beratungen rund um den Kauf, Verkauf oder die Fusion von Unternehmen durchführen« (7132), sondern auch berufliche Rollen, die sich vornehmlich der »Personal- und Berufsberatung« (71524) widmen. Auch im Sektor der Finanzdienstleistungen und im Bankgewerbe haben sich verschiedene, eigenständige Beratungsrollen herausgebildet, nicht nur »Kundenberater« (72112), wie man sie aus der eigenen Sparkasse kennt, sondern zudem verschiedene berufliche Formen der »Anlageberatung« (7212), aber auch »Fachberater für Finanzdienstleistungen« (72123), spezielle »Rentenberater« (72124) und »Vermögensberater« sowie »Versicherungsberater« (72134). Eine eigene Untergruppe, die »Beratung« auch explizit als Berufsbezeichnung führt, sind die Berufe in der »Steuerberatung« (723); »sie beraten Privatpersonen oder Unternehmen in steuerrechtlichen und betriebswirtschaftlichen Fragen«, wozu auch gehört, »Mandanten und Mandantinnen bei Fragen der zukünftigen Steuergestaltung (zu) beraten, um die steuerlichen Belastungen zu minimieren« (72304). Juristen schließlich erfüllen auf verschiedenen Ebenen vielfältige Aufgaben der »Rechtsberatung« (731), und es gehört zum Kern der Öffentlichen Verwaltung, in allen damit zusammenhängenden Fragen »Bürgerinnen und Bürger zu beraten« (73202).

Dass im Bereich der Gesundheitsberufe der »Beratung« eine herausragende Bedeutung zukommt, ist unmittelbar evident. Zum einen wird in allen nicht-klinischen wie klinischen psychologischen Berufen (8161, 8162) beraten, zum anderen ist das Beraten genuiner Teil der ärztlichen Tätigkeiten (8140). Aber auch Ärzte selbst werden durch medizinisch-technische Berufe »über den Einsatz medizinischer Geräte beraten« (81224). Tierärzte beraten »Kunden und Kundinnen hinsichtlich Gesundheit, Hygiene, Fütterung, Tierpflege und Zuchtmöglichkeit« (8150). Sodann finden sich zahlreiche Berufe für ganz spezielle Aufgaben: In der Fußpflege beraten Podologinnen Patienten hinsichtlich der Fußgesundheit (8112), Hebammen beraten Schwangere (81353), bei Diabetes gibt es »Diabetes-Berater« (81783), bei Sprachproblemen nehmen Logopädinnen und Logopäden diesbezügliche Beratungsaufgaben wahr (81734). Heilpraktiker und Homöopathen führen »Beratungen von Einzelpersonen, Familien und Kommunen in Gesundheits-, Ernährungs- und Lebensstilfragen« durch (81753). Beratung gibt es zudem in nicht-medizinischen Gesundheitsberufen: In der Altenpflege werden Angehörige beraten (821), es gibt allgemeine »Gesundheitsberater« (82213), »Wellness-Berater« (82223) sowie »Ernährungs- und Diätberater« (82233), aber auch eigenständige Berufe in der »Verbraucherberatung« (8322). Friseure »beraten Kundinnen und Kunden in Fragen der Frisur, der Haarpflege sowie des Haarstylings« (82312), im Bereich der Kosmetik arbeiten »Farb-, Stil- und Imageberater« zusammen mit »Solariumsfachberatern« (82322). Und wenn ein Leben zu Ende gegangen ist, stehen »Bestattungsberater« bereit, um »Hinterbliebene (zu) betreuen und über Ausgestaltungsmöglichkeiten einer Bestattung und Gestaltung einer Traueranzeige (zu) beraten« (82403).

Dass also Beratung auch in professioneller Hinsicht ein ubiquitäres soziales Phänomen ist, dürfte durch den kurzen Einblick in ganz verschiedene Berufsbereiche deutlich geworden sein. Beratung gibt es eben, so könnte man sagen, in allen Systemen. Da es in diesem Buch in erster Linie um jene Beratungsformen geht, deren Grenzflächen sich mit Erziehung und Psychotherapie berühren, im weitesten Sinne also um Formen psychosozialer Beratung, sollen die betreffenden Untergruppen im Berufsbereich 8 (Soziales, Lehre und Erziehung) noch genauer betrachtet werden.

Während im Alltagsverständnis gemeinhin angenommen wird, dass »Beratung« auch zu den genuinen Aufgaben von Lehrkräften aller Schularten gehört, findet sich diese Annahme im Klassifikationsrahmen nicht wieder. Nur in zwei besonderen Fällen taucht »Beratung« auf: Zum einen gehört es zu den Aufgaben von »Lehrkräften an Förderschulen«, »Beratungsgespräche mit den Eltern sowie mit Vertretern und Vertreterinnen des Gesundheitsamtes, der Jugendpflege, mit anderen Schulen und der Berufsberatung (zu) führen« (8413). Und zum anderen gibt es an allgemeinbildenden Schulen neben einer Spezialisierung für »Schullaufbahnberatung« vor allem die Rolle als »Beratungslehrer/in« mit der besonderen Aufgabe, »bei Schulschwierigkeiten, bei Lernproblemen sowie bei Verhaltensauffälligkeiten Hilfestellungen zu geben und individuelle Lösungsmöglichkeiten auf(zu)zeigen« (84184). In der Hochschullehre hingegen gehört die »Beratung von Studierenden« (Studienfachberatung) zu den üblichen Aufgaben (8430).

Auf dem weiten Feld der Sozialarbeit und Sozialpädagogik können zwei Befunde hervorgehoben werden:

Zum einen ist »Beratung« hier auf allen Ebenen ein sozusagen »normales« Tätigkeitsmerkmal, das allerdings mit anderen Handlungsformen eng verbunden ist. Denn »Angehörige dieser Berufe übernehmen unterstützende, fördernde, *beratende* (Hervorhbg.V.K.) und helfende Aufgaben in Einrichtungen des Sozialwesens. Sie beraten und betreuen Einzelne, Familien oder Personengruppen in sozialen und persönlichen Problemsituationen und helfen ihnen, diese zu bewältigen« (8312). In diesem Bereich der Sozialen Arbeit kann es dann auf der Ebene der »Fachkräfte« zu beruflichen Spezialisierungen kommen, die sich auf verschiedene Personengruppen als Adressaten beziehen, z. B. »Menschen mit Behinderungen, ältere Menschen, Obdachlose, Schuldner oder Straffällige« (83123). Steigt das Anforderungsniveau der Tätigkeit, dann geht es darum, »Ursachen für soziale Probleme und Konflikte aufzuarbeiten, Beratungen an(zu)bieten und durch(zu)führen, soziale Problemlagen in einem regionalen Bereich (zu) analysieren (wie auch) Sozialstrategien zu) planen«; in diese Untergruppe gehören dann auch »Aufgaben in der Jugendgerichtshilfe und in der Bewährungshilfe« (83124).

Zum anderen gibt es allerdings eine *eigene* Gruppe von Berufen, in denen »Beratung« im Mittelpunkt steht: Das sind alle »Berufe in der Sozial-, Erziehungs- und Suchtberatung«, die »je nach Tätigkeitsfeld spezifische Beratungsgespräche durchführen« (8315). Auch hier gibt es Tätigkeiten, die einen »hohen Komplexitätsgrad aufweisen und entsprechend hohes Kenntnis- und Fertigkeitsniveau erfordern« und in eigenen Einrichtungen – Beratungsstellen – erbracht werden; »Erziehungsberater/in«, »Fachberater/in – Altenhilfe«, »Jugendberater/in« oder »Sucht- und Drogenberater/in« sind hier als Beispiele zu nennen (83154).

Es ist für den hier verfolgten Gedankengang sehr aufschlussreich, dass gerade in diesem Berufsbereich, der zweifellos eine große Nähe zu therapeutischen Handlungsformen aufweist, die Grenze zu psychotherapeutischen Berufen eindeutig gezogen wird. Beratung und Psychotherapie sind demnach auch aus der Perspektive der beruflichen Klassifikation unterschiedliche Handlungsformen, denen jeweils eigene berufliche Profile entsprechen.

2.4.2 Ausbildungswege, Weiterbildung und Zusatzqualifikationen

Der Blick in das Schema der Berufsklassifikationen hat bereits deutlich werden lassen, dass von einem einheitlichen Berufsbild nicht die Rede sein kann. Denn als soziale Handlungsform wird Beratung so gut wie überall gebraucht, wann immer es darum geht, auf Problemkonstellationen mit kommunikativen Mitteln Einfluss zu nehmen: sie ist gleichsam multi-funktional. Das gilt dementsprechend auch für das weite Feld der hier im Mittelpunkt stehenden psychosozialen Beratungsformen.

Diese in der Sache selbst begründete Komplexität wird seit geraumer Zeit durch einen weiteren Umstand zusätzlich erhöht: Denn im Zuge der Bologna-Reform sind zahlreiche neue Studiengänge und -abschlüsse auf allen Niveaustufen (Bachelor/Master) hinzugekommen und werden fortwährend weiterentwickelt und eingerichtet. Auf Seiten der Hochschulen, die sich diesbezüglich miteinander in einer Art von »Originalitätswettbewerb« zu befinden scheinen, geht dieser Prozess mit der Auflösung herkömmlicher Studienprofile und der Aufweichung klassischer Disziplingrenzen einher. Und auf Seiten der Abnehmer (der potentiellen Arbeitgeber also) ergibt sich dadurch gegenwärtig eine äußerst unübersichtliche Lage mit der Folge, gar nicht mehr sicher sein zu können, was die Absolventen dieser neuen Studiengänge eigentlich wissen und können und ob oder wie sie für die jeweiligen Aufgaben einer bestimmten Organisation oder Institution überhaupt geeignet und einsetzbar sind. Dieser Prozess sozialen Wandels, der hochschulische Ausbildung, Berufsbildung und Weiterbildung in ihrem Kern betrifft, befindet sich im Fluss und wird vermutlich noch geraume Zeit beanspruchen, bis sich die Lage auf neue Weise stabilisiert haben dürfte. Anders gesagt: der gesamte Bereich befindet sich in einer typischen Übergangssituation. Um gleichwohl in dieser unübersichtlichen Lage zumindest für eine grobe Orientierung zu sorgen, bietet es sich an, drei typische Muster der Qualifizierung zu unterscheiden, die derzeit erkennbar sind.

Das *erste* Muster soll hier als *klassisch* bezeichnet werden. Es besteht aus drei Komponenten: einer grundständigen Hochschulausbildung, der praktischen Tätigkeit in einer einschlägigen Beratungsstelle und verschiedenen ergänzenden (einzelnen oder verbundenen) *Fortbildungen*, die entweder eine arbeitsfeldspezifische, beratungsmethodische oder themenspezifische Ausrichtung haben.

Wie zeigt sich dieses erste Muster, wenn es genauer betrachtet wird? Dass im psychosozialen Beratungsbereich Hochschulausbildungen in Psychologie und Sozialer Arbeit vorherrschen, liegt auf der Hand. Um das an einem Beispiel zu illustrieren: Nach einer älteren Statistik der Bundeskonferenz für Erziehungsberatung (bke) waren im Jahre 2010 als »Beratungsfachkräfte in der Erziehungsberatung« folgende Berufsgruppen vertreten: Diplom-Psychologen (40,1 %), Diplom-Sozialpädagogen (39,2 %), Diplom-Pädagogen (8,5 %), Heilpädagogen (4,8 %); zudem in sehr geringem Maße Psychologische Psychotherapeuten (1,1 %), Kinder- und Jugendlichenpsychotherapeuten (1,2 %) sowie mit Anteilen unter einem Prozent Ärzte, Theologen, Soziologen, Erzieher, Lehrer und Juristen.[49] Dieses Profil der grundständigen Hochschulausbildungen dürfte sich vermutlich in der Zwischenzeit durch die zahlreichen neuen Studiengänge schon deutlich verändert haben und wird sich weiter verändern – zumindest nominell, denn zweifellos werden

---

49 Diese hier erwähnten Statistiken stehen auf der Website der bke als Download zur allgemeinen Verfügung (https://www.bke.de/virtual/fachkraefte/statistik.html).

psychologische und sozialpädagogische Ausbildungen hier auch weiterhin dominieren. Dass die Hochschulausbildung bei weitem nicht ausreicht, zeigt zum einen die Übersicht der zahlreichen (im Wesentlichen psychotherapeutischen) Zusatzqualifikationen, die diese Beratungsfachkräfte zum Zeitpunkt dieser Erhebung erworben hatten (1,4 Zusatzqualifikation/Fachkraft), wobei familientherapeutische und systemische Verfahren mit Abstand an der Spitze lagen. Zum anderen kommen themenspezifische Qualifikationen hinzu (z. B. »Trennung und Scheidung«, »Hochkonflikthafte Elternschaft«, »Sexueller Missbrauch«, »Gewalt in Familien«, »Familien mit Migrationshintergrund«, »Säuglinge und Kleinkinder«, »Teilleistungsstörungen/ADHS« und andere). Im Jahre 2010 waren das immerhin 2,8 themenspezifische Fortbildungen pro Fachkraft, eine eindrucksvolle Zahl, die nicht nur Bedeutung, Dynamik und Wirksamkeit fortwährenden beruflichen Lernens nachhaltig unterstreicht, sondern auch die Produktivität dieses »klassischen Musters« der Beratungsqualifizierung verdeutlicht. Denn aufgrund seiner Flexibilität (also der Mischung von Einzelkursen und mehrteiligen »Weiterbildungsfolgen«) und der passgenauen Orientierung an den spezifischen Notwendigkeiten eines Arbeitsfeldes in unmittelbarer Verbindung mit den Lernbedürfnissen und Fortbildungswünschen der Teilnehmer sorgt es für genau diejenigen Qualifizierungen, die auch tatsächlich gebraucht werden (ganz abgesehen davon, dass so zudem auf aktuelle Entwicklungen und Veränderungen vergleichsweise rasch und unkompliziert reagiert werden kann).[50] Die hohe formale Funktionalität dieses »klassischen« Qualifizierungsmusters zeigt sich nicht zuletzt daran, dass es in allen Beratungsverbänden verwendet wird, also keine inhaltlichen Festlegungen verlangt, sondern vielmehr auf die jeweiligen thematischen Schwerpunkte eines Arbeitsfeldes ausgerichtet werden kann.

Das *zweite* Muster ist die *geschlossene mehrjährige Weiterbildung*. Auch hierbei kommen drei Komponenten zusammen: In der Regel eine abgeschlossene Hochschulausbildung in einem psychosozialen Grundberuf (Psychologie, Pädagogik, Sozialarbeit, Medizin, Theologie), die praktische Tätigkeit in einer einschlägigen Beratungsstelle (oder zumindest eine entsprechende Berufserfahrung oder die Möglichkeit eines Praktikumsplatzes) sowie als dritte Komponente die mehrjährige (3–4 Jahre) *berufsbegleitende* Weiterbildung in einem geschlossenen Kurssystem. Dieses Muster wird von verschiedenen Verbänden angeboten.[51] Ungeachtet verbandsspezifischer Unterschiede der Kursprofile und didaktisch-methodischer Varianten finden sich in all diesen Kursen dieselben curricularen Elemente: Theoretische Unterweisung, Praxis des Beratens sowie Supervision und Selbsterfahrung. Als *Mindeststandards* gelten dabei bislang noch die Angaben in der 1998 verabschiedeten »Rahmenordnung für die Weiterbildung zur/zum Ehe-, Partner-

---

50 Vgl. dazu das aktuelle Programm der Fort- und Weiterbildung der »Bundeskonferenz für Erziehungsberatung« (bke), leicht einzusehen unter https://www.bke.de/virtual/fachkraefte/fortundweiterbildung.html.

51 Nur als Beispiele seien hier genannt: Das Evangelische Zentralinstitut für Familienberatung Berlin (EZI), die »Deutsche Arbeitsgemeinschaft für Jugend- und Eheberatung e. V. (DAJEB)« sowie die »Katholische Bundesarbeitsgemeinschaft für Ehe-, Familien- und Lebensberatung (Kath. BAG e. V.)«.

schafts-, Familien- und Lebensberaterin/berater« des »Deutschen Arbeitskreises für Jugend-, Ehe- und Familienberatung (DAKJEJ)«, die wiederum den »Essentials einer Weiterbildung Beratung/Counseling« der »Deutschen Gesellschaft für Beratung e. V. (DGfB)« entsprechen.[52] Im Einzelnen sind das: 300 Std. theoretische Weiterbildung, 150 Std. direkter Klientenkontakt in der Beratungspraxis, 70 Std. Supervision und 50 Std. Selbsterfahrung. Diese (demnächst vermutlich zur Überarbeitung anstehenden) Richtgrößen werden allerdings in den meisten Angeboten dieser Art in allen curricularen Teilen deutlich und teilweise weit übertroffen. Alle Kurse dieser Art bedienen sich eines eigenen Auswahlverfahrens, kombinieren über die gesamte Dauer hinweg mehrwöchige Präsenzveranstaltungen mit Phasen des Selbststudiums (z.T. im blended learning Format), kontinuierlichen Peergruppentreffen, eigener Beratungspraxis (mit Nachbearbeitung und Dokumentation), sehen eine Zwischen- und eine Abschlussprüfung vor und schließen am Ende mit einem Zertifikat ab.

Das *dritte* Muster der Beratungsqualifizierung soll als »*Bologna-Modell*« bezeichnet werden. Hier ist Beratung zentraler Gegenstand eines ausschließlich dafür konzipierten Hochschulstudiums. Dieses Muster ist erst im Zuge der Bologna-Reform möglich geworden, also noch vergleichsweise neu und bietet derzeit ein überaus buntes Bild. Durch die Veränderung der Studienstrukturen haben sich nicht nur lange Zeit bestehende institutionelle Unterschiede zwischen Universität und Fachhochschule verschoben und disziplinäre Grenzen gelockert, sondern es sind auch zahlreiche neue Hochschulen in privater Trägerschaft als »Anbieter« hinzugekommen. Eigene Studiengänge für »Beratung« sind in aller Regel Masterstudiengänge, die fast ausschließlich von Fachhochschulen angeboten werden.[53] Es gibt sie in unterschiedlichen Formaten, grundständig oder konsekutiv, in Vollzeit, berufsbegleitend oder als Fernstudium; und auch die Dauer variiert (vier, sechs oder acht Semester). Die Titel dieser Studiengänge sind in den meisten Fällen mit einem Zusatz versehen (z.B. »Beratung und Intervention«/FH Erfurt oder »Psychosoziale Beratung und Recht«/HS Frankfurt/M), sehr selten steht »Beratung« allein (z.B. HS Neubrandenburg). Schließlich bietet die neue Studienstruktur zudem die Möglichkeit, durch Äquivalenzprüfungen (möglicherweise über den »Deutschen Qualifikationsrahmen für lebenslanges Lernen [DQR]«) Elemente erfolgreich abgeschlossener Weiterbildungen in Teilen auch als Studienleistun-

---

52 »DAKJEF« (http://www.dakjef.de/) ist die Kooperationsplattform folgender fünf Mitgliedsverbände: Bundeskonferenz für Erziehungsberatung e.V. (bke); Deutsche Arbeitsgemeinschaft für Jugend- und Eheberatung e.V. (DAJEB); Evangelische Konferenz für Familien und Lebensberatung e.V. (EKFul); Katholische Bundesarbeitsgemeinschaft für Ehe-, Familien- und Lebensberatung e.V. (Kath. BAG e.V.) sowie pro familia – Deutsche Gesellschaft für Familienplanung, Sexualpädagogik und Sexualberatung e.V. . – Die »DGfB« (https://www.dachverband-beratung.de/) ist ein Zusammenschluss von weiteren 24 Beratungsverbänden, die sich auf ein gemeinsames »Beratungsverständnis« geeinigt haben und zusammen ca. 25000 Beraterinnen und Berater vertreten.

53 Die Hochschule der Bundesagentur für Arbeit bietet jedoch auch einen eigenen *BA-Studiengang* »Beratung für Bildung, Beruf und Beschäftigung (BBB)« an; zudem besteht an dieser Hochschule die Möglichkeit eines fünfsemestrigen Masterstudiums »Arbeitsmarktorientierte Beratung«.

gen für bestimmte Studiengänge (BA und MA) anzuerkennen, also Weiterbildung und hochschulische Ausbildung miteinander zu verzahnen.[54]

Während in den beiden ersten Qualifizierungsmustern, die beide auf einem breiten Praxisfundament aufruhen, eher die Vermittlung des umfangreichen theoretischen Wissens das Hauptproblem darstellen dürfte, ist es im Bologna-Modell genau umgekehrt, ist hier doch eine verbindliche Beratungspraxis (einschließlich Supervision und Selbsterfahrung) nicht leicht zu gewährleisten. Abgesehen davon bleibt derzeit noch vor allem für die Arbeitgeber die Schwierigkeit, nicht genau übersehen zu können, über welche theoretischen Wissensbestände und praktischen Kompetenzen die Absolventen dieser neuen Studiengänge tatsächlich verfügen. Die den Studiengängen zugrunde liegenden »Modulhandbücher« sind ja durchaus als eine eigene Textgattung zu verstehen, beschreiben sie doch, was gelernt und erworben werden *soll*, nicht aber, was gelernt und erworben worden *ist*. Sie sind also als Grundlage für die Lösung dieses »Passungsproblems« nur sehr bedingt geeignet.[55]

Insgesamt ergibt sich für die berufliche Qualifizierung im Bereich der psychosozialen Beratung ein sehr heterogenes Bild, was nicht verwunderlich ist, denkt man an die äußerst vielfältigen Anlässe und Aufgaben, denen eine große Vielfalt an inhaltlichen Ausrichtungen sowie organisatorischen und institutionellen Formen entspricht. Inwieweit diese Heterogenität auch in berufsrechtlicher Hinsicht zur Geltung kommt, ist Gegenstand des folgenden Abschnitts.

2.4.3 Berufsspezifische rechtliche Kontexte

Da es »Beratung« nicht nur in beruflichen Zusammenhängen gibt, sondern auch in privaten, alltäglichen Verhältnissen (z. B. unter Freundinnen oder Freunden), stellt sich zunächst die Frage, wie diese Formen einer »Alltagsberatung« rechtlich zu werten sind. Hier ist die Rechtslage eindeutig, denn im § 675 Abs. 2 des Bürgerlichen Gesetzbuches (BGB) heißt es: »*Wer einem anderen einen Rat oder eine Empfehlung erteilt, ist, unbeschadet der sich aus einem Vertragsverhältnis, einer unerlaubten Handlung oder einer sonstigen gesetzlichen Bestimmung ergebenden Verantwortlichkeit, zum Ersatz des aus der Befolgung des Rates oder der Empfehlung entstehenden Schadens nicht verpflichtet.*« Im Alltag hat »Beratung« den Charakter einer »Gefälligkeit«, und dafür gibt es, wie die Juristen sagen, keinen »*Rechtsbindungswillen*«. Wenn daher im Rahmen einer solchen Handlung eine *unbeabsichtigte*

---

54 So besteht beispielsweise am Evangelischen Zentralinstitut Berlin (EZI) die Möglichkeit, in Kooperation mit der Evangelischen Hochschule Dresden (ehs) einen Masterabschluss in »Beratung« zu erwerben; dabei entspricht die ebenfalls am EZI angebotene Weiterbildung in »Integrierter Familienorientierter Beratung – IFB« dem Studienschwerpunkt »Psychodynamische Beratung« im Masterstudiengang. – Eine solche Möglichkeit gibt es auch im Bereich der Katholischen Bundesarbeitsgemeinschaft (Kath. BAG e. V.), wo dann mit der Katholischen Hochschule NRW kooperiert wird.

55 Ein Beispiel für diese Schwierigkeiten ist der Bereich der Erziehungsberatung; vgl. dazu das umfangreiche Arbeitspapier der bke mit dem Titel »Bachelor und Master. Konsequenzen der Hochschulreform für das multidisziplinäre Fachteam der Erziehungsberatung« (Fürth 2009; auch online als pdf einsehbar).

Falschauskunft gegeben wird, kann ein »gefälliger Ratgeber« für den dadurch möglicherweise entstandenen Schaden nicht in Haftung genommen werden. Anders liegt die Sache, wenn *absichtlich* falscher Rat erteilt wird, um dem Ratsuchenden Schaden zuzufügen. Denn dann handelt es sich um eine »*sittenwidrige vorsätzliche Schädigung*«, die gemäß § 826 BGB zum Ersatz des Schadens verpflichtet (»*Wer in einer gegen die guten Sitten verstoßenden Weise einem anderen vorsätzlich Schaden zufügt, ist dem anderen zum Ersatz des Schadens verpflichtet.*«).

Während in *privaten* Verhältnissen demnach vergleichsweise klare rechtliche Regelungen gelten, stellt sich die Rechtslage in *beruflichen* Beratungszusammenhängen anders dar und ist daher auch schwieriger zu durchschauen. Dafür gibt es im Wesentlichen zwei Gründe:

Während es für den Bereich der Psychotherapie einheitliche berufsrechtliche Regelungen gibt (▶ Kap. 2.3.2), sind, das ist der erste Grund, die Beratungsberufe von einer solchen rechtlichen Rahmung bislang weit entfernt: ein »Beratergesetz«, das für alle beratenden Berufe Geltung beanspruchen würde, gibt es bis dato in Deutschland nicht.[56]

Das Fehlen eines solchen Gesetzes bedeutet jedoch keinesfalls, dass Beratung in einem rechtsfreien Raum stattfände. Nur müssen die jeweils für bestimmte Beratungsbereiche geltenden rechtlichen Regelungen differenziert betrachtet werden. Denn, und das ist der zweite Grund, Beratungsleistungen lassen sich hinsichtlich ihrer juristischen Normierbarkeit und Überprüfung deutlich voneinander unterscheiden. Und das ist ein wesentlicher Gesichtspunkt, wenn es beispielsweise darum geht, über »Beratungsfehler«, dadurch möglicherweise entstandene Schäden und diesbezügliche Haftungsfragen zu entscheiden. Insofern lassen sich auf diesem Wege implizite berufsrechtliche Bezüge durchaus zum Vorschein bringen.

Auch im Zusammenhang mit oder als Folge von Beratungen können, wie gesagt, Schäden entstehen, z. B. dadurch, dass ein gesetzlicher Anspruch auf Beratung nicht oder schlecht (fehlerhaft) erfüllt wird. Demgemäß besteht hier grundsätzlich ein Anspruch auf Schadensersatz, wie der § 823 Abs. 1 des BGB es in allgemeiner Weise vorschreibt (»*Wer vorsätzlich oder fahrlässig das Leben, den Körper, die Gesundheit, die Freiheit, das Eigentum oder ein sonstiges Recht eines anderen widerrechtlich verletzt, ist dem anderen zum Ersatz des daraus entstehenden Schadens verpflichtet.*«). Das gilt allerdings nicht pauschal, sondern muss im Einzelfall jeweils geprüft werden. Ob also im Bereich der Sozialen Arbeit eine Beraterin oder ein Berater für »falsche« oder »schlechte« Beratung in Haftung genommen werden kann, richtet sich erstens nach »Art der Beratung« und zweitens danach, bei

---

56 Die Gründe und Hintergründe für diesen Umstand sind vielfältig; zu den Möglichkeiten, die Qualität von Beratungen durch gesetzgeberische Aktivitäten (wie es z. B. in Österreich der Fall ist) zu sichern vgl. Barabas (2003, S. 176 ff.). – Die Darstellung in diesem Abschnitt erfolgt in enger Anlehnung an das hier erwähnte Buch von Friedrich K. Barabas: Beratungsrecht. Ein Leitfaden für Beratung, Therapie und Krisenintervention. Frankfurt/M. 2003 (2. vollst. überarbeitete Auflage), dessen Lektüre zwecks Vertiefung Interessierten nachdrücklich empfohlen wird; zudem finden sich in dem von der »Bundeskonferenz für Erziehungsberatung (bke)« publizierten Reader »Rechtgrundlagen der Beratung« wertvolle »Empfehlungen und Hinweise für die Praxis« (2009).

welchem öffentlichen Leistungsträger bzw. privaten Verband die Beratung durchgeführt wird; beraterische Fehlleistungen können aber nicht nur in Beratungsgesprächen selbst vorkommen, sondern auch durch Verletzung bestimmter Pflichten entstehen (vgl. Barabas 2003, S. 186).

Gerade im Bereich der staatlichen Leistungsverwaltung, die zu den hoheitlichen Aufgaben gehört und Öffentlichem Recht unterliegt (z. B. in der gesamten Sozialgesetzgebung wie auch in der Kinder- und Jugendhilfe), sind in verschiedenen Zusammenhängen Ansprüche auf Beratung eindeutig formuliert und festgeschrieben. So heißt es bspw. im § 14 SGB1: »*Jeder hat Anspruch auf Beratung über seine Rechte und Pflichten nach diesem Gesetzbuch. Zuständig für die Beratung sind die Leistungsträger, denen gegenüber die Rechte geltend zu machen oder die Pflichten zu erfüllen sind.*« Wenn demnach eine gesetzlich vorgeschriebene Beratung unterlassen wird und unterbleibt, oder wenn sie fehlerhaft erfolgt, liegt möglicherweise eine »*Amtspflichtverletzung*« vor, die Haftung nach sich ziehen kann – und zwar entweder als »*persönliche Haftung*« durch den Beamten gemäß § 839 BGB oder als »*Staatshaftung*« gemäß Art. 34 des Grundgesetzes. Dabei kommt es nicht auf den persönlichen Rechtsstatus des Beratenden an, sondern auf die öffentlich-rechtliche Funktionsausübung; das gilt also auch für Angestellte und Arbeiter im öffentlichen Dienst, insoweit sie mit der hoheitlichen Wahrnehmung von Verwaltungsaufgaben betraut sind (*hoheitlicher Beamtenbegriff*). Allerdings muss eine solche »*Amtspflichtverletzung*« schuldhaft begangen worden sein, also entweder vorsätzlich oder fahrlässig erfolgt sein (zu Einzelheiten vgl. Barabas, a. a. O., S. 188 ff.).

Neben der Haftung aufgrund einer »Amtspflichtverletzung« gibt es den so genannten »*Herstellungsanspruch*«. Er ist vor allem dann gegeben, wenn eine »Behörde pflichtwidrig Hinweise nicht gegeben hat, falsche Auskünfte erteilt oder fehlerhaft oder unvollständig beraten hat und der Betroffene es daraufhin unterlässt, Anträge zu stellen oder andere Gestaltungsrechte wahrzunehmen« (Barabas, ebd., S. 193). Dann kann die Behörde ggf. zu einer Amtshandlung verpflichtet werden, die den Betroffenen wieder so stellt, wie es bei korrekter Beratung der Fall gewesen wäre. Beratungen sind also alles andere als »unverbindliche Gespräche«. Diese haftungsrechtlichen Grundsätze gelten nicht nur für die öffentliche Hand, sondern weitgehend auch für professionelle Beratungen durch Träger der Freien Wohlfahrtsverbände, und zwar auch dann, wenn sie unentgeltlich erbracht werden, finden sie doch in einem Rahmen statt, der, schon durch die Art der professionellen Beziehung, von einer »alltäglichen Gefälligkeit« deutlich zu unterscheiden ist.

Dieser kleine Einblick dürfte immerhin gezeigt haben, dass es bei diesen Formen der Beratung durchaus möglich ist, »richtige« von »fehlerhafter« zu unterscheiden. Aber wie ist es in dem anderen großen Bereich, in dem es nicht um Information geht (Wissen, Antragsprozeduren, Termine), sondern primär um die Reflexion und Bearbeitung von Lebensproblemen aller Art? Wie lässt sich dort »richtige« von »fehlerhafter/falscher« Beratung unterscheiden? Sind diese Beratungsformen überhaupt juristisch normierbar und einer rechtlichen Überprüfung zugänglich, zumal die Frage nach ihrem »Erfolg« von Fall zu Fall überaus unterschiedlich zu beurteilen sein dürfte? Denn, so Barabas, eine »Beraterin kann und muss nicht vertraglich garantieren, dass durch die Beratung die Krise beseitigt, der Drogenkonsum beendigt, der Bestand der Ehe gesichert wird. Wenn eine Beratung ohne das gewünschte Ergebnis geblieben ist, so haftet man nicht für den ausgebliebenen Erfolg« (ebd., S. 197).

Ungeachtet dieser Schwierigkeiten finden natürlich auch psycho-soziale Beratungen nicht in rechtsfreien Räumen statt. Wenn aber der mögliche »Erfolg« nicht feststellbar ist, worauf gründen sich dann mögliche Haftungsansprüche? Die scheinbar schlichte Antwort lautet: auf die gegebenenfalls mangelhafte Sorgfalt des Beraters. Denn gemäß § 826 BGB »*handelt fahrlässig, wer die im Verkehr erforderliche Sorgfalt außer Acht lässt*«. Dreh- und Angelpunkt sind demnach die professionellen Sorgfaltspflichten, wie sie sich aus dem Prinzip »*fachlichen Könnens*« ergeben. Dabei geht es nicht um das Wissen und Können von Experten, sondern die »berufsspezifische Konkretisierung der Sorgfaltspflichten bezieht sich auf besonnene und gewissenhafte Angehörige der jeweiligen Berufsgruppe« (Barabas, ebd.). Kurzum: »Eine Haftung kommt infolgedessen nur dann in Betracht, wenn der beratenden Fachkraft nachzuweisen ist, dass sie nicht nach den Regeln der Profession gearbeitet hat und dieses Vorgehen ursächlich für den Schaden war« (Barabas, ebd., S. 198).

Damit rückt nicht nur das aus der Kinder- und Jugendhilfe (§ 72 KJHG) und aus dem Bundessozialhilfegesetz (§ 102 BSHG) bekannte »*Fachkräftegebot*« in den Mittelpunkt, sondern auch die »*fachlichen Standards*« (institutionelle Faktoren und Qualifikationen), die für Beratungstätigkeiten erforderlich sind. »Beratung« ist aber nicht heilkundliche Psychotherapie, sondern eine Sozialleistung. Während im Bereich der Psychotherapie, wie zu sehen war, die Qualifikationsanforderungen eindeutig festgelegt sind (▶ Kap. 2.3.2), gibt es vergleichbar eindeutige Bestimmungen für den Beratungsbereich nicht. Allenfalls ergibt sich aus § 72 KJHG die Notwendigkeit einer entsprechenden Zusatzausbildung, wobei aber eben diese nicht genauer bestimmt wird.[57]

Berufsrechtlich relevant sind zudem Haftungspflichten, die sich aus einem möglichen *Bruch des Vertrauensverhältnisses*, also einer Verletzung der Privat- und Intimsphäre ergeben können. Zudem gilt auch für Beratungen das *Abstinenzgebot*, demgemäß Beraterinnen und Berater zu Klienten weder persönliche, geschäftliche oder familiäre Kontakte unterhalten dürfen, die über das (für die professionelle Beziehung notwendige) Maß hinausgehen. Das gilt insbesondere für sexuelle Beziehungen in Beratungsverhältnissen, die gemäß § 174c StGB unter Strafe gestellt sind: »*Wer sexuelle Handlungen an einer Person, die ihm wegen einer geistigen oder seelischen Krankheit oder Behinderung einschließlich einer Suchtkrank-*

---

57 Im § 72 KJHG heißt es in Absatz 1: »*Soweit die jeweilige Aufgabe es erfordert, sind mit ihrer Wahrnehmung nur Fachkräfte oder Fachkräfte mit entsprechender Zusatzausbildung zu betrauen*«. Vgl. dazu auch die erläuternden Hinweise in Münder et al. (2019) sowie generell und mit weiteren Verweisen zum Problem der »Fachlichen und methodischen Standards der Beratung« die Ausführungen in Barabas 2003 (S. 157 ff.). Übrigens zeigen die empirischen Befunde aus der Erziehungsberatung, auf die bereits oben hingewiesen wurden, dass die Praxis der Beratung in weiten Teilen offensichtlich weiter ist als die gesetzlichen Grundlagen es vorschreiben, vergegenwärtigt man sich die zahlreichen Zusatzausbildungen, die Fachkräfte in diesem Bereich absolviert haben.

heit oder wegen einer körperlichen Krankheit oder Behinderung zur Beratung, Behandlung oder Betreuung anvertraut ist, unter Mißbrauch des Beratungs-, Behandlungs- oder Betreuungsverhältnisses vornimmt oder an sich von ihr vornehmen läßt, wird mit Freiheitsstrafe von drei Monaten bis zu fünf Jahren bestraft (Abs.1). *Der Versuch ist strafbar«* (Abs.3).

Dem Vertrauensschutz kommt in der Beratung eine besondere Bedeutung zu (vgl. zu den Einzelheiten Barabas, a. a. O., S. 248 ff.). So gilt auch für Beraterinnen und Berater die *Schweigepflicht*, da sie in § 203 STGB ausdrücklich als Berufsgruppe aufgeführt sind.[58] Zudem ist genau festgelegt, unter welchen Bedingungen diese Schweigepflicht aufgehoben werden kann oder sogar verletzt werden darf (z. B. im Falle eines »rechtfertigenden Notstands« nach § 34 StGB). Allerdings ergibt sich aus dieser Schweigepflicht nicht automatisch ein *Zeugnisverweigerungsrecht* vor Gericht; ein solches muss vielmehr ausdrücklich in den jeweiligen Prozessordnungen verankert sein, wird also in Straf- und Zivilprozessen jeweils unterschiedlich gehandhabt (vgl. Barabas, ebd., S. 278 ff.).

2.4.4 Beratung als Semi-Profession

Wie die anderen beiden Handlungsformen, »Erziehung« und »Psychotherapie«, soll abschließend auch »Beratung« aus einer *professionstheoretischen* Perspektive betrachtet werden.

Der Blick in das vielfach verzweigte System der Berufsklassifikationen hat gezeigt, dass es »Beratung« unzweifelhaft in mannigfachen und ganz verschiedenen beruflichen Formen gibt. Dieser Sachverhalt spiegelt einen Befund, der sich bereits aus anderen Überlegungen ergeben hat und in beruflicher Hinsicht eine Bestätigung erfährt: »Beratung« ist offensichtlich ein »ubiquitäres Phänomen«, denn als Handlungsform wird sie fast überall gebraucht. Zudem ist bereits deutlich geworden, dass es »Beratung« nie »an sich« gibt, sondern dass sie stets nur in direkter Abhängigkeit von einem bestimmten Thema, einem Problem oder einer besonderen Aufgabe zur Geltung kommt. Dabei ergibt sich in allen Fällen ein Junktim von spezifischem Inhalt und eigentümlichem, eben typischen Muster der Kommunikation: ein wie auch immer geartetes Spezialwissen alleine genügt nicht, sondern es muss immer auch so aufbereitet und dargeboten werden, dass Ratsuchende es für ihre eigenen Zwecke und in autonomer Entscheidung nutzen können. Entsprechend zahlreich und vielfältig sind die Berufe, in denen »Beratung« entweder als zentrales Qualifikationsmerkmal im Mittelpunkt steht oder aber zumindest mitgängig von besonderer Bedeutung ist. Auch die Rechtsformen dieser Berufe sind unterschiedlich, wobei die Zuordnung nicht immer ein-

---

58 In Abs. 1 § 203 StGB werden, neben anderen, als Beratungsberufsgruppen ausdrücklich folgende genannt: Ehe-, Familien-, Erziehungs- oder Jugendberater sowie Berater für Suchtfragen in einer Beratungsstelle, die von einer Behörde oder Körperschaft, Anstalt oder Stiftung des öffentlichen Rechts anerkannt ist; Mitglied oder Beauftragten einer anerkannten Beratungsstelle nach den §§ 3 und 8 des Schwangerschaftskonfliktgesetzes; staatlich anerkanntem Sozialarbeiter oder staatlich anerkanntem Sozialpädagogen.

deutig erfolgen kann, weil sowohl gewerbe- als auch steuerrechtliche Vorgaben zu beachten sind.

Betrachtet man die beruflichen Formen im Bereich »psycho-sozialer Beratung« mit Hilfe der eingangs dieses Kapitels eingeführten professionstheoretischen Kriterien, wird man auch »Beratung«, wie »Erziehung«, als »Semi-Profession« kennzeichnen und beschreiben können. Durch die Überprüfung der für diese Zuordnung maßgeblichen sechs Indikatoren soll dieser allgemeine Befund jetzt abschließend genauer gefasst und begründet werden:

Hinsichtlich der *Zentralwertbindung (1)* gibt es keinen Zweifel, dass alle psychosozialen Beratungsberufe sich hieran orientieren, denn es geht in jedem Fall entweder um »*Erziehung*«, »*Gesundheit*« oder um »*Gerechtigkeit*«.

In Bezug auf *Ausbildung und Wissensgrundlagen (2)* ergibt sich ein differenziertes Bild. Zwar bauen die meisten Beratungsberufe auf einem Hochschulstudium auf, aber in der Regel ist dieses nicht gezielt auf eine bestimmte berufliche Beratungspraxis hin ausgerichtet, sondern hat vielmehr den Charakter einer allgemeinen Voraussetzung. Erst wenn diese erfüllt ist, bekommt die Ausbildung durch verschiedene Formen von Aufbau- und Zusatzstudien oder Fort- und Weiterbildungen zunehmend einen beratungsspezifischeren Charakter. Dieser Umstand hängt nicht zuletzt damit zusammen, dass es (bislang noch) keine wissenschaftliche Disziplin gibt, die, sozusagen als »Beratungswissenschaft«, allein für die Ausbildung von Beratungsberufen zuständig wäre. Vielmehr eröffnet sich der Zugang zu Beratungsberufen aus unterschiedlichen Disziplinen. Ob sich das je ändert, kann man mit guten Gründen bezweifeln, denn eben darin kommt wiederum das zum Ausdruck, was bereits mehrfach als die »Ubiquität der Beratung« bezeichnet worden ist. »Beratung« ist eine Grundform der Kommunikation, sie ist damit polyfunktional, im Kern unspezifisch also. Beratungsspezifität wiederum ergibt sich nur auf zweierlei Weise: entweder als Steigerung und Optimierung dieser allgemeinen Grundform der Kommunikation, mithin als eine besondere kommunikative Kompetenz; oder als Erwerb und Vermittlung von Spezial- oder Expertenwissen für ganz bestimmte Themen oder Inhalte. Anders gesagt: Da die Anlässe für Beratungen höchst heterogen sind, können die beruflichen Grundlagen hierfür nicht homogen sein. Der Vielfalt der Beratungsprobleme entspricht eine Vielfalt der hierfür notwendigen Ausbildungen und Wissensgrundlagen. Stellt man dieses Bild einmal einer psychotherapeutischen Behandlungssituation gegenüber, wird der Unterschied unmittelbar evident.

Für eine professionstheoretische Zuordnung ist das Kriterium *beruflicher Autonomie (3)* von besonderer Bedeutung. Berufliche Leistungen im Bereich psychosozialer Beratung werden in der Regel in *abhängigen Beschäftigungsverhältnissen* erbracht, es handelt sich also nicht um »freie Berufe«. Dementsprechend gibt es auch keine dieses heterogene Arbeitsfeld vereinheitlichenden berufsrechtlichen Regelungen, also z. B. kein »Beratergesetz«, daher auch keine Berufsordnung, keine diese Berufe verpflichtende Berufsethik und auch keine Selbstverwaltung dieser Berufe. Zudem ergeben sich die Beratungsleistungen meist unmittelbar aus gesetzlichen Regelungen und Ansprüchen (KJHG, SGB, BSHG u. a.). Und »Beratung« ist, wie oben deutlich wurde, keine »Behandlung«, sondern hat meist die Form einer »Sozialleistung«. Daher gibt es auch keinen dem »Behandlungsvertrag« vergleichbaren »Beratungsvertrag«, »Verträge« also nicht in einem juristischen Verständnis, sondern allenfalls als kommunikative Steuerungselemente im Rahmen eines Beratungsprozesses. Und selbst die individuelle Leistung einer Beraterin oder eines Beraters ist ja nicht unabhängig von der Strukturqualität einer Einrichtung, einer Beratungsstelle zum Beispiel.

Diese besonderen Bedingungen kommen auch im Hinblick auf den *Klientenbezug (4)* zum Tragen. Jede Form der Beratung beruht zwar als ein spezifischer kommunikativer Prozess unzweifelhaft auf Freiwilligkeit, aber der Zugang zu Beratungsleistungen nicht unbedingt, denkt man an rechtliche Ansprüche, die eingelöst werden oder sogar an eine Pflicht zur Beratung wie im Falle der Schwangerschaftskonfliktberatung. Auch den jeweiligen Berater oder die Beraterin kann man sich, beispielsweise in einer Erziehungsberatungsstelle, nicht frei auswählen, woran auch zum Vorschein kommt, dass Beratungsleistung und beratende Person in diesen Zusammenhängen gleichsam entkoppelt sind, ganz anders als im Falle einer Psychotherapie. Das zeigt sich auch an der Finanzierung, die ja zumeist – direkt oder indirekt – staatlicherseits erfolgt, nicht aber auf dem Wege individueller Honorarabsprachen.

2.5   Resümee

Während in Kapitel 1 die Zeigestrukturen der drei Handlungsformen *Erziehung – Beratung – Psychotherapie* untersucht wurden, standen in diesem Kapitel 2 die *Formen der Berufe*, die die jeweiligen Zeigestrukturen im Rahmen gesellschaftlicher Bedingungen annehmen und ausbilden, im Mittelpunkt. Dies machte einen anderen theoretischen Zugriff erforderlich: Auf der Grundlage professionstheoretischer Überlegungen waren zum einen das System der Berufsklassifikation und zum anderen Fragen der Ausbildung und die jeweiligen berufsrechtlichen Kontexte in den Blick zu nehmen. Was hat sich dabei gezeigt?

Zunächst kann man sehen, dass die geradezu klassisch zu nennende Unterscheidung von Etzioni nach wie vor von Nutzen ist und ihre Produktivität unter Beweis stellt, wenn es vornehmlich darum geht, Unterschiede herauszuarbeiten: Während *Psychotherapie* aus einer solchen Perspektive ohne Einschränkung und mit guten Gründen als »Profession« beschrieben werden kann, erweisen sich demgegenüber *Erziehung* und *Beratung* in ihren jeweiligen beruflichen Formen als *Semi-Professionen*. Für diesen Befund sind nicht zuletzt berufsrechtliche Gesichtspunkte ausschlaggebend. Zwar ist in allen drei Berufsformen im Kern eine weit reichende Handlungsautonomie der beruflichen Akteure notwendig und unabdingbar; die Bedingungen, unter denen die beruflichen Leistungen erbracht werden, unterscheiden sich allerdings in mehrfacher Hinsicht sehr deutlich voneinander. Dass damit keine Geringschätzung oder gar Abwertung verbunden ist, soll hier noch einmal ausdrücklich betont werden, denn, keine Frage, das Prinzip der »Professionalität« ist in allen drei Berufsformen bestimmend. Gleichwohl gibt es markante Unterschiede, und eben diese sind zum Vorschein gebracht worden.

In Hinsicht auf Beratung hat die Darstellung der beruflichen Formen eine Einsicht erhärtet, die sich bereits aus Überlegungen im Kapitel 1 ergeben hat: Sie ist offensichtlich ein »ubiquitäres Phänomen« – kaum ein Beruf, in dem diese Handlungsform nicht gebraucht wird, ganz abgesehen von jenen Berufen, in denen sie ausdrücklich als Hauptzweck im Mittelpunkt steht. Demnach handelt es sich um einen allgemeinen operativen Mechanismus, eine polyfunktionale Grundform der Kommunikation sozusagen, in der die Differenz von speziellem Wissen und spezifischer kommunikativer Technik professionell gesteigert wird und zu einer Einheit verschmilzt.

Beratung ist eine *soziale Möglichkeit*, die in bestimmten Lebenslagen und Situationen auf verschiedene Weise eröffnet wird. Sie beruht auf Freiwilligkeit, kommt nur punktuell oder situativ zum Einsatz und setzt prinzipiell Autonomie der Ratsuchenden voraus. *Erziehung* ist eine *anthropologische Notwendigkeit*, es muss sie geben, und es muss daher auch berufsförmig verlässlich und kontinuierlich für sie gesorgt werden, ein Tatbestand, der den Erziehungsberufen eine besondere Gestalt und besondere institutionelle Einbettungen verleiht. *Psychotherapie* hingegen beruht auf *medizinischer Notwendigkeit*, sie ist *Behandlung von Krankheit*, und hat daher ihren Ort im Gesundheitssystem.

Die drei Handlungsformen haben nicht nur in operativer Hinsicht jeweils unterschiedliche Zeigestrukturen, die in professioneller Hinsicht wiederum bestimmte Berufsformen ausbilden, sondern sie haben ihren Ort auch in jeweils unterschiedlichen sozialen Systemen. Das ist das Thema des folgenden Kapitels.

3 Differenzen in systemfunktionaler Perspektive

Es ist in den vorangegangenen Kapiteln deutlich geworden, dass Erziehung, Beratung und Psychotherapie in der Gestalt typischer Operationen und Professionen nicht isoliert in einem luftleeren Raum schweben, sondern auf je eigene Weise in einen spezifischen gesellschaftlichen Kontext eingebettet sind.

Im Mittelpunkt dieses Kapitels steht nun die Frage, wie der Gesellschaftsbezug der drei Operationen überhaupt gedacht werden kann. Um hierauf antworten zu können, bedarf es einer Theorie der modernen Gesellschaft. Als Grundlage der Darstellung soll für diesen Zweck die soziologische Systemtheorie dienen, wie Niklas Luhmann sie in zahlreichen Studien (zuletzt posthum 2017) ausgearbeitet hat. Sie dürfte für die hier verfolgte Intention – nämlich vor allem Unterschiede zum Vorschein zu bringen – in besonderer Weise geeignet sein, da sie selbst im Kern als eine Theorie des Unterscheidens verstanden werden kann. Zum anderen, das kommt als weiterer Vorzug hinzu, lässt sie sich im Sinne Lochs (1983) als »Phänomenologie in einem operativen Modus« auffassen. Ungeachtet ihres hohen Abstraktionsgrades eröffnet sich daher die Möglichkeit, dicht bei den Operationen zu bleiben und so äußerst tatbestandsgenaue Einsichten zum Vorschein zu bringen.

Weithin gilt Systemtheorie, nicht nur unter Studierenden, als äußerst abstrakt und daher schwer verständlich. Eine Herausforderung besteht also zunächst darin, sich von diesem Vor-Urteil nicht abschrecken zu lassen, sondern sie kognitiv mutig und motivational beherzt anzunehmen. Wiewohl alle Interessierten ihren eigenen Weg in dieses »Labyrinth« finden müssen, sollen an dieser Stelle einige (hoffentlich hilfreiche) »Wegweisungen« nicht unterdrückt werden.[59]

---

59 Niklas Luhmann ist im November 1998 verstorben. Insofern läge es nahe, mit einigen »Erinnerungen an Niklas Luhmann« zu beginnen, die in mehrfacher Hinsicht sehr berührende Blicke auf seine Person ermöglichen (»Gibt es eigentlich den Berliner Zoo noch?«, hrsg. v. Theodor M. Bardmann/Dirk Baecker, Konstanz (UVK) 1999). Für alle werkbezogenen Fragen ist das Luhmann-Archiv (www.niklas-luhmann-archiv.de), das nach seinem Ableben in Bielefeld eingerichtet wurde, die zentrale Anlaufstelle. Eine weitere Möglichkeit, sich dem Autor zu nähern, könnte z. B. über das Buch von Horster (1997) führen, in dem sich u. a. ein sehr aufschlussreiches, biographisch orientiertes Interview mit ihm findet (a. a. O., S. 25-47); über die Arbeitsweise Luhmanns informiert (kurzweilig-amüsant sowie mit zahlreichen aktuelleren Bezügen) ein weiteres Interview unter der Überschrift »Biographie, Attitüden, Zettelkasten« (in: Luhmann 2001; S. 7-40); hinzuweisen ist zudem auf die Interview-Tetralogie, die 1987 beginnt (»Niklas Luhmann. Archimedes und wir«, hrsg. v. D. Baecker/G. Stanizek, Berlin) und dann mit drei, im Kadmos-Verlag publizierten Bänden fortgesetzt wird (»Was tun, Herr Luhmann ?«, hrsg. v. Wolfgang Hagen, Berlin 2009; »Warum haben Sie keinen Fernseher,

Damit die Vorzüge der Systemtheorie gewinnbringend genutzt werden können, ist es unumgänglich, zu Beginn mit groben Strichen einige der zentralen Theoreme zu umreißen, ohne deren Kenntnis die dann folgenden Einsichten kaum verständlich sein dürften (▶ Kap. 3.1). Erst danach können die hier im Mittelpunkt stehenden Funktionssysteme genauer betrachtet werden: Zunächst lassen sich »*Ausgewählte Einblicke in das Erziehungssystem*« (▶ Kap. 3.2) eröffnen; der folgende Abschnitt wird zeigen, dass »*Die Sonderstellung der Psychotherapie im Gesundheitssystem*« (▶ Kap. 3.3) gerade durch die typischen Merkmale ihrer Operationen begründet ist; schließlich wird unter der Überschrift »*Beratung in Systemen*« (▶ Kap. 3.4) die Frage zu beantworten sein, wie ihr Platz im Ensemble der gesellschaftlichen Funktionssysteme eigentlich bestimmt werden kann. Zum Abschluss wird der Ertrag dieses Kapitels in einem kurzen Resümee zusammengefasst (▶ Kap. 3.5).

3.1 Systemtheoretisches Werkzeug: Grundlegende Annahmen und Begriffe

Um den Einstieg in das Theoriegebäude Luhmanns zu erleichtern, soll dies in sechs kleineren Schritten geschehen: Die ersten beiden Abschnitte beschäftigen sich mit dem grundlegenden Verhältnis von Psychischen und Sozialen Systemen (▶ Kap. 3.1.1 und ▶ Kap. 3.1.2). Danach wird der Unterschied von Verbreitungs- und Erfolgsmedien behandelt, ohne die ein Verständnis von Gesellschaftssystemen nicht möglich ist (▶ Kap. 3.1.3 und ▶ Kap. 3.1.4). Der dann folgende Abschnitt eröffnet einen genaueren Einblick in die Funktionssysteme, die für die Gegenwart kennzeichnend sind (▶ Kap. 3.1.5). Dass Gefühlen, Widersprüchen,

---

Herr Luhmann?«, hrsg. v. Wolfgang Hagen, Berlin 2011; »Wie halten Sie's mit Außerirdischen, Herr Luhmann?«, hrsg. v. Klaus Dammann, Berlin 2014); in diese Abteilung gehört zudem aus der Reihe »Philosophie für Einsteiger« der Band »Niklas Luhmann« (Müller/Lorenz 2016) und nicht zuletzt die in der spielerischen Form fiktiver Kommunikationen gefasste Einführung von Peter Fuchs (1993). Eine gänzlich anders gelagerte Variante bedient sich der Verwendung von zwei eher klein anmutenden, gleichwohl das Gesamtwerk weitgehend umfassenden Lexika, nämlich dem »Luhmann-Lexikon« von Detlef Krause (1996) und dem »GLU«, einem »Glossar zu Niklas Luhmanns Theorie sozialer Systeme« von Cl. Baraldi, G. Corsi, und E. Esposito (1997); hier gelangt man über den Pfad tragender Begriffe in das Theoriegebäude hinein. Manchmal allerdings kann ein Hören vor dem (Nach-)Lesen das Verstehen erleichtern: Es gibt nicht nur im Carl-Auer-Verlag die vollständigen Mitschnitte seiner Vorlesungen »Einführung in die Systemtheorie« und »Theorie der Gesellschaft«, sondern im Internet darüber hinaus zahlreiche weitere (Video-)Aufzeichnungen von verschiedenen Beiträgen (Vorträge, Tagungspodien etc.). Gleichwohl bleibt am Ende die ebenso nüchterne wie ernüchternde Einsicht Baltasar Graciáns, an die Luhmann einmal in einer Fußnote mit der ihm eigenen, stets wohlwollenden Ironie erinnert hat: »Person wird man durch Lesen« (Luhmann 1997a, S. 25/Fn 25).

Konflikten und Protesten in der modernen Gesellschaft als »Immunsystemen« eine besondere Bedeutung zukommt, zeigt der diesen Teil abrundende Abschnitt (▶ Kap. 3.1.6).

3.1.1 »Theorieputsch«: Das Gegenüber von Psychischen und Sozialen Systemen

In zahlreichen Rezeptionskontexten wird der soziologischen Systemtheorie eine Art »Theorieputsch« attestiert. Neutralisiert man die mit der Vorstellung von Gewalt und Überraschung verbundene Konnotation dieser Metapher (ein friedliebenderer Mensch als Niklas Luhmann dürfte kaum vorstellbar sein, und die Laufzeit seines Vorhabens einer »Theorie der Gesellschaft« sollte 30 Jahre dauern), so ist das durchaus zutreffend. Denn nach gängigem Verständnis zielt ein Putsch darauf ab, bestehende Verhältnisse umzustürzen, um sie dann radikal zu verändern.

Die bisherige Sichtweisen grundlegend verändernde Prämisse im Denken Luhmanns zielt auf das Verhältnis von individuellem Bewusstsein und Gesellschaft, das ist der Ausgangspunkt. Denn dieses Verhältnis wird nicht als Ergebnis einer gleichsam unendlichen Kette von Additionen gedacht, sondern vielmehr als durch Differenz bestimmt gesehen. Es kann daher nur auf eine solche Weise angemessen beobachtet und demgemäß dann auch beschrieben werden. Schon ein einzelnes Bewusstsein ist, wie jeder aus eigener Erfahrung weiß, sich selbst nicht völlig durchsichtig; zwei ›Bewusstseine‹, man braucht nur an Paare zu denken, demzufolge schon gar nicht; und Millionen von ›Bewusstseinen‹ daher erst recht nicht. Daraus folgt für die Anlage der Theorie: Nicht eine Einheit wird als Ausgangspunkt gewählt, sondern eine Unterscheidung, eine Differenz. Anders gesagt: Individuelles Bewusstsein und Gesellschaft stehen sich gegenüber, sind wechselseitig füreinander Umwelt und lassen sich daher weder von der einen noch von der anderen Seite direkt beeinflussen.

Schon diese ersten (vermutlich milde irritierenden) Überlegungen machen auf drei weitere Problemstellungen aufmerksam:

(1) Wenn Individuum und Gesellschaft einander gegenübergestellt werden, dann ist dafür eine theoretische Position erforderlich, die beide Seiten in den Blick zu nehmen erlaubt, ein Beobachterstandpunkt also, der in der Theorie selbst allerdings auch wieder vorkommen muss, denn ein solcher »Beobachter« schaut ja nicht aus einer fremden Galaxie auf dieses Verhältnis, sondern ist unabdingbar Teil desselben. Damit sind erkenntnistheoretische Fragen angesprochen, die hier allerdings nicht behandelt werden können.

(2) Eine solche Theorieanlage ist mit dem Anspruch verbunden, verschiedene Ebenen theoretisch schlüssig miteinander zu verbinden und aufeinander zu beziehen, eine einzelne Interaktion ebenso wie gesellschaftliche Phänomene insgesamt; das setzt eine höchst variable Optik voraus, einen Begriffs-Zoom sozusagen, der äußerst leichtgängig enge wie weite Blickwinkel und Bildausschnitte in den Blick zu nehmen ermöglicht.

(3) Schließlich wird schon an dieser Stelle erkennbar, dass ein besonderes Ver-

ständnis von *Kommunikation* offensichtlich das theoretische Gelenkstück bezeichnet, wodurch sich die Möglichkeit eröffnet, alle anderen Größen stimmig miteinander in Verbindung zu bringen wie auch sie trennscharf voneinander abzugrenzen.

Diese Problemstellungen können für Luhmann letztlich nur dadurch einer Klärung nähergebracht werden, dass die Grundlage der Theorie auf eine buchstäblich radikale Weise enthumanisiert und entpersonalisiert wird – und ein quasi technisch-prozedurales, funktionales Verständnis diese Stelle einnimmt. Nur so lässt sich der »Beobachtung« auf ebenso ungewohnte wie bislang unerkannte Weise ein freieres Feld verschaffen. Aber wie kann das gehen?[60]

Diese »Umkehrung der Verhältnisse«, der »Theorieputsch« eben, wird durch einen prinzipiellen Begriffswechsel möglich, der en détail vorführt, was zu gewinnen ist, wenn anstelle von »Menschen« von »Systemen« gesprochen wird. Allein ein nur flüchtiger Blick auf unsere Körper erlaubt erste veranschaulichende Annäherungen. Wie man vielleicht noch aus dem Schulunterricht erinnert (oder zumindest erinnern könnte), wird in der systematischen Anatomie zwischen verschiedenen Systemen des Körpers unterschieden (Nerven-, Hormon-, Herz-Kreislauf-, Atmungs-, Verdauungs-, Urogenital-, Skelett- und Bewegungs-, Haut- und Immunsystem). Ihre Funktionen sind einerseits weitgehend autonom, andererseits stehen alle in Wechselwirkung miteinander. Und vor allem: Sie sind durch Bewusstseinsvorgänge in der Regel nicht zu beeinflussen (selbst ein Präsident der USA kann durch vollmundiges Reden seine Virus-Infektion nicht stoppen).[61]

So eingängig das auf den ersten Blick auch erscheinen mag, es führt an dieser Stelle dann auf einen Irrweg, wenn bei den weiteren Überlegungen nicht berücksichtigt wird, dass der Begriff »System« zunächst einmal nicht mehr als ein ›Container‹ ist, in dem sich sehr viele und sehr verschiedenartige Vorstellungen darüber, was genau mit diesem Ausdruck bezeichnet werden soll, nebeneinander finden; ganz abgesehen davon, dass in einzelnen Wissenschaftsbereichen auf sehr verschiedene Weise von »System« gesprochen wird, denkt man z. B. nur an Organsysteme der Biologie, Evolutionstheorie, Befunde der Thermodynamik, aber auch Neurophysiologie oder Kybernetik, ganz abgesehen von Philosophie, Organisationstheorie oder eben auch Soziologie. Diese hier nur grob angedeutete Ver-

---

60 »Die folgenden Überlegungen«, so Luhmann in »Die Gesellschaft der Gesellschaft«, »wagen diesen Übergang zu einem radikal antihumanistischen, einem radikal antiregionalistischen und einem radikal konstruktivistischen Gesellschaftsbegriff. Sie leugnen selbstverständlich nicht, dass es Menschen gibt, und sie leugnen auch nicht die krassen Unterschiede der Lebensbedingungen in den einzelnen Regionen des Erdballs. Sie verzichten nur darauf, aus diesen Tatsachen ein Kriterium für die Definition des Begriffs der Gesellschaft und für die Bestimmung der Grenzen des entsprechenden Gegenstandes herzuleiten. Und gerade durch diesen Verzicht gewinnt man die Möglichkeit, normative und evaluative Standards im Umgang mit Menschen … als Eigenleistung der Gesellschaft zu erkennen, statt sie als regulative Ideen … voraussetzen zu müssen« (Bd. 1, 1997, S. 34 f.).

61 In dem Sketch »Der menschliche Körper« des großartigen Komikers Otto Waalkes (vermutlich kein Systemtheoretiker, aber wer kann das schon sicher wissen) wird die »Kommunikation« der inneren Organe in der Situation des Ärgerns vorgeführt – eben das geht ja nicht; kein Wunder, dass nur herzhaftes Lachen bleibt.

wendungsvielfalt zeigt zumindest, wie hoch der heuristische Wert dieses Begriffes (im Sinne einer Allgemeinen Systemtheorie) für gänzlich unterschiedliche Fragestellungen einzuschätzen ist, wie sich also theoretische Möglichkeiten steigern lassen, wenn man sich seiner bedient. Und zugleich wird damit deutlich, wie groß das Potential für Missverständnisse ist, wenn nicht genau angegeben wird, was jeweils für welches Theorieproblem mit welchen Präzisierungen mit diesem Begriff bezeichnet werden soll. Hier geht es, wie eingangs markiert, ausschließlich um die Soziologische Systemtheorie Luhmanns, sensu stricto sozusagen. Im Folgenden stehen vor allem soziale Systeme im Mittelpunkt. Demnach ist Gesellschaftstheorie »die Theorie des umfassenden sozialen Systems, das alle anderen sozialen Systeme in sich einschließt« (GdG I, S. 78).[62]

Nun sind soziale Systeme gar nicht zu denken ohne die Annahme, dass es auch psychische Systeme gibt, denn beide sind im Wege der Co-Evolution entstanden, das eine ist also notwendige Bedingung des anderen. »Personen«, so Luhmann (SS, S. 92), »können nicht ohne soziale Systeme entstehen und bestehen, und das gleiche gilt umgekehrt«. In entwicklungspsychologischer wie pädagogischer Hinsicht könnte man sogleich an extreme Phänomene des Hospitalismus denken. In feinerer Einstellung (aber nicht weniger dramatisch) ist hierfür allerdings auch die im Zuge der »Neunmonatsrevolution« sich herausbildende Zeigestruktur (▶ Kap. 1.1.2) ein äußerst eindrückliches Beispiel: Denn ohne Interaktionen mit ›großen Zeigern‹ können ›kleine learner‹ die einzelnen Stadien dieses Entwicklungsschrittes nicht erfolgreich durchlaufen. Defekte in dieser Phase führen im schlechtesten Fall sogar zu autistischen Syndromen, was die geradezu existentielle Bedeutung dieses kommunikativen Junktims belegt. Allerdings, und das ist eine Konsequenz des »Theorieputsches«, kann nach den Prämissen einer allgemeinen Systemtheorie kein System Teil eines anderen Systems sein. Insofern stehen sich, wie oben bereits formuliert wurde, soziale und psychische Systeme buchstäblich *gegenüber*. Denn jedes System konstituiert und reguliert sich durch die Differenz zu seiner Umwelt, kurzum: *ohne Grenze kein System!*[63]

Beide Systeme sind auf eine co-evolutionäre Errungenschaft angewiesen, denn beide sind *Sinn*-Systeme. Und *Sinn* ist, schlicht gesagt, eine Form der Reduktion von Komplexität (was »Unsinn«, der ja nicht sinn-los ist, einschließt). Häufig sieht man sich beim Wort *Sinn* unverzüglich dazu verführt, an einen bestimmten Inhalt zu denken, wir sprechen dann gerne davon, dass etwas sinnvoll sei, anderes uns hingegen unsinnig oder sinnlos erscheint. Ein Beispiel aus der Sprachpsy-

---

62 Um die Lektüre zu erleichtern, werden für zentrale Schriften Niklas Luhmanns folgende Abkürzungen verwendet: *GdG* (»Die Gesellschaft der Gesellschaft«. 2 Bände. Frankfurt/M. (Suhrkamp) 1997; *SS* (»Soziale Systeme. Grundriß einer allgemeinen Theorie«. Frankfurt/M. (Suhrkamp) 1985; *SdG* (»Systemtheorie der Gesellschaft«. Berlin (Suhrkamp) 2017; alle anderen Nachweise erscheinen in der üblichen Form.

63 »Systeme haben Grenzen. Das unterscheidet den Systembegriff vom Strukturbegriff. Grenzen sind nicht zu denken ohne ein dahinter, sie setzen also die Realität des Jenseits und die Möglichkeit des Überschreitens voraus. Sie haben deshalb nach allgemeinem Verständnis die Doppelfunktion der Trennung und Verbindung von System und Umwelt« (SS, S. 52).

chologie, wo dieser Sachverhalt in dem Begriff »Sinnkonstanz« gefasst wird, mag das verdeutlichen: »Sehen wir einen Mann laufen und vor ihm eine Frau, so läuft er ihr nach. Läuft die Frau hinter ihm, so läuft er vor ihr davon. Läuft er allein, so läuft er vielleicht Trimmtrab. Ist er dick, so läuft er Trimmtrab, weil er dick ist. Ist er schlank, so ist er schlank, weil er Trimmtrab läuft ...« (Hörmann, 1981, S. 136). Es geht also, wie auch an diesem Beispiel zu sehen ist, überhaupt nicht um bestimmte Inhalte, sondern allein um die Funktion: psychische Systeme (Bewusstsein) wie soziale Systeme (Kommunikation) können nur operieren, indem sie alles, was sozusagen in ihnen an Material anfällt, durch den Bezug auf *Sinn* strukturieren. Das geschieht nicht nur durch Vereinfachung (›*nur so* macht das Sinn‹), sondern auch durch Verweise auf Mögliches (›es könnte doch *auch so* sein‹). Dabei entfalten sich beide Funktionen in jeweils drei Sinndimensionen, nämlich in *sachlicher, sozialer* und *zeitlicher* Hinsicht. Kurz gesagt: Sinn ist eine »nicht-negierbare Kategorie«, die *nur* in psychischen und sozialen Systemen vorkommt; eben darin liegt der Unterschied zu anderen lebenden Systemen.[64]

Die zentrale Frage ist allerdings: Worin liegt der alles entscheidende Unterschied zwischen diesen beiden Typen von Systemen?

Die Antwort hierauf ist ebenso einfach wie folgenreich: *Psychische* Systeme konstituieren und erhalten sich auf der Basis eines einheitlichen (selbstreferentiellen) *Bewusstseinszusammenhangs* – *Soziale* Systeme auf der Basis eines einheitlichen (selbstreferentiellen) *Kommunikationszusammenhangs* (vgl. SS, S. 92; Clam 2006). Was sich also gegenübersteht, sind Bewusstsein und Kommunikation, anders und zugespitzt gesagt: Bewusstsein ist *nicht* Kommunikation (als Formel B ≠ K). Da die Sprache dazu verführt, bei »Bewusstsein« an Inhalte oder »substantiell Vorhandenes« zu denken, muss, um an dieser Stelle Missverständnisse zu vermeiden, betont werden, dass hier nur der »spezifische Operationsmodus psychischer Systeme« gemeint ist, die, so Luhmann, »Bewußtsein durch Bewußtsein reproduzieren und dabei auf sich selbst gestellt sind, also weder Bewußtsein von außen erhalten noch Bewußtsein nach außen abgeben« (SS, S. 355). Die nachfolgende Skizze veranschaulicht den bisherigen Gedankengang.

Während im psychischen System unablässig Bewusstseinsvorgänge strömen, pulsieren im sozialen System fortwährend Kommunikationszusammenhänge (vgl. SS, S. 191 ff.). Dabei ist Kommunikation in gewisser Weise »anspruchsvoller«, weil sie sich nur dann und insoweit realisiert, als *Verstehen* zustande kommt. Und das setzt Selektionsprozesse voraus, die permanent zwischen *drei* Größen, diese unablässig miteinander abgleichend, oszillieren, nämlich *Information, Mitteilung* und eben *Verstehen*. Denn die *Information* allein (der reine Inhalt, Inhalt »an sich« sozusagen) genügt gar nicht. Die *Information* muss, damit sie über-

---

64 Eine genauere Betrachtung brächte natürlich mit der geistesgeschichtlichen Tradition die mannigfaltigen Probleme zum Vorschein, die mit dem Sinnbegriff verbunden sind; vgl. dazu: GLU, S. 170-176; zudem SS, S. 92 ff. und GdG I, S. 44 ff.; sowie auch Kraft (1989, S. 30 ff.); »Die Phänomenologie Edmund Husserls und ihre Bedeutung für soziologische Theorien« behandelt Hilmar Brauner in seiner instruktiven Studie (1978). Welche Grenzflächen sich hier zwischen Neurowissenschaften und Phänomenologie ergeben, zeigt Th. Fuchs: Das Gehirn – ein Beziehungsorgan. Eine phänomenologisch-ökologische Konzeption. Stuttgart (Kohlhammer) 2009.

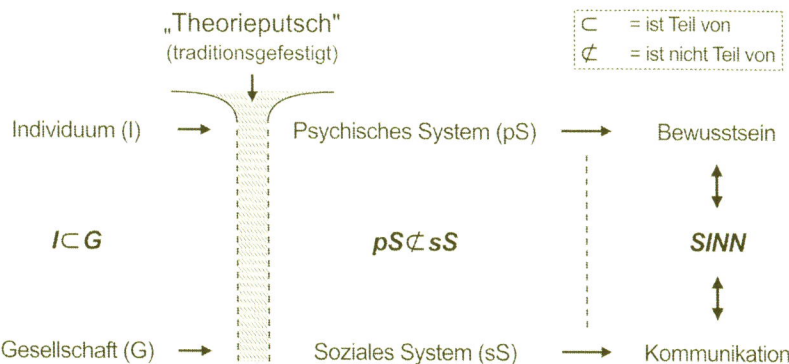

Abb. 16: Der soziologische »Theorieputsch«

haupt *wahrgenommen* werden kann, zu einer *Mitteilung* werden; dafür aber braucht es eine Form, eine Codierung, eine sprachliche Äußerung zum Beispiel; diese wiederum ist Voraussetzung für das permanent mitlaufende *Verstehen*. Das wird unmittelbar evident, wenn man sich eine Situation vergegenwärtigt, in der geschwiegen wird (vgl. Luhmann/Fuchs 1989). Denn dann muss, kaum verwunderlich, der mitlaufende Verstehenstest in Sekundenbruchteilen extrem gesteigert werden, damit das System sich erhalten kann (»*Was ist los, warum sagst Du nichts, so geht das nicht, Du musst schon was sagen, jetzt äußere Dich endlich …*«).

Kommunikation ließe sich demnach als eine Art ›Sinn-Pumpe‹ vorstellen, die fortwährend Themen und Sinngehalte ansaugt und andere wieder ausstößt. Vielleicht lässt sich nach diesen Erläuterungen jetzt besser *verstehen*, was Luhmann meint, wenn er sagt: »Kommunikation ist Prozessieren von Selektion« (SS, S. 194).

3.1.2 »Strukturelle Kopplung«: Psychische *und* Soziale Systeme

Bereits an dieser Stelle könnte sich die schmerzliche Einsicht aufdrängen, dass Missverstehen wahrscheinlicher sein dürfte als Verstehen; und man sieht hier schon, mit welchen Lasten, Ungewissheiten und Risiken gerade professionelle Verstehenspraktiken zu rechnen haben. Zunächst allerdings stellt sich die Frage, wie das Zusammenfinden von Bewusstsein und Kommunikation hiernach gedacht werden kann, handelt es sich doch in beiden Fällen um operativ geschlossene Sinn-Systeme, die füreinander Umwelt sind und daher ein wechselseitiges, direktes Eingreifen unmöglich ist?

Eine alltägliche Szene soll die theoretische Antwort vorbereiten: Man sitzt mit anderen in einem Seminar, der Vortrag ist zu Ende, die Aussprache beginnt. Man verfolgt den Verlauf, registriert vielleicht, wer sich mit welchen Argumenten zu Wort meldet (»na klar, der schon wieder«) und macht sich so seine Gedanken. Und manchmal denkt man: Wenn ich jetzt sagte, was ich denke, mein so wohl begründetes Argument, dann nähme die Diskussion wahrscheinlich einen anderen Verlauf. Allerdings äußert man sich nicht (aus welchen Gründen auch immer), und das so kluge Argument bleibt im eigenen Kopf stecken. Hinterher, mit anderen in einer Kneipe, wird weiter gesprochen, und dann äußert man womöglich, was vorher unterdrückt worden war. Über das Bierglas hinweg muss man sich dann sagen lassen: Warum hast Du das vorhin nicht gesagt, wäre doch sehr wichtig gewesen, und es hätte der Diskussion sicherlich eine andere Richtung gegeben.

Die beiden entscheidenden Begriffe, die diese kleine Szene theoretisch auszuleuchten erlauben, lauten *strukturelle Kopplung* und *Interpenetration*.[65] Psychische und soziale Systeme sind, so war gesagt worden, in Co-Evolution entwickelte, sprachlich codierte Sinn-Systeme: ohne Bewusstsein keine Kommunikation und umgekehrt. Beide sind notwendig auf beide Elemente angewiesen. Das Beispiel zeigt nun: Wiewohl beide Systeme strukturell aneinander gekoppelt sind, können die Systeme nur autonom in ihren jeweiligen Grenzen operieren. Die Kopplung bezieht sich, anders gesagt, ausschließlich auf die *Struktur* der Systeme, nicht (oder besser: nie) auf die ihn ihnen jeweils ablaufenden Prozesse der Selbstreproduktion. Auf das Beispiel bezogen: »Die Diskussion« konnte ja nicht »ahnen«, »erraten« oder gar durch sich selbst »wissen«, was für kluge Argumente im Bewusstsein des Teilnehmers x gerade gegenwärtig waren. Dazu eben hätten sie *geäußert* und in Sekundenbruchteilen im Ternar von *Information*, *Mitteilung* und *Verstehen* erfolgreich ausgewählt werden müssen, um das soziale System der Vortragsdiskussion zu irritieren und mit neuer produktiver Unordnung versehen zu können. Im sozialen System des nachfolgenden Kneipengesprächs allerdings war das möglich und ist dann auch passiert.

Der Begriff der *Strukturellen Kopplung* beschreibt stets eine (Grund-) Form der Anpassung des Systems an die Umweltvoraussetzungen, die gegeben sein müssen, damit es seine Autopoiesis überhaupt fortsetzen, also »leben« kann. Ohne funktionierendes Organsystem gibt es z. B. kein Bewusstsein. Insofern wird oft auf die Formulierung Maturanas Bezug genommen, dass Strukturelle Kopplung und Selbstdetermination in einer ›orthogonalen Beziehung‹ zueinander stehen (vgl. GLU, S. 186). Beide schneiden sich, eben wie zwei Geraden in der Geometrie, an nur *einem* Punkt der jeweiligen *Struktur* der Systeme, die dann aber prozessual ihre eigenen Wege autonom gehen, sich also gegenseitig nicht bestimmen können. Vorstellungen von einer Fusion der Systeme oder einer Koordination

---

65 Luhmann hat diese beiden Begriffe im Anschluss an die erkenntnistheoretischen Arbeiten Maturanas in seine Theorie eingearbeitet und für das Verständnis sozialer Systeme nutzbar gemacht; sie werden daher in der 2017 posthum erschienenen Fassung (»Systemtheorie der Gesellschaft«), die ja in den 1970er Jahren geschrieben wurde, (noch) nicht verwendet (vgl. SdG, S. 1105 ff.); vgl. weiterhin Humberto R. Maturana: Erkennen: Die Organisation und Verkörperung von Wirklichkeit. Braunschweig (Vieweg) 1985; Ders./Francisco J. Varela (Hrsg): Der Baum der Erkenntnis. Bern/München/Wien (Scherz) 1987. Hier kann dies nur grob skizziert werden; für weitere Einzelheiten und Begründungen sei verwiesen auf die Kapitel 5 und 6 in Soziale Systeme (1985), S. 242 ff. sowie auf Kap. 6 (»Operative Schließung und strukturelle Koppelung«) in »Die Gesellschaft der Gesellschaft« (1997, S. 92 ff.).

der Prozesse sind daher irreführend und vernebeln den Sachverhalt, um den es hier geht. Pathetisch ließe sich sogar formulieren: Unter dem systemtheoretischen Mikroskop zeigt der Begriff der *Strukturellen Kopplung* in großer Auflösung gerade die Freiheitsgrade des individuellen Bewusstseins (*psychisches System*) im Verhältnis zu Kommunikationsprozessen (*soziales System*). Genau diese Differenz ist es, die evolutionäre Entwicklung bedingt und unablässig vorantreibt.

Der Begriff der *Interpenetration* bezeichnet in diesem Zusammenhang eine *besondere Variante* der Strukturellen Kopplung. Denkt man dabei an Liebe, dürfte das Folgende leichter zu verstehen sein (Liebe macht ja angeblich vieles möglich). Dazu muss man die Beziehungen eines ›Systems zu seiner Umwelt‹ unterscheiden von den Beziehungen eines ›Systems zu einzelnen Systemen in seiner Umwelt‹ (vgl. Luhmann 1982, S. 217). *Interpenetration* beschreibt die wechselseitige Bezogenheit zweier Systeme in der Weise, dass die System-Umwelt-Differenz von System A im System B gleichsam in einer Art Spiegelung aufgenommen und dort autonom verwendet wird (als A' sozusagen); das gilt auch umgekehrt (vgl. Kraft 1989, S. 71 f.).

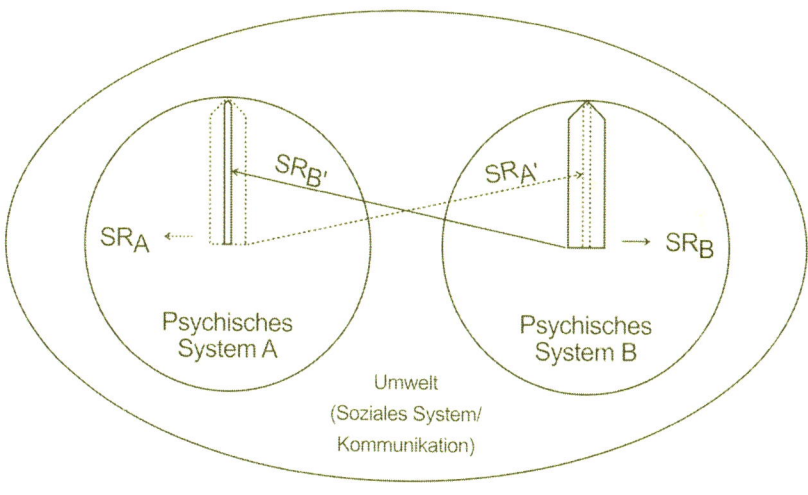

SR$_A$ = Selbstreferenz von A
SR$_B$ = Selbstreferenz von B

SR$_{A'}$ = Interpenetrierende Selbstreferenz von A
SR$_{B'}$ = Interpenetrierende Selbstreferenz von B

Abb. 17: Interpenetration

Zwei autopoietische Systeme benutzen sozusagen dieselben Elemente für ihre je eigene, autonome Strukturbildung, aber sie geben ihnen, so Luhmann, »*jeweils unterschiedliche Selektivität und unterschiedliche Anschlussfähigkeit, unterschiedliche Vergangenheiten und unterschiedliche Zukünfte … Die Elemente bedeuten daher in den beteiligten Systemen verschiedenes: Sie wählen aus jeweils anderen Möglichkeiten aus und führen zu jeweils anderen Konsequenzen« (SS, S. 293; H.i.O.).

Man könnte hierbei mit guten geistesgeschichtlichen Gründen an den Kugel-menschen-Mythos der antiken Liebestheorie denken: Bei allem Verständnis für durch Begehren und Sehnsucht motiviertes ›Eins-Werden-Wollen‹: Es funktio-niert nicht, da ein psychisches System nie Teil eines anderen psychischen Sys-tems sein kann, anders gesagt: mehr als *Interpenetration* ist nicht möglich.

Was im Horizont von Liebesbeziehungen als beklagenswerter Mangel erschei-nen mag, kann theoretisch für Einsichten in die Struktur professioneller Bezie-hungen in Erziehung, Beratung und Psychotherapie allerdings sehr wohl produk-tiv genutzt werden. Die bislang höchste Auflösung entsprechender Analysen findet sich, wenig überraschend, im Bereich der Psychotherapie, mit erheblichem Abstand gefolgt von Forschungen zu Beratungsbeziehungen. In der Erziehungs-wissenschaft besteht hier offensichtlich ein gewisser Nachholbedarf. Diesbezügli-che Studien zur Aufhellung der Struktur erzieherischer Beziehungen sind bis-lang, soweit zu sehen ist, noch kaum zu finden: »Pädagogischer Bezug« ist im Vergleich zum Theorem der Interpenetration doch ein recht grobes Konzept.

3.1.3   Verbreitungs- und Erfolgsmedien

Dass es in Gesellschaften nicht nur Liebespaare und Seminarveranstaltungen gibt, liegt auf der Hand. Daher muss jetzt eine Überlegung nachgetragen wer-den, die für Luhmann aus Gründen der Theorietechnik von großer Bedeutung ist. Sie ist allein heuristisch motiviert und soll nur dazu dienen, mehr und ge-nauer »beobachten« zu können. Denn stets ist zwischen drei Ebenen der Analy-sen sorgsam zu unterscheiden: auf Ebene 1 geht es um *Systeme* in der größtmög-lichen Allgemeinheit ihrer Merkmale; auf Ebene 2 finden diese allgemeinen Merkmale auf vier verschiedene Arten von Systemen Anwendung, auf *Maschinen*, *Organismen*, *soziale Systeme* und *psychische Systeme*; auf Ebene 3 schließlich wer-den soziale Systeme wiederum in drei Varianten unterteilt: *Interaktionen*, *Organi-sationen* und *Gesellschaften* (vgl. SS, S. 16; SdG, S. 13).

Unsere Darstellung ist jetzt also auf Ebene 3 angekommen und damit bei dem Vergleich verschiedener Möglichkeiten, Systeme zu bilden. Gesellschaft ist, da-mit soll begonnen werden, »das umfassende Sozialsystem, das alles Soziale in sich einschließt und infolgedessen keine soziale Umwelt kennt« (SS, S. 555). Wann immer etwas dazukommt, Kommunikationspartner oder Kommunika-tionsthemen, »wächst die Gesellschaft mit ihnen. Sie wachsen der Gesellschaft an« (ebd.). Ebenso knapp wie folgenreich bedeutet das: »Alles, was Kommunika-tion ist, ist Gesellschaft« (ebd.). Oder anders gesagt: Immer, wenn kommuniziert wird (und was auch immer), handelt es sich um ein Moment der Konstitution von Gesellschaft. So erscheint die Gesellschaft als eine »selbstsubstitutive Ord-nung ..., da alles, was *an ihr* geändert oder ersetzt werden muß, *in ihr* geändert oder ersetzt werden muß« (SS, S. 556). Damit stellt sich die auf den ersten Blick vermutlich mehr als beunruhigende Frage, wie denn diese unvorstellbar riesige Masse an Kommunikationen überhaupt eingedickt und gebunden werden kann, so dass sie sich zu Formen einer sozusagen elastischen Stabilität konsolidiert, um Selbsterhaltung und kontinuierliche Fortsetzung des sozialen Systems ›Gesellschaft‹ zu gewährleisten? Wie kann man sich das vorstellen und theoriekonform erfassen?

Mit Blick auf moderne Gesellschaften lassen sich *drei* Antworten hierauf formulieren, deren vielfältige historische Bezüge und Nachweise allerdings in diesem Rahmen nicht behandelt werden können.[66] Die *erste* Antwort ergibt sich aus dem Begriff des *Interaktionssystems*; die *zweite* Antwort ist im Begriff der *Kommunikationsmedien* enthalten; und die *dritte* Antwort, die erst im nächsten Abschnitt näher erläutert wird, liefert das Grundprinzip moderner Gesellschaften, das als *»funktionale Differenzierung«* bezeichnet wird.

Zunächst also zur *ersten Antwort*, zum Begriff des *Interaktionssystems*: Für die Konstitution dieses Typs eines sozialen Systems müssen drei Bedingungen gegeben sein: *physische Anwesenheit* (die Leitdifferenz ist also anwesend/abwesend) mit damit verbundener *thematischer Konzentration* (wie immer zufällig diese auch sein mag) sowie *wechselseitige Wahrnehmung*. Denn wenn man wahrnimmt, dass man wahrgenommen wird, entsteht unverzüglich ein Sog der Kommunikation (durchaus im Sinne von Watzlawicks berühmt gewordenem Satz »Man kann nicht nicht kommunizieren«). Insofern ist jede Interaktion immer »Vollzug von Gesellschaft« (GdG II, S. 813), allerdings stets im Modus der Differenz, denn »ohne Differenz zu Gesellschaft wäre keine Interaktion, ohne Differenz zu Interaktion wäre keine Gesellschaft möglich« (SS, S. 568). Buchstäblich ›a-sozial‹ können Interaktionssysteme demnach nie sein, ist doch in ihnen ›Gesellschaftliches‹ stets mitgängig gegenwärtig und zugleich abwesend und ausgeschlossen. ›Gesellschaftlichem‹, anders gesagt, kann man nicht entkommen, und zwar unabhängig davon, dass Interaktionssysteme einerseits Freiheitsspielräume erzeugen wie sie andererseits, damit einhergehend, immer auch Einschränkungen hervorrufen (vgl. GdG II, S. 819). Kommunikation unter Anwesenden erzeugt insofern immer Redundanz, als mehr Information (wenn nicht gelegentlich sogar ein »Meer«) anfällt als in der Face-to-face-Situation überhaupt je behandelt werden kann. Das ist aus alltäglicher Erfahrung hinlänglich bekannt, gehen einem doch oft, z. B. am Schluss einer Diskussion, noch »Dinge nach«. In der Situation selbst sorgt dieser Überschuss an Kommunikation für den stetigen (subjektiv vielfach als unbefriedigend oder enttäuschend empfundenen) Zwang zur Auswahl, zur Selektion – eben darin aber liegt die Bedingung der Selbstreproduktion des Systems, zumindest »solange die Anwesenden anwesend bleiben« (GdG II, S. 815).

Und damit kommt Zeit ins Spiel. Anders als Gesellschaften haben Interaktionssysteme einen Anfang und ein Ende, und sie bilden Episoden, Zeitabschnitte oder Phasen aus. Aber wann sie genau anfangen (an der Garderobe vielleicht), und wann oder wodurch (Wutausbruch oder Stromausfall) sie genau enden, das verschwimmt. Interaktionssysteme sind also, das dürfte deutlich sein, kurzlebig und vergänglich – und so, wie sie irgendwie beginnen, so enden sie auch irgendwie. Solange sie bestehen, rücken zwar bestimmte Themen in den

---

66 Wie und warum in historischer Perspektive sich Gesellschaftstypen unterscheiden lassen, zeigt Luhmann (für eilige Leser ebenso knapp wie anschaulich) in seinem – gerade für das Verständnis »helfender Interaktionen« instruktiven – Aufsatz »Formen des Helfens im Wandel gesellschaftlicher Bedingungen« (1973).

Mittelpunkt (über irgendetwas muss ja gesprochen werden), aber diese müssen nicht unbedingt weiterverfolgt und vertieft oder auf andere Weise nachdrücklich behandelt werden. Bei Konflikten löst sich dieser Systemtyp zudem rasch auf, jederzeit können sich Beteiligte zurückziehen (man kann auch einschlafen, Schiffe versenken, SMS versenden oder auf dem Smartphone Videos anschauen), andere können aber auch unerwartet hinzukommen. Gesellschaftssysteme können aber nicht einfach aufhören und irgendwann, irgendwo und irgendwie neu anfangen. Sie müssen sich vielmehr, so der kühle theoretische Schluss, »von den Beschränkungen der Systembildung auf der Ebene von Interaktionen unabhängig machen« (Luhmann 1975, S. 11).

Der Blick in die Gesellschaftsgeschichte zeigt nun, wie durch evolutionäre Errungenschaften (vgl. GdG I, S. 413 ff.) diese »Beschränkungen« aufgehoben werden, nämlich durch zwei sich wechselseitig bedingende und einander verstärkende Prozesse: zum einen durch die Entwicklung von »*Kommunikationsmedien*« (vgl. GdG I, S. 190 ff.), zum anderen durch die dadurch möglich werdenden und sich stetig erweiternden Formen der »*Systemdifferenzierung*« (vgl. GdG II, S. 595 ff.).

Vor diesem Hintergrund jetzt zur *zweiten* Antwort, den *Kommunikationsmedien*:

Die Entwicklung der Kommunikationsmedien läuft über Sprache, Schrift und Buchdruck bis hin zu den heutzutage die Welt bestimmenden elektronischen Medien, nicht zuletzt mit der Möglichkeit des »Live-Streaming«, also der Echtzeitübertragung von Kommunikationen unabhängig vom Ort des jeweilig Kommunizierten. Während Moses, wie die biblische Überlieferung lehrt, die Sinai-Gebote in Steintafeln hauen musste, zeigt heute ein kurzer Blick aufs Smartphone, wo sich aktuell Corona-hot-spots befinden und wie man sich dort tunlichst verhalten sollte (ob das allerdings geschieht, ist dann eine ganze andere Frage).

Luhmann unterscheidet zwischen »*Verbreitungs- und Erfolgsmedien*« (vgl. GdG I, S. 202). Verbreitungsmedien erhöhen, das ist ihre elementare Funktion, die »Reichweite sozialer Redundanz« (ebd.): Der reitende Bote sagt, was ihm gesagt wurde, denen, den er es sagen sollte. Er interpretiert das Gesagte nicht (wiederholt es allenfalls), und er gibt auch keine Hinweise, wie nun die Botschaft »richtig« zu verstehen wäre. Die Information bleibt, was sie ist, nur der Ort der Bekanntgabe ist ein anderer, die Reichweite wächst. Schon durch Schrift und Buchdruck verändert sich diese Lage grundlegend, denn Geschriebenes muss nicht nur erst einmal gelesen werden können, sondern die Loslösung von leibhaftiger Kommunikation öffnet das große Tor möglicher Interpretationsvarianten (wie ist das, was da steht, zu verstehen?). Anders gesagt: Die Autorität des Autors des Geschriebenen schwindet (daher braucht es ›Schriftgelehrte‹), hierarchische Ordnungen schwächen sich dadurch in wachsendem Maße ab und ein Trend zu »heterarchischer Ordnung« breitet sich aus, nicht zuletzt mit einer heutzutage vielfach beobachtbaren Entwertung des Expertenwissens (»*im Internet habe ich aber gelesen …*«, heißt es dann beim Hausarzt).

Kurz gesagt: *Verbreitung* von Information garantiert noch nicht den möglichen *Erfolg* von Kommunikation, sichert weder eindeutige Zustimmung noch eindeutige Ablehnung. Denn Kommunikation ist (fast möchte man sagen: ihrer Natur nach) unsicher: Eine Information kann man zur Kenntnis nehmen oder nicht; eine Frage kann man beantworten oder lässt es bleiben; einer Aufforderung kann man folgen oder sich ihr widersetzen, eine Bitte kann man ablehnen oder sie erfüllen. Kommunikation muss überhaupt erst einmal verstanden werden (können), sie muss den oder die Adressaten erreichen, und sie hat schließlich nur dann Erfolg, wenn ihr Inhalt als Voraussetzung für ein dementsprechendes Verhalten akzeptiert und dann letztlich auch realisiert wird.[67]

»Erfolgsmedien« nun – nomen est omen – ›antworten‹ gewissermaßen auf diese prinzipielle »Unwahrscheinlichkeit der Kommunikation«. Sie bilden sich im Prozess gesellschaftlicher Evolution heraus und bringen in Abhängigkeit vom jeweiligen Stand der Entwicklung unterschiedliche Formen der Differenzierung hervor.

In archaischen (segmentären, tribalen) Gesellschaften nehmen Erfolgsmedien eine andere Gestalt an als in stratifizierten (durch Rangordnungen bestimmten) Gesellschaften. Erst in der Moderne kommen sie voll entfaltet zur Geltung. Ausdifferenzierung der Erfolgsmedien und Ausdifferenzierung von sozialen Systemen gehen sozusagen Hand in Hand, sie verstärken und verfestigen sich wechselseitig. So schält sich *»Funktionale Differenzierung«* als Strukturprinzip moderner Gesellschaften allmählich heraus. Hierbei provozieren Erfolgsmedien als nunmehr *»symbolisch generalisierte Kommunikationsmedien«* (vgl. GdG I, S. 316 ff.) die Entwicklung von Teilsystemen und stimulieren deren Ausdifferenzierung fortwährend weiter. Damit sind wir nun bei der *dritten* Antwort angelangt, die im nächsten Abschnitt genauer ausgeführt werden soll.

3.1.4 Von »Erfolgsmedien« zum Erfolg der »Funktionssysteme«

Ein vorläufiges Ende der Entwicklung ist dann erreicht, wenn sich *Funktionssysteme* mit jeweils nur für sie geltenden symbolisch generalisierten Kommunikationsmedien herausbilden, sich verfestigen und auf diese Weise im Modus elastischer Stabilität die Struktur moderner Gesellschaften wirkmächtig bestimmen.[68]

---

67 »Erfolg«, so Luhmann, »hat die Kommunikation nur, wenn Ego den selektiven Inhalt der Kommunikation (die Information) als Prämisse eigenen Verhaltens übernimmt. Annehmen kann bedeuten: Handeln nach entsprechenden Direktiven, aber auch Erleben, Denken, weitere Informationen Verarbeiten unter der Voraussetzung, dass eine bestimmte Information zutrifft. Kommunikativer Erfolg ist: gelungene Kopplung von Selektionen.« (SS, S. 218). – Angesichts moderner Informationstechnologie wird die Unterscheidung von Verbreitungs- und Erfolgsmedien sicherlich genauer analysiert und ggf. modifiziert werden müssen, denkt man nur daran, wie mittlerweile staatliche Repräsentanten ihre Botschaften in den Medien (twitter) unablässig verbreiten – und das nicht ohne Erfolg.

68 »Funktionale Differenzierung besagt«, so Luhmann, »daß der Gesichtspunkt der *Einheit*, unter dem eine *Differenz* von System und Umwelt ausdifferenziert ist, die *Funktion* ist, die das ausdifferenzierte System (also nicht: dessen Umwelt) für das Gesamtsystem erfüllt... Die Funktion liegt im Bezug auf ein Problem der Gesellschaft, nicht im Selbst-

Eigentum/Geld, Macht/Recht, auch *Liebe, Wahrheit, religiöser Glaube, Kunst* und *Grundwerte* sind Beispiele für Erfolgsmedien, die moderne Gesellschaften strukturell bestimmen. Denn sie »transformieren«, wie Luhmann sagt, »auf wunderbare Weise Nein-Wahrscheinlichkeiten in Ja-Wahrscheinlichkeiten ... und erreichen eine strikte Kopplung nur durch die für das jeweilige Medium spezifische Form – etwa Theorien, Liebesbeweise, Rechtsgesetze, Preise« (GdG, I, S. 320). Sie werden »*symbolisch*« genannt, weil sie durch eineindeutig verfestigten Zeichengebrauch Kommunikation benutzen, um das »an sich unwahrscheinliche Passen« in wahrscheinliches Passen (d. h. Annehmen) zu verwandeln. Es muss also nicht erst »verstanden« werden, was mit ihnen gemeint sein könnte, weil sie *unmittelbar verständlich* sind, sie setzen, anders gesagt, »hinreichendes Verstehen« schlicht voraus: *Geld ist* eben Geld (und nicht etwa der Hinweis auf etwas anderes), und *Macht ist* Macht, so wie *Liebe* eben Liebe *ist*.[69] Sie werden »*generalisiert*« genannt, weil sie, einmal als Erfolgsmedien ausgebildet und konsolidiert, immer dasselbe bedeuten und dadurch »*universelle Gültigkeit*« erlangen – zugleich bleiben ihre Formen offen und disponibel. Am Beispiel Liebe veranschaulicht: Die Selektionen der Partner sind einerseits stabil gekoppelt (beide sind sich einig, dass es sich in ihrem Fall um »Liebe« handelt), andererseits bleibt aber die Kopplung selbst gleichsam kasuistisch-mobil, kann eben von Fall zu Fall variieren (man kann ja auf sehr verschiedene Weisen »lieben«) und muss dann jeweils zwischen den Beteiligten ausgehandelt werden (vgl. GLU, S. 191).

Durch eine Betrachtung moderner Liebessemantik, das zeigen Romane, Ratgeberliteratur oder Operetten und Popmusik, ließe sich dieser Sachverhalt anschaulich vorführen: Immer geht es um die Frage: »Kann das Liebe sein?«, und immer lautet die Antwort zuverlässig: »Das muss Liebe sein!« Luhmann sagt das so: »Auch Liebende sind zunächst daran zu erkennen, dass genau diese kommunikationslose Abstimmung auch in nichtstandardisierten Situationen funktioniert. Kurze Blicke genügen« (GdG, I, S. 345). Vergegenwärtigt man sich allerdings die aktuellen Zahlen der amtlichen Kriminalstatistik zu allen Formen »Häuslicher Gewalt«, dann kommt die andere, mehr als bedrückende Seite dieses Mediums

---

bezug oder in der Selbsterhaltung des Systems... Sie wird nur im Funktionssystem und nicht in dessen Umwelt erfüllt. Das heißt auch, dass das Funktionssystem seine Funktion für sich selbst monopolisiert und mit einer Umwelt rechnet, die in dieser Hinsicht unzuständig oder inkompetent ist« (vgl. GdG, II, S. 745 f.).

69 Luhmann verwendet ›Symbol/symbolisch‹ in seiner ursprünglichen Bedeutung, also nur für den »Fall, dass ein Zeichen die eigene Funktion mitbezeichnet, also reflexiv wird ... Durch Symbolisierung wird also zum Ausdruck gebracht, dass in der Differenz eine Einheit liegt und dass das Getrennte zusammengehört, so dass man das Bezeichnende als stellvertretend für das Bezeichnete ... benutzen kann ... Sie begnügen sich nicht... damit, unter hochkomplexen Bedingungen und einer erst ad hoc gewählten Kommunikation hinreichendes Verstehen sicherzustellen. Das setzen sie voraus« (GdG, I, S. 319 sowie S. 320). – Diesen Zwang des Mediums hat auch Luhmann einmal selbst erfahren, worüber er (schmunzelnd vermutlich) in einer Fußnote folgendes mitteilt: »Bei einem Versuch, mit einer Ladeninhaberin längere Verhandlungen über den Preis einer Tafel Schokolade zu führen, habe ich die Erfahrung gemacht, dass sie anstelle von Argumenten immer wieder auf das Preisschildchen verwies, auf dem der Preis deutlich sichtbar aufgeschrieben war« (SS. S. 583, Fn 50).

zum Vorschein. Denn häufig wird von Opfern auf die Frage, warum sie sich nicht von dem sie peinigenden Täter trennen, geantwortet: »Es ist Liebe«! Das Medium hat also, wie man sagen könnte, ein Doppelgesicht, es ist, theoretisch gesprochen, eine »Zwei-Seiten-Form«, und kann somit zuverlässig Stabilität und Flexibilität zugleich ermöglichen.

Alle *symbolisch generalisierten Kommunikationsmedien* benötigen dafür einen einheitlichen *Code*, der ausschließlich für den gesamten Bereich des jeweiligen Mediums absolute Gültigkeit besitzt (*Zentralwert*). Der für Kommunikation typische Dreiklang aus Information, Mitteilung und Verstehen wird durch die Codierung »in ein hartes Entweder/Oder überführt … und gewonnen wird damit eine klare Entscheidungsfrage, die für Alter wie für Ego *dieselbe* ist« (vgl. GdG I, S. 360; H.d.V.). Man kann das Digitalisierung nennen und dementsprechend von »*binärer Codierung*« sprechen. Durch diesen Zwang zum Entweder-Oder wird die fluide Offenheit kommunikativer Situationen gleichsam in zwei Teile getrennt. Einen dritten Weg gibt es dann nicht mehr: Zahlen oder Nicht-Zahlen, Recht oder Unrecht, Wahrheit oder Nicht-Wahrheit. Binäre Codierung wird für Kommunikation so gleichsam zu einem Tunnel (man könnte an die berühmte ›black-box‹ denken, in der alles, was dazwischen liegt, verschwindet) mit nur zwei möglichen Ausgängen: Ja oder Nein, Plus oder Minus.

Dabei wird der Plus-Ausgang allerdings stets vorgezogen; er wird daher als »*Präferenzcode*« bezeichnet. Denn durch dieses »Vorziehen« des positiven Wertes steigern sich die Möglichkeiten für weitere Operationen im Medium, die Handlungsspielräume erweitern sich, lässt sich doch mit *Wahrheit*, *Eigentum* oder *Macht* mehr anfangen als mit deren Gegenteil: nur so können Erfolgsmedien überhaupt erst zu »*Steuerungsmedien*« werden und als »Attraktoren« wirken. Aber die andere Seite verschwindet dabei nicht oder löst sich gar auf, sie bleibt bestehen und wird weiter mitgeführt, und zwar in Gestalt des jeweiligen »*Reflexionswertes*«. Er symbolisiert schlicht das Faktum, dass es auch anders sein könnte, steht also für die »Kontingenz der Bedingungen der Anschlußfähigkeit« (GdG, I, S. 309). Auch dieser *Reflexionswert* enthält allerdings eine Fülle von Informationen, die für die medienspezifischen Operationen von großer Bedeutung sind, und zwar schon allein aus dem Grund, dass durch sie erkennbar werden kann, welche Voraussetzungen gegeben sein müssen, um auf die andere Seite, zum Präferenzcode, zu wechseln. So, um ein Beispiel zu geben, informiert »Nicht-Zahlen« immer auch darüber, wie auf die andere Seite zu kommen ist, denkt man an die Möglichkeit von Schulden, Krediten oder Hypotheken: man kann Geld kaufen, um auf diese Weise vom ›Nicht-Zahlen‹ zum ›Zahlen‹ zu wechseln. *Technisierung* ist der Fachausdruck, den Luhmann für die »geschmeidige Erleichterung« solcherlei Übergänge verwendet (vgl. GdG, I, S. 367). Eine weitere Möglichkeit, die sich in einigen Medien für diesen Zweck ausbilden, ist die *Zweitcodierung* (ebd.), z.B. *Eigentum* → *Geld* oder *Macht* → *Recht*. Und je breiter und vielfältiger diese Ausdifferenzierung sich entwickelt, desto größer werden die Spielräume der medienspezifischen Operationen. Manche Codes hingegen verzichten gerade hierauf (*Kunst* oder *Liebe* wären Beispiele dafür) und sehen darin nicht nur keinen Mangel, sondern vielmehr die sie auszeichnende Besonderheit.

Binäre Codierung allein würde an der Komplexität der Welt allerdings rasch zerschellen. Es muss daher noch etwas geben, das genauer festzustellen und festzulegen erlaubt, unter welchen Bedingungen etwas überhaupt dem positiven oder dem negativen Wert zugeordnet werden kann. Diese spezifischen Bedingungen werden *Programme* genannt. Sie gibt es in allen symbolisch generalisierten Kommunikationsmedien, und sie sorgen in ihnen für die weitere Verarbeitung der anfallenden Komplexität. »Wie ein riesiger semantischer Apparat«, sagt Luhmann, »hängen sie sich an die jeweiligen Codes an; und während die Codes Einfachheit und Invarianz erreichen, wird ihr Programmbereich, gleichsam als Supplement dazu, mit Komplexität und Veränderlichkeit aufgeladen« (GdG I, S. 362). Im *Wahrheitsmedium* bilden sich für diesen Zweck Theorien und Methoden heraus; im Medium *Eigentum/Geld* finden sich nicht nur Währungen, Budgets, Bilanzen und Haushalte, sondern auch Investitions- und Konsumprogramme (z. B. Zuschüsse beim Kauf eines Elektro-Automobils); rechtlich codierte *Macht* verfügt über eine Fülle von Gesetzen, Gerichtsentscheidungen (über verschiedene Instanzen hinweg) und Verträge aller Art; und im Fall von *Liebe* dürften es die Erinnerungen an eine gemeinsame Geschichte sein, die genauer festzustellen versprechen, wie denn die Liebe im Vergleich zu früher jetzt ist, oder wodurch sie wieder so werden kann, wie sie einmal war.

Während der Code durch seine fest geronnene Form für Stabilität und Eindeutigkeit sorgt, verschaffen *Programme* diesem Mechanismus seine *Flexibilität*: Programme können wechseln oder ausgetauscht werden, der jeweilige Code hingegen nicht (vgl. ebd.). Wie »geschmeidig« Programme in einem Medium auch immer gehandhabt werden mögen: sie bleiben stets nur jeweils einem Medium zugeordnet, von einem zum anderen zu wechseln, das können sie nicht: Theorien erlangen keine Gesetzeskraft, und käuflich kann wahre Liebe nicht sein, eben weil sie keine Ware ist (was Sexualität hingegen sehr wohl sein kann).[70]

Da symbolisch generalisierte Kommunikationsmedien selbstreferentiell strukturiert und operational geschlossen sind, können alle Prozesse, die in ihnen ablaufen, auch nur allein nach diesem Schema gehandhabt werden, sie sind also ausschließlich durch Operationen des jeweiligen Mediums bestimmt: Wahrheiten können durch *Macht* oder *Geld* nicht außer Kraft gesetzt werden, sondern nur durch Forschung. Und Forschung basiert nicht auf *Liebe* oder *Kunst*, sondern auf Theorien und Methoden, die selbst wiederum nur als Resultat von Forschung denkbar sind. »Das Medium«, so fasst Luhmann zusammen, »(bleibt) eine durch Codierung bestimmte, unverwechselbare Einheit. Elementare Operationen, Strukturbildung, Strukturveränderung, Kreuzen im Code und Ebenenwechsel werden im selben Medium vollzogen« (GdG I, S. 375).

---

70 Ungeachtet dessen zeigt sich gerade im Medium *Liebe* die große Flexibilität der Programme: Liebe ist nicht länger nur an zwei Geschlechter gebunden (w/m), sondern sie kennt, 2017 durch höchstrichterliche Entscheidung rechtlich kodifiziert, heutzutage drei (divers). – Auch Elternschaft mit Familiengründung und Kinderwunsch sind dementsprechend im Medium *Liebe* heutzutage weder semantisch noch faktisch nur in heterosexuellen Beziehungen möglich.

Bei alledem könnte auffallen, dass der Code nicht nur nie in Frage steht (er legitimiert sich gewissermaßen fortwährend durch sein Funktionieren selbst), sondern dass er sich zudem latent, unter emsiger Betriebsamkeit gut verborgen, stets am Präferenzwert ausrichtet, »eine kleine Mogelei«, wie Luhmann sagt: »Die Kommunikation einer Wahrheit ist eine wahre Kommunikation ... Die Behauptung von Recht ist berechtigt ... Der Nachweis einer Unwahrheit ist selber eine wahre Operation ... Denn wo käme man hin, wenn man bestreiten würde, dass man nicht das Recht hat, zwischen Recht und Unrecht zu unterscheiden« (GdG I, S. 369).

So glatt *Binäre Codierung* in den symbolisch generalisierten Kommunikationsmedien auch funktionieren mag, so bleibt sie doch einer ständigen Irritation ausgesetzt, die, gleichsam als basso continuo, alle Kommunikationen mitbestimmt und daher auf jeweils medienspezifische Weise Beachtung finden muss: das ist *Körperlichkeit. Symbiosis*, *symbiotische Symbole*, *symbiotische Mechanismen* sind die Fachausdrücke hierfür.[71]

Es kann kein Zweifel bestehen: Ohne Körper keine Kommunikation, so wie kein Interaktionssystem ohne physische Anwesenheit. Im Fall von *Wahrheit*, die auf Wissenschaft hinausläuft, wird Körperlichkeit als Problem der *Wahrnehmung* codespezifisch bedeutsam. Im Fall von *Liebe* sorgt der Bezug auf *Sexualität* für Unruhe und buchstäblich für Erregung im System. »Für Sexualität«, sagt Luhmann, »heißt die Leitunterscheidung dann: mit oder ohne Liebe. Im einen Fall läuft es auf Ehe hinaus, für den anderen entsteht eine Gegenkultur der Obszönität« (GdG I, S. 380). Im Fall von *Eigentum/Geld* rücken *Bedürfnisse* ins Zentrum, und das mit einer in weltgesellschaftlicher Perspektive kaum vorstellbaren Spannbreite. Das symbiotische Symbol für *Macht* ist *physische Gewalt*, deren Einsatz, denkt man an das von Politik kontrollierte Gewaltmonopol, auf *Recht* als Zweitcodierung verweist.

Diese hier nur umrisshaft mögliche Skizze von Merkmalen symbolisch generalisierter Kommunikationsmedien dürfte ausreichen, um folgende Überlegung jetzt nachvollziehbar und verständlich zu machen: Die zunehmende Ausdifferenzierung der Medien kann zu einer Herausbildung von jeweils eigenen, codespezifischen Funktionssystemen führen. Funktionssysteme können, so betrachtet, gleichsam als geronnene, durch Organisation verfestigte Medien begriffen werden. In einem langen historischen Prozess kommt die Gesamtgesellschaft zunehmend in den »Inklusionssog ihrer Teilsysteme« (GdG II, S. 738), bis in der Moderne das Strukturprinzip – *Funktionale Differenzierung* – voll zur Entfaltung kommt, weil nun »spezifische Funktionen und deren Kommunikationsmedien auf *ein* Teilsystem mit Universalzuständigkeit konzentriert werden müssen; also in einer neuartigen Kombination von Universalismus und Spezifikation« (GdG II, S. 709; H.d.V.). Das ist allerdings kein organischer Entwicklungsprozess, denn

---

71 »Symbiotische Symbole«, heißt es bei Luhmann, »ordnen die Art und Weise, in der Kommunikation sich durch Körperlichkeit irritieren lässt; die Art und Weise also, in der die Effekte struktureller Kopplung im Kommunikationssystem verarbeitet werden, ohne dass dies die Geschlossenheit des System sprengen und eine nichtkommunikative Operationsweise erfordern würde« (GdG I, S. 378, Fn 329 mit weiteren Verweisen).

die Gesellschaft »geht nicht auf wie Sauerteig, sie wird nicht gleichmäßig größer, differenzierter, komplexer, (sondern) sie komplexiert vielmehr einige Funktionsbereiche und lässt andere verkümmern« (GdG I, S. 392).

3.1.5 Funktionssysteme: Inklusion – Organisation – Exklusion

Funktionale Differenzierung heißt ja nichts anderes als: für eine erfolgversprechende Bearbeitung verschiedener Probleme braucht es verschiedene Funktionen – das aber sieht aus der Sicht der verschiedenen Funktionssysteme sehr verschieden aus. In dem ebenso sperrigen wie treffenden Ausdruck »zurechtaspektiert« (SS, S. 341), den Luhmann einmal in einem vergleichbaren Zusammenhang verwendet, kommen beide Seiten zum Klingen: die Unvermeidbarkeit verschiedener Perspektiven auf verschiedene Bezugsprobleme einerseits – und die im Zuge der dafür notwendigen scharfkantigen Unterscheidungen anfallenden Folgeprobleme andererseits, die Späne sozusagen, die beim Hobeln der Evolution unvermeidbar anfallen. Dabei sind die Funktionssysteme ungleich und gleich zugleich – *Liebe* oder *Kunst* bringen zweifellos andere Formen hervor als *Macht* oder *Wirtschaft* (ungleich), aber: *Macht* oder *Wirtschaft* sind, allein vom Strukturprinzip aus gesehen, nicht wichtiger, bedeutsamer, entscheidender als *Kunst* oder *Liebe* (gleich). Präzise gesagt: »Das Gesamtsystem verzichtet auf jede Vorgabe einer Ordnung (zum Beispiel: Rangordnung) der Beziehung zwischen den Funktionssystemen« (GdG II, S. 746).[72]

Das Prinzip der Differenzierung führt dazu, dass das System sich in sich selbst multipliziert: es existiert dann nicht nur als Gesellschaft mit Außengrenzen, sondern immer zugleich auch als Differenz von Teilsystem und dessen innergesellschaftlicher Umwelt (vgl. Luhmann 1983a, S. 31). Genau das macht die Komplexität der modernen Gesellschaft aus, die damit »in sich selbst sozusagen mehrfach vorkommt« (Luhmann 1983b, S. 170). Das heißt aber auch: »Es gibt keinen funktionsunabhängigen Beobachtungsstandpunkt mehr … Die Gesellschaft hat weder Zentrum noch Spitze. Kein Funktionssystem, auch nicht die Politik, auch nicht die Wirtschaft und nicht einmal die Religion, kann einen über die eigene Funktion hinausgehenden Platz beanspruchen« (Luhmann 1983a,

---

72 Die Diskussionen (im System der *Massenmedien*) im Zuge der Pandemie-Bewältigung bieten dafür reiches Anschauungsmaterial: Plötzlich und relativ unerwartet wird *für* Kultur gestritten und die Nicht-Schließung von Theatern, Konzerthäusern, Kleinkunstbühnen und Kinos verlangt. Und vor allem: Politik (als Funktionssystem) *muss* sich damit nach Maßgabe der eigenen Unterscheidungen (d. h. mit Blick auf Wiederwahl bei den nächsten Wahlen) befassen und kann dem nicht ausweichen. »Deshalb sind ja gerade die Künstler und Kreativen«, so die Kulturstaatsministerin der BRD in einem Interview (DLF, 29.10.2020, 9:48), »die so was wie ein kritisches Korrektiv in einer Gesellschaft sind, die uns den Spiegel vorhalten, die Antworten auf letzte Fragen suchen – und das brauchen wir jetzt mehr denn je. Sie sind in dieser Hinsicht auch essenziell für eine Demokratie. Diese permanente Diskussion darüber, wer ist hier wie *systemrelevant*, die kann ich für Kultur ganz eindeutig beantworten. Ja, wir sind als Kultur und Kreative *systemrelevant* in Deutschland« (H. d. V.).

S. 30). Anders gesagt: das für moderne Gesellschaften typische *Strukturprinzip funktionaler Differenzierung* steigert die Autonomie der Teilsysteme und gleichzeitig deren wechselseitige Abhängigkeit (vgl. ebd., S. 31 f.).

So muss die Politik, um ein Beispiel aus jüngerer Zeit zu geben, selbst bei Maßnahmen zur Verhinderung der Ausbreitung des Corona-Virus neben anderen nicht nur auf Rechtsfolgen (d. h. zu erwartende Klagen) Rücksicht nehmen, sondern auch auf Wirtschaft (daher im Vorwege die Zusicherung spezieller Finanzhilfen), nicht weniger allerdings auf die materiellen und personellen Kapazitäten des Gesundheitssystems wie auch auf Bildungs- und Ausbildungsprozesse, nicht zu reden von innenpolitischen (Akzeptanz der Wahlberechtigten) wie außenpolitischen Gesichtspunkten (Grenzschließungen mit Aus- bzw. Einreisebeschränkungen) – und das bei genuin kontroversen Botschaften der Experten (Wissenschaft) und pausenloser Verstärkung durch Massenmedien. Wie man hieran sieht, werden moderne Gesellschaften nicht gesteuert; sie steuern sich vielmehr selbst, eben als autopoietische Soziale Systeme – einschließlich aller Vor- und Nachteile, die mit diesem Strukturprinzip unabdingbar verbunden bleiben.

Teilsysteme orientieren sich dabei an dem einfachen Prinzip: »Je mehr und besser, desto besser«. Sie streben also danach, ihre Funktionen ständig zu optimieren und sind damit auf Wachstum angelegt. Selbstbeschränkung ist ihnen strukturell fremd (vgl. Luhmann 1983b, S. 171). Funktionale Differenzierung führt daher in der Regel zu funktionaler Optimierung. *Beschränkungen* im Hinblick auf die Optimierung ihrer jeweiligen Funktionen können demnach nie aus den Teilsystemen selbst erfolgen, sondern immer nur aus deren Umwelt, das heißt also, aus den funktionalen Optimierungsimpulsen der anderen Teilsysteme – und all das nur in Form von *Irritation*.

Dabei beginnt der Zugriff der Funktionssysteme auf Personen früh, genauer gesagt: mit der Geburt. Wie immer man *auf* die Welt kommt – *in* die Welt der Gesellschaft kommt man erst dann, wenn gem. § 59 des Personenstandsgesetzes (PStG) diese Ankunft amtlich beurkundet ist. Und man kann zwar einfach sterben – aber *aus* der Welt der Gesellschaft ist man erst dann endgültig verschwunden, wenn eine Sterbeurkunde (§ 60 PStG) ausgefertigt ist, wobei gem. § 48 der Ausführungsverordnung zu diesem Gesetz neben anderen Anforderungen auch die Qualität des Papiers die entsprechenden Vorgaben erfüllen muss (mindestens die Qualitätsanforderungen nach DIN 19307 – ASM 80).

Inklusion und *Exklusion*: Das ist, wie das schlichte Beispiel von den zwei Punkten einer Lebenslinie zeigt, der entscheidende operative Mechanismus der Funktionssysteme. Und dieses Beispiel verweist auf ein weiteres Merkmal: Ob die Eltern eines Kindes Angehörige einer Religions- oder Weltanschauungsgemeinschaft sind (und wenn ja, welcher), das kann, muss aber nicht vermerkt werden; wenn eine solche Zugehörigkeit allerdings besteht, dann kann später, je nach rechtlichem Status der jeweiligen Glaubensgemeinschaft, Kirchensteuer erhoben werden (durch wen, das ist dann wiederum eine andere Frage). Es gibt, anders gesagt, *Inklusion und Exklusion* in jeweils verschiedene Funktionssysteme *zugleich*. Wer längere Zeit von Arbeitslosigkeit (*Wirtschaft*) betroffen ist, verliert damit ja nicht seine staatsbürgerlichen Rechte (*Macht/Recht/Staat/Politik*); er bleibt ggf. Mitglied in seiner Kirchengemeinde und Kassenwart im Sportverein; allerdings dürfte nach geraumer Zeit Exklusion (*Wirtschaft*) zeitgleich mit Inklusion in das System *Sozialer Hilfe* (Hartz IV) wahrscheinlich sein.

Funktionssysteme operieren zwar stets autonom, aber nie autistisch. Auch sie sind, je nach Fall mehr oder weniger, durch den Mechanismus *struktureller Kopplung* notwendig aufeinander bezogen. Anderenfalls wäre schwer zu verstehen, »wieso die Gesellschaft nicht binnen kurzem explodiert oder in sich zerfällt« (GdG II, S. 776). Was bei der Betrachtung des Verhältnisses zwischen psychischen und sozialen Systemen bereits erläutert wurde, gilt auch jetzt: Denn Strukturelle Kopplung ist keineswegs als eine Art unsichtbares »Super-Funktionssystem« zu verstehen, das von einer übergeordneten Warte die Beziehungen der Funktionssysteme untereinander regelte. Der Begriff beschreibt auch hier vielmehr spezifische Formen, durch die Funktionssysteme sich wechselseitig beeinflussen. Einige Beispiele mögen das verdeutlichen: Politik und Wirtschaft sind in erster Linie durch Steuern und Abgaben verkoppelt; Recht und Politik durch die Verfassung; Recht und Wirtschaft durch Eigentum und Vertrag; Wissenschaftssystem und Erziehungssystem durch die Organisationsform der Universitäten, Erziehungssystem und Wirtschaft demgegenüber im Wesentlichen durch Zeugnisse und Zertifikate (vgl. GdG II, S. 781 ff.).

Aber in keinem Fall gibt es einen *direkten* Durchgriff von einem Funktionssystem auf ein anderes, sondern strukturelle Kopplungen stammen aus der Umwelt (d. h. aus einem anderen Funktionssystem) eines Systems und werden dann *in ihm*, dem digitalen Muster eines »entweder/oder-Schemas« folgend, nach Maßgabe der dort jeweils geltenden Funktionslogik behandelt. Genau darin liegt der Kern wechselseitiger *Irritation*. Und die wiederum kann stärker oder schwächer ausgeprägt sein (wie zum Beispiel am Religionssystem zu sehen ist, das kaum strukturelle Koppelungen ausgebildet hat). Die Umwelt eines Funktionssystems, so könnte man vereinfachend sagen, besteht gleichsam aus einem Geflecht verschiedener, zu bestimmten Anpassungsleistungen nötigender struktureller Koppelungen; und genau das hat zur Folge, »daß keiner dieser Außenbeziehungen die Führung überlassen werden kann« (GdG II S. 780). Insofern oszillieren Funktionssysteme stets zwischen Autonomie und struktureller Kopplung, zwischen Selbst- und Fremdreferenz. Aber wie machen sie das?

Die Leerstelle, die sich in komplexen sozialen Ordnungen zwischen dem umfassenden Sozialsystem, den verschiedenen Funktionssystemen und der unüberschaubaren Mannigfaltigkeit der Interaktionssysteme notwendig ergibt, wird von *Organisationssystemen* (► Kap. 3.1.3) ausgefüllt. Denn in Funktionssysteme kann man nicht ein- oder austreten, das geht nur mit Organisationen. Diese knüpfen Mitgliedschaft an bestimmte Bedingungen, sorgen mit Inklusion zugleich für Exklusion, basieren also auf Regeln, die Ein- und Austritt festlegen und als Folge davon das Verhalten der Akteure in jeweils spezifischen Hinsichten zu bestimmen versuchen. Eben dadurch wächst das Ausmaß der zuverlässig erwartbaren Handlungen.

Kein Funktionssystem kommt ohne Organisation aus, weder Politik, Recht, Wirtschaft noch Wissenschaft, selbst Kunst nicht, nicht einmal Religion und auch nicht Erziehung. Das hat verschiedene Gründe. Ein Sachverhalt allerdings soll pointiert hervorgehoben werden: Organisationen sorgen für *Entscheidungen*, die es anderenfalls nicht gäbe, genauer gesagt, sie erzeugen Entscheidungen durch Entscheidungen. Darin liegt die Besonderheit dieses Systemtyps, denn *nur* Organisationen haben die Möglichkeit, mit Systemen in ihrer Umwelt zu kommunizieren. Das wiederum setzt hierarchische Strukturen voraus. Funktionssysteme hingegen können nicht miteinander kommunizieren, da sie füreinander nur Umwelt sind (das ›geht‹ allenfalls auf Tagungen in Akademien, wenn es bspw. heißt »Wirtschaft und Politik im Dialog«).[73]

Allerdings kann keine Organisation im Bereich eines Funktionssystems allein alle Operationen an sich ziehen und als eigene durchführen. So entsteht gleichsam funktionsinterne Konkurrenz. Es gibt nicht nur »den« Nobelpreis, sondern seit etlichen Jahren auch einen »alternativen«; und neben staatlichen Rettungsorganisationen gibt es, wie sich auf dem Mittelmeer während der Flüchtlingskrise rasch gezeigt hat, eine ganze Reihe anderer, meist durch Spenden finanzierte Organisationen zur Seenotrettung, die dann oft als »zivilgesellschaftliche« Initiativen bezeichnet werden. Auf diese Weise stellt sich die Offenheit her, die für moderne Gesellschaften typisch ist. Denn nur die Differenz von Funktions- und Organisationssystem ermöglicht es, Inklusion und Exklusion zugleich zu praktizieren, also beweglich zu halten: Alle Menschen glauben an etwas, aber man ist nur in einer Religionsgemeinschaft oder Kirche Mitglied (oder eben auch in keiner, obwohl man an etwas glaubt).

Wiewohl alle Organisationen einerseits gemeinsame Merkmale aufweisen, sind sie andererseits jedoch auch funktionsspezifisch eingefärbt. Dadurch geraten sie unter jeweils besondere Ansprüche und Erwartungen: Von einer kirchlichen Organisation erwartet man dann einen besonderen, eben kirchlichen Umgang mit Entscheidungen. Oder man ist enttäuscht, wenn ein ausführlich und nach allen Regeln der Kunst begründeter Forschungsantrag (selbst im Kontext von Exzellenz) auf eine Weise abgelehnt wird, die mit Wissenschaft wenig zu tun hat und den vorgetragenen Begründungen nicht gerecht wird. Aber wie man es auch dreht und wendet: die Absorption von verständlicher Enttäuschung ist letztlich nur durch einen neuen Antrag möglich. Auch an solchen subjektiv empfindlichen Stellen zeigt sich, buchstäblich schonungslos, die Differenz der Ebenen der Systembildung, um die es hier geht.

Organisationssysteme, das dürfte deutlich geworden sein, haben ambivalenten Charakter. Im Wissenschaftssystem sorgen sie z. B. ganz elementar für die Kontinuität der Funktion: die Suche nach Wahrheit hört nicht auf, wenn ein Forscher, aus welchen Gründen auch immer, zu forschen aufhört. Sie stellen darüber hinaus die Ressourcen bereit, die benötigt werden, und sie sorgen durch Kommunikation mit Organisationen anderer Systeme (z. B. Politik) auch dafür, dass nicht nur nach dem geforscht wird, was ein einzelner Forscher für wichtig erachtet, sondern auch danach, was anderenorts als Problem oder Frage erscheint. Dies geschieht zumeist über Zufluss von Geld im Gewand von Themen (Projek-

---

73 In einer früheren Arbeit (Kraft 1991) habe ich mit Blick auf pädagogische Sachverhalte die Organisationsform der Jugendverbände unter diesem Gesichtspunkt genauer analysiert (»Der Landesjugendring als soziales System. Sozio-logische Anmerkungen in pädagogischer Absicht«).

te). So arbeiten in Deutschland gegenwärtig zehn (international vernetzte) eigenständige Organisationen im Wissenschaftssystem, denen mehr als 120 Wissenschaftsstiftungen wiederum Finanzmittel zuführen. Organisationen gehören also, theoretisch und mit Luhmann gesprochen, »zu den Formen rigider Kopplung, die das Medium binden und verbrauchen« (1992, S. 676).

Auch dieser knappe Seitenblick auf Organisationen zeigt: Die Operationen der Funktionssysteme, wie raffiniert sie auch immer im Detail Komplexität reduzieren, basieren letztlich, so könnte man durchaus sagen, auf ›zurechtaspektierten Vereinfachungen‹, anders gesagt: Funktion und Frustration sind genuin miteinander verbunden. Denn »die Vereinfachungen«, so Luhmann, »müssen mit hohen Enttäuschungsquoten bezahlt werden. Es mag sich dann, und zwar gerade unter den Bedingungen hohen und wachsenden Wohlstandes, eine generalisierte Unzufriedenheit ausbreiten, die unrealistischen Ansichten über die moderne Gesellschaft Nahrung gibt und zu einem begierigen Konsum von Skandalen führt« (GdG II, S. 763). Aufgrund ihrer eigenen Ausdifferenzierung, Spezialisierung und Hochleistungsorientierung belasten sich die Funktionssysteme sozusagen selbst – »und damit die Gesellschaft« (GdG II, S. 802). Funktionsspezifische Leistungen führen nie auf direktem Wege zu funktionsübergreifenden Lösungen, sondern sie produzieren neue Differenzen, die dann wiederum Anlass für weitere Operationen der einzelnen (anderen) Teilsysteme werden (darin dürfte einer der Gründe dafür liegen, dass moderne Gesellschaften ökologische Probleme so schwer in den Griff zu bekommen scheinen).

Was für das Ganze gilt, gilt auch für das einzelne Individuum: Zwar zielt jedes Funktionssystem auf Inklusion *aller* Individuen, aber das bezieht sich nur noch auf die jeweils eigenen Operationen: »Die Gesellschaft oszilliert nun zwischen positiven (Subjekt) und negativen () Einschätzungen der Chancen für den Einzelnen« (GdG II, S. 765 f.). Man könnte sagen: Funktionale Differenzierung zwingt auf der individuellen Ebene zu einer Identität, die eben diesem Prinzip entspricht, zu einer differentiellen Identität sozusagen. Das ist heutzutage gewissermaßen der Normalfall.

Aber die positive Seite der Inklusion produziert immer auch eine negative, sorgt also zugleich für neue Differenzen – Inklusion bleibt mit Exklusion verbunden: »Wer zahlen kann, bekommt, was er begehrt; wer nicht zahlen kann, bekommt es nicht« (GdG I, S. 320). Bei dem Einen wachsen die Chancen, bei dem Anderen werden sie von Mal zu Mal geringer: ein Kippbild, das Luhmann mit guten Gründen »diabolisch« nennt (ebd.). Und wer aus allem herausgefallen ist, der bleibt am Ende nur noch als Körper erkennbar – Total-Exklusion. Statistiken über die Zahl der in den letzten Jahren auf der Mittelmeerroute ertrunkenen Flüchtlinge sind dafür ein bedrückender Beleg. In abgestufter und anderer Weise zeigen sich derlei Phänomene allerdings auch in größerer Nähe, z. B. an dem, was in der Sprache der Verwaltung »Bestattungen von Amts wegen« genannt wird. Lebensläufe, deren Spuren überhaupt nicht mehr zu erkennen sind, hinterlassen nur noch einen toten Körper, der dann, sollte er überhaupt noch als solcher erkennbar und präsent sein, in einem letzten Schritt ein allerletztes Mal inkludiert wird: Das geschieht in der Form einer, so der zynisch klingende, allerdings sehr präzise Ausdruck, ›Sozialbestattung‹ – und dafür ist das Sozialamt zuständig.

3.1.6 »Immunsysteme«: Gefühle, Widersprüche, Konflikte und Proteste

»Wohin gehört ein westafrikanischer Trommler, der eine hohe Zahl von verschiedenen Rhythmen beherrscht und eigenwillig kombinieren kann, seine Prominenz aber den Massenmedien und den Exotikinteressen des westlichen Publikums verdankt« (GdG II, S. 807)? Die Antwort auf dieses beiläufig anmutende, kleine Aperçu kann nur lauten: Dieses psychische System gehört in die Umwelt der Weltgesellschaft. Angesichts der komplexen, nationale Grenzen neutralisierenden Verflechtungen lassen sich in der Moderne viele soziale Systeme nur noch in weltgesellschaftlicher Perspektive angemessen erfassen: Industriekonzerne agieren über Staatsgrenzen hinweg ebenso wie Umweltorganisationen, und allein achtzehn große Organisationen sind unter dem Dach der Vereinten Nationen zusammengefasst. Zudem kann sich heutzutage der Möglichkeit nach fast jeder mit einem Mausklick in Echtzeit mit Hilfe der »Live ISS Tracking Map« in 93 Minuten und ca. 400 km Höhe die Erde von oben anschauen. Anders gesagt: Auch der Blick auf die Erde als »Welt« ist durch Technik selbstreferentiell geworden. Wir können, ungeachtet unbemannter Expeditionen in andere Galaxien, um uns kreisen und dabei die Erde als ganzen Planeten betrachten – und all das, zoomend, in hoher Auflösung.

Die Weltgesellschaft steuert sich aber nicht, wie nationale soziale Systeme, über Ziele, Normen, Direktiven oder gar Verfassungen. Vielmehr erzeugen »die Zentren der Weltgesellschaft (vor allem natürlich die internationalen Finanzmärkte) Fluktuationen …, die dann regional zu dissipativen Strukturen und zu Notwendigkeiten der Selbstorganisation führen« (GdG II, S. 808). Das gilt für Wirtschaft (durch Unternehmen sowie durch Fonds für Geldanlagen), das gilt für Religion (mit dementsprechenden Fundamentalismusphänomenen), das gilt für Politik (durch den Zerfall der Vorrangstellung der Weltmächte), und das gilt für die erbitterte Konkurrenz von Nationalstaaten um internationale Finanzmittel. Denn heutzutage verlieren »Raumgrenzen () für die auf Universalismus und Spezifikation angelegten Funktionssysteme (ihren) Sinn, (da ihr) Funktionsbezug zum ständigen Kreuzen von territorialen Grenzen (auffordert)« (GdG II, S. 809). Sichtbar werden diese Entwicklungen an der weltweit fast zeitgleichen Kommunikation, an den Verfahren internationaler Kreditvergabe, an militärischen Operationen ebenso wie an der Verbreitung von hochentwickelten Schul- und Universitätssystemen (vgl. ebd,). »Das Weltsystem«, so resümiert Luhmann, »realisiert () die Gleichzeitigkeit aller Operationen und Ereignisse und ist dadurch, da Gleichzeitigkeit kausal nicht kontrolliert werden kann, in einer unkontrollierbaren Weise effektiv« (ebd.).

In nationalstaatlichen Gesellschaften hingegen ist die Kopplung »weniger lose«, fester und enger also, und daher gibt es auf dieser Ebene auch mehr und andere Möglichkeiten der Kontrolle, Beschränkung und Einflussnahme durch wechselseitige *Irritation* der Funktionssysteme. Der hierbei entscheidende Mechanismus funktioniert wie ein Immunsystem im menschlichen Organismus. Auf der Ebene psychischer Systeme sind es *Gefühle*; und auf der Ebene sozialer Systeme sind es *Widersprüche*, *Konflikte* und *Proteste* gleich welcher Art, an denen sich zeigt, dass die Immunabwehr sozusagen »anspringt«, um ein Problem zu bearbeiten, das den Fortbestand des Systems bedroht. Wie muss man sich das vorstellen?

Psychische Systeme, um mit schon Bekanntem auf dieser Ebene zu beginnen, konstituieren und erhalten sich auf der Basis eines einheitlichen, selbstreferentiellen Bewusstseinszusammenhangs, mithin auf der Grundlage kognitiver Prozesse. Wenn allerdings die »Autopoiesis des Bewussteins gefährdet ist« (SS, S. 370), etwa durch ein plötzliches unvorhergesehenes, auf jeden Fall aber sehr besonderes Ereignis (z. B. durch einen Unfall, eine traumatische Kränkung, einen existenziellen Verlust, eine überwältigende Ehrung oder auch durch den verzaubernden Beginn einer Liebesbeziehung), dann gerät die gewohnte Logik des Denkens aus dem Lot, und Gefühle übernehmen, zumindest für eine mehr oder weniger lange Dauer, die Steuerung.[74] Denn Gefühle sind, systemtheoretisch formuliert, »interne Anpassungen an interne Problemlagen psychischer Systeme« (SS, S. 371). Sie sind, gleich ob sie sich nun spontan einstellen oder einer länger andauernden Disposition entstammen, im Grunde genommen stets »instabil, da sie mit dem Wieder-in-Ordnung-Bringen der Selbstkonstituierung des Bewusstseins abklingen ...; sie scheinen geradezu die Immunfunktion des psychischen Systems zu übernehmen« (ebd.). So wie hohes Fieber auf der Ebene körperlicher Vorgänge alle anderen Prozesse gewissermaßen rücksichtslos dominiert, um den Organismus vor ihn bedrohendem Schaden zu bewahren und die Vitalfunktionen aufrecht erhalten zu können, so sichern Gefühle »den Weitervollzug der Autopoiesis ... des Bewußseins« (ebd.). Und wie ein Fieber bedienen auch sie sich ungewöhnlicher Mittel, sie nutzen »vereinfachte Diskriminierverfahren, die Entscheidungen ohne Rücksicht auf Konsequenzen erlauben. Sie lassen sich, ohne direkten Bezug dieses Geschehens zur Umwelt, steigern oder abschwächen je nach der Erfahrung des Bewußtseins mit sich selbst« (ebd.). Die Alltagserfahrung kennt das und empfiehlt in solchen Lagen, sich erst einmal zu beruhigen (»Küm to Di«, sagt man auf plattdeutsch an der Küste) oder eine Nacht darüber zu schlafen, bevor dann eine (hoffentlich wieder rationale) Entscheidung getroffen wird. Nüchtern gesprochen: »Das Gefühl ist gleichwohl mehr als interpretierte Biochemie: Es ist eine Selbstinterpretation des psychischen Systems im Hinblick auf die Fortsetzbarkeit seiner Operationen« (SS, S. 372).

Vergleichbare Formen einer solchen »Immunabwehr« gibt es in sozialen Systemen auch. In ihnen übernehmen Widersprüche, Konflikte und Proteste, in denen jeweils spezifische Themen eingebunden sind, die Funktionen eines »Immunsystems«, nicht zuletzt aus dem Grund, weil Widerspruch (analog zu Gefühlen) eine Form ist, »die es erlaubt, *ohne Kognition zu reagieren*« (SS, S. 505). Um hier Missverständnissen vorzubeugen: Es geht um Widerspruch als eine *Form*; und das ist zunächst unabhängig davon, wie kognitiv elaboriert und differenziert die jeweiligen Inhalte sein mögen. Konflikte, Proteste und Widerspruch wie Widerstand lassen soziale Systeme fiebern. Sie sind nicht »etwas ›Schlechtes‹

---

74 Luc Ciompi hat für diese Prozesse den bezeichnenden Ausdruck »Affektlogik« geprägt: wer in Wut gerät, folgt dann einer »Wutlogik«, wer sich verliebt, betrachtet die Welt demgemäß mit einer »Liebeslogik« usw.; vgl. L. Ciompi: Die emotionalen Grundlagen des Denkens: Entwurf einer fraktalen Affektlogik. Göttingen (V&R) 1997.

im Vergleich zum ›Guten‹ … Sie dienen als Alarmsignale, die im System zirkulieren und überall unter angebbaren Bedingungen aktiviert werden können … Sie dienen als Immunsystem im System« (SS, S. 506).

Damit derlei Immunreaktionen kommunikativ erfolgreich sein können, sind »hohe Mobilität, ständige Einsatzbereitschaft, okkasionelle Aktivierbarkeit (und) universelle Verwendbarkeit« erforderlich (ebd.). Dabei zeigt sich die Lernfähigkeit eines sozialen Systems gerade an einer Einsicht, die, wird sie nicht zur Kenntnis genommen, rasch für Vorurteile sorgen kann: Denn »das System immunisiert sich *nicht gegen das Nein*, sondern *mit Hilfe des Nein*; es schützt sich *nicht gegen Änderungen*, sondern *mit Hilfe von Änderungen* gegen Erstarrung in eingefahrenen, aber nicht mehr umweltadäquaten Verhaltensmustern« (SS, 507; H.i.O.). Und wie bei einer Krankheit ist mit dem Anspringen der Immunreaktion noch keineswegs entschieden, dass die Abwehr auch erfolgreich sein wird, was unmittelbar einleuchtet, führt man sich bspw. das Schicksal von Freiheitsbewegungen in autoritären politischen Systemen vor Augen. Dem Rechtssystem kommt hierbei in aller Regel eine besondere Bedeutung zu, weil sich Widersprüche, Konflikte und Proteste häufig gerade an rechtlich kodifizierten Normen festmachen und artikulieren, meist, indem Grundrechte der Verfassung gegen eine dem nicht mehr oder nicht hinreichend gemäße soziale Umwelt in diskursive Stellung gebracht werden – bis hin zum Bezug auf die Allgemeinen Menschenrechte. Und man kann auch sehen, dass gerade das Rechtssystem mit dem ihm eigenen langen prozessualen Atem oft für zeitlichen Aufschub und dementsprechend für die damit verbundene Form von Enttäuschung sorgt. Wie langwierig und schwierig solche Prozesse sein können, zeigen z. B. die Auseinandersetzungen und Debatten um eine veränderte strafrechtliche Bewehrung sexualisierter Gewalt gegen Kinder. Denn zuallererst muss das Thema ebenso hartnäckig wie nachhaltig überhaupt erst einmal Gegenstand kommunikativer Prozesse werden, was gar nicht anders denkbar ist, als dass *Betroffene* darüber *öffentlich* zu sprechen beginnen – das ist *systemtheoretisch* zwar zwingend, für viele von ihnen *praktisch* aber eine gar nicht oder nur unter größten inneren, vielfach retraumatisierenden Schwierigkeiten zu nehmende Hürde. Erfahren sie dabei allerdings eine angemessene Unterstützung (wie z. B. in der BRD erst seit 2015 durch das »Amt des Unabhängigen Beauftragten für Fragen des sexuellen Kindesmissbrauchs« mit der dazugehörigen »Unabhängigen Aufarbeitungskommission«), dann wird das Thema in Organisation gebunden, wodurch erst Einflussnahmen auf andere Funktionssysteme möglich werden, so dass es allmählich auch zu Veränderungen im Rechtssystem kommen kann.

Gleichwohl: Ob all diese Immunreaktionen erfolgreich verlaufen oder erfolglos im Sande, ob sie friedlich bleiben, also auf Gewalt verzichten, oder ob sie zum Terror mutieren, und ob Politik sie machtvoll mit physischer Gewalt unterdrückt, oder ob es tatsächlich zu Änderungen der Verhältnisse kommt – das wird durch derlei immunologische Aktivitäten allein nicht entschieden.

Es spricht für die Realitätsnähe und Tatbestandsgenauigkeit der soziologischen Systemtheorie, dass Luhmann vor diesem Hintergrund gerade den Protestbewegungen besondere Aufmerksamkeit geschenkt hat (vgl. GdG II, S. 847 ff. sowie Luhmann 1996). Denn soziale Protestbewegungen, so sagt er, beobachten gleichsam die Gesellschaft »anhand ihrer Folgen« (GdG II, S. 859). Der argumentative Mechanismus ist dabei stets derselbe: »Man denkt im genauen Sinne in der Gesellschaft für die Gesellschaft gegen die Gesellschaft« (GdG II, S. 862). Dabei werden meist zwei Typen von »Sonden« verwendet: eine Sonde reagiert zuverlässig auf »interne Gleichheit« und vermag unverzüglich »Ungleichheiten« sichtbar zu machen; die andere ist auf »externes Gleichgewicht« geeicht, wodurch »ökologische Ungleichgewichte« bemerkbar werden (vgl. GdG II, S. 857). Entsprechende Bewegungen vorausgesetzt, gibt es an Nachschub hier keinen Mangel, und welches Thema gerade in den Vordergrund rückt, entscheiden die jeweiligen Anlässe und die Redundanz-Verstärkungen durch das System der Massenmedien. Allerdings: Ohne die Konzentration auf ein Thema kann es nicht gehen, denn »gegen Komplexität kann man nicht protestieren« (GdG II, S. 861).

So zeigt sich am Ende eine für die moderne Gesellschaft wesentliche Eigenschaft, die ebenso widersprüchlich erscheint wie sie eben gerade dadurch in hohem Maße funktional ist: »Die moderne Gesellschaft hat anscheinend eine Form der Autopoiesis gefunden, um sich selber zu beobachten: in sich selbst *gegen* sich selbst. … Sie reagiert in dieser hochtemporalisierten, raschen Form auf ihre eigene Intransparenz, auf die Risiken ihres Redundanzverzichts, auf die hochgetriebene Entscheidungsabhängigkeit aller Vorgänge bei Fehlen jeder gesamtgesellschaftlichen Autorität für das Bestimmen des Richtigen … und damit natürlich auf die vielen negativen Begleiterscheinungen ihrer eigenen Realisation« (GdG II, S. 865).

Manchmal verbinden sich dabei im Modus wechselseitiger Verstärkung die immunologischen Reaktionen psychischer und sozialer Systeme: Die Rede Greta Thunbergs – Leitfigur der durch sie inspirierten Jugendbewegung »Fridays for Future« – auf dem Klimagipfel der Vereinten Nationen am 23.9.2020 gibt dafür ein eindrucksvolles Beispiel.

Damit ist der Ausflug in das »Labyrinth« der soziologischen Systemtheorie insoweit abgeschlossen, als nun nachvollziehbar geworden sein dürfte, wie man sich dort verlaufen kann (aber nicht unbedingt verlaufen muss). Dass sich diese Begriffsarbeit gelohnt hat, wird sich in den nächsten Abschnitten erweisen: Denn im Folgenden wird der Blick in einzelne Funktionssysteme hinein gelenkt, um Klarheit darüber zu gewinnen, wie die drei Operationen *Erziehung – Beratung – Psychotherapie* in soziale Strukturen eingebettet sind.

3.2 Ausgewählte Einblicke in das Erziehungssystem

In diesem Abschnitt geht es nicht um eine systemtheoretische Beschreibung des Funktionssystems ›Erziehung‹, auch nicht um die argumentative Auseinandersetzung mit einzelnen theoretischen Prämissen oder um die eingehende Darstellung spezieller Probleme aus den beiden hier im Vordergrund stehenden disziplinären (d. h. soziologischen und erziehungswissenschaftlichen) Perspektiven. Es sollen hier lediglich drei Bereiche ausgewählt werden, an denen sich prominent und verweisungsreich zeigen lässt, wie der Einfluss gesellschaftsstruktureller Bedingungen auf pädagogische Operationen gesehen werden kann.

Um diese Auswahl nachvollziehen zu können, muss ein erster Abschnitt zumindest kurz umreißen, auf welche Weise Luhmann sich der Pädagogik zugewandt hat: »*Minen im Erziehungssystem*« lautet die Überschrift (▶ Kap. 3.2.1); als theoretischer »Stachel« in der Systemtheorie wirkt die Erziehung insofern, als sie ihre »*Funktion ohne Code und Medium*« (▶ Kap. 3.2.2) erbringen muss; diese Besonderheit kommt in mehrfacher Hinsicht zum Tragen, nicht zuletzt an einem Phänomen, das man »*Problemüberwälzungen*« (▶ Kap. 3.2.3) nennen kann; schließlich fällt auf, dass in der modernen Gesellschaft alle organisierte Erziehung unter dem Diktum unablässigen Reformierens zu stehen scheint; ein Abschnitt über »*Reflexionsprobleme: Reformsemantik als Immunsystem*« ist daher unverzichtbar (▶ Kap. 3.2.4).

3.2.1 Minen im Erziehungssystem

Man macht vermutlich keinen Fehler, wenn man behauptet, dass *Erziehung* das theoretische Interesse Luhmanns in ganz besonderer Weise auf sich gezogen hat. Kein anderes Funktionssystem hat seine Anstrengungen über Jahre hinweg mit immer wieder neuen Anläufen so herausgefordert. Ob dieses nie nachlassende Engagement für die Erziehung und ihre Reflexionstheorie sich allein theoretischer Neugier verdankt oder nicht vielleicht auch, allem Biographieverzicht (vgl. Fuchs 2012) zum Trotz, von lebensgeschichtlichen Erfahrungen mit beeinflusst worden ist, kann man nicht wissen, darf es aber zumindest als Vermutung einmal äußern. Denn Luhmann, der nicht aus einer Akademikerfamilie stammte, hatte »immer viel gelesen« (die häuslichen Bücherschränke reichten dafür nicht aus, aber in Lüneburg gab es eine gute Stadtbibliothek), schon früh (vermutlich ein hochbegabter Schüler) eine Klasse übersprungen, »und die Schulausbildung war natürlich gut. Wir hatten Latein und Griechisch. Jeden Tag hatten wir eine Lateinstunde und beispielsweise von Tag zu Tag die Aufgabe bekommen, zwei Seiten Livius zu präparieren, und in der Schule wurde dann über den Text diskutiert« (vgl. Horster, 1997, S. 25 ff., insbes. S. 27 und S. 29). Dass ihm vor einem solchen Hintergrund die Bildungsreformen der 1970-er Jahre auf- und erklärungsbedürftig vorgekommen sein dürften, scheint so abwegig nicht zu sein. Das Problem der Erziehung und ihre Reflexionsprobleme in der modernen Gesellschaft waren für den soziologischen Beobachter offensichtlich eine ständige Provokation – so wie seine Einsichten und Befunde dann zu einer gleichsam auf Dauer gestellten Provokation der erziehungstheoretischen Reflexion geworden sind (für einen genauen Überblick vgl. Tenorth 2012, S. 331–336; aus Sicht der Soziologie vgl. Corsi 2000).

Der Begriff der Provokation, der seinen Ursprung im Römischen Recht hat, soll hier buchstäblich verwendet werden, also Versuche bezeichnen, etwas »hervorzurufen«, was ohne eine solche Intervention nicht von selbst zum Vorschein käme. Wechselseitige Provokation kann, so gewendet, als eine Form von Kooperation verstanden werden. Beide Seiten« werden auf diese Weise gezwungen, in ihrem jeweiligen Bereich etwas wahrzunehmen, was sie sonst vermutlich nicht (oder zumindest nicht so) wahrnehmen würden. Eine solche Form von Zusammenarbeit im Theoriespiel setzt allerdings belastbare Beziehungen voraus, eine Haltung also, in der keiner der Beteiligten als »Besserwisser« aufzutreten versucht und so auch nicht wahrgenommen wird. Das kann manchmal etwas dauern. Aus der Rückschau wird man allerdings sagen können, dass Soziologische Systemtheorie und Erziehungstheorie sich zusammengerauft haben: Die Pädagogik hat mittlerweile weithin verstanden, dass Luhmann nicht belehren, sondern lernen wollte, dass Ironie nicht Zynismus ist und dass Humor ein gutes Mittel sein kann, um das bedrohlich erscheinende Auflockern eingefahrener Theoriebahnen nicht als Angriff, sondern als Angebot zu verstehen.

Der explosive Beginn dieser produktiven Beziehung ist 1979 die gemeinsam mit Karl-Eberhard Schorr, dem Pädagogen und Erziehungshistoriker, veröffentlichte Publikation über »Reflexionsprobleme im Erziehungssystem«. »Minen«, so schrieben die beiden Autoren seinerzeit in der Einleitung, »die im Wissenschaftssystem fabriziert sind, können im Erziehungssystem hochgehen, und es mag dann wiederum Sache der Wissenschaft sein, den Druck zu messen« (Luhmann/ Schorr 1979, S. 6). Genauso war es. Dabei blieb es jedoch nicht. Denn diesem ersten Sprengkörper folgten weitere, die stets nach demselben Muster gefertigt wurden: Luhmann und Schorr wählten eine Fragestellung aus, dann entstand, entweder gemeinsam oder mal vom Einen, mal vom Anderen verfasst, ein Text; hierzu wurden andere Beiträge von ausgewählten Erziehungswissenschaftlern (und einer Erziehungswissenschaftlerin) eingeholt, um sie im Rahmen eines Kolloquiums vorzutragen und zu diskutieren; und am Ende fand sich all das nach entsprechender Überarbeitung in einem Buch versammelt.

Die Themenstellungen kamen dabei stets im vermeintlich schlicht und unverdächtig anmutendem Gewand von »Fragen an die Pädagogik« daher – systematisch betrachtet jedoch mit punktgenau platzierter Sprengwirkung, eben ›Minen‹ gleich, die nach und nach gezündet wurden: »Zwischen Technologie und Selbstreferenz« (1982), »Zwischen Intransparenz und Verstehen« (1986), »Zwischen Anfang und Ende« (1990), »Zwischen Absicht und Person« (1992), »Zwischen System und Umwelt« (1996) sowie (aufgrund des plötzlichen Todes von K.-E. Schorr in anderem Titelformat und mit Dieter Lenzen als Ko-Autor) »Bildung und Weiterbildung im Erziehungssystem. Lebenslauf und Humanontogenese als Medium und Form« (1997). Ein früheres Manuskript Luhmanns mit dem Titel »Das Erziehungssystem der Gesellschaft« (es ist etwa zeitgleich zu seinen Studien über »Die Gesellschaft der Gesellschaft«, »Die Politik der Gesellschaft« und »Die Religion der Gesellschaft« entstanden) wurde von D. Lenzen posthum herausgegeben (2002); ebenso eine Zusammenstellung von bereits publizierten kleineren Arbeiten, als »Schriften zur Pädagogik« (2004) veröffentlicht.

In diese grobe Synopse gehören zumindest noch zwei weitere Publikationen. Denn schon 1987 fand sich eine erste Bilanz dieser wechselseitigen Provokationen, die J. Oelkers und H.-E. Tenorth unter dem Titel »Pädagogik, Erziehungswissenschaft und Systemtheorie« zusammengefasst hatten, nicht zuletzt wohl in affektneutralisierender Absicht, war doch bis zu diesem Zeitpunkt die »System-

theorie Luhmanns gerade im pädagogischen Bereich überwiegend auf Ablehnung gestoßen, ohne dass ihre Implikationen wirklich zur Kenntnis genommen
worden sind« (Umschlag). Gut fünfzehn Jahre später war die Lage anders, denn
ein weiterer, von D. Lenzen 2004 herausgegebener Band trug den Titel »Irritationen des Erziehungssystems« und hatte »Pädagogische Resonanzen auf Niklas
Luhmann« zum Gegenstand.

Neben dieser breiten Schneise systemtheoretischer Interventionen und deren
Rezeption findet sich zudem eine Vielzahl weiterer Arbeiten zu einzelnen Fragestellungen und Problemen, so dass Luhmanns geradezu *pädagogischer Bezug zur
Pädagogik* aus heutiger Sicht nicht ohne Erfolg geblieben ist. Die Wirkung von
Minen ist zwar stets spektakulär – viel wichtiger erscheint hingegen, dass die
(nur durch hohe Abstraktion ermöglichte) unerbittliche Realitätsnähe systemtheoretischen Denkens in zahlreiche erziehungswissenschaftliche Reflexionsbemühungen eingegangen ist und so für anhaltende Entidealisierung pädagogischer Annahmen sorgt. Ob daraus in Zukunft einmal eine Reihe mit dem Titel
»Pädagogische Antworten auf die Systemtheorie« werden wird, kann man nicht
wissen, anders gesagt: Die Erziehungstheorie legt nun, je nach Problemstellung,
die Minen selbst, selbstreferentiell sozusagen.[75]

3.2.2 Funktion – ohne Code und Medium?

So wie *glauben, lieben* oder *schmecken,* so ist auch *lernen* unvertretbar individuell.
Man kann weder einen anderen (und auch keine andere) für sich glauben lassen,
noch kann man andere für sich lieben lassen, und selbst wenn wir sagen
»*Schmeck das bitte mal*«, so muss uns das mitgeteilte Urteil keineswegs überzeu-
gen, ist es doch nicht das eigene (»*Ich finde es doch zu salzig*«). Genauso verhält es
sich mit dem Lernen: Weder durch Geldzahlungen (in welcher Höhe auch immer), noch durch Macht, Liebe oder womöglich gar durch eine mehrstündige
Infusionsbehandlung kann man sich die Grundlagen der Systemtheorie aneignen. Es nützt alles nichts, wir müssen es selber tun, jeder für sich und jeder auf
die ihm eigene Weise, abhängig von den eigenen Fähigkeiten und Begrenzungen. Lernen ist, anders gesagt, intransparent, undurchsichtig eben, man kann es
nicht beobachten, sondern allenfalls sehen und feststellen, dass etwas Bestimmtes
nicht, nicht richtig, nur teilweise oder eben auch vollständig und gut gelernt
worden ist.[76]

---

75 Ein instruktives Beispiel hierfür liefert die in mehrfacher Hinsicht beeindruckende Studie von Heinz-Elmar Tenorth: Die Rede von Bildung. Tradition, Praxis, Geltung – Beobachtungen aus der Distanz. Berlin (Springer/Metzler) 2020.

76 »Lernen«, so Luhmann, »ist die Bezeichnung dafür, dass man nicht beobachten kann,
wie Informationen dadurch weitreichende Konsequenzen auslösen, dass sie in einem
System partielle Strukturänderungen bewirken, ohne dadurch die Selbstidentifikation
des Systems zu unterbrechen« (SS, S. 158). – Diese Intransparenz durch verschiedene
Formen begleitender Verbalisierungen in gradueller Annäherung aufzuheben, ist z. B.
die Funktion entsprechender Verfahren (z. B. ›Lautes Denken‹) in der Verhaltenstherapie (vgl. Margraf/Schneider 2009).

Dieser phänomenologisch unbestreitbare Tatbestand hat für die systemtheoretische Konzeptualisierung und Bearbeitung des Erziehungsproblems gravierende Folgen; und er begründet auch die Sonderstellung, die dem Funktionssystem *Erziehung* im Vergleich mit anderen zukommt. Für Missverständnisse sorgt häufig der Umstand, dass Luhmann, wenn er vom Erziehungssystem spricht, stets ›staatlich verantwortete, öffentliche Erziehung‹ vor Augen hat, also Schulen. Dem entspricht, dass *Familien* zwar soziale Systeme sind, in modernen Gesellschaften jedoch nicht als Funktionssysteme verstanden werden können; das lässt sich leicht prüfen, wenn man einmal versuchsweise die Organisationsfrage stellt: Einen ›Dachverband Bundesrepublikanischer Familien (DBF)‹ kann es nicht geben. Natürlich wird zuallererst in Familien »erzogen«, aber eben nicht öffentlich, sondern im Raum familialer Intimität. Denn Familien »sind das einzige System der funktional differenzierten Gesellschaft, in dem die Menschen ausschließlich als *Personen* behandelt werden. Die Funktion der Familien besteht in der *Inklusion der ganzen Person* der Teilnehmer in die Kommunikation: Alles, was die Teilnehmer betrifft ... ist potentiell für die Kommunikation in der Familie relevant ... Die *Person* ist die Perspektive, durch die eine Familie das behandeln kann, was über diese Grenzen hinausreicht, ohne ihre Grenzen aufzuheben« (GLU, S. 56; H.d.V.). Aus genau diesem Grund ist ja der Schuleintritt ein so tief reichender Einschnitt, denn im Lichte der Systemtheorie ist man in der Schule nicht Person, sondern Schüler – und nur als Schüler für das Funktionssystem als Adressat pädagogischer Bemühungen von Interesse.

Folgt man Luhmann, besteht die Funktion der Erziehung in der Veränderung von Bewusstseinsstrukturen psychischer Systeme, also deren Anreicherung mit besonderen Fähigkeiten und Wissensbeständen, mit Einstellungen und nicht zuletzt mit normativen Orientierungen. Erziehung sorgt so für den »funktionalen Nachschub« an psychischen Systemen in der Umwelt sozialer Systeme, ohne die diese gar nicht existieren könnten. Und dieser »Nachschub« muss Strukturen aufweisen, die es wahrscheinlich erscheinen lassen, dass ein soziales System nicht zu existieren aufhört, sondern sich erhalten und weiter entwickeln kann.

Sozialisation, sozusagen ein mehr oder weniger zufälliges adaptives Umwelt-Lernen allein, reicht dafür nicht aus (vgl. Loch 1968). Am Beispiel einer Verkehrsampel veranschaulicht: Die Ampel ist ja kein Lernmittel, keine didaktische Erfindung. Ihre Funktion ist nicht, dass wir *lernen*, stehenzubleiben, wenn sie ›rot‹ anzeigt – sondern sie ist schlicht Symbol dafür, dass wir bei ›rot‹ stehenbleiben *müssen*. Für vieles, was gleichsam mitgängig gelernt werden kann, reicht das – für das Meiste allerdings nicht, und eben dafür bedarf es besonderer Anstrengungen und besonderer Einrichtungen.

Insofern ist Erziehung ein Sonderfall von Sozialisation, durch spezifische Ziele und Absichten bestimmt, mit eigenen Methoden und Institutionen, von speziellen rechtlichen Kontexten eingerahmt und durch sie gebunden. In modernen funktional differenzierten Gesellschaften gilt für das Funktionssystem Erziehung daher das Prinzip der Total-Inklusion, was heutzutage nach langem historischem Vorlauf an der Allgemeinen Schulpflicht zur Geltung kommt.[77] Das System kann also, nüchterner gesagt, seinen Input nicht selbst bestimmen, es ist für alle zuständig. Und es muss seine Leistungen so erbringen, dass die psychischen Systeme auch in allen anderen Funktionssystemen kommunikativ autonom partizipieren können, in Wirtschaft, Wissenschaft und Politik, in der Liebe wie im Recht. Man muss also nicht nur für die Schule lernen, sondern auch für das Leben in verschiedenen Funktionssystemen – und dies angesichts einer sich ständig beschleunigenden gesellschaftlichen Entwicklung nicht nur bis zum Ende der gesetzlich vorgeschriebenen Schulpflicht, sondern weit darüber hinaus: auch alternde oder alte psychische Systeme entkommen dem Funktionssystem nicht, stehen doch Geragogen oder »Gerontagogen« (so der ursprünglich von Bollnow eingeführte Terminus) schon bereit, um sich ihrer anzunehmen.

Dass das Funktionssystem Erziehung angesichts dieses breiten Aufgabenspektrums sich gegenüber allen Versuchen einer binären Codierung als äußerst sperrig erweist, ist leicht nachzuvollziehen. Binär codierbar scheint das Erziehen nicht zu sein, denn wie sollte ein solcher Code aussehen: »ungezogen/erzogen« oder »ordentlich/unordentlich«, vielleicht auch »artig/unartig«? Versuchte man es mit diesen oder ähnlich gelagerten Begriffspaaren, würde rasch deutlich, dass sie alle unverzüglich ganze Ketten von Definitionsproblemen nach sich zögen. Es gibt allerdings einen vielbeachteten Versuch von Jochen Kade (1997), der vor dem Hintergrund einer Theorie des Wissens »vermittelbar/nicht-vermittelbar« als binäre Codierung vorgeschlagen hat, dem dann auf der Seite der pädagogischen Interaktionen das Dual von »aneignen und vermitteln« entspricht. Dieser theoretisch überaus produktive Vorschlag – der sich im Übrigen konstruktiv mit den im Ersten Kapitel dieses Buches dargestellten »Zeigestrukturen« verbinden ließe, aus denen »zeigbar/nicht-zeigbar« als Codierung hervorginge – kann hier nicht angemessen entfaltet und eingehend diskutiert werden, was anderen Studien vorbehalten bleiben muss.

Wenn es keine binäre Codierung gibt, dann kann es auch kein entsprechendes symbolisch generalisiertes Kommunikationsmedium geben (▶ Kap. 3.1.4). Genau das ist der Fall im Erziehungssystem. Zunächst könnte man an das *Kind als Medium der Erziehung* denken. Luhmann hatte das in einer früheren Arbeit (1991/2004) einmal versuchsweise durchgespielt. Dann müsste allerdings die Erziehung enden, wenn Kinder keine Kinder mehr, sondern Erwachsene geworden sind. Nun ist es jedoch gerade ein besonderes Merkmal des Erziehungssystems in modernen Gesellschaften, dass es seine Leistungen an dieser Stelle nicht nur nicht einstellt, sondern seine Inklusionsansprüche auf immer mehr Altersgruppen und Lernanlässe ausdehnt, bis hin, wie eben angedeutet, zum pädagogisch angeleiteten Lernen mit Senioren, etwa nach dem Motto »Von der Wiege bis zur Bahre, nur Erziehung, keine Frage«. Kann man aber das, was in einer Tagesstätte mit älteren Menschen geschieht, wenn sie z. B. gemeinsam Tanzfiguren einüben oder sich zum mehrstimmigen Liedersingen anleiten lassen, noch Erziehung nennen? Und wie ist es mit Volkshochschulkursen für Erwachsene oder den mannigfachen Formen beruflicher Weiterbildung? Die Pädagogik, terminologi-

---

77 Der Sache nach ist es Comenius (1592-1670), der mit seinen Schriften als erster das Inklusionsgebot (omnia omnes omnino excoli) der Pädagogik als selbstverpflichtende Orientierung vorgegeben hat; zu Comenius gibt es eine umfangreiche Literatur (als Einführung vgl. z. B. Prange 2008 sowie Sünkel 2007).

sche Not macht erfinderisch, greift für derlei Phänomene, wie man sieht, ohne theoretische Schwierigkeiten auf den Begriff der Bildung zurück (vgl. Tenorth 2020). Das ist ohne Frage ein traditionsgefestigter Ausweg, nur löst er dieses theoretische Problem nicht. Aber was stattdessen?

Stattdessen, und das ist bislang das letzte Wort in dieser Theoriedebatte, bietet es sich an, den *Lebenslauf als Medium des Erziehungssystems* zu bestimmen (vgl. Luhmann 1997a). Diese Möglichkeit hatten Luhmann und Schorr »in den Wochen vor Schorrs Tod andiskutiert …: Daß der Lebenslauf das allgemeine Medium des Erziehungssystems sein könnte mit sehr unterschiedlichen Ausprägungen (oder Untermedien) je nach dem, ob es sich um Kinder oder um Erwachsene handelt« (ebd.). Es ist zumindest sonderbar, dass Luhmann erst relativ spät auf diese Spur gestoßen war und sie dann leider auch nicht mehr weiterverfolgen konnte. Denn der Begriff *Lebenslauf* kommt eigentlich der Systemtheorie geradezu passgenau entgegen, weil in ihm die Unterscheidung von Medium und Form genuin angelegt ist: »Der aus Wendepunkten bestehende Lebenslauf«, so heißt es in diesem Aufsatz über die »Erziehung als Formung des Lebenslaufs«, »ist einerseits ein Medium im Sinne eines Kombinationsraumes von Möglichkeiten und andererseits eine von Moment zu Moment fortschreitende Festlegung von Formen, die den Lebenslauf vom jeweiligen Stand aus reproduzieren, indem sie ihm weitere Möglichkeiten eröffnen und verschließen« (ebd., S. 21 f.). Manchmal allerdings wissen Beobachtete schon lange mehr als das, was Beobachter zu sehen meinen. In seinem Buch »Lebenslauf und Erziehung« (1979a) hatte Werner Loch diesen Gedanken in erziehungsgeschichtlicher wie systematischer Perspektive bereits entfaltet und in weiteren Arbeiten zu einer eigenständigen »Biographischen Erziehungstheorie« (1979b) ausgearbeitet. Diese Studien waren Luhmann offensichtlich nicht bekannt.[78]

Wie erfindungsreich auch immer am Ende die Frage nach Medium und Codierung einmal beantwortet werden wird – es kann keinen Zweifel daran geben, dass das Erziehungssystem im Vergleich mit anderen Funktionssystemen in mehrfacher Hinsicht eine Sonderstellung beansprucht. Wie aber erbringt es dann seine Leistungen, wie kompensiert es dieses offensichtliche Defizit?

Auf diese Frage kann man im Wesentlichen vier sich ergänzende und einander verstärkende Antworten geben: Stützung durch das Recht (1), ein besonderes Interaktionsprofil (2), umfassende flexible Programmierung (3) und Selektion als Zweitcodierung (4).

Die *erste Antwort* ergibt sich aufgrund struktureller *Kopplung mit dem Rechtssystem* (1) und lässt sich im Begriff der Allgemeinen Schulpflicht zusammenfassen. Denn Schulbesuch ist, durch welche vollmundigen pädagogischen Vokabeln auch immer verdeckt, keine freiwillige Entscheidung (zunächst der Erziehungsberechtigten, dann der schon strafmündigen Schüler), sondern schlicht eine Pflicht, die der Staat allen auferlegt. Wer dagegen verstößt, begeht eine Ordnungswidrigkeit, die mit entsprechenden (bei hartnäckiger Verweigerung ansteigenden) Sank-

---

78 Die ihn erziehungswissenschaftlich begleitenden Experten hätten Luhmann eigentlich auf diesen Ansatz aufmerksam machen können, denn die Arbeiten Lochs waren durchaus bekannt. – Vielleicht ein Thema für zukünftige rezeptionsanalytische Forschungen?

tionen verbunden ist. Genaueres hierzu regeln die Schulgesetze der einzelnen Bundesländer, und zwar mit deutlichen Unterschieden, was mögliche Geldstrafen oder letztlich auch zur Anwendung kommende Zwangsmaßnahmen betrifft.

Die *zweite Antwort* ist demgegenüber funktionsspezifisch bestimmt. Denn das Erziehungssystem kompensiert Defizite der Codierung und des Mediums durch ein besonderes *Interaktionsprofil*, das *hohe Dichte der Interaktion mit strukturell komplementär-asymmetrischer Struktur* verbindet (2). Das zeigt sich zuallererst im sozialen System ›Unterricht‹: Man muss präsent sein, die Aufmerksamkeit ständig regulieren, sich beteiligen und immer damit rechnen, ›dass man drankommt‹. Dieses Interaktionsprofil gilt auch außerhalb des Unterrichts (z. B. Hausaufgaben) und erstreckt sich auf die schulische Lebenswelt insgesamt. Schüler stehen somit, zumindest der Möglichkeit nach, unter ständiger Beobachtung (der man sich durch entsprechende Techniken auch mehr oder weniger erfolgreich zu entziehen versucht), erfährt Lob und Tadel, kann einen guten Eindruck machen oder einen schlechten. Diese Dichte der Interaktion ist eingebettet in eine für pädagogische Situationen typische, eben asymmetrische Rollenstruktur, die zwar komplementär verfasst ist (Lehrer-Schüler), am Ende aber stets dem Lehrer die Oberhand lässt (unabhängig davon, ob das durchgesetzt werden kann oder nicht, wie auch abgesehen davon, ob das pädagogisch wünschenswert ist oder nicht). Letzten Endes ist es der Lehrer, der entscheidet und die Verantwortung tragen muss. »Unfairness«, so hatte Adorno diesen Umstand einmal gekennzeichnet, »steckt gleichsam in der Ontologie des Lehrers« (1973, S. 77; vgl. dazu Kraft 2009a, S. 33 ff.).

Was in der soziologischen Terminologie »asymmetrische Rollenstruktur« genannt wird, bezeichnet die erziehungswissenschaftliche Fachsprache als »*pädagogische Differenz*«, die notwendige Bedingung dafür, dass Erziehung überhaupt möglich werden kann (vgl. Prange/Strobel-Eisele 2006, S. 14). Damit wird allerdings ein äußerst folgenreicher Tatbestand berührt, weil hiermit auch jener schmale Grat ins grelle Licht der Theorie gerückt wird, der, wird er verlassen, direkt in pathologische Abwege führt, wenn nicht unmittelbar sogar zum Absturz. Denn pädagogische Interaktionen sind vielfach »körpernahe Beziehungen«, bringen also die ›symbiotischen Mechanismen‹ ins Spiel, die Körperlichkeit der Edukanden. Genau damit ist die Einfallspforte immer möglicher Fehlformen und Entgleisungen scharf markiert, und zwar in zweierlei Hinsicht: zum Einen in Richtung »physische Gewalt« (das dazugehörige Stichwort lautet »Schwarze Pädagogik«), zum anderen in Richtung Sexualität (die dazugehörigen Stichworte lauten »Pädagogischer Eros« und »sexueller Missbrauch/sexualisierte Gewalt«). Insofern ist es unumgänglich und buchstäblich not-wendig, das pädagogische Personal immer auch als »Risikofaktor der Erziehung« nicht aus dem Blick zu verlieren (vgl. Andresen/Heitmeyer 2012; Kraft 2016a).

Die *dritte Antwort* lenkt die Aufmerksamkeit auf die Programmierung (3) im Erziehungssystem – und damit auf die Themen, Wissensbestände, Kompetenzen und normativen Orientierungen, die Anlass, Gegenstand und Aufgabe professioneller pädagogischer Interaktionen sind. Man kann hierbei, organisationstheoretische Annahmen im Hintergrund, zwischen *Zweck- und Konditionalprogrammen* unterscheiden.

Als *Zweckprogramme* sind in pädagogischer Hinsicht vor allem Lernzielkataloge und Lehrpläne zu verstehen, die dann wiederum in das fein differenzierte Geflecht von Stoffverteilungsplänen hineinführen; so ist zumindest genau festgelegt, was vermittelt werden soll. Die hierauf abgestimmten *Konditionalprogramme* schreiben dann die Bedingungen fest, um Schülerleistungen auch genau kontrollieren und bewerten zu können; das ist ein kumulativ sich verdichtendes Netz von Leistungskontrollen, das von einer einzelnen Hausaufgabe über Klassenarbeiten und Klausuren schließlich bis zu Zeugnissen reicht, all das nicht ohne Ermessensspielraum und mit Festlegungen darüber, wie Ausgleich und Kompensation zu handhaben sind. Dabei liegt es im Wesen der Programme selbst, dass sie relativ flexibel und mehr oder weniger schnell an veränderte Bedingungen angepasst werden können: manches fällt weg, erhält weniger Raum oder wird an anderer Stelle platziert, neues kommt hinzu und wird eingebaut: curriculum semper reformandum.

Nun führt der Begriff des Programms genuin Assoziationen an Technik mit sich, etwa so, wie es vom »Programmierten Lernen« bekannt ist: ein geschlossenes System stellt Fragen und wartet auf Antworten, die richtig oder falsch sein können, bekräftigt richtige, korrigiert falsche, weitere Lernwege vorzeichnend oder Schleifen und Wiederholungen auferlegend. In der Didaktik jedoch, sozusagen im »Maschinenraum der Erziehung«, gibt es keine Trivialmaschinen, in denen Rädchen und Räder, Zahnstangen und Kupplungen, von blinkenden Kontrolllampen und imposanten Instrumenten garniert, gut geölt und ständig geschmiert, Lerninhalte von einem lehrenden psychischen System über das soziale System pädagogischer Kommunikation direkt, zuverlässig und mit sicher erwartbarem Erfolg in lernende psychische Systeme transportieren könnten. Anders gesagt: Bewusstsein ist nicht trivial.

Genau diesen Umstand hatten Luhmann/Schorr schon früh im Blick, als sie vom »strukturellen Technologiedefizit der Erziehung« sprachen (vgl. 1979; 1982). Denn weder ist der Prozess der internen Strukturveränderung in einem psychischen System direkt beobachtbar, noch können mögliche Wirkungen eindeutig der vermittelnden pädagogischen Kommunikation zugeschrieben werden, ein Attributionsproblem mit weitreichenden Folgen für das professionelle Selbstbild und Selbstbewusstsein (vgl. Kraft, 2009a, S. 36 ff.). Lehrer müssen sich also über die ihrem unterrichtlichen Handeln zugrundeliegende Kausalität erfolgreich zu täuschen lernen, um überhaupt unterrichten zu können. Und dafür braucht es neben profunder Sachkenntnis vor allem schemabasierte Konzepte, die es ermöglichen, für Zufälle, passagere Gelegenheiten und spontan sich ergebende Lernchancen offen zu sein und offen zu bleiben – eine Einstellung also, die mit »flexible response«, eingebettet in das, was seit Herbart ›pädagogischer Takt‹ genannt wird, beschrieben werden kann.

Die *vierte und letzte Antwort* schließt alle vorgenannten in sich ein, geht aber in ihrer Bedeutung weit über diese hinaus; mag auch die Frage der Erstcodierung einstweilen offenbleiben, unbestritten ist *Soziale Selektion als Zweitcodierung* (4).

Aus Zensuren, Leistungspunkten, Zeugnissen und Zertifikaten ergibt sich die Anschlussfähigkeit des Erziehungssystems für andere Funktionssysteme, ganz gleich, ob es um die Möglichkeit geht, weiterführende Schullaufbahnen einzuschlagen (um vielleicht später an der Universität studieren zu können) oder darum, einen geeigneten Ausbildungsplatz zu bekommen, um das werden zu können, was man möchte. Ohne einen entsprechenden Abschluss wird vieles schwierig, etliches gar unmöglich. Insofern entfaltet die Zweitcodierung von ›besser/schlechter‹, ›erfolgreich/nicht-erfolgreich‹, ›bestanden/nicht-bestanden‹ unablässig ihre folgenreiche Wirkung, ein ebenso machtvoller wie vielfach höchst problematischer und ungeliebter Attraktor im Erziehungsgeschehen. Und wenn der Schnitt nicht stimmt, nützen auch Kopfnoten nichts, wie positiv auch immer sie im Einzelfall formuliert sein mögen.

Die Selektionsfunktion des Erziehungssystems, ihre Voraussetzungen, ihre sozialstrukturellen Kontexte wie auch ihre sozialen und individuellen Folgen für Lernbiographien können als hinreichend gut erforscht gelten. Über kaum ein anderes pädagogisches Feld verfügen wir über derart tatsachengenaues, durch vielfältige empirische Studien gestütztes Wissen, das zudem, wie die Bildungsberichterstattung zeigt, kontinuierlich aktualisiert wird. Alles Wissen hierüber kann jedoch das *Bildungsparadox* nicht aus der Welt schaffen: Dass Chancengleichheit soziale Ungleichheit zwar partiell abmildern, sie prinzipiell jedoch nicht zu beseitigen vermag, sondern sie in bestimmten Hinsichten sogar immer auch verstärkt. Als machtvolle Zweitcodierung bedeutet dies für die Selektionsfunktion des Erziehungssystems zum Beispiel, dass mehr Inklusion (aus unbestreitbar guten Gründen) u. a. zur Folge hat, die Selektionsfunktion in andere Systeme hinein zu verschieben, eine Entwicklung, die nicht zuletzt im Wissenschaftssystem zur Geltung kommt (wie im nächsten Abschnitt zu sehen sein wird).

3.2.3 Strukturelle Kopplungen, Organisation und »Problemüberwälzungen«

Soziale Systeme lassen sich üblicherweise in drei Dimensionen beschreiben: Im Hinblick auf ihre *Funktion* (1) für die *Gesamtgesellschaft*, im Hinblick auf ihre *Leistung* (2) für jeweils andere *Teilsysteme* und im Hinblick auf *sich selbst*, also auf *Reflexion* (3). Im vorherigen Abschnitt stand die Funktion im Zentrum, jetzt geht es um Leistungsphänomene und abschließend richtet sich das Interesse auf Reflexionsprobleme. In diesen drei Begriffen sind, wie leicht zu sehen ist, jeweils bestimmte Zeithorizonte enthalten: *Funktion* bezieht sich auf *Gegenwart*, *Leistung* auf *Zukunft* und *Reflexion* auf *Vergangenheit*. Für unseren Fall lässt sich dieses Schema in folgende Fragen fassen: Worin bestehen die Aufgaben der Erziehung für die gegenwärtig gegebene soziale Struktur einer modernen, also funktional differenzierten Welt-Gesellschaft (wobei sich die Unterschiede zu ihren Aufgaben in beispielsweise einer mittelalterlichen Ständeformation rasch zeigten)? Mit welchen Wissensbeständen, Kompetenzen und normativen Orientierungen werden die psychischen Systeme durch die Aktivitäten des Funktionssystems *Erziehung* angereichert, auf welche Weisen geschieht dies, wie ist der funktionsspezifische Erfolg zu beurteilen und wodurch wird er für andere Teilsysteme von Bedeutung? Wie schließlich beobachtet und beschreibt das Erziehungssystem sich selbst, mithin seine mehr oder weniger weit entfernten Vergangenheiten?

Das Schema lässt sich weiter verfeinern, wenn zwei bereits früher eingeführte Kategorien hinzugenommen werden, nämlich *strukturelle Kopplung* und *Organisation* (▶ Kap. 3.1.2 und ▶ Kap. 3.1.5). Denn beide Gesichtspunkte kommen in den drei Dimensionen (Funktion, Leistung, Reflexion) auf jeweils unterschiedliche Weise zum Vorschein und zur Geltung, ihre jeweilige Bedeutung ist, anders gesagt, in ihnen nicht gleich. Nimmt man zu diesen fünf Perspektiven noch eine Vorstellung der Prozesse selbst hinzu, werden die Besonderheiten des Erziehungssystems noch deutlicher: Man kann zunächst den ›Input‹ des Systems erfassen, damit in der Folge beobachten, wie dieser ›Input‹ im System bearbeitet wird, um am Ende bilanzierend feststellen zu können, was bei alledem herauskommt, wie also der jeweilige ›Output‹ von anderen Teilsystemen gleichsam angesogen und in ihnen weiter »verarbeitet« wird. Am Ende würde ein solches Schema mit der Frage nach der »Produktivität des Erziehungssystems« in einer bildungsökonomischen Engführung münden. Das ist hier jedoch nicht intendiert. An dieser Stelle soll es nur als orientierende Folie im Hintergrund Einsichten verständlicher machen, die sich einem systemtheoretisch eingestellten Beobachter aufdrängen.[79]

Was also zeigt sich, wenn nun einige Leistungsprobleme des Erziehungssystems in den Fokus gerückt werden?

In der Regel wächst ein Kind in einer Familie auf und kommt dann, häufig nach Krippe und KITA, in die öffentliche Schule. Diese Aussage verliert ihre vermeintliche Banalität unverzüglich dann, wenn das komplexe Geflecht all jener Variablen, die aus »dem Kind« eine »Person« machen, in die Betrachtung Eingang finden: Adresse, Wohnort und Wohnverhältnisse, Herkunftsland, Beruf, Einkommen und sozialer Status der Eltern, körperliche und kognitive Faktoren, Familien- und Geschwisterkonstellationen, um nur einige zu nennen. Anders ge-

---

79 Bildungsökonomische Werkstätten finden sich institutionell an verschiedenen Stellen im *Wissenschaftssystem*, auch das ein instruktives Beispiel für das Prinzip »funktionaler Differenzierung«: In der DGfE (Deutsche Gesellschaft für Erziehungswissenschaft) findet sich als Sektion 4 die »Empirische Bildungsforschung« mit zwei Kommissionen (»Empirische Pädagogische Forschung« sowie »Bildungsorganisation, Bildungsplanung, Bildungsrecht«). Der von der Kultusministerkonferenz (KMK) und dem Bundesministerium für Bildung und Forschung (BfBF) geförderte und in bestimmten Abständen erstellte *Bildungsbericht* (zuletzt »Bildung in Deutschland 2018«) wird von einer »Autorengruppe Bildungsberichterstattung« verantwortet, und zwar unter Federführung des DIPF (Deutsches Institut für Internationale Pädagogische Forschung) und Mitgliedern weiterer Einrichtungen (DJI = Deutsches Jugendinstitut; DZHW = Deutsches Zentrum für Hochschul- und Wissenschaftsforschung; LIfBi = Leibniz-Institut für Bildungsverläufe; SOFI = Soziologisches Forschungsinstitut an der Universität Göttingen; Destatis, StLÄ = Statistische Ämter des Bundes und der Länder). Bildungsökonomie findet sich zudem als Reflexionsproblem im *Wirtschaftssystem*, erkennbar am IfO-Institut (Leibniz-Institut für Wirtschaftsforschung an der Universität München) mit einem eigenen »Zentrum Bildungsökonomik«, wo das jährlich erscheinende IfO-Bildungsbarometer den Systemdruck misst. *Politik* schließlich produziert eigene Zahlen, wie der jährlich erscheinende »Bildungsfinanzbericht« belegt: An empirischen Daten (Lücken eingeschlossen) herrscht also kein Mangel.

sagt: Kontrolle über den Input steht dem Erziehungssystem nur sehr begrenzt zur Verfügung, kann es doch allenfalls »Schulreife« feststellen; viel mehr ist nicht möglich. Für den systeminternen »Produktionsprozess« hat dieser Umstand weitreichende und anhaltende Folgen. Denn der Schulbetrieb setzt gewissermaßen ein ›sozialisatorisches Minimum‹ voraus, das in ihm in der Regel nicht mehr oder allenfalls mit hohem Aufwand nur teilweise und mit unsicherem Erfolg erzeugt werden kann. Rücksichten, die – zweifellos aus durchweg guten Gründen – an der Input-Schwelle genommen werden, kommen später als Kosten und Probleme im System fortwährend zur Geltung. Allen Kompensationsbemühungen sind insofern deutliche Grenzen gesetzt, als weder Systemzeit unbegrenzt zur Verfügung steht noch die Adressaten individuell »irritiert« werden können, da sie sich in mehr oder weniger großen, vielfach wechselnden Gruppen zusammengefasst finden.

Diese Systemverhältnisse werden durch das Strukturprinzip funktionaler Differenzierung in einer entscheidenden Hinsicht weiter belastet. Denn ihm gemäß werden in modernen Gesellschaften, um es mit Luhmann zu sagen, Personen, Rollen, normative Entscheidungsprozesse und Werte »gegeneinander beweglich«, so dass »keine dieser Ebenen ... sich dann mehr als tragendes Fundament des Ganzen (eignet) ... Die Struktur liegt letztlich in den zwischen diesen Ebenen bestehenden Relationen, die sowohl Interdependenz als auch Independenz der Identifikationsgesichtspunkte zulassen müssen. Die Struktur selbst kann dann nicht mehr unmittelbar Handeln orientieren, nicht mehr selbst Vertrauen gewinnen. ... Ein solches Gerüst der Normalorientierung gesellschaftlicher Prozesse stellt vor allem das langfristig wirkende Erziehungssystem vor kaum lösbare Probleme« (SdG, S. 833).

Zu geringer Input-Kontrolle und normativer Flexibilität (um nicht zu sagen: Fluidität) kommen hohe Erfolgserwartungen aus anderen Systemen hinzu: Eltern wollen zumeist nur das Beste für ihre Kinder (also gute, möglichst hohe Abschlüsse mit entsprechenden Erfolgsaussichten, von mitgängigen, die innerfamiliären Erziehungsbemühungen ergänzenden pädagogischen Wirkungen nicht zu reden); die Politik ist, nicht unabhängig von wechselnden Zeitgeisteinflüssen, dem Gleichheitsgrundsatz und dem Prinzip der Chancengleichheit (und dabei stets auch ihren Wählern) verpflichtet; Wirtschaft und Wissenschaft verlangen schließlich spezifische Kompetenzen, die an ihre jeweiligen Systemerfordernisse anschlussfähig sein sollen. Das Erziehungssystem kann sich daher nicht nur mit Reproduktion sozialer Verhältnisse begnügen, sondern muss mehr leisten, eben beides zugleich: *conservation and change*. Und dabei ist das, was bewahrt werden soll, ebenso »offen« wie die Zukunft einer nur global denkbaren Gesellschaft: Was also ist auf welche Weise zu bewahren, und für welche Veränderungen sollen Verhaltensdispositionen verlässlich erzeugt werden?

Antworten auf große Fragen werden zumeist in kleineren Beträgen entrichtet, sie setzen, anders gesagt, angemessene operative Bedingungen und gute Organisation voraus, damit allein das »Bildungsminimum« gesichert werden kann. Und das ist, die Bildungsforschung informiert darüber en détail, schon schwer genug, denkt man nur an »die lokale und regionale Versorgung mit Schulen, und zwar für alle Kinder, in erreichbarer Nähe, in angemessener Ausstattung mit Lehr-

und Lernmaterial, mit Gebäude und Hof, in den Neben- und Fachräumen bis zu den Toiletten, mit dem notwendigen Personal. ... Erst dann kann Unterricht stattfinden, möglichst verlässlich, sowohl über den Tag wie über das Schuljahr, in Erfüllung des Lehrplans, zeitlich und sachlich, als Lernzeit, ohne Unterrichtsausfall, ohne fachfremden Unterricht – auch nicht in der Grundschule, auch nicht in den MINT-Fächern« (Tenorth 2020, S. 443).

In theoretischer Verdichtung ergibt sich demnach das Bild eines Systems, das in mehrere strukturelle Kopplungen auf sehr besondere Weise eingebunden ist: Primär mit dem Sozialsystem Familie, sekundär mit Politik und damit maßgeblich auch mit Recht sowie mit Wirtschaft und Wissenschaft. Die Kopplung mit Wirtschaft zeigt sich einerseits curricular, auf der Ebene der Lehrpläne (was muss gelernt werden, damit es für spätere Tätigkeiten gekonnt zur Verfügung steht?); andererseits auch am Ergebnis, an der Anschlussfähigkeit der erworbenen Qualifikationen sowie nicht zuletzt an der Validität der vergebenen Zertifikate (dokumentieren die Zeugnisse tatsächlich das, was Absolventen können?). Die Kopplung mit Wissenschaft ist ebenfalls mehrfach gegeben: Zum einen in Bezug auf das (wissenschaftliche) Wissen, das dem Schul(buch)wissen als Grundlage und Bezugsgröße dient; zum anderen am Personal, das in der Regel Hochschulausbildungen absolviert und entsprechende differenzierte Abschlüsse erworben hat; und schließlich auch hier am Problem der Anschlussfähigkeit und Selektion. Denn je mehr die Schule in ihren oberen Teilen universitäre Formen übernimmt, desto mehr wird die Universität gezwungen, in ihren unteren Teilen so zu werden wie eine Schule – und verändert eben dadurch ihre Struktur: Akademisierung der Schule mündet in Verschulung der Universität. Der hierbei wirkende Mechanismus (›re-entry‹) ist systemtheoretisch hinlänglich bekannt und gut erklärbar. Wenn die Universität (z. B. durch das Bologna-Syndrom infiziert) als System »fiebert« (erkennbar an hohen Zahlen von Studienanfängern und extrem verkürzten Studiengängen), ist dies ein Anzeichen dafür, dass es sich auf veränderte Umweltbedingungen einstellt und an sie anzupassen versucht. Und Anpassung bedeutet in diesem Fall: die Struktur erhält sich, indem sie auf einer anderen Ebene der Systembildung eine vermeintlich neue Gestalt annimmt: man spricht dann von »Exzellenz-Universität«. Anders gesagt: das Selektionsproblem wird verschoben.

Nun liegt es in der Eigenart von Funktionssystemen, dass sie sich sozusagen nur um ihre eigenen Belange kümmern. Eine Folge davon ist, dass die Folgen ihrer Aktivitäten an anderen Stellen zum Vorschein kommen – und dann nach Maßgabe der dort jeweils geltenden Regeln bearbeitet werden müssen. Das Erziehungssystem allerdings nimmt auch hier in gewisser Weise eine Sonderstellung ein, denn es erweist sich, dem Gebot totaler Inklusion verpflichtet, an dieser Stelle als ebenso hartnäckig wie erfindungsreich. Wenn z. B. ein psychisches System mit schulischen Mitteln allein in der Schule nicht (oder nicht mehr) beschulbar zu sein scheint, erfolgt nicht unverzüglich Exklusion (wie eine Kündigung in der Wirtschaft). Vielmehr wird dann eine ganze Kette zusätzlicher Systemaktivitäten in Gang gesetzt, die vielleicht zunächst mit besonderen Interaktionsbemühungen der Lehrer beginnt, möglicherweise auch schulinterne Resonanzen auf Abweichung nach sich zieht (Klassenwiederholungen eingeschlossen), dann gegebenen-

falls zu Schulpsychologen (sofern vorhanden und verfügbar) führt, bis schließlich besondere sozialpädagogische Programme aktiviert werden, in denen mit
Mitteln der Erziehung auf Defizite der Erziehung zu reagieren versucht wird, damit es dann, sozusagen in einem zweiten Anlauf, mit der abgebrochenen oder
unterbrochenen Normalerziehung weiter gehen kann.[80]

Während es, einem gerne verwendetem Sprichwort zufolge, in Afrika angeblich ein ganzes Dorf braucht, um ein Kind zu erziehen, braucht es unter den Bedingungen moderner Gesellschaftsstrukturen vielfältige, fortgesetzte, viel Zeit
verbrauchende, einander ergänzende und auch sich partiell widerstreitende Aktivitäten verschiedener sozialer Systeme. Erziehung ist offensichtlich ein hochkom-
plexes Phänomen, das sich nicht exklusiv organisieren lässt. Es ist daher nicht
verwunderlich, dass Erziehung »nicht voll ausdifferenziert und auf ein Subsystem
delegiert werden kann« (SdG, S. 756). Zwar lassen sich zumindest Schulleistun-
gen, wie PISA und andere Studien zeigen, »genau« feststellen (die Anführungs-
zeichen stehen hier für die damit verbundenen methodischen Probleme) – die
Folgen von Leistungsdefiziten oder -ausfällen hingegen keineswegs. Wir wissen
zwar recht genau, was ein Schüler pro Schuljahr kostet (je nach Schulart und
Bundesland zwischen sechs- und achttausend Euro). Wir wissen aber nicht, was
partielle Leistungslücken, ein schlechter Schulabschluss oder eine abgebrochene
Schullaufbahn, die möglicherweise sogar in eine sich lebenslang selbst verstärkende abweichende Karriere auslaufen, der Gesellschaft an Kosten verursachen –
all das abgesehen davon, dass die Erwartungen an das Erziehungssystem über
quantifizierbare Parameter weit hinausreichen.

Nimmt man das Gesagte zusammen, könnte man auf die Idee kommen, dass
das System eigentlich gar nicht können dürfte, was es offensichtlich kann: Input-
Variablen lassen sich kaum kontrollieren, es setzt Leistungen vorausgegangener
Sozialisation und familialer Erziehung für seinen Betrieb voraus, Lehr-Lern-Ver-
hältnisse ähneln in ihrem Kern ›blinden Flecken‹, Effekte schulischer Instruk-
tionsanstrengungen sind dem professionellen Handeln nur ansatzweise eindeutig
zuzuschreiben (Lehrerleistung verschwindet sozusagen in den Leistungen der
Adressaten), es ist höchstempfindlich für Umwelteinflüsse und wird so zu perma-
nenten Strukturveränderungen gezwungen, Organisationsbedingungen sind sehr
unterschiedlich und vielerorts suboptimal, zudem mit bürokratischen Einengun-
gen belastet und all das ohne Medium und stabile Erstcodierung. Gleichwohl:
Entgegen aller hinlänglich bekannten Fragilität funktioniert es und wird geschätzt, was sich durch fortwährende Expansion und steigende Kosten zum Ausdruck bringt.

Vielleicht ist es nicht zuletzt diese vermeintliche Diskrepanz, die Luhmanns
Interesse immer wieder neu herausgefordert hat. Denn gerade an diesem nicht

---

80 Die damit verbundenen (erziehungswissenschaftlichen wie soziologischen) Theoriepro-
bleme können hier nicht behandelt werden. Gerade die Sozialpädagogik weiß oft nicht,
wohin sie eigentlich gehört, ob als Soziale Arbeit in das Funktionssystem Sozialer Hilfe
oder als Sozialpädagogik ins Erziehungssystem oder auch, je nach Fall und Anlass, mal
in das eine, und mal in das andere; zur Klärung sei verwiesen auf Baecker (1994), Merten (1997), Kraft (1999a) sowie Scherr (2000).

zu verleugnenden Tatbestand kommt für ihn ein weiteres zentrales Merkmal moderner Gesellschaften zur Geltung: Dass sie sich eben an bestimmten Stellen dem eigenen Strukturprinzip gegenüber als widerständig erweist. »Man wird«, so liest man, »zur Kenntnis nehmen müssen, dass es nie möglich gewesen ist und auch nicht möglich sein wird, das Funktionsschema des Gesellschaftssystems ausschließlich von den zentralen Kommunikationsmedien her festzulegen. Es gibt für die Gesellschaft im Ganzen Beziehungsprobleme zur Umwelt, die sich nicht medienspezifisch lösen lassen. Diesen Problemen entsprechen eigene Teilsysteme der Gesellschaft, vor allem das für Religion und das für Erziehung. Solche Systeme sind einerseits behindert dadurch, dass ihnen für ihre Übertragungsprobleme hinreichend spezialisierte Medien fehlen … Umgekehrt haben sie Effekte, die sich mit den Erfordernissen einer medienspezifisch operierenden Gesellschaft schwer zur Deckung bringen lassen – man denke etwa an die vom Erziehungssystem (nicht vom Religionssystem!) ausgehenden Tendenzen zur Remoralisierung der Gesellschaft« (SdG, S. 800). Blickt man auf die gerade von jungen Menschen inspirierten und engagiert in Gang gesetzten neueren Sozialen Bewegungen, die sich an Ökologie, Weltfrieden und Weltgerechtigkeit orientieren, wird unmittelbar anschaulich, was unter »Remoralisierung« verstanden werden kann. Denn woher beziehen die ProtagonistInnen ihr Wissen, wo haben sie gelernt, ebenso sachkompetent und rhetorisch versiert wie selbstbewusst-authentisch selbst hohen Repräsentanten von Staat und Wirtschaft auf medialen Bühnen souverän entgegenzutreten? Nicht zuletzt, so dürfte eine Antwort lauten, vermutlich in der oder zumindest angeregt durch die Schule.

Remoralisierung durch Erziehung ist allerdings eher Indikator eines strukturellen Problems als Zeichen seiner Lösung. Derlei Phänomene sind für Luhmann Ausdruck von Prozessen, die er »Problemumwälzungen« (SdG, S. 837) nennt. Was ist damit gemeint?

Evolutionäre Prozesse sind keine Züge, in die man einsteigen und je nach Lust und Laune oder wenn es zu schnell wird, wieder aussteigen kann. So steigert sich auch das Prinzip ›funktionaler Differenzierung‹, ebenso ungesteuert wie unsteuerbar, fortwährend selbst und treibt sich gleichsam auf die Spitze. Das hat zur Folge, dass Funktionssysteme sich die Folgen ihrer Aktivitäten wechselseitig ›zuschieben‹, und zwar jenseits von Entstehungszusammenhängen und kausalen Zuschreibungen. Probleme werden, anders gesagt, hin- und hergewälzt, mal hierhin und mal dorthin und wieder zurück und wieder von Neuem. Und gerade hierbei erweist sich das Erziehungssystem als bevorzugtes ›Zwischenlager‹, ist also offen für ›Überwälzungen‹, aus welcher Richtung auch immer das jeweilige Problem anrollen mag. Denn es sorgt vor allem für Zeitaufschub und dient so der Gesellschaft gleichsam als relativ sicherer ›Problemparkplatz‹. Lehrpläne z. B. lassen sich zwar auswechseln und mit anderen Inhalten versehen, aber es dauert lange, bis sich daraufhin Verhalten zuverlässig ändert. Zugespitzt formuliert: Vieles, was in anderen Funktionssystemen an derzeit vermeintlich unlösbaren Problemlasten anfällt, saugt das Erziehungssystem zuverlässig an und verspricht Bearbeitung: Querdenkern oder rechtsradikalen Jugendlichen mangelt es offensichtlich an politischer Bildung, also braucht es dafür spezielle Programme. Bundesliga-Fanclubs, die ganze Ränge großer Fußballstadien in Feuerwerksarenen zu

verwandeln vermögen, brauchen nach dem Eingreifen der Polizei dann Sozialpädagogen, die sich ihrer annehmen, um friedlichere Fan-Formen einzuüben,
eine Liste, die sich ohne Schwierigkeiten verlängern ließe.

Entscheidend ist der Befund: »Problemüberwälzungen« müssen als Überforde-
rungen verstanden werden, die nicht nur zwischen und in den Systemen ihre
Wirkung entfalten, sondern vor allem in den Systemagenten selbst, dem professionellen Personal, nachhaltige Spuren hinterlassen. An der Gesundheit von
Lehrkräften (vgl. Scheuch/Haufe/Seibt 2015) lässt sich dieser Zusammenhang beispielhaft veranschaulichen: *Einerseits* zeigen sie ein weitaus gesundheitsförderli-
cheres Verhalten als der Durchschnitt der Versicherten anderer Berufsgruppen
und haben auch deutlich geringere Fehlzeiten (unschwer als Ausdruck einer höheren beruflichen Selbstverpflichtung zu verstehen). *Andererseits* fällt auf, dass diese Gruppe nicht nur signifikant mehr psychische und psychosomatische *Erkrankungen* aufweist, sondern in entsprechenden Studien vor allem auch zahlreiche,
eher *unspezifische Beschwerden* angibt (Erschöpfung, Müdigkeit, Kopfschmerz, An-
gespanntheit, Schlaf- und Konzentrationsstörungen, innere Unruhe, erhöhte Reiz-
barkeit); zudem ist der Anteil krankheitsbedingter Frühpensionierungen deutlich
erhöht. Geht man diesen Befunden weiter nach, dann schält sich am Ende die
Komplexität der Unterrichtssituation selbst in Verbindung mit innerschulischen
Organisationsfaktoren als hierfür ursächliches Variablengeflecht heraus.

3.2.4 Reflexionsprobleme: Reformsemantik als ›Immunsystem‹

Was ein »Reformhaus« (*neuform*) ist, wird allgemein bekannt sein. Auch dass im
Zusammenhang mit dem Erziehungssystem häufig von »Bildungs- oder Schulre-
formen« oder »Reformpädagogik« gesprochen wird, ist dem Alltagsverständnis
nicht unvertraut. Hingegen dürfte weniger bekannt sein, dass ›Reformhaus‹ und
›Reformpädagogik‹ in einem historischen Zusammenhang stehen, der sogenannten »Lebensreformbewegung«. Sie entwickelt sich zunächst in meist kleinen sozialen Formaten (z. B. Vereine) um 1900 als Antwort auf gesellschaftliche Modernisierungsprozesse (Industrialisierung) und lässt dabei kaum einen Bereich
unberührt: Bodenreform, Landwirtschaft, Ernährung, Bewegung, Körper (FKK
und Turnen) und Hygiene, Architektur (Bauhaus) und Kunst (Brücke, Worpswe-
de), Spiritualität (Anthroposophie) und nicht zuletzt, gleichsam als alle miteinander verbindender basso continuo: Erziehung. Zwar gibt es unbestreitbar auch
eine »Reformpädagogik vor der Reformpädagogik« (meist mit Bezug auf Rous-
seau), aber zuallererst ist »die Reformpädagogik« als ein eingrenzbares historisches Phänomen zu verstehen, wiewohl Folgen und Auswirkungen im Erziehungssystem bis heute erkennbar sind (wenn auch nicht immer von allen
erkannt). Insofern ist »Reformpädagogik« stets dreierlei: historisches Phänomen,
konzeptionelle Ressource und unabschließbares Projekt. »Pädagogik im modernen Sinne ist immer Reformpädagogik«, so Oelkers (1996, S. 15) oder, anders
und mit Tenorth (1992) gesagt: »Laute Klage, stiller Sieg«, das scheint der die
Modernisierung der Erziehung begleitende Tenor zu sein. Es verwundert nicht,

dass dieser gesamte Themenkomplex aufgrund seiner historischen wie systematischen Bedeutung entsprechende Forschungsinteressen auf sich gezogen hat, so dass wir hierüber, dunkle Seiten und Abgründe eingeschlossen, durch zahlreiche Studien hinlänglich gut informiert sein dürften.[81]

Allerdings geht es in diesem Abschnitt, wie der Titel signalisiert, nicht um Reformpädagogik als einem historischen Phänomen, sondern im Mittelpunkt steht jetzt das eigentümliche Dauergespräch des Erziehungssystems mit sich selbst, eben »Reform« als Chiffre für die Bearbeitung von Reflexionsproblemen. Dafür wird der Ausdruck ›Reformsemantik‹ verwendet (und von ›Reformpädagogik« nur dann gesprochen, wenn ein eindeutiger historischer Bezug gemeint sein soll).

Ein Blick auf andere Funktionssysteme zeigt den Unterschied: In der Politik z. B. gibt es Wahlrechtsreformen: ein einmaliger Schritt, der, nach entsprechendem Vorlauf, Handlungsoptionen für bestimmte Gruppen verändert, z. B. durch Herabsetzung des Alters der Wahlberechtigung. In der Wirtschaft könnte man an Währungsreformen denken, z. B. die Einführung des Euro, was nach demselben Muster geschieht, also Vorlauf, stichtagbezogene Veränderung, Übergangsfristen (wer noch D-Mark-Scheine findet, kann sie bei der Bundesbank umtauschen), dann ein neues Zahlungsmittel. Reformen, wie einschneidend sie auch sein mögen, sind hier auf ein spezifisches Problem bezogen und vor allem: auf einen bestimmten Zeitpunkt beschränkt, sie haben den Charakter eines (mehr oder weniger gedehnten) ›Ereignisses‹. Auch im Erziehungssystem gibt es vergleichbare Reformen, z. B. die Veränderung des Schuljahresbeginns; derlei ›ereignishafte Reformen‹ sind allerdings eher die Ausnahme als die Regel. Der entscheidende Unterschied zu den genannten Funktionssystemen zeigt sich vielmehr an einem anderen Phänomen, das man als Auseinanderfallen von laufendem Betrieb und ihn begleitender Veränderungsrhetorik, als Diskrepanz zwischen Funktion und Semantik, kennzeichnen könnte. Denn das funktionierende Erziehungssystem wird von einer Art kontinuierlichem Reform-Rauschen begleitet, das sich meist auf das System als Ganzes bezieht und stets an zwei Werten orientiert ist: mehr Gleichheit und mehr Qualität. Das wirft Fragen auf: Zum einen die Frage nach den Gründen für die erstaunliche Kontinuität und sich stets erneuernde Grundsätzlichkeit der

---

81 Zur Orientierung sei verwiesen auf das »Handbuch Reformpädagogik« (Idel/Ullrich 2017), dessen vier Teile (Historiographie der Reformpädagogik / Kanon und Klassiker / Transformationen / Neuinszenierungen / Reformpädagogisierungen) derzeit wohl den besten Überblick auf den Gesamtkomplex ermöglichen. Einen anderen Akzent setzt Jürgen Oelkers: Reformpädagogik: eine kritische Dogmengeschichte. Weinheim/München (Juventa) 2005/4.Aufl.; Ders.: Eros und Herrschaft. Die dunklen Seiten der Reformpädagogik. Weinheim/Basel (Beltz) 2011; Ders.: Pädagogik, Elite, Missbrauch. Die Karriere des Gerold Becker. Weinheim/Basel (Beltz/Juventa) 2016 sowie Jens Brachmann: Tatort Odenwaldschule. Bad Heilbrunn (Klinkhardt) 2019 und Heiner Keupp et al.: Die Odenwaldschule als Leuchtturm der Reformpädagogik und als Ort sexualisierter Gewalt. Eine sozialpsychologische Perspektive. Wiesbaden (Springer) 2019. – Angesichts der vielfältigen seriösen Forschungsanstrengungen lassen sich ebenso kundig-kritische wie ironisch-spöttische Kommentare von der publizistischen Galerie doch souverän ertragen, vgl. z. B. Jürgen Kaube: Im Reformhaus. Zur Krise des Bildungssystems. Springe (zu Klampen Verlag) 2015.

Reform-Kommunikation; zum anderen die Frage nach dem Produktionsort dieser von der Praxis des Erziehens augenscheinlich weitgehend getrennt laufenden Reflexionsbemühungen. Welche systemtheoretischen Antworten lassen sich hierauf geben?

Zunächst zur *ersten* Frage: Nach der kleinen Propädeutik der letzten Abschnitte lässt sich bereits ahnen, wo die Antworten auf diese Fragen vornehmlich zu finden sein dürften, nämlich im Bereich der Codierung und im Problem des Mediums. Das Erziehungssystem muss, wie gesagt, ohne Erstcodierung und ohne symbolisch generalisiertes Kommunikationsmedium auskommen. Dieser Umstand verstärkt nun, kaum zu überschätzen, die Bedeutung der Zweitcodierung ›soziale Selektion‹, erkennbar an der Unterscheidung »besser/schlechter«. Wenn das System seine Einheit ausschließlich hierüber gewinnen muss, werden zwangsläufig alle Ereignisse auf allen Ebenen eben dieser Differenz unterworfen; und damit eben auch alles, was auf der Ebene der Programme sich vollzieht, z. B. Leistungen als Instruktionsprodukte in bestimmten Fächern. Aber irgendwie muss das System zu guter Letzt aus »Leistungen« auch wieder »Schüler« machen, denn, so Luhmann/Schorr, »nicht Leistungen werden versetzt, sondern nur Schüler« (1988, S. 467).

Hier lässt sich der Unterschied zum Wirtschaftssystem noch einmal verdeutlichen: der Code »zahlen/nicht-zahlen« braucht eine solche Übersetzung nicht, denn Kunden werden nicht erzogen, sondern können zahlen oder nicht-zahlen, kaufen oder nicht-kaufen; damit ist die funktionsspezifische Kommunikation hinreichend bestimmt, hat ihren Anfang und findet ihr Ende (bis zum nächsten Mal). Das eben ist im Erziehungssystem völlig anders: Durch die kühle Effektivität der Zweitcodierung braucht es eine besondere Übersetzungsleistung, denn mit »besser/schlechter« ist die Operation im Erziehungssystem ja nicht nur nicht zu Ende, sondern gerade erst dadurch ergibt sich machtvoll und folgenreich die Anschlussfähigkeit für Karrieren und Lebensläufe. Ein Beispiel mag das verdeutlichen: Wer Medizin studieren will, braucht als Voraussetzung für einen Studienplatz bestimmte Vorleistungen, die nach einem entsprechenden Schlüssel (mit entsprechenden Variationen) berechnet werden; das Schulergebnis hat hierbei einen hohen Stellenwert. Eine sichtbare Folge des (unlängst wieder *reformierten*) Verfahrens ist, dass Berufswahlentscheidungen wesentlich nach Leistungsgesichtspunkten getroffen werden: Warum nicht Arzt werden, wenn die Punktzahl es erlaubt, unabhängig davon, ob man womöglich lieber etwas anderes studieren möchte? Hier zeigt sich, an einem positiven Beispiel, die Unausweichlichkeit der »tragic choices«, die das Erziehungssystem durch seine eigenen Operationen und allen guten Absichten zuwider fortwährend selbst erzeugt. Es gibt indes, wie jeder weiß, auch gänzlich andere, weitaus trübere Ausgangslagen.

Damit ist genau der Punkt im System markiert, an dem die ›Reformsemantik‹ ihren Ursprung hat und dafür sorgt, dass sie gleichsam ›auf Dauerbetrieb« eingestellt wird. Denn die Reflexionstheorie des Erziehungssystems ist sozusagen zum semper reformandum verdammt, weil sie »einen Ausweg aus den Zwängen der Codierung sucht. Obwohl die Erziehungspraxis selber immer bessere und schlechtere Ergebnisse produziert, meint die Pädagogik, dies könne besser gemacht werden. Sie sucht in einer ständig erneuerten Systembewertung einen Ort der Resistenz, an dem sie ertragen kann, daß sie in der Praxis binär verfahren muß; und das gelingt ihr, indem sie das Schema »besser/schlechter« temporalisiert. Das System ist gegenwärtig schlechter, als es sein sollte, und es soll daher künftig besser werden … Sie kann aber auf der Ebene der Reflexion der Einheit des Systems den Sinn des »schlechter« nicht mehr entdecken. Das System ist nur gegenwärtig nicht so gut, wie es sein könnte … Oder anders gesagt: das System der Erziehung wird behandelt, als ob es selbst »erzogen werden müsste« (Luhmann/Schorr, ebd. S. 468). So ergibt sich am Ende ein Kreislauf, aus dem es kaum einen Ausweg zu geben scheint (allenfalls einen Ausstieg): Reform – Reflexion – Reform – Reflexion – Reform …, angetrieben von der hoffnungslosen Aussicht, »die Differenz von besser und schlechter soll besser werden« (ebd., S. 469).

Empirische Studien bestätigen dieses Bild. Nimmt man beispielsweise die Reihe der TIMSS-Studien (Trends in International Mathematics and Science Study), durch die seit 2007 in einem breiten internationalen Vergleichsmaßstab die Kenntnisse von Grundschülern einschließlich der sie bedingenden Kontextfaktoren untersucht werden, und studiert die letzte Erhebung aus dem Jahre 2019, dann gibt es zwar an verschiedenen Stellen leichte Veränderungen und Verschiebungen (vgl. K. Schwippert et al. Münster 2020). Im Kern allerdings bleibt über die Jahre ein gewichtiger Befund stabil: dass nämlich rund ein Viertel aller Grundschüler in der BRD hinsichtlich ihrer mathematischen und naturwissenschaftlichen Kenntnisse als leistungsschwach anzusehen sind. Dementsprechend »stabil« lesen sich auch die daraus abzuleitenden bildungspolitischen Empfehlungen (gezielte Förderung der Leistungsschwächsten und Leistungsstärksten; Herstellung von Chancengerechtigkeit unabhängig von Geschlecht, sozialer Herkunft, Migrationsstatus und anderen Merkmalen; didaktische Verbesserung in den untersuchten Fächern; Ausweitung und Verbesserung von Aus- und Fortbildung). Der »Systemzwang« (vgl. Hentig 1969) erweist sich nach alledem als ein genuiner, strukturell bedingter »Reformzwang« des Erziehungssystems selbst: immer wieder, in unregelmäßigen, vornehmlich zeitgeistbedingten Abständen, bedarf es dann einer »neuen« Schule oder anderer pädagogischer »Erfindungen«.

Nun zur zweiten Frage, den Produktionsstätten der Reflexionssemantik: Zwei Orte lassen sich identifizieren, in denen zwar unterschiedlich gearbeitet wird, die aber auch partiell kooperieren und sich personell fallweise überschneiden: Zum einen eine soziale Konfiguration, die Luhmann/Schorr schon 1979 als »Pädagogisches Establishment« gekennzeichnet hatten, zum anderen die dem Erziehungssystem primär zugeordnete Disziplin, die Erziehungswissenschaft oder Pädagogik (der Unterschied der Bezeichnungen wird hier nicht weiter ausgeführt).

Als »Pädagogisches Establishment« bezeichnen Luhmann/Schorr »Rollen und Rollensysteme …, die dem Erziehungssystem zugerechnet werden, die aber nicht direkt, sondern nur indirekt mit dem auf der technischen Ebene ablaufenden Unterricht befaßt sind. Vorwiegend handelt es sich um Rollen für die Ausbildung von Lehrern, mit denen zugleich ›Sprecherfunktionen‹ für spezifisch pädagogische Interessen übernommen werden, ferner um Rollen für spezifisch pädagogische und vor allem unterrichtsbezogene Forschung an Hochschulen oder an eigens dafür ausdifferenzierten Forschungsinstituten, weiter um die mit Pädagogen besetzten Dezernate, Referate oder Abteilungen kommunaler und staatlicher Verwaltungen, um entsprechende Spezialisten in politischen Parteien oder kirchlichen Organisationen und nicht zuletzt um besondere Berufsverbände und Gewerkschaften, die die Besoldungs-, Karriere- und Reputationsinteressen der Lehrer öffentlich und politisch vertreten« (1979, S. 343). Dieses Konglomerat lässt sich als ein eigenes soziales System verstehen, das als solches eine sich selbst erhaltende Eigendynamik entwickelt, dazu tendiert, sich auszudehnen und Kommunikationen über Erziehung produziert. Erfolge sucht es daher nicht als Erfolge der Erziehung, »sondern als Erfolge in der Änderung der Strukturen des Erziehungssystems« (ebd., S. 343). In dem Maße, wie sich ein solches System »etabliert«, also ausdifferenziert, muss das Verhältnis zu den »Arbeitsbienen« des Erziehungssystems problematisch werden: »Sprache und Zeithorizonte divergieren. Das Establishment erlebt, inauguriert, verwirft, rephrasiert Änderungen, die anderswo möglicherweise gar nicht oder nur in Störwellen ankommen … Wenn solche Divergenzen zunehmen, könnte der Eindruck entstehen, dass die Musik für die Zuschauer und nicht für die Tanzenden gespielt wird« (ebd., S. 348).

Der »Reformzwang« des Systems wird nicht nur durch eine etablierte »Funktionärselite« kontinuierlich mit Nachschub versorgt. Auch die dem Erziehungssystem primär zugeordnete wissenschaftliche Disziplin, die Erziehungswissenschaft, trägt ihren Teil dazu bei. Das ist, keine Frage und mit Fontane gesprochen, ein weites Feld. Es gibt allerdings einen Gesichtspunkt, der gerade aus systemtheoretischer Perspektive leicht nachvollziehbar sein dürfte und zum Verständnis des Phänomens einer sich perpetuierenden Reformsemantik beitragen kann.

Dass die Pädagogik mittlerweile im Wissenschaftssystem als ›normal science‹ sicher und allseits akzeptiert verankert ist, sollte nicht darüber hinwegtäuschen, dass ihr Status, systematisch und von ihrem inhaltlichen Kern her gesehen, so sicher nicht ist, was durch einen Vergleich mit anderen Disziplinen rasch zum Vorschein käme. Denn sie ist aufgrund ihrer unabdingbaren Nähe zum Erziehungssystem zu einer Art von akrobatischer Daueranstrengung genötigt: Als ›Theorie der Erziehung‹ hat sie ihren Platz einerseits im Wissenschaftssystem, sieht sich aber andererseits zugleich als Reflexionstheorie maßgeblich für die Kontingenzreflexion im Erziehungssystem zuständig. Als soziologischer Beobachter hat Peter Fuchs diese besondere Lage der Erziehungswissenschaft durch den Begriff des »parasitären Systems« zu erfassen versucht: »Es liegt dem System nahebei (para situs), von dem es profitiert, aber es ist nicht dieses System … (und nutzt so) Unschärfen anderer Systeme als Ordnungsvoraussetzung für die eigenen Operationen aus« (2007, S. 82). Konkret bedeutet das: Als Reflexionstheorie des Erziehungssystems wird sie fortwährend in dessen strukturellen Reformstrudel hineingezogen und trägt ihren Teil dazu schwungvoll und mit stets guten Gründen bei – und als Theorie der Erziehung im Wissenschaftssystem beobachtet sie und stellt nüchtern fest, was sich dort ereignet (man denke nur an die Ergebnisse der oben angesprochenen TIMSS-Befunde).

Hier wie dort sorgt demnach die Pädagogik für Unruhe und Irritation, was nicht nur für ihr Selbstverständnis Folgen hat (vgl. dazu Kraft 2016b), sondern vor allem für die ihr zugeordneten professionellen Rollen und deren operative Probleme. Denn wenn das System nie so gut ist, wie es sein könnte, so bedeutet das immer auch, dass das pädagogische Personal nie so gut ist, wie es sein könnte, anders gesagt: die Reflexion schwächt die Funktion, unter anderem mit der Folge, dass die Erziehungswissenschaft, allen proklamierten guten Absichten zuwider, gerade nicht mehr die erste Adresse für die Berufe ist, auf die sie sich bezieht: ein Verhältnis der Entfremdung. Sie wird dann immer weniger zu der Wissenschaft, die, traditionsbewusst mit Herbart gesagt, ›der Erzieher für sich bedarf‹. Der Reformzwang des Systems überträgt sich auf das Handeln seiner »Operateure«, bedürfen doch auch sie augenscheinlich ständiger »Verbesserung«: Für professionelles Selbstbewusstsein unter komplexen Bedingungen keine gute Voraussetzung.

Ungeachtet dieser misslichen Folgen seiner eigenen Funktionslogik hat der fortgesetzte Zwang zum (rhetorischen) Reformieren für das System letztendlich eine buchstäblich existentielle Bedeutung. Denn diese fortwährende Unruhe und Unzufriedenheit zwischen Hoffnung und Enttäuschung sorgt dafür, die Suche nach ›besseren Lösungen‹ nicht einzustellen. Sie zwingt vielmehr dazu, angesichts der unabweisbaren Defizite auf der Ebene von Codierung und Medium gerade die Reflexion der eigenen Einheit immer wieder neu zu überprüfen, nüchtern gesagt: »Die Reform selbst ist ein Moment der Autopoiesis des Systems« (Luhmann/ Schorr 1988, S. 470). Mit Hilfe einer kontinuierlichen Reformsemantik beobachtet sich das Erziehungssystem gewissermaßen »in sich selbst gegen sich selbst«, eine gleichsam auf Dauer gestellte, systemimmanente »Protestbewegung«. Diese Form der Selbstbeobachtung kann sogar soweit gehen, Konzepte einer »Antipädagogik« belegen das, sich eine Abschaffung der Erziehung vorzustellen – nur um dann am Ende anerkennen zu müssen, dass das nicht funktionieren kann und allenfalls in einer anderen, eben »antipädagogischen Pädagogik« enden muss. Auf diese Weise aufbereitet, wird schließlich »Reformsemantik« als Ausdruck eines funktionsspezifischen »Immunsystems« erkennbar, das, latent in ständiger Bereitschaft, immer dann mit hoher Empfindlichkeit auf Veränderungen in der Umwelt unverzüglich anspringt, wenn Anpassungsleistungen notwendig und unabweisbar werden.

Derlei Einsichten sind, führt man sie stringent zu Ende, alles andere als entmutigend, enthalten sie doch eine nicht zu unterschätzende ermutigende Botschaft, die selbst kühle systemtheoretische Beobachter nicht unterdrücken: »Der Pädagoge«, so das Fazit von Luhmann und Schorr, »braucht den Sinn seines eigenen Handelns nicht an den Erfolg oder Misserfolg der Reformen zu koppeln. Er kann sich auch den Ideenvorgaben des Establishments mehr oder weniger entziehen. Er kann selber beobachten, was er tut, und er kann unter allen Bedingungen das eine besser, das andere schlechter machen (ebd., S. 477). Man könnte dabei an Samuel Beckett denken: Try again, fail again, fail better.

Unterstützung erfährt eine solche konsequente professionelle Haltung von einer vielfach eher unterschätzten Seite, nämlich den angeblich so sperrigen Adressaten des Systems selbst. Das zeigt sich in großer Klarheit allerdings meist nicht im alltäglichen Betrieb, sondern in Ausnahmesituationen. Nicht nur dass im Zuge der Bewältigung einer Pandemie das Erziehungssystem rasch, unkompliziert und in ausreichender Anzahl mit elektronischen Geräten versorgt werden kann (wiewohl von den Erfordernissen einer »Digitalisierung« schon lange vorher ständig die Rede war). Vielmehr, und das ist der hier interessierende Sachverhalt, dass in einer solchen Situation sich etwas zeigt, was oft übersehen oder unterschätzt wird: Schüler wollen in die Schule, brauchen Lehrer, wollen Unterricht. Und wen das an früherer Stelle erwähnte Diktum Hegels (▶ Kap. 1.2.1) nicht überzeugt, der kann sich an Antia Iacovelli halten, die, ihrer Altersgenossin Greta Thunberg folgend, sich in Turin mit Klapptisch und pinkem Stuhl vor ihre Schule gesetzt hat, um ihrer Botschaft: »Ich will zurück zur Schule« den nötigen Nachdruck zu verleihen. Wie man medial vermittelt erfährt (vgl. SZ, Nr. 283, 7.12.2020, S. 23), sind diesem Aufruf von Piemont bis Sizilien Tausende gefolgt.

Die Darstellung einiger ausgewählter Probleme des Erziehungssystems soll damit abgeschlossen werden. Es wird deutlich geworden sein, dass die Soziologische Systemtheorie – der eingangs formulierten Erwartung gemäß – in besonderer Weise geeignet ist, den Sinn für Unterscheidungen und Unterschiede zu schärfen.

So bringt eine *weltgesellschaftliche* Perspektive nicht nur die (z. T. buchstäblich gewaltigen) Ungleichheiten zwischen einzelnen nationalen Bildungssystemen zum Vorschein, sondern zeigt auch, dass Entwicklung und Fortschritt nicht linear zu verstehen sind, weil Leistungszuwachs, der durch gesellschaftliche Evolution möglich wird, zwar bestimmte Probleme zu lösen vermag, damit zugleich jedoch immer auch fortgesetzt neue, andere Probleme hervorbringt.

In *disziplinärer* Perspektive lassen sich die Unterschiede zwischen einer soziologischen und einer erziehungswissenschaftlichen Betrachtungsweise, die die vorstehenden Abschnitte mitgängig bestimmt haben, ebenfalls deutlich abbilden. Denn pädagogische Fragestellungen lassen sich nicht in soziologische auflösen. Das gilt auch umgekehrt, und zwar aus dem einfachen Grund, weil sich die Bedeutung der Umwelt für ein System stets aus dem System, nicht aber aus seiner Umwelt ergibt (vgl. Horster 1997, S. 37). Anders gesagt: Für eine *soziologische* Betrachtungsweise ist ›Erziehung‹ nur als Umwelt des sozialen Systems von Interesse. Für *pädagogische* Fragestellungen gilt der umgekehrte Fall, für sie ist das soziale System primär als Umwelt der psychischen Systeme, die sich Erziehungsansprüchen ausgesetzt sehen, von Interesse.

Für den in diesem Buch verfolgten Gedankengang führt das zu einem Darstellungsproblem: Nachdem die pädagogischen Operationen in ihren gesellschaftlichen Verflechtungen beschrieben worden sind, müsste nun »eigentlich« der zweite Abschnitt des 1. Kapitels über die »Zeigestruktur der Erziehung« (▶ Kap. 1.2) noch einmal kommen, so also, wie in einer musikalischen Komposition das Eingangsthema nach verschiedenen Durchführungen am Ende in Form einer Reprise wiederaufgenommen wird. Da ein Buch aber weder Fuge noch Sonatenhauptsatz ist, bleibt nur die Formulierung des entscheidenden Gedankens. Und der lässt sich in Anlehnung an selbstpsychologische Diktion so zusammenfassen: Die Zeigestruktur der Erziehung bildet den Kern des professionellen pädagogischen Selbst, sein Kern-Selbst sozusagen. Eben darauf gründet sich das professionelle Selbstbewusstsein, über das alle Erziehungsberufe der Möglichkeit nach verfügen. Und das gilt unabhängig davon, wie durch zeitgeistaffine Semantik, durch Reformaspirationen aller Art oder auch durch institutionelle und organisatorische Zwänge dieser Kern überdeckt zu werden scheint. Kurzum: So wie der Schuster und die Schusterin angeblich bei ihren »Leisten« bleiben sollten, so sollten Pädagoginnen und Pädagogen bei der »Zeigestruktur der Erziehung« bleiben. Gerät dies aus dem Blick, dann verliert pädagogische Professionalität die sie konstituierende Grenze und löst sich in gute Absichten auf.

Wie bedeutsam ein solches Grenzbewusstsein ist, wird der nun folgende Abschnitt, in dem jetzt die Psychotherapie in den Mittelpunkt der Aufmerksamkeit gerückt wird, verdeutlichen. Greift man noch einmal auf die System-Umwelt-Differenz zurück, dann zeigt sich, dass die Umwelt psychotherapeutischer Interventionen nicht – wie im Falle der Erziehung – das soziale System der Gesellschaft ist, sondern im Modus einer eigenartigen Verdoppelung oder Spiegelung das psychische System des Patienten selbst. Dieser besondere Zugriff begründet wesentlich die Sonderrolle, die die Psychotherapie im Gesundheitssystem einnimmt.

3.3 Die Sonderstellung der Psychotherapie im Gesundheitssystem

Es ist im vorangegangenen Abschnitt deutlich geworden, wie intensiv sich Luhmann dem Erziehungssystem zugewandt hat und welche nachhaltigen Spuren seine Arbeiten in dessen Reflexionstheorien hinterlassen haben. Mit dem Gesundheitssystem hingegen hat er sich kaum beschäftigt – nur drei kleinere Aufsätze (1983a, 1983b; 1990) liegen dazu vor, ein im Vergleich mit Studien zu anderen Funktionssystemen (z. B. Recht, Politik, Wirtschaft, Religion) mehr als auffälliger Befund. Die Gründe für diese sonderbare Theorie-Abstinenz ergeben sich unmittelbar aus seiner Sicht des Gesundheitssystems, die daher zunächst dargestellt werden muss.

Die Überschrift des folgenden Abschnittes dürfte dabei sowohl den zentralen Gesichtspunkt präzise erfassen als auch aufs Neue für motivierende Irritation der Leser sorgen, denn, kein Zweifel, aus systemtheoretischem Blickwinkel erweist sich »*Das Gesundheitssystem als ›Krankheitssystem‹*« (▶ Kap. 3.3.1): dort werden Krankheiten behandelt, Gesundheit hingegen setzt so gut wie keine Systemaktivitäten in Gang. Um diesen Gedanken nachvollziehen zu können, soll zunächst ein kurzer Blick in die Geschichte erfolgen (▶ Kap. 3.3.1.1: »*Krankheitskonzepte: Säkularisierung als funktionale Differenzierung*«); erst dann wird erkennbar, wie »*Zeit und Schmerz: Intervention und strukturelle Kopplung*« (▶ Kap. 3.3.1.2) einen unauflöslichen Zusammenhang bilden.

Dass es auch psychische Erkrankungen gibt, ist evident. Auf sie zielen alle psychotherapeutischen Bemühungen. Bei näherer Betrachtung wird jedoch zu sehen sein, dass Psychotherapie als im Kern rein kommunikative Praktik im Gesundheitssystem eine besondere Rolle einnimmt, eben weil ihre Interventionen ausschließlich kommunikativ »verabreicht« werden und überhaupt nur so ihre heilende Wirkung entfalten können, therapeutisch eben. Eine solche Art kommunikativer Krankenbehandlung ist allerdings ohne eine Orientierung an einem Begriff von Gesundheit gar nicht denkbar. Und das heißt: Psychotherapie fungiert gleichsam als »*Gesundheitssystem im Krankheitssystem*« (▶ Kap. 3.3.2), gewissermaßen eine Art ›Trojanisches Pferd der Kommunikation‹. Das wird nicht nur durch »*Die ›äußere Realität‹ der Psychotherapie*« (▶ Kap. 3.3.2.1) offensichtlich, sondern vor allem dann, wenn »*Die ›innere Welt‹ der psychotherapeutischen Kommunikation*« (▶ Kap. 3.3.2.2) genauer betrachtet wird.

3.3.1 Das Gesundheitssystem als ›Krankheitssystem‹

Ohne Körper keine Gesellschaft – das ist trivial. Aber nur auf den ersten Blick. Denn ohne Körper keine Wahrnehmung, keine Kommunikation, keine Kinder und somit keine sozialen Systeme – kein Wunder also, dass den Körpern als »Sicherheitsbasis« (Bette 1987, S. 603) oberste Priorität zuerkannt wird. ›Gesundheit‹ ist dementsprechend der Superwert, dem alles andere untergeordnet wird. Sind die Körper einer Gesellschaft bedroht, ist die ganze Gesellschaft bedroht. Daher gibt es über Gesundheit kaum »ideologische Kontroversen«; allerdings genießt dieser Wert nur »eine abstrakte Schätzung, und er verliert viel an Gewicht, wenn es um die Krankheit bzw. Gesundheit der jeweils anderen geht … Schließlich verhält sich auch der einzelne in Bezug auf seine eigene Gesundheit nicht konsequent so, als ob dies ein Höchstwert wäre: er raucht, lässt sich braun brennen, überarbeitet sich. Der Wertrang gilt also nur für Kommunikationen, mit denen das Krankheitssystem sich selbst behauptet. Immerhin gilt er dann in einer Weise, die von anderen Funktionssystemen aus schwer zu bestreiten ist« (Luhmann 1983a, S. 42). Man braucht nur an die Corona-Pandemie zu denken, wo dieser Sachverhalt in buchstäblich erschreckender Klarheit sichtbar geworden ist: Letztlich hilft dann – neben der Medizin – nur noch der generelle Lockdown, ein tiefgreifender Einschnitt, der alle Funktionssysteme auf ihre je eigene Weise beeinflusst, Politik, Recht, Wissenschaft und Militär ebenso wie Wirtschaft, Erziehung und Kultur, vom Öffentlichen Nah-, Fern- und Flugverkehr nicht zu reden – all das weit über nationale Grenzen hinaus, weltgesellschaftlich eben. Auch unter weniger dramatischen Umständen, sozusagen im Normalfall des Alltags, ist die soziale Bedeutung der Gesundheit mit den damit verbundenen scharfkantigen Unterscheidungen nicht zu übersehen: wer als »krank« deklariert ist, muss nicht zur Schule, nicht zur Arbeit und auch nicht vor Gericht.

In modernen Gesellschaften gibt es für die Körper ein eigenes Funktionssystem, das üblicherweise ›Gesundheitssystem‹ genannt wird (Luhmann spricht gelegentlich auch vom ›System der Krankenbehandlung‹ oder vom ›Medizinsystem‹). Es ist insofern auch ein Sonderfall (vgl. GdG, 2, S. 407 f.), weil sein Problem und der angestrebte Erfolg nicht in der Kommunikation selbst liegen, sondern seine Funktion sich auf Veränderungen in der Umwelt des sozialen Systems richtet (durch Kommunikation lässt sich ein Loch im Zahn nicht füllen). Ein Vergleich entlang der Dimension Binnenorientierung/Umweltorientierung würde zeigen, dass das »Krankheitssystem das System mit dem Extremwert an

Umweltorientierung wäre« (Luhmann, 1983a, S. 41). Diese Eigenschaft macht das Gesundheitssystem mit Erziehung und Technologie vergleichbar, und, wie diese, muss es ohne symbolisch generalisiertes Kommunikationsmedium auskommen. Um diesen Mangel zu kompensieren, braucht es daher verdichtete organisierte Interaktion, vorausgesetzten Kooperationswillen und interaktionsfähige Symbolik, zum Beispiel »verschriebene Medikamente mit unverständlichen Namen und Sorgfalt symbolisierenden Gebrauchsanweisungen« (Luhmann 1983a, S. 41).[82]

Wie in dem theoretischen Vorspiel dieses Kapitels (▶ Kap. 3.1) dargestellt worden ist, kommt, neben Leistung und Medium, dem Problem der Codierung besondere Bedeutung zu. Daran lässt sich jetzt leicht anknüpfen: Jedes Funktionssystem, so war gesagt worden, unterliegt einer spezifischen *binären Codierung*, die über die Systemaktivitäten entscheidet. Der positive Wert entscheidet dabei über die Anschluss- und Handlungsmöglichkeiten im System, der negative ist der Kontingenzreflexion vorbehalten (ein Schulabschluss eröffnet schlicht weitere Wege; sein Fehlen versperrt sie und/oder beschreibt die notwendigen Umwege, um ggf. doch noch mit einem Abschluss weitere Anschlüsse zu ermöglichen). Wie verhält es sich nun mit der Codierung des Gesundheitssystems?

Der binäre Code ist ebenso eindeutig wie wirksam: »*krank/gesund*« (vgl. Luhmann 1990, S. 186 f.). Die damit verbundene Einsicht allerdings dürfte überraschen: *Krankheit* ist der positive, *Gesundheit* ist der negative Wert *im System*. Denn nur *Krankheit* entscheidet über die *systeminternen Anschlüsse*: der Krankenschein, die Überweisung, Diagnoseprozeduren, Behandlungsvorschläge, Verschreibungen, Therapiepläne, Operationen, Kuren und dergleichen mehr. Nur Krankheiten sind für den Arzt instruktiv, Gesundheit hingegen gibt nichts zu tun. Sie reflektiert allenfalls das, was fehlt, um krank zu sein. Dementsprechend gibt es viele Krankheiten, aber nur eine Gesundheit. Das, was wir Gesundheitssystem zu nennen pflegen, ist also, mit systemtheoretischen Augen betrachtet, ein *Krankheitssystem*. Und als solches benötigt es zu seiner Reproduktion vor allem eines: Krankheiten und Kranke.

Vor diesem Hintergrund wird auch die berühmte Definition der Weltgesundheitsorganisation – »health is a state of complete physical, mental and social wellbeing and not merely the absence of disease or infirmity« – in einem anderen Licht erscheinen, denn demnach sind wir so gut wie alle krank und folglich alle behandlungsbedürftig. Wenn das Gesundheitssystem also vor allem Krankheiten braucht, führt das zu dem, was seit geraumer Zeit als »Medikalisierung der Gesellschaft« bezeichnet wird. Zum Beispiel werden mit typischen Lebensphasen einhergehende körperliche Veränderungen dann leicht zu einem Anlass für medizinische Behandlungen: Wenn selbst das postmenopausale Hormondefizit als

---

82 Da Erziehung wie Gesundheit jeweils Funktionssysteme ausbilden, die eine Sonderrolle übernehmen, lohnt ein Vergleich gerade dieser beiden Systeme (vgl. dazu Kraft (2006): »Unwissenheit schmerzt nicht oder: Gesundheits- und Erziehungssystem in vergleichender Perspektive«). – Zu einer medizinsoziologisch wie systemtheoretisch pointierten Kritik an Luhmanns Sicht des Gesundheitssystems vgl. Stollberg (2009).

ebenso substitutionsbedürftig erscheint wie beispielsweise Diabetes, können auch Wechseljahre nichts anderes sein als der Beginn einer Krankheit.

Diese eigentümliche Verschiebung der Code-Werte, die dem Alltagsverständnis äußerst befremdlich erscheinen dürfte, hat ihren Grund darin, dass das Gesundheitssystem direkt in die gesellschaftliche Umwelt, und das heißt: in den kranken Körper hinein, zu operieren versucht. Kommunikation ist nur mehr Rauschen im System und für den Vollzug selbst nicht unmittelbar entscheidend: die Wurzelresektion wird nicht anders, wenn der Zahnarzt spricht. Und körperlicher Schmerz duldet keinen Aufschub: er wird betäubt, damit Zeit gewonnen wird, um dann das Notwendige einleiten zu können. Um mögliche Missverständnisse zu vermeiden: Natürlich sprechen auch Ärzte, und natürlich sprechen Ärzte auch mit ihren Patienten. Aber der »*Funktionsvollzug*«, so Luhmann, »läuft mehr oder weniger schweigend ab. Er hat jedenfalls sein Kernproblem nicht in der Kommunikation, sondern in richtiger Diagnose und richtiger Therapie« (Luhmann 1983 b, S. 172; H.d. V.).

Dass eine überaus enge Beziehung zwischen Codierung und der Entwicklung von Reflexionstheorien besteht, hat bereits der Blick auf das Erziehungssystem gezeigt, das sich, zugespitzt formuliert, gerade durch die kontinuierliche Produktion von Reflexionstheorien immer wieder neu stabilisiert. Das ist im Gesundheitssystem grundlegend anders. Denn die sonderbare Vertauschung der Code-Werte, also Krankheit als positiven, Gesundheit hingegen als negativen Wert zu bezeichnen, hat zur Konsequenz, dass in der Medizin eine Theorie der Gesundheit nicht zu finden ist: sie braucht nur Krankheitsbilder. Denkt man neben Pädagogik beispielsweise an Theorien des Rechts, der Volkswirtschaft oder Erkenntnistheorien im Falle der Wissenschaft, ist der Unterschied nicht zu übersehen: »Nichts dergleichen in der Medizin. Hier zielt das Handeln auf den Reflexionswert Gesundheit – und deshalb ist nichts weiter zu reflektieren« (Luhmann 1990, S. 188). Soziologische Systemreflexion ist daher, wie Luhmann ironisch anmerkt, eher kontraindiziert und »für Mediziner nur bedingt geeignet« (1990, S. 183).

Das Fehlen solcher Reflexionstheorien hat gleichwohl Folgen, denn in der Medizin muss, wie man weiß oder sich leicht vorstellen kann, unablässig und häufig rasch entschieden werden. Aber auf welchen theoretischen Grundlagen fallen diese (oft weitreichenden, wenn nicht gar existentiellen) Entscheidungen? In der Regel hilft sich die Medizin hier mit dem Verweis auf Ethik und Moral, und das zumeist in Form von Kommissionen. Während in anderen Funktionssystemen durch Reflexion gerade Distanz zu Moral erzeugt wird, scheint es im Falle der Medizin geradezu umgekehrt zu sein: Sie verweist bei Unsicherheiten gerade auf Moral, meist professionsintern in Form der ärztlichen Standesethik, die dann weitere Anfragen zuverlässig versiegelt. In Zeiten der Pandemie war dieses Fehlen von Reflexionstheorien vielfach zu beobachten, denkt man nur an die zahlreichen Anfragen an den Deutschen Ethikrat, eine von der Bundesregierung auf der Grundlage des Ethikratgesetzes (EthRG) eingesetzte (und mit 1,7 Mill.€/Jahr finanzierte) Sachverständigenkommission mit 26 jeweils für vier Jahre gewählten Vertreterinnen und Vertretern, zumeist aus unterschiedlichen wissenschaftlichen Disziplinen (vgl. Barth/Nassehi/Saake 2020). »Ethik« gehört zu den Prüfungsvoraussetzungen der (zweiten) ärztlichen Prüfung, und dementsprechend gibt es etliche Lehr- und Studienbücher, die, häufig mit medizinhistorischen Fragen verbunden, entsprechende Wissensbestände vermitteln (vgl. z. B. Wiesing 2020; Eckart 2017; Irrgang/Heidel 2015; Schöne-Seifert 2007). Ungeachtet dessen dürfte die Annahme vertretbar sein, dass im Kontext medizinischen Wissens ethische Fragen eher am Rande liegen und daher auch der Stellenwert der Ethik *auf der Ebene der Reflexionstheorien des Systems* keine allzu große Rolle spielt (so wurde z. B. im Zuge der Pandemie als ›Ersatz‹ gelegentlich in talkshows, meist wenig kenntnisreich, über das intensivmedizinische Prinzip der »Triage« diskutiert).

Auch in einschlägigen Gesamtdarstellungen des Gesundheitssystems (z. B. Simon 2013; Busse et al. 2013) haben soziologische Reflexionen kaum Spuren hinterlassen, von systemtheoretischen ganz zu schweigen (vgl. Bauch 2000, S. 387). Den entscheidenden Grund dafür sieht Bauch, Luhmann pointiert kritisierend, darin, dass dessen Unterscheidung »krank/gesund« sich nur auf den Bereich der Krankenbehandlung bezieht, aber die breitgefächerten, komplexen Handlungsfelder des Gesundheitssystems insgesamt außer Acht lässt. Um diesem Defizit abzuhelfen, schlägt er daher eine andere Codierung vor: »gesundheitsförderlich/ gesundheitshinderlich« (ebd. S. 399). Diese Codierung ist für die sich seit geraumer Zeit entwickelnden »Gesundheitswissenschaften« ohne Zweifel von Bedeutung, denkt man nur an Probleme der Prävention (vgl. z. B. Lengwiler/Madarász 2010) und Rehabilitation oder an Fragestellungen der »Gesundheitserziehung« (vgl. z. B. Ohlbrecht/Seltrecht 2018; Stroß 2000). Betrachtet man hierzu vorliegende Studien, bestätigt sich der oben genannte Befund: Versteht man die Gesundheitswissenschaften als Reflexionstheorie des Gesundheitssystems, dann sieht man, wie in den einschlägigen Arbeiten Reflexionsbedarf und Komplexität der Themen spürbar ansteigen (vgl. z. B. Blättner/Waller 2018; Haring 2019 oder Razum/Kolip 2020; systemtheoretisch weiterführend Vogd 2005). Man kann jedoch auch sehen, wie sich, paradox formuliert, die Medizin vor »Gesundheit« schützt, denn gesundheitswissenschaftliche Professuren finden sich in der Regel nicht in den Medizinischen Fakultäten, sondern in anderen Fachbereichen oder an Hochschulen, die entsprechende gesundheitswissenschaftliche Studiengänge anbieten.

Welche Richtung auch immer die theoretischen Bemühungen in Zukunft nehmen werden – für unseren Zusammenhang ist diese Frage nicht von Bedeutung und braucht daher nicht weiter verfolgt zu werden. Hier interessiert allein die Bedeutung der Psychotherapie als Krankenbehandlung. Dafür ist ein kurzer Rückblick auf die Entwicklung der medizinischen Krankheitskonzepte allerdings aufschlussreich.

3.3.1.1 Krankheitskonzepte: Säkularisierung als funktionale Differenzierung

Die Frage, wie der Zusammenhang von Körper und Bewusstsein verstanden werden muss, ist, als Leib-Seele-Problem gefasst, ein altes Thema. Da die Lösung vermutlich in dem Bereich liegt, die die Unterscheidung im Sinne Spencer-Browns als ›unmarked space‹ fortgesetzt selbst erzeugt, ist diese Frage als Betriebsprämisse für Forschung und Entwicklung hervorragend geeignet. Anders gesagt: Das Leib-Seele-Problem ist überkomplex und kann nur durch Reduktion der Komplexität erfolgreich bearbeitet werden. Allerdings gerät jeder Reduktionsversuch unverzüglich ins Fadenkreuz der Kritik mit der Folge, dass die Komplexität des Problems die Oberhand behält und eben dadurch wiederum zu weiteren Forschungen stimuliert (vgl. Fuchs 1998). Die Entwicklung der modernen Wissenschaften und ihre disziplinäre Differenzierung spiegeln diesen Umstand ebenso anschaulich wie eindrucksvoll wider.

Die Krankheitskonzepte, die uns heute geläufig sind, markieren das Ende einer langen historischen Entwicklung, die die »Geschichte der Medizin« in zahlreichen Studien mit großer Genauigkeit nachgezeichnet hat (vgl. z. B. Eckart 2017). Um die Dynamik, die das Gesundheitssystem heutzutage zu entfalten vermag, besser verstehen zu können, erscheint daher an dieser Stelle eine knappe historische Skizze nützlich.

Noch bis etwa zur Mitte des 18. Jahrhunderts war die Sorge um die Gesundheit im Wesentlichen von Laien dominiert. Dementsprechend gab es eine bunte Mischung von naturalistischen, astrologischen, magischen, dämonologischen und theologischen Vorstellungen von Krankheit. Erst mit der Aufklärung änderte sich diese Lage, und die Medizin begann, »klassifikatorisch« zu werden. Nach dem Vorbild der botanischen und naturgeschichtlichen Ordnungssysteme sollten nun auch die Krankheiten geordnet werden, denen erst jetzt allmählich ein eigenes Wesen zuerkannt wurde, das die Ärzte freizulegen hatten. In dieser vor-klinischen Phase interessierte mehr und mehr die Krankheit und zunehmend weniger der Patient, denn, so heißt es in einer zeitgenössischen Quelle, wolle man die Krankheit definieren, müsse man zuerst den Menschen aus ihr verbannen. Aber wie wurde das Wesen der Krankheit überhaupt erschlossen? Nur dadurch, so die Antwort, dass der Arzt den Patienten befragte. Die *klassifikatorisch-vorklinische* Medizin war also eine reine »bed-side-medicine«, in der der Arzt auf den Dialog mit dem Patienten angewiesen war, um überhaupt analytisch zum Wesen der Krankheit vorstoßen zu können. Ohne eine solche kommunikative Mitwirkung des Patienten, die den Arzt von ihm in Abhängigkeit hielt, war nichts zu erkennen.

Mit der von Foucault beschriebenen »Geburt der Klinik«, die mit der Entwicklung der Wissenschaften aufs engste verbunden ist, änderte sich diese Lage grundlegend. Jetzt interessierte die Krankheit an sich, und der Patient konnte sprachlos werden, weil der Arzt lernte, sozusagen direkt mit dem kranken Körper zu kommunizieren. »Der Patient«, so Bauch, »konnte auf die Darbietung des Körpers reduziert werden, die vorgeschaltete sinnhafte Kommunikation zwischen Arzt und Patient, die eine relative soziale Symmetrie der Interagierenden erheischte, konnte reduziert werden zugunsten einer direkten instrumentellen Beziehung des Arztes zu seinem Objekt, dem Körper des Patienten« (1996, S. 35). Folglich sind nun nicht mehr Patienten krank, sondern Körper, die damit zum Objekt der Forschung werden, und zwar zunächst die Organe (Morgagni), dann Gewebe (Bichat), schließlich die Zellen selbst und heutzutage die Gene. »Damit«, so schreibt Rudolf Virchow 1899 in seinem Buch »Ueber den Werth des pathologischen Experiments«, »sind wir an dem Punkt angelangt, welcher gleichsam den Grenzpfahl zwischen alter und moderner Medizin darstellt. Das Princip der modernen Medizin ist das lokalisierende. Diejenigen, welche immer wieder fragen, was denn die moderne Wissenschaft für die practische Heilkunde genutzt habe, können wir einfach darauf verweisen, daß jeder Zweig der ärztlichen Praxis sich dem Prinzip der Lokalisation gefügt hat« (zit. n. Bauch 1996 S. 37). Die Befreiung des Krankheitsbegriffs von archaischen Vorstellungen, die durch diese naturwissenschaftliche Wende möglich wird, bezeichnet man heute gemeinhin als die *Erste Säkularisierung der Medizin*.

Nach dieser ersten gibt es allerdings eine *Zweite Säkularisierung der Medizin*, die vor allem durch Technik und die sich wechselseitig in ihren Effekten steigernde Verbindung von Wissenschaft und Technik möglich wird. Nunmehr »beherrschen« wir zunehmend die natürlichen Vorgänge. Anders gesagt: Aus natürlichen Tatsachen werden soziale Tatsachen, und die Natur wird in wachsendem Maße disponibel. Indem ihre Grenzen zurückgeschraubt werden, erweitert sich unablässig der Bereich dessen, was (medizin-) technisch möglich ist. Grenzen müssen nun sozial gezogen werden. Das gilt, denkt man zum Beispiel an die Intensivmedizin, nicht nur für den Tod, sondern auch für Schwangerschaft und Geburt, führt man sich die exponentiell gewachsenen Möglichkeiten der Reproduktionsmedizin vor Augen (vgl. Bernard 2014). Seit der Geburt des ersten Retortenbabys am 25. Juli 1978 ist die Erzeugung von Leben im Reagenzglas selbstverständlich geworden. Heute wird Elternschaft am Bildschirm möglich: Eizellenspende, Leihmutterschaft, Sortieren der Spermien nach Wunschgeschlecht, Samenbanken, selbst Eizellenplasma-Spenden zur Erhöhung der Fruchtbarkeit älterer Frauen und sogar Tote als Samenspender bereichern das Angebot. Und die technische Entwicklung geht rasant voran, denkt man an den Einsatz von KI-gestützten Diagnose- und Therapiesystemen oder an die Möglichkeiten von roboterassistierter Chirurgie (robotic surgery).[83]

Die hier in Erinnerung gerufene Entwicklungsgeschichte der Medizin beruht nicht zuletzt auf dem eingangs erläuterten Prinzip der »funktionalen Differenzierung«. Denn es erschöpft sich nicht in der Unterteilung der Gesellschaft in einzelne Teilsysteme, sondern es setzt sich, seiner genuinen Logik folgend, auch *in ihnen* weiter fort. Auch die Teilsysteme sind also, anders gesagt, intern funktional differenziert. Gerade die Medizin bietet hierfür ein besonders prägnantes Beispiel. In dem Maße, wie das diesbezügliche Wissen zunimmt, wächst auch die Unterteilung *in* Fachgebiete, die sich dann als immer weitergehende Spezialisierung *der* Fachgebiete fortsetzt. Das kann man an der Vermehrung einschlägiger Fachgesellschaften, an der Bezeichnung von universitären Lehrstühlen oder auch

---

83 Der Fortschritt, der durch medizinische Forschung möglich wird, bleibt, normativ betrachtet, ein höchst ambivalenter Prozess: Virologische Forschung kann zum Beispiel nicht nur dazu dienen, Krankheiten besser und früher zu erkennen und neue Therapien zu entwickeln, sondern auch Viren so zu verändern, dass sie als biologische Kampfstoffe eingesetzt werden können. Das Stichwort hierzu lautet »gain-of-function-research«, und schon 2013 haben namhafte Wissenschaftler dazu aufgerufen, diese die Weltgesundheit potentiell massiv gefährdenden Experimente gesetzlich zu regulieren (vgl. Ledford 2013).

an der Einteilung der Facharztgruppen leicht veranschaulichen. Ein vorläufiges Ende einer solchen Entwicklung ist immer dann erreicht, wenn der Ausgangspunkt – das Allgemeine – so weit dekomponiert ist, dass er schließlich auf einer neuen Stufe der Systembildung (in der Theorie spricht man von »re-entry«) als eine eigenständige, spezifische Perspektive wieder eingeführt wird: Dann gibt es, sprachlich sonderbar genug, am Ende den »*Fach*arzt für *Allgemein*medizin«.

Im Zuge dieser Entwicklung kommt es zu einer weiteren Ausdifferenzierung der Leitunterscheidung »*krank/gesund*«. Denn auf der Grundlage des naturwissenschaftlichen Paradigmas und dem Prinzip der Lokalisation folgend stützt sich in der somatisch-orientierten Medizin die Leitdifferenz *krank/gesund* auf eine zweite Unterscheidung, nämlich die von *sichtbar/unsichtbar*. Man kann also im Falle von Krankheit etwas sehen oder zumindest sichtbar machen (zum Beispiel durch Laborwerte oder bildgebende Verfahren), und in dem Maße, wie sich die diagnostischen Möglichkeiten erweitern und verfeinern, wird das zunehmend leichter und mit bewundernswerter Präzision möglich. Man kann so auch besser verstehen, warum alle Interventionsformen (wie z. B. auch die Psychotherapie), die sich der Unterscheidung von *sichtbar/unsichtbar* nur schwer fügen, im Gesundheitssystem Probleme haben

Gleichwohl: An die diagnostische Codierung (*sichtbar/unsichtbar*) kann der Modalitätscode direkt anschließen: die Krankheit ist *behandelbar* oder eben *nicht behandelbar*. Nicht-Behandelbarkeit allerdings hat unverzüglich Exklusion zur Folge – der Patient muss das Krankenhaus verlassen, bleibt dann sich selbst überlassen oder kann am Ende nur noch *gepflegt* werden. Im Falle von *behandelbar* wird schließlich noch eine weitere Codierung angeschlossen, die das professionelle Handeln machtvoll zu kontrollieren vermag, denn ein ärztlicher Eingriff kann richtig oder falsch, *lege artis* oder *non lege artis*, erfolgen. Und das hat unter Umständen weit reichende Folgen, denkt man an Kunstfehlerprozesse und nachfolgende Schadensersatzklagen, in denen die mangelhafte Körperfunktion oder der fehlende Körperteil zwar nicht faktisch wiederhergestellt oder ersetzt, immerhin aber symbolisch generalisiert vergolten wird: Es gibt, wenn alle gutachterlichen und juristischen Hürden genommen sein sollten, am Ende immerhin Geld.

3.3.1.2 Zeit und Schmerz: Intervention und strukturelle Kopplung

Die Erfahrung dürfte bekannt sein: verspürt man Schmerz, wird die Aufmerksamkeit auf den eigenen Körper erzwungen. Alles andere wird dann weniger wichtig und, werden die Schmerzen stärker, zunehmend oder am Ende vollkommen bedeutungslos (»*Ich halt das nicht mehr aus*«, hört man dann). Was lässt sich systemtheoretisch dazu sagen?

Im Normalfall kann man die Relation zwischen Körper und Bewusstsein als »temporal geordnete Komplexität« beschreiben, denn alle Aktivitäten des Bewusstseins erfordern ein Mindestmaß an Aufmerksamkeit für den eigenen Körper, wodurch sich eine Art von störungsfreier Differenzerfahrung herstellt. Denn, so Luhmann, »nur durch die Beobachtung des eigenen Körpers weiß das Bewußtsein, daß es mit etwas außer sich gleichzeitig existiert« (1990, S. 188). Anders gesagt: In seinem Funktionsvollzug ist der Körper sozusagen *gleichzeitig*, er ist eben *jetzt*. Und »Bewusstsein ist nur möglich dank dieser Unmöglichkeit, alle jeweils ablaufenden physischen, chemischen und organischen Prozesse des eigenen Körpers im Bewusstsein durch Vorstellungen abzubilden. Das psychische System verdankt sich selbst dieser Distanz zum eigenen Körper« (1983b, S. 174). Leser können das gleich prüfen und werden feststellen: Richtet sich die Aufmerksamkeit jetzt hier ausschließlich auf den eigenen (lesenden) Körper, ist das Lesen zu Ende und diese schönen Gedanken werden sogleich verschwinden. Damit das psychische System Bewusstseinsvorgänge produzieren kann, darf der Körper also nur *unterschwellig* Aufmerksamkeit auf sich ziehen, das ist sozusagen der Normalfall.

Schmerzen stören diese »normal-beruhigte Indifferenz«, und zwar abhängig von der Intensität, die sie erreichen, mehr oder weniger unverzüglich und mehr oder weniger dauerhaft. Dadurch gerät die Zeit gleichsam aus den Fugen, denn alle Aufmerksamkeit wird an den Körper gebunden. Man könnte es auch so sagen: Durch Schmerzen wird das Bewusstsein gezwungen, mit dem eigenen Körper zu kommunizieren, sie sind zu begreifen als »Kompensation für strukturell erzwungene Unaufmerksamkeit ... Sie sind gewissermaßen Kommunikation dort, wo keine Kommunikation mehr stattfinden kann: Kommunikation des Körpers an das Bewusstsein« (ebd.).

In diesen »Kommunikationsprozess« greift die Medizin auf der Seite des Körpers ein. Ärzte »kommunizieren« sozusagen anstelle (des Bewusstseins) des Patienten mit seinen verschiedenen Körpersystemen, betäuben den Schmerz, halten, wenn es Ernst wird, stellvertretend die Vitalfunktionen aufrecht, um dann die Prozeduren vorzubereiten, die notwendig folgen müssen. In dieser durch Schmerzen erzwungenen Umstellung der Zeitordnung liegt der Vorrang des Arztes begründet, die zudem auch tief eingegrabene soziale Ordnungen unverzüglich außer Kraft zu setzen vermag. Wenn es um die Unversehrtheit des Körpers oder gar um Leben oder Tod geht, werden soziale Merkmale augenblicklich irrelevant (farblich am »Blaulicht« des Rettungswagens symbolisiert).

Es wird vor diesem Hintergrund unmittelbar einsichtig sein, dass es die im System geltende Zeitordnung ist, die »Systemzeit«, die wiederum die Formen der Interventionen bestimmt. Im Gesundheitssystem sind sie auf Kurzfristigkeit angelegt. Denn es ist der »Eingriff«, der die »Urgebärde des handelnden und behandelnden Arztes« darstellt. Folgt man Schipperges, »(steht) im Ursprung der Heilkunde der Eingriff. Das spezifische Tun des Arztes besteht darin, dass er – um Hilfe gerufen und um die Not zu wenden – einzugreifen hat. Der Arzt greift dabei immer in die Integrität eines Mitmenschen ein, nicht allein mit dem Messer, sondern auch mit der Droge« (1970, S. 7 und S. 132).

Gerade die sich wechselseitig verstärkende Verbindung von technischer Entwicklung und Sektorierung des Körpers in immer kleinere Fachgebiete hat eine hohe, selektive Effizienz ermöglicht. Dabei sollte nicht vergessen werden, dass die Medizin ein geradezu perfekt funktionierendes Subsystem entwickelt hat, das sich um die speziellen Belange des Bewusstseins kümmert, und es nicht nur zu betäuben, sondern auch lokal, regional und total kontrolliert auszuschalten vermag: die Anästhesie (vgl. Schulte am Esch/Goerig 1997; Schulte am Esch 2011).

Sie erlaubt die paradox anmutende Verbindung von Bewusstlosigkeit (Patient) und höchster Wachheit (Arzt). Es verwundert nicht, dass sich aus diesen Möglichkeiten mittlerweile die »Schmerztherapie« als ein eigenständiges Gebiet entwickelt hat, wobei allerdings die Grenzen der Sektorierung offensichtlich werden: je chronischer ein Schmerz, desto geringer die Möglichkeiten spezifischer Einflussnahme, und je größer wird dann, dem ›bio-psycho-sozialem Krankheitsmodell‹ entsprechend, die Bedeutung sozialer und psychologischer Faktoren (vgl. Taghizadeh/Benrath 2019, S. 28 ff.).

Implizit dürfte sich bereits die Einsicht vorbereitet haben, dass auch das Gesundheitssystem nicht isoliert im gesellschaftlichen Raum steht, sondern durch das *Prinzip struktureller Kopplung* auf vielfache Weise mit anderen Funktionssystemen in Verbindung steht. Bei genauerer Betrachtung zeigt sich folgendes:

Dem Superwert Gesundheit gemäß gilt für das Gesundheitssystem *Total-Inklusion*: Alle, zumindest in Deutschland (in den USA seltsamerweise noch nicht), unterliegen der gesetzlich vorgeschriebenen Versicherungspflicht, eine mehrfach determinierte Verbindung, durch die sich Kopplungen zu Politik, Recht und Versicherungswirtschaft ergeben. Zudem durchzieht das Recht in der besonderen Form des »Medizinrechts« so gut wie alle Bereiche des öffentlichen Gesundheitswesens. Das reicht von der »Gesetzlichen Krankenversicherung«, dem »ärztlichen Berufsrecht« und den besonderen »Rechtsbeziehungen zwischen Ärzten und Patienten« zum »Vertragsarztrecht«, der »Leistungserbringung durch Krankenhäuser«, dem »Arzneimittelrecht« und über das »Heil- und Hilfsmittelrecht« bis zum »Arzthaftungsrecht« und »Arztstrafrecht« (vgl. Janda 2019).

Durch Recht allerdings lassen sich keine Krankheiten heilen, dafür braucht es vor allem durch Forschung generiertes medizinisches Wissen mit der entsprechenden Technik, also eine enge strukturelle Kopplung mit dem Wissenschaftssystem und mit Technologie. Heutzutage wird das, was hierdurch möglich geworden ist, üblicherweise als »Hochleistungsmedizin« bezeichnet. Im Gesundheitssystem gibt es also nicht, wie im Erziehungssystem, ein »Technologiedefizit«, sondern im Gegenteil einen »Technologieüberschuss«, ›hard technology‹ bestimmt vielfach das Geschehen. Allerdings wachsen durch moderne medizinische Technologien Anspruchshaltungen, mit denen unabdingbar große Erfolgserwartungen einhergehen; so sorgt gerade die hohe Abhängigkeit von Technologie immer auch für große Enttäuschungen, wenn in bestimmten Fällen Krankheitszustände oder deren Verläufe selbst mit Hochleistungsmedizin nicht oder nicht mehr behandelt werden können. Zwar gibt es ein ganzes Arsenal »lebensverlängernder Maßnahmen« – das Leben selbst allerdings bleibt endlich, und sein Ende markiert eine nicht überschreitbare Grenze.

Wie man aus der alltäglichen Erfahrung wissen kann, spielt Geld im Gesundheitssystem eine herausragende Rolle, was darauf hinweist, wie ausgeprägt die Kopplung mit dem Wirtschaftssystem sein muss. Bei näherer Betrachtung ergeben sich Verbindungen in drei Hinsichten: Mit der Versicherungswirtschaft (1), die wiederum in sich mehrfach differenziert ist, sind, wie oben bereits angesprochen, Politik und Gesundheitssystem durch das Inklusionsgebot stark verkoppelt, denn jeder muss versichert sein, und jeder muss, wiewohl auf verschiedenen Wegen (gesetzlich oder privat) dafür zahlen. Im System selbst haben zudem die weiteren Interventionen, denkt man an Krankenhäuser und Arztpraxen, privatwirtschaftliche Organisationsformen (2) und damit Zahlungen zur Voraussetzung. Gerade dieser Umstand führt, ökonomisch betrachtet, zu einer Art von Entwicklungshemmung, da sozusagen planwirtschaftliche und marktwirtschaftliche Elemente sich verschränken. Das mag ein Grund dafür sein, dass sich das Gesundheitssystem so schwer verändern lässt, weil es, anders gesagt, zu Vielen zu viele Möglichkeiten bietet, davon zu profitieren. Die dritte Beziehung ist über Technologie (3) gegeben, und zwar in doppelter Weise, nämlich im Hinblick auf die industrielle Produktion von Medizintechnik einerseits und pharmazeutische Industrie andererseits. Diese dreifach gegebene und sich wechselseitig verstärkende strukturelle Kopplung zwischen Wirtschaft und Gesundheitssystem begründet auch die Sonderrolle der Medizinischen Fakultäten im Wissenschaftssystem (Medizinprofessoren z. B. nutzen staatlich finanzierte Einrichtungen, wofür sie einen Ausgleich entrichten, können aber dann bestimmte Leistungen privat abrechnen). Zudem sind aufwendigere medizinische Studien im Rahmen universitärer Forschung allein, also ohne finanzielle Unterstützung durch Industrieunternehmen, in den meisten Fällen gar nicht durchführbar.

Forschung, technische und biochemische Produkte und Behandlung sind positiv interdependente Größen. Denn letztlich kostet bessere Behandlung zwar mehr, aber es kann (wenn auch nicht von allen) auch mehr für sie bezahlt werden. Daher können Leistungen des Gesundheitssystems durchaus Warencharakter annehmen (vgl. Oberender/Zerth/Engelmann 2017). Wirtschaftliches Interesse (möglichst hoher Gewinn) ist mit medizinischem Interesse (möglichst gute Behandlung) und Patienteninteresse (möglichst gute Gesundheit) auf direkte Weise verbunden, wodurch die Anspruchsinflation aufrechterhalten und zuverlässig gesteigert wird. Insofern schafft sich das System selbst immer wieder neue Anreize, was ein Beispiel demonstrieren mag: Mittlerweile gibt es sogenannte »Insulinanaloge«, die gentechnisch hergestellt werden. Auf die Frage, was diese Entwicklung angestoßen habe, antwortete ein diabetologischer Experte in einem Interview: »Der Grund ist, dass die Industrie ständig neue Produkte braucht. Zunächst hat sie die Insuline vom Schwein und vom Rind physikalisch verändert, um so ihre Wirkungsweise den therapeutischen Bedürfnissen anzupassen. Mit der Gentechnik hat sie dann Humaninsulin auf den Markt gebracht. Wir haben es in Studien mit dem alten Insulin verglichen und gesagt: Das brauchen wir nicht, es ist nicht besser als das Schweineinsulin, nur sehr viel teurer. Da haben sie den Preis für das Schweineinsulin so hoch gesetzt, bis wir kein Argument mehr hatten« (in: Die Zeit, Nr.48, 20.11.2003, S. 13 f.). Gerade die Kopplung mit Wirtschaft bindet Funktionsvollzug, Organisation und Behandlung im Gesundheitssystem vergleichsweise eng aneinander und sorgt auf diese Weise – den Superwert Gesundheit gleichsam im Rücken – für seine Stärke, und macht es damit für Irritationen weniger empfindlich. Das heißt aber auch: Gerade durch seine hoch entwickelte Leistungsfähigkeit und den damit verbundenen hohen Kosten droht es gleichsam zu ersticken, weil es sozusagen zuviel für zu viele kann. Auch das war im Zuge der Pandemie zu beobachten: Krankenhäuser, an ihrem »normalen« Betrieb gehindert oder deutlich eingeschränkt, schrieben in kurzer Zeit tiefrote Zahlen.

Die unbestrittene Erfolgsgeschichte der Medizin (auf deren Errungenschaften man, wenn es ernst wird, gerne zurückgreift) führt auf ihrer beschatteten Rückseite immer auch Misserfolg und Versagen mit sich. Das gilt nicht nur für den Einzelfall, sondern vor allem für das Gesundheitssystem insgesamt. Die großen Volkskrankheiten der westlichen Zivilisation vermag es nicht nur nicht in den Griff zu bekommen, sondern es scheint selbst an deren Genese und Persistenz wesentlich beteiligt zu sein. Die Zahlen und Prognosen sind hinlänglich bekannt, und sie geben zu ernsthafter Besorgnis Anlass. Es dürfte unmittelbar einleuchten, dass es dieses offensichtliche Defizit des Gesundheitssystems ist, das jeder radikal ansetzenden Systemkritik einen festen Anhaltspunkt eröffnet. Diese Kritik ist national oder global angelegt, populär orientiert oder wissenschaftlich fundiert und im englischsprachigen Raum weiter entwickelt als in Deutschland. Es scheint, als sei das Gesundheitssystem in einer »Fortschrittsfalle« gefangen (vgl. Dörner 2002). Das merken nicht nur die Patienten, sondern auch die Ärzte selbst, die sich schon seit geraumer Zeit in zunehmendem Maße durch verschiedene Entwicklungen den Folgen einer »Deprofessionalisierung« (vgl. Bollinger/ Hohl 1981) ausgesetzt sehen.

Die Kritik, deren Berechtigung hier nicht im Einzelnen entfaltet und erörtert werden kann, ist vor allem durch einen Umstand charakterisiert, der kaum zu bestreiten sein dürfte: sie ist in ihren wesentlichen Elementen schon sehr alt, genauer gesagt, sie ist so alt wie die Medizin selbst. Mit dem Fortschritt der Medizin und der Entwicklung des Gesundheitssystems ist eine Steigerung der Möglichkeiten, eben diese punktgenau zu kritisieren, untrennbar verbunden. Es mag vielleicht überraschen, dass, zumindest aus dieser Perspektive, Medizin und Pädagogik schon seit langem in einem Boot sitzen. Denn im Gesundheitssystem finden sich, auch hier einem ›Immunsystem‹ vergleichbar, immer schon naturheilkundliche Krankheitsauffassungen mit entsprechenden alternativen Behandlungskonzepten, die die »Schulmedizin« fortwährend herausfordern. Denkt man noch einmal an die Pädagogik, sind nur die Vorzeichen des Diskurses vertauscht: laute Klage, stiller Sieg im Falle der Pädagogik, lauter Sieg und stille Klage im Falle der Medizin. In beiden Fällen allerdings dürfte ein angemessenes Verständnis darauf hinauslaufen, weder die guten Gründe der Kritik zu dementieren noch die immer neuen Ambitionen als Illusionen zu entlarven, sondern die »Kontinuität der Differenz« als spezifische Produkte der Funktion beider Systeme in der Moderne durchschaubar zu machen (vgl. Tenorth 1992, S. 130).

Die Probleme des Gesundheitssystems müssen hier nicht weiter vertieft werden, da diese kurze Skizze ausreichen mag, um sich vor diesem Hintergrund im folgenden Abschnitt nun der Frage zuzuwenden, welche Rolle der Psychotherapie in diesem System der Krankenbehandlung zukommt.

3.3.2 Psychotherapie als ›Gesundheitssystem‹ im ›Krankheitssystem‹

Aus zwei verschiedenen Perspektiven wird, wie eingangs angekündigt, nun die Aufmerksamkeit auf die Psychotherapie im Gesundheitssystem gelenkt: Zunächst

steht sozusagen die ›äußere Realität‹ psychischer Erkrankungen und ihrer Behandlung im Vordergrund (▶ Kap. 3.3.2.1); dann wird die Struktur psychotherapeutischer Kommunikation mit systemtheoretischen Mitteln aus der Nähe betrachtet (▶ Kap. 3.3.2.2).

3.3.2.1 Die ›äußere Realität‹ der Psychotherapie

Psychische Erkrankungen verursachen in den Gesundheitssystemen moderner
Gesellschaften hohe Kosten. Folgt man dem Bericht der Europäischen Kommis-
sion (›Health at a glance 2018‹), wurden die Gesamtkosten hierfür im Jahre 2015
auf mehr als 4 % des Bruttoinlandsprodukts (BIP) geschätzt, das sind mehr als
600 Billionen Euro für die 28 EU-Länder. Von dieser Summe entfallen auf die *direkte* Versorgung ca. 190 Billionen (1,3 % BIP), 170 Billionen (1,2 % BIP) werden
für die dadurch berührten sozialen Sicherungsprogramme ausgegeben und 240
Billionen (1,6 % BIP) werden als *indirekte* Kosten geführt, die z. B. aufgrund
krankheitsbedingter geringerer Beschäftigung und als Produktivitätseinbußen anfallen. In Deutschland, das über eine gute Versorgungslage verfügt, liegen diese
Kosten im europäischen Vergleich mit einem Anteil von 4,8 % des BIP über
dem Durchschnitt, eine Zahl, die den Schätzungen zufolge weiter ansteigen
wird, und das auch in weltweitem Maßstab (vgl. DPtV Report Psychotherapie
2020, S. 32). In der Liste der zehn teuersten Krankheitsgruppen rangieren *Psychische Erkrankungen* derzeit in Deutschland auf dem zweiten Platz, was einem Anteil von ca. 13 % an den gesamten *direkten* Krankheitskosten (und einer Summe
von 44,4 Milliarden Euro) entspricht.[84]

Diese hohen Kosten spiegeln Bedarf und Nachfrage. Den entsprechenden Studien zufolge sind jährlich (»12-Monats-Prävalenz«) etwa 27,8 % aller *Erwachsenen*
in Deutschland von einer psychischen Erkrankung (vor allem Angststörung oder
Depression) betroffen, also etwa 17,8 Millionen Personen (vgl. Jacobi et al. 2016,
S. 89; Jacobi et al. 2014). Dabei zeigen sich deutliche Unterschiede bezüglich des
Geschlechts (Frauen häufiger als Männer), des Lebensalters (zwischen 18–34 Jahren häufiger, zwischen 65–79 seltener), des sozioökonomischen Status' (je höher,
desto weniger) sowie der regionalen Unterschiede (deren Aufklärung im Detail
weiterer Forschungen bedarf). Eine genaue Ermittlung der Prävalenz psychischer
Erkrankungen von *Kindern und Jugendlichen* ist aufgrund zahlreicher statistischer
Probleme schwieriger. Folgt man der bundesweit repräsentativen Studie zur Ge-

---

84 Mit der Gesundheitsberichterstattung in Deutschland wie auch durch verschiedene Formen psychotherapeutischer Versorgungsforschung steht eine Vielzahl instruktiver Studien zur Verfügung, deren Befunde im Internet leicht zu finden sind, etwa über die
Gesundheitsberichterstattung des Bundes mit dem Statistischen Bundesamt und dem
Robert-Koch-Institut, abgesehen von zahlreichen weiteren universitären wie auch anderen Forschungsinstituten, z. B. solchen der Krankenkassen oder einschlägiger Fachgesellschaften. Da in unserem Zusammenhang die zahlreichen Details und statistischen
Probleme nicht behandelt werden können, sei hier vor allem auf den »Report Psychotherapie 2020« der Deutschen Psychotherapeuten Vereinigung (DPtV) verwiesen, der
einen genauen Überblick sowie weitere relevante Verweise enthält (im Text abgekürzt
als »DPtV 2020«).

sundheit von Kindern und Jugendlichen (KIGSS-Studie) des Robert-Koch-Instituts, die den Zeitraum von 2014–2017 umfasst, dann ergibt sich für psychische Auffälligkeiten in der Altersgruppe 3–17 Jahre eine mittlere Prävalenz von 16,9 % (»Periodenprävalenz«). Auch hier ergeben sich deutliche Unterschiede in Abhängigkeit von Lebensalter und Geschlecht, spezifischen innerfamiliären Risikofaktoren und sozioökonomischem Status der Eltern.

Die Prävalenzdaten sind allerdings sorgsam von der Frage zu unterscheiden, wie hoch die Zahl derjenigen Betroffenen ist, die überhaupt fachspezifisch und adäquat behandelt werden. Ohne hier die Einzelheiten zu vertiefen, lässt sich als orientierender Gesamtbefund festhalten, dass 2/3 der *erwachsenen Personen* mit der Diagnose einer psychischen Erkrankung gar keinen Kontakt mit dem Gesundheitssystem aufgenommen haben, anders gesagt: ca. 10 % der erwachsenen Gesamtbevölkerung suchten innerhalb eines Jahres (12-Monats-Behandlungsprävalenz 2014–2015) einen Psychotherapeuten oder Psychiater auf; dabei ist gerade die Art der Diagnose von Bedeutung, Angststörungen werden bspw. häufiger behandelt als Abhängigkeitserkrankungen (vgl. DPtV-2020, S. 27 f.). Bei den *Kindern und Jugendlichen* liegt die Zahl der tatsächlichen Inanspruchnahme (5,6 %) noch deutlich niedriger als bei den erwachsenen Betroffenen (vgl. ebd. S. 30). Verschiedene Gründe werden hierfür genannt: Eltern sind unsicher, ob es sich überhaupt um ein ernsthaftes, behandlungsbedürftiges Problem handelt, auch mangelndes Wissen, an wen man sich wenden kann, spielt eine Rolle, ganz abgesehen von der Sorge, was andere darüber denken (vgl. ebd. S. 31). Bei den Erwachsenen ist die Situation ähnlich, es finden sich individuelle Faktoren (z. B. mangelnde Kenntnis über Behandlungsmöglichkeiten, fehlende Motivation, ein rein somatisches Krankheitskonzept, Schonverhalten, Angst vor Stigmatisierung, interkulturelle Probleme, hohes Alter); und es gibt soziale Faktoren (z. B. unzureichende Erkennung einer psychischen Störung durch Ärzte, regionale Versorgungslücken oder lange Wartezeiten), die die Aufnahme einer Therapie erschweren (vgl. ebd., S. 29).

Man sieht aber auch, dass sich hieran etwas verändern lässt: ändert sich das Angebot, steigt die Nachfrage. Das war als Ergebnis der Reform der Psychotherapierichtlinie (2017) zu beobachten, da hierdurch der Zugang zur Psychotherapie durch andere Wege erleichtert worden ist. Seitdem gibt es verbindliche »Telefonsprechstunden« der Therapeuten, zudem die sogenannte »psychotherapeutische Sprechstunde« mit bis zu sechs Einheiten (mit jeweils 25 Minuten Gesprächsdauer) sowie die »psychotherapeutische Akutbehandlung« (mit maximal 24 Einheiten von 25-minütigen Kontakten). Nach dem »BARMER Arztreport 2020« wurden diese neuen Möglichkeiten sehr stark genutzt – die Zahl der abgerechneten Richtlinienpsychotherapien allerdings ist nach dieser Reform zurückgegangen.

Ungeachtet dieser Veränderungen bleibt die Bedarfsplanung (Wie werden die psychotherapeutischen Kassensitze über das Bundesgebiet verteilt?) nach wie vor ein großes Problem, das aufgrund der objektiv zu berücksichtigenden Faktoren (z. B. Stadt-Umland-Land-Verteilung) sowie der damit zwangsläufig verbundenen unterschiedlichen Interessen nicht leicht zu lösen ist. Eine Herausforderung für das Gesundheitssystem besteht demnach vor allem darin, die Rate der tatsächlichen Inanspruchnahme einer psychotherapeutischen Behandlung weiter zu steigern. Dazu braucht es vor allem eine ausreichende Zahl qualifizierter Therapeutinnen und Therapeuten; in diesem Zusammenhang kommt den Psychologischen Psychotherapeuten offenkundig eine besondere Bedeutung zu, deren Zahl seit dem Jahr 2006 (30.076) bis zum Jahr 2019 (48.265) stark angestiegen ist (was oft fälschlicherweise mit einem vermeintlichen Anstieg psychischer Erkrankungen in Verbindung gebracht wird).

Es sollte gleichwohl nicht übersehen werden, dass psychotherapeutische Leistungen von einer ganzen Reihe durchaus sehr verschiedener professioneller Berufsvarianten erbracht werden, ein fraglos gemischtes, buntes Bild. So gibt es Fachärzte (abgekürzt als FÄ) für Psychiatrie und Psychotherapie, Nervenärzte, FÄ für Psychosomatische Medizin und Psychotherapie (und alle mit möglichen, unterschiedlichen Weiterbildungen oder Zusatzqualifikationen). Hinzu kommt die Gruppe der Psychologischen Psychotherapeuten und der Therapeuten für Kinder und Jugendliche (mit wiederum verschiedenen disziplinären Herkünften wie auch unterschiedlichen Weiterbildungen und Zusatzqualifikationen). Sodann gibt es Arztgruppen (z. B. Gynäkologie), die »Fachgebundene Psychotherapie« als Zusatzqualifikation erworben haben und daher zu einer dementsprechenden Behandlung befugt sind. Auch Ärzte für Allgemeinmedizin können niedrigschwellige psychotherapeutische Interventionen im Rahmen der sogenannten »psychosomatischen Grundversorgung« anbieten. Schließlich gibt es jenseits der kassenrechtlich zugelassenen Berufsgruppen eine unbekannte Zahl von nicht-approbierten Therapeuten und Heilpraktikern, die in Ausnahmefällen (z. B. bei Versorgungsengpässen) fallweise zu einer psychotherapeutischen Behandlung ermächtigt werden können, deren Kosten dann die Krankenkassen im sogenannten »Erstattungsverfahren« übernehmen.

Nicht nur die professionellen Profile der Behandelnden sind vielfältig, auch die unter dem Begriff »Psychotherapie/psychotherapeutisch« zusammengefassten Interventionsformen sind alles andere als einheitlich. Das zeigt sich allerdings erst dann, wenn die jeweiligen Abrechnungsziffern genauer betrachtet werden. Sie finden sich im »Einheitlichen Bewertungsmaßstab (EBM)« der Kassenärztlichen Bundesvereinigung (KBV) und enthalten die genau spezifizierte Beschreibung einer bestimmten therapeutischen Leistung mit dem jeweils nach den neuesten Beschlüssen dafür zu berechnenden Geldbetrag. Neben den vier antrags- und gutachterpflichtigen Richtlinienverfahren (Verhaltenstherapie/VT, Analytische Psychotherapie/APT, Tiefenpsychologisch fundierte Psychotherapie/TPT und seit dem 1.7.2020 Systemische Psychotherapie) gibt es für eine psychotherapeutische Behandlung verschiedene »Gesprächsziffern«, die jeweils unterschiedlich definiert sind und dementsprechend auch direkt abgerechnet werden können. In einer aufschlussreichen Studie haben Gaebel/Zielasek/Kowitz (2016) diese abgerechneten Leistungen mit den verschiedenen Behandlergruppen in Verbindung gebracht. Demnach sind FÄ für Psychosomatische Medizin und Psychotherapie vorwiegend mit Richtlinienverfahren (APT/TPT) beschäftigt und Psychologische Psychotherapeuten überwiegend mit Verhaltenstherapie (gefolgt von TPT und in geringerem Maße APT). Die psychotherapeutischen Interventionen aller anderen Arztgruppen umfassen demgegenüber fast nur die entsprechenden Gesprächsziffern. Das Ergebnis ist eindeutig: »Nur 5,9 % der Betroffenen mit der Diagnose einer psychischen Störung erhielten Maßnahmen der antragspflichtigen Richtlinien-Psychotherapie. ... Offensichtlich wird die psychotherapeutische Versorgung häufig in Form niedrigschwelliger Gesprächsleistungen erbracht« (ebd., S.1205).

Insofern erscheint die eingangs verwendete Metapher von der Psychotherapie als dem »Trojanischen Pferd der Kommunikation im Gesundheitssystem« auch aufgrund der quantitativen Befunde durchaus berechtigt. Im Folgenden soll vor diesem Hintergrund die Frage beantwortet werden, wie sich eine psychotherapeutische Situation als besondere Form von Kommunikation mit Hilfe der systemtheoretischen Werkzeuge durchsichtig machen und verstehen lässt.

3.3.2.2   Die ›innere Welt‹ der psychotherapeutischen Kommunikation

Im Kontext des Gesundheitssystems lässt sich *psychotherapeutische Kommunikation* als ein Mittel der Behandlung psychischer Störungen verstehen – als ein »Gesprächs-Medikament« sozusagen. Das wirft die Frage auf, worin die Eigenheiten dieses besonderen Typs der Kommunikation eigentlich bestehen? Wie lässt sich seine Funktionsweise durchsichtig machen, und welche Schwierigkeiten sind zu überwinden, damit sich eine heilsame Wirkung auch tatsächlich einstellt? Zugespitzt gefragt: Wie kann psychotherapeutische Kommunikation systemtheoretisch verstanden werden?

Da es in dieser Studie vor allem darum geht, Unterschiede zwischen Handlungsformen zum Vorschein zu bringen und pointiert zu markieren, wird auch die Beantwortung dieser Frage dem bisher eingeschlagenen, eher abstrakt anmutenden Weg der Soziologischen Systemtheorie folgen. Insofern verbleiben das Wissen um die lange und reiche Tradition psychotherapeutischer Theorien, Schulen und Konzepte wie auch die Kenntnis des gegenwärtigen, theoretisch wie empirisch äußerst differenzierten Entwicklungsstandes klinischer Forschung (einschließlich der gängigen psychopathologischen Kategorisierungen mit den dazu gehörigen psychodiagnostischen Verfahren) weitestgehend im Hintergrund. Denn im Vordergrund soll (mit Hilfe von Abstraktion und dem Prinzip methodischer Naivität folgend) allein das Grundproblem psychotherapeutischer Kommunikation beleuchtet werden. Was zeigt sich dann?

Psychische Probleme, das ist der Ausgangspunkt, sind solche, die das Bewusstsein mit sich selber hat. Das ist zunächst eine alltägliche Erfahrung, die jeder kennt. Und jeder weiß auch, dass solche Probleme sich manchmal rasch wieder auflösen, wie von selbst, einfach so. Manchmal aber auch nicht, dann bedarf es größerer Selbst-Anstrengungen (z. B. ein hilfreiches Gespräch unter Freunden), um wieder sein inneres Gleichgewicht zu finden. Jeder dürfte zudem die Erfahrung kennen, wie schwer es sein kann, etwas dauerhaft an sich zu verändern, z. B. ein bestimmtes Verhalten (mit dem Rauchen aufhören, sich ausreichend und regelmäßig körperlich betätigen, sich maßvoll und gesund ernähren oder auch wirklich an der Examensarbeit oder einem Referat konzentriert zu arbeiten).

Von diesen alltäglichen Erfahrungen ausgehend kann man sich vermutlich auch vorstellen, dass manche psychischen Probleme sich nicht nur nicht einfach auflösen oder lösen lassen, sondern dass sie anhalten und sich verfestigen mit der Folge, dass Spielräume enger werden und das eigene Leben in zunehmenden Maße immer weitere Einschränkungen erfährt. Man plant oder arrangiert den Alltag sozusagen um dieses eigene Problem herum; nicht das eigene Selbst, sondern das Problem scheint zu entscheiden, wie der Tag (und das weitere Leben) verlaufen wird. Dann ist offensichtlich aus einem Problem eine psychische Störung geworden. Einige Beispiele mögen das veranschaulichen: Man möchte, wie die anderen, den Fahrstuhl benutzen, aber unversehens gerät man in Panik, lässt die anderen fahren und nimmt die Treppe. Und das nicht nur einmal, sondern immer wieder (und bei der Hotelbuchung für den Urlaub achtet man darauf, dass das eigene Zimmer zumindest nicht in den oberen Etagen liegt). Oder: Man erleidet den Verlust eines nahestehenden Angehörigen oder eine langjährige Beziehung zerbricht, und trotz aller Anstrengungen kann man sich davon nicht erholen und das eigene Leben wieder in den Griff bekommen, man zieht sich immer mehr zurück, wird mut- und antriebslos, selbst einfachste Verrichtungen scheinen viel Energie zu rauben, all das nicht nur für Wochen oder Monate, sondern vielleicht über Jahre hinweg; allerdings gibt es dann und wann eine Art Herzrasen, der Puls schießt hoch und will sich nicht normalisieren, Angst breitet sich aus; der Hausarzt verschreibt nach eingehender Untersuchung, die keinen organischen Befund ergibt, Medikamente; manchmal hilft das, manchmal nicht, Laune und Stimmung ändern sich überhaupt nicht. Diese Beispiele sollen ausreichen, um zu verdeutlichen, dass wir uns im Falle einer psychischen Störung, allem Einfalls- und Erfindungsreichtum zum Trotz, nicht mehr selbst helfen können. Wir wissen einfach nicht, was »es« ist, denn »eigentlich« scheint doch alles in Ordnung. Verstrickt in uns selbst drehen sich alle Gedanken unablässig im Kreis, kein Wunder, dass Angst, Verzweiflung, und Mutlosigkeit sich ausbreiten, manchmal sogar eine Art von Wut, jedoch ohne zu wissen, woher sie rührt oder gar auf wen sie sich richtet.

Um unsere Ausgangsfrage zu klären, muss zunächst in Erinnerung gerufen werden, was eingangs dieses Kapitels (▶ Kap. 3.1.2) erläutert wurde. In einer psychotherapeutischen Situation gibt es im einfachsten Fall drei Systeme: Das psychische System des Patienten (PS), das psychische System des Therapeuten (TS) und das soziale System der psychotherapeutischen Kommunikation (STK). Auch hierfür gilt, dass psychische Systeme füreinander Umwelt sind und demnach eine direkte Einflussnahme ausgeschlossen ist, denn Therapeuten können nie in das Bewusstsein eines Patienten »hinein operieren«; möglich ist allein Irritation über das soziale System der Kommunikation, das sich zwischen den beiden Systemen entwickelt und fortwährend erhält (beredtes Schweigen eingeschlossen).

Wenn nun, wie behauptet, der Ursprung der Störung im psychischen System des Patienten zu suchen ist, dann braucht man zunächst eine genauere Vorstellung davon, wie man sich diese »Innenwelt« eigentlich denken kann. Jenseits aller hoch differenzierten Annahmen darüber, wie es in einem Bewusstsein aussehen mag, muss das, was systemtheoretisch »Selbstreferenz« genannt wird, daher genauer betrachtet werden. Ein schlichtes, grob vereinfachendes Modell soll weiterhelfen:

Man kann im psychischen System des Patienten drei verschiedene Kreissegmente unterscheiden:

Ein *erstes*, am äußeren Rand liegendes Segment enthält sowohl das *Sichtbare* (z. B. ein bestimmtes Verhalten, ein Symptom) mit den dazugehörigen Kognitionen und Emotionen und darüber hinaus alles, was der Patient hierzu mitzuteilen vermag, wenn man ihn, entsprechend empathisch eingestellt, weiter danach fragte, alles *Mitteilbare* sozusagen. Schon in diesem Bereich kann es Entlastung geben, wenn der Patient die Erfahrung macht, dass jemand sich für sein Anliegen engagiert interessiert, Ideen entwickelt, wie sich etwas (ein Verhalten z. B.) verändern und neues einüben lässt und zudem ihn mit seinen Gedanken und Gefühlen, wie sonderbar auch immer sie sein mögen, zu verstehen versucht. Es könnte aber sein, dass das eigentliche Problem hier womöglich noch gar nicht berührt wird. Vielleicht liegt es in dem *zweiten* Kreissegment verborgen, in dem Verschiedenes enthalten sein mag, zu dem der Patient selbst, alleine auf sich gestellt, keinen Zugang gewinnen kann; es lässt sich als das *Nicht-Mitteilbare* bezeichnen, was wiederum unterschiedliche Abstufungen enthält: Es gibt hier Unbemerktes und Vergessenes ebenso wie Verdrängtes und Unbewusstes. Als *drittes* Segment kommt die *Körperlichkeit* des Patienten ins Spiel, die »symbiotischen Mechanismen«. Auch Körper haben ihr eigenes Gedächtnis und können Sachverhalte enthalten, die dem eigenen Bewusstsein versperrt bleiben, denkt man nicht nur an die äußere Gestalt, die wir im Laufe des Lebens angenommen haben, sondern auch an spezifische Funktionsdefizite bis hin zu bestimmten Erkrankungen. Zum besseren Verständnis mag die folgende Graphik hilfreich sein:

Abb. 18: Segmente der Selbstreferenz

Vor diesem Hintergrund ist nun leichter nachzuvollziehen, dass psychotherapeutische Kommunikation darauf abzielt, die Aufmerksamkeit des Patienten auf eben jene Teile seiner Selbstreferenz zu lenken, die ihm selbst nicht zugänglich sind, in die sich aber doch, wie begrenzt auch immer, Einblicke oder Zugänge eröffnen lassen. Dazu aber ist eben jene besondere Form der Kommunikation unabdingbar, die Psychotherapeuten in langen Ausbildungsjahren erwerben müssen; es braucht, anders gesagt, dafür ein spezifisches »Behandlungswissen«. Dies erst ermöglicht die Äußerung von zunächst hypothesengeleiteten, auf das Nicht-Mitteilbare im psychischen System des Patienten abzielende Inhalte, Themen, Gefühle, Gedanken oder Einfälle; und hierauf wird das soziale System der therapeutischen Kommunikation sich unablässig anzupassen und einzustellen versuchen. Dadurch entfaltet es seine den Patienten irritierende Wirkung. Man könnte auch sagen, der Therapeut irritiert durch seine Einlassungen unablässig das soziale System der Kommunikation, das sich zwischen den beiden psychischen Systemen, zumindest für die Dauer einer Behandlungssequenz, immer wieder neu reproduziert. Das soziale System macht aber zwischen den beteiligten psychischen Systemen keinen Unterschied, Irritation ist gleich verteilt, eine notwendige Bedingung dafür, dass sich überhaupt Einsichten entwickeln können. Man könnte auch sagen: Beide sind unablässig zum Voneinander-Lernen gezwungen, durch jeden Patienten lernen Therapeuten daher immer auch etwas über sich selbst.

Durch diese, von der alltäglichen Erfahrung mehr oder weniger weit entfernte Kommunikationsform erhält die professionelle psychotherapeutische Situation ihre unverwechselbare Gestalt. Man könnte sie in systemtheoretischer Diktion als *psychotherapeutische Interpenetration* (▶ Kap. 3.1.2) bezeichnen, deren besonderes Merkmal darin besteht, gerade das vermeintlich Nicht-Mitteilbare im Anderen als Fixpunkt aller Verstehensbemühungen zu nutzen. Es sind gleichsam die »inneren Umwelten« in der Selbstreferenz des Patienten, die mit Hilfe von Kommunikation zugänglicher werden sollen. Pointiert gesprochen: der Lern-*Gegenstand* liegt *nicht in der Umwelt* des psychischen Systems, sondern *in ihm selbst*. Eben daran zeigt sich in großer Klarheit die Differenz zu pädagogischen Handlungsformen.

Insofern ist es evident, dass psychotherapeutische Kommunikation in den meisten Fällen eine vergleichsweise hohe Interaktionsdichte in einer dyadischen Konstellation erforderlich macht. Und nach alledem versteht man auch, dass die zahlreichen Schulen und Ansätze der Psychotherapie jeweils bestimmte Aspekte oder Facetten dieser idealtypisch modellierten Problemkonstellation auf jeweils unterschiedliche theoretische Weise gewichten, woraus sich praktisch wiederum verschiedene Formen der therapeutischen Technik ergeben. Die Psychotherapie, so könnte man vielleicht sagen, wird in verschiedenen »Sprachen« gesprochen. Und wie auch sonst: Je mehr Sprachen man spricht, desto besser kommt man in der Welt zurecht.

So einfach das Modell, so schwierig der praktische Vollzug. Denn Einsichten in das zunächst Nicht-Mitteilbare des eigenen Selbst werden in der Regel nicht mit ungetrübter Entdeckerfreude begrüßt. Warum sonst wäre es dorthin verbracht und sorgsam und meist für lange Zeiträume vor den eigenen Augen verborgen worden? Aufklärung in die Struktur der eigenen Person ist etwas anderes als ein von der Norm abweichender Laborwert, der medikamentös wieder ins Gleichgewicht gebracht werden kann. Psychotherapie verlangt daher in besonderem Maße eine entsprechende Motivation und die häufig leidvolle und belastende Bereitschaft zu fortwährender Kooperation. Anders gesagt: Man kann sich zwar operieren lassen, man kann sich aber nicht »psychotherapieren« lassen. In der Psychotherapie muss, wie die Sprache zeigt, der Patient selbst *aktiv* werden und mitarbeiten, eben *an sich* selbst.

Aus genau diesem Grund werden im Zuge der Bewilligung einer längeren Psychotherapie unter anderem gerade diese Voraussetzungen durch ein eigenes »Gutachterverfahren« eingehend geprüft. Man sieht daran, dass die Psychotherapie der Primärcodierung »*krank/gesund*«, die die Operationen des Gesundheitssystems strukturiert, nicht entkommt. Denn vor der Bewilligung einer Richtlinientherapie muss der *Krankheitswert* einer Störung festgestellt und bescheinigt werden. Die Hürden, die im Zuge dieses Definitionsprozesses zu überwinden sind, dürften, wie viele psychotherapeutisch Tätige aus der alltäglichen Praxis wissen, deutlich höher liegen als in den somatisch orientierten Subsystemen des Gesundheitssystems, die mit der Sekundärcodierung »sichtbar/unsichtbar« durch die hochentwickelten diagnostischen Verfahren keine Mühe haben. Die Psychotherapie hat hier weitaus größere Schwierigkeiten zu bewältigen, lassen sich doch psychische Störungen und Beeinträchtigungen weder eindeutig lokalisieren, noch drängen sie sich in vielen Fällen sichtbar auf. Denn das psychische System operiert, wie oben gezeigt, nicht auf der Basis biochemischer Reaktionen, sondern auf der Basis von Bewusstsein.

Wenn man dieser Sicht folgt, sieht man die Unterschiede zwischen somatischen, psychosomatischen und psychotherapeutischen Zugriffsweisen sehr deutlich: Somatisch orientierte Interventionen versuchen sozusagen direkt mit dem jeweiligen Körpersystem zu kommunizieren, und zwar unter weitgehender Ausschaltung des Bewusstseins; psychosomatische richten sich demgegenüber auf die Nahtstelle von Körpersystem und Bewusstsein, während psychotherapeutische Bemühungen auf das Bewusstsein selbst zielen. Damit kommt eine dreifach gestufte Hürde zum Vorschein, die nicht leicht zu überwinden ist: Erstens sind die Ursachen psychischer Störungen weder eindeutig lokalisierbar noch unmittelbar zu sehen; zweitens können sie, wenn überhaupt, nur begrenzt sichtbar gemacht werden (ein hoher Neurotizismus-Wert in einem einschlägigen Test wird nicht unbedingt als aufklärende Einsicht in die eigene Lage begrüßt werden); und drittens schließlich liegt es in der Eigenart psychischer Störungen, sich dem Bewusstsein zu entziehen.

Noch etwas kommt hinzu: Somatisch orientierte Interventionen können hoch selektiv ansetzen. Sie sind, anders gesagt, in der Lage, Anzeichen von Krankheit, also körperliche Dysfunktionen, die sich in Symptomen äußern, mehr oder weniger vollständig und mehr oder weniger rasch und nachhaltig zu unterdrücken, denkt man zum Beispiel an die Behandlung der Hypertonie, des Diabetes oder auch an die Suppression von Reaktionen des Immunsystems nach Transplantationen. Diese hohe Selektivität erreichen psychotherapeutische Interventionen in keinem Fall. Störungen des seelischen Gleichgewichts lassen sich im

Zuge der Behandlung weder unterdrücken noch partiell zum Verschwinden bringen, sondern kommen gerade durch sie vielfach überhaupt erst zum Vorschein und gehen dann, ist die Arbeit erfolgreich, Zug um Zug in einen anderen Zustand über. Deswegen kommen psychotherapeutische Prozesse in aller Regel nur schleppend voran, und zwar als sukzessive Transformation dessen, was »krank« war oder machte, in etwas, das gesund zu nennen erst behutsam erprobt werden muss. Anders gesagt: Ohne orientierende Vorstellungen davon, was psychische Gesundheit bedeutet, ist Psychotherapie gar nicht denkbar. Denn die therapeutische Bearbeitung einer psychischen Störung ist nie auf die gegenwärtige Situation des einzelnen Patienten begrenzbar, sondern muss sich in die Vergangenheit seiner Lebensgeschichte hinein erweitern und entfaltet sich dann zwangsläufig und gleichsam pandemisch in die Topik seiner aktuellen Lebenswelt, Partner, Familien, Kinder, Freunde, Lebenspläne, Freizeitaktivitäten, Arbeitskollegen und Arbeitsplätze miteinbeziehend.

Vor dem Hintergrund dieser Überlegungen dürfte die Überschrift dieses Abschnittes durchaus einige Berechtigung haben: Es gibt, wie zu sehen war, durchaus gute Gründe, die Psychotherapie als ein ›Gesundheitssystem‹ im ›Krankheitssystem‹ zu verstehen.

3.4   Beratung in Systemen

Die Überschrift dieses letzten Abschnittes des abschließenden Kapitels unterscheidet sich von den beiden vorangegangenen nur durch eine vermeintliche Kleinigkeit, allerdings eine mit weitreichender Bedeutung. Während man vom Erziehungs- und Gesundheitssystem mit guten Gründen jeweils im Singular spricht, muss im Hinblick auf Beratung mit ebenfalls guten Gründen der Plural verwendet werden. Dieser kleine Unterschied macht auf zwei Dinge aufmerksam: Zum einen ist es evident, dass sich Beratung in allen Funktionssystemen beobachten lässt; und zum anderen ist es in der systemtheoretischen Werkstatt eine bislang noch offene Frage, ob *Beratung* überhaupt als ein »Funktionssystem« zu sehen ist und demgemäß beschrieben werden kann.

In Anknüpfung an die in den ersten beiden Kapiteln entfalteten Darstellungen zur »Zeigestruktur der Beratung (▶ Kap. 1.3) und zu »Beratung als Beruf« (▶ Kap. 2.4) soll zunächst die Frage nach der Allgegenwart von Beratung aus systemtheoretischer Perspektive beleuchtet werden. Denn so unterschiedlich die Systeme, in denen Beratung offensichtlich eine immer stärker werdende Bedeutung zuerkannt wird, so gleich ist doch die kommunikative Form, in der sie stets Gestalt gewinnt. *»Die Ubiquität der Beratung und die Einheitlichkeit ihrer Form«* stehen daher im folgenden Abschnitt (▶ Kap. 3.4.1) im Mittelpunkt.

»Überall« heißt aber keineswegs: überall gleich. Wodurch sich Variationen der Beratung ergeben, wird anschließend gezeigt: *»Hans-Dampf zwischen allen Stühlen oder: Umwelten der Beratung und Varianten ihrer Form«* (▶ Kap. 3.4.2).

In Zusammenhang damit steht die Beobachtung, dass an semantischer Betreuung dieser Handlungsform erkennbar kein Mangel herrscht, vergegenwärtigt man sich die stets weiter anwachsende Fülle an beratungsbezogenen Reflexionsbemühungen. Das gilt nicht zuletzt für den Bereich der hier vornehmlich interessierenden psychosozialen Handlungsfelder. Zum Abschluss stehen daher *Reflexionsprobleme in Beratungssystemen* (▶ Kap. 3.4.3) im Fokus, die von zwei Seiten betrachtet werden: im Hinblick auf *Die disziplinäre Sonderstellung der Beratung im Wissenschaftssystem* (▶ Kap. 3.4.3.1) sowie im Hinblick auf *Thematische Vielfalt und operative Funktion* (▶ Kap. 3.4.3.2).

3.4.1 Die Ubiquität der Beratung und die Einheitlichkeit ihrer Form

Wie man vielleicht noch aus dem Schulunterricht erinnert, bedeutet das lateinische Adverb *ubique* im Deutschen *überall/wo auch immer es sei*. Ubiquität ist, wie einschlägige Lexika lehren, auch als Fachausdruck in ökonomischen Zusammenhängen gebräuchlich, denn es bezeichnet die räumlich unbegrenzte Verfügbarkeit von Gütern wie von Produktionsfaktoren. Ubiquitäre Erhältlichkeit eines Produktes kann so auch Ziel einer bestimmten Markenpolitik sein, die auf eine möglichst hohe und umfassende Distributionsdichte abzielt, etwa so wie Coca-Cola, eben überall erhältlich, an dem weiß glitzernden Strand einer entlegenen Karibikinsel ebenso wie im nordfriesischen Wattenmeer oder im eisigen Winter Alaskas, in einer Bar am Prenzlauer Berg in Berlin oder in der Mensa einer bundesdeutschen Hochschule.

Von der »Ubiquität der Beratung« zu sprechen, heißt also zunächst: der Möglichkeit nach kann es Beratung überall geben. Als kommunikative Form lässt sie sich überall herstellen und überall nutzen, situativ, lokal, regional, national, international wie auch im Weltraum auf der ISS, denkt man nur an die schwierige Suche nach Leckagen, deren Beseitigung ohne Beratung durch die Bodenstation vermutlich nie erfolgreich wäre.

Und »überall« bedeutet weiterhin: überall in der Gesellschaft, in allen sozialen Systemen. Man kann dabei an ein Kneipengespräch unter Freunden wie unter Fremden denken oder an Situationen im Eisenbahnabteil, wenn z. B. ein Programmdetail des neuen Laptops unüberwindbare Hürden aufzutürmen scheint und die Fertigstellung des doch so wichtigen Protokolls zu verhindern droht, bis eine kundige Mitreisende sich der Sache annimmt und es einem zeigt, erläutert und erklärt, so dass man am Ende eben doch, ebenso selbständig wie beglückt, das zu tun vermag, was ohne diese Intervention unmöglich gewesen wäre.

Beratungen können nicht nur aus und in alltäglichen Situationen entstehen, sondern auch aus nicht-alltäglichen Umständen erwachsen, dann zum Beispiel, wenn Operationen eines Funktionssystems ein psychisches System nachhaltig zu irritieren beginnen, so dass gehandelt werden muss, um missliche Folgen abzuwehren (die fällige Begleichung eines Strafmandats wurde längere Zeit übersehen, und es bedarf jetzt eines auf solche Fälle spezialisierten Experten, um anwaltlich kundig beraten zu werden, damit die Sache sich nicht kostenintensiv auswächst). »Überall« heißt demnach genauer gesagt: *in* allen Funktionssystemen, also in den dazugehörigen Organisationen und funktionsspezifischen Interaktionen, in der Politik wie in der Wirtschaft, im Recht, beim Militär oder in der Entwicklungshilfe, in der Religion, der Kunst oder der Erziehung, von Intimbeziehungen nicht zu reden; und das zudem in fast allen Lebensaltern, also über die gesamte Spanne eines Lebenslaufs hinweg – und auch in fast allen Lebenslagen, insoweit sie die für Beratungen notwendige Zeit bereitzustellen erlauben. Allerdings sieht man schon hier: Funktionssysteme selbst sind nicht beratbar, man kann weder »die Erziehung« beraten, noch »die Politik«, auch nicht »die Wirtschaft«, nicht »die Kunst« und nicht »die Liebe«. Das liegt nicht nur am Fehlen eines allwissenden Weltgeistes, der die Wege der Evolution vorauszusehen in der Lage wäre, sondern schlicht daran, dass Funktionssysteme kein Bewusstsein haben. »Weder die Funktionssysteme der Gesellschaft«, so Fuchs/Mahler, »noch etwa soziale Bewegungen, geschweige denn: die Gesellschaft selbst (können) beraten werden. Sie sind und bleiben ratlos, weil sie keine Adressen haben und niemals (außer grammatisch) in die Subjekt- oder Objektstellung einrücken können« (2000, S. 362).

Und schließlich meint »überall« auch: zu allen Zeiten, immer schon. Beratung ist keine Erfindung der Moderne, sondern begleitet das menschliche Zusammenleben seit alters her. Die Grundfrage »Was soll ich tun?« führt, wendet man sie historisch, direkt zu einer »Geschichte der Beratung« (vgl. Wandhoff 2016), und »Das Buch von Rat und Tat« wird so gleichsam zu einem »Lesebuch aus drei Jahrtausenden« (vgl. Prechtl 1999). Das Merkwürdige dabei ist, dass es den Anschein hat, als ließen sich Einsichten aus der Beratungsgeschichte wie hochaktuelle Beratungskonzepte lesen. Wie sonst könnte die »Sokratische Gesprächsführung« antiker Philosophie in der Gegenwart, im 21. Jahrhundert, als »Anleitung für Berater« dienen (vgl. Stavemann 2007)? Beratung erscheint also (jenseits aller sozialstrukturellen Differenzen) auf eigentümliche Weise zeitlos zu sein, ein sonderbar konstantes Phänomen, eben schlicht ein »Hans-Dampf in allen Gassen« (Fuchs 2006). Woran liegt das?

Das liegt, so die Antwort, an der kommunikativen Form, die Beratung buchstäblich »aus-zeichnet« und sie als solche unverwechselbar zu machen vermag. In Anknüpfung an die an früherer Stelle (▶ Kap. 1.3) gegebenen phänomenologischen Beschreibungen lässt sich diese Form mit groben Strichen und auf etwas andere Weise so umreißen:

Beratung ist ein spezifisches, von anderen eindeutig unterscheidbares Sprachspiel zwischen zwei komplementären Sprecher-Rollen (Ratsuchender/Berater), die in einem asymmetrischen Verhältnis zueinander stehen. Eine Rolle (Ratsuchender) präsentiert ein Entscheidungs-Problem, für das es gegenwärtig keine Handlungsoptionen zu geben scheint, das aber mit Blick auf Zukunft unbedingt nach Handlungsfähigkeit und Handeln verlangt. Dabei liegt die mögliche Lösung allein im Ratsuchenden selbst (kein Berater kann sich sozusagen »stellvertretend« scheiden lassen). Und keiner der beiden kennt zunächst die (für den Ratsuchenden »richtige«) Lösung, denn sie kann sich nur im Prozess der Beratung, dem sozialen System dieser spezifischen Kommunikation, herausschälen und nur so errungen werden. Das Potential der Beratung beruht daher auf »doppelter Reflexion« (vgl. Steiner 2009, S. 46 ff.; Seel 2014). Demgemäß lässt sich das »Wissen« des Beraters als ein spezifisches »Reflexionswissen« bestimmen, wodurch die (reflexiven) Möglichkeiten des Ratsuchenden eben eine »Verdoppelung« erfahren und sich so problembezogen erweitern lassen. Darin liegt das »Versprechen« dieser Form der Kommunikation und die Hoffnung, die Ratsuchende damit zumeist verbinden. »Lösung des Problems« heißt letztlich nichts anderes als »Handlungsautonomie erlangen«, also »Entscheiden können«. Das wiederum setzt sowohl entsprechende Freiheitsgrade voraus als auch ein Mindestmaß an objektiv vorhandener Zeit, die allein den für jede Beratung unabdingbaren »Aufschub« gewährleistet. Anders gesagt: »Lösungs-Zeit« und »Problem-Zeit« sind voneinander abhängige Variablen (wie man sich am Beispiel eines Schwangerschaftskonfliktes leicht klarmachen kann).

Der universale Charakter dieser Kommunikationsform zeigt sich auch daran, dass sie nicht auf Face-to-Face-Situationen begrenzt ist. Nicht leibhaftige Anwesenheit ist ihre notwendige Bedingung, sondern *Kommunikabilität*, eben dass man überhaupt miteinander kommunizieren kann. Aus diesem Grund begrenzen moderne Verbreitungsmedien die Möglichkeiten der Beratung nicht nur nicht, sondern erweitern sie exponentiell, denkt man an Briefe, Telefon, Radio, Fernsehen bis hin zum Internet (vgl. dazu Kühne/Hintenberger 2009).

Damit stellt sich letztlich die Frage, wie diese »Ubiquität der Beratung« in modernen Gesellschaften zu verstehen ist, woher rührt der massenhaft anfallende Bedarf, und wie kommt es dazu, dass man sich heutzutage (zumindest in den hochentwickelten Industrieländern der westlichen Welt) von Beratungsofferten gleichsam umstellt sieht? Wie muss man sich den Zusammenhang von Gesellschaftsstruktur und Beratungsbedarf vorstellen? Die allgemeine systemtheoretische Antwort lautet natürlich: das liegt am Strukturprinzip der funktionalen Differenzierung. Lässt sich das präzisieren?

Dass mit der sozialen Evolution die Freiheitsgrade der Individuen zunehmen, ist hinlänglich bekannt. Die Wahlmöglichkeiten vieler Menschen sind in der Moderne ungleich größer und vielfältiger als sie in früheren Zeiten je waren. Wer wählen kann, kann allerdings auch das Falsche wählen (nicht nur das falsche Auto, die falsche Geldanlage oder die falsche Wohnung, auch vielleicht den falschen Partner oder den falschen Beruf). Wahlmöglichkeiten sind also genuin mit Unsicherheiten und Risiken verbunden, man kann sich täuschen. »Beratung«, so Baecker, »erlaubt es, Enttäuschungen zu verarbeiten, die daraus resultieren, dass man Spiele der Gesellschaft, Statusspiele, Schichtspiele, Funktionssystemspiele oder Netzwerkspiele, nicht so mitspielen zu können entdeckt, wie man geglaubt hat … Und man lässt sich beraten, um die Enttäuschung in Information darüber umzusetzen, wie es mit der eigenen Person weitergehen kann, nachdem man hier oder dort mit seinen Erwartungen Schiffbruch erlitten hat« (2007, S. 87 f.). Beratung hat, so besehen, eine Doppelfunktion: als Prävention sorgt sie gleichsam für Enttäuschungsprophylaxe, kann zugleich aber auch der Enttäuschungsverarbeitung, sozusagen der Schadensregulierung, dienen. Beratung erschließt, resümierend gesagt, »Information über den angemessenen eigenen Platz in der Gesellschaft« (ebd.).

Der Beratungsbedarf bringt allerdings auch die Kosten der Freiheiten zum Vorschein, die sich im Zuge gesellschaftlicher Entwicklung für immer mehr Menschen eröffnen. Die Ausweitung von Wahlmöglichkeiten führt daher auf ihrer Rückseite die ubiquitäre Ausweitung von Beratungsofferten mit sich. Dabei geht es letztlich, so Fuchs/Mahler, »um die Ausmerzung kontraproduktiven Handelns unter dem Druck zahlloser Alternativen und nicht mehr um eine Ausrichtung an der Richtschnur einer vorausgesetzten Welt. Die Auswahl selbst zielt auf Leistungsfähigkeit unter der Bedingung gesteigerter Binnenkomplexität der Gesellschaft, also unter der Bedingung zunehmender (und registrierter) Unsicherheit. Sie bedarf aber gerade wegen dieser Unsicherheit, die sich aus dem Verlust einer maßgebenden Weltordnung speist, der Hilfe« (2000, S. 354). Diese »Hilfe« besteht im Kern aber nicht im »Wissen« der Berater darüber, was in einem gegebenen Fall »richtig« oder »falsch« ist, sind doch auch sie Teil der Gesellschaft und damit eben auch Teilhaber an der unvermeidlichen sozial vermittelten Unsicherheit. Auch wenn sie sich gelegentlich »gottähnlich« zu inszenieren vermögen oder im Modus von Idealisierungen fälschlich so wahrgenommen werden – weltweise Götter sind sie nicht. Ihre Hilfe ist nicht inhaltlich bestimmt, sondern vielmehr prozessural, im buchstäblichen Sinne des Wortes »methodisch«, eine Art von »Weg-Wissen« also, Wissen für einen Weg, den zu beschreiten einem Ratsuchenden keiner abzunehmen vermag. So betrachtet verwandelt sich die Frage »Was soll ich tun?« schlicht in die Frage »Wie kann ich *in mir* zu einer Lösung kommen, wie kann ich meinen Weg zu einer *für mich* stimmigen Entscheidung finden?«

Antworten hierauf brauchen Zeit, man muss zur Ruhe kommen, innehalten, sich besinnen, und das ungeachtet einer durch »Beschleunigung« bestimmten Gesellschaftsstruktur (vgl. Rosa 2005; 2012). Beratung sorgt hierbei für »Aufschub« (Fuchs/Mahler, ebd. S. 358) und widersetzt sich damit den vielfach geltenden Zeitstrukturen samt den in ihnen wirksamen hoch temporalisierten Effizienzerwartungen. Wie leistungsfähig Glasfaserkabel auch immer sein werden – die Kommunikation selbst, also die Trias von Informieren, Mitteilen und Verstehen, lässt sich dadurch nicht aus der Ruhe bringen, sie braucht einfach die Zeit, die sie braucht. Man kann zwar mittels Zoom und Internet in kurzer Zeit lange Entfernungen kommunikativ überbrücken, aber schneller als schnell sprechen kann man nicht. Demnach muss Beratung um ihrer selbst und ihrer eigenen Logik willen, so kann man mit Blick auf die Veränderung der Zeitstrukturen in der Moderne formulieren, auf *Verzögerung* beharren. Anders gesagt: Sie wird zu einer sozial akzeptierten »Entschleunigungsinsel« (Rosa 2005, S. 138 ff.; vgl. dazu auch Fuchs/Mahler 2000, S. 363 ff.).[85]

---

85 Es geht an dieser Stelle ausschließlich um »Entschleunigung« als einer notwendigen Bedingung für Beratung. Davon scharf zu unterscheiden ist »Entschleunigung als Akzelerationsstrategie« (Rosa ebd., S. 149): man bucht für teures Geld einen einwöchigen Einkehr-Urlaub in einem Kloster, um danach dann umso schneller und besser die vielfältigen Anforderungen und Effizienzerwartungen erfüllen zu können – zumindest bis zum nächsten Einkehr-Urlaub.

Reflexionssteigerung durch Kommunikation zum Zweck autonomen Entscheidens und Handelns in besonderen Situationen sozial legitimierter Entschleunigung: So lässt sich Beratung als Form – ebenso abstrakt wie präzise – zutreffend beschreiben. Und überall, wo von Beratung gesprochen wird, wird eben diese Form erkennbar sein. Aber, wie jeder weiß, hat Beratung viele Gesichter. Es macht einen Unterschied, ob durch den Dieselbetrug geschädigte Aktionäre sich mit dem Ziel beraten lassen, den VW-Konzern auf Schadensersatz zu verklagen – oder ob ein muslimisches Mädchen in ihrem Wohnviertel über viele Umwege hinweg die Jugendberatung aufsucht, weil sie nicht weiß, wie sie gegen die einschnürenden normativen Vorgaben ihrer Familie die eigenen Ausbildungswünsche verwirklichen kann. Überall heißt also auch: nicht überall gleich. Dieser Gedanke soll im folgenden Abschnitt genauer erläutert werden.

3.4.2 ›Hans-Dampf‹ zwischen allen Stühlen oder: Umwelten der Beratung und Varianten ihrer Form

Die »Ubiquität der Beratung«, von der im vorangegangenen Abschnitt die Rede war, zeigt sich in großer Klarheit zuallererst in der Sprache. Das Verb »beraten« verlangt in einem Satz unabdingbar nach näheren Bestimmungen. Es ist transitiv, ein so genanntes »zielendes Verb«, denn es »zielt« auf ein Objekt, das im Akkusativ steht: Ich berate *Dich*. Aber das reicht zumeist noch nicht, denn man möchte doch gerne wissen, worum es dabei geht. Also kommt eine nähere Bestimmung des Grundes in der grammatischen Form eines Präpositionalobjektes hinzu: Ich berate Dich *bei der Wahl Deines Studienfaches*. Anders gesagt: »Beraten« ist offen für Objekte wie für Gründe. Ohne solche näheren Angaben bliebe man vermutlich mit einem Gefühl nachdenklichen Unverständnisses zurück, und ein bedächtiges »Hmm« dürfte die wahrscheinliche Reaktion sein. Erfährt man nicht, um wen und um was es geht, wird Ratlosigkeit sich ausbreiten.

Diese Angewiesenheit des Verbs »beraten« auf nähere Bestimmungen zeigt noch etwas anderes: Fehlen diese näheren Bestimmungen, dann rückt durch das Verb schlicht die Tätigkeit selbst in den Blick, das Beraten an sich sozusagen, nur der Prozess in seiner reinen Form. Und schließlich kommt auf dieser alltagssprachlichen Ebene zum Vorschein, dass der »Offenheit« des Verbs, seiner Disponibilität hinsichtlich möglicher Personen und Gründe, eine Art von situativer Flexibilität oder Geschmeidigkeit entspricht. Denn das Beraten kann sich aus passageren, beiläufigen Anlässen ergeben und entwickeln, auf dem Weg von einer Frage zu einer Antwort, von einem geäußerten Problem zu einem Rat bis hin zu den verdichteten Formen professioneller Beratungskommunikation in höchst unterschiedlichen Settings. Und dann sieht man jene Typen von Beratung, die vermutlich jeder, zumindest dem Namen nach, kennen dürfte: Erziehungsberatung, Schullaufbahnberatung, Studienberatung, Berufsberatung, Arbeitslosenberatung, Eheberatung, Rechtsberatung, Unternehmensberatung, Personalberatung, Politikberatung, Psychosoziale Beratung oder auch Wellness-Beratung, Gesundheitsberatung, Männerberatung, Frauenberatung, Drogenberatung, Jugendberatung – eine Liste, die sich, exotisch klingende Varianten einschließend, beliebig verlängern ließe (was durch einen Google-Test unschwer belegbar wäre). Daher wird heute üblicherweise von Beratung als einem »kontextuellem Paradigma« (Nestmann 2004, S. 71) gesprochen. Es ist also, anders ausgedrückt, gar kein langer Weg, um von der Sprache, dem ›zielenden‹ Verb *beraten*, direkt in die Funktionssysteme moderner Gesellschaften zu gelangen. Damit stellt sich die Frage, wie die Beziehung zwischen den Funktionssystemen und dem sozialen System *Beratung* aus systemtheoretischer Perspektive eigentlich vorzustellen und zu verstehen ist?

Denkt man nur an Erziehung, Gesundheit, Recht, Wirtschaft, Wissenschaft oder Politik, wird unmittelbar einsichtig, dass Beratung kein derartiges Funktionssystem sein kann. Denn »von einem Funktionssystem der Beratung ließe sich nur dann sprechen«, so Steiner in seiner überaus erhellenden Studie, »wenn ein exklusiver Funktionsbezug sichtbar wäre, der einen einheitlichen, gesellschaftlichen Kommunikationszusammenhang konstituieren würde« (2009, S. 114). Das jedoch ist erkennbar nicht der Fall.[86]

Auch wenn Beratung kein Funktionssystem ist, so kommt sie doch in allen Funktionssystemen auf jeweils deutlich erkennbare und beratungsspezifische Rollen- und Teilsysteme ausbildende Weise gesellschaftsweit vor. Einerseits passt sich Beratung »funktional und formal den gesellschaftlichen Strukturbedingungen funktionaler Differenzierung an«, und insofern bilden die Funktionssysteme auch »die primären gesellschaftlichen Kontexte der Beratung, die in ihrer kommunikativen Logik dem Ratsuchenden bestimmte beratungsrelevante Probleme aufgeben« (Steiner, S. 114 f.). Andererseits aber geht Beratung nie in der Logik der Funktionssysteme auf, sie ist auf gewisse Weise widerborstig und widerständig und erhält sich eben dadurch als eigenes soziales System. Sie bleibt, anders gesagt, immer Beratung. Sie folgt, einmal in Gang gesetzt, nur ihrer eigenen Logik, und das heißt: sie erweitert unablässig die Reflexionsofferten für den Ratsuchenden. Vielleicht kann man es so sagen: Der Überschuss an Sinn, den Funktionssysteme um ihrer Selbsterhaltung willen unablässig durch den Mechanismus binärer Codierung gleichsam verkorken oder verplomben (müssen), eben der wird durch Beratung (zumindest teilweise) wieder zugänglich gemacht. Der kommunikative Bedarf, der durch die Logik der Funktionssysteme unterdrückt wird, wird an eine andere Systemstelle verschoben, taucht dort in sozial akzeptierter Weise als Beratung wieder auf und kann dann bearbeitet werden. So reflektiert der gesellschafts-

---

86 In seinem Aufsatz »Das System und die Welt der Beratung. Zu einem Hans Dampf in allen Gassen« (2006) hat Peter Fuchs en détail vorgeführt, wie in der Werkstatt der Systemtheorie die Frage geprüft werden kann, ob es sich im Falle der Beratung eigentlich um ein (man könnte mittlerweile wohl durchaus sagen: klassisches) Funktionssystem handelt? Eine solche Prüfung bleibt bislang noch ohne definitives Ergebnis und verlangt nach weiterer Forschung. Denn die Sache ist kompliziert: Einerseits scheint Beratung in mancherlei Hinsichten (z. B. Medium, Code, Kontingenzformel) durchaus Eigenschaften eines primären Funktionssystems zu haben, andererseits wiederum auch nicht. Klar ist, dass es sich um eine »anwählbare soziale Form handelt«, die Folgeprobleme funktionaler Differenzierung der Gesellschaft bearbeitet und vielleicht bis auf weiteres am besten als ein »Funktionssystem zweiter Ordnung« beschrieben werden kann, dessen weitere Entwicklung noch nicht absehbar ist. In unserem Zusammenhang kann diese Frage hier nicht weiter verfolgt werden und muss anderen Studien vorbehalten bleiben.

weit erkennbare Beratungsbedarf immer auch Folgen der unvermeidlichen binären Codierungen.

Ein Beispiel mag diesen kompliziert erscheinenden Sachverhalt veranschaulichen: Es soll vorkommen, dass man eine Prüfung nicht besteht (binäre Codierung: bestanden/nicht-bestanden). Damit könnte man sich abfinden, und dann verschwände dieses Ereignis im diffusen Rauschen der Systeme. Man kann sich aber auch gegen das Ergebnis wehren, z. B. weil es der eigenen Wahrnehmung zufolge im Vorwege und im Vollzug dieser Prüfung formale Fehler und Versäumnisse der prüfenden Einrichtung gegeben haben könnte. Dann kann man sich rechtlich beraten lassen, um auf juristischem Wege Möglichkeiten einer Wiederholung zu erkunden, um dann ggf. noch einmal (vielleicht bei einem anderen Prüfer und mit klareren Absprachen) anzutreten. Es könnte aber auch sein, dass man schon seit Längerem mit der Bewältigung des fachlichen Stoffes immer wieder Probleme hatte, trotz eifrig lernenden Bemühens einfach nicht begreift, worauf es ankommt und was hierbei wirklich wichtig ist. Dann könnte man die Dozentin um eine fachliche Beratung bitten, danach dann vielleicht anders und neu lernen, und die Prüfung beim nächsten Mal erfolgreich meistern. Denkbar wäre aber auch, dass in der Zeit vor der Prüfung ein einschneidendes Lebensereignis stattgefunden hat (ein Elternteil ist gestorben oder man hatte eine tiefgreifende Trennung zu bewältigen), und seitdem kann man sich überhaupt nicht mehr richtig konzentrieren, nichts geht mehr in den Kopf, und nicht nur bei dieser Prüfung, sondern auch in vergleichbaren Situationen gab es nur noch »black-outs«. Dann ließe sich doch an eine psychosoziale Studienberatung denken, in deren Rahmen die Dinge ans Licht kommen dürften, die ein befriedigendes, erfolgreiches Studieren schon seit Längerem verhindert hatten. Man sieht hieran: Binäre Codierung folgt der Logik der Funktionssysteme, nicht den Bewusstseinsprozessen eines psychischen Systems. Das ließe sich an weiteren Beispielen leicht zeigen.

Beratung vermittelt demnach auf sehr besondere Weise nicht nur zwischen Funktionssystemen, sondern, wie gerade mit Blick auf psychosoziale Beratungsformate zu ergänzen ist, auch zwischen Funktionssystemen und psychischen Systemen, sie ist, um mit Steiner zu sprechen, »ein ›drittes‹ System, das die Funktionssysteme als Kontexte in einer Weise vermittelt, die als *›systemische* Kopplung‹ bezeichnet werden kann« (Steiner, S. 117; H.d.V.; vgl. dort auch die instruktive Graphik auf S. 128). Entscheidend ist, dass Beratung als sozusagen intermediäres System zwar, wie der Ausdruck deutlich macht, »dazwischenliegt«, dabei aber nicht seine eigene Operationslogik aufgibt. Sie »dockt‹ fallweise, in zeitlich begrenzten Episoden, an unterschiedliche Systeme an, um die dort auftretenden Entscheidungsprobleme und deren strukturelle Prämissen (Codes, Programme) der Reflexion zu unterziehen. Sie stellt sich in ihrem Problembezug in den Dienst des Funktionsprimats gesellschaftlicher Teilsysteme, geht aber nicht darin auf. Sie entnimmt ihnen ihren Fall, schaltet jedoch idealtypisch die funktionsspezifischen Selektionsregeln in ihrem Vollzug aus, um ihrer eigenen beratungsspezifischen Logik zu folgen« (Steiner, S. 115). Diese funktionsspezifischen Selektionsregeln werden gewissermaßen »kommunikativ gespiegelt und gebrochen« (vgl. Steiner, ebd.) und dann und wann vielleicht auch zu unterlaufen oder zu umgehen versucht, dabei stets der eigenen Beratungslogik folgend, so dass sich der Bereich möglicher Reflexivität fortwährend erweitert: Handlungsoptionen nehmen zu und Entscheidungsspielräume lassen sich eröffnen. Es dürfte nach diesen Erläuterungen besser zu verstehen sein, was gemeint ist, wenn in der Systemtheorie davon gesprochen wird, dass »Beratung Folgeprobleme funktionaler Gesellschaftsdifferenzierung (bearbeitet)« (Steiner, S. 116). Wie sähe die Welt der Gesellschaft wohl aus, gäbe es Beratung nicht?

3.4.3 Reflexionsprobleme in Beratungssystemen

Wie immer auch am Ende der theoretische Begriff für den augenscheinlich besonderen Status der Beratung lauten wird, ob »permanent anwählbare Kommunikationsform«, »Drittes System« oder »sekundäres Funktionssystem« oder anders – evident ist, dass in Beratungen die Selektionslogik von Funktionssystemen spezifisch gebrochen, als solche kommunikativ weiter *ver*arbeitet und auf diese Weise gesamtgesellschaftlich bedeutsam *be*arbeitet wird. Insofern könnte man bei Beratung an einen Bruch denken, wie in der Arithmetik, mit Zähler und Nenner, wobei der Nenner in den allermeisten Fällen aus den Funktionssystemen stammen dürfte, und der Zähler das Maß dafür angibt, wie groß im jeweiligen Fall der Beratungsbedarf sich darstellt: Schulden gehören zweifellos in die Wirtschaft (Nenner), Schuldnerberatung nimmt sich ihrer fallweise (Zähler) an, z. B. im System der Sozialen Hilfe in der professionellen Gestalt der Sozialarbeit. Dabei zeigt sich der Einfluss der Funktionssysteme auf Beratung nicht zuletzt an der Wahl der jeweiligen Angebote: mit einem Eheproblem wird man sich vermutlich nicht an einen Unternehmensberater wenden.

Insofern erscheint es auch gerechtfertigt, einerseits von *Beratungssystemen* zu sprechen und andererseits die singuläre Form *Beratungssystem* als Ausdruck für die Einheit der Differenz aller Beratungssysteme zu reservieren, die auf der beobachtbaren, überall »gleichen« operativen Logik der Beratung, eben der Einheitlichkeit ihrer Form, beruht. Legt man sich die Dinge auf diese Weise zurecht, gewinnen beratungstheoretische Bemühungen mehr Spielraum und werden so beweglicher und tatsachengenauer.

Der *hybride Charakter des Beratungssystems* kommt auch darin zum Ausdruck, dass es an diesbezüglichen Reflexionstheorien nicht nur keinen Mangel gibt, sondern dass deren Zahl und Vielfalt offensichtlich mit dem beobachtbar ansteigenden Beratungsbedarf direkt verbunden zu sein scheint. Jedes (neue) Problem, das unter Beratungsansprüche gestellt werden kann, ruft entsprechende Reflexionsbemühungen hervor (wie sich z. B. am Begriff »Wellness-Beratung« wunderbar vorführen ließe).

Die Rede von Reflexionstheorien ist, greift man noch einmal auf Luhmann zurück, immer dann berechtigt, »wenn die Identität eines Systems im Unterschied zu seiner Umwelt nicht nur bezeichnet wird (so daß man weiß, was gemeint ist), sondern begrifflich so ausgearbeitet wird, dass Vergleiche und Relationierungen anknüpfen können« (SS, S. 620). Reflexionstheorien sind »mehr als nur Erfahrungssammlungen. Sie schließen Zukunftsperspektiven ein, fordern

Autonomie, erläutern Problemlösungskapazitäten und individualisieren ihr System (und sind dabei) durch ein Verhältnis der Loyalität und Affirmation an ihren Gegenstand gebunden« (GdG II, S. 965). Genau das zeigt der Blick auf die stetig anwachsende Fachliteratur, die, aus welcher Perspektive auch immer, das Beratungssystem semantisch betreut. Dieser allgemeine Befund soll nun genauer beschrieben und erläutert werden, wobei Reflexionsprobleme des psychosozialen Beratungssystems im Vordergrund stehen.

Wenn von Reflexion die Rede ist, kommt Wissenschaft ins Spiel. Das ist in Bezug auf Beratung nicht anders. Dabei ist zwischen zwei Ebenen zu unterscheiden: zum einen die Ebene der disziplinären Organisation von Wissenschaft (▶ Kap. 3.4.3.1), zum anderen die offenkundige thematische Vielfalt und deren Funktion (▶ Kap. 3.4.3.2).

3.4.3.1 Die disziplinäre Sonderstellung der Beratung im Wissenschaftssystem

Beratung kann man *nicht grundständig* studieren, es gibt sie weder als eigenständiges Fach noch als eigene wissenschaftliche Disziplin. Entsprechende Studiengänge, die im Zuge der Bologna-Reform vermehrt angeboten werden, sind in der Regel Aufbau- oder Weiterbildungsstudiengänge. Betrachtet man zudem die Denomination der Professuren, zeigt sich dasselbe: meist ist »Beratung« als »Gebiet«, Zusatz oder Schwerpunktbezeichnung aufgeführt. Dementsprechend sind auch die dort Lehrenden in der überwiegenden Mehrzahl »Rollenhybride«, die sich zunächst in einem Fach akademisch qualifiziert haben und darüber hinaus über einschlägige beratungsrelevante Weiterbildungen verfügen. So gibt es an etlichen Hochschulen eigenständige »Arbeitsbereiche« (z. B. Universität Köln) oder »Arbeitsstellen« (Universität Tübingen), die sich (neben Lehraufgaben) vorwiegend der Beratungsforschung widmen. An manchen Hochschulen sind zudem besondere, zum Teil mit professioneller Video-Technik ausgestattete Einrichtungen (Beratungsräume, Beratungslabore) zu finden, die ausschließlich Forschungs- und Ausbildungszwecken dienen (z. B. HS Neubrandenburg). Darüber hinaus gibt es ein dichtes Netz von Fachtagungen, Kongressen und Symposien, die sich dem Thema in seinen mannigfaltigen Facetten mehr oder weniger regelmäßig zuwenden. Auch an zahlreichen einschlägigen Fachgesellschaften mangelt es nicht, schaut man z. B. auf die Mitgliedsverbände der Deutschen Gesellschaft für Beratung (DGfB) oder nimmt genauer in den Blick, an welchen akademischen Einrichtungen die Mitglieder der »Vereinigung von Hochschullehrerinnen und Hochschullehrern zur Förderung von Beratung/Counseling in Forschung und Lehre« (VHBC) tätig sind. Zudem gibt es jenseits des Tertiären Bildungsbereiches besondere Organisationen in privater Trägerschaft, z. B. das »Deutsche Institut für Beratungswissenschaften« (DIfBW) in Berlin, das sich ausschließlich der Evaluation der führenden Beratungsunternehmen auf dem Gebiet der Unternehmensberatung widmet. Kurzum: Dass Beratung im Wissenschaftssystem auf der Ebene der Organisation in Lehre, Forschung und beratungsbezogenen Dienstleistungen mittlerweile einen festen Platz eingenommen hat und beanspruchen kann, steht außer Zweifel.

So sicher der Platz, so unsicher der disziplinäre Status. Dieser Umstand dürfte, systemtheoretisch betrachtet, unmittelbar mit dem »unklaren« System-Charakter der Beratung, von dem oben die Rede war, in Zusammenhang stehen. Man kann zwar auf vielen Handlungsfeldern fortgesetzt Bemühungen um eine sachgerechte »Professionalisierung« der Beratung beobachten (erkennbar z. B. an der Ausarbeitung von verbindlichen fachlichen Standards für Beratungstätigkeiten oder Beratungsberufe, einschließlich entsprechender normativer Orientierungen). Und man kann in Verbindung damit gleichermaßen fortgesetzte Bemühungen um eine wie auch immer gedachte disziplinäre Profilierung und Konturierung der Beratung als Wissenschaft erkennen. Offen jedoch bleibt weithin die Frage, wie diese beiden unbestreitbaren Entwicklungstendenzen eigentlich in Beziehung zueinander stehen? Wie also hängen Professionalisierung der Beratung mit Disziplinbildung der Beratung als Wissenschaft zusammen?

Antworten hierauf können in diesem Rahmen nicht en détail gegeben werden, aber es lässt sich immerhin andeuten, wo sie zu finden sind und wie sie vermutlich ausfallen dürften. Dazu ist es hilfreich, sich der professionsanalytischen Forschungen Stichwehs (1994, v. a. S. 278 ff.) zu erinnern, aus denen sich folgendes ergibt: Im Zuge der sozialen Evolution kommt es zur Herausbildung von wissenschaftlichen Disziplinen und Professionen (als deren klassische Vertreter Medizin, Recht und Theologie gelten). In dem Maße, wie die gesellschaftliche Entwicklung voranschreitet, werden zunehmend Lücken oder Disparitäten erkennbar, die als Folgeprobleme offenkundig werden, d. h. Aufgaben, Anforderungen und Bedarfe, die durch die »klassischen« Professionen nicht, nur teilweise oder unvollkommen abgedeckt werden können. An diesen Stellen kommt es zu dem, was Stichweh »sekundäre Disziplinbildung« und »sekundäre Professionalisierung« nennt (ebd., S. 324 ff.). Auf Beratung bezogen bedeutet das: In dem Maße, wie gesellschaftliche Verhältnisse an Komplexität zunehmen, unübersichtlicher werden und damit vermehrt und verstärkt nach Entscheidungen verlangen, entsteht neuer Beratungsbedarf, auf den neue berufliche Tätigkeiten sozusagen »antworten«. Diese wiederum erfordern eine Reflexion ihres Handelns, und zwar aus zwei Gründen: zum einen um ihre Leistungen verbessern und zufallsunabhängiger machen zu können; zum anderen um für die damit einhergehenden Ausbildungsbedürfnisse zu sorgen, aus Gründen der Leistung und der Lehre also. Und dafür reicht Erfahrung nicht, man braucht auch Forschung.

Was sich auf diese Weise herausschält, bezeichnet Stichweh mit dem Begriff *»wissenschaftliche Professionen«*: Sie entwickeln »keine geschlossenen Berufsgruppen mit den typischen Merkmalen des Anspruchs auf ein Quasi-Monopol für ein bestimmtes Tätigkeitsfeld und der Regelung zur Berufsgruppe und Tätigkeitsfeld über strikte Zulassungspraktiken. Im Vergleich zum klassischen Professionellen bewegt sich der *wissenschaftliche Professionelle* auf offenen Beschäftigungsmärkten mit breiten Grenzzonen, in welchen Personen mit sehr verschiedenen Qualifikationsvoraussetzungen Beschäftigungschancen haben. Hinzu kommt die Abwesenheit professioneller Autonomie im klassischen Sinn des Begriffs« (S. 328; H. d. V.). Die in Kapitel 2 dargestellten professionellen Probleme der Beratung (▶ Kap. 2.4), wie sie sich in den gegenwärtigen Berufsklassifikationen, den Ausbildungswegen wie auch in den rechtlichen Bezügen widerspiegeln, haben genau dies deutlich gemacht.

Diese Entwicklung *wissenschaftlicher Professionen* (sekundäre Professionalisierung), geht mit der Ausformung interdisziplinärer Gebiete in Forschung und Lehre (sekundäre Disziplinbildung) einher. Sie findet ihren Fluchtpunkt am Ende immer in den »Beziehungen von Funktionssystemen zu ihrer gesellschaftlichen Umwelt« (Stichweh 1994, S. 368 f.). Mit Blick auf Beratung heißt das: Sie bleibt in allen Gestalten, professionell wie disziplinär, an den Grad der Ausdifferenzierung von Funktionssystemen gebunden, anders gesagt: Semi-Profession und sekundäre Disziplin gehen Hand in Hand. Damit ist beileibe keine Wertung verbunden und auch keine Blockade weiterer Entwicklung behauptet. Vielmehr dürfte das Gegenteil der Fall sein. Gerade der intermediäre Status der Beratung sorgt offensichtlich fortwährend für Dynamik und buchstäblich »grenzen-lose« Expansion.

3.4.3.2 Thematische Vielfalt und operative Funktion

Es ist zunächst wenig überraschend, dass sich die »Ubiquität der Beratung« auch auf der Ebene der Reflexionstheorien widerspiegelt. Die Welt der Gesellschaft scheint gewissermaßen in das Beratungssystem hinein kopiert zu werden und kommt darin als Reflexion unter beratungslogischen Vorzeichen zur Geltung. Das lässt sich leicht an den zum Teil sehr umfangreichen Hand- oder Lehrbüchern veranschaulichen, in denen versucht wird, die Gemengelage von Themen, Theorien und Methoden, von Anlässen und Formen mit einer nachvollziehbaren systematisch anmutenden Ordnung zu versehen. Das ist schon aus dem Grund keine leichte Aufgabe, sondern eine Herausforderung ersten Ranges, weil fortwährend Zuordnungs- und Abgrenzungsprobleme anfallen und irgendwie aufgelöst werden müssen, die aus der intermediären Lage des Beratungssystems (man erinnere sich der »Bruch-Metapher«) herrühren.

Diese Feststellung soll durch eine nähere Betrachtung der Struktur eines renommierten, dreibändigen Lehrbuches mit dem Titel »Das Handbuch der Beratung« (Nestmann/Engel/Sickendiek 2004 und 2013; vgl. rezensierend Kraft 2005) illustriert werden.

Vor dem Hintergrund einer so genannten »Doppelverortung der Beratung« (womit eine Mischung von Interaktions- und handlungsfeldspezifischem Wissen gemeint ist) werden allein zwölf »Beratungsdisziplinen« aufgeführt (2004, S. 45 ff.). Die Autoren fassen hierunter Psychologie und Pädagogik mit einigen ihrer disziplinären Varianten, sodann Soziologie, Philosophie, Theologie, Gesundheitswissenschaften und Medizin, Recht und Wirtschaftswissenschaften. Anderenorts (Schubert/Rohr/Zwicker-Pelzer 2019, S. 20) wird das disziplinäre Problem ähnlich zu fassen versucht, indem die Vorstellung von einer »Beratungswissenschaft« im Bild eines Lattenzauns repräsentiert wird: die klassischen Disziplinen erscheinen dabei in vertikaler Anordnung als nebeneinander stehende Pfähle (Philosophie, Theologie, Psychologie, Soziologie, Politikwissenschaft, Rechtswissenschaft, Erziehungswissenschaft), die horizontal durch »Beratungswissenschaft«

verbunden werden. »Die Querlatte ›Beratungswissenschaft‹«, so heißt es, »hält und verbindet die einzelnen Disziplinen, die an Beratung beteiligt sind. Damit wird die Interdisziplinarität von Beratung veranschaulicht. Je nach Beratungsfeld oder Zielgruppe, z. B. Erziehungsberatung, Karriereberatung oder Gesundheitsberatung, sind unterschiedliche Latten (Disziplinen) tragend eingebunden. So kann auch das Beratungsfeld eine weitere, die schwerpunktmäßig beteiligten Disziplinen verbindende Querlatte darstellen« (ebd., S. 20 f.). So hilfreich dieses Schaubild in didaktischer Hinsicht vielleicht auch sein mag – das damit aufgeworfene disziplinäre Problem lässt sich auf diese Weise allenfalls andeuten, wobei das eingängige Schaubild eher die Schwierigkeiten zum Vorschein bringen dürfte, die mit der Frage nach Profil und systematischer Fundierung einer »Beratungswissenschaft« verbunden sind.

Ein Blick auf die (sich augenscheinlich fortlaufend ergänzende) Liste verschiedener »Beratungsansätze« ergibt einen ähnlichen Befund. So werden (im zweiten Band des Nestmann-Handbuches, S. 609 ff.) z. B. dreizehn verschiedene Konzepte zu unterscheiden versucht, ein reichhaltiges methodisches Inventar, das sich von den eingeführten Psychotherapie-Schulen (Psychoanalyse, Verhaltenstherapie, Klientenzentrierte Gesprächstherapie, Systemische Therapie) über »integrative« und »konstruktivistisch orientierte« Ansätze zu »kooperativer«, »lebensweltorientierter«, »gemeindepsychologischer«, »ressourcenorientierter« und »lösungsorientierter« bis zu »narrativer« und »feministischer« Beratung entfaltet. Demgegenüber wird in dem bereits erwähnten Lehrbuch (Schubert et al 2019, S. 63 ff.) eine etwas andere Ordnung versucht, indem dort zwischen »Therapieschulen-orientierten Beratungsansätzen« (Tiefenpsychologie, Verhaltenstherapie, Humanistische und Systemische Therapie), »Kontextorientierten« (Lebensweltorientiert und sozialökologisch-transaktional) sowie »Ressourcenorientierten Beratungsansätzen« differenziert wird.

Gegenüberstellungen dieser Art ließen sich mühelos fortführen. Sie sind keineswegs als Kritik an diesen verdienstvollen Bemühungen zu verstehen, sondern sie sollen hier in erster Linie die Schwierigkeiten veranschaulichen, die sich auf der Reflexionsseite des Beratungssystems offenkundig auftürmen. Auch wenn man eine disziplinäre Bestimmung wählt, also z. B. von »Pädagogischer Beratung« spricht, kommt gewissermaßen das ganze Fach mit seinen Untergliederungen zwangsläufig dann wieder vor, wenn die entsprechenden Beratungsformen auf ihre praktischen Handlungsfelder bezogen werden (vgl. z. B. Maier-Gutheil 2016, S. 46 ff.). Gleiches gilt für den Versuch, den Lebensverlauf als zentrale Kategorie zu verwenden, also Beratungsofferten entlang des fortschreitenden Lebensalters mit den damit einhergehenden Phasen und Übergängen zu systematisieren (vgl. Giesecke/Nittel 2016). Immer pulsiert das Beratungssystem, wenn auch mit entsprechenden Verzögerungen, im Takt der Veränderungen der Funktionssysteme; das gilt nicht nur für Zeitgeist-induzierte Themen, sondern auch für technische Innovationen, z. B. im Bereich der Medien. Dann werden aus alten Beratungswelten zwangsläufig »Neue Beratungswelten« (vgl. Nestmann et al 2013, S. 1570 ff.).

Die systemische Kopplung des Beratungssystems sorgt auf diese Weise stets für ein hohes Maß an Umweltsensibilität. Das gilt nicht zuletzt für Kritik an der

Gesellschaft, die dann als Kritik am (jeweils gegenwärtigen) Beratungssystem zum Ausdruck kommt. So scheint Beratung (zumindest aus Sicht einiger die fachlichen Diskussionen maßgeblich bestimmender Autoren) ihre vermeintliche operative Unschuld im Zuge gesellschaftlicher Entwicklungen in wachsendem Maße zu verlieren. Denn »sie läuft unter spätmodernen Bedingungen Gefahr, zunehmend zu einem Werkzeug neoliberaler Selbstoptimierungsansprüche zu werden und in eben diese zu implodieren. Da mag es immer schwieriger oder gar unmöglich werden, weiterhin einen grundlegenden emanzipativen Anspruch von Beratung aufrecht zu erhalten und sie als ebenso alltagspragmatische wie reflexiv informierende und aufklärende Hilfe in den Lebenswelten zu organisieren« (Engel et al. 2018, S. 86). Demnach sollte es in Zukunft darum gehen, allen Versuchen einer »Optimierungsberatung« (ebd. S. 91) durch ein »optimierungsreflexives Programm« (S. 92) kritisch entgegenzutreten, um »verdeckte Strukturen aufzudecken« (S. 94). Denn »die Attraktivität des Begriffs Beratung lässt sich … leicht missbrauchen, um sozialgesetzliche oder institutionelle Interventionen in die Lebensführung von KlientInnen zu verschleiern« (S. 101); und selbst »präventive Beratung kann expertokratisch entmündigende Formen annehmen« (S. 107). So bleibt Beratung auch zukünftig »problematisch, weil sie an vielen Stellen, auch in den sozialberuflichen und psychosozialen Handlungsfeldern zunehmend in die spätmodernen Optimierungs- und Ökonomisierungslogiken eingebunden wird. Beratung besitzt aber immer auch das Potential zu kritischer Distanzierung. Das ›Gegengift‹ hierzu bleibt somit eine flexible, settingoffene und manchmal vielleicht auch nicht vorhersehbare fluide Beratung. Sie wertet Kontexte, Lebenswelten und eben auch Verhältnisse auf, … vielleicht im Sinne einer ›neuen Parteilichkeit‹ und Beratungsgerechtigkeit« (ebd. S. 111). Ob die »Zukunft der Beratung« womöglich darin besteht, sich von der »Verhaltens- zur Verhältnisorientierung« (vgl. Rietmann/Sawatzki 2018) weiter zu entwickeln, das bleibt eine offene Frage.

Derlei Positionen, die sich auch noch zuspitzen lassen (vgl. Keupp 2013; 2018), können hier nicht diskutiert werden. Ungeachtet der Möglichkeit, sie ideologiekritisch zu analysieren, machen sie aus einer systemtheoretischen Perspektive womöglich darauf aufmerksam, dass das Beratungssystem im Sinne Luhmanns zu »fiebern« beginnt, sich also an seine gesellschaftliche Umwelt anzupassen versucht, um seine Selbstreproduktion im Modus einer besonderen systemischen Kopplung aufrechterhalten zu können.

Die Reflexionstheorien eines Systems dienen nicht nur dazu, das disziplinäre Profil im Wissenschaftssystem zu schärfen und so von anderen deutlich abzugrenzen, sondern sie dienen gleichermaßen der Klärung und Lösung von Handlungsproblemen der (wissenschaftlichen) Professionellen in der Praxis der Beratung selbst. Auf diesen Gesichtspunkt soll nun zum Abschluss die Aufmerksamkeit gelenkt werden.

Als Ausgangspunkt mag eine bemerkenswerte Auffälligkeit dienen: In der Beratung wird gemeinhin von »Beratungsansätzen« oder »Beratungsmethoden« gesprochen, in der Psychotherapie ist die Rede von »Behandlungsverfahren«. Behandlungsverfahren gibt es wenige (kassenrechtlich zugelassen sind derzeit nur vier), Beratungsansätze gibt es offenkundig viele (in der obigen Aufzählung wur-

275

den allein dreizehn erwähnt). Behandlungsverfahren werden vor ihrer Genehmigung mit großem (wissenschaftlichen wie administrativ-prozeduralen) Aufwand geprüft, Beratungsansätze entstehen und ergeben sich demgegenüber aus dem eher lockeren Zusammenspiel von professioneller Praxis und beratungstheoretischer Reflexion. In der Psychotherapie gab es lange Zeit mannigfache Konflikte und Auseinandersetzungen um die wissenschaftliche Anerkennung der Behandlungsverfahren (und gibt es, wiewohl abgeschwächt, auch weiterhin), im Bereich der Beratung sind derlei Kontroversen und Spannungen so gut wie nicht zu sehen. Strenge Selektion im Bereich der therapeutischen Behandlung psychischer Störungen mit Krankheitswert findet sich auf der einen Seite, kumulative Kreativität bei der reflexiven Unterstützung von Ratsuchenden in Problem-Situationen aller Art auf der anderen. Gutachtenpflicht in der Psychotherapie steht weitestgehender Rechenschaftsfreiheit in der Beratung gegenüber.

Diese Gegenüberstellung ist weder neu noch originell, und die Unterschiede zwischen Psychotherapie und Beratung sind im Zuge der vorausgegangenen Kapitel aus verschiedenen Perspektiven thematisiert und aufgehellt worden. Eine Frage ist bislang allerdings nicht gestellt worden: Wofür und warum braucht man für das Beraten überhaupt Beratungskonzepte? Oder auch: Gibt es richtige und falsche Beratungskonzepte? Es muss ja verwundern, dass es den Anschein hat, als seien alle diese »Ansätze« gleichermaßen bedeutsam und miteinander kompatibel, denn Widersprüche oder Differenzen werden kaum diskutiert. Sind alle gleich wichtig, und gilt das für alle Handlungsfelder? Lassen sie sich widerspruchsfrei miteinander kombinieren? Anders gefragt: Haben womöglich alle Beratungsansätze etwas gemeinsam, was jede weitergehende Auseinandersetzung über sie obsolet macht?

Der unterschwellig vernehmbare Ton dieser rhetorischen Formulierung bereitet eine Antwort vor, deren Prägnanz sich gerade systemtheoretischer Annahmen verdankt. Denn diese provozierende Frage lässt sich aus der hier zugrunde gelegten Sicht *nur funktional* schlüssig beantworten, also jenseits aller erkennbaren inhaltlichen Unterschiede der jeweiligen Konzepte, streitfrei sozusagen.

In allen Beratungen treffen zwei psychische Systeme (Ratsuchender – Berater) in einem sozialen System der (Beratungs-) Kommunikation aufeinander. Handelt es sich dabei um eine professionelle Rahmung, dann verfügt der Berater über ein Wissen, über das der Ratsuchende in aller Regel nicht verfügt. Dieses »Wissen« stammt zum größten Teil aus dem jeweiligen »Beratungsansatz«, in dem der Berater sich ausgebildet hat und in das er eingeübt ist. Der Prozess des beratenden Kommunizierens zielt darauf ab, durch Erweiterung der reflexiven Spielräume dem Ratsuchenden zu einer Lösung seines Problems, zu einer für ihn stimmigen Entscheidung zu verhelfen. Mit anderen Worten: Das »Beratungsansatz-Wissen« steht gewissermaßen in verdeckter Form den Gedanken, Gefühlen und Überlegungen des Ratsuchenden gegenüber. Es entfaltet sich mithin eine Differenz, ein reflexiver Raum kann sich öffnen. Dadurch steht dem Ratsuchenden eine Folie der Reflexion zur Verfügung, mit deren Hilfe er seine Selbstklärung vorantreiben kann. Die vielfältigen methodischen »Ansätze« versorgen die Beratung sozusagen mit einem Vorrat an Unterscheidungen, über die der Ratsuchende nicht verfügt und in deren Details er keinerlei Einblick hat.

Vergegenwärtigt man sich im Vergleich dazu eine Beratungssituation unter Freunden, tritt der Unterschied zu einem professionellen Format rasch zu tage. Denn das »Beratungs-Wissen« dieses imaginären Freundes ist eben kein professionelles, sondern verdankt sich allein seiner eigenen (Lebens-) Erfahrung, etwa nach dem Muster »*Als ich damals mit XY diese nicht enden wollenden Schwierigkeiten hatte, da habe ich xy gemacht, das hat mir geholfen und danach ging es mir auch wieder besser ...*« Das mag manchmal reichen, meist allerdings nicht, schon gar nicht in komplizierten und verwickelten Problemkonstellationen. Dann eben braucht es etwas anderes: ein professionelles Handlungs-Wissen, auf das sich der Berater immer wieder zurückziehen kann, aus dem er seine jeweiligen Interventionen ableitet, ein Wissen, das ihn, so könnte man sagen, nicht aus der Ruhe bringt, sondern ihm selbst immer wieder Halt zu bieten vermag, gleichsam einen festsitzenden Anker der Reflexion, was immer der Ratsuchende auch zum Thema macht. Und ob dieser »Anker« nun eine tiefenpsychologische oder kognitiv-behavioristische, eine systemische oder klientenzentrierte, eine narrative, lösungsorientierte oder feministische, eine lebensweltliche, integrative oder gemeindepsychologische (oder auch eine ganz andere, fest gefügte) Form hat – das ist in *funktionaler* Hinsicht nicht in erster Linie von Bedeutung.

Man kann derlei »Wissensbestände« durchaus als »Metasymbolisierungspraktiken« (Seel 2014) zu bezeichnen versuchen oder, wie Peter Fuchs (2006), davon sprechen, dass Beratung über »Tiefenraffinessen« verfügen muss. Funktional betrachtet ist die Sache eindeutig: Um der inneren Unendlichkeit des ratsuchenden Bewusstseins produktiv begegnen zu können, braucht es die (zumindest geschlossen erscheinende) Endlichkeit eines wie auch immer näher bestimmbaren Beratungskonzeptes: Ohne die dadurch sich fortwährend ergebende Spannung gibt es in aller Regel keine entscheidungsrelevanten Fortschritte der Reflexion. Vielleicht liegt genau darin etwas von dem »magischen Zauber«, der diese Handlungsform seit alters her umgibt.

3.5 Resümee

Die zu Beginn dieses Kapitels formulierte Erwartung, dass die Soziologische Systemtheorie Luhmanns insbesondere geeignet ist, den Sinn für Unterschiede zu schärfen und Unterscheidungen deutlich zu markieren, dürfte durch die vorangegangenen Abschnitte als bestätigt gelten. Auch der eingangs gegebene Hinweis, dass der Umgang mit systemtheoretischen Werkzeugen gewisse begriffliche Anstrengungen erforderlich macht, war vermutlich nicht unbegründet.

Wie jede Theorie, so ist auch die Systemtheorie nicht frei von »blinden Flecken«. Das grelle Licht der Analysen lässt zwangsläufig anderes im Dunkeln. Ihr Anspruch beruht auf »kontrollierter Selektivität«, die alles Beobachten mitgängig begleitet und immer wieder durchsichtig gemacht und ins Bewusstsein gerufen wird. Systemtheorie sensu Luhmann ist, einfach gesagt, eine »Wenn-dann-Theorie«: Wenn man diese oder jene Prämissen zu teilen bereit ist und die dazugehörigen Begriffe zu verwenden sich entschließt, dann kann man »jenes Phänomen« aus eben »diesem Blickwinkel« zum Vorschein bringen, es zeigen und begrifflich fassen. Letzte Gewissheiten lassen sich auf diese Weise nicht gewinnen, denn die Theorie bleibt, darin dem Leben selbst verwandt, beweglich, offen und voller Überraschungen.

So betrachtet gibt es, ungeachtet mancherlei Kritik und Einwände, zuallererst »Widerstände der Systemtheorie« selbst: Einschränkungen, Erkenntnisbedingungen und Begrenzungen, um die sie weiß (vgl. dazu Korschorke/Vismann 1999). Abgesehen davon: Keiner kann voraussagen, welche Wege die soziale Evolution in Zukunft einschlagen wird – und ob der Primat funktionaler Differenzierung das letzte Wort ist oder nicht nochmals wechseln kann (vgl. dazu Lehmann 2015). Es gibt also, anders gesagt, keinen Anlass für dogmatisierende Verhärtungen oder angestrengte Versuche, einen Universalitätsanspruch zu begründen. In diesem Kapitel wurde diese Theorie schlicht als phänomenologisches Werkzeug benutzt, um die drei hier im Zentrum stehenden Handlungsformen – Erziehung, Beratung und Psychotherapie – in ihrem gesellschaftlichen Zusammenhang zu betrachten, im Kontext des Prinzips funktionaler Differenzierung, als Elemente sozialer Systeme also. Was hat sich dabei gezeigt?

Als hauptsächlicher Eindruck ergibt sich: Erziehung und Psychotherapie sind Leistungen von weithin ausdifferenzierten, mit starken, Stabilität sichernden organisatorischen Strukturen versehenen Funktionssystemen – Beratung hat im Vergleich dazu offensichtlich einen anderen Status, denn sie ist überall zu finden, in allen sozialen Systemen, mal in dieser Form, mal in einer anderen, mal auf dieser Ebene, mal auf jener, ein Generalist sozusagen, der die Arbeit der spezialisierten Experten ergänzt.

Um zunächst bei der *Beratung* zu bleiben: Wiewohl nicht Teil eines *eigenen*, ausdifferenzierten Funktionssystems, sind ihre Funktion für das Ganze wie auch ihre Leistungen für einzelne Systeme (oder in ihnen) von kaum zu überschätzender Bedeutung. In der Sprache des Fußballs könnte man es einmal so zu sagen versuchen:

Beratung fungiert gleichsam als »kommunikativer Libero« im Team der sozialen Systeme, zweifellos eine Sonderrolle, eine Art »Ausputzer« für ungelöste Komplexitätsprobleme, überall da, wo andere gerade nicht, nicht mehr oder noch nicht sind. Nie nur an einem Ort, sondern einfach überall stellt sie sich zur Verfügung, greift ein, so dass das soziale Spiel weitergehen kann, öffnet Räume oder verschließt sie, gleichermaßen abhängig von den Mitspielern wie auf besondere Weise frei in der eigenen Bewegung. Die Rolle eines Libero verlangt besondere Qualitäten, Spielübersicht ebenso wie ausgefeilte Technik in Ballbeherrschung und Stellungsspiel. Tore allerdings schießen Liberos eher selten, im gelingenden Spiel fällt die Rolle kaum auf, ihr Fehlen allerdings macht unverzüglich und meist folgenreich auf Lücken aufmerksam. Und in der Regel fängt man nie als Libero an, vielmehr hat man meist über lange Jahre auf verschiedenen Positionen gespielt und dabei vielfältige Erfahrungen angesammelt, die es nach und nach ermöglichen, ein Spiel auch wirklich »lesen« zu können. Kein Wunder, dass das ganze Spiel, sozusagen das Spiel an sich, zum Thema werden muss, wenn man versucht, sich über seine Funktion und Leistung Gedanken zu machen. Ein großer Vorzug dieser Rolle wird dabei vermutlich nicht unentdeckt bleiben: Geht ein Spiel verloren, steht ein Libero so gut wie nie im Zentrum der Kritik, verantwortlich gemacht wird er nicht, eher von Angriff, Mittelfeld und Verteidigung wird dann zumeist die Rede sein.

Von der Rolle eines Liberos wird man in der *Psychotherapie* nur träumen können, da hier die Spielräume sehr viel enger sind und die Regeln demgemäß weitaus strenger. Das hat gute Gründe, die vor allem in der Sache selbst zu finden sind. Eine psychische Störung, der nach diagnostischer Klärung Krankheitswert zugeschrieben wird, ist etwas anderes als ein psychisches Problem. Denn im Falle einer solchen Störung geht es um die Struktur des psychischen Systems selbst. Und Struktur bedeutet: Das gesamte innere Gefüge des Zusammenspiels der einzelnen Elemente hat sich auf eine Weise verfestigt, die das psychische System fortgesetzt dabei behindert, einengt oder einschränkt, für die Befriedigung der vitalen Bedürfnisse des Organismus zu sorgen. Das verbraucht in jedem Fall viel Energie (die an anderen Stellen fehlt), hat vielfältige Ursachen und kann unterschiedliche Schweregrade aufweisen. Psychotherapeutisches Handeln zielt also auf die Kommunikation des betroffenen Bewusstseins mit sich selbst. Auch sprachlich kommt die leidvolle Form einer solchen »Selbst-Fesselung« zum Ausdruck, die Hilflosigkeit und Passivität, die damit genuin verbunden sind: Denn zunächst muss »be-handelt« werden, bevor dann, ist die Therapie erfolgreich, sukzessive eigene Handlungsfähigkeit wiedergewonnen werden kann. Dazu braucht es eine Sicherheit vermittelnde, empathisch ausgerichtete therapeutische Beziehung (secure base) mit einem (mehr oder weniger) engmaschigen Rhythmus therapeutischer Interaktionen und ein Behandlungswissen, das es, darin einem kommunikativen Mikroskop vergleichbar, ermöglicht, differenzierte Einblicke in die Genese, die Struktur und die aufrechterhaltenden Faktoren einer derartigen Störung zu gewinnen. Da jeder Patient seine Selbsterhaltung nur mit Hilfe der jeweils gegebenen psychischen Struktur zu gewährleisten vermag, kann man verstehen, dass Veränderungen meist nie nur freudig begrüßt werden, sondern vor allem mit emotionalen Erschütterungen und Widerständen verbunden sind, zumindest solange, wie »Neues«, das sich erst nach und nach herausbildet, ein solches Maß an Stabilität und Tragfähigkeit gewonnen hat, dass »Altes« aufgegeben werden kann.

Mit pädagogischem Vokabular gesprochen: Eine psychische Störung verlangt Verlernen, Umlernen und Neulernen. Freuds Diktum von der Therapie als »*Nach-Erziehung*« macht also Sinn, und zwar in zweierlei Hinsicht: Zum einen rein zeitlich gesehen, weil Psychotherapie, denkt man an Erwachsene, in aller Regel erst nach der Erziehung kommt oder, denkt man an Kinder und Jugendliche, sie begleitet. Zum Anderen von der Sache selbst her gesehen, weil in der Psychotherapie – unvermeidbar, zwangsläufig oder notgedrungen – die genossene oder erlittene Erziehung als »Erzogenheit« (vgl. Loch 1979a, S. 40 ff.), als »Habitus« zum Vorschein kommt und sich wirkungsvoll und nachhaltig zur Geltung bringt. Anders gesagt: Psychotherapie lässt sich auch als »Erziehung der Erzogenheit« verstehen, als eine Art von Transformationsbemühung, in der ehedem *pädagogisch erworbene* Tiefenstrukturen (in Kapitel 1 wurde dafür die Metapher vom

»Betriebssystem« verwendet), die sich im erwachsenen Leben in mehrfacher Hinsicht als dysfunktional erwiesen haben, in einem eigenen, mühsamen und mehr oder weniger lang andauernden Prozess *psychotherapeutisch umgewandelt* werden müssen. Darin liegt im Kern die *verdeckte Verwandtschaft* dieser beiden Handlungsformen. Strukturell verwandt heißt jedoch keineswegs: operativ gleich. Der Aufbau von und die Anreicherung mit Wissen, Kompetenzen und normativen Einstellungen ist Sache der Erziehung – und die Transformation dysfunktionaler psychischer Strukturen hin zu seelischer Gesundheit ist Sache der Psychotherapie.

In modernen Gesellschaften ist Psychotherapie als Krankenbehandlung Teil des Gesundheitssystems. Damit ist sie der dort geltenden Codierung »krank/gesund« unterworfen. Ohne entsprechende Diagnostik mit der gutachterlich überprüften Feststellung des Krankheitswertes einer psychischen Störung gibt es keine (versicherungsrechtliche Kostenübernahme der) Behandlung. Gleichwohl nimmt sie eine Sonderstellung ein, die im Wesentlichen auf zwei Gründen beruht: Zum einen operiert sie ausschließlich kommunikativ. Und zum anderen ist jede psychotherapeutische Behandlung ohne eine Orientierung an einem Begriff von »Seelischer Gesundheit« gar nicht denkbar. Sie erscheint aus diesem Blickwinkel sozusagen wie ein »Avatar der Erziehung« im Gesundheitssystem.

Wendet man abschließend den Blick auf das Funktionssystem *Erziehung*, dann sticht als erstes »Total-Inklusion« ins Auge: alle werden erzogen, und alle müssen in die Schule. Die Funktion der Erziehung ist dabei eindeutig auf Aufbau von und Anreicherung mit Wissen, Einstellungen, normativen Orientierungen und Verhaltensmustern gerichtet: »Die Welt in die Kinder setzen« (vgl. Bittner 1996), auch so kann man die pädagogische Aufgabe fassen. Und das ist ein Prozess, der sich in der Moderne über den gesamten Lebenslauf erstreckt. Dafür braucht es institutionalisierte Strukturen ebenso wie eine hohe Dichte pädagogischer Interaktionen, damit der Einfluss von Zufällen möglichst gering gehalten werden kann und verlässliche Ergebnisse sich einstellen (an ungewollten Nebenwirkungen herrscht ohnehin kein Mangel).

Im Kern pädagogischer Operationen findet sich allerdings nie Technik, sondern allein kommunikative Technologie. Insofern muss, wie immer bei Kommunikation, mit einem Wirkungsdefizit gerechnet werden, das sich der Eigenart und Eigenwilligkeit des Bewusstseins verdankt. Was aber einerseits als strukturelles Problem erscheint, ist andererseits zugleich die größte Unterstützung, auf die die Erziehung sich verlassen kann: Denn ein lernendes Bewusstsein verlangt um seines Selbst willen genuin nach einem zeigenden, dem Lernen helfenden Gegenüber – sozusagen die elementare Form einer strukturellen Kopplung im operativen Modus (was vielfach allzu leicht aus dem Blick zu geraten scheint).

In der Erziehung geht es um *alle* Kinder und um *alle* Lernenden, um die *ganze* Welt und um das *ganze* Leben in (wie man nach diesem Kapitel sagen muss) *allen* Funktionssystemen. Die kaum zu begrenzende Reichweite dieses Anspruchs spiegelt sich nicht zuletzt in der offensichtlich grenzenlosen Weite der Reflexionstheorien, die das Erziehungssystem semantisch begleiten, es unterstützen und im Gewand fortgesetzter Reformaspirationen immer wieder zu Verbesserungen aufrufen. Das sorgt in professioneller Hinsicht für einen misslichen Zustand, denn so erscheint die Erziehung, wie sie gerade ist, nie gut, nie hinreichend, sondern fortgesetzt defizitär und unablässig reformbedürftig. Aber wie man es auch dreht und wendet: Jedes noch so hehre Erziehungsziel muss durch das enge Nadelöhr einer zeigenden Operation. Diese in der Eigenart der Erziehung selbst liegende Begrenzung ist nicht leicht zu ertragen und macht zumindest verständlicher, warum in der Werkstatt der Erziehung Ideale und Idealisierungen eine so herausragende Rolle spielen. Gute Absichten gehen indes selten linear in guten Wirkungen auf. Gleichwohl: Der strukturellen Intentionalität ihrer Aufgabe (vgl. Prange 1992) kann die Erziehung nicht entkommen, weil alle ihre Bemühungen stets auf Zukunft gerichtet sind: sei es die kleine Zukunft der Lösung einer mathematischen Aufgabe oder einer schwierigen Übersetzung, sei es die Zukunft eines erfolgreichen, weitere Wege eröffnenden Schulabschlusses, sei es die Zukunft eines Berufs oder letztendlich die Zukunft eines selbst zu verantwortenden Lebens in einer Welt, deren Zukunft keiner kennt.

Erziehung braucht daher vor allem anderen Vertrauen in sich selbst, in die eigenen operativen Möglichkeiten, und das heißt zu allererst: Vertrauen in ihre Adressaten, darein also, dass diese, *gut genug* erzogen, es in ihrem weiteren Leben schon richten werden, nicht nur für sich selbst, sondern auch für die Gesellschaft insgesamt. Ein solches Vertrauen allerdings ist etwas anderes als eine Wirkungsgarantie. Denn Vertrauen kann, wie jeder weiß, enttäuscht werden. Was Erzogene mit ihrer Erzogenheit als Disposition für zukünftiges Handeln in ihrem späteren Leben anfangen, das liegt jenseits dessen, was Erziehung zu bestimmen vermag. Eltern wissen das. Und die Pädagogik kann das auch wissen, nicht zuletzt aus ihrer eigenen Geschichte, zumal dann, wenn man sich die Barbarei des Nationalsozialismus vergegenwärtigt. »Ich möchte aber ausdrücklich betonen«, schreibt Adorno in seinem berühmten Aufsatz »Erziehung nach Auschwitz« (1973, S. 92), »dass die Wiederkehr oder Nichtwiederkehr des Faschismus im Entscheidenden … eine gesellschaftliche Frage ist«. So werfen auch rechtsradikale Bewegungen, die gegenwärtig in vielen Ländern zu beobachten sind, zuallererst gesellschaftliche Fragen auf, nicht pädagogische. Das gilt allerdings gleichermaßen für jene jüngsten Sozialen Bewegungen, die von Erzogenen (zumeist jungen Frauen) ausgehen und dabei mit der eigenen Zukunft die Zukunft der ganzen Gesellschaft zu verbinden sich bemühen, und das nicht nur freitags, sondern an allen Tagen der Woche, und nicht nur in Deutschland, sondern mittlerweile weltweit.

Ausblick

Zum Verhältnis von ›Knowing That‹ und ›Knowing How‹

Am Ende dieses Buches (etwas muss doch noch gelesen werden) soll ein Phänomen im Mittelpunkt stehen, das jenseits aller Lektüre liegt und nur im Handeln selbst zu finden ist. Deswegen ist auch von »Ausblick« die Rede und nicht von einem »Schluss«.

Gleichwohl braucht es dafür natürlich einen Begriff, um zu »begreifen«, worum es sich handelt. Dazu soll auf eine wissenstheoretische Einsicht (vgl. Wieland 1982) zurückgegriffen werden. Auch sie hat den Charakter einer Unterscheidung. Sie fügt allerdings den hier umfänglich entfalteten Differenzierungen *zwischen* Erziehung, Beratung und Psychotherapie nicht noch eine weitere hinzu. Vielmehr weist sie auf eine *Gemeinsamkeit* hin, die alle drei Handlungsformen miteinander teilen. Denn als kommunikative Praktiken sitzen Erziehung, Beratung und Psychotherapie gleichsam in einem Boot. Der Name *dieses* Bootes – in maritimen Kontexten finden sich ja vielfach seltsame Ausdrücke, ob nun »Deddilla«, »Cajuga« oder sonst wie – lautet *Operative Kompetenz*.

Man kann also sagen: Es gibt *pädagogische* Kompetenz, *psychotherapeutische* Kompetenz und *Beratungskompetenz*. Durch alle drei wird versucht, mit Hilfe von Sprache auf Wissen, Einstellungen und Verhalten anderer Menschen einzuwirken. Alle drei beruhen auf unterschiedlichen Interventionsformen; in allen drei Fällen wird, anders gesagt, in professioneller Weise etwas Bestimmtes auf je besondere Weise gezeigt.

Stets besteht *Operative Kompetenz* aus zwei Bestandteilen, die sich auf eigentümliche Weise miteinander verbinden, ja geradezu ineinander verschmelzen. Man kann sie nach üblichem Sprachgebrauch der Wissenstheorie als »*propositionales*« und »*nicht-propositionales*« Wissen bezeichnen. Da die pragmatische Struktur der englischen Sprache manches einfacher erscheinen lässt, wird häufig einfach von ›knowing that‹ und ›knowing how‹ gesprochen. Was hat es damit auf sich?

Zunächst zum ›*knowing that*‹: Ganz allgemein, das erinnert man vielleicht noch aus dem Schulunterricht, wird mit »Proposition« der Inhalt eines Satzes, also ein in Satzform ausgedrückter Sachverhalt bezeichnet, dem man Wahrheitswert zuordnen kann, also zum Beispiel: Ich weiß, dass Helgoland eine Insel ist! Über die einfache Behauptung hinaus wird dabei üblicherweise, direkt oder indirekt, auf entsprechende Begründungen Bezug genommen, auf die »warum-Frage«, also in diesem Fall etwa: Helgoland ist eine Insel, weil das Land vom Meer umgeben und mit dem Festland nicht direkt verbunden ist.

Anders gesagt: das Medium für propositionales Wissen ist die Sprache mit dem gesamten Inventar ihrer Möglichkeiten, Aussagen in Sätze zu fassen und diese Verbindungen mit Hilfe der Logik zu prüfen. Propositionales Wissen ist also objektivierbar, es kann geprüft und seine Behauptungen können wiederholt werden, wie auch Irrtum und Negation möglich sind. Es gibt also richtige und falsche Aussagen, und da sie in Sprache geformt sind, besteht die Möglichkeit der Mitteilung – wir können uns darüber austauschen, so wie im Kinderspiel »Ich weiß etwas, was Du nicht weißt«. Zudem ist propositionales Wissen unabhängig vom Träger dieses Wissens, es bedarf sozusagen keines Bezuges auf einen bestimmten Wissenden, Alter, Geschlecht, Größe oder Gewicht spielen keine Rolle – eine mathematische Formel beispielsweise gibt es, ob ich sie nun kenne oder nicht, und sie verändert sich auch nicht, wenn ich schlechte Laune habe oder Zahnschmerzen. Gerade der sprachliche Charakter dieser Form des Wissens sorgt dafür, dass wir es erwerben, es uns bei Bedarf beschaffen und – ein angemessenes Verständnis vorausgesetzt – für unsere eigenen Vorhaben verwenden können. Darin liegt zugleich seine Begrenzung, weil es eben ausschließlich in Sprache (oder genauer gesagt, in bestimmten, also auch formalisierten Sprachen) fassbar ist. Wir wissen aber, wie wir wissen, sehr viel mehr. Und damit kommt nun die zweite Form ins Spiel, das »nicht-propositionale Wissen«. Was lässt sich über dieses ›knowing how‹ sagen?

»Knowing how« bedeutet in der Ich-Form: »Ich weiss, wie«, und dann sagen wir oft auch »Ich kann«! Schon daran ist erkennbar, dass das Medium des nicht-propositionalen Wissens nicht die Sprache ist, sondern die Handlung. Genau das ist der entscheidende Punkt: Nicht-Propositionales Wissen ist eben, wie der Ausdruck deutlich macht, kein Wissen in satzförmigen Aussagen, sondern ein Wissen, das nur im Handeln zum Vorschein und zur Geltung kommt. Es wird deswegen oft auch als Gebrauchs-, Handlungs- oder Erfahrungswissen bezeichnet und gehört daher in den Bereich des praktischen Wissens. Handlungen sind in der Regel komplex und setzen sich aus mehreren, sehr verschiedenen Teilen zusammen. Daher hat nicht-propositionales Wissen auch keinen eindeutig identifizierbaren Gegenstand zum Inhalt, sondern bezieht sich vielmehr auf ein Wissensgebiet, ein Wissensfeld, wie man vielleicht sagen könnte. »Psychotherapeutisches«, »pädagogisches« oder »beratendes Handeln« sind ja in ihren vielfältigen Facetten äußerst komplex und lassen sich gar nicht eindeutig in all die Variablen zerlegen, die sie hervorbringen – und in satzförmige Aussagen allein schon gar nicht. Das gilt natürlich für alle Handlungen, Tanzen etwa, oder die handwerkliche Bearbeitung eines Gegenstandes, oder eine chirurgische Operation, oder Radfahren, Singen, Geigespielen oder Segeln.

Es kommt hinzu, dass nicht-propositionales Wissen im Gegensatz zum ›knowing that‹ buchstäblich radikal an den Inhaber dieses Wissens gebunden ist, denn der Erwerb lässt sich nicht delegieren. Man kann es sich nur selber verschaffen, es schlicht übernehmen, es ausleihen oder kaufen kann man nicht. Denn dieses Wissen wächst und vervollkommnet sich allein in der handelnden Aneignung selbst. Anders gesagt: nicht-propositionales Wissen entsteht durch Erfahrung. Auch wenn wir uns dabei an anderen orientieren, Modelle oder Vorbilder haben und uns unterweisen und korrigieren lassen – letztendlich können wir es nur allein erwerben. Aufgrund dieser Eigentümlichkeit ist dieses Wissen auch nicht irrtumsfähig: Man kann zwar gute oder schlechte Erfahrungen machen, aber nicht falsche oder wahre. Der Fehler eines Erfahrenen ist deswegen keine falsche Erfahrung, wie auch fehlende Erfahrung nicht falsche Erfahrung ist.

Diese enge Bindung von Wissen und Wissendem bedeutet nun keineswegs, dass nicht-propositionales Wissen irrational sei. Ganz im Gegenteil, nur die Form der Rationalität ist eine andere, sie ist gleichsam mit der gelingenden Handlung selbst verschmolzen und in ihr enthalten. Natürlich können wir über unsere Erfahrungen sprechen, sie mitteilen und uns darüber austauschen. Aber, auch das kennt jeder (z. B. aus Supervisionen), selbst wenn man die Aussagen eines Erfahrenen übernimmt, verschafft uns das beileibe noch nicht dessen Erfahrung. Genau daran zeigt sich die Grenze der Mitteilbarkeit nicht-propositionalen Wissens. Und weil es nicht vollständig mitteilbar ist, ist es auch nicht in rein sprachlichen Formen prüfbar. Die Prüfung erfolgt vielmehr pragmatisch, im gelingenden handelnden Vollzug selbst, nicht im Modus der Logik von Aussagen. Insofern ist auch nicht-propositionales Wissen objektiv, aber nur begrenzt objektivierbar.

Man könnte also als These formulieren: *Operative Kompetenz* ist die Einheit der Differenz von propositionalem und nicht-propositionalem Wissen. Das kann man natürlich auch schlichter ausdrücken und sagen: Operative Kompetenz ist die Einheit der Differenz von Theorien und Erfahrungen oder die Einheit der Differenz von Reflexions- und Handlungswissen. Es gibt also zwei unterschiedliche Bestandteile, die, sich vermischend, in etwas aufgehen, das die einzelnen Teile nicht mehr deutlich erkennen lässt – genau das meint die Rede von der »Einheit einer Differenz«.

Dieser Sachverhalt lässt sich mit dem Bild einer Kerze leicht veranschaulichen: Für eine Kerze braucht man Wachs (natürlich am besten, ökologisch einwandfrei, aus Bienenwachs). Damit eine Kerze daraus wird, muss man einen Docht hinzunehmen. Die Form, die Kerze, lässt ihre Bestandteile sichtbar werden, und ohne diese Teile gäbe es keine Form, keine Kerze. Aber schmilzt man das Ganze ein, dann bleibt ein kleiner Haufen Wachs und die Reste eines Dochtes. Die Form aber, die Kerze, gibt es nicht mehr.

Im Klartext: Das Wachs mag das »propositionale Wissen« symbolisieren, das wir aus Büchern erwerben; der Docht steht für das »nicht-propositionale Wissen«, das sich ausschließlich in und aus dem eigenen Handeln selbst gewinnen lässt; die Kerze schließlich, sozusagen die Einheit der Differenz von Wachs und Docht, repräsentiert die *Operative Kompetenz*, die allein im professionellen Handeln Gestalt gewinnt.

Das Beispiel soll nicht strapaziert werden, sondern nur verdeutlichen, dass eben aus verschiedenen Wissensformen, die notwendig und unauflösbar miteinander verbunden sind, etwas Eigenes entsteht. Natürlich können wir darüber reden und uns austauschen, von unseren neuesten Lektürekenntnissen berichten wie auch von unseren Erfahrungen in Situationen der Erziehung, der Beratung und der Psychotherapie. Das jedoch, was sich im Sprechen darüber noch auseinanderhalten lässt, ist in der jeweiligen Operation selbst ungetrennt und bleibt auch untrennbar.

Nun könnte man einwenden, dass Handeln allein, also nicht-propositionales Wissen, doch ausreicht. Warum nicht einfach »drauf los« erziehen, beraten und therapieren? Warum all diese aufwendigen Studien von theoretischen Konzepten und empirischen Befunden, warum die dicken Lehrbücher? Und dann auch noch dieses hier. Geht es nicht auch ohne?

Die Antwort hierauf ist leider eindeutig »nein«, und zwar aus folgenden Gründen: Zunächst brauchen wir propositionales Wissen, um überhaupt entsprechende Erfahrungen machen, sie strukturieren und einordnen zu können, denn ohne Begriffe keine Erfahrungen, wir wären kommunikativ vollkommen blind. Es kommt hinzu, dass *Operative Kompetenz* nicht auf Zufällen aufgebaut sein darf, sondern möglichst bestimmten, benennbaren und erprobten Regeln entsprechen muss. Denn es soll ja wiederholbar sein und Zufallserfolge gerade ausschließen. Und wir wollen es begründen können, also Aussagen darüber machen, welche Faktoren wahrscheinlich für Erfolg oder Misserfolg in Betracht kommen. Hätten wir dieses Wissen nicht, dann könnte man übrigens Pädagogik, Beratung und Psychotherapie auch gar nicht lehren. Spätestens an dieser Stelle sieht man aber auch: Zum professionellen Lernen gehört Handlungswissen unabdingbar dazu, pädagogisches, konsultatives oder psychotherapeutisches ›know how‹ sozusagen. In dieser Hinsicht gibt es offenkundig deutliche Unterschiede, wobei vornehmlich die Pädagogik noch über unausgeschöpfte Möglichkeiten verfügen dürfte.

Für alle, die einen dieser drei Bereiche zum Beruf machen wollen oder gemacht haben, ist die jeweilige *Operative Kompetenz* die Grundlage ihres professionellen Selbstbewusstseins. Nur aus ihr erwächst das Gefühl, dass man sein »Mundwerk«, sei es Beratung, Psychotherapie oder Erziehung, beherrscht und wirkungsvoll auszuüben vermag. Und jedes muss *die eigene Sache* gut genug machen. Genau das war zu zeigen.

Literatur

Abbott, A. (1988): The System of Professions. An Essay on the Division of Expert Labor. Chicago/London: The University of Chicago Press.

Adorno, Th. W. (1973): Erziehung zur Mündigkeit. Vorträge und Gespräche mit Hellmuth Becker 1959–1969. Frankfurt/Main: Suhrkamp.

Altmeyer, M. (2005): Das Unbewusste als der virtuelle Andere. In: M. B. Buchholz & G. Gödde (Hrsg.), Macht und Dynamik des Unbewussten Bd. 1 (S. 650–669). Gießen: Psychosozial Verlag.

Altmeyer, M. & Thomae, H. (Hrsg.) (2006): Die vernetzte Seele. Die intersubjektive Wende in der Psychoanalyse. Stuttgart: Klett-Cotta.

Andresen, S. & Heitmeyer, W. (Hrsg.) (2012): Zerstörerische Vorgänge. Missachtung und sexuelle Gewalt gegen Kinder und Jugendliche in Institutionen. Weinheim/Basel: Beltz Juventa.

Argelander, H. (1982): Der psychoanalytische Beratungsdialog. Studien zur Textstruktur und Deutung an formalisierten Protokolltexten. Göttingen: Vandenhoeck & Ruprecht.

Argelander, H. (Hrsg.) (1985): Psychoanalytische Beratung. Göttingen: Vandenhoeck & Ruprecht.

Autorengruppe Bildungsberichterstattung (Hrsg.) (2018): Bildung in Deutschland 2018. Ein indikatorengestützter Bericht mit einer Analyse zu Wirkungen und Erträgen von Bildung. Bielefeld: wbv media.

Baecker, D. & Stanitzek, G. (1987): Niklas Luhmann. Archimedes und wir. Berlin: Merve.

Baecker, D. (1994): Soziale Hilfe als Funktionssystem der Gesellschaft. Zeitschrift für Soziologie 23, (2), S. 93–110.

Baecker, D. (2007): Die Beratung der Gesellschaft. In: Cl. Leggewie (Hrsg.): Von der Politik- zur Gesellschaftsberatung. Neue Wege öffentlicher Konsultation (S. 73–94). Frankfurt/M./New York: Campus.

Balint, M. (1938/1969): Die Urformen der Liebe und die Technik der Psychoanalyse. Frankfurt/M. und Hamburg: Fischer.

Barabas, F. K. (2003): Beratungsrecht. Ein Leitfaden für Beratung, Therapie und Krisenintervention. Zweite, vollst. überarb. Auflage. Frankfurt/Main: Fachhochschulverlag.

Baraldi, Cl., Corsi, G. & Esposito, E. (Hrsg.) (1997): GLU. Glossar zu Niklas Luhmanns Theorie sozialer Systeme. Frankfurt/Main: Suhrkamp. (Abgekürzt: GLU).

Bardmann, Th. M. & Baecker, D. (Hrsg.) (1999): »Gibt es eigentlich den Berliner Zoo noch?« Erinnerungen an Niklas Luhmann. Konstanz: UVK.

Barth, N., Nassehi, A. & Saake, I. (2020): Perspektivität durch Verfahren. Zur Funktion des Deutschen Ethikrats. Soziale Systeme 22 (1–2), S. 274–297.

Batra, A., Wassermann, R. & Buchkremer, G. (Hrsg.) (2013): Verhaltenstherapie. Grundlagen – Methoden – Anwendungsgebiete. Stuttgart/New York: Thieme.

Bauch, J. (1996): Gesundheit als sozialer Code. Von der Vergesellschaftung des Gesundheitswesens zur Medikalisierung der Gesellschaft. Weinheim/München: Juventa.

Bauch, J. (2000): Selbst- und Fremdbeschreibung des Gesundheitswesens. Anmerkungen zu einem absonderlichen Sozialsystem. In: H. de Berg & J. Schmidt (Hrsg.), Rezeption und Reflexion. Zur Resonanz der Systemtheorie Niklas Luhmanns außerhalb der Soziologie (S. 387–410). Frankfurt/Main: Suhrkamp.

Bauch, J. (2004): Krankheit und Gesundheit als gesellschaftliche Konstruktion. Gesundheits- und medizinsoziologische Schriften 1979–2003. Konstanz: Hartung-Görre Verlag.

Bauch, J. (Hrsg.) (2006): Gesundheit als System. Systemtheoretische Beobachtungen des Gesundheitswesens. Konstanz: Hartung-Görre Verlag.

Beck, U. (1986): Risikogesellschaft. Auf dem Weg in eine andere Moderne. Frankfurt/Main: Suhrkamp.

Behrendt, B. & Schaub, A. (Hrsg.) (2005): Handbuch der Psychoedukation. Tübingen: DGVT-Verlag.

Benner, D. (2020): Umriss der allgemeinen Wissenschaftsdidaktik. Grundlagen und Orientierungen für Lehrerbildung, Unterricht und Forschung. Weinheim/Basel: Beltz Juventa.

Berdelmann, K. & Fuhr, Th. (Hrsg.) (2009): Operative Pädagogik. Grundlegung, Anschlüsse, Diskussion. Paderborn: Schöningh.

Berdelmann, K. & Fuhr, Th. (2020): Zeigen. Stuttgart: Kohlhammer.

Berg, H. de & Schmidt, J. (Hrsg.) (2000): Rezeption und Reflexion. Zur Resonanz der Systemtheorie Niklas Luhmanns außerhalb der Soziologie. Frankfurt/Main: Suhrkamp.

Bernard, A. (2014): Kinder machen. Neue Reproduktionstechnologien und die Ordnung der Familie. Samenspender, Leihmütter, Künstliche Befruchtung. Frankfurt/Main: S. Fischer.

Bette, K.-H. (1987): Wo ist der Körper? In: D. Baecker & J. Markowitz et al. (Hrsg.), Theorie als Passion: Niklas Luhmann zum 60. Geburtstag (S. 600–628). Frankfurt/Main: Suhrkamp.

Bittner, G. (1996): Kinder in die Welt, die Welt in die Kinder setzen. Eine Einführung in die pädagogische Aufgabe. Stuttgart: Kolhhammer.

Blättner, B. & Waller, H. (2018): Gesundheitswissenschaft. Eine Einführung in Grundlagen, Theorie und Anwendung. Sechste, überarb. Auflage. Stuttgart: Kohlhammer.

Boehm, G. (2007): Wie Bilder Sinn erzeugen. Die Macht des Zeigens. Berlin: Berlin University Press.

Boehm, G., Egenhofer, S. & Spies, Chr. (Hrsg.) (2010): Zeigen. Die Rhetorik des Sichtbaren. München: Fink.

Bollinger, H. & Hohl, J. (1981): Auf dem Weg von der Profession zum Beruf. Zur Deprofessionalisierung des Ärzte-Standes. Soziale Welt 32 (4), 440–464.

Bollnow, O. F. (1984): Existenzphilosophie und Pädagogik. Versuch über unstetige Formen der Erziehung. Sechste Auflage. Stuttgart: Kohlhammer.

Brachmann, J. (2019): Tatort Odenwaldschule. Das Tätersystem und die diskursive Praxis der Aufarbeitung von Vorkommnissen sexualisierter Gewalt. Bad Heilbrunn: Klinkhardt.

Brauner, H. (1978): Die Phänomenologie Edmund Husserls und ihre Bedeutung für soziologische Theorien. Meisenheim am Glan: Hain.

Buchholz, M. B. & Gödde, G. (Hrsg.) (2006): Macht und Dynamik des Unbewussten (Band 1–3). Gießen: Psychosozial Verlag.

Bundesagentur für Arbeit (Hrsg.) (2011): Klassifikation der Berufe 2010. Band 1: Systematischer und alphabetischer Teil mit Erläuterungen. Band 2: Definitorischer und beschreibender Teil. Meckenheim: Deutsche Vertriebsgesellschaft. (Abgekürzt: KldB 2010).

Bundeskonferenz für Erziehungsberatung (bke) (2009): Rechtsgrundlagen der Beratung. Empfehlungen und Hinweise für die Praxis. Fürth: Benedict Press.

Bundeskonferenz für Erziehungsberatung (bke) (2009): Bachelor und Master. Konsequenzen der Hochschulreform für das multidisziplinäre Fachteam der Erziehungsberatung. Fürth: Benedict Press.

Busse, R., Blümel, M. & Ognyanova, D. (2013): Das deutsche Gesundheitssystem. Akteure, Daten, Analysen. Berlin: MWV

Ciompi, L. (1997): Die emotionalen Grundlagen des Denkens: Entwurf einer fraktalen Affektlogik. Göttingen: Vandenhoeck & Ruprecht.

Clam, J. (2006): Was ist ein psychisches System? Zum Vollzug von Bewusstsein zwischen rauschender Kommunikation und geminierter Individualität. Soziale Systeme 12 (2), S. 345–369.

Combe, A. & Helsper, W. (Hrsg.) (1996): Pädagogische Professionalität. Untersuchungen zum Typus pädagogischen Handelns. Frankfurt/Main: Suhrkamp.

Corsi, G. (2000): Zwischen Irritation und Indifferenz. Systemtheoretische Anregungen für die Pädagogik. In: H. de Berg & J. Schmidt (Hrsg.), Rezeption und Reflexion. Zur Resonanz der Systemtheorie Niklas Luhmanns außerhalb der Soziologie (S. 267–295). Frankfurt/Main: Suhrkamp.

Csibra, G. & Gergely, G. (2006): Social learning and social recognition: The case for pedagogy. In Y. Munakata & M. H. Johnson (Eds.), Processes of Change in Brain and Cognitive Development (S. 249–274). Attention and Performances XXI. Oxford: Berg publisher.

Csibra, G. & Gergely, G. (2011a): Natural pedagogy as evolutionary adaptation. Philosophical Transactions of the Royal Society B, 366, 1149–1157.

Dammann, K. (Hrsg.) (2014): Wie halten Sie's mit Außerirdischen, Herr Luhmann? Nicht unmerkwürdige Gespräche mit Niklas Luhmann. Berlin: Kadmos.

DGfE (Hrsg.) (2008): Kerncurriculum Erziehungswissenschaft. Empfehlungen der Deutschen Gesellschaft für Erziehungswissenschaft. Opladen/Farmington Hills: B. Budrich.

Deutsche Psychotherapeuten Vereinigung/DPtV (Hrsg.) (2020): Report Psychotherapie 2020. Berlin: Selbstverlag.

Dewe, B., Ferchhoff, W. & Radtke, F.-O. (Hrsg.) (1992): Erziehen als Profession. Zur Logik professionellen Handelns in pädagogischen Feldern. Opladen: Leske & Budrich.

Dewe, B. & Otto, H.-U. (2011): Professionalität, in: H.-U. Otto & H. Thiersch (Hrsg.), Handbuch Soziale Arbeit. Grundlagen der Sozialarbeit und Sozialpädagogik. Vierte Auflage (S. 1143–1153). München/Basel: E. Reinhardt.

Dewe, B. & Stüwe, G. (2016): Basiswissen Profession. Zur Aktualität und kritischen Substanz des Professionalisierungskonzeptes für die Soziale Arbeit. Weinheim/Basel: Beltz Juventa.

Dick, M., Marotzki, W. & Mieg, H. (Hrsg.) (2016): Handbuch Professionsentwicklung. Bad Heilbrunn: Klinkhardt.

Dieckmann, J. (2004): Luhmann-Lehrbuch. Paderborn: Fink.

Dietrich, G. (1983): Allgemeine Beratungspsychologie. Eine Einführung in die psychologische Theorie und Praxis der Beratung. Göttingen: Hogrefe.

Dörner, K. (2002): Gesundheitssystem: In der Fortschrittsfalle. Deutsches Ärzteblatt 99 (38), A 2462–2466.

Eckart, W.U. (2017): Geschichte, Theorie und Ethik der Medizin. Achte, überarb. Auflage. Heidelberg: Springer.

Ecarius, J., Berg, A., Serry, K. & Oliveras, R. (2017): Spätmoderne Jugend – Erziehung des Beratens – Wohlbefinden. Wiesbaden: Springer.

Engel, F., Nestmann, F. & Sickendiek, U. (2018): Beratung: alte Selbstverständnisse und neue Entwicklungen. In: St. Rietmann & M. Sawatzki (Hrsg.), Zukunft der Beratung. Von der Verhaltens- zur Verhältnisorientierung? (S. 83–115). Wiesbaden: Springer.

Evetts, J. (2003): The Sociological Analysis of Professionalism. Occupational Change in the Modern World. International Sociology, 18 (2), 395–415.

Evetts, J. (2008): Professionalität durch Management? Neue Erscheinungsformen von Professionalität und ihre Auswirkungen auf professionelles Handeln. Zeitschrift für Sozialreform, 54 (1), 97–106.

Etzioni, A. (Ed.) (1969): The Semi-Professions and Their Organization. Teachers, Nurses, Social Workers. New York: The Free Press.

Etzioni, A. (2003): My Brother's Keeper. A Memoir and a Message. Lanham/Boulder/New York/Oxford: Rowman & Littlefield.

Fiedler, P. (2010): Verhaltenstherapie mon amour. Mythos – Fiktion – Wirklichkeit. Stuttgart: Schattauer.

Fiedler, P. (Hrsg.) (2012): Die Zukunft der Psychotherapie. Wann ist endlich Schluss mit der Konkurrenz? Berlin/Heidelberg: Springer.

Fliegel, St. et al. (Hrsg.) (1998): Verhaltenstherapeutische Standardmethoden. Ein Übungsbuch. Vierte Auflage. Weinheim: Beltz.

Fonagy, P., Gergely, G., Jurist, E. L. & Target, M. (Eds.) (2011): Affektregulierung, Mentalisierung und die Entwicklung des Selbst. Vierte Auflage. Stuttgart: Klett-Cotta.

Frederichs, J. & Lang, F. (2021): Engagiert für die Anerkennung von Psychologieabschlüssen. Report Psychologie. Fachzeitschrift des BDP 46 (4), S. 33–34.

Freidson, E. (2001): Professionalism. The Third Logic: On the Practice of Knowledge. Chicago: University of Chicago Press.

Freud, S. (1943/1972): Das Ich und das Es. In: Ders.: Gesammelte Werke. Band XIII, siebte Auflage (S. 235–289). Frankfurt/Main: S. Fischer.

Freud, S. (1943/1973): Ratschläge für den Arzt bei der psychoanalytischen Behandlung. In: Ders.: Gesammelte Werke. Band VIII, sechste Auflage (S. 376–387). Frankfurt/Main: S. Fischer.

Freud, S. (1946/1973): Erinnern, Wiederholen und Durcharbeiten, in: Ders.: Gesammelte Werke. Band X, sechste Auflage (S. 125–136). Frankfurt/Main: S. Fischer.

Freud, S. (1946/1973): Geleitwort zu »Die Psychoanalytische Methode«, in: Ders.: Gesammelte Werke. Band X, sechste Auflage (S. 448–450). Frankfurt/Main: S. Fischer.

Freud, S. (1948/1972): Geleitwort zu »Verwahrloste Jugend«, in: Ders.: Gesammelte Werke. Band XIV, fünfte Auflage (S. 555–567). Frankfurt/Main: S. Fischer.

Freud, S. (1948/1972): Psycho-Analysis, in: Ders.: Gesammelte Werke. Band XIV, fünfte Auflage (S. 297–307). Frankfurt/Main: S. Fischer.

Fuchs, P. (1993): Niklas Luhmann – beobachtet. Eine Einführung in die Systemtheorie. Zweite, durchgesehene Auflage. Opladen: Westdeutscher Verlag.

Fuchs, P. & Pankoke, E. (1994): Beratungsgesellschaft. Schwerte: Verl.d. Kath. Akademie.

Fuchs, P. (1998): Das Unbewusste in Psychoanalyse und Systemtheorie. Die Herrschaft der Verlautbarung und die Erreichbarkeit des Bewusstseins. Frankfurt/Main: Suhrkamp.

Fuchs, P. & Mahler, E. (2000): Form und Funktion von Beratung. Soziale Systeme 6 (2), S. 349–368.

Fuchs, P. (2006): Das System und die Welt der Beratung. Zu einem Hans-Dampf in allen Gassen. In: E. Pankoke & G. Quensel (Hrsg.): ›Praktische Künste‹. Deutungsmuster und Wissensformen kulturellen Handelns (S. 137–154). Essen: Klartext.

Fuchs, P. (2007): Die soziologische Beobachtung der Erziehungswissenschaft. In: V. Kraft (Hrsg.), Zwischen Reflexion, Funktion und Leistung: Facetten der Erziehungswissenschaft (S. 69–82). Bad Heilbrunn: Klinkhardt.

Fuchs, P. (2012): Sphinx ohne Geheimnis – Zur Unkenntlichkeitsbiographie Niklas Luhmanns. In: O. Jahraus & A. Nassehi (Hrsg.), Luhmann Handbuch. Leben – Werk – Wirkung (S. 4–6). Stuttgart/Weimar: Metzler.

Fuchs, Th. (2009): Das Gehirn – ein Beziehungsorgan. Eine phänomenologisch-ökologische Konzeption. Zweite, aktualisierte Auflage. Stuttgart: Kohlhammer.

Fuhr, R. (2003): Struktur und Dynamik der Berater-Klient-Beziehung. In: Chr. Krause, B. Fittkau, R. Fuhr & H.-U. Thiel (Hrsg.), Pädagogische Beratung. Grundlagen und Praxisanwendung (S. 32–50). Paderborn: Schöningh.

Gaebel, W., Zielasek, J. & Kowitz, S. (2016): Inanspruchnahme psychotherapeutischer Versorgung. Eine Analyse von Sekundärdaten. Nervenarzt 87 (11), 1201–1210.

Gergely, G. & Csibra, G. (2005): The social construction of the cultural mind. Imitative Learning as a mechanism of human pedagogy. Interaction Studies 6 (3), 463–481.

Gergely, G., Király, I. & Egyed, K. (2007a): On Pedagogy. Developmental Science 10 (1), 139–146.

Gergely, G. (2007b): Learning »about« versus learning »from« other minds. Natural Pedagogy and its implications. In: P. Carruthers, St. Laurence & St. Stich (Eds.), The Innate Mind. Volume 3. Foundations and the Future (S. 170–198). Oxford: Oxford University Press.

Gergely, G. & Unoka, Z. (2011b): Bindung und Mentalisierung beim Menschen. Die Entwicklung des affektiven Selbst. Psyche 65 (2), 862–899.

Gergely, G. & Csibra, G. (2013): Natural pedagogy. In: M. R. Banaji & S. A. Gelman (Eds.), Navigating the Social World. What Infants, Children and Other Species Can Teach Us (S. 127–132). Oxford: Oxford University Press.

Gfrereis, H. & Lepper, M. (Hrsg.) (2007): deixis – Vom Denken mit dem Zeigefinger. Göttingen: Wallstein.

Giesecke, W. & Nittel, D. (Hrsg.) (2016): Handbuch. Pädagogische Beratung über die Lebensspanne. Weinheim/Basel: Beltz Juventa.

Glenewinkel, W. (1999): Mediation als außergerichtliches Konfliktlösungsmodell. Am Beispiel der Trennungs- und Scheidungsmediation in der Bundesrepublik Deutschland. Stuttgart: Ibidem-Verlag.

Glenewinkel, W. & Kraft, V. (2017): Zum Verhältnis von Mediation und Beratung. Zeigetheoretische Überlegungen in heuristischer Absicht. In: K. Kriegel-Schmidt (Hrsg.), Mediation als Wissenschaftszweig. Im Spannungsfeld von Fachexpertise und Interdisziplinarität (S. 501–524). Wiesbaden: Springer.

Gödde, G. (2009): Traditionslinien des »Unbewußten«. Schopenhauer – Nietzsche – Freud. Gießen: Psychosozial Verlag.

Gödde, G. & Buchholz, M. B. (2011): Unbewusstes. Gießen: Psychosozial Verlag.

Goetze, A. (1929): Akademische Fachsprache. Heidelberg: Carl Winter Verlag.

Gracián, B. (1957): Criticón oder Über die allgemeinen Laster des Menschen. Hamburg: Rowohlt.

Grawe, K., Donati, R. & Bernauer, F. (1995): Psychotherapie im Wandel. Von der Konfession zur Profession. 4. Auflage. Göttingen: Hogrefe) 1995.

Grawe, K. (1998): Psychologische Therapie. Göttingen: Hogrefe.

Greenson, R. (1973): Technik und Praxis der Psychoanalyse. Band 1. Stuttgart: Klett-Cotta.

Grollmann, Ph. (2005): Professionelle Realität von Berufspädagogen im internationalen Vergleich. Eine empirische Studie anhand ausgewählter Beispiele aus Dänemark, Deutschland und den USA. Bielefeld: Bertelsmann.

Hagen, W. (Hrsg.) (2009): Was tun, Herr Luhmann? Vorletzte Gespräche mit Niklas Luhmann. Berlin: Kadmos.

Hagen, W. (Hrsg.) (2011): Warum haben Sie keinen Fernseher, Herr Luhmann? Letzte Gespräche mit Niklas Luhmann. Berlin: Kadmos.

Haring, R. (Hrsg.) (2019): Gesundheitswissenschaften. Berlin: Springer.

Hartmann, H. (1968): Arbeit, Beruf, Profession. Soziale Welt XIX (3,4), 193–216.

Hartmann, H.-P. (2014): Heinz Kohut und die Psychologie des Selbst. In: G. Gödde & J. Zirfas (Hrsg.), Lebenskunst im 20. Jahrhundert. Stimmen von Philosophen, Künstlern und Therapeuten (S. 337–352). Paderborn: Fink.

Hartmann, H.-P. (2021): Der selbstpsychologische Zugang zu narzisstischen Persönlichkeitsstörungen. In: St. Doering, H.-P. Hartmann & O.F. Kernberg (Hrsg), Narzissmus. Grundlagen – Störungebilder – Therapie (S. 39–56). Stuttgart: Schattauer.

Hartmann-Netzer, D. & Kämpfer, H.-D. (2011): Recht und Verwaltung in der sozialpädagogischen Theorie und Praxis. Ein Lehr- und Arbeitsbuch für die Fachschule Sozialpädagogik. Köln: Bildungsverlag EINS.

Hechler, O. (2010): Pädagogische Beratung. Theorie und Praxis eines Erziehungsmittels. Stuttgart: Kohlhammer.

Hegel, G.W.F. (1965): System der Philosophie. Dritter Teil. Die Philosophie des Geistes. Stuttgart/Bad Canstatt: Frommann.

Heidenreich, Th. & Michalak, J. (Hrsg.) (2013): Die »dritte Welle« der Verhaltenstherapie. Grundlagen und Praxis. Weinheim/Basel: Beltz.

Helmchen, H., Henn, F., Lauter, H. & Sartorius, N. (Hrsg.) (1999): Grundlagen der Psychiatrie. Psychiatrie der Gegenwart. Band 1, vierte Auflage. Berlin: Springer.

Helmke, A. (2017): Unterrichtsqualität und Lehrerprofessionalität. Diagnose, Evaluation und Verbesserung des Unterrichts. Siebente Auflage. Seelze-Velber: Klett/Kallmeyer.

Helsper, W. & Tippelt, R. (Hrsg.) (2011): Pädagogische Professionalität. (Z.f.Päd.; Beiheft 57). Weinheim: Beltz.

Helsper, W. & Tippelt, R. (2011): Ende der Profession und Professionalisierung ohne Ende? Zwischenbilanz einer unabgeschlossenen Diskussion. In: W. Helsper & R. Tippelt: Pädagogische Professionalität (S. 268–288). Weinheim: Beltz.

Hentig, H. von (1969): Systemzwang und Selbstbestimmung. Über die Bedingungen der Gesamtschule in der Industriegesellschaft. Zweite, durchgesehene u. erw. Auflage. Stuttgart: Klett.

Herbart, J. F. (1982): Pädagogisch-didaktische Schriften. Band 3, herausgegeben von Walter Asmus. Stuttgart: Klett-Cotta.

Heron, J. (2001): Helping the Client. A Creative Practical Guide. Fifth Edition. London/Thousand Oaks/New Delhi: Age Publications.

Herpertz-Dahlmann, B., Resch, F., Schulte-Markwort, M. & Warnke, A. (Hrsg.) (2008): Entwicklungspsychiatrie. Biopsychologische Grundlagen und die Entwicklung psychischer Störungen. Zweite, vollst. überarb. und erw. Auflage. Stuttgart: Schattauer.

Hobson, P. (2003): Wie wir denken lernen. Gehirnentwicklung und die Rolle der Gefühle. Düsseldorf/Zürich: Walter Verlag.

Hoegg, G. (2010): Schulrecht! Aus der Praxis – für die Praxis. Vierte, durchges. u. aktualisierte Auflage. Weinheim/Basel: Beltz.

Hoegg, G. (2016): Schulrecht: kurz und bündig. Die 55 wichtigsten Urteile. Fünfte, überarb. Neuauflage. Berlin: Cornelsen.

Hörmann, H. (1981): Einführung in die Psycholinguistik. Darmstadt: WBG.

Horster, D. (1997): Niklas Luhmann. München: Beck.

Hüter-Becker, A. & Dölken, M. (Hrsg.) (2004): Beruf, Recht, Wissenschaftliches Arbeiten. Physiolehrbuch Basis. Stuttgart: Thieme.

Idel, T.-S. & Ullrich, H. (Hrsg.) (2017): Handbuch Reformpädagogik. Weinheim/Basel: Beltz.

Ihlenfeld, L. & Klaus, H. (2017): Dienstanweisungen für Kindergarten, Krippe und Hort. Weinheim/Basel: Beltz Juventa.

Irrgang, B. & Heidel, C-P. (2015): Medizinethik. Lehrbuch für Mediziner. Stuttgart: Steiner.

Jacobi, F. et al. (2014): Psychische Störungen in der Allgemeinbevölkerung. Studie zur Gesundheit Erwachsener in Deutschland und ihr Zusatzmodul »Psychische Gesundheit« (DEGS1-MH). Nervenarzt, 85 (1), 77–87.

Jacobi, F. et al. (2016): Erratum zu: Psychische Störungen in der Allgemeinbevölkerung. Studie zur Gesundheit Erwachsener in Deutschland und ihr Zusatzmodul »Psychische Gesundheit« (DEGS1-MH). Nervenarzt, 87 (1), 88–90.

Jahraus, O. & Nassehi, A. u. a. (Hrsg.) (2012): Luhmann Handbuch. Leben – Werk – Wirkung. Stuttgart/Weimar: Metzler.

Janda, C. (2019): Medizinrecht. Vierte, überarb. und erw. Auflage. München: UKV-Verlag.

Kälble, K. (2014): Die ärztliche Profession und ärztliches Handeln im Spannungsfeld von Medizin und Ökonomie: Wird der Arzt zum Gesundheitsmanager? Wissenschaftsforum in Gesundheit und Gesellschaft (GGW), 14 (3), 16–25.

Kämpfer, H. (2006): Erziehung im ersten Lebensjahr. Eine Studie zur Intersubjektivität früher Beziehungen. Frankfurt/M.: Peter Lang.

Kade, J. (1997): Vermittelbar/nicht-vermittelbar; Vermitteln: Aneignen. Im Prozeß der Systembildung des Pädagogischen. In: D. Lenzen & N. Luhmann (Hrsg.), Bildung und Weiterbildung im Erziehungssystem. Lebenslauf und Humanontogenese als Medium und Form (S. 30–70). Frankfurt/Main: Suhrkamp.

Kanfer, F. H. & Schmelzer, D. (2005): Wegweiser Verhaltenstherapie. Psychotherapie als Chance. Zweite Auflage. Heidelberg: Springer.

Kant, I. (1978): Die Metaphysik der Sitten. Werkausgabe Band VIII. Herausgegeben von Wilhelm Weischedel. Frankfurt/Main: Suhrkamp.

Kant, I. (1978): Über Pädagogik. In: Ders.: Schriften zur Anthropologie, Geschichtsphilosophie, Politik und Pädagogik 2. Herausgegeben von Wilhelm Weischedel. Werkausgabe Band XII (S. 691–761). Frankfurt/Main: Suhrkamp.

Kant, I. (1976): Kritik der reinen Vernunft 1. Werkausgabe Band III. Herausgegeben von Wilhelm Weischedel. Frankfurt/Main: Suhrkamp.

Kaube, J. (2015): Im Reformhaus. Zur Krise des Bildungssystems. Springe: zu Klampen Verlag.

Keiner, E. (1999): Erziehungswissenschaft 1947–1990. Eine empirische und vergleichende Untersuchung zur kommunikativen Praxis einer Disziplin. Weinheim: Deutscher Studien Verlag.

Keupp, H. (2013): Fit für was? Beratung als Aktivierungsschema fürs Hamsterrad. In: F. Nestmann, F. Engel & U. Sickendiek (Hrsg.), Das Handbuch der Beratung. Band 3: Neue Beratungswelten: Fortschritte und Kontroversen. (S. 1723–1740). Tübingen: DHVT-Verlag.

Keupp, H. (2018): Die soziale Amnesie der Psychotherapie und von der Notwendigkeit der Gesellschaftsdiagnostik. In: St. Rietmann & M. Sawatzki (Hrsg.), Zukunft der Beratung. Von der Verhaltens- zur Verhältnisorientierung? (S. 21–44). Wiesbaden: Springer:

Keupp, H., Mosser, P., Busch, B., Hackenschmied, G. & Straus, F. (2019): Die Odenwaldschule als Leuchtturm der Reformpädagogik und als Ort sexualisierter Gewalt. Eine sozialpsychologische Perspektive. Wiesbaden: Springer.

Kindler, H., Lillig, S., Blüml, H., Meysen, T. & Werner, A. (Hrsg.) (2006): Handbuch Kindeswohlgefährdung nach § 1666 BGB und Allgemeiner Sozialer Dienst (ASD). München: Deutsches Jugendinstitut.

Kloke, K. (2014): Qualitätsentwicklung an deutschen Hochschulen. Professionstheoretische Untersuchung eines neuen Tätigkeitsfeldes. Heidelberg: Springer.

Konrad, F.-M. & Schultheis, K. (2008): Kindheit. Eine pädagogische Einführung. Stuttgart: Kohlhammer.

Korschorke, A. & Vismann, C. (Hrsg.) (1999): Widerstände der Systemtheorie. Kulturtheoretische Analysen zum Werk von Niklas Luhmann. Berlin: Akademie Verlag.

Kraft, V. (1989): Systemtheorie des Verstehens. Frankfurt/Main: Haag + Herchen.

Kraft, V. (1991): Der Landesjugendring als soziales System. Sozio-logische Anmerkungen in pädagogischer Absicht. Archiv für Wissenschaft und Praxis der Sozialen Arbeit, 22 (1), S. 36–49.

Kraft, V. (1999a): Erziehung im Schnittpunkt von Allgemeiner Pädagogik und Sozialpädagogik. Zeitschrift für Pädagogik 45 (4), S. 541–557.

Kraft, V. (1999b): Pädagogisches Selbstbewusstsein. In: Th. Fuhr & K. Schultheis (Hrsg.), Zur Sache der Pädagogik. Untersuchungen zum Gegenstand der allgemeinen Erziehungswissenschaft (S. 84–98). Bad Heilbrunn: Klinkhardt.

Kraft, V. (2004): Erziehung zwischen Funktion und Reflexion oder: die Erziehung der Erziehungswissenschaft. In: D. Lenzen (Hrsg.), Irritationen des Erziehungssystems. Pädagogische Resonanzen auf Niklas Luhmann (S. 152–171). Frankfurt/Main: Suhrkamp.

Kraft, V. (2004a): Gesundheitssystem und psychotherapeutisches Selbst. Psychotherapeut 49 (4), 252–260.

Kraft, V. (2004b): Kränkungen in Lern- und Lehrprozessen In: D. Klika & V. Schubert (Hrsg.), Bildung und Gefühl (S. 136–149). Hohengehren: Schneider.

Kraft, V. (2005): Rezension zu *F.Nestmann/F.Engel/U.Sickendiek: Das Handbuch der Beratung. Band 1: Disziplinen und Zugänge. Band 2: Ansätze, Methoden und Felder. Tübingen 2004.* Erziehungswissenschaftliche Revue (EWR), 4, Nr. 5, (Veröffentlicht am 04.10.2005), URL: http://www.klinkhardt.de/ewr/87159050.html.

Kraft, V. (2006): Unwissenheit schmerzt nicht oder: Gesundheits- und Erziehungssystem in vergleichender Perspektive. In: J. Bauch (Hrsg.), Gesundheit als System. Systemtheoretische Beobachtungen des Gesundheitssystems (S. 39–63). Konstanz: Hartung-Gorre Verlag.

Kraft, V. (2007): Operative Triangulierung und didaktische Emergenz: Zur Zeigestruktur der Erziehung In: J. Aderhold & O. Kranz (Hrsg.), Intention und Funktion. Probleme der Vermittlung psychischer und sozialer Systeme (S. 140–158). Wiesbaden: VS-Verlag.

Kraft, V. (Hrsg.) (2007): Zwischen Reflexion, Funktion und Leistung: Facetten der Erziehungswissenschaft. Bad Heilbrunn: Klinkhardt.

Kraft. V. (2008a): Rezension zu Allan N. Schore: Affektregulation und die Reorganisation des Selbst. Psyche 62 (7), 718–722.

Kraft, V. (2008b): Beratung als Form der Erziehung. In: G. Weigand, M. Böschen & H. Schulz-Gade (Hrsg.), Allgemeines und Differentielles im pädagogischen Denken und Handeln. Grundfragen – Themenschwerpunkte – Handlungsfelder (S. 365–377). Würzburg: Ergon.

Kraft, V. (2009a): Pädagogisches Selbstbewusstsein. Studien zum Konzept des ›Pädagogischen Selbst‹. Paderborn: Schöningh.

Kraft, V. (2009b): Beratung. In: S. Andresen et al. (Hrsg.): Handwörterbuch Erziehungswissenschaft (S. 44–59). Weinheim/Basel: Beltz.

Kraft, V. (2011): Beraten In: J. Kade et al. (Hrsg.), Pädagogisches Wissen. Erziehungswissenschaft in Grundbegriffen (S. 155–161). Stuttgart: Kohlhammer.

Kraft, V. (2012): Wozu noch Allgemeine Pädagogik? Zeitschrift für Pädagogik 58 (3), S. 285–301.

Kraft, V. (2013): Lernen und Logik psychotherapeutischer Kompetenz In: R. Sannwald, M. Schulte-Markwort & F. Resch (Hrsg.), Psychotherapeutische Fertigkeiten (S. 53–72). Göttingen: Vandenhoeck & Ruprecht.

Kraft, V. (2016a): Die Person als Risikofaktor der Erziehung: Ausgewählte Einblicke in die Struktur des Pädagogischen Selbst. In: J. Bilstein, J. Ecarius, N. Ricken & U. Stenger (Hrsg.), Bildung und Gewalt (S. 33–49). Wiesbaden: Springer.

Kraft, V. (2016b): Das »Pädagogische«? In: W. Meseth et al. (Hrsg.), Empire des Pädagogischen und Empire der Erziehungswissenschaft. Beobachtungen erziehungswissenschaftlicher Forschung (S. 235–240). Bad Heilbrunn: Klinkhardt.

Kraft, V. (2018): Von ›natural pedagogy‹ zur Operativen Pädagogik: Die entwicklungsanthropologische Fundierung der Zeigestruktur In: M. Lüders & W. Meseth (Hrsg.), Theorieentwicklungen in der Erziehungswissenschaft. Befunde – Problemanzeigen – Desiderata (S. 79–91). Bad Heilbrunn: Klinkhardt.

Krause, D. (1996): Luhmann-Lexikon. Eine Einführung in das Gesamtwerk von Niklas Luhmann. Stuttgart: Enke.

Kriz, J. (2007): Grundkonzepte der Psychotherapie. Sechste, vollst. überarb. Auflage. Weinheim: Beltz/PVU.

Kriz, J. (2017): Subjekt und Lebenswelt. Personzentrierte Systemtheorie für Psychotherapie, Beratung und Coaching. Göttingen: Vandenhoeck & Ruprecht.

Kühne, St. & Hintenberger, G. (Hrsg.) (2009): Handbuch Online-Beratung. Psychosoziale Beratung im Internet. Göttingen: Vandenhoeck & Ruprecht.

Kunkel, P.-Chr. (2015): Jugendhilferecht. Systematische Darstellung für Studium und Praxis. Achte, völlig neu bearb. Auflage. Baden-Baden: Nomos.

Laireiter, A.-R. & Willutzki, U. (Hrsg.) (2005): Ausbildung in Verhaltenstherapie. Göttingen: Hogrefe.

Landweer, H. (2010): Zeigen, Sich-zeigen und Sehen-lassen. Evolutionstheoretische Untersuchungen zu geteilter Intentionalität in phänomenologischer Sicht. In: K. van den Berg & H. U. Gumbrecht (Hrsg.), Politik des Zeigens (S. 29–59). München: Fink.

Ledford, H. (2013): Scientists call for urgent talks on mutant-flu research in Europe. Benefits and risks of ›gain-of-function‹ work must be evaluated, they say. Nature News 14429, 20 December 2013.

Lehmann, M. (2015): Das »Altwerden funktionaler Differenzierung« und die »nächste Gesellschaft«. Soziale Systeme 20 (2), S. 308–336.

Lengwiler, M. & Madarász, J. (2010) (Hrsg.): Das präventive Selbst. Eine Kulturgeschichte moderner Gesundheitspolitik. Bielefeld: Transcript.

Lenzen, D. & Luhmann, N. (Hrsg.) (1997): Bildung und Weiterbildung im Erziehungssystem. Lebenslauf und Humanontogenese als Medium und Form. Frankfurt/Main: Suhrkamp.

Lenzen, D. (Hrsg.) (2004): Irritationen des Erziehungssystems. Pädagogische Resonanzen auf Niklas Luhmann. Frankfurt/Main: Suhrkamp.

Lichtenberg, J. D., Lachmann, F. M. & Fosshage, J. L. (2000): Das Selbst und seine motivationalen Systeme. Zu einer Theorie psychoanalytischer Technik. Frankfurt/M.: Brandes & Apsel.

Lindel, B. (2016): Survivalguide PiA. Die Psychotherapie-Ausbildung meistern. Zweite Auflage. Berlin/Heidelberg: Springer.

Linden, M. & Hautzinger, M. (Hrsg.) (2011): Verhaltenstherapiemanual. Siebte, vollst. überarb. und erw. Auflage. Berlin/Heidelberg: Springer.

Loch, W. (1968): Enkulturation als anthropologischer Grundbegriff der Pädagogik. Bildung und Erziehung 21 (3), S. 161–178.

Loch, W. (1979a): Lebenslauf und Erziehung. Essen: Neue Deutsche Schule.

Loch, W. (1979b): Curriculare Kompetenzen und pädagogische Paradigmen. Zur anthropologischen Grundlegung einer biographischen Erziehungstheorie. Bildung und Erziehung 32 (3), S. 241–266.

Loch, W. (1983): Phänomenologische Pädagogik. In: D. Lenzen (Hrsg.), Enzyklopädie Erziehungswissenschaft. Band 1. Theorien und Grundbegriffe der Erziehung und Bildung (S. 155–173). Stuttgart: Klett-Cotta.

Loch, W. (1989): Die Erneuerung der Pädagogik aus dem Gespräch des Erwachsenen mit dem Kind. Bildung und Erziehung, 42 (4), 421–438.

Lowen, A. (1976): Bioenergetik. Der Körper als Retter der Seele. Bern/München: Scherz.

Lortie, D C. (1969): The Balance of Control and Autonomy in Elementary School Teaching. In: A. Etzioni (Ed.), The Semi-Professions and Their Organization. Teachers, Nurses, Social Workers (S. 1–53). New York: The Free press.

Luhmann, N. (1973): Formen des Helfens im Wandel gesellschaftlicher Bedingungen. In: H.-U. Otto & S. Schneider (Hrsg.), Gesellschaftliche Perspektiven der Sozialarbeit (S. 21–43). Neuwied/Berlin: Luchterhand.

Luhmann, N. (1975): Interaktion, Organisation, Gesellschaft. In: N. Luhmann, Soziologische Aufklärung 2. Aufsätze zur Theorie der Gesellschaft (S. 9–20). Opladen: Westdeutscher Verlag.

Luhmann, N. (1982): Liebe als Passion. Zur Codierung von Intimität. Frankfurt/Main: Suhrkamp.

Luhmann, N. (1983 a) Anspruchsinflation im Krankheitssystem. In: P. Herder-Dorneich & A. Schuller (Hrsg.), Die Anspruchsspirale: Schicksal oder Systemdefekt? (S. 28–49). Stuttgart: Kohlhammer.

Luhmann, N. (1983 b): Medizin und Gesellschaftstheorie. Medizin, Mensch, Gesellschaft, 8, S. 168–175.

Luhmann, N. (1985): Soziale Systeme. Grundriß einer allgemeinen Theorie. Zweite Auflage. Frankfurt/Main: Suhrkamp. (Abgekürzt: SS).

Luhmann, N. (1990): Der medizinische Code In: Ders., Soziologische Aufklärung 5. Konstruktivistische Perspektiven (S. 183–195). Opladen: Westdeutscher Verlag.

Luhmann, N. (1991): Das Kind als Medium der Erziehung. Zeitschrift für Pädagogik 37 (1), S. 19–40. Wiederabgedruckt in Luhmann, N. (2004): Schriften zur Pädagogik. Herausgegeben und mit einem Vorwort von Dieter Lenzen (S. 159–186). Frankfurt/Main: Suhrkamp.

Luhmann, N. (1992): Die Wissenschaft der Gesellschaft. Frankfurt/Main: Suhrkamp.

Luhmann, N. (1996): Protest. Systemtheorie und soziale Bewegungen. Herausgegeben und eingeleitet v. K.-U. Hellmann. Frankfurt/Main: Suhrkamp.

Luhmann, N. (1997): Die Gesellschaft der Gesellschaft. Zwei Bände. Frankfurt/Main: Suhrkamp. (Abgekürzt: GdG).

Luhmann, N. (1997a): Erziehung als Formung des Lebenslaufs. In: D. Lenzen & N. Luhmann (Hrsg.), Bildung und Weiterbildung im Erziehungssystem. Lebenslauf und Humanontogenese als Medium und Form (S. 11–29). Frankfurt/Main: Suhrkamp.

Luhmann, N. (2001): Short Cuts. Dritte Auflage. Frankfurt/Main: Zweitausendundeins.

Luhmann, N. (2002): Das Erziehungssystem der Gesellschaft. Herausgegeben von Dieter Lenzen. Frankfurt/Main: Suhrkamp.

Luhmann, N. (2004): Schriften zur Pädagogik. Herausgegeben und mit einem Vorwort von Dieter Lenzen. Frankfurt/Main: Suhrkamp.

Luhmann, N. (2017): Systemtheorie der Gesellschaft. Herausgegeben von J.F.K. Schmidt und A. Kieserling unter Mitarbeit von Chr. Gesigora. Frankfurt/Main: Suhrkamp. (Abgekürzt: SdG).

Luhmann, N. & Schorr, K.E. (1979): Reflexionsprobleme im Erziehungssystem. Stuttgart: Klett-Cotta.

Luhmann, N. & Schorr, K.E. (Hrsg.) (1982): Zwischen Technologie und Selbstreferenz. Fragen an die Pädagogik. Frankfurt/Main: Suhrkamp.

Luhmann, N. & Schorr, K.E. (Hrsg.) (1986): Zwischen Intransparenz und Verstehen. Fragen an die Pädagogik. Frankfurt/Main: Suhrkamp.

Luhmann, N. & Schorr, K. E. (1988): Strukturelle Bedingungen der Reformpädagogik. Soziologische Analysen zur Pädagogik der Moderne. Zeitschrift für Pädagogik 34 (4), S. 463–480.

Luhmann, N. & Fuchs, P. (1989): Reden und Schweigen. Frankfurt/Main: Suhrkamp.

Luhmann, N. & Schorr, K.E. (Hrsg.) (1990): Zwischen Anfang und Ende. Fragen an die Pädagogik. Frankfurt/Main: Suhrkamp.

Luhmann, N. & Schorr, K.E. (Hrsg.) (1992): Zwischen Absicht und Person. Fragen an die Pädagogik. Frankfurt/Main: Suhrkamp.

Luhmann, N. & Schorr, K.E. (Hrsg.) (1996): Zwischen System und Umwelt. Fragen an die Pädagogik. Frankfurt/Main: Suhrkamp.

Mackenthun, G. (2013): Grundlagen der Tiefenpsychologie. Gießen: Psychosozial Verlag.

Maier-Gutheil, C. (2016): Beraten. Stuttgart: Kohlhammer.

Margraf, J. & Brengelmann, J. C. (Hrsg.) (1992): Die Therapeut-Patient-Beziehung in der Verhaltenstherapie. München: Röttger Verlag.

Margraf, J. & Schneider, S. (Hrsg.) (2009): Lehrbuch der Verhaltenstherapie. Band 1: Grundlagen, Diagnostik, Verfahren, Rahmenbedingungen. Dritte, vollst. bearbeitete u. erweit. Auflage. Heidelberg: Springer.

Margraf, J. & Schneider, S. (Hrsg.) (2009): Lehrbuch der Verhaltenstherapie. Band 2: Störungen im Erwachsenenalter – Spezielle Indikationen – Glossar. Dritte, vollst. bearbeitete u. erweit. Auflage. Heidelberg: Springer.

Margraf, J. & Schneider, S. (Hrsg.) (2009): Lehrbuch der Verhaltenstherapie. Band 3: Störungen im Kindes- und Jugendalter. Heidelberg: Springer.

Maturana, H. R. (1985): Erkennen: Die Organisation und Verkörperung von Wirklichkeit. Ausgewählte Arbeiten zur biologischen Epistemologie. Zweite, durchgeschene Auflage. Braunschweig/Wiesbaden: Vieweg.

Maturana, H.R. & Varela, F.J. (Hrsg.) (1987): Der Baum der Erkenntnis. Die biologischen Wurzeln des menschlichen Erkennens. Bern/München/Wien: Scherz.

Merten, R. (1997): Autonomie der Sozialen Arbeit. Zur Funktionsbestimmung als Disziplin und Profession. Weinheim/München: Juventa.

Mertens, W. (1990/1991): Einführung in die psychoanalytische Therapie. 3 Bände. Stuttgart: Kohlhammer.

Mertens, W. (2005): Psychoanalyse. Grundlagen, Behandlungstechniken und Anwendung. Sechste, vollst. neu bearb. Auflage. Stuttgart: Kohlhammer.

Michel-Schwartze, B. (Hrsg.) (2016): Der Zugang zum Fall. Beobachtungen, Deutungen, Interventionsansätze. Wiesbaden: Springer.

Milch, W. (2001): Lehrbuch der Selbstpsychologie. Stuttgart: Kohlhammer.

Müller, J. & Lorenz, A. (2016): Niklas Luhmann. Philosophie für Einsteiger. München: Fink.

Münder, J. & Trenczek, Th. (2015): Kinder- und Jugendhilferecht. Eine sozialwissenschaftlich orientierte Darstellung. Achte Auflage. Baden-Baden: Nomos.

Münder, J., Meysen, Th. & Trenczek, Th. (Hrsg.) (2019): Frankfurter Kommentar zum SGB VIII: Kinder- und Jugendhilfe. Achte, vollst. überarb. Auflage. Baden-Baden: Nomos. (Abgekürzt »Frankfurter Kommentar«).

Nestmann, F., Engel, F. & Sickendiek, U. (Hrsg.) (2004): Das Handbuch der Beratung. Band 1: Disziplinen und Zugänge. Band 2: Ansätze, Methoden und Felder. Tübingen: DGVT Verlag.

Nestmann, F., Engel, F. & Sickendiek, U. (Hrsg.) (2013): Das Handbuch der Beratung. Band 3: Neue Beratungswelten: Fortschritte und Kontroversen. Tübingen: DGVT Verlag.

Neudeck, P. & Mühlig, St. (2013): Therapie-Tools Verhaltenstherapie. Therapieplanung, Probatorik, Verhaltensanalyse. Weinheim/Basel: Beltz.

Niehaus, M. & Peters, W. (Hrsg.) (2014): Rat geben. Zur Theorie und Analyse des Beratungshandelns. Bielefeld: Transcript Verlag.

Nittel, D. (2000): Von der Mission zur Profession? Stand und Perspektiven der Verberuflichung in der Erwachsenenbildung. Bielefeld: Bertelsmann.

Oberender, P., Zerth, J. & Engelmann, A. (2017): Wachstumsmarkt Gesundheit. Vierte, komplett überarbeitete Auflage. Konstanz/München: UVK Verlagsgesellschaft.

OECD/EU (2018): Health at a Glance: Europe 2018: State of Health in the EU Cycle, OECD Publishing, Paris. https://doi.org/10.1787/health_glance_eur-2018-en. Revised version: February 2019 (Zugriff: 05.02.2021).

Oelkers, J. (1996): Reformpädagogik. Eine kritische Dogmengeschichte. Dritte, vollst. bearb. und erw. Auflage. Weinheim/München: Juventa.

Oelkers, J. (2005): Reformpädagogik. Eine kritische Dogmengeschichte. Vierte, vollst. überarb. und erw. Auflage. Weinheim/München: Juventa.

Oelkers, J. (2011): Eros und Herrschaft. Die dunklen Seiten der Reformpädagogik. Weinheim/Basel: Beltz.

Oelkers, J. (2016): Pädagogik, Elite, Missbrauch. Die ›Karriere‹ des Gerold Becker. Weinheim/Basel: Beltz Juventa.

Oelkers, J. & Tenorth, H.-E. (Hrsg.) (1987): Pädagogik, Erziehungswissenschaft und Systemtheorie. Weinheim/Basel: Beltz.

Ohlbrecht, H. & Seltrecht, A. (Hrsg.) (2018): Medizinische Soziologie trifft Medizinische Pädagogik. Wiesbaden: Springer.

Oser, F. & Oelkers, J. (Hrsg.) (2001): Die Wirksamkeit der Lehrerbildungssysteme. Zürich: Ruegger.

Oser, F. (2001): Standards: Kompetenzen von Lehrpersonen. In: F. Oser & J. Oelkers (Hrsg.): Die Wirksamkeit der Lehrerbildungssysteme (S. 215–342). Zürich: Ruegger.

Otto, H.-U. & Utermann, K. (1973): Sozialarbeit als Beruf. Auf dem Weg zur Professionalisierung? München: Juventa.

Pfeifer, W. et. al. (1999): Etymologisches Wörterbuch des Deutschen. München: dtv.

Petzold, H. G. (1993): Integrative Therapie: Modelle, Theorien und Methoden für eine schulenübergreifende Psychotherapie. Paderborn: Junfermann.

Poscheschnik, G. & Traxel, B. (Hrsg.) (2016): Handbuch Psychoanalytische Entwicklungswissenschaft. Gießen: Psychosozial Verlag.

Prange, K. (1991): Pädagogik im Leviathan. Ein Versuch über die Lehrbarkeit der Erziehung. Bad Heilbrunn: Klinkhardt.

Prange, K. (1992): Intention als Argument. In: N. Luhmann & K.E.Schorr (Hrsg.), Zwischen Absicht und Person. Fragen an die Pädagogik (S. 58–101). Frankfurt/Main: Suhrkamp.

Prange, K. (1999): Unterricht – was sonst? Zur Aufgabe der Schule In: Ders., R. M. Schüßler & M. Roland M. (Hrsg.), Was soll die Schule (noch alles) leisten? Zur Qualität der Schule (S. 3–16). Hofgeismar: Ev. Akademie Hofgeismar.

Prange, K. (2008): Schlüsselwerke der Pädagogik. Band 1: Von Plato bis Hegel. Stuttgart: Kohlhammer.

Prange, K. (2009): Schlüsselwerke der Pädagogik. Band 2: Von Fröbel bis Luhmann. Stuttgart: Kohlhammer.

Prange, K. (2010): Die Ethik der Pädagogik. Zur Normativität erzieherischen Handelns. Paderborn: Schöningh.

Prange, K. (2012a/2005): Die Zeigestruktur der Erziehung. Grundriss der Operativen Pädagogik. Zweite, korr. und erw. Auflage. Paderborn: Schöningh.

Prange, K. (2012b): Erziehung als Handwerk. Studien zur Zeigestruktur der Erziehung. Paderborn: Schöningh.

Prange, K. & Strobel-Eisele, G. (2006): Die Formen des pädagogischen Handelns. Eine Einführung. Stuttgart: Kohlhammer.

Prechtl, G. (Hrsg.) (1999): Das Buch von Rat und Tat. Ein Lesebuch aus drei Jahrtausenden. Mit einer Einleitung von Th. H. Macho. München: Diederichs.

Razum, O. & Kolip, P. (Hrsg) (2020): Handbuch Gesundheitswissenschaften. Siebte, überarb. Auflage. Weinheim/Basel: Beltz Juventa.

Reuter, L. (2003): Erziehungs- und Bildungsziele aus rechtlicher Sicht. In: H.-P. Füssel & P. M. Roeder (Hrsg.), Recht – Erziehung – Staat. Zur Genese einer Problemkonstellation und zur Programmatik ihrer zukünftigen Entwicklung (S. 28–48). Weinheim/Basel/Berlin: Beltz.

Rietmann, St. & Sawatzki, M. (Hrsg.) (2018): Zukunft der Beratung. Von der Verhaltens- zur Verhältnisorientierung? Wiesbaden: Springer.

Ritter, J. & Gründer, K. (Hrsg.) (1992): Historisches Wörterbuch der Philosophie. Band 8. Darmstadt: WBG.

Röchling, W. (2012): Jugend-. Familien- und Betreuungsrecht für die Soziale Arbeit. Stuttgart: Kohlhammer.

Roediger, E. & Zarbrock, G. (2013): Schematherapie In: Th. Heidenreich & J. Michalak (Hrsg.), Die ›dritte Welle‹ der Verhaltenstherapie. Grundlagen und Praxis (S. 199–218). Weinheim/Basel: Beltz.

Rogers, C. R. (1984): Freiheit und Engagement. Personenzentriertes Lernen. München: Kösel.

Rosa, H. (2005): Beschleunigung. Die Veränderung der Zeitstrukturen in der Moderne. Frankfurt/Main: Suhrkamp.

Rosa, H. (2012): Weltbeziehungen im Zeitalter der Beschleunigung. Umrisse einer neuen Gesellschaftskritik. Frankfurt/Main: Suhrkamp.

Rux, J. & Niehues, N. (2013): Schulrecht. Fünfte, neu bearb. Auflage. München: Beck.

Sander, K. & Ziebertz, T. (2010): Personzentrierte Beratung. Ein Lehrbuch für Ausbildung und Praxis. Weinheim: Beltz/Juventa.

Scherfer, E. (2004): Akademisierung der Ausbildung in der Physiotherapie – Bestandsaufnahme und Orientierungshilfe In: A. Hüter & M. Dölken (Hrsg.), Beruf, Recht, wissenschaftliches Arbeiten (S. 47–64). Stuttgart: Thieme.

Scherr, A. (2000): Luhmanns Systemtheorie als soziologisches Reflexionsangebot an Reflexionstheorien der Sozialen Arbeit. In: H. de Berg & J. Schmidt (Hrsg.), Rezeption und Reflexion. Zur Resonanz der Systemtheorie Niklas Luhmanns außerhalb der Soziologie (S. 440–468). Frankfurt/Main: Suhrkamp.

Scheuch, K., Haufe, E. & Seibt, R. (2015): Lehrergesundheit. Deutsches Ärzteblatt 112 (20), S. 347–356.

Schiepek, G., Kratzer, L., Hülsner, Y. & Bachler, E. (2019): Prozessmonitoring in der Psychotherapie: Anspruch und Nutzen. Psychotherapeutenjournal 18 (4), S. 357–364.

Schipperges, H. (1970): Moderne Medizin im Spiegel der Geschichte. Stuttgart: Thieme.

Schmidt, R., Stock, W.-M. & Volbers, J. (Hrsg.) (2011): Zeigen. Dimensionen einer Grundtätigkeit. Weilerswist: Velbrück Wissenschaft.

Schmitz, E., Bude, H. & Otto, C. (1989): Beratung als Praxisform »angewandter Aufklärung«. In: U. Beck & W. Bonß (Hrsg.), Weder Sozialtechnologie noch Aufklärung. Analysen zur Verwendung sozialwissenschaftlichen Wissens (S. 122–148). Frankfurt/Main: Suhrkamp.

Schöne-Seifert, B. (2007): Grundlagen der Medizinethik. Stuttgart: Kröner.

Schubert, F.-Chr., Rohr, D. & Zwicker-Pelzer, R. (2019): Beratung. Grundlagen – Konzepte – Anwendungsfelder. Wiesbaden: Springer.

Schütz, A. & Luckmann, Th. (1979): Strukturen der Lebenswelt. Band 1. Frankfurt/Main: Suhrkamp.

Schützeichel, R. & Brüsemeister, Th. (Hrsg.) (2004): Die beratene Gesellschaft: Zur gesellschaftlichen Bedeutung von Beratung. Wiesbaden: VS-Verlag.

Schulte, D. (1996): Therapieplanung. Göttingen: Hogrefe.

Schulte am Esch, J. & Goerig, M. (1997): Anaesthetic Equipment in the History of German Anaesthesia. Lübeck: Dräger.

Schulte am Esch, J. (2011): Anästhesie: Intensivmedizin, Notfallmedizin, Schmerztherapie. 4., vollst. überarb. und erw. Auflage. Stuttgart: Thieme.

Schulte-Markwort, M. (2020): Seelenleben. Einblicke in die jugendliche Psyche. Hamburg: Carlsen.

Schwarz, B. & Prange, K. (Hrsg.) (1997): Schlechte Lehrer/innen. Zu einem vernachlässigten Aspekt des Lehrerberufs. Weinheim: Beltz.

Schwippert, K. et. al. (Hrsg.) (2020): TIMSS 2019. Mathematische und naturwissenschaftliche Kompetenzen von Grundschulkindern in Deutschland im internationalen Vergleich. Münster: Waxmann.

Seel, H.-J. (2014): Beratung: Reflexivität als Profession. Göttingen: Vandenhoeck & Ruprecht.

Siegel, A. M. (2000): Einführung in die Selbstpsychologie. Das psychoanalytische Konzept von Heinz Kohut. Stuttgart: Kohlhammer.

Simon, F. B. (2019): Einführung in die (System-)Theorie der Beratung. Heidelberg: Auer.

Simon, M. (2013): Das Gesundheitssystem in Deutschland. Eine Einführung in Struktur und Funktionsweise. Vierte, vollst. überarb. und erw. Auflage. Bern: Huber.

Simpson, R. L. & Harper Simpson, I. (1969): Women and Bureaucracy in Semi Professions. In: A. Etzioni (Ed.) (1969), The Semi-Professions and Their Organization. Teachers, Nurses, Social Workers (S. 196–265). New York: The Free Press.

Stavemann, H. H. (2007): Sokratische Gesprächsführung in Therapie und Beratung. Zweite, vollst. überarb. und erw. Auflage. Weinheim/Basel: Beltz.

Steiner, A. (2009): System Beratung. Politikberater zwischen Anspruch und Realität. Bielefeld: Transcript Verlag.

Stichweh, R. (1994): Wissenschaft, Universität, Professionen. Soziologische Analysen. Frankfurt/Main. Suhrkamp.

Stichweh, R. (1994): Professionen und Disziplinen: Formen der Differenzierung zweier Systeme beruflichen Handelns in modernen Gesellschaften. In: Ders.: Wissenschaft, Universität, Profession. Soziologische Analysen (S. 278–336). Frankfurt/Main: Suhrkamp.

Stollberg, G. (2009): Das medizinische System. Überlegungen zu einem von der Soziologie vernachlässigtem Funktionssystem. Soziale Systeme 15 (1), S. 189–217.

Stroß, A. M. (2000): Pädagogik und Medizin. Ihre Beziehungen in ›Gesundheitserziehung‹ und wissenschaftlicher Pädagogik 1779–1933. Weinheim: Deutscher Studien Verlag.

Sünkel, W. (1996): Phänomenologie des Unterrichts. Grundriß der theoretischen Didaktik. Weinheim/München: Juventa.

Sünkel, W. (2007): Die Reflexion der Erziehungswissenschaft auf ihre eigene Wissenschaftlichkeit – Theoriegeschichtliche Anmerkungen zu Comenius, Schleiermacher und Aloys Fischer. In: V. Kraft (Hrsg.), Zwischen Reflexion, Funktion und Leistung: Facetten der Erziehungswissenschaft (S. 13–19). Bad Heilbrunn: Klinkhardt.

Taghizadeh, H. & Benrath, J. (2019): Pocket Guide Schmerztherapie. Heidelberg: Springer.

Tenorth, H.-E. (1992): Laute Klage, stiller Sieg. Über die Unaufhaltsamkeit der Pädagogik in der Moderne. Zeitschrift für Pädagogik (29. Beiheft) 1992, S. 129–139.

Tenorth, H.-E. (2012): Erziehungswissenschaft. In: O. Jahraus & A. Nassehi, A. (Hrsg.), Luhmann Handbuch. Leben – Werk – Wirkung (S. 331–336). Stuttgart/Weimar: Metzler.

Tenorth, H.-E. (2020): Die Rede von Bildung. Tradition, Praxis, Geltung – Beobachtungen aus der Distanz. Berlin: Springer/Metzler.

Tomasello, M. (2002): Die kulturelle Entwicklung des menschlichen Denkens. Zur Evolution der Kognition. Frankfurt/Main: Suhrkamp.

Tomasello, M. (2009): Die Ursprünge der menschlichen Kommunikation. Frankfurt/Main: Suhrkamp.

Toren, N. (1969): Semi-Professionalism and Social Work: A Theoretical Perspective In: A. Etzioni (Ed.), The Semi-Professions and Their Organization. Teachers, Nurses, Social Workers (S. 141–195). New York: The Free Press.

Trenczek, Th., Tammen, B. & Behlert, W. (2008): Grundzüge des Rechts. Studienbuch für soziale Berufe. München/Basel: Reinhardt.

Ueding, G. (Hrsg.) (1992): Historisches Wörterbuch der Rhetorik. Band 1. Tübingen: Niemeyer.

Van den Berg, K. & Gumbrecht, H. U. (Hrsg.) (2010): Politik des Zeigens. München: Fink.

Vogd, W. (2005): Medizinsystem und Gesundheitswissenschaften – Rekonstruktion einer schwierigen Beziehung. Soziale Systeme 11 (2), S. 236–270.

Vollmer, L. (2017): Gleichstellung als Profession. Gleichstellungsarbeit an Hochschulen aus professionssoziologischer Sicht. Heidelberg: Springer.

Wabnitz, R. J. (2015): Grundkurs Bildungsrecht für Pädagogik und Soziale Arbeit. München/Basel: Reinhardt.

Wagenschein, M. (1968): Verstehen lehren. Genetisch – Sokratisch – Exemplarisch. Weinheim/ Berlin: Beltz.

Wandhoff, H. (2016): Was soll ich tun? Eine Geschichte der Beratung. Hamburg: Corlin.

Weiss, E. (1988): Symbolischer Interaktionismus und Psychoanalyse. Zur Geschichte und Bedeutung ihres theoretischen Verhältnisses. Psyche 42 (9), S. 795–830.

Wieland, W. (1982): Platon und die Formen des Wissens. Göttingen: Vandenhoeck & Ruprecht.

Wiesing, L. (2013): Sehen lassen. Die Praxis des Zeigens. Berlin: Suhrkamp.

Wiesing, U. (2020) (Hrsg.): Ethik in der Medizin. Fünfte, erweiterte und vollst. durchgesehene Auflage. Stuttgart: Reclam.

Wildgruber, A. & Becker-Stoll, F. (2011): Die Entdeckung der Bildung in der Pädagogik der frühen Kindheit – Professionalisierungsstrategien und -konsequenzen. In: W. Helsper & R. Tippelt: Pädagogische Professionalität (S. 60–76). Weinheim: Beltz.

Wöller, W. & Kruse, J. (Hrsg.) (2015): Tiefenpsychologisch fundierte Psychotherapie. Basisbuch und Praxisleitfaden. Vierte Auflage. Stuttgart: Schattauer.

Young, J. E., Klosko, J. S. & Weishaar, M. E. (2005): Schematherapie. Ein praxisorientiertes Handbuch. Paderborn: Junfermann.